이한우의 지인지감 06

이한우의

사기

1

이한우의 지인지감 06

이한우의 사기

1 본기(本紀) 권1-권5

史記

『사기집해』『사기색은』『사기정의』
삼가주 완역 해설판

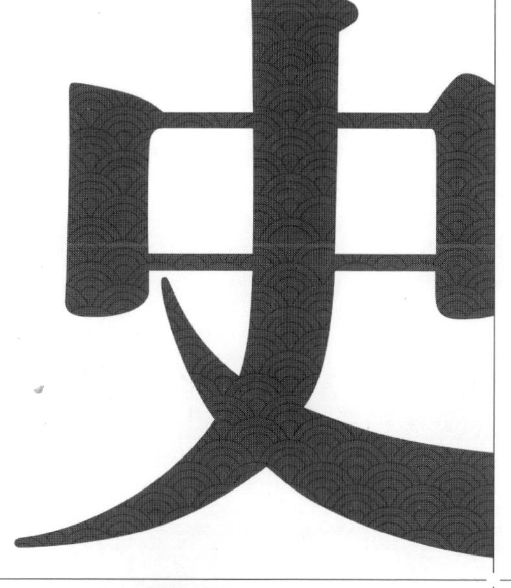

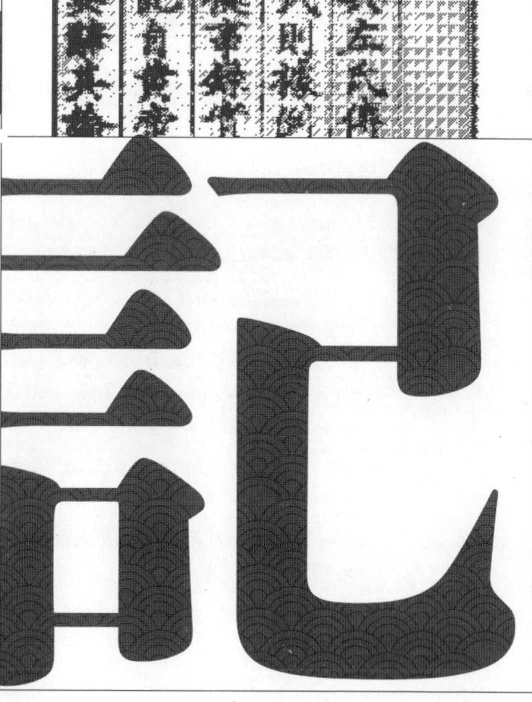

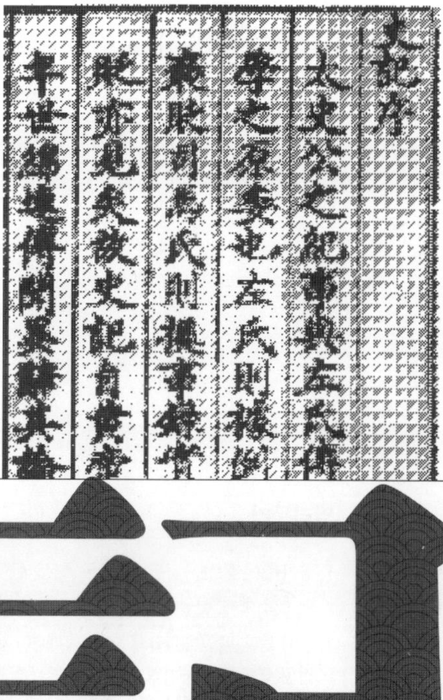
史記序
太史公之記事與左氏傳

21세기북스

일러두기

1. 삼가주(三家注)는 원칙적으로 모두 번역하되 발음을 풀이한 것이 기존 발음과 같은 경우에는 대부분 생략했다. 또 중복되거나 지금 상황과 동떨어진 주는 생략했다.

2. 삼가주란 배인(裴駰)의 『사기집해(史記集解)』, 사마정(司馬貞)의 『사기색은(史記索隱)』, 장수절(張守節)의 『사기정의(史記正義)』를 뜻하며, 삼가주의 번역은 각주 앞에 각각 【집해(集解)】, 【색은(索隱)】, 【정의(正義)】로 표시해 구분했다.

3. 【 】 표시로 시작하지 않는 주석은 옮긴이의 주이며, 삼가주와 다른 서체로 표기했다. 삼가주에 옮긴이의 주를 단 경우에도 마찬가지이다.

4. 발음 풀이 중에 간단한 것은 주(注)로 처리하지 않고 대부분 본문에 포함해 [○-○]이라는 식으로 표현했다. 또 역자가 뜻을 분명히 하기 위해 [○=○]이라는 표현을 쓰기도 했다.

5. 지나치게 미세해 지금의 독자에게 불필요한 주는 생략했고, 번역문에 녹였을 때는 따로 주(注) 표시를 하지 않았다.

6. 번역 원전은 인터넷사이트 '한천초려(漢川草廬)'를 기본으로 삼았다.

차례

역자(譯者) 서(序)

1. 역사를 쓴다는 것은 어떤 행위인가?

이 질문은 '역사란 무엇인가?'라는 본질적이면서도 공허한 질문을 피하기 위해 치밀하게 준비된 물음이다. 사실 이 질문은 하이데거의 말대로 '인간이란 무엇인가?'라는 질문만큼이나 조준이 잘못된 질문이다. 인간에게 '무엇(What)'을 물어서 나올 대답은 뻔하다. 정신과 육체의 결합체이다. 이를 향해 역사적 질문을 던질 수 없다. 고대 그리스의 인간이나 고대 중국의 인간이나 21세기 현대의 인간이나 똑같이 정신과 육체의 결합체일 뿐이기 때문이다.

하이데거는 '어떻게(How)', 즉 존재 방식을 물어야 한다고 했다. 그것이야말로 본질적으로 '역사적인' 질문이다. 즉 같은 정신과 육체를 가진 인간이 어느 시간에 어떤 방식으로 존재했고 어느 공간에 어떤 방식으로 존재했는지를 묻는 것이기 때문이다.

역사 또한 마찬가지이다. '어떻게'를 물어야 한다. 그것은 두 가지로 나뉜다. '어떻게 쓸 것인가'와 '어떻게 읽을 것인가'이다. 적어도 역사를 쓰는 사람은 일급 지성과 열린 시야를 갖춰야 한다. 아무나 쓸 수 있는 것이 아니다.

우리의 역사 수준은 그런 점에서 이와는 거리가 멀다. 삼류 정치인들의 레토릭으로 전락한 역사는 우리가 알고자 하는 그런 역사가 아니다. 그저 지난 시간에 일어난 어떤 일의 파편들을 이용해 자기주장을 정당화하는 도구로만 쓰일 뿐이기 때문이다.

역사는 전체이며 우리는 결코 그 전체를 파악할 수 없다. 그저 한정된 시야를 바탕으로 최대한 폭넓게 지난 일을 파악하려고 시도할 뿐이다. 역사에는 그래서 다양한 시각이 불가피하고 같은 시각이라도 깊이는 제각각이다.

이런 점에서 역사를 쓴다는 것은 어떤 행위인가를 묻지 않을 수 없다. 더불어 누가 역사를 쓰는가의 문제 또한 매우 중요하다. 아무나 역사를 쓸 수 있는 것은 아니기 때문이다. 역사학 박사라고 해서 이런 자격이 있는 것일까? 아니면 역사학과 정년을 마친 교수라고 해서 이런 자격이 있는 것일까?

우선 이런 의문들을 품고서 조선시대 초기에 '고려사'를 쓰려고 했던 우리 조상들이 어떤 문제에 봉착했는지를 살펴보자. 무엇보다 '역사를 쓴다는 것은 어떤 행위인가?'를 이해하는 데 큰 도움을 줄 것이기 때문이다. 지금 우리는 무슨 시대사 개론서를 쓰려는 것이 아니다. 그런 책들은 애당초 '역사'에 속하는 것이 아니라 '대학 개론서' 분야에 속하는 행위일 뿐이다.

2. 세종의 『고려사』 편찬 프로젝트

1) 태조·태종 때의 『고려사』 편찬

조선이 탄생한 것이 1392년 7월이다. 불과 3개월 만인 10월 13일 태조는 우시중 조준(趙浚), 문하시랑 찬성사 정도전(鄭道傳), 예문관 학사 정총(鄭摠)·박의중(朴宜中), 병조전서 윤소종(尹紹宗)에게 명해 『고려사』 수찬을 명했다.

2년여가 지난 태조 4년(1395년) 1월 25일, 삼사 판사 정도전(鄭道傳)과 정당문학(政堂文學) 정총(鄭摠) 등이 고려 태조부터 공양왕에 이르는 37권의 『고려사』를 편찬해 바쳤다. 이에 태조 이성계는 교서를 내려 "반고와 사마천의 풍모[班馬之風]가 있다"라고 치하했다.

그러나 태종이 임금이 되고서 이 『고려사』를 읽어보니 실상과 동떨어진 것이 많았다. 태종 14년 5월 10일, 태종이 한 말이 인상적이다.

"개국할 때 기밀의 일은 내가 모조리 알고 있다."

이날 태종은 역사 기록 보관·정리를 책임지는 춘추관 영사 하륜(河崙)을 불러 『고려사』를 다시 편찬할 것을 명했는데, 실은 하륜이 먼저 이 요청을 한 것이었다고 실록은 분명하게 기록하고 있다.

어쨌든 위의 말이 있은 지 석 달 후인 8월 7일, 태종은 하륜, 남재(南在), 이숙번(李叔蕃), 변계량(卞季良)에게 명해 『고려사』를 개수하게 했다. 그러나 이 일은 하륜이 중간에 죽어 끝을 보지 못했다.

2) 역사에 눈뜬 청년 세종

세종 즉위년(1418년) 12월 25일이면 '인턴' 임금 세종이 임금에 막 올랐을 때이고, 아버지 상왕 태종이 모든 아젠다를 정할 때이다.

경연에 나아간 세종은 정도전이 주도한 『고려사』는 믿을 수 없다 하여 다시 쓸 것을 명한다.

"『고려사』에 공민왕 이후의 사적은 정도전이 들은 바대로 더 쓰고 깎고 하여 사신(史臣)이 본 초고(草稿)와 같지 않은 곳이 매우 많으니, 어찌 뒷세상에 제대로 전할 수 있으랴. 없느니만 못하다."

의외로 단호한 어투를 봐서도 이것은 세종 자신의 뜻이라기보다는 상왕 태종의 뜻이었다. 이에 변계량(卞季良)과 정초(鄭招)는 지금이라도 바로잡는 것이 좋겠다고 동의를 표한다.

그러나 별다른 조치가 이뤄지지는 않았다. 심온 사건이다, 대마도 정벌이다 해서 그런 일에 신경을 쓸 여유가 없었던 정국이었기 때문인지 모른다. 실제로 대마도 정벌이 끝나고 나서인 세종 1년(1419년) 9월 19일에 이 문제가 재론된다. 세종은 경연에서 윤회에게 말했다.

"요사이 『고려사』를 읽어보았더니 사실과 맞지 않는 곳이 많았소. 마땅히 개수해야 할 것이오!"

이번에도 태종의 의중이 담겨 있었음은 물론이다. 그런데 이때 말하는 『고려사』란 태조 이성계의 명에 따라 정도전·정총·윤소종 등이 1392년부터 4년여에 걸쳐 편찬한 『고려국사』를 가리키고, 춘추관 동지사 윤소종은 바로 윤회의 아버지이기도 하다. 이 책은 역성혁명(易姓革命)을 일으킨 태조의 입장을 반영해 고려필망론(高麗必亡論)에 입각해 있었고, 동시에 정도전과 이방원의 정치 투쟁과 관련해서는 정도전과 같은 개국공신들의 입장을 반영하고 있었다. 태종으로서는 못마땅할 수밖에 없었다.

그래서 태종도 태종 14년(1414년)에 하륜(河崙)·남재(南在)·이숙번(李叔蕃)·변계량 등에게 개수를 명했으나 2년 후에 하륜이 사망하는 바람에 미완으로 남았던 것이다. 『고려사』를 보는 시각은 태종이나 태종의 충실한 계승자였던 세종이나 같은 입장일 수밖에 없었다.

그래서 바로 다음 날 세종은 예문관 대제학 유관, 의정부 참찬 변계량 등에게 명해 정도전 등이 찬수한 『고려국사』를 개수토록 명했다. 이렇게 시작된 작업은 그 후 세종에 의해 개정에 개정을 거듭한 끝에 30여 년 후인 문종 1년(1451년)의 기전체 『고려사』와 문종 2년(1452년)의 편년체 『고려사절요』로 완성을 보게 된다. 과장을 좀 보태자면 세종 재위 32년은 곧 『고려사』 쓰기의 일생이었다고 할 수 있을 것이다.

3) 세종, "사실에 맞게 다시 쓰라!"

"사실이 맞지 않는 곳이 많다"라는 세종의 지적이 단순히 태종에게 유리하도록 『고려국사』를 왜곡해서 고쳐 쓰기 위한 핑계였다기보다는 사실에 대한 세종의 천부적인 기억과 역사 공부에서 나온 것이었음을 보여주는 기사들이 많다. 세종 8년(1426년) 10월 29일의 예는 물론 아버지의 일이어서 그랬겠지만, 세종의 놀라운 기억력을 보여주기에 충분하다.

> 임금이 예조판서 신상에게 이르기를 "공정대왕(恭靖大王-정종)께서 즉위한 날은 실상 무인 9월 정축인데 헌릉 비문에는 정묘라고 잘못 기록되어 있고, 원경왕후(元敬王后-세종의 어머니)께서 중국 황제의 하사품을 받은 것은 모두 여섯 번인데 비문에는 다섯 번이라고 잘못 기록되어 있으니,

마땅히 사실대로 고치도록 하라"라고 했다.

세종 1년(1419년) 9월 20일 『고려국사』 개수를 지시한 이후에도 세종은 수시로 작업이 어떻게 진행되고 있는지 상황을 체크한다. 이 과정에서 세종의 역사 서술 방법론이랄까 역사관 혹은 역사철학이 소상하게 드러난다. 세종 2년(1420년) 2월 23일 자 기록이다.

임금이 유관에게 『고려사』를 교정하는 일을 물으니, 유관이 대답하기를 "전에 만든 『고려사』에서는 재이(災異)에 대한 것을 모두 쓰지 아니하였으므로 지금은 모두 이를 기록하려고 합니다"라고 말했다.

이에 대해 임금이 말하기를 "모든 선과 악을 다 기록하는 것은 뒤의 사람에게 경계하는 것인데, 어찌 재이라 하여 이를 기록치 아니하랴"라고 하였다.

다시 한번 사실에 충실할 것을 요구하고 있는 것이다. 그래서 3개월 후인 5월 28일, 변계량은 새로 쓰는 『고려사』에 싣게 될 각종 재앙과 기이한 일을 추려서 보고했다.

이렇게 해서 일단 세종 3년(1421년) 1월 30일 유관과 변계량이 교정한 『고려사』가 완성되었다.

이전에 정도전이 편찬한 『고려사』는 간혹 사신(史臣)이 본래 초(草)한 것과 같지 아니한 곳이 있었고, 또 제(制)니 칙(勅)이니 하는 황제에게나 쓰는 말과 태자(太子)라고 한 것 등이 참람되고 분수에 넘치는 말이 된다 하여 자기 마음대로 고친 곳이 있었다. 그래서 유관과 변계량에게 명하여 이를 교정하게 했더니, 이제 와서 편찬이 완성되었으므로 이에 헌상해 올렸다.

실제로 정도전은 이렇다 할 덕행이 없던 자기 아버지를 「열전」에 포함하기도 했다.

4) 1차 『고려사』 논쟁 : 세종 대 변계량

이렇게 해서 세종 3년(1421년) 1월 30일에 유관과 변계량은 『고려국사』를 손질한 『고려사』를 올렸다.

그러나 세종 5년(1423년) 12월 29일, 손질한 『고려사』를 둘러싸고 세종과 변계량 사이에 불꽃 튀는 논쟁이 일어난다. 세종은 이미 정도전이 임의로 고친 것을 원래대로 돌리도록 지시한 바 있는데, 이 자리에서 변계량이 이의를 제기하고 나선 것이다. 대부분 사안에서는 늘 세종의 편을 들었던 변계량의 이 같은 반론은 이례적이기까지 하다.

논쟁의 뿌리는 고려 말로 거슬러 올라간다.

세종 1년(1419년) 세종이 유관과 변계량에게 명해 『고려사』 수정을 지시하자 유관은 주자의 『통감강목』의 편제를 모방해서 재구성하려고 했다. 그런데 이때 변계량은 유관에게 "『고려사』는 이미 이인복(李仁復)과 이색(李穡)과 정도전의 손을 거쳤으니 경솔하게 고칠 수 없다"라고 맞섰다.

그리고 실제로 두 사람이 손질한 『고려사』에는 태자를 세자로 하고 태자비를 세자빈으로 하는 등 정도전이 임의로 황제국의 용어를 제후국의 어휘로 바꿔놓은 것들이 그대로 실려 있었다.

그래서 사관들이 먼저 문제를 제기했다. 황제국을 자처했던 고려는 태자, 태자비 등의 용어를 썼으니, 역사를 서술할 때도 그대로 해주는 것이 옳지 않겠냐고 변계량에게 따졌다. 그러자 변계량은 윤회를 통해 이런 쟁점을 세종에게 고하도록 청했다.

뜻밖에도 세종의 생각은 변계량과 달랐다. 당시에 그런 용어를 썼다면 그대로 서술하는 것이 역사서술의 원칙에 맞다는 것이었다.

반면에 변계량은 본의 아니게 정도전의 서술을 옹호하는 쪽에 섰다. 제후국에 맞는 용어를 쓴 것은 정도전이 임의로 고친 것이 아니라 정도전이 모범으로 삼은 이제현과 이색 등이 쓴 『금경록(金鏡錄)』을 근거로 하다 보니 그렇게 된 것일 뿐이라는 것이었다. 『금경록』은 고려 말 당시의 문인들이 소략하게 쓴 일종의 『고려실록』 같은 역사서이다.

그러나 세종은 단호했다. 사실 그대로 써도 후대 사람들이 어련히 알아서 판단하겠냐는 것이었다.

"사실을 있는 그대로 쓴다고 해서 무엇이 해롭겠는가?"

결국 세종은 유관과 윤회에게 다시 『고려사』를 고쳐 쓸 것을 명한다. 그러면서 "사실을 인멸하지 말라"고 다시 한번 당부한다.

이렇게 해서 다음 해인 세종 6년(1424년) 8월 11일 탄생한 것이 재차 고쳤다는 뜻의 『수교(讎校) 고려사』이다.

5) 2차 「고려사」 논쟁 : 기전체 대 편년체 논쟁

세종 6년(1424년) 8월 11일 『수교 고려사』가 완성됐지만 이를 꼼꼼히 읽어본 세종은 곳곳에서 불만스러운 점들을 발견한다.

정도전 문제에 대한 서술 등 일부 사실의 문제는 어느 정도 바로잡았지만, 역사 서술 방법론이라는 점에서는 허점이 너무 많아 보였기 때문이다. 그것은 아마도 애독서인 주희의 『자치통감강목』을 비롯한 중국의 각종 사서에 대한 이해가 깊어지면서 역으로 『수교 고려사』의 문제점들이 자꾸 새롭게 눈에 들어온 탓인지도 모른다.

그러나 우리는 세종 14년(1432년) 8월 10일의 모습에서, 과거의 사실을 있었던 그대로 쓸 것인가 오늘의 시점에서 바로잡아 쓸 것인가 하는 편년체(編年體)와 기전체(紀傳體) 사이에서의 고민이 변계량을 비롯한 신하들과의 논쟁을 통해 어느 정도 정리되었음을 확인할 수 있다.

편년체란 말 그대로 역사를 연대기식으로 정리하는 것이고, 기전체란 국가 중심의 역사 서술론으로서 각 나라의 황제와 군왕(제후왕), 신하의 계통을 중심으로 해서 주요 항목을 정해 항목별로 정리해가는 것이다. 좌구명의 『춘추좌씨전』이나 사마광의 『자치통감』은 편년체의 전형이고, 사마천의 『사기』나 『자치통감강목』을 모델로 저술한 기존의 『고려사』는 전형적인 기전체이다.

이날 세종은 『수교 고려사』를 다 읽은 뒤에 역사 서술을 담당하는 춘추관에 다음과 같은 질문을 던진다.

> 강목(綱目)의 필법으로 편찬한다면 작은 일이 중첩되어 모든 일을 다 기록하기가 어렵겠지만, 그러나 보기에는 편리한 장점이 있다. 또 편년의 필법으로 수찬한다면 보기에는 어려우나 사실을 서술함에는 상세할 것이다. 이를 어떻게 처리하면 좋겠는가?

이에 대해 춘추관을 맡고 있던 맹사성(孟思誠) · 권진(權軫) · 신장(申檣) · 정인지(鄭麟趾) · 김효정(金孝貞) · 설순(偰循) 등은 "원래 역사의 기록은 편년이 있고 난 후에 강목이 있었습니다"라고 의견을 올렸고, 세종도 이에 동의했다.

"내 생각도 그러하다. 편년의 필법으로 이를 수찬하여, 차라리 번거로운 데에 실수가 있더라도 너무 생략해 사실을 빠뜨리지 말게 하라."

여기서도 우리는 다시 한번 "사실로 하여금 말하게 하라"는 세종의 사실 중심주의적 역사관을 재확인하게 된다. 이런 과정을 거쳐 문종 초에 탄생한 것이 기전체 『고려사』와 편년체 『고려사절요』이다.

이상을 통해 우리는 '역사를 쓴다는 것은 어떤 행위인가?'를 간접적으로나마 체험해볼 수 있었다.

3. 역사가 공자

공자(孔子)라고 했을 때 사람마다 떠올리는 이미지는 다 다를 것이다. 20년 가까이 공자 공부를 하고 있는 필자가 볼 때 그는 무엇보다 '역사가'이다. 그저

『춘추(春秋)』라는 역사서를 썼기 때문이 아니다. 오히려 역사를 쓴다는 것이 무엇인지를 제시한 때문이다.

공자 사상의 핵심은 군군신신(君君臣臣)에 있다. 그것이 공(公)이고 도(道)이다. 다만 법가나 묵가와 달리 공자는 군군(君君)과 신신(臣臣)이 지위가 아니라 덕(德)에 의해 이뤄져야 한다고 보았다. 그 덕의 출발점은 부부자자(父父子子)이다. 이는 사(私)이지만 덕의 차원에서 매우 중요하다. 충(忠)은 공이고 효(孝)는 사이다. 공자가 『춘추(春秋)』에서 난신적자(亂臣賊子)를 주벌하려 한 뜻도 바로 그 점에 있었다.

『논어(論語)』「학이(學而)」편에서 유자(有子)가 말했다.

> 그 사람됨이 (부모에게) 효도하고 (형에게) 공순(恭順)한데도 윗사람을 범하기[犯上(범상)]를 좋아하는 자는 드물다.
>
> 윗사람을 범하기를 좋아하지 않는데도 난을 일으키기를 좋아하는 자는 없다.
>
> 군자는 근본에 힘쓰니, 근본이 서야 도리가 생겨난다.
>
> 효도와 공순이라는 것은 아마도 어짊을 행하는 근본일 것이다.

여기서 우리는 공과 사의 관계를 알 수 있다. 효제(孝悌)는 근본이고, 범상(犯上) 하지 않는 것은 도리이다. 공자에게 도리란 불교나 도가의 도가 아니라 명확하게 군군신신(君君臣臣)이다. 정리하자면 부부자자(父父子子)를 제대로 하는 사람이라야 제대로 군군신신(君君臣臣) 할 수 있다. 바로 여기에서 역사 서술의 원칙이 나온다. 사마천의 『사기』도 실은 '본기'는 황제에 해당하고, '세가'는 제후의 기록이니 임금에 해당하고, '열전'은 신하의 기록이니 신하에 해당한다. 사실 제후는 신하임과 동시에 임금이다.

역사는 나라의 기록일 수밖에 없다. 군신(君臣)의 기록이기 때문이다. 오늘날에야 주제별로 다양한 주제사가 존재하지만, 과거 역사의 골격은 군신의 기록일 수밖에 없다. 상하(上下) 관계의 기록이다.

역사가로서의 공자를 명확하게 인식할 때 왜 사마천이 다른 사람도 아닌 공자를 계승한다고 말했는지를 정확히 알 수 있다.

4. 사마천이 역사를 쓴 까닭

1) 아버지 사마담의 당부

사마천의 아버지도 역사를 담당하던 태사공이었다. 그는 생전에 아들 사마천에게 이렇게 당부했다.

> 내가 죽거든 너는 반드시 태사가 되어야 한다. 태사가 되거든 내가 논하여 저술하려 했던 것[所欲論著]을 결코 잊어서는 안 된다.
>
> 그리고 무릇 효(孝)란 어버이를 섬기는 것에서 시작하여[始] 군주를 섬기는 것을 거쳐서[中] 자기를 세우는 것[立身]에서 끝나는데[終], 후세에 이름을 날려[揚名] 부모를 드러내는 것이야말로 가장 큰 효이다. 무릇 천하가 주공(周公)을 칭송하는 것은 그가 문왕과 무왕의 다움을 논하여 노래하고 주공과 소공(召公)의 기풍을 선양하며 태왕(大王-고공단보)과 왕계(王季-계력)의 깊은 생각에 통달하여, 마침내 (위로 올라가) 공류(公劉)에 미치고 그렇게 함으로써 후직(后稷)까지 높이 받들었기 때문이다.
>
> 유왕과 여왕[幽厲]이후로 임금다운 도리[王道]가 사라지고 예악(禮樂)이 쇠하자, 공자께서 옛 전적들을 정리하고 폐기되었던 예악을 다시 일으켜서 『시경(詩經)』과 『서경(書經)』을 논하고 『춘추(春秋)』를 지으니, 배우는 자들이 지금까지도 그것을 본받고 있다. 획린(獲麟-기원전 481년) 이래로 지금까지 400년이 넘도록 제후들이 서로를 집어삼키려고만 한 탓에 역사 기록은 내버려지고 끊어졌다.
>
> 이제 한나라가 일어나 해내(海內-천하)가 하나로 통일되었는데, (그동안)

> 눈 밝은 군주, 뛰어난 임금, 충성스러운 신하, 의로운 선비들이 있었지만 내가 태사로 있으면서도 그것을 논하여 기록하지 못한 까닭에 천하가 열렬히 애썼던 바[天下之文]를 폐기하기에 이르렀으니 나는 너무도 두렵다. 너는 이 점을 잘 염두에 두어야 할 것이다!

주공과 공자의 덕(德)과 예(禮)가 기본이 되고 있음을 확인할 수 있다. 이에 사마천은 고개를 숙인 채 눈물을 흘리면서 말했다.

"소자(小子) 비록 못났지만[不敏] 아버지께서 순서대로 정리해두신 옛 기록을 다 논하여 감히 빠뜨리는 일이 없도록 하겠습니다."

세월이 흘러 마침내 사마천은 아버지 사마담의 뜻을 깨우쳐 이렇게 말했다.

> 선친께서 말씀하시기를 "주공(周公)이 세상을 뜨고 500년 만에 공자께서 나오셨고, 공자가 세상을 뜨고 오늘에 이르기까지 500년이 지났다. 이제 누가 그것을 이어받아 『역전(易傳)』을 바로잡고 『춘추(春秋)』를 이으며 『시(詩)』· 『서(書)』· 『예(禮)』· 『악(樂)』의 원류[際]를 밝힐 수 있을까?"라고 하셨다. 아버지의 뜻이 바로 여기에 있었구나! 아버지의 뜻이 바로 여기에 있었구나! 소자가 어찌 감히 사양하리오[攘=讓]![1]

1) 안사고(顔師古)가 말했다. "마땅히 아버지의 업을 이어받아 조술하여 완성해야지 어찌 감히 스스로 이를 사양해 500년 만에 찾아온 일을 물리칠 수 있겠는가라는 말이다."

2) 호수의 물음에 대한 사마천의 답변

사마천의 절친이기도 한 상대부(上大夫) 호수(壺遂)가 "옛날에 공자는 무엇을 위해 『춘추(春秋)』를 지었습니까?"라고 묻자, 사마천이 답했다. 먼저, 그는 동중서(董仲舒)에게 직접 들은 말부터 인용한다. 동중서는 『춘추번로(春秋繁露)』를 지을 만큼 『춘추(春秋)』에도 정통한 인물이었다. 사마천의 스승이었다.

주나라의 도리가 폐기되었을 때 공자가 노(魯)나라 사구(司寇)가 되었는데, 제후들은 공자를 해치려 했고 대부들은 공자를 가로막았다[壅]. 공자는 자신이 쓰일 때가 아니고 도리가 행해질 수 없다는 것을 알고는 (노나라의) 242년 동안에 대해 옳고 그름을 가림으로써 천하를 위한 본보기[儀表]를 만들어서, (잘못된) 천자들을 깎아내리고[貶] (잘못된) 제후들을 뒤로 물리며[退] (잘못된) 대부들을 성토하여[討] 임금다운 도리[王事=王道]에 이르게 했을 뿐이다.

사마천은 이어서 자기 생각을 다음과 같이 말한다.

임금이나 아버지가 되어 『춘추』의 마땅함[義=誼]에 능통하지 못하면 반드시 가장 나쁜[首惡=元兇] 오명을 덮어쓰게 될 것이고, 신하나 자식이 되어 『춘추』의 마땅함에 능통하지 못하면 반드시 찬탈이나 시역(弑逆)을 저지르다가 주살당하게 되는 죄를 지을 것입니다. 사실 그들은 다 자신들이 하는 짓을 좋은 것이라고 여기고 행하지만, 그것의 마땅함 여부를 모르기 때문에 실상과는 동떨어진 비난[空言]을 덮어쓰면서도 감히 거기서 벗어나지를 못합니다.
무릇 일의 이치와 마땅함[禮義]의 기본적인 뜻에 통하지 못하면 임금은 임금답지 못하고 신하는 신하답지 못하며 아버지는 아버지답지 못하고 자식은 자식답지 못한 지경에 이르게 됩니다.
그리하여 임금이 임금답지 못하면 (임금의 일을 신하에게) 침범당하고 신하가 신하답지 못하면 (결국은) 주살되며 아버지가 아버지답지 못하면 무도하게 되고 자식이 자식답지 못하면 불효를 하게 되니, 이 네 가지 행실은 천하의 가장 큰 잘못입니다. 그래서 천하의 가장 큰 잘못을 저질렀다는 말을 뒤집어쓰게 되어도 그것을 받아들여야만 할 뿐 감히 거기서 벗어나지를 못합니다. 그렇기 때문에 『춘추』란 일의 이치와 마땅함의 가장 큰 으뜸[大宗]인 것입니다. 무릇 예(禮)란 어떤 일이 아직 일어나기 전에 그것을 금하는 것이요 법이란 이미 일어난 후에 시행하는 것이어서, 법의 효용은 쉽게 눈으로 볼 수 있지만 예가 금하는 것은 알기가 어려운 것입니다.

즉 자신은 공자의 도리와 근본, 즉 군군신신부부자자(君君臣臣父父子子)를 고스란히 이어받으려 했음을 명확히 밝히고 있다.

5. 『사기』 제대로 읽는 법

1) 유유(有猷)·유위(有爲)·유수(有守)

사마천의 『사기』라고 하면 흔히 하는 말이 '다양한 인간 군상에 대한 해부' 혹은 '인간 지혜의 보고서'라고 한다. 특히 이는 주로 열전(列傳)을 두고 하는 말인데, 틀린 말은 아니지만 피상적이다. 우리는 속으로 들어가서 군군신신 부부자자(君君臣臣父父子子), 그중에서도 공(公)의 영역인 군군신신(君君臣臣)에 초점을 맞춰야 한다.

21세기 민주 사회에서 무슨 군신(君臣)이냐고 하겠지만, 예나 지금이나 모든 조직에는 상하(上下) 관계가 필수적이다. 따라서 리더십과 팔로우십은 옛날과 조금도 다르지 않다. 전쟁을 비롯한 큰일을 기록한 역사는 옛날이야기가 되고 말지만 그와 관련된 사람 이야기, 즉 군신 간의 의견 충돌과 의견 합치 등을 빚어내는 인간 내면을 조명하는 역사는 늘 지금의 이야기가 된다. 이는 사마천의 『사기』가 2000년이라는 시간 거리를 뛰어넘어 지금도 펄떡펄떡 생동감이 넘치는 이유이기도 하다.

공자가 편찬한 『서경(書經)』도 일종의 역사서인데, 『춘추』가 일[事]을 기록한 역사서라면 『서경』은 말[言]을 기록한 역사서라 할 수 있다. 그중에 주나라 때 「홍범구주(洪範九疇)」라는 유명한 글이 있다. 탕평책이라고 할 때의 탕평(蕩平)

이란 말도 이 글에 실려 있다. 이 글은 주나라 무왕이 은나라를 무너뜨린 직후에 은나라 왕실 사람이었던 기자(箕子)에게 통치의 요체를 묻자, 기자가 아홉 가지 범주로 나눠 이야기해준 것이다. 제왕학의 요체라 할 수 있다. 거기에 이런 말이 나온다.

> 모든 사람에게 유유(有猷)가 있고 유위(有爲)가 있고 유수(有守)가 있음을 너는 염두에 두어야 한다.

유유(有猷)란 미래와 상황의 흐름을 잘 읽으며 모책(謀策)이 뛰어난 사람을 말한다. 재상감이다.

유위(有爲)란 견실한 실행력을 갖춘 사람을 말한다. 판서감이다.

유수(有守)란 내면적으로 지조를 지킬 줄 아는 사람을 말한다. 간언을 맡아야 할 사람이다.

이는 대체로 조직을 운영하는 데 필요한 세 영역에서 꼭 있어야 할 인물 유형이라고 할 수 있다. 조선시대로 치자면, 유유(有猷)는 정승을, 유위(有爲)는 판서를, 유수(有守)는 언관(言官)이나 간관(諫官)을 맡길 만하다. 즉 개개의 사람을 알아보기에 앞서 자기 조직에서 필요로 하는 직무 유형을 먼저 파악해야 하는 것이다.

중국 삼국시대 조조(曹操)의 인사 참모였던 유소(劉劭)는 『인물지』(이한우 옮김, 21세기북스)에서 인물 유형을 기본적으로 술가(術家), 법가(法家), 도덕가(道德家) 셋으로 나눴는데, 이는 정확히 유유(有猷), 유위(有爲), 유수(有守)와 상응한다.

결국 이 세 가지 기본 인간 유형은 특히 열전을 읽을 때 염두에 둬야 한다. 열전이란 흔히 오해하듯이 단순한 인간 군상이 아니라 다양한 신하 이야기이기 때문이다.

2) 사리(事理)와 사세(事勢), 정(正)과 중(中)

사마천의 『사기』 속으로 들어가서 읽는 또 하나의 요체는 사리(事理)와 사세(事勢), 정(正)과 중(中), 예(禮)와 명(命)의 차이를 분명하게 아는 것이다. 예(禮)란 사리(事理)이며 정(正)이고, 명(命)이란 사세(事勢)이며 중(中)이다. 이는 철저하게 공자의 개념이며, 사마천 또한 이를 정확히 알고 있었다. 이 개념이 없이는 어떤 임금이나 신하에 대한 평(評)이 불가능하다.

그럼에도 공자(孔子)에 대한 우리의 오해는 너무도 깊다. 공자는 지극한 현실주의자임에도 우리 학계에서는 마치 그를 이상론자나 관념론자로 여긴다. 특히 도덕주의자로 여겨서 고지식한 심신(心身) 수양론자 정도로 간주한다. 당연히 잘못된 견해이다.

"공자 왈 맹자 왈"이라는 비아냥거림이 대표적이다. 그것은 뻔한 소리만 해댄다는 뜻이다. 그러나 『논어(論語)』나 『주역(周易)』에서 필자가 직접 만나본 공자는 이런 오해나 선입견과는 전혀 다른 면모를 선보인다.

대표적인 사례가 제(齊)나라 명재상 관중(管仲, ?~기원전 645년)에 대한 그의 인식이다. 『논어』「헌문(憲問)」편에 나오는 두 사례를 보자. 먼저 너무도 단순했던 공자의 제자 자로(子路)와 공자의 대화이다.

> 자로가 말했다.
> "환공(桓公)이 공자 규(糾)를 죽이자, 소홀(召忽)은 죽었고 관중(管仲)은 죽지 않았으니, 관중은 어질지 못합니다."
> 공자가 말했다.
> "환공이 제후들을 규합함에 있어 무력을 사용하지 않은 것은 관중이 힘쓴 덕분이었으니, 누가 그의 어짊[仁(인)]만 하겠는가? 누가 그의 어짊만 하겠는가?"

주희는 『춘추좌씨전(春秋左氏傳)』을 근거로 먼저 이 사건의 역사적 배경을 소개한다.

"제(齊)나라 양공(襄公)이 도리를 잃자, 포숙아(鮑叔牙)는 공자(公子) 소백(小白)을 받들어 거(莒)나라로 망명했다. 노(魯)나라 사람들이 공자 규를 제나라로 들여보내려 했으나 성공하지 못하자 소백이 들어가니, 이가 환공(桓公)이다. 환공이 노나라로 하여금 규를 죽이게 하고 관중과 소홀을 보내줄 것을 청하니 소홀은 죽고 관중은 함거(檻車)에 갇히기를 자청했는데, 포숙아가 환공에게 말해 관중을 재상으로 삼게 했다. 자로는 관중이 군주를 잊고 원수를 섬겼으므로 마음을 잔인하게 하고 천리(天理)를 해쳐 어짊이 될 수 없다고 의심한 것이다."

자로가 볼 때는 소홀이야말로 살신성인(殺身成仁), 즉 목숨을 바쳐 어짊을 이룬 것이 아니냐는 생각이었다.

그러나 공자의 시야는 훨씬 넓다. 통상 유학자들의 해석은 늘 자로에 근접해 있었다는 점에서 공자의 발언은 썩은 유학자들[腐儒]에 대한 비판으로 읽어도 무방하다. 공자의 말을 다시 읽어보자.

"환공이 제후들을 규합함에 있어 무력을 사용하지 않은 것은 관중이 힘쓴 덕분이었으니, 누가 그의 어짊[仁]만 하겠는가? 누가 그의 어짊만 하겠는가?"

그러자 이번에는 용자(勇者) 자로보다는 사리(事理)에 뛰어난 제자인 지자(知者) 자공(子貢)이 다시 공자에게 불만을 품고서 질문을 던진다.

자공이 말했다.

"(아무리 그렇게 말하셔도) 관중은 어진 사람이라고 할 수는 없을 것입니다. 환공이 공자 규를 죽였는데도 기꺼이 따라 죽지 못했고, 또 환공을 돕기까지 했습니다."

공자가 말했다.

"관중이 환공을 도와 제후의 패자가 되게 해서 한 번 천하를 바로잡아 백성이 지금까지 그 혜택을 받고 있으니, 관중이 없었다면 우리는 머리를 헤쳐 풀고 옷깃을 왼편으로 하는 오랑캐가 되었을 것이다. 어찌 필부필부들이 작은 신의[諒]를 지키기 위해 스스로 목매 죽어서 시신이 도랑에 뒹굴어도 사람들이 알아주는 이가 없는 것과 같겠는가?"

관중의 처신이 바르지는 않았지만[不正], 그러나 그 상황에 적중해서[中] 백성에게 큰 혜택을 베풀었다는 것이 공자의 반박이다. 그만큼 중(中)을 제대로 이해하는 것은 쉽지 않다. 이 문제를 『맹자(孟子)』「이루장구(離婁章句)」를 통해 좀 더 쉽게 접근해보자.

(언변이 뛰어난 제(齊)나라 사람) 순우곤(淳于髡)이 물었다.
"남녀 간에 물건을 주고받으면서 손이 닿지 않도록 하는 것이 예(禮)입니까?"
맹자가 "예다"라고 하자, 순우곤이 되물었다.
"(그렇다면) 형수나 제수[嫂]가 물에 빠졌을 때 손을 써서 구해주어야 합니까?"
이에 맹자는 다음과 같이 답했다.
"형수나 제수가 물에 빠졌는데도 (손을 써서) 구해주지 않는다면 이는 승냥이나 이리와 다를 바 없다. 남녀 간에 물건을 주고받으면서 손이 닿지 않도록 하는 것은 예이고, 형수나 제수가 물에 빠졌을 때 손을 써서 구해주는 것은 권도[權=權道]이다."

일의 형세보다는 마땅함[義] 혹은 일의 이치[事理=禮]에 주안점을 두었던 맹자를 통해서 상경(常經-사리)이나 상도(常道)가 아닌 권도(權道)의 중요성에 관한 언급을 듣는 것은 뜻밖이다. 상도(常道), 즉 정(正)보다도 권도(權道), 즉 중(中)을 더 중시한 사람은 바로 공자이다.

물론 평소에는 정(正)이 중요하지만, 특별한 상황에서는 중(中-상황에 적중)해야 한다. 그런 상황에서는 일의 이치[事理=禮=正]보다는 일의 형세[事勢=命=中]

를 따라야 한다.

이 틀이야말로 태종 자신이 늘 염두에 두었던 사고 구조이며, 그것은 공자를 제대로 공부할 경우 자연스럽게 익힐 수밖에 없는 사상의 핵심이다. 대체로 주자학자들은 중(中)으로 나아가지 못하고 정(正)에 머물러 있는데, 정(正)이 조금만 정체되면 도덕주의의 함정에 빠지게 된다.

앞서 말한 세 가지 유형의 신하 중에서 유유(有猷)는 사세에 능하고 명(命)을 아는 신하라고 할 수 있고, 나머지 두 유형은 사리를 잘 밟아가고 예(禮)를 아는 [知禮(지례)] 신하라고 할 수 있다.

3) 상도(常道)에서 권도(權道)로

권(權)이라는 글자는 오늘날에는 권력, 권세 같은 단어들하고만 연결해서 쓰이다 보니 원래 그것이 갖고 있던 뜻을 거의 상실해버렸다. 권(權)이란 본래 저울, 저울추를 뜻했고, 동사로는 '저울질하다'라는 뜻으로 가장 많이 사용됐다. '저울질한다'라는 것은 상황마다 거기에 맞는 조치를 취한다는 뜻으로 이어진다. '잠시, 임시'라는 뜻도 거기서 파생되어 나왔다.

권지(權知)라는 말을 예로 들면, 권(權)은 바로 '임시'라는 뜻이고 지(知)는 장(掌)이나 사(司), 전(典)과 같은 뜻으로 '일을 주관하다', '담당하다'라는 뜻이다. 오늘날 거의 유일하게 남아 있는 용례로는 경기도지사라고 할 때의 그 지사(知事)라는 말이 있다. 말 그대로 일을 맡아서 처리한다는 뜻이다.

권지(權知)는 오늘날의 '인턴'과 같은 말이다. 정식 임용을 앞두고 일단 임시로 일을 맡긴다는 뜻이다. 조선시대에는 과거에 급제하면 바로 정식 관리가 되는 것이 아니라 권지(權知)의 단계를 반드시 거쳐야 했다. 합격자를 권지로 임명해 각 관청에 보냈다가, 일정 기간이 경과하고 나서야 실직(實職)을 주었다. 특히 6품에 임명되는 갑과 합격자 3명 이외의 과거 합격자는 모두 종9품을 받고 이른바 권지청(權知廳)에 분속되어, 문과는 성균관(成均館), 승문원(承文院), 교서관(校書館) 등에서, 무과는 훈련원, 별시위 등에서 권지 성균관 학유(學諭), 권지

승문원 부정자(副正字) 등의 이름으로 실무를 익히게 했다.

심지어 우리 역사에는 임금 중에도 권지(權知)가 있었다. 태조 이성계와 정종이 그런 경우이다. 1402년 명나라에서 태종을 공식 책봉하기 전까지 조선 임금의 공식 명칭은 '권지 고려국사(高麗國師)' 혹은 '고려 권지국사'였다. 권(權)이 임시라는 뜻이 있으므로 실은 권도(權道)라는 말도 임시방편이라는 뜻이 강했다. 그다지 좋은 뜻이 아니었다는 말이다.

우선 중립적 뉘앙스부터 살펴보자. 태종 6년(1406년) 8월 24일, 당시 태종은 세자에게 임금 자리를 넘기겠다는 선위(禪位) 의사를 밝혀 조정을 발칵 뒤집어 놓았다. 이때 권근(權近)이 글을 올려 선위의 부당성을 역설했는데, 그중 이런 대목이 나온다.

> 신이 가만히 천하(天下)의 일을 생각건대 일은 같으나 형세가 다른 것이 있으니, 태평(太平)하고 무사(無事)한 때를 당하면 상경(常經)을 지켰으며 위태하고 변급(變急)한 때를 당하면 권도(權道)를 행했습니다. 진실로 태평한 때를 당해서 권도(權道)를 쓰면 시중(時中)의 적의(適宜)함을 잃게 되어 도리어 화란(禍亂)이 생기게 되는 것이니, 이것을 살피지 않을 수가 없습니다. 대체로 천하(天下)의 국가를 가진 이가 반드시 대대로 서로 전위(傳位)하는 것은 예(禮)의 상경입니다. 무릇 제후(諸侯)가 나라를 전(傳)하는 때에 반드시 천자(天子)에게 명(命)을 받는 것도 또한 예(禮)의 상경입니다.

여기에는 우리가 집중적으로 파고들고 있는 사리(事理)로서의 예(禮) 개념이 나타나 있고, 동시에 권도(權道)와 짝을 이루는 개념이 상경(常經)임을 알 수도 있다. 상경은 상도(常道)라고도 한다. 권근은 권도와 상경의 일반론을 밝힌 것이다.

그런데 대부분 경우에는 부정적 뉘앙스를 담아 권도라는 말을 썼음을 확인할 수 있다. 장구한 계책이나 영구적인 법도와 대비되는 의미에서는 임기응변 정도의 의미이다.

그러나 태종은 권도를 상당히 좋은 의미에서 사용하고 있다. 그것은 아마도 『논어(論語)』에 정통했기 때문일 것이다.

이 점을 확연히 보여주는 기사가 태종 17년(1417년) 6월 24일 자 『태종실록』에 나온다.

> 태종이 하륜(河崙)의 아들 하구(河久)에게 고기를 내려주었다.
>
> 하륜의 아내 이씨(李氏)가 의원(醫員) 양홍달(楊弘達)에게 말했다.
>
> "아들 하구가 오랫동안 아버지의 상사(喪事)로 인해 기운이 허약한 데다가 병은 심하고 입이 써서 먹을 것을 생각하지 아니하오. 내가 육식(肉食)하기를 권해도 하구가 따르기를 달게 여기지 아니하니, 그대가 이 사정을 상전(上前)에 아뢰어 하구로 하여금 고기를 먹도록 하여주오."
>
> 양홍달이 와서 아뢰었다.
>
> "하구 어미의 말이 이러하여 신(臣)이 진찰해보았더니, 상중(喪中)에 채소만 먹은 나머지 천식이 깊이 병들어 치료하기 어려웠습니다."
>
> 상이 즉시 내관(內官) 김용기(金龍奇)에게 명해 하구에게 고기를 내려주며 말했다.
>
> "네 어찌 과정(過庭)의 가르침이 없었으랴? 반드시 상경(常經)과 권도(權道)의 도리를 통달했을 것이다. 상중에 육식(肉食)하지 않음이 비록 효자라 하더라도, 몸을 망쳐 요절(夭折)하는 것과 비한다면 어찌 몸이 건강해 제사를 받드는 것과 같겠느냐? 이것이 곧 효도 중에 가장 큰 것이다."

하륜은 태종 16년(1416년) 11월 어느 날 객지에서 세상을 떠났다. 태종의 말을 보면 그가 하륜에 대해 '상경과 권도의 도리에 통달한 재상'으로 보았음을 알 수 있다. 그런 아버지의 아들이니 그 이치는 알아야 하지 않겠느냐는 말이다.

결국 '몸을 건강하게 해 아버지의 제사를 잘 받드는 것'이 오히려 가장 큰 효도이며, 이것이 바로 권도(權道)라는 말이다. 더욱 의미심장한 대목은 '뜰을 지날 때[過庭]의 가르침'을 말하는 대목이다. 이는 『논어』「계씨(季氏)」편에 나오는 이야기를 가리킨다.

진항(陳亢)이 공자의 아들 백어(伯魚)에게 물었다.

"그대는 역시 특이한 것을 들은 적이 있는가?"

이에 백어가 답했다.

"(그런 특별한 것은) 들은 적이 없다. 일찍이 홀로 서 계실 때 내[鯉]가 종종걸음[趨]으로 뜰을 지나가는데[過庭], '시(詩)를 배웠느냐?'라고 물으시기에 '아직 배우지 못했습니다'라고 했더니 '시를 배우지 않았으면 말을 할 수 없다'라고 하셨다. 나는 물러 나와 시를 배웠다. 다른 날에 또 홀로 서 계실 때 종종걸음으로 뜰을 지나가는데, '예(禮)를 배웠느냐?'라고 물으시기에 '아직 배우지 못했습니다'라고 하니 '예를 배우지 않으면 설 수 없다[無以立]'라고 하셨다. 나는 물러 나와 예를 배웠다. 이 두 가지를 들었을 뿐이다."

이에 진항이 물러나 기뻐하며 말하기를 "하나를 물어서 세 가지를 얻었으니, 시를 듣고 예를 듣고 또 군자가 그 아들을 공평하게 대하는 것을 들었구나!"라고 했다.

이것이 바로 태종이 말한 과정(過庭)의 가르침이다.

따라서 상도는 사리, 예, 정과 연결되고 권도는 사세, 명, 중과 연결된다.

임금이란 기본적으로 권도를 발휘하는 자리이고, 신하는 상도를 따르는 자리이다. 다만 재상은 임금으로부터 전권을 받아 그 범위 안에서 권도를 발휘하는 자리라고 할 수 있다. 현대 기업의 전무(專務)와 상무(常務)의 차이도 여기서 나온 것이다. 전(專)이란 곧 권(權)이기 때문이다.

6. 마무리하며

이제 도움을 주신 분들에게 감사할 차례이다. 먼저 21세기북스 김영곤 대표의 결단이 있어 이번 책이 세상에 나올 수 있었다. 또 양으녕 인문팀장이 많은 수고를 했다. 깊이 감사드린다.

고 김충렬 선생님의 맹렬한 동양사상 탐구와 이기상 선생님의 철저한 하이데거 탐구가 없었다면 필자의 이 작업은 애당초 불가능했을 것이다. 진심 어린 감사의 마음을 전한다.

그리고 지금도 함께 고전 공부하는 즐거움을 누리고 있는 논어등반학교 대원 여러분께도 고마움을 전한다.

22년 동안 재직한 조선일보 방상훈 사장님을 비롯해 선후배님들에게도 깊은 고마움을 전한다. 또 2016년 조선일보를 그만두고 고전 강의와 저술에 뛰어든 이래로 물심양면의 지원을 아끼지 않으시는 LS그룹 구자열 회장님께 진심으로 감사드린다.

하늘에 계신 아버님과 장인어른 그리고 두 어머니에게도 감사드린다. 끝으로 늘 내 글쓰기의 든든한 응원자이자 원동력이 되어준 아내와 아들에게 깊은 감사를 표한다.

2026년 3월 상도동 보심서실(普心書室)에서

탄주(灘舟) 이한우(李翰雨) 삼가 쓰다

삼가주(三家注) 서(序)

「사기집해서(史記集解序)」, 배인(裴駰)[1]

반고(班固)는 이런 말을 했다.[2]

"사마천(司馬遷)[3]은 『좌씨(左氏-춘추좌씨전)』, 『국어(國語)』[4]에 근거하고 『세본(世本)』과 『전국책(戰國策)』[5]에서 사실을 뽑아내며 『초한춘추(楚漢春秋)』[6]를 이어받아서, 그 뒤의 일들을 연결해 천한(天漢) 연간[7]에서 마쳤다. 그가 진(秦)나라와 한나라를 말한 것은 상세하지만, 경(經)과 전(傳)을 모으는 데 이르러서는 여러 가(家-국가 또는 학파)의 일로 분산되어 너무 소략하고 때로는 서로 모순되기도 한다[抵捂(저오)=牴牾(저오)][8].

1) 【색은(索隱)】 배인(裴駰)은 자(字)가 용구(龍駒)이며 하동(河東) 문희(聞喜) 사람이다. (남조) 송나라 중랑(中郎) 외병조참군(外兵曹參軍)을 지냈다. 아버지 송지(松之)의 자는 세기(世期)로 태중대부(太中大夫)를 지냈고 『삼국지(三國志)』에 주를 달았다. 『송서(宋書)』에 부자가 나란히 열전이 있다. 【정의(正義)】 배인은 구경(九經)과 각종 역사서, 『한서음의(漢書音義)』를 비롯한 각종 책을 갖고서 『사기(史記)』를 풀이해 제목을 「사기집해서」라고 했는데, 서(序)는 '계통을 잡는다[緖(서)]'는 뜻이다. 손염(孫炎)은 그것을 단서(端緖)라고 했는데, 공자는 『역(易)』의 괘(卦)를 짓고 자하(子夏)가 시(詩)를 지었으니, 서(序)의 뜻은 그 유래가 오래되었다고 할 수 있다.[공자가 『주역(周易)』 「서괘전(序卦傳)」을 짓고 자하가 「모시서(毛詩序)」를 지었다는 설이 있다. 서(序)를 말한 것은 그 때문이다.]

2) 【색은(索隱)】 반고가 『한서(漢書)』를 펴내면서 「사마천전(司馬遷傳)」을 지었는데, 여기서는 사마천이 『사기(史記)』를 지으면서 채록한 책과 글들을 평가하고 겸해서 그것들의 득실(得失)을 논했다. 그래서 배인의 이 서(序)는 먼저 그 설들을 끌어들이고 있다. 살펴보건대, 반고는 자(字)가 맹견(孟堅)이며 부풍(扶風) 사람이다. 후한 명제(明帝) 때 벼슬이 중호군(中護軍)에 이르렀는데, 할아버지 치(穉)가 영천태수(潁川太守)였고 아버지 표(彪)가 서현(徐縣) 현령이었고 태사공(太史公-사마천)의 작업을 계승하였다.

3) 【정의(正義)】 자(字)가 자장(子長)이며 좌풍익(左馮翊) 사람이다. 한나라 무제 때 태사령(太史令)이 되어 『사기(史記)』 130편을 편찬했다. 아버지 담(談) 또한 태사령이었다.

4) 【색은(索隱)】 중니(仲尼-공자)가 『춘추(春秋)』의 경(經)을 지었는데, 노나라 사관 좌구명(左丘明)이 『춘추』의 전(傳)을 지으니 합쳐서 30편이었고 그래서 『좌씨전(左氏傳)』이라고 했다. 『국어(國語)』 또한 좌구명이 편찬한 것으로, 위로는 주나라 목왕(穆王)까지 올라가고 아래로는 경왕(敬王)에 이르며 제후의 일은 노나라 장공(莊公)에서 시작해 춘추시대 말기까지 이어지는데, 모두 21편이다.

5) 【색은(索隱)】 유향(劉向)이 말하기를, 『세본(世本)』은 옛 사실을 기록하는 데 밝은 옛 사관이 황제(黃帝)부터 제왕과 제후, 경대부의 시호(謚號)와 이름을 기록한 것으로 모두 15편이라고 했다. 『전국책』에 대해 고유(高誘)가 말하기를, 전국시대 종횡가(縱橫家)의 학설인데 이 또한 나라의 역사라고 했다. 유향이 편찬했으며, 모두 30편이다. 살펴보건대 이는 반고가 뒤에 그 이름을 취한 것이고, 사마천 때는 『전국책』이라는 이름이 없었다.

6) 【색은(索隱)】 한나라 태중대부(太中大夫)였던 초나라 사람 육가(陸賈)가 편찬한 책으로, 항씨(項氏-항우)와 한나라 고제가 처음 일어날 때의 일과 혜문(惠文) 때의 일을 기록한 것이다.

7) 【색은(索隱)】 천한은 무제의 연호이다. 태사공이 기록한 것이 무제 천한 연간까지

임을 말한다.

8) 【색은(索隱)】 저오(抵捂)는 참치(參差)와 같은 말로, 예를 들면 문장 2개가 가(家) 하나에서 나온 것처럼 서술함으로써 자기 모순되는 것을 말한다.

실로 사마천은 섭렵한 것이 매우 넓고 경전(經傳)을 깊이 파고들었으며 고금과 상하의 수천 년 사이를 말이 치달리듯 했으니, 이것만으로도 참으로 부지런했다[勤(근)]고[1] 하겠으나, 또한 그가 논한 시비(是非)는 빼어난 이[聖人(성인)]와는 어긋나는 바가 자못 많았다[2]. 큰 도리를 논하면서 황로(黃老-황제와 노자)를 앞세우고 육경(六經)을 뒤에 두었으며, 유협(游俠)[3]을 서술하면서 처사(處士)를 뒤로하고 간웅(姦雄)을 앞세웠으며, 화식(貨殖)을 서술하면서 세리(勢利)를 높이고 빈천(貧賤)을 부끄럽게 여겼으니, 이것이 바로 그의 폐단이다[4].

1) 【정의(正義)】 『사기(史記)』를 지으면서 경전과 백가(百家)의 일을 채록하고 위아래로 2,000년의 일을 담았으니, 이는 찬록(撰錄)함에 있어 실로 부지런한 것이었다.

2) 【색은(索隱)】 빼어난 이란 주공(周公)과 공자(孔子)를 일컫는다. 주공과 공자의 가르침은 모두 유학(儒學)을 종주로 삼고, 다움[德(덕)]을 숭상하는데, 지금 태사공(太史公)은 황로(黃老)를 앞세우고 세리(勢利-형세와 이익)를 숭상하니 이것이 빼어난 이와 어긋나는 점이다. 【정의(正義)】 『사기(史記)』는 52만 6,500자로 2,113년의 일을 서술하고 있고, 『한서(漢書)』는 81만 자로 225년의 일을 서술하고 있다.

3) 【색은(索隱)】 유협이란 죽음을 가벼이 여기고 의로움을 중시했던 형가(荊軻)나 예양(豫讓) 같은 무리를 말한다. 옳고 그름을 같이하는 것을 협(俠)이라고 한다.

4) 【정의(正義)】 이 세 가지가 바로 사마천이 이치에 통달하지 못한 면이다.

그러나 유향(劉向)과 양웅(揚雄)은 여러 책을 폭넓게 본 사람들인데 두 사람이 모두 천(遷)은 훌륭한 역사가의 재주[良史之才]를 갖고 있다고 칭찬한 이래로 (사람들은) 그가 일의 이치를 차례에 맞게 잘 서술했고 말을 잘하면서도 부화(浮華)하지 않았으며 질박하면서도 저속하지[俚=鄙] 않았다고 여기게 되었다. 그의 글은 곧았고, 그가 말한 일은 실상에 부합했다. 헛되이 미화하지도 않았고 잘못을 숨기지도 않았기 때문에 그것을 일러 실록(實錄)이라고 했다."[1]

1) 이는 반고(班固)의 『한서(漢書)』 「사마천전(司馬遷傳)」 끝에 실려 있는 찬(贊)이다. 찬은 사관의 평(評)이라 할 수 있다.

나는 반고의 이 같은 말대로 세상이 그를 칭송하는 것이 마땅하다고 본다[1]. 비록 때때로 오류가 있기는 해도 편찬에 있어 실로 일가(一家)를 이룬 책이라 할 수 있으니, 큰 개요[大較=大略]를 총괄하자면 진실로 뛰어난 이의 큰 재주라 할 수 있다. 이 책을 고찰하고 비교해보면 문구가 같지 않으며 서술 내용이 많은 경우도 있고 적은 경우도 있어서 그 실상을 제대로 변론할 수 없었기 때문에, 세상에서 미혹된 자들은 본말을 제대로 가리지 못해 서로 뒤바꾸거나 진위(眞僞)를 뒤섞기도 했다[2]. 그래서 중산대부(中散大夫) 동완(東莞) 사람 서광(徐廣, 352~425년)[3]이 여러 판본을 비교 연구해 『음의(音義)』[4]를 지었으니, 판본들끼리 같고 다름을 갖춰 나열하고 겸해서 뜻풀이와 해석을 달았다. 다만 거칠게나마 새롭게 밝힌 것들도 있으나 너무 생략한 것이 아쉬운 대목인지라, 이에 나의 천견(淺見)으로 서씨(徐氏-서광)의 설을 증보했다. 경전과 제자백가에서 뽑고 선유(先儒)[5]의 학설을 더해서 『사기』를 이해하는 데 도움이 되는 것은 모두 다 보완해 이 안에 수록했으며, 없는 문장들은 깎아내고 핵심적인 사실은 취했다[6]. 혹시 뜻이 의심스러울 경우에는 여러 학자의 견해를 나란히 열거했다. 『한서음의(漢書音義)』

에서 신찬(臣瓚)[7]이라고 부른 사람은 성씨를 알 수 없어서 단지 찬왈(瓚曰)이라고만 했고 아무런 성명이 없을 때는 단지 『한서음의』라고만 했는데, (이런 경우에도) 때때로 은미한 뜻[微意]이 드러나 도움이 되는 바가 있었다. 비유하자면, 보잘것없이 미미한 별이 아침 해[朝陽]를 대신하는 격이요 날리는 먼지가 모여 화악산(華嶽山)을 이루는 것과 같다고 할 것이다[8]. 서광(徐廣)을 근본으로 삼아 명칭을 집해(集解-풀이 모음)라고 했다. 상세하지 않을 경우에는 비워두고 논하지 않았으며, 감히 억측하지 않았다[9]. 사람의 마음이란 같지가 않아서 (함께) 보고 들은 것도 각자 다르게 말하기 때문이다. 반씨(班氏-반고)가 말한 (사마천의 글이) 소략하고 서로 모순된다는 것에 대해서는 맞는 것도 있고 틀린 것도 있지만 일일이 다 판별하지 않았다. 서신(胥臣)처럼 많이 듣지[多聞] 못하고[10] 자산(子產)만큼 널리 알지[博物] 못하는[11] 것을 부끄럽게 여긴다. 망령된 말로 제대로 배우지 못한 자가 옛 역사를 더럽혀놓은 듯하니, 어찌 족히 덕망 있고 학식 있는 사람들 사이에 낄[關=預][12] 수 있겠는가? 그저 마음 쓰는 바[所用心]가 없는 것보다는 낫다[賢=愈]고 여겨주길 바랄[庶=冀]뿐이다[13].

1) 【정의(正義)】 배인은 반고가 사마천 『사기(史記)』의 옳고 그름에 대해 논한 말을 세상 사람들이 칭찬했다고 여겼다.

2) 【정의(正義)】 이리하여 제대로 옳고 그름을 가릴 수가 없게 되었다.

3) 중국 동진 때의 관료이자 학자로, 역사 편찬에 종사했다.

4) 【정의(正義)】 『음의(音義)』는 13권이며 배인(裴駰)이 주를 달았다.

5) 【정의(正義)】 선유란 공안국(孔安國), 정현(鄭玄), 복건(服虔), 가규(賈逵) 등을 가리킨다.

6) 【정의(正義)】 경전(經傳)과 제가(諸家)에서 떠돌아다니는 말은 없애고 핵심 사실만 취했다는 말이다.

7) 【색은(索隱)】 살펴보건대 곧 부찬(傅瓚)이다. 유효표(劉孝標)는 우찬(于瓚)이라고

했는데 틀렸다.

8) 【정의(正義)】 배씨가 스스로 자기 재주가 보잘것없음을 비유적으로 표현한 것이다.

9) 【정의(正義)】 감히 억측으로 해설하지 않았다는 말이다.

10) 【색은(索隱)】 『국어(國語)』를 살펴보건대, 진(晉) 문공(文公)이 조최(趙衰)를 경(卿)으로 삼으려 하자 조최는 사양하며 말했다. "난지(欒枝)는 반듯하고 신중하며, 선진(先軫)은 계책을 낼 수 있고, 서신은 다문(多聞)하니, 모두 보좌할 만합니다."

11) 【색은(索隱)】 자산은 정나라의 경(卿) 공손교(公孫僑)로 자(字)가 자산이다. 진(晉)나라 임금이 그와 이야기해보고는 그를 박물군자(博物君子)라고 불렀다.

12) '관여(關與)한다'라는 뜻이다. 이때 여(與), 예(預)도 모두 '참여한다'라는 뜻이다.

13) 【색은(索隱)】 『논어(論語)』「양화(陽貨)」편에서 가져온 말이다. 공자가 말했다. "배불리 먹고 하루 종일 마음 쓰는 바가 없으면 (의미 있는 일을 하기) 어렵다 할 것이다. 장기나 바둑이 있지 않은가? 이런 것이라도 하는 것이 하지 않는 것보다 낫다[賢=愈]."

「사기색은서(史記索隱序)」, 사마정(司馬貞)[1]

『사기(史記)』는 한나라 태사(太史) 사마천(司馬遷) 부자가 저술한 것이다. 천(遷)은 500년의 운(運)[2]을 이어받아 (공자의) 『춘추(春秋)』를 계승해서 이 역사서를 편찬했으니, 그가 기리고 깎아내린 포폄(褒貶)과 사실을 조사하고 파고든 핵실(覈實)은 자못 좌구명(左丘明)[3]의 책에 버금간다. 이에 위로는 헌원(軒轅)에서 시작해 아래로 천한(天漢-무제의 연호) 연간에 이르기까지 12본기(本紀), 10표(表), 8서(書), 30계가(系家)[4], 70열전(列傳)을 지었으니, 모두 130편이다. 비로소 좌씨(左氏-좌구명)의 역사서술 체제[體]를 바꾸

❖

었는데[5], 서술 시기가 아득히 먼 것은 간책(簡冊)이 빠지거나 누락된 것이 많았음에도 힘써 일가(一家)를 이루었으니 그 부지런함[勤]이 지극했다고 할 것이다. 또 그 원고는 먼저 『좌씨(左氏)』, 『국어(國語)』, 『계본(系本)』, 『전국책(戰國策)』, 『초한춘추(楚漢春秋)』, 제자백가의 책들에 근거를 두고서 뒤에 경(經)과 전(傳)을 파고들고 고금(古今)으로 종횡무진하며 개요를 파악해서[隱括] 각각 한 나라 한 왕실의 일을 이뤄냈다. 그래서 그 뜻은 어렵고 탐구는 상세하다[意難究詳].

1) 사마정(司馬貞, 679~732년)은 당나라 현종 때 사람이다.

2) 사마천의 아버지는 사마천에게 이렇게 말했다. "주공(周公)이 세상을 뜨고 500년 만에 공자께서 나오셨는데, 공자가 세상을 뜨고 오늘에 이르기까지 500년이 지났다. 이제 누가 그것을 이어받아 『역전(易傳)』을 바로잡고 『춘추(春秋)』를 잇고 『시(詩)』·『서(書)』·『예(禮)』·『악(樂)』의 원류[際]를 밝힐 수 있을까?" 500년의 운이란 이를 말한다.

3) 『춘추』를 보충한 『춘추좌씨전(春秋左氏傳)』을 지었다.

4) 세가(世家)이다.

5) 『춘추좌씨전(春秋左氏傳)』은 편년체(編年體)이다.

반고(班固)의 『한서(漢書)』[班書]와 비교해보면 예스러운 질박함[古質]이 미약했기 때문에 한나라와 진(晉)나라의 명현(名賢)들은 『사기』를 중시할 줄 몰랐다. 위(魏)나라 문후(文侯)가 옛 음악을 들으면 오직 잠이 올까만 걱정했다는 말이 있는데[1], 진실로 그럴 만한 이유가 있었던 것이다.

1) 『예기(禮記)』 「악기(樂記)」편에 나오는 말이다. 문후가 말했다. "나는 면류관을 쓰고 옛 음악을 들으면 오직 잠이 와서 곤란하고, 정나라나 위(衛)나라 음악을 들으면 싫증이 나지 않습니다."

진나라 말기에 이르러 중산대부(中散大夫) 동완(東莞) 사람 서광(徐廣)이

비로소 같고 다름[異同]을 고찰해서 『음의(音義)』 13권을 지었고, 송나라 외병참군(外兵參軍) 배인(裴駰)이 다시 경(經)과 전(傳)에서 뜻풀이와 해석을 취해 『집해(集解)』를 지었는데 모두 80권이었다. 이 주석들은 비록 거칠게나마 은미한 뜻을 드러내기는 했지만, 끝까지 파고들어 논의하지는 못했다.

남제(南齊)[1] 경거녹사(輕車錄事) 추탄생(鄒誕生) 또한 『음의(音義)』 3권을 지었는데, 음(音)은 (기존 것들보다) 조금 나았지만 의(義-뜻)는 마침내 여전히 간략했다. 이후 이런 방향의 학문은 중도에 폐기되었다가 정관(貞觀)[2] 연간에 간의대부(諫議大夫) 숭현관(崇賢館) 학사 유백장(劉伯莊)이 나왔는데, 학문이 통달하고 재주가 커서 구석구석 깊이 파고들어 또한 『음의(音義)』 20권을 지었다. (이것은) 서광이나 추탄생과 비교해볼 때 음(音)이 잘 갖춰져 있었으나, 문장이 완전치 못하고 구절들이 얽히고설켜 비록 혼자서는 잘 알고 있었다 하더라도 두루 통하는 법은 알지 못했으니 어찌 후세 사람들로 하여금 표준[准的=準的]으로 삼아 따르게 할 수 있으랴!

1) 소도성(蕭道成)이 송나라를 이어 창건한 왕조로, 479년부터 502년까지 이어졌다.

2) 당나라 태종의 연호이다.

나[貞]는 견문이 적고[謏=少] 학식이 비루하지만 자못 연구하는 일에 종사해 집안에 이 책을 전해서 감히 잃어버리지 않게 했다. 애초에 흐트러지고 뒤섞인 것들을 고치고, 엉성하고 유실된 것들을 보충하며, 뜻이 통하지 않는 것이 있으면 겸하여 거듭 주석을 달고자 했다. 이 책은 빠지고 이지러진 것들이 비록 많지만 진실로 고사(古史)를 위해 그때마다 천착을 더했으니, 진정한 실상을 알기가 그만큼 어려웠기 때문이다. (그래서) 지금 달리 들은 것을 탐구하고 전고(典故)에서 캐내고 주우며, 그 풀지 못한 것들을 풀어내고 펴지 못한 것들을 펴내며, 문장을 풀어내고 주석을 더해서, 거듭 술찬(述贊)해 그친 것이 모두 30권이니 『사기색은(史記索隱)』[1]이라고 이름 지었

다. 비록 감히 나라의 서고[書府]에는 간직하지 못하겠지만, 실로 자손에게라도 좋은 계책을 물려주고자 했다[貽厥孫謀][2] 고는 할 수 있으리라[云].

1) 색은은 숨어 있는 뜻을 찾아낸다는 말이다.

2) 『시경(詩經)』「대아(大雅) 문왕유성(文王有聲)」편에 있는 구절이다.

「사기정의서(史記正義序)」, 장수절(張守節)

『사기(史記)』는 한나라 태사공(太史公) 사마천(司馬遷)이 지었다. 천(遷)은 용문(龍門)에서 태어나 하산(河山) 남쪽에서 밭을 갈고 가축을 길렀으며, 남쪽으로 장강(長江)과 회수(淮水)를 유람했고, 제나라와 노나라가 있던 군(郡)에서 학문을 배우고 익혔다. (아버지의) 태사(太史) 직을 이어받아 (공자의) 『춘추(春秋)』를 계승하고 『노나라 역사[魯史]』의 문장을 섭렵했으며 『좌씨(左氏)』와 『국어(國語)』를 포괄하고 『세본(世本-계본)』과 『전국책(戰國策)』에서 사실들을 채록했으며 『초한춘추(楚漢春秋)』에서도 사실들을 채택해서[摭=拾] 경(經)과 전(傳)을 꿰어 편찬했는데[貫紬], 여러 역사가[史子]를 두루 참고해서 위로는 헌원(軒轅)에서 시작해 천한(天漢) 연간에서 마쳤다.

12본기(本紀)를 지었는데, 제왕이 흥하고 망하는 것이 매우 상세했다.

30세가(世家)를 지었는데, 임금과 나라의 존망을 남김없이 드러내었다.

8서(書)를 지었는데, 음양(陰陽)과 예악(禮樂)을 찬술했다.

10표(表)를 지었는데, 대계(代系-대를 이음)와 연봉(年封-연도와 봉해진 일)을 정했다.

70열전(列傳)을 지었는데, 충신의 충성과 효자의 효성[忠臣孝子之誠]을 갖춰 기록했다.

기록할 것은 반드시 기록하고 삭제할 것은 반드시 삭제해[筆削][1] 역사서

중에서 으뜸이니[冠=首], 표제와 항목들은 족히 나라를 경영할 만하다. 배인은 "그가 일의 이치를 차례에 맞게 잘 서술했고 말을 잘하면서도 부화(浮華)하지 않았으며 질박하면서도 저속하지[俚=鄙] 않았다고 여기게 되었다. 그의 글은 곧았고 그가 말한 일은 실상에 부합했다. 헛되이 미화하지도 않고 잘못을 숨기지도 않았기 때문에 그것을 일러 실록(實錄)이라고 했다"라며 (반고의 말에) 찬동했다.

1) 「공자세가(孔子世家)」에서 사마천은, 공자는 『춘추(春秋)』를 지을 때 "필즉필(筆則筆) 삭즉삭(削則削)"이라고 했다고 한다. 이에 기반해 필삭(筆削)을 이렇게 옮겼다.

(한나라 때) 유향(劉向)과 양웅(揚雄) 이래로 모두 (사마천은) 훌륭한 역사가의 재주가 있다고 칭송했는데, 하물며 삼황오제(三皇五帝)의 전적[墳典][1]이 인멸(湮滅)되고 간책(簡冊-역사 기록)들이 유실되었다면 어찌 되었을 것인가! (공자의) 『춘추(春秋)』와 비교해보면 언사(言辭)가 예스럽고 질박하다. (반고의) 『한서(漢書)』와 (범엽(范曄)의) 『후한서(後漢書)』[兩漢]와 견줘보면 문장은 간략하지만, 이치는 그윽하다.

1) 분전(墳典)이란 중국의 전설적인 황제인 삼황오제(三皇五帝)의 서(書)로, 삼황의 책인 삼분(三墳)과 오제의 책인 오전(五典)을 합해 이르는 말이다. 뒤에 뜻이 바뀌어 고전(古典)이라는 뜻을 갖게 되었다.

나[守節]는 학문을 섭렵한 지 30여 년으로, 육적(六籍)·구류(九流)·지리(地里)·창아(蒼雅)[1]를 날카로운 마음으로 관찰해서 『사기』와 『한서[史漢]』에서 사실을 뽑아내어 논평하고 여러 사람의 뜻풀이와 해석을 참조해서 정의(正義)를 지었다. 군국(郡國)·성읍(城邑)들의 자세한 곡절을 거듭해서 밝히고 고전의 그윽함과 미묘함[幽微]에 대해 남몰래 혼자서 그 아름다움을 더듬으니, 이치를 찾아내는 일이 참으로 유쾌했고, 옛 책의 뜻을 이어받아 음(音)과 해설과 주석을 나란히 달고 인용한 것이 널리 두루 통하기에 이르렀으니, 모두 30권이 이뤄졌다. 책 이름은 『사기정의(史記正義)』[2]라고 지었다. 고황(膏肓-불치병)의 이야기를 펼쳐내어 드날리고 창명(滄溟-큰 바다)의 바다를 건너길 사모했으니, 감히 비부(秘府)에 보관된 책들과 어깨를 나란히 하지는 못해도 훈고(訓詁-주석)해 갈래를 정리하길 바란다. 자손에게 남기니[貽厥子孫(이궐자손)], 대대로 이 역사서를 잘 가다듬어주기[疇(주)]를 바란다[庶(서)=願(원)].

병자년 (당나라 현종) 개원(開元) 24년(736년) 8월 살청(殺青-가을)의 때에 이를 마쳤다.

1) 육적은 육경(六經)이고, 구류는 한나라 때의 아홉 유파, 즉 유가(儒家)·도가(道家)·음양가(陰陽家)·법가(法家)·명가(名家)·묵가(墨家)·종횡가(縱橫家)·잡가(雜家)·농가(農家)를 말한다. 지리(地里)는 지리(地理) 관련 책들을 말하는 듯하고, 창아는 삼창(三蒼)과 『이아(爾雅)』를 가리킨다. 삼창은 한나라 초기의 자서(字書)인 『창힐편(蒼頡篇)』, 『원력편(爰歷篇)』, 『박학편(博學篇)』을 가리키기도 하고, 위진(魏晉) 이후에 편찬된 자서(字書)인 이사(李斯)의 『창힐편(蒼頡篇)』, 양웅(揚雄)의 『훈찬편(訓纂篇)』, 가방(賈訪)의 『방희편(滂喜篇)』을 가리키기도 한다. 『이아』는 13경의 하나로, 문자의 뜻을 고증하고 설명하는 사전적인 성격을 지녔다. 『한서』「예문지」에는 20편으로 기록되어 있으나 지금 전하는 것은 19편이다. 이 책의 작자를 주공(周公) 혹은 공자 문하의 저술이라고 하는데, 모두 고증할 수 없다.

2) 정의는 뜻을 바로잡는다는 말이다.

본기(本紀)

권1 — 오제본기(五帝本紀) 제1

권1 오제본기(五帝本紀) 제1[1]

황제(黃帝)[2]는 소전(少典)의 아들로[3] 성(姓-혈통)은 공손(公孫)이고 이름[名]은 헌원(軒轅)이다[4]. 나면서부터 신령스러웠고[生而神靈] 아기 때부터 말을 잘했으며[弱而能言][5] 어릴 때 벌써 매우 지혜로웠고[幼而徇齊][6] 좀 더 커서는 도탑고 명민했으며[長而敦敏] 어른이 되어서는 귀 밝고 눈 밝았다[成而聰明][7].

1 【집해(集解)】 무릇 주석 중에서 서씨(徐氏-서광)라고 한 뜻은 서(徐)의 성명을 불러서 다른 것들과 구별한 것이다. 나머지는 모두 배인(裴駰)의 주해(注解)이고, 아울러 여러 주해자[衆家]의 뜻풀이를 모았다. 【색은(索隱)】 기(紀)란 기록[記]이다. 일어난 일의 근본을 포착해서[本其事] 기록했기 때문에 이름하여 본기(本紀)라고 한 것이다. 또 기(紀)란 '정돈해 다스리는 것[理]'이니, 그물[絲縷]에는 (그물의 틀을 잡아주는) 작은 벼리[紀]가 있다. 그리고 제왕(帝王)의 일을 기록한 글을 기(紀)라고 칭하는 것은 후대(後代)에 큰 벼리와 작은 벼리[綱紀]가 된다는 것을 말한다. 【정의(正義)】 정현(鄭玄)이 주(注)를 단 『중후칙성도(中候勅省圖)』에 이르기를 "다움[德]이 오제(五帝)의 별자리에 합치하는 자를 칭해 제(帝)라고 한다"라고 했고 『곤령도(坤靈圖)』에 이르기를 "다움이 하늘땅과 짝하고[配] 오직 바른길[正=正道]을 가며 사사로운 길[私=邪道]을 가지 않는 임금을 일러 제(帝)라고 한다"라고 했다. 가만히 살펴보건대[案=按] 태사공(太史公-사마천)은 『세본(世本)』(의 「오제보(五帝譜)」), 『대대례(大戴禮)』(의 「오제덕(五帝德)」)에 의거해서[依=憑] 황제(黃帝)·전욱(顓頊)·제곡(帝嚳)·당요(唐堯)·우순(虞

舜)을 오제(五帝)라고 보았다. 초주(譙周, 201~270년)[삼국시대 촉(蜀)나라 파서(巴西) 서충(西充) 사람이다. 경사(經史)에 정통했고 서찰을 잘 썼다. 제갈량(諸葛亮)이 익주목(益州牧)으로 있을 때 불려 가서 권학종사(勸學從事)가 되었다. 유선(劉禪)이 태자로 있을 때 복(僕)이 되고 가령(家令)으로 옮겼다가 광록대부(光祿大夫)를 지냈다. 경요(景曜) 말에 위나라 군대가 촉을 공격하자 유선에게 항복하기를 힘써 권했다. 위나라에 들어가서 양성정후(陽城亭侯)에 봉해졌고 진(晉)나라에 들어가서 기도위(騎都尉)가 되었는데, 스스로 공이 없다고 하여 작토(爵土-봉토)를 반환하겠다고 청했다. 풍모는 질박했고 성격은 진실했으며 꾸밈이 없었고, 임기응변에 능하진 못했지만, 명민한 두뇌의 소유자였다. 후한 말기의 형세와 남북조시대의 변화를 누구보다 빨리 읽은 사람이기도 했다. 저서에 『오경론(五經論)』과 『법훈(法訓)』, 『고사고(古史考)』 등이 있었지만 모두 없어졌다.], 응소(應劭), 송균(宋均)도 모두 같은 견해이다. 그런데 공안국(孔安國)의 「상서서(尙書序)」와 황보밀(皇甫謐, 215~282년)[서진(西晉) 안정(安定) 조나(朝那) 사람으로 자는 사안(士安)이고 자호는 현안선생(玄晏先生)이다. 황보숭(皇甫嵩)의 증손이다. 젊었을 때 거침없이 방탕해 사람들이 바보라 여겼으나, 20세 무렵부터 부지런히 공부해 게으르지 않았다. 집이 가난해 직접 농사를 지었는데, 책을 읽으며 밭갈이를 해서 수많은 서적을 통독했다. 나중에 질병에 걸렸으면서도 손에서 책을 놓지 않고 저술에 전심하면서 밥 먹는 것도 잊어버려서 사람들이 서음(書淫)이라 했다. 무제(武帝) 때 조정에서 불렀지만 나가지 않았다. 무제가 책 한 수레를 하사했다. 자신의 병을 고치려고 의학서를 읽어 가장 오랜 침구 관련서인 『침구 갑을경(鍼灸甲乙經)』을 편찬했다. 역사에도 조예가 깊어 『제왕세기(帝王世紀)』와 『연력(年歷)』, 『고사전(高士傳)』, 『일사전(逸士傳)』, 『열녀전(列女傳)』, 『현안춘추(玄晏春秋)』 등을 지었다.]의 『제왕세기』, 손씨(孫氏)가 주(注)한 『세본(世本)』에서는 모두 복희(伏羲)·신농(神農)·황제(黃帝)를 삼황(三皇)이라 하고 소호(少昊)·전욱(顓頊)·고신(高辛)·당(唐-요임금)·우(虞-순임금)를 오제(五帝)라고 했으며, 배송지(裴松之)는 『사목(史目)』에서 말하기를 "천자(의 기록)를 칭해[稱] 「본기(本紀)」라 하고 제후(諸侯)를 일러[曰] 「세가(世家)」라고 한다"라고 했다. 본(本-근원)이란 그 근본 계통[本系]에 연결되어 있으니 그래서 본(本)이라고 한 것이고, 기(紀)란 다스려 정리함[理]이니 제반 일들을 체계적으로 다스려서 정리해[統理衆事] 거기에 날과 달[日月]을 달아서 기(紀)라고 이름한 것이다. 제(第)란 차례[次序]의 항목이며, 일(一)이란 수의 시작[由]을 말한 것이다. 그래서 "오제본기제일(五帝本紀第一)"이라고 한 것이다. 『예기(禮記)』(「옥조(玉藻)」편)에 이르기를 "(임금이) 일을 하면[動=行事] 좌사(左史)가 그것을 쓰고[書=記], 말을 하면 우사(右史)가 쓴다"라고 했다. (이를 풀이한 공영달의) 『예기정의(禮記正義)』에 이르기를 "좌는 양(陽)(의 기운)이어서 그 때문에 일을 기록하고, 우는 음(陰)이어서 그 때문에 말을 기록한다. 말은 『상서(尙書-서경)』가 되고 일은 『춘추(春秋)』가 된다"라고 했다. 살펴보건대 춘추(春秋)시대에는 좌우사(左右史-사관)를 두었기 때문에, 그래서 (사관이 기록한 것이라는 의미에서 역사를) 『사기(史記)』라고 한 것이다.

2) 【집해(集解)】 서광(徐廣)이 말했다. "호(號-국호 혹은 황제 칭호)는 유웅(有熊)이다." 【색은(索隱)】 살펴보건대, 흙의 다움[土德]의 상서로움[瑞]을 갖고 있었는데 흙의 색은 황색이다. 그래서 황제(黃帝)라 칭한 것이다. 이는 신농(神農)이 불의 다움[火德]으로 왕 노릇을 해서 염제(炎帝)라고 칭한 것과 같다. 황제를 오제의 첫머리로 삼았다는 말인데, 그것은 대개 『대대례(大戴禮)』「오제덕(五帝德)」에 의거한 것이다. 또 초주(譙周)와 송균(宋均) 역시 그렇게 보았다. 그런데 공안국(孔安國), 황보밀(皇甫謐)의 『제왕대기(帝王代紀)』, 손씨(孫氏)의 『계본(系本-세본)』[세본을 계본이라 한 것은 당태종 이세민(李世民)의 이름자 세를 피하기 위함이다.] 주해는 나란히 복희·신농·황제를 삼황(三皇)으로 보고 소호·고양·고신·당·우를 오제(五帝)로 간주했다. (서광의) 주(注)에서 "호(號-이름)는 유웅(有熊)이다"라고 한 것은 그가 본래 유웅국(有熊國) 임금의 아들이었기 때문이다. 헌원씨(軒轅氏) 또한 그런 식이다. 황보밀이 말했다. "헌원의 언덕[丘]에 살았기 때문에 그것을 이름[名]으로 삼고 또 칭호[號]로 삼았다." 또 『좌씨전(左氏傳)』에 따르면 칭호를 제홍씨(帝鴻氏)라고 했다. 【정의(正義)】 『여지지(輿地志)』에서 이렇게 말했다. "탁록(涿鹿)의 본래 이름은 팽성(彭城)으로 황제가 처음에 도읍했다가[都] 유웅(有熊)으로 옮겼다." 살펴보건대 황제는 유

웅국 임금[君]이니 곧 소전국(少典國) 임금의 둘째 아들[次子]로 칭호를 유웅씨(有熊氏)라고 했고 또 진운씨(縉雲氏-붉은 비단 구름)라고도 했으며 또 제홍씨(帝鴻氏)라고도 했고 제헌씨(帝軒氏)라고도 했다. 어머니는 부보(附寶)인데, (지금의 산동 지역) 기(祁) 땅 들판에 갔다가 큰 번개[大電]가 북두칠성의 추성(樞星-첫 번째 별)을 감싸안는 것[繞]을 보고서 감통해 잉태를 하니[感而懷孕] 24개월이 지나서야 수구(壽丘)에서 황제를 낳았다. 수구는 노(魯)나라 동문(東門)의 북쪽에 있었으며, 지금의 연주(兗州) 곡부현(曲阜縣) 동북쪽으로 6리 떨어진 곳이다. 이마가 각지고 튀어나온 용의 얼굴[日角龍顔]을 하고서 태어났으며 상서로운 구름[景雲]의 기운이 있었는데, 흙의 다움으로 왕 노릇을 했기 때문에 황제(黃帝)라고 불렀다. 태산(泰山)에서 봉(封)하고 정정(亭亭-산)에서 선(禪)했는데[봉선(封禪)이란 (고대 중국에서) 천자가 행하는 제사로, 봉은 흙을 쌓아 단을 만들어 하늘에 제사하는 것이며 선은 땅을 판판하게 닦고 깨끗이 하여 산천에 제사하는 것을 말한다. 옛날 천자가 순수(巡狩)해서 태산(太山)에 단을 쌓아 하늘에 제사하고, 소산(小山)에서 산천에 제사를 지냈다.] 정정산은 모음(牟陰)에 있다.

3) 【집해(集解)】 초주(譙周)가 말했다. "유웅국 임금이자 소전(少典)의 아들이다." 황보밀(皇甫謐)이 말했다. "유웅(有熊)은 지금의 하남(河南)성 신정(新鄭)현이다." 【색은(索隱)】 소전(少典)이란 제후국의 칭호이지 사람 이름이 아니다. 살펴보건대, 『국어(國語)』에 이르기를 "소전은 유교씨(有蟜氏)의 딸을 아내로 맞이해[娶] 황제(黃帝)와 염제(炎帝)를 낳았다"라고 했으니, 그렇다면 염제 또한 소전의 아들이 된다. 염제와 황제[炎黃] 두 제(帝)가 비록 서로 계승하기는 했어도 『제왕대기(帝王代紀-제왕세기)』에 따르면, 그 사이에 모두 제(帝)가 8명 끼어 있고 (기간도) 500여 년인데, 만약에 소전(少典)이 그 아버지의 이름이라면 어찌 황제는 500여 년이 지나고 나서야[經] 비로소 염제의 뒤를 이어 천자(天子)가 되었겠는가! 어찌 그 연대가 그처럼 길 수 있으랴! 또 살펴보건대, 「진본기(秦本紀)」에 이르기를 "전욱씨(顓頊氏)가 예손(裔孫-먼 후손)을 일러 여수(女脩)라고 했는데 새의 알을 삼켜 대업(大業)을 낳았고, 대업은

소전씨(少典氏)를 아내로 맞아 백예(伯翳)를 낳았다"라고 했다. 명백히 소전은 국호(國號)이지 사람 이름이 아니다. 황제는 곧 소전씨의 후대 자손이니, 가규(賈逵) 또한 그렇다고 했다. 그래서 『좌씨(左氏)』(문공(文公) 18년)에서 "고양씨(高陽氏)에게는 재주가 있는 자손[才子] 8명이 있었다"라고 했으니, 후대의 자손을 가리켜 자(子)라고 칭한 것이 이것이다. 초주(譙周)는 자(字)가 윤남(允南)으로 촉(蜀) 땅 사람이며 위(魏)나라에서 산기상시(散騎常侍)로 부름을 받았으나 임명되지는 않았는데[不拜], 이 주(注)를 인용한 것은 이것이 그가 지은 『고사고(古史考)』의 설(說)이기 때문이다. 황보밀(皇甫謐)은 자(字)가 사안(士安)으로 진(晉)나라 사람이며 현안선생(玄晏先生)으로 불렸는데, 지금 인용한 것은 이것이 그가 지은 『제왕대기(帝王代紀)』의 설이기 때문이다.

4) 【색은(索隱)】 살펴보건대, 황보밀(皇甫謐)은 말하기를 "황제(黃帝)는 수구(壽丘)에서 나서 자라서는 희수(姬水)에서 살았기 때문에 그로 인해 그것을 성(姓)으로 삼았고, 헌원(軒轅)의 언덕에서 살았기 때문에 그로 인해 그것을 이름[名]으로 삼고 또 칭호[號]로 삼았다"라고 했다. 이는 본래 성(姓)은 공손(公孫)이었는데 자라서는 희수(姬水)에서 살았기 때문에 그로 인해 성을 희성(姬姓)으로 고쳤다는 말이다.

5) 【색은(索隱)】 약(弱)이란 '어리고 약한[幼弱]' 때를 말한다. 이는 대개 이럴 때는 능히 말을 잘할 수 있을 때가 아닌데도 황제는 곧바로 말을 했으니, 그래서 신이(神異)했다는 뜻이다. 반악(潘岳, 247~300년)[서진(西晉) 형양(滎陽) 중모(中牟) 사람으로 자(字)는 안인(安仁)이다. 어릴 때부터 신동이라 불렸고, 또 미남이어서 기동(奇童)이라는 소리를 들었다. 일찍이 사공태위부(司空太尉府)에 뽑혔고 수재(秀才)로 천거되었다. 외직으로 나가 하양령(河陽令-현령)이 되고, 회현령(懷縣令)으로 옮겼다. 정무에 부지런하고 재능을 가졌으나 뜻을 얻지 못하자, 노래를 지어 산도(山濤)와 배해(裴楷) 같이 황제의 총애를 받는 사람을 풍자했다. 양준(楊駿)이 정치를 보좌하자 부름을 받아 태부주부(太傅注簿)가 되었으나, 양준이 죽은 뒤 제명당했다. 나중에 급사황문시랑(給事黃門侍郎)에 올랐다. 가충(賈充)의 서기관이 되었다가 여러 관직을 역임했다. 성격이 경박하고 이익을 좇아 가밀(賈謐)에

게 아첨하며 섬겼는데, 24우(友)의 우두머리를 맡았다.]의 「애약자(哀弱子)」편에 이르기를, 자식이 아직 70일[七旬]이 되지 않았을 때를 약(弱)이라고 한다고 했다. 【정의(正義)】 신이(神異)함을 말한 것이다. 『주역(周易)』(「계사전(繫辭傳)」)에 이르기를 "음과 양을 제대로 예측할 수 없는 것[陰陽不測]을 일러 신(神-불가측)이라고 한다"라고 했고 『서경(書經)』(「주서(周書)·태서(泰誓)」편)에 이르기를 "사람만이 만물의 영장[靈]이다"라고 했으니, 그래서 신령(神靈)스럽다고 말한 것이다.

6) 【집해(集解)】 서광(徐廣)이 말했다. "묵자(墨子)가 말하기를, '나이 15세가 지나면[踰=過] 총명(聰明)과 심려(心慮)가 빠르게[徇] 통하지 않음이 없다'라고 했다." 배인(裴駰)이 살펴보건대 순(徇)은 '빠르게[疾]'이고 제(齊) 또한 '신속함[速]'이니, 이는 빼어난 다움[聖德]이 어릴 때부터 빠르고 신속하게 나타났음을 말한다. 【색은(索隱)】 이 글은 옳지 않다. 지금 살펴보건대 순(徇)이나 제(齊)는 모두 다움[德]을 가리키는 말이다. 『서경(書經)』(「주서(周書)·경명(冏命)」편)에 이르기를 "(옛날에 무왕과 문왕은) 귀 밝고 눈 밝고 지혜롭고 빼어나시어[聰明齊聖]"라고 했고 『좌전(左傳)』에 이르기를 "그대가 비록 지혜롭고 빼어나지만[子雖齊聖]"이라고 했으니, (둘 다) 빼어난 다움이 '지혜롭고 엄숙함[齊肅]'을 가리킨다. 또 살펴보건대 『공자가어(孔子家語)』와 『대대례(大戴禮)』에서는 나란히 "일에 밝고 지혜롭다[叡齊]"라고 했고, 다른 판본에 이르기를 "슬기롭고 지혜롭다[慧齊]"라고 했다. 예(叡)나 혜(慧)는 '모두 사리를 안다', '지혜롭다[智]'는 뜻이다. 태사공(太史公)은 『대대례(大戴禮)』에서 이 기록[紀]을 가져왔는데, 지금 그 글에는 순(徇)이라는 글자가 없다. 『사기(史記)』 구본(舊本)에도 준제(濬齊)라고 되어 있다. 대개 옛글자에서는 순(徇)을 가차(假借)해 준(濬)이라고 했는데, 준(濬)이란 '깊다', '심오하다[深]'는 뜻으로 서로 통한다. 『이아(爾雅)』에 나오는 제(齊)나 속(速)은 둘 다 뜻이 '빠르다[疾]'이다. 『상서대전(尚書大傳)』에 이르기를 "많이 듣고 민첩하다[齊給=敏捷]"라고 했는데, 정(鄭-정현)의 주(注)에 이르기를 "제(齊)는 '빠르다[疾]'는 뜻이다"라고 했다.

(그런데) 지금 배씨(裴氏-배인)의 주에 이르기를 순(徇) 또한 '빠르다[疾]'라고 했으니, 그 출처를 볼 수가 없다. 혹 徇을 (순이 아니라) 마땅히 신(迅)으로 읽어야 한다고 했는데, 『이아(爾雅)』에서 신(迅)은 제(齊)와 더불어 그 뜻이 '빠르다[疾]'라는 뜻을 가졌다고 했다. 그렇다면 迅과 濬은 비록 글자는 다르지만, 발음은 같다. 또 『이아』에 이르기를 "선(宣), 순(徇)은 편(遍)이고, 준(濬)은 통(通-통하게 하다)이다"라고 했으니, 편(遍)과 통(通)은 그 뜻에 있어서 서로 가깝다. 이는 황제(黃帝)가 어린데도 재주와 지혜가 두루 통했고[周徧] 또 말을 잘했다[辯給]는 뜻이다. 그래서 『묵자(墨子)』에서도 말하기를 '나이 50세가 지나면[踰=過] 총명(聰明)과 심려(心慮)가 빠르게[徇] 통하지 않음이 없다'라고 했던 것이다. 속본(俗本)에 '15세'라고 되어 있는데, 이는 옳지 않다. 살펴보건대, 나이 50세가 넘었어도 총명하지 않다고 하는데 어찌 15세에 이를 얻을 수 있겠는가?

7) 【정의(正義)】 성(成)이란 20세가 되어 관례를 올리는 것이니, 성인(成人)이 된 것이다. 총명(聰明)이란 '듣고 보는 것이 명확하고 분별력이 있다[明辯]'는 뜻이다. 위로 헌원(軒轅)부터 여기에 이르기까지 이것은 모두 『대대례(大戴禮)』에 실려 있는 글(을 그대로 가져온 것)이다.

헌원(軒轅)의 때에 신농씨(神農氏)의 세상이 쇠퇴했다[世衰][1]. 여러 후[諸侯]가 서로 침략해서 죽이고[侵伐] 백성(百姓)을 못살게 굴었지만[暴虐], 그런데도 신농씨는 이들을 능히 정벌할[征] 수가 없었다. 이에 헌원(軒轅)이 마침내 창과 방패[干戈]의 사용법을 익혀 이로써[目=以] 공물을 바치지 않는[不享] 후들을 정벌하니, 여러 후가 모두 와서 빈객으로서 복종했다[賓從]. 그런데 치우(蚩尤)는 (여러 후 중에서) 가장 사나워 도저히 정벌할 수가 없었다[2]. 염제(炎帝)가 제후들을 침범해 능멸하려 하자[侵陵=侵凌] 제후들은 모두 헌원에게 귀의했다. 헌원은 마침내 다움을 닦고[修德] 군대를 정비한[振=整] 다음에, 다섯 가지 기운을 다스리고[治五氣][3] 다섯 가지

곡식을 심고[藝五種][4] 만백성을 어루만져주고[撫] 사방을 헤아려주었으며[度][5] 곰[熊], 비(羆-큰 곰), 비(貔), 휴(貅), 추(貙), 호랑이를 가르쳤다[敎=訓育][6]. 이렇게 해서 판천(阪泉) 들판에서 염제(炎帝)와 싸웠는데[7], 세 차례 싸운 다음에야 그 뜻을 얻었다[8]. (이어서) 치우(蚩尤)가 난을 일으켜 제(帝-황제)의 명을 쓰지 않으니[不用][9], 이에 황제는 마침내 제후들에게서 군사를 징발해 탁록 들판에서 치우와 싸워서[10] 드디어 치우를 붙잡아 죽였다[禽殺=擒殺][11]. 그렇게 되자 제후들이 모두 헌원(軒轅)을 높여[尊=尙] 천자(天子)로 삼고 신농씨(神農氏)를 대신하게 하니, 이 사람이 황제(黃帝)이다.

1) **【집해(集解)】** 황보밀(皇甫謐)이 말했다. "역(易-『주역(周易)』)에서 이르기를 포희씨(庖羲氏-복희씨)가 몰(沒-사망)하고 신농씨(神農氏)가 일어났으니[作=興起], 이 사람이 염제(炎帝)이다." 반고(班固)가 말했다. "백성에게 밭을 갈아 농사짓는 법[耕農=耕作]을 가르쳤기 때문에. 그래서 칭호를 신농(神農)이라고 했다." **【색은(索隱)】** 세쇠(世衰)란 신농씨의 후대 자손들의 도리와 다움[道德]이 쇠미해지고 엷어진 것[衰薄]을 말하는 것이지 염제 자신을 가리키는 것은 아니니, 곧 반고가 말한 '참로(參盧)'와 황보밀이 말한 '제유망(帝楡罔-신농씨의 칭호를 세습한 자)'이 그들이다. **【정의(正義)】** 『제왕세기(帝王世紀)』에서 이렇게 말했다. "신농씨는 강성(姜姓)이다. 어머니는 임사(任姒)이며 유교씨(有蟜氏)의 딸인데, 높이 올라[登] 소전(少典)의 비(妃)가 되었다. 화양(華陽)에 놀러 갔다가 신룡(神龍)의 머리를 보고는 감응해 염제(炎帝)를 낳았는데, 사람의 몸통에 소의 머리를 갖고 있었고 강수(姜水)에서 자랐다. 빼어난 다움[聖德]이 있었고 불의 다움[火德]으로 왕 노릇을 했기[王] 때문에 칭호를 염제(炎帝)라고 했다. 애초에 진(陳) 땅에 도읍했다가 다시 노(魯)로 옮겼다[徙=遷都]. 괴외씨(魁隗氏)라고도 하고 연산씨(連山氏)라고도 하고 열산씨(列山氏)라고도 한다.[괴외는 높고 험한 산을 뜻하고, 연산이나 열산은 산들이 쭉 이어져 있는 것을 말한다.]" 『괄지지(括地志)』[당대(唐代)의 학자 복왕태(濮王泰) 등이 편찬한 것인데, 『신당서(新唐書)』「예

문지(藝文志)」를 보면 『괄지지』 550권 과 서략(序略) 5권으로 되어 있으나 모두 산일(散佚)되고 현행본은 청(淸)나라의 손성연(孫星衍)이 여러 책에 인용된 일문(逸文-잃어버린 글들)을 모아 편찬한 것이다.]에서는 이렇게 말했다. "여산(厲山)은 수주(隨州) 수현(隨縣) 북쪽으로 100리 되는 곳에 있는데, 산 동쪽에 바위 구덩이[石穴]가 있다. (옛날에) 신농이 여향(厲鄕)에서 태어났기에 열산씨(列山氏)라고 했다. 춘추시대 때 (주나라 제후국의 하나인) 여국(厲國)이 되었다."

2) 【집해(集解)】 응소(應劭)가 말했다. "치우는 옛날의 천자(天子)이다." 찬(瓚-신찬)이 말했다. "『공자삼조기(孔子三朝紀)』에 (공자가) 이르기를 '치우는 서인(庶人) 중에서 탐욕스러운 자이다'라고 했다." 【색은(索隱)】 살펴보건대 이 「황제 본기」에 이르기를 "여러 후가 서로 침략해 죽였는데 치우가 가장 사나웠다"라고 했으니, 그렇다면 치우는 천자일 수가 없다. 또 『관자(管子)』에 이르기를 "치우는 노산(盧山)의 쇠를 얻어 오병(五兵-다섯 가지 병기)을 만들었다"라고 했으니, 분명히 서인(庶人)은 아니고 아마 제후의 칭호일 것이다. 유향(劉向)은 『별록(別錄)』에서 말하기를 "공자가 노(魯)나라 애공(哀公)을 알현하자 (애공이) 정치란 어떻게 해야 잘하는 것인가[問政]라고 물었는데, (하·은·주) 삼조(三朝)를 비교하고서 물러나 이 기(紀)를 지었다. 그래서 삼조(三朝)라고 했다. 모두 7편이며 아울러 『대대기(大戴記-대대례)』에 들어가 있다"라고 했다. 지금 이 주(注)의 내용은 「용병(用兵)」편에 보인다. 【정의(正義)】 (한나라 때의 예언서인) 『용어하도(龍魚河圖)』에서 이렇게 말했다. "황제(黃帝)가 섭정(攝政)하고 있을 때 치우(蚩尤)의 형제 81명이 있었는데, 모두 짐승의 몸에 사람의 말을 했으며[獸身人語] 구리 머리와 쇠 이마를 갖고 있었다[銅頭鐵額].[구리 투구를 쓰고 이마가 강했다는 뜻이다.] 모래와 작은 돌을 씹어 먹었으며 칼과 창[刀戟], 큰 석궁[大弩] 같은 병장기를 조립해서 천하에 위엄을 떨치며 무도한 자들을 주살했는데, 자애롭고 어질지는[慈仁] 않았다. 만백성이 황제가 천자의 일을 몸소 맡아서 행해줄 것을 원했으나, 황제가 어짊과 마땅함[仁義]으로 능히 치우를 막아서 그치게[禁止] 할 수 없자 이에 하늘을 우러러 탄식했다. 하늘

이 현녀(玄女)를 보내 황제에게 병신신부(兵信神符)를 내려주어 치우를 제압해 복종케 하니, 제(帝-황제)는 그로 인해 병사를 움직여 팔방(八方)을 제어했다. 치우가 몰(沒)한 후에 천하가 다시 요란(擾亂)해지자 황제가 드디어 치우의 형상을 그림으로 그려서 천하에 위엄을 떨치니, 천하는 모두 말하기를 치우는 죽지 않았다고 하면서 팔방만방(八方萬邦)이 모두 굴복했다[弭服]." 『산해경(山海經)』에서 말했다. "황제가 응룡(應龍)을 시켜 치우를 공격하게 하자 치우가 풍백(風伯)과 우사(雨師)로 하여금 따르게 하니, 큰바람이 불고 큰비가 내렸다. 황제가 이에 천녀(天女)에게 '발(魃-가뭄의 신)아, 비를 멈추게 하라!'라고 했다. 비가 그치자 드디어 치우를 죽였다." 공안국(孔安國)이 "구려군(九黎君)의 칭호는 치우(蚩尤)이다"라고 했는데, 이를 가리킨다.

3) 【집해(集解)】 왕숙(王肅)이 말했다. "오행(五行)의 기운이다." 【색은(索隱)】 봄의 갑을(甲乙)은 목기(木氣)이고 여름의 병정(丙丁)은 화기(火氣)이고, 이런 식으로 계속 이어지는 것이 바로 오기(五氣)[봄은 목(木), 여름은 화(火), 늦여름은 토(土), 가을은 금(金), 겨울은 수(水)이다.]이다.

4) 【집해(集解)】 배인(裴駰)이 살펴보건대, 예(藝)란 '심다[樹]'는 뜻이다. 『시경(詩經)』(「대아(大雅) 생민(生民)」편)에 이르기를 "콩을 심으시니[藝之荏菽]"라고 했다. 『주례(周禮)』에 이르기를 "곡(穀-곡식)은 마땅히 다섯 가지 곡식[五種]이다"라고 했는데, 정현(鄭玄)이 말하기를 "다섯 가지 곡식이란, 서(黍-기장), 직(稷-기장의 일종인 피), 숙(菽-콩), 맥(麥-보리), 도(稻-쌀)이다"라고 했다. 【색은(索隱)】 예(藝)란 '심다[種]'이니, 수(樹)와 같은 뜻이다. 오종(五種)은 곧 오곡(五穀)이며, 種의 발음은 주(朱)와 용(用)의 반절음이다.[반절음[反]은 두 한자의 초성과 중종성을 합치는 것이다. 즉 주(朱)의 'ㅈ'과 용(用)의 'ㅎ'이 합쳐진 '죵'이라는 말인데, 이런 경우는 비슷하기 때문에 기존 음을 따랐다. 그러나 크게 다를 경우에는 새로운 발음 표시를 취했다.] 이 주해는 『시경(詩經)』 「대아(大雅) 생민(生民)」편을 끌어온 것이다. 『이아(爾雅)』에 이르기를 "임숙(荏菽)은 융숙(戎菽-대두)이다"라고 했고 곽박(郭璞, 276~324년)[동진(東晋) 하동(河東) 문희(聞喜) 사람이다. 박학하여 천문과 고문

기자(古文奇字), 역산(曆算), 복서술(卜筮術)에 밝았고, 특히 시부(詩賦)에 뛰어났다. 서진(西晉) 말에 장강(長江)을 지나다가 선성태수(宣城太守) 은우(殷祐)의 참군(參軍)이 되어 왕도(王導)의 존중을 받았다. 진(晉)나라 원제(元帝) 때 저작좌랑(著作佐郞)이 되어 왕은(王隱)과 함께 『진사(晉史)』를 편찬하고 상서랑(尙書郞)으로 옮겼다. 나중에 왕돈(王敦)의 기실참군(記室參軍)이 되었다. 점을 쳐서 불길하다며 왕돈의 모반 계획을 만류했다가 왕돈에게 피살당했다. 저서에 『이아주(爾雅注)』와 『삼창주(三蒼注)』, 『방언주(方言注)』, 『산해경주(山海經注)』, 『도찬(圖贊)』, 『목천자전주(穆天子傳注)』, 『수경주(水經注)』, 『주역동림(周易洞林)』, 『초사주(楚辭注)』 등이 있다. 그 밖에도 『주역체(周易體)』와 『주역림(周易林)』, 『역신림(易新林)』, 『모시습유(毛詩拾遺)』 등이 있었지만 전해지지 않는다.]은 말하기를 "지금의 호두(胡豆)[북위(北魏) 가사협(賈思勰)의 『제민요술(齊民要術)』(권2)이나 『태평어람(太平御覽)』(권841)에 모두 똑같이 전한 때의 장건(張騫)이 외국(外國-서역)에서 호두(胡豆)를 얻어왔다고 기술하고 있다. 그런데 이 호두가 잠두(蠶豆)인지 완두(豌豆)인지는 분명치 않다.]이다"라고 했고 정씨(鄭氏-정현)는 "콩 중에 큰 것이다"라고 했는데, 모두 이를 가리킨다. **【정의(正義)】** 蓺(藝)의 발음은 어(魚)와 예(曳)의 반절음이다. 種의 발음은 종(腫)이다.

5) **【집해(集解)】** 왕숙(王肅)이 말했다. "사방을 헤아려 그들을 편안케 하고 어루만져 주었다[安撫=按撫]는 말이다." 度의 발음은 도(徒)와 낙(洛)의 반절음이다.

6) **【색은(索隱)】** 『서경(書經)』(「주서(周書)·목서(牧誓)」편)에 이르기를 "호랑이 같고 비와 같으며[如虎如貔]"라고 했고, 『이아(爾雅)』에 이르기를 "비(貔)는 흰 여우[白狐]다"라고 했으며, 『예기(禮記)』(「곡례(曲禮)」)에 이르기를 "앞에 지수(摯獸-비휴(貔貅))가 있으면 비휴(貔貅)를 그린 깃발을 내건다"라고 했으니, 모두 이를 가리킨다. 『이아(爾雅)』에 또 이르기를 "추만(貙獌-이리의 일종)은 살쾡이[貍]와 비슷하다"라고 했다. 이 여섯은 모두 맹수로 잘 가르치면 싸움에 쓸 수가 있었다. 『주례(周禮)』(「하관(夏官)」)에 이르기를 "복불씨(服不氏-관직명)가 있어 맹수를 가르치고 길들이는 일을 관장한다"라고 했으니, 곧 옛날에 소를 길들이고 말을 타는 것[服牛乘馬] 또한 이런 부류이다. **【정의(正義)】** 熊의 발음은 웅(雄)이다. 羆의 발음은 비(碑)다. 貔의 발음은 비(毗-돕다)이다. 貅

의 발음은 휴(休)다. 貙의 발음은 축(丑)과 우(于)의 반절음이다. 비(羆)는 곰과 같은데, 황백색이다. 곽박(郭璞)이 말했다. "비(貔)는 집이(執夷-표범)로, 호랑이과에 속한다." 살펴보건대, 사졸들에게 전투 훈련을 시키면서 맹수의 이름을 갖고서 그 부대의 이름으로 삼아 적에게 위엄을 보이려는 것을 말한다.

7) 【집해(集解)】 복건(服虔)이 말했다. "판천(阪泉)은 땅 이름이다." 황보밀(皇甫謐)이 말했다. "상곡(上谷)에 있다." 【정의(正義)】 阪의 발음은 백(白)과 판(板)의 반절음이다. 『괄지지(括地志)』에서 이렇게 말했다. "판천(阪泉)은 지금 황제천(黃帝泉)이라고 부르는데, 규주(嬀州) 회융현(懷戎縣) 동쪽으로 56리 떨어진 곳에 있다. 5리를 나가면 탁록(涿鹿) 동북쪽에 이르러 탁수(涿水)와 합쳐진다. 또 탁록 고성(涿鹿故城)이 규주 동남쪽으로 50리 떨어진 곳에 있는데 본래, 황제가 도읍했던 곳이다. 『진태강지리지(晉太康地理志)』에 이르기를, '탁록성 동쪽 1리 떨어진 곳에 판천이 있는데 그 위에 황제의 사당[祠(사)]이 있다'라고 했다." 살펴보건대 판천 들판이란 곧 평평한 들판의 땅이다.

8) 【정의(正義)】 황제가 염제를 이긴 뒤를 말한다.

9) 【정의(正義)】 치우가 황제의 명을 따르지 않았음을 말한다.

10) 【집해(集解)】 복건(服虔)이 말했다. "탁록(涿鹿)은 산 이름이고, 탁군(涿郡)에 있다." 장안(張晏)이 말했다. "탁록은 상곡(上谷)에 있다." 【색은(索隱)】 혹 탁록(濁鹿)으로 되어 있는 경우도 있는데, 옛글자와 지금 글자의 차이일 뿐이다. 살펴보건대 「지리지(地理志)」에서는 상곡이 탁록현(涿鹿縣)에 있다고 했으니, 그렇다면 복건이 말한 "탁군(涿郡)에 있다"라는 것은 잘못이다.

11) 【집해(集解)】 『황람(皇覽)』에서 말했다. "치우의 무덤[冢(총)]은 동평군(東平君) 수장현(壽張縣) 감향성(闞鄕城) 안에 있는데, 높이는 7장(丈)이며 백성이 늘 10월이면 제사를 지낸다. 한번은 붉은 기운이 나와 마치 붉은 비단과 같았는데, 백성이 이름 붙이기를 치우기(蚩尤旗)라고 했다. (치우의) 견비(肩髀-어깨와 넓적다리)의 무덤은 산양군(山陽郡) 거야현(鉅野縣)에 있는데, 크고 작은 것이 감향의 무덤들과 거듭해 많이 모여 있다. 전하는 말에 따르면, 황제가 탁

록 들판에서 치우와 싸워서 그를 죽인 뒤 신체를 나눠 각각 다른 곳에 매장했기 때문이라고 한다." 【색은(索隱)】 살펴보건대, 황보밀(皇甫謐)이 말하기를 "황제가 응룡(應龍)을 시켜 치우를 흉려(凶黎) 계곡에서 죽였다"라고 했고 어떤 사람은 황제가 중기(中冀-기주(冀州) 탁록 지역)에서 치우 목을 베었기에[斬] 그로 인해 그 땅의 이름을 '절비(絶轡-고삐를 자르다)의 들판'이라고 한다고 했다. 주(注)에 나온 『황람』이란 책 이름으로 선대의 무덤들[冢墓]이 있는 곳을 기록한 것으로, 마땅히 황왕(皇王-황제나 왕)들이 직접 살피고 읽어보는 것이었기 때문에 제목을 『황람』이라고 했다. 이 책은 위(魏)나라 사람 왕상(王象), 무습(繆襲) 등이 펴낸 것이다.

천하에 고분고분하지 않는 자[不順者]가 있으면 황제가 쫓아가 정벌하고는 평정하고 난 뒤에 그곳을 떠났는데[去][1], 산을 쪼개고 길을 뚫느라[披山通道][2] 일찍이 (단 하루도) 편하게 지내지를 못했다[不寧]. 동쪽으로 바다에 이르렀고, 환산(丸山)[3]과 대종(岱宗)[4]에 올랐다. 서쪽으로 공동(空桐)[5]에 이르렀고, 계두(鷄頭)[6]에 올랐다. 남쪽으로 장강(長江)에 이르렀고, 웅산(熊山)과 상산(湘山)에 올랐다[7]. 북쪽으로는 훈육(葷粥)을 내쫓고[8] 부산(釜山)에서 부절을 맞춰보았으며[合符][9] 탁록산 아래 넓은 들판[阿]에 도읍했다[邑=都=都邑][10]. (황제는) 이리저리 옮겨 다니고 오고 가느라 일정한 거처가 없었으니, 군사들이 병영을 이뤄 호위했다[11]. 관직 이름은 모두 운(雲)자를 갖고서 지었기에[命=名] (군사도) 운사(雲師)라고 했다[12].

1) 【정의(正義)】 평정해 복종하면[平服] 즉시 그곳을 떠났다는 말이다.

2) 【집해(集解)】 서광(徐廣)이 말했다. "피(披)는 다른 판본에는 피(陂-방죽)로 되어 있기도 한데, 글자는 둘 다 발음이 마땅히 피(詖)이다. 피(陂)란 그 주변을 둘러친다[旁]는 뜻이고 피(披)란 진실로 지금 상황에 맞게 만든다는 뜻인데, 그렇다고 옛날과 지금이 반드시 똑같아야 할 필요는 없다." 【색은(索隱)】 피(披)의

발음은 여자(如字)[중국어 주음 방법의 하나다. 한 글자에 두 가지 이상의 발음이 있을 때 가장 통상적인 발음으로 읽는 것을 말한다. 글자 그대로라는 뜻이다.]이니, 여기서는 산림 초목을 쳐내 오갈 수 있는 길을 뚫는 것을 말한다.

3) 【집해(集解)】 서광(徐廣)이 말했다. "환(丸)은 판본에 따라 범(凡)이라고 되어 있다." 배인(裴駰)이 살펴보건대, 「지리지(地理志)」에 이르기를 환산(丸山)은 낭야군(郎邪郡) 주허현(朱虛縣)에 있다고 했다. 【정의(正義)】 『괄지지(括地志)』에 이르기를, "환산(丸山)은 곧 단산(丹山)이다. 청주(青州) 임구현(臨朐縣)과 이웃하는[界(계)] 주허고현(朱虛故縣)에서 서북쪽으로 20리 떨어져 있는데, 단수(丹水)가 출원한다"라고 했다. 丸의 발음은 환(紈-흰 비단)이다. 수절(守節-장수절)이 살펴보건대, 「지지(地志-지리지)」에는 오직 범산(凡山)만 실려 있으니 이는 대개 범산과 환산이 같은 산이기 때문일 뿐이다. 여러 곳에서 글자에 착오가 있어 어떤 때는 환(丸)이라 하고 어떤 때는 범(凡)이라고 했다. 『한서(漢書)』 「교사지(郊祀志)」에서는 "환산(丸山)에서 선(禪) 제사를 지냈다"라고 했고 (이에 대한 주를 달면서) 안사고(顔師古)는 "주허에 있다"라고 했으니, 이 또한 『괄지지』와 서로 부합하므로 분명히 환산(丸山)이 맞다.

4) 【정의(正義)】 태산(泰山)이자 동악(東岳)이다. 연주(兗州) 박성현(博城縣) 서북쪽으로 30리에 있다.

5) 【집해(集解)】 응소(應劭)가 말했다. "산 이름이다." 위소(韋昭)가 말했다. "농우(隴右-감숙성 서쪽)에 있다."

6) 【색은(索隱)】 산 이름이다. 후한(後漢)의 왕맹(王孟)이 계두산의 길을 막았는데[塞(색)], 농서(隴西)에 있는 길이었다. 일설에는 공동산(崆峒山)의 별명이라고도 말한다. 【정의(正義)】 『괄지지(括地志)』에서 말했다. "공동산은 숙주(肅州) 복록현(福祿縣) 동남쪽으로 60리에 있다. 『포박자(抱朴子)』[중국 동진 때 갈홍(葛洪)이 쓴 도교의 경전이다.] 내편(內篇)에 이르기를 '황제가 서쪽으로 가서 중황자(中黃子)를 만나보고 구품(九品)의 방(方)을 받고서 공동산을 지나갔고, 광성자(廣成子)를 따라가서 자연(自然)의 경(經)을 받았다'라고 했는데, (이때의 공동

산이) 바로 이 산이다." 『괄지지』에서 또 말했다. "계두산(笄頭山)은 일명 공동산(崆峒山)이라고 하는데, 원주(原州) 평고현(平高縣) 서쪽으로 100리에 있으며 (『서경(書經)』「하서(夏書)」) 「우공(禹貢)」편에서 '경수(涇水)가 발원한다'라고 한 곳이다. 『여지지(輿地志)』에 이르기를 혹 이것이 바로 계두산(鷄頭山)이라고 했다. (『수경주(水經注)』에서) 역원(酈元)이 말하기를 이는 대개 대롱산(大隴山)의 또 다른 이름이라고 했다. 『장자(莊子)』에 이르기를 '광성자(廣成子)는 공동산(崆峒山)에서 도를 배웠고[學道] 황제(黃帝)는 광성자에게 도를 물었다[問道]'라고 했는데, 대개 이곳을 말한다." 살펴보건대 두 곳의 공동(崆峒)이 다 황제가 오른 곳이라고 하는데, 어느 쪽이 맞는지는 알 수가 없다.

7) **【집해(集解)】** (사마천의 『사기(史記)』) 「봉선서(封禪書)」에서 말했다. "남쪽으로 정벌에 나서 소릉(召陵)에 이르렀고 웅산(熊山)에 올랐다." 「지리지(地理志)」에 이르기를 "상산(湘山)은 장사(長沙) 익양현(益陽縣)에 있다"라고 했다. **【정의(正義)】** 『괄지지(括地志)』에서 말했다. "웅이산(熊耳山)은 상주(商州) 상락현(上洛縣) 서쪽으로 10리에 있는데, 제(齊)나라 환공(桓公)이 그곳에 올라 장강과 한수 사이의 지역[江漢]을 내려다보았다. 상산(湘山)은 일명 편산(艑山)이라고도 하는데, 악주(岳州) 파릉(巴陵) 남쪽으로 18리에 있다."

8) **【집해(集解)】** 「흉노전(匈奴傳)」에서 말했다. "요순[唐虞] 이전에는 산융(山戎), 험윤(獫狁), 훈육(이라는 북쪽 오랑캐들)이 있었는데, 북만(北蠻) 지역에 살았다." **【색은(索隱)】** (훈육은) 흉노의 또 다른 이름이다. 요순 이전에 산융이라고 했고 또 훈육(熏粥)이라고도 했는데, 하(夏)나라 때는 순유(淳維), 은(殷)나라 때는 귀방(鬼方), 주(周)나라 때는 험윤(玁狁), (진(秦)나라와) 한(漢)나라 때는 흉노라고 했다. **【정의(正義)】** 葷의 발음은 훈(薰), 粥의 발음은 (죽이 아니라) 육(育)이다.

9) **【색은(索隱)】** 제후들을 불러 모아 부계(符契-부절)와 규서(圭瑞-상서로운 옥)를 맞춰보고 부산에서 그들의 조회를 받았다는 말인데, 이는 마치 우왕(禹王)이 도산(塗山)에서 제후들을 불러서 만나보고 그렇게 한 것과 같다. 또 살펴보

건대 곽자횡(郭子横)의 『동명기(洞冥記)』에 실려 있기를, 동방삭(東方朔)에 따르면 "동해(東海) 대명(大明) 구릉지대[墟]에 부산(釜山)이 자리 잡고 있었는데 산에서 상서로운 구름[瑞雲=祥雲]이 나왔으니, 이는 임금다운 임금[王者]의 부명(符命)에 호응한 것이다"라고 했으니, 이것은 마치 요(堯)임금 때 붉은 구름[赤雲]의 상서로움이 있었던 것과 같은 종류이다. 이는 대개 황제(黃帝)에게는 누런 구름[黃雲]의 상서로움이 있었다는 뜻이니, 그래서 말하기를 "부산에서 부절을 맞춰보고 호응했다"라고 한 것이다. 【정의(正義)】 『괄지지(括地志)』에서 말했다. "부산(釜山)은 규주(嬀州) 회융현(懷戎縣) 북쪽으로 3리에 있으며, 산 위에는 순임금의 사당[舜廟]이 있다."

10) 【정의(正義)】 넓은 들판[廣平]을 아(阿)라고 한다. 탁록(涿鹿)은 산 이름인데 이미 앞에 나왔다. 탁록 고성(涿鹿故城)은 산 아래에 있으니, 곧 황제가 도읍한 읍은 산 아래 평지에 있었다.

11) 【정의(正義)】 군사들을 빙 둘러싸서[環繞=環圍] 병영[營]을 이뤄 스스로를 지킨 것인데, 원문(轅門)[옛날 중국에서 전렵(田獵)을 할 때나 전쟁에서 진을 칠 때, 수레를 우리처럼 만들고서 드나드는 곳에는 수레를 뒤집어놓아 수레의 끌채가 서로 향하도록 만들었던 것에서 온 말이다.] 같은 경우가 곧 그 영향이 남아 있는 모습[遺象]이다.

12) 【집해(集解)】 응소(應劭)가 말했다. "황제가 (천자가 되는) 명을 받았을 때 구름의 상서로움[雲瑞]이 있었기 때문에, 그래서 구름으로 일을 기록했다. 춘관(春官-예악을 주관)을 청운(青雲), 하관(夏官-군사를 주관)을 진운(縉雲-붉은 구름), 추관(秋官-형벌을 주관)을 백운(白雲), 동관(冬官-토목공사를 주관)을 흑운(黑雲), 중관(中官)을 황운(黃雲)이라고 했다." 장안(張晏)이 말했다. "황제에게 상서로운 구름[景雲=瑞雲]의 보응이 있었기에, 그 때문에 사(師)라는 이름을 써서 관직을 부여한 것이다."

좌우의 대감(大監)을 두어 모든 제후국[萬國]을 살피게 했다[監][1]. 모든 제후국이 화평해지니 귀신과 산천에 제사 지내는 봉선(封禪)을 허여하는

[與] 일은 예전에 비해 더욱 많아졌다[多][2]. 보배로운 쇠솥[寶鼎]을 얻었고, 해를 맞이하며[迎日] 추책(推策)했다[3]. 풍후(風后), 역목(力牧), 상선(常先), 대홍(大鴻)을 들어 올려[擧][4] 백성을 다스렸다. 하늘과 땅의 벼리[紀]에 고분고분했고[順][5], 어두움과 밝음[幽明]을 헤아렸으며[占][6], 삶과 죽음의 법도를 세웠고[說][7], (나라의) 존망의 어려움[難]을 살폈다[8]. 때에 맞춰[時] 각종 곡식과 초목을 심었고[9] 새와 짐승, 곤충과 나방들[蛾]에게까지 도타운 교화[淳化]가 미쳤다[10]. 해와 달과 별들[星辰]을 살펴서 파도[水波]와 돌과 금옥(金玉)들에게까지 두루 미치게 했고[旁羅][11], 마음과 몸의 힘[心力]을 부지런히 쏟아서 듣고 보았으며[耳目=視聽] 물[水]과 불[火]과 재물(材物)을 절도 있게 썼다[節用][12]. 흙의 다움[土德]의 상서로움이 있어, 그래서 칭호를 황제(黃帝)라고 불렀다[13].

황제에게는 아들이 25명 있었는데 그중에 성(姓)을 얻은 자는 14명이다[14].

1) 【정의(正義)】 대감(大監)의 감(監)은 거성(去聲)이고, 살핀다는 뜻의 감(監)은 평성(平聲)이다. 마치 (주나라 초기에) 주공(周公)과 소공(邵公)이 섬(陝-섬서성 일대) 땅을 (동서로) 나눠 다스린 것과 같다.

2) 【집해(集解)】 서광(徐廣)이 말했다. "다(多)는 다른 판본에서 붕(朋-무리)으로 되어 있기도 하다." 【색은(索隱)】 여(與)는 '허락하다', '허여하다[許]'는 뜻이다. 이는 곧 모든 제후국이 화합해 하나가 되자[和同] (정사는 줄어들었으나) 귀신과 산천에 봉선(封禪) 하는 일은 제황(帝皇)들 중에서 황제가 가장 많았다는 말이다.

3) 【집해(集解)】 진작(晉灼)이 말했다. "책(策)은 헤아림이나 셈[數]이니, 맞이해 헤아림[迎數]이다." 신찬(臣瓚)이 말했다. "해와 달과 초하루와 보름날[日月朔望]이 아직 오지 않았을 때 그것을 미뤄 헤아리는 것[推=推步]이다. 그래서 영일(迎日-해를 맞이함)이라고 했다." 【색은(索隱)】 (『사기(史記)』) 「봉선서(封禪書)」에 이르기를 "황제가 보배로운 쇠솥과 신책(神策)을 얻었다"라고 했고 그 아래

에 이르기를 "이에 추책(推策)하고 해를 맞이했다[迎日]"라고 했으니, 이를 보면 신책(神筴)이란 점치는 시초 풀[神蓍]이다. 황제가 시초 풀을 얻어 그것으로 역수(曆數)를 추산(推筭=推算)함으로써 절기(節氣)와 일신(日辰-해와 별)이 장차 오게 되는 시점[將來]을 미리 알아냈기[逆知=迎知] 때문에, 그래서 추책하여 해를 맞이했다고 한 것이다. **【정의(正義)】** 筴의 발음은 책(策)이다. 영(迎)은 '맞서다', '거스르다[逆]'는 뜻이다. 황제가 점치는 시초 풀[神筴]을 받고서 대요(大撓)에게 명해 (육십) 갑자(甲子)를 만들게 하고, 용성(容成)에게는 역법[曆-황제력]을 만들게 했다[희화(羲和)는 상희(常羲)와 함께 태양과 달을 관측하는 책임을 맡았고 유구(臾區)에게는 행성(行星)을 관측토록 했으며 영륜(伶倫)은 음악의 음률인 율려(律呂)를, 대요(大撓)는 갑자(甲子)를, 예수(隸首)는 계산법을 만들었고 용성(容成)은 이상의 여섯 가지 기술을 종합해서 악율(樂律)과 율력(律曆)을 창제했다고 한다. 황제는 다시 악관인 영윤(伶倫)에게 악기의 악보를 만들게 했고 저송(沮誦)과 창힐(倉頡)에게는 글자를 만들도록 했다고 전한다.]는 것이 바로 이것이다.

4) **【집해(集解)】** 정현(鄭玄)이 말했다. "풍후는 황제의 삼공(三公)(중 한 사람)이다." 반고(班固)가 말했다. "역목은 황제의 재상[相]이다." 대홍은 「봉선서(封禪書)」에 나온다. **【정의(正義)】** 거(擧)는 '맡겨서 쓴다[任用]'는 뜻이다. 4인 모두 제(帝-황제)의 신하들이다. 『제왕세기(帝王世紀)』에서는 이렇게 말했다. "황제(黃帝)가 꿈을 꾸었는데 큰바람이 불어 천하의 먼지와 때[塵垢]를 쓸어 없앴고, 또 꿈에 어떤 사람이 1,000균(鈞-30근)이나 되는 쇠뇌[弩]를 들고서 양 1만 마리를 몰았다. 제(帝)가 잠에서 깨어 탄식해 말했다. '바람은 호령(號令)(과 같은 것)이니, 집정자(執政者)이다. 구(垢)자에서 토(土)자를 없애면 후(后-임금)가 된다. 천하에 어찌 성(姓)이 풍(風)이고 이름이 후(后)인 자가 있으랴! 무릇 1,000균의 쇠뇌란 남다른 힘을 가진 사람을 말한다. 양 1만 마리를 몰았다는 것은 능히 백성을 기르며[牧民] 좋은 일을 행했다는 것이다. 천하에 어찌 성(姓)이 역(力)이고 이름이 목(牧)인 자가 있으랴!' 이에 두 가지 점(占)에 의거해 그에 해당하는 사람을 찾아서, (마침내) 바닷가 구석[海隅]에서 풍

후(風后)(에 해당하는 인물)를 얻어 지위를 올려서[登] 상(相-재상)으로 삼았고, 큰 늪지대에서 역목(力牧)(에 해당하는 인물)을 얻어 나아오게 해서[進] 장(將-장수)으로 삼았다. 황제가 그로 인해 『점몽경(占夢經)』 11권을 지었다.” (『한서(漢書)』) 「예문지(藝文志)」에 이르기를 “풍후병법 13권, 그림 2권, 고허(孤虛) 20권, 역목병법 15편이다”라고 했다. 정현(鄭玄)이 말하기를 “풍후는 황제의 삼공(중 한 사람)이다”라고 했는데, 내가 살펴보건대 황제는 하늘을 우러러보며[仰] 땅에 열후(列侯-제후)와 수많은 관리를 두었는데, 풍후(風后)를 상태(上台)와, 천로(天老)를 중태(中台)와, 오성(五聖)을 하태(下台)와 짝짓게 하고서 이들을 일러 삼공(三公)이라고 했다. (『사기(史記)』) 「봉선서(封禪書)」에 이르기를, “귀유구(鬼臾區)는 칭호가 대홍(大鴻)인데 황제의 대신이다. 죽어서 옹(雍) 땅에 묻혔으니, 그래서 홍총(鴻冢)이라 한다”라고 했다. (다시 『한서(漢書)』) 「예문지(藝文志)」에 이르기를 “귀유구병법 3편이다”라고 했다.

5) 【정의(正義)】 황제가 하늘과 땅, 음양, 사계절의 벼리에 고분고분했음을 말한다.

6) 【정의(正義)】 유(幽)는 음(陰), 명(明)은 양(陽)이고, 점(占)이란 ‘앞일을 헤아린다[數]’는 뜻이다. 이는 음양오행에 대해 황제가 미리 헤아려 그것을 알아냈다는 말이다. 이 글은 『대대례(大戴禮)』에 보인다.

7) 【집해(集解)】 서광(徐廣)이 말했다. “어떤 사람이 말하기를 ‘어두움과 밝음을 헤아린다는 것은 삶과 죽음의 설(說)과 합치한다’라고 했다.” 【정의(正義)】 설(說)이란 의례와 제도[儀制]이다. 백성의 삶과 죽음을 말한다. 이는 곧 의례를 짓고 예를 제정하는 것을 말한다.

8) 【색은(索隱)】 존망이란 곧 안위(安危)이다. 『주역(周易)』에 이르기를 “위태롭게 여기는 자[危者]는 그 자리를 편안케 하고, 망할까 두려워하는 자[亡者]는 그 현재를 보존한다”라고 했으니, 이를 가리킨다. 난(難)이란 설(說)과 같다. 모든 일에 옳고 그름[是非]이 미진할 경우에 임시로 오가는 말로 가정을 하는데, 그때 하는 말을 난(難)이라고 한다. 그래서 위에 있는 글 “삶과 죽음의 법도를 세웠고[死生之說]”에 이어서 “(나라의) 존망의 어려움을 살폈다[存亡之

難]"라고 했다. 한비(韓非)의 책에서 「설림(說林)」편, 「세난(說難)」편이 나오는 것도 그 때문이다. 【정의(正義)】 존망은 생사(生死)와 같다. 황제 이전에는 의상(衣裳)이나 옥우(屋宇-주택)가 없었는데 황제 때에 이르러 옥우를 짓고 의복을 제정하며 빈장(殯葬)을 시행했으니, 만백성이 그로 인해 존망의 어려움[存亡之難]에서 벗어날 수 있었다.

9) 【집해(集解)】 왕숙(王肅)이 말했다. "시(時)가 바른 것이다." 【정의(正義)】 사계절의 마땅함에 고분고분하면서 온갖 곡식과 초목을 포종(布種) 하는 것을 말한다.

10) 【색은(索隱)】 蛾의 발음은 (아가 아니라) 우(牛)와 기(綺)의 반절음이다. 치(豸-지렁이)로 되어 있는 곳도 있다. 이는 도타운 교화가 그만큼 널리 미쳤다는 말이다. 【정의(正義)】 蛾의 발음은 어(魚)와 기(起)의 반절음이다. 또 치(豸)라고 발음하기도 하는데, 豸의 발음은 직(直)과 씨(氏)의 반절음이다. 의(蟻)는 개미류[蚍蜉]이다. 『이아(爾雅)』에 이르기를 "(벌레 중에서) 발이 있으면 충(蟲), 발이 없으면 치(豸)라고 한다"라고 했다.

11) 【집해(集解)】 서광(徐廣)이 말했다. "어떤 판본에는 (방(旁)이) 옥(沃-기름지다)으로 되어 있다." 【색은(索隱)】 방(旁)은 어느 한쪽[一方]이 아니라는 말이다. 나/라(羅)는 '널리 퍼지다[廣布]'라는 말이다. 지금 살펴보건대 『대대례(大戴禮)』에는 '역리(歷離)'로 되어 있는데 리(離)는 곧 나/라(羅)이다. 제(帝)의 다움이 해와 달과 별과 파도를 망라했고 흙과 돌과 금옥에까지 미쳤다는 말이다. 해와 달이 빛을 발하고 강이나 바다에는 파도가 일지 않으며 산에는 진기한 것들을 감추지 않고 다 드러내니, 이 모든 것이 다 제의 다움을 널리 입어서라는 것이다. 【정의(正義)】 방라(旁羅)는 '두루 퍼졌다[遍布]'라는 말이다. 해와 달은 음양의 때의 마디[時節]이고, 성(星)은 28개 별자리[宿]이고, 신(辰)은 해와 달이 모이는 곳이다. 수파(水波)란 크고 작은 물결[瀾漪]이다. 하늘에는 아무런 이변이나 재앙[異災]이 없고 땅에도 별다른 해악이 없으며 강이나 바다에는 파랑(波浪-물결)이 적고 산에서는 진귀한 보배들이 나왔다는 말이다.

12) 【정의(正義)】 절(節)은 때의 마디[時節]이다. 물이란 둑으로 막거나 물을 터뜨려 흘러가게 하는 것이고, 불이란 산이나 들판의 출입을 금지하거나 개방하는 것[禁放]이며, 재(材)란 재목으로 쓰는 나무이고, 물(物)이란 일[事]이다. 이는 황제가 백성을 가르쳐 강과 호수, 늪지대와 산림과 들판 등에서 모두 거둬들이고 붙잡는 것을 때에 맞게 하도록 해서 그것들을 씀에 있어 절도가 있게 함[有節]으로써 백성이 이로움을 얻을 수 있게 해주었다는 말이다. 『대대례(大戴禮)』에서 말했다. "(공자의 제자) 재아(宰我)가 공자에게 물었다. '제가 영이(榮伊)에게 듣건대 황제는 300년을 살았다고 했습니다. 묻건대 황제란 사람입니까? 어찌 300년을 살 수 있습니까?' 공자가 말했다. '마음과 몸의 힘[心力]을 부지런히 쏟아 듣고 보았으며[耳目=視聽] 물[水]과 불[火]과 재물(材物)을 절도 있게 썼으니[節用], 살아서[生而] 백성이 그 이로움을 누린 것이 100년이고 죽어서[死而] 백성이 그의 신령을 흠모한 것이 100년이며 떠나고 나서[亡而] 백성이 그 가르침을 쓴 것이 100년이다. 그래서 300년이라고 하는 것이다.'"

13) 【색은(索隱)】 염제(炎帝)는 불인데 황제의 흙이 그것을 대신했으니, 곧 "황룡(黃龍)과 지인(地螾-큰 지렁이)이 나타났다"라는 것이 이것이다[『한서(漢書)』「교사지(郊祀志)」에 나오는 말이다. "진시황제가 이미 즉위하고 나서 어떤 사람이 말했다. '황제(黃帝)는 토덕(土德)을 얻어 황룡과 엄청나게 큰 지렁이[地螾=蚓]가 보였고, 하나라는 목덕(木德)을 얻어 청룡이 교(郊-성 밖)에 오래 머물고 초목이 울창했으며, 은나라는 금덕(金德)을 얻어 은(銀)이 산에서 흘러넘쳤고, 주나라는 화덕(火德)을 얻어 적조(赤鳥)의 상서로움[符]이 있었다. 지금 진(秦)나라는 주나라를 바꿔 수덕(水德)의 시대이다. 옛날에 문공(文公)이 사냥을 나가 흑룡(黑龍)을 잡았는데, 이것이 수덕의 상서로운 조짐[瑞]이다.'"]. 인(螾)은 흙의 정기[土精]로, 크기는 5~6아름[圍]이고 길이는 10여 장(丈)이다.

14) 【색은(索隱)】 구해(舊解)에서는 4가 아니라 3이라 했으니, 이는 성을 얻은 자가 13명뿐이었음을 말한다. 지금 살펴보건대 『국어(國語)』(「진어(晉語)」)에 이르기를 "황제의 아들이 25종(宗-갈래)인데 그중에 성을 얻은 자가 14명이고

❖

성(姓)이 12개였으니 희(姬), 유(酉), 기(祁), 기(己), 등(滕), 침(葴), 임(任), 순(荀), 희(僖), 길(姞), 현(儇), 의(衣)가 그것이다. 다만 청양(靑陽)과 이고(夷鼓)는 기성(己姓)과 같다"라고 했다. 또 말하기를 "청양과 창림(蒼林)은 희성(姬姓)이다"라고 했다. 이렇게 되면 14명에 성이 12개가 되니 그 글이 심히 분명하다. 다만 희성(姬姓)을 다시 청양이라 하고 창림이라 했으니, 이는 대개 『국어(國語)』의 글이 잘못된 것이다. 그 때문에 옛 유학자들이 모두 의심을 품었던 것이다. 희성(姬姓)인 청양은 마땅히 현효(玄囂)일 것이니, 이는 제곡(帝嚳)의 시조가 본래 황제와 같은 희성임을 말한다. 위에 있는 『국어(國語)』의 글에 나오는 청양은 곧 소호금천씨(少昊金天氏)로 기성(己姓)일 뿐이다. 이미 이치상 의심할 바가 없으니 번거롭게 (구해에서처럼) 4가 아니라 3이라고 할 필요가 없다.[옛날 중국에서 성(姓)은 부족의 명칭인데, 여기서 성(姓)이란 가족 계통을 말하는 것으로 성을 얻었다는 것은 독립적인 씨족이 되었다는 말이다. 원래는 성의 아래 단계 호칭이 씨(氏-씨족)였으나 전국시대 이후로 성과 씨가 하나로 합쳐져 한나라 이후에는 모두 성(姓)으로 통칭되었다.]

황제는 헌원(軒轅) 언덕[丘(구)]에 살면서[1] 서릉(西陵)의 딸을 아내로 맞았는데[2] 이 사람이 누조(嫘祖)이다[3]. 누조는 황제의 정비(正妃)이며[4] 아들을 둘 낳았는데, 그 뒤에 모두 천하를 소유했다[有天下(유천하)][5]. 그 첫째가 현효(玄囂)인데, 이 사람이 청양(靑陽)으로[6] 청양은 강수(江水)에 내려가 살았다[降居(강거)][7]. 그 둘째가 창의(昌意)인데, 약수(若水)에 내려가 살았다[降居(강거)][8]. 창의는 창복(昌僕)이라는 촉산씨(蜀山氏) 딸을 아내로 맞아 고양(高陽)을 낳았는데, 고양에게는 빼어난 다움[聖德(성덕)]이 있었다[9]. 황제가 붕(崩)하자[10] 교산(橋山)에 장사 지냈다[11]. 그의 손자이자 창의의 아들인 고양(高陽)이 세워졌으니[立(입)], 이 사람이 제전욱(帝顓頊)이다.

1) 【집해(集解)】 황보밀(皇甫謐)이 말했다. "유웅(有熊)에게 나라를 물려받아[受國(수국)]

헌원 언덕에서 살았기에, 그로 인해 그것(-헌원)을 이름으로 삼고 또 칭호로 삼았다. 『산해경(山海經)』에 이르기를, '궁산(窮山)의 끝에 있는데 서사(西射-서야로도 읽는다)의 남쪽에 있다'라고 했다." 장안(張晏)이 말했다. "수레와 면류관[軒冕]의 복제를 지었다고 해서 헌원(軒轅)이라고 한다."

2) 【정의(正義)】 서릉(西陵)은 나라 이름이다.

3) 【집해(集解)】 서광(徐廣)이 말했다. "조(祖)는 판본에 따라 조(俎-도마나 희생을 얹는 제기)로 되어 있다. 嫘는 력(力)과 추(追)의 반절음이다." 【색은(索隱)】 일설에는 뇌조(雷祖)라고도 하는데, 雷의 발음은 력(力)과 퇴(堆)의 반절음이다. 【정의(正義)】 판본에 따라 누/뇌(傫)[판본에 따라 촉(劚-베다)으로 된 곳도 있다.]로 된 경우도 있다.

4) 【색은(索隱)】 살펴보건대 황제는 비(妃)[귀(貴)·숙(淑)·덕(德)·현(賢) 넷이다.]를 4명 세웠으니, 후비(后妃)는 사성(四星)을 상징한다. 황보밀(皇甫謐)이 말했다. "원비(元妃-정비)는 서릉씨(西陵氏)의 딸로 누조(累祖)라고 하며 창의(昌意)를 낳았다. 다음 비는 방뢰씨(方雷氏)의 딸인데, 여절(女節)이라고 하며 청양(青陽)을 낳았다. 다음 비는 동어씨(彤魚氏) 딸인데, 이고(夷鼓)를 낳았고, 일명 창림(蒼林)이라고 한다. 다음 비는 모모(嫫母)인데, 서열[班]이 세 사람 아래였다." 살펴보건대 『국어(國語)』에 나오는 이고(夷鼓)와 창림(蒼林)이 바로 이 두 사람이다. 또 살펴보건대 『한서(漢書)』 「고금인표(古今人表)」에는 동어씨(彤魚氏)가 이고를 낳고 모모(嫫母)가 창림을 낳은 것으로 되어 있어 밀(謐)이 말한 바와 같지 않은데, 태사공은 이에 『대대례(大戴禮)』를 근거로 삼아 누조(累祖)가 창의와 현효를 낳았고 현효가 곧 청양이라고 했다. 황보밀은 청양을 소호(少昊)로 보았고 방뢰씨(方雷氏)의 소생이라 했으니, 두 사람의 견해[所見]가 다르다.

5) 천자가 되었다는 말이다. 참고로 "나라를 소유했다[有國]"는 제후가 되었다는 말이고, "집안을 소유했다[有家]"는 경대부가 되었다는 말이다.

6) 【색은(索隱)】 현효는 제곡(帝嚳)의 할아버지이다. 살펴보건대 황보밀과 송충(宋

衷) 모두 현효와 청양이 곧 소호라고 했다. 그런데 이 기(紀-「오제본기」)의 아래에 말하기를 "현효는 제위(帝位)를 얻지 못했다"라고 했으니 태사공 생각에는 청양이 소호가 아님이 분명한데, 이 글에서는 또 말하기를 "현효, 이 사람이 청양"이라고 했으니 이는 마땅히 잘못이다. 그리고 말하기를 두 사람 다 황제의 아들이라 하고 그 이름을 나란히 나열했으니, 이는 예전 역사[前史(전사)]의 잘못으로 인해 현효와 청양을 한 사람으로 본 때문일 뿐이다. 송충이 또 말했다. "현효와 청양이 바로 소호이며 황제를 이어서 세워진 사람인데도 역사가 이를 차례대로 서술하지 않은 것[不敍(불서)]은, 대개 소호(少昊)가 금덕(金德)으로 왕이 되었지만, 오행의 차례[五運之次(오운지차)]에 맞지 않았기 때문에 오제(五帝)를 서술하면서 그를 헤아리지 않았던 것이다."

7) 【정의(正義)】『괄지지(括地志)』에서 말했다. "안양 고성(安陽故城)은 예주(豫州) 신식현(新息縣) 서남쪽으로 80리에 있다." 응소(應劭)가 말하기를 (안양은) 옛날 강국(江國)이라고 했고, 「지리지(地理志)」에서도 안양은 옛날 강국이라고 했다.

8) 【색은(索隱)】 강(降)은 '내려가는 것[下(하)]'이다. 이는 제(帝)의 아들들이 제후가 되어 강수와 약수에 내려가서 살았다는 말이다. 강수와 약수는 둘 다 촉(蜀)에 있는데, 이는 곧 봉해준 나라[封國(봉국)]이다. 『수경(水經)』에 이르기를 "물이 모우(旄牛) 요외(徼外-먼 변방)에서 발원하여[出(출)] 동남쪽으로 고관(故關)에 이르는 것이 약수이고, 남쪽으로 공도(邛都)를 지나서 다시 동북쪽으로 주제현(朱提縣)에 이르는 것이 노강수(盧江水)인데, 촉에 이 두 강이 있다"라고 했다.

9) 【정의(正義)】『화양국지(華陽國志)』[중국 동진(東晉) 영화(永和) 11년(355년)에 상거(常璩)가 편찬한 화양(華陽), 즉 파(巴)·촉(蜀)·한중(漢中)의 지리지이다.]와 (북위 사람 감인(闞駰)의) 『십삼주지(十三州志)』에서 이렇게 말했다. "촉의 뿌리는 인황(人皇) 사이에서 비롯되었다[肇(조)=始(시)]. 황제는 아들 창의(昌意)에게 촉산씨를 아내로 맞게 했고, 뒤에 자손들을 봉해주었다. 제전욱 고양씨(帝顓頊高陽氏)는 황제의 손

자로 창의의 아들이며, 어머니는 창복(昌僕)이라고 하는데 또한 여추(女樞)라고도 불렀다." 『하도(河圖)』에서 말했다. "(북두칠성의 일곱 번째 별) 요광(瑤光)이 마치 무지개가 달을 관통한 듯이 정백(正白-순수한 흰색)일 때 유방(幽房)의 궁에서 여추와 감응하여[感=感通] 전욱을 낳으니, 머리에 방패와 창[干戈]을 이고 다움과 열렬하게 애씀[德文]이 있었다."

10) 【집해(集解)】 황보밀(皇甫謐)이 말했다. "자리에 있은 지 100년 만에 붕(崩)하니, 나이가 111세였다." 【색은(索隱)】 살펴보건대 『대대례(大戴禮)』에서 말했다. "(공자의 제자) 재아(宰我)가 공자에게 물었다. '영이(榮伊)가 말하기를 황제는 300년을 살았다고 했습니다. 묻건대 황제란 어떤 사람입니까? 그렇지 않으면 사람이 아닌 것입니까? 어찌 300년을 살 수 있습니까?' 공자가 말했다. '살아서[生而] 백성이 그 이로움을 누린 것이 100년이고, 죽어서[死而] 백성이 그의 신령을 흠모한 것이 100년이며, 떠나고 나서[亡而] 백성이 그 가르침을 쓴 것이 100년이다. 그래서 300년이라고 하는 것이다.'" 그렇다면 사안(士安-황보밀의 자)의 설은 대략 믿을 만하다[可憑]. 【정의(正義)】 『열선전(列仙傳)』에서 말했다. "헌원(軒轅)은 스스로 세상을 떠나는 날[亡日]을 고른 다음에 여러 신하와 작별했다[辭]. 그리하여 교산(橋山)에 장사 지냈는데, 산이 무너져서 보니 관은 텅 비었으며 오직 칼과 신발[舃]만이 관 안에 있었다."

11) 【집해(集解)】 『황람(皇覽)』에 이르기를 "황제의 무덤은 상군(上郡) 교산에 있다"라고 했다. 【색은(索隱)】 「지리지(地理志)」에 이르기를 "교산은 상군 양주현(陽周縣)에 있는데, 교산 남쪽에 황제의 무덤이 있다"라고 했다. 【정의(正義)】 『괄지지(括地志)』에서 말했다. "황제의 능(陵)은 영주(寧州) 나천현(羅川縣) 동쪽으로 80리 떨어진 자오산(子午山)에 있다. 「지리지」에 이르기를 '교산은 상군 양주현(陽周縣)에 있는데 교산 남쪽에 황제의 무덤이 있다'라고 했다." 살펴보건대 양주(陽周)는 수(隋)나라 때 고쳐서 나천(羅川)이라고 했다. 『이아(爾雅)』에 이르기를 "산이 뾰족하고 높은 것[銳而高]을 일러 교(橋)[지금은 교

(喬)가 바로 이런 뜻이다.]라고 한다"라고 했다.

제 전욱 고양(帝顓頊高陽)[1]은 황제의 손자이자 창의의 아들이다. 차분하고 속이 깊어[靜淵] 지모가 있었고, 두루 통달해[疏通] 일하는 이치를 알았으며[知事], 땅에 맞춰[任地] 재물을 길렀다[養材][2]. 때를 행하기[載時]를 하늘을 본떴고[象天][3], 귀신에 의지해 마땅함을 제정했으며[制義][4], 기운을 다스려 백성을 가르치고 교화했고[5], 정갈함과 정성스러움[絜誠]으로 제사를 지냈다.

북쪽으로 유릉(幽陵)[6]에 이르렀고, 남쪽으로 교지(交阯)[7]에 이르렀으며, 서쪽으로 유사(流沙)에 이르렀고[8], 동쪽으로 반목(蟠木)에 이르렀다[9]. 동물과 식물[動靜之物][10], 크고 작은 신령들[11] 그리고 해와 달이 비추는 곳이라면 어디든 평정해 복속시키지 않은 곳이 없었다[砥屬][12].

1) 【집해(集解)】 황보밀(皇甫謐)이 말했다. "제구(帝丘)에 도읍했는데, 지금의 동군(東郡) 복양(濮陽)이 그곳이다." 【색은(索隱)】 송충(宋衷)이 말하기를 "전욱은 이름이고 고양(高陽)은 천하를 소유했을 때의 칭호이다"라고 했고, 장안(張晏)이 말하기를 "고양이란 그가 일어난 곳의 땅 이름이다"라고 했다.

2) 【색은(索隱)】 능히 땅에 맞춰 재물(材物)을 길렀다는 말이다. 『대대례(大戴禮)』에는 양재(養財)로 되어 있다.

3) 【색은(索隱)】 재(載)란 '일을 행하는 것[行]'이니, 이는 하늘을 본떠 사계절의 일을 시행했다는 말이다. 『대대례(大戴禮)』에서는 "하늘을 본떠 때를 밟았다[履時以象天]"라고 했는데, 이/리(履) 또한 이치를 밟아가며[踐] 일을 시행한다는 말이다.

4) 【색은(索隱)】 귀신이란 귀 밝고 눈 밝고 바르고 곧아서[聰明正直] 마땅히 마음을 다하고 삼가면서 일을 해야 하니[盡心敬事], 그에 바탕을 두고서 높고 낮음의 마땅함[尊卑之義=禮]을 제정했다는 것이다. 『예기(禮記)』(「예운(禮運)」편)

에 이르기를 "조묘(祖廟-선조의 사당)에 내려지는 명[降]을 일러 어짊과 마땅함[仁義]이라고 한다"라고 한 것이 바로 이것이다. 【정의(正義)】 귀(鬼)의 영(靈-혼령)을 일러 신(神)이라고 하니, 귀신이란 산천의 신(神)을 가리킨다. 능히 구름을 일으키고 비를 오게 하며 만물을 윤택하게 길러주기[潤養] 때문이다. 그래서 몸을 거기에 의지해 마땅함을 제정하는 것[剬義]이다. 단(剬)은 옛날의 제(制)자이다.

5) 【색은(索隱)】 사계절과 오행의 기운을 다스림[理=治]으로써 만인을 가르치고 교화하는 것[教化]을 말한다.

6) 【정의(正義)】 유주(幽州)이다.

7) 【정의(正義)】 교주(交州)이다.

8) 【집해(集解)】 「지리지(地理志)」에 이르기를 "유사는 장액군(張掖郡) 거연현(居延縣)에 있다"라고 했다. 【정의(正義)】 제(濟)란 '건너다[渡]'라는 뜻이다.[여기에 이 풀이가 왜 들어갔는지는 알 수가 없다.] 『괄지지(括地志)』에 이르기를 "거연(居延) 해남(海南)은 감주(甘州) 장액현(張掖縣) 동북쪽으로 1,064리에 있다"라고 했다.

9) 【집해(集解)】 (『산해경(山海經)』) 「해외경(海外經)」에서 말했다. "동해(東海) 안에 산이 있는데, 이름하여 도삭(度索)이다. 위에는 큰 복숭아나무가 있는데 휘어지면서 서리서리 감아 도는 것[屈蟠]이 3,000리이다. 동북쪽에 문이 있는데 귀문(鬼門)이라고 하니, 온갖 귀신이 모이는 곳이다. 천제(天帝)가 신인(神人)을 시켜 그곳을 지키는데 일명 신도(神荼)라고 하고 일명 울루(鬱壘)라고 하는데, 온갖 귀신을 감시하고 다스린다[閱領]. 만일 사람을 해치는 귀신이 있으면 갈대 밧줄[葦索]로 꽁꽁 묶어서 복숭아나무로 만든 활로 쏘아 호랑이의 먹잇감으로 던져준다."

10) 【정의(正義)】 동물(動物)이란 조수(鳥獸)의 종류를, 정물(靜物)이란 초목의 종류를 가리킨다.

11) 【정의(正義)】 큰 신령이란 오악(五嶽)과 사독(四瀆-4대강)을 가리키고, 작은 신령이란 언덕이나 물가와 평지[墳衍]를 가리킨다.

12) 【집해(集解)】 왕숙(王肅)이 말했다. "지(砥)란 '갈아서 평평하게 만들다[平]'라는 뜻이다. 사방의 먼 나라 사람들[四遠]이 모두 평정되어, 와서 복속(服屬)하는 것이다." 【색은(索隱)】 왕숙에 의거해서 발음을 지촉(止蜀)이라고 했는데, 『대대례(大戴禮)』에 의거할 경우 지려(砥礪)가 된다.

제 전욱(帝顓頊)이 아들을 낳았는데, 궁선(窮蟬)이라고 한다[1]. 전욱이 붕(崩)하자[2] 현효의 손자 고신(高辛)이 세워졌으니, 이 사람이 제 곡(帝嚳)이다.

1) 【색은(索隱)】 『계본(系本-세본)』에서는 궁계(窮係)라고 했다. 송충(宋衷)이 말하기를 "일설에 궁계라고 한 것은 시호이다"라고 했다. 【정의(正義)】 제순(帝舜-순임금)의 고조(高祖)이다.

2) 【집해(集解)】 황보밀(皇甫謐)이 말했다. "자리에 있은 지 78년이고, 붕할 때의 나이 98세였다." 『황람(皇覽)』에서 이렇게 말했다. "전욱의 무덤은 동군(東郡) 복양(濮陽) 돈구성문(頓丘城門) 밖 광양리(廣陽里) 안에 있다. 돈구란 성문이며 이름은 돈구도(頓丘道)라고 한다." 【색은(索隱)】 황보밀이 말했다. "『좌씨(左氏-춘추좌씨전)』에 근거할 때 세(歲-歲星)가 순화(鶉火)에 있을 때 붕했으며 동군에 묻혔다." 또 『산해경(山海經)』에서 말했다. "전욱을 부어산(鮒魚山) 남쪽[陽]에 장사 지냈으며, 구빈(九嬪-아홉 부인)은 그 북쪽[陰]에 장사 지냈다."

제 곡 고신(帝嚳高辛)[1]은 황제의 증손이다. 고신의 아버지는 교극(蟜極)이고[2] 교극의 아버지는 현효이며 현효의 아버지는 황제이니, 현효로부터 교극에 이르기까지는 모두 재위(在位)하지 못하다가 고신에 이르러 제위(帝位)에 나아갔다[卽=就][3]. 고신은 전욱에게 집안 조카[族子]가 된다.

1) 【집해(集解)】 장안(張晏)이 말했다. "소호(少昊) 이전에는 천하의 칭호를 정할 때 그 다움[德]을 본떴고, 전욱(顓頊) 이래로 천하의 칭호는 그 이름을 바탕으로

했다. 고양과 고신은 모두 그들이 일어난 곳의 땅 이름이다. 전욱과 곡은 모두 자(字)를 갖고 칭호로 삼았으니, 이는 상고 시대에는 그만큼 질박했기[質] 때문이다." 【색은(索隱)】 송충(宋衷)이 말했다. "고신이 땅 이름이어서 그것을 갖고서 칭호로 삼았다. 곡(嚳)은 (그냥) 이름이다." 황보밀(皇甫謐)이 말했다. "제곡의 이름은 준(夋-천천히 걷다)이다." 【정의(正義)】 『제왕기(帝王紀)』에서 말했다. "곡(俈=嚳)의 어머니에 대해서는 들어본 바 없다."

2) 【정의(正義)】 蟜의 발음은 거(居)와 조(兆)의 반절음이다. 본래는 교(橋)로 되어 있었는데, 발음은 똑같다. 또 거(巨)와 요(遙)의 반절음이다. 제요(帝堯)의 할아버지이다.

3) 【집해(集解)】 황보밀(皇甫謐)이 말했다. "박(亳)에 도읍했는데, 지금의 하남(河南) 언사(偃師)가 이곳이다."

고신은 나면서부터 신령(神靈)스러워 스스로 자기 이름을 말했다[1]. 남들을 이롭게 하며[利物] 널리 베풀면서도[普施] 자기는 챙기지 않았다[不於其身]. 귀 밝아[聰] 먼 곳의 일까지 알았고[知遠], 눈 밝아[明] 은미(隱微)한 일까지 잘 살폈다[察微][2]. 하늘의 마땅한 뜻에 고분고분했고, 백성의 시급함이 뭔지를 알았다. 어질면서도 위엄이 있었고[仁而威] 은혜를 베풀면서도 믿음이 있었으니[惠而信], 몸을 닦아 천하가 순종했다. 땅에서 재물을 취하되 절도 있게 그것을 썼고, 만백성을 어루만지면서 가르치되 이로운 방향으로 일깨워주었으며, 해와 달에 대해서는 그 운행을 헤아려 (미리 알아서) 맞이하고 보내주었고[3], 귀신에 대해 밝아서[明鬼] 삼감으로[敬] 귀신을 섬겼다[4]. 그의 몸가짐[色]은 빛나게 의젓했고[郁郁], 그의 다움[德]은 아득하게 높았다[嶷嶷][5]. 그의 움직임은 때에 맞았고, 그의 의복은 일반 선비나 다름없었다[6]. 제곡이 이미[溉=既] 적중한 도리를 잡아 쥐어[執中][7] 천하에 두루 펼치니[徧][8], 해와 달이 비치고 바람과 비가 이르는 곳이면 복종하지 않는 곳이 없었다[9].

1) 【정의(正義)】 『제왕기(帝王紀)』에서 말했다. "제곡 고신(帝俈高辛)은 희성(姬姓)이다. 그의 어머니가 그를 낳고서 신이(神異)한 광경을 보게 되었는데, 그가 스스로 자기 이름을 급(岌-높다)이라고 말하는 것이었다. 어릴 때부터[齠齔][7~8세 정도이다.] 빼어난 다움[聖德]이 있었고, 나이 15세가 되자 전욱을 보좌했으며, 30세에 자리에 올라[登位=登極] 박(亳)에 도읍하고 인사(人事)를 통해 관직의 계통을 세웠다."

2) 황제 때와 마찬가지로 제왕의 자질로 '귀 밝고 눈 밝음[聰明]'을 강조하고 있다.

3) 【정의(正義)】 역법을 만들어서 현(弦-반달), 망(望-보름), 회(晦-그믐), 삭(朔-초하루), 해와 달이 미처 오지 않았을 때에 그것들을 (미리) 맞이했고 지나갈 때는 (조심스러운 마음으로) 보내주었다는 말인데, 위에서 "해를 맞이하며[迎日] 추책(推策)했다"라고 한 것이 그것이다.

4) 【정의(正義)】 천신(天神)을 신(神)이라고 하고 인신(人神)을 귀(鬼)라고 한다. 또 말하기를, 빼어난 이[聖人]의 정기(精氣)를 신(神)이라고 하고 뛰어난 이[賢人]의 정기를 귀(鬼)라고 한다. 이는 귀(鬼)를 훤히 알아차려 '삼가면서 섬긴다[敬事]'는 말이다.

5) 【색은(索隱)】 욱욱(郁郁)은 천자가 뿜어내는 화목함[穆穆]이다. 억억(嶷嶷)은 다움이 높음[德高]이다. 지금 살펴보건대, 『대대례(大戴禮)』에는 욱(郁)이 신(神)으로 되어 있고 억(嶷)은 사(俟)로 되어 있다.

6) 【색은(索隱)】 거동(擧動)이 천시(天時-하늘의 때)에 호응했고 의복은 일반 선비들의 복장이었다는 것이니, 그가 공정하면서도 청렴했음[公且廉]을 말한다.

7) 이 집중(執中)은 뒤에 요임금이 순임금에게, 그리고 순임금이 우왕에게 전해준 통치의 요체이다.

8) 【집해(集解)】 서광(徐廣)이 말했다. "옛날에 既(기)자에는 수(水)변을 썼다. 편(徧)은 판본에 따라 윤(尹-다스리다)으로 되어 있는 곳도 있다." 【색은(索隱)】 (집중(執中)이란) 곧 『상서(尙書)』에서 "진실로 그 적중한 도리를 잡으라[允執厥中]"라고 한 것이 이것이다. 【정의(正義)】 溉는 발음이 (개가 아니라) 기(既)이다. 이는 제

곡(帝佶)이 백성 다스리기를 마치 필요한 곳에 물을 대주듯이 해서[漑灌] 골고루 했고, 중정(中正-적중한 바른 도리)을 잡아 쥐어 천하에 두루 펼쳤다는 말이다.

9) 【정의(正義)】 이상은 『대대(大戴-대대례기)』에 실려 있는 글이다.

제 곡(帝嚳)은 진봉씨(陳鋒氏)의 딸을 아내로 맞아[1) 방훈(放勛)을 낳았고[2) 추지씨(娵訾氏)의 딸을 아내로 맞아 지(摯)를 낳았다[3). 제 곡이 붕(崩)하자[4) 지(摯)가 뒤를 이어 세워졌다. 제 지(帝摯)는 세워지고 나서 제대로 잘하지 못했고[不善][5), (선위하여) 동생 방훈(放勳)이 세워졌는데 이 사람이 제 요(帝堯)이다.

1) 【색은(索隱)】 살펴보건대 『계본(系本)』에는 진풍씨(陳酆氏)라고 되어 있다. 황보밀(皇甫謐)이 말하기를 "진봉씨의 딸은 경도(慶都)이다"라고 했으니, 경도는 이름이다. 【정의(正義)】 鋒은 발음이 봉(峯)인데, 또 풍(豐)이라고도 한다. 『제왕기(帝王紀)』에 이르기를 "제곡(帝佶)에게는 비(妃)가 4명 있었는데, 점을 쳐보니 그들의 아들들이 모두 천하를 소유할 것이라고 했다. 원비(元妃)는 유태씨(有邰氏)의 딸로 이름은 강원(姜嫄)이며 후직(后稷)을 낳았다. 다음 비는 유융씨(有娀氏)의 딸로 이름은 간적(簡狄)이며 설(卨)을 낳았다. 다음 비는 진풍씨(陳酆氏)의 딸로 이름은 경도(慶都)이며 방훈(放勛)을 낳았다. 다음 비는 추지씨(娵訾氏)의 딸로 이름은 상의(常儀)이며 제지(帝摯)를 낳았다"라고 했다.

2) 【정의(正義)】 훈(勳)은 또한 훈(勛-勳의 옛글자)이라고도 하는데, 발음은 허(許)와 운(云)의 반절음이다. 요(堯)가 능히 윗대의 공훈을 본받았기[放=倣] 때문에, 그래서 방훈(放勛)이라고 한 것이다. 시호가 요(堯-높고 멀다)이고, 성(姓)은 이기씨(伊祁氏)이다. 『제왕기(帝王紀)』에서 말했다. "제요(帝堯)는 도당씨(陶唐氏)로 기성(祁姓)이다. 어머니는 경도이며, (임신한 지) 14개월 만에 요를 낳았다."

3) 【색은(索隱)】 황보밀(皇甫謐)이 말하기를 "딸의 이름은 상의(常宜)이다"라고 했다. 【정의(正義)】 娵는 족(足)과 수(須)의 반절음이다. 訾는 (발음이 자가 아니라) 자(紫)와 이(移)의 반절음이다.

4) 【집해(集解)】 황보밀(皇甫謐)이 말하기를 "자리에 있은 지 70년이고, 붕할 때의 나이는 105세였다"라고 했다. 『황람(皇覽)』에서 말했다. "제곡의 무덤은 동군(東郡) 복양(濮陽) 돈구성(頓丘城) 남쪽 대음(臺陰) 들판 가운데에 있다."

5) 【색은(索隱)】 고본(古本)에는 부저(不著-드러나지 못하다)라고 되어 있는데, 著의 발음은 장(張)과 여(慮)의 반절음이다. 속본(俗本)에는 불선(不善)으로 되어 있다. 불선(不善)이란 미약(微弱)했다는 것이고, 부저(不著)란 드러내 밝히지 못했다는 것이다. 위굉(衛宏)이 말했다. "지(摯)가 세워진 지 9년이 되었을 때, 당후(唐侯-요임금)의 다움이 성대하자 그로 인해 선위(禪位)했다." 【정의(正義)】 『제왕기(帝王紀)』에서 말했다. "제지(帝摯)의 어머니가 비 4명 중에서 서열이 가장 낮았지만, 지는 형제 중에서 최연장자였기에 제위(帝位)에 오를 수 있었다. 이복동생[異母弟] 방훈을 봉해 당후(唐侯)로 삼았다. 지가 자리에 있은 지 9년이 되었을 때 정치가 미약해졌는데, 당후의 다움이 성대해지자 제후들이 그에게 귀의했고 지는 그 마땅함[義]에 복종해 마침내 여러 신하를 거느리고 당(唐)으로 찾아가[造] 선위했다[致禪]. 당후는 천명이 자신에게 있다는 것을 스스로 알고서 마침내 제의 선양(禪讓)을 받아들였고, 이에 지를 고신(高辛)에 봉해주었다." 지금의 정주(定州) 당현(唐縣)이다.

제 요(帝堯)[1]는 방훈(放勳)이다[2]. 그의 어짊[其仁]은 하늘과 같았고[3], 그의 지혜로움[其知]은 신(神)과 같았다[4]. (백성이) 그에게 나아가는 바는 마치 태양을 우러러보듯이 했고[5], 그를 바라보기를 마치 구름을 쳐다보듯이 했다[6].

부유하면서도 교만하지 않았고[富而不驕], 귀하면서도 함부로 하지 않았다[貴而不舒][7]. 누런 모자[黃收]와 검은 옷[純衣=緇衣]에[8] 흰말이 끄는

붉은 마차[彤車]를 타고 다녔다[9]. 능히 고분고분한 다움[馴德]을 밝혀서[10] 구족(九族)을 내 몸과 같이 여겼으니[親], 구족이 이미 화목해지자 백성(百姓)을 골고루 펴주었고[便章=平章][11], 백성이 밝아지자[12] 만국이 하나가 되어 화합했다[合和=協和].

1) 【집해(集解)】『시법(諡法)』에 이르기를 "좋은 일을 이루도록 돕고 빼어남을 전하는 것[翼善傳聖]을 일러 요(堯)라고 한다"라고 했다. 【색은(索隱)】 요(堯)는 시호이고, 방훈은 이름이다. 제곡(帝嚳)의 아들이며 성(姓)은 이기씨(伊祁氏)이다. 살펴보건대, 황보밀(皇甫謐)이 말했다. "요(堯)가 처음 태어났을 때 그의 어머니는 삼아(三阿) 남쪽에 있으면서 이장유(伊長孺) 집에 의지해서 살았다. 그래서 어머니가 살았던 곳을 따서 성(姓)으로 삼은 것이다." 【정의(正義)】 서광(徐廣)이 말하기를 "칭호는 도당(陶唐)이다"라고 했다. 『제왕기(帝王紀)』에서 말했다. "요는 평양(平陽)에 도읍했는데, 『시경(詩經)』에서는 당국(唐國)이라고 했다." 서재종(徐才宗)의 『국도성기(國都城記)』에서 말했다. "당국(唐國)은 제요의 후예[裔子]들이 봉해진 곳이다. 그 북쪽은 제하우(帝夏禹)가 도읍한 곳으로 한(漢)나라 때는 태원군(太原郡)이라고 했는데, 옛 기주(冀州) 태항산(太行山)과 항산(恆山) 서쪽에 있다. 그 남쪽에는 진수(晉水)가 있다." 『괄지지(括地志)』에서 말했다. "지금 진주(晉州)가 관할 하는 평양 고성(平陽故城)이 이곳이다. 평양(平陽) 하수(河水)를 다른 이름으로 진수(晉水)라고 한다."

2) 【집해(集解)】 서광(徐廣)이 말하기를 "칭호는 도당(陶唐)이다"라고 했다. 황보밀(皇甫謐)이 말했다. "요(堯)는 갑신년(甲申年)에 태어나 갑진년(甲辰年) 제위(帝位)에 나아갔고 갑오년(甲午年)에 순(舜)을 불러들였다[徵]. 갑인년(甲寅年)에 순에게 천자의 일을 대행하게 했고 신사년(辛巳年)에 붕(崩)했는데, 나이 118세이었고 자리에 있은 지는 98년이었다."

3) 【색은(索隱)】 하늘이 만물을 길러주듯이[函養=涵養] 했다는 것이다.

4) 【색은(索隱)】 귀신이 미묘한 것까지 다 알아내듯이 했다는 것이다.

5) 【색은(索隱)】 하늘이 위에서 만물을 비추면 사람들이 모두 의지해 거기에 나아갔으니, 마치 해바라기들[葵藿(규곽)]이 마음을 쏟아 태양을 바라보듯이 했다는 말이다.

6) 【색은(索隱)】 구름이 만물을 촉촉이 적셔주듯이 다움을 통한 교화[德化(덕화)]가 넓고 커서 많은 사람을 적셔주면 사람들이 모두 우러러 바라보니, 그래서 마치 온갖 곡식이 때맞게 내리는 비[膏雨(고우)]를 간절히 바라듯이 그렇게 했다고 말한 것이다.

7) 【색은(索隱)】 서(舒)는 '게으르다', '깔보다[慢(만)]'라는 뜻이다. 『대대례(大戴禮)』에는 불예(不豫)로 되어 있다.

8) 【집해(集解)】 서광(徐廣)이 말했다. "치(純)는 판본에 따라 치(紂-검다)로 되어 있다." 배인(裴駰)이 살펴보건대, 『태고관면도(太古冠冕圖)』에 이르기를 "하(夏)나라에서는 면(冕-면류관)을 수(收)라고 했다"라고 했고, 『예기(禮記)』(「교특생(郊特牲)」편)에 이르기를 "들판의 농부는 누런 모자[黃冠(황관)]를 쓴다"라고 했다. 정현(鄭玄)이 말하기를 "순의(純衣)란 벼슬 못한 선비의 제복(祭服)이다"라고 했다. 【색은(索隱)】 수(收)란 모자 이름이다. 그 색이 누런색이라 황수(黃收)라고 한 것인데, 옛 선조들의 질박함을 본받은 것이다. 純는 발음이 (순이 아니라) 치(緇-검은 옷)이다.

9) 이하 요임금과 관련된 부분은 『서경(書經)』「우서(虞書)」 요전(堯典)편과 내용이 거의 일치한다.

10) 【집해(集解)】 서광(徐廣)이 말하기를 "馴은 훈(訓)의 옛글자이다"라고 했다. 【색은(索隱)】 『사기(史記)』에 나오는 馴자에 대해 서광은 모두 (순이 아니라) 훈(訓)으로 읽어야 한다고 했다. 훈(訓)이란 '고분고분하게 만들다[順(순)]'는 것이다. 이는 곧 빼어난 다움이 있어야 사람들을 능히 고분고분하게 만들 수 있다는 말이다. 살펴보건대 『상서(尙書)』에는 준덕(俊德-뛰어난 다움)으로 되어 있는데, 공안국(孔安國)이 말하기를 "능히 뛰어난 다움을 가진 선비를 밝게 쓸 수 있다는 말이다"라고 했으니 이 문장의 뜻과는 차이가 있다.

11) 【집해(集解)】 서광(徐廣)이 말하기를 "아래에서 말하기를 '봄에 하는 농사일을 순서에 따라 가지런하게 하도록 했다[便程東作]'라고 했으니, 그렇다면 평(平)의 뜻을 풀어 편(便)이라고 한 것이다"라고 했다. 배인(裴駰)이 살펴보건대 『상서(尙書)』에서는 편(便)자를 나란히 평(平)자로 썼다. 공안국(孔安國)이 말했다. "백성(百姓)은 백관(百官)이다." 정현(鄭玄)이 말했다. "백성은 여러 신하의 부자 형제이다." 【색은(索隱)】 『고문상서(古文尙書)』에는 (편(便)이) 평(平)으로 되어 있는데, 이 글에서 대개 平은 포(浦)와 경(耕)의 반절음이다. 평(平)은 이미 편(便)을 뜻하니, 그래서 편장(便章)이라고 한 것이다. 금문(今文-『금문상서』)에는 변장(辯章)으로 되어 있으니, 옛날에는 평(平)자를 또한 변(便)으로 썼는데 발음은 비(婢)와 연(緣)의 반절음이다. 변(便)은 곧 뜻을 풀면 변(辯-바로잡음)이니, 그래서 변장(便章)이라고 한 것이다. 추탄생본(鄒誕生本-『사기음의(史記音義)』)도 역시 같다.

12) 공안국의 말대로 백성을 백관으로 볼 경우 앞의 문장은 백관들에게 그에 맞는 임무를 맡겼다는 것이 되고, 이곳의 "백성이 밝아지자"도 백관들이 자신들의 맡은 바를 잘 해냈다는 뜻이 된다. 이게 좀 더 자연스럽다.

마침내 (요임금은) 희씨(羲氏)와 화씨(和氏)에게 명해[1] 광대한 하늘(의 움직임)[昊天]을 삼가 좇게 하고[敬順=欽若][2] 해와 달과 별들(의 운행)[日月星辰]을 면밀히 관찰하게 하여[數法][3] (날씨 변화를 예측함으로써 농사짓는) 백성의 때[民時]를 삼가 내려주었다[敬授][4].

1) 【집해(集解)】 공안국(孔安國)이 말했다. "(순임금의 신하) 중(重)과 여(黎)의 후손이 희씨와 화씨인데, 대대로 하늘과 땅을 주관하는 관직[天地之官]을 맡았다. 【정의(正義)】 『여형전(呂刑傳-여형에 대한 풀이)』에 이르기를 "중(重)은 곧 희(羲)이고 여(黎)는 곧 화(和)이니, 비록 별도의 씨족이긴 하지만 각각이 중과 여에서 나왔다"라고 했다. 살펴보건대, 빼어난 이[聖人=聖君]는 홀로 정치를

❖

하지 않고 반드시 뛰어난 보필을 기다려서 하니[須=待] 이에 하늘과 땅을 주관하는 관직[天地之官]을 돕도록 명했다는 것이다. 예를 들면 『주례(周禮)』에 있는 천관경(天官卿-재상), 지관경(地官卿-교화를 담당)이 그런 것들이다.

2) **【정의(正義)】** 경(敬)이란 공손하면서 부지런한 것[恭勤]이다. 원기(元氣-만물의 근본이 되는 기운)는 크게 넓은 것이어서 호천(昊天)이라고 한다. (『이아(爾雅)』 「석천(釋天)」편에 이르기를 "봄은 창천(蒼天), 여름은 호천(昊天), 가을은 민천(旻天), 겨울은 상천(上天)이라고 한다"라고 했는데 단지 호천(昊天)만을 말한 것은, 요(堯)가 능히 하늘을 삼가 받들기[敬天]를 크게 했기[大] 때문에, 호(昊)와 대(大)로써 말한 것이다.

3) **【색은(索隱)】** 『상서(尙書-서경)』에는 "曆象日月"이라고 되어 있는데, 그렇다면 여기서 수법(數法)이라고 한 것은 역상(曆象) 두 글자의 뜻을 풀이한 것이 된다.[채침(蔡沈)은 『서경집전(書經集傳)』에서 역(曆)은 역수를 기록한 책, 상(象)은 하늘을 관찰하는 기구라고 했다.] 이는 희와 화에게 명해 수(數)의 법도를 살펴서[曆] 해와 달과 별들의 빠르고 늦음[早晩]을 관찰하게 함으로써 백성의 때[人時=民時]를 삼가 내려주었다는 말이다. **【정의(正義)】** 역수(曆數)의 법은 해의 갑을(甲乙), 달의 대소(大小), 어둠과 밝음이 별에서 교차하는 것, 해와 달이 만나는 때 등으로 천수(天數)를 정했으니, 이로써 한 해의 역(曆-책력)을 만들었다.

4) **【정의(正義)】** (지금은 전하지 않는) 『상서고령요(尙書考靈耀)』에서는 이렇게 말했다. "입춘에는 장성(張星)이 혼(昏-어둠)에 적중하니[中] 기장[稷]을 심을 수 있다. 하지에는 화성(火星)이 혼에 적중하니 기장과 콩[黍菽]을 심을 수 있다. 입추에는 허성(虛星)이 혼에 적중하니 보리[麥]를 심을 수 있다. 동지에는 묘성(昴星)이 혼에 적중하니 뿌린 것들을 거둘 수 있다." 천자는 이들 네 별이 적중하는 때를 살피는 가운데 백성이 시급해하는 바[緩急]를 알기 때문에, 그래서 "백성의 때를 삼가 내려주었다[敬授民時][『상서(尙書-서경)』의 인시(人時)를 사마천은 민시(民時)라고 썼다.]"라고 한 것이다.

나누어 명하기를[分命][1], 희중(羲仲)에게 우이(郁夷)에 거처하라고 했는데 그곳은 양곡(暘谷)이라고도 불린다[2]. (그곳에 나아가) 떠오르는 해를 삼가 맞이해[敬道日出] 봄에 하는 농사일[東作]을 순서에 따라 가지런하게 하도록 했다[便程=平章][3]. 해가 가운데일 때[日中] 조성(鳥星-새 자리)을 갖고서 바로잡아[殷=正] 봄에 적중했다[中春][4]. 이에[其=於是] 백성은 (농사일을 위해) 흩어지고[析=散], 새와 짐승들은 새끼를 낳고 교미를 한다[字微][5].

1) 중(仲)과 숙(叔)에게 나눠 명한 것이다.

2) 【집해(集解)】 『상서(尙書)』에 이르기를 우이(嵎夷)라고 했다. 공안국(孔安國)이 말했다. "동쪽 변두리[東表] 땅을 우이(嵎夷)라고 한다. 해는 양곡(暘谷)[해가 지는 곳을 함지(咸池)라고 한다.]에서 뜬다. 희중은 동방을 다스리는 관리이다." 【색은(索隱)】 구본(舊本)에는 탕곡(湯谷)으로 되어 있는데, 지금은 나란히 『상서(尙書)』의 글자에 의거한 것이다. 살펴보건대 『회남자(淮南子)』에 이르기를 "해는 탕곡(湯谷)에서 떠 함지(咸池)에서 사라진다[浴]"라고 했으니, 그렇다면 탕곡 또한 나름의 근거[他證]가 있음이 분명하다. 또 아래에 나오는 매곡(昧谷)에 대해 서광(徐廣)은 말하기를 "한편으로는 유(柳)라고 했다"라고 했으니, 유(柳) 역시 해가 들어가는 곳의 땅 이름이다. 태사공(太史公)은 경전과 기록을 널리 발굴해 이 역사서를 쓰면서 특이한 것들도 널리 기록했으니, 반드시 모두 『상서(尙書)』에만 의존하지는 않았을 것이다. 대개 우이(郁夷) 또한 어떤 땅의 별명일 것이다. 【정의(正義)】 郁의 발음은 (욱이 아니라) 우(隅-귀퉁이)이다. 양(陽)은 판본에 따라 양(暘-해돋이)으로 되어 있다. (『상서(尙書)』 「하서(夏書)」) 우공(禹貢)편의 청주(青州) 항목에 이르기를 "우이가 이미 경략되니[嵎夷既略]"라고 했다. 살펴보건대 우이는 청주이다. 요가 희중에게 명해 동쪽에 있는 청주의 우이 땅을 다스리게 했는데, 거기는 해가 나오는 땅이라 이름 짓기를 양명(陽明)의 곡(谷)이라고 한 것이다. 희중은 동방의 관리들을 주관했으니, 예를 들면 『주례(周禮)』의 춘관경(春官卿)과 같다.

3) 【집해(集解)】 공안국(孔安國)이 말했다. "(이 말은) 떠오르는 해를 삼가 맞이해서[敬道日出] 봄에 하는 농사일을 골고루 차례에 맞게 하여[平均次序] 농사일에 힘쓰게 했다[務農]는 것이다." 【색은(索隱)】 유백장(劉伯莊, ?~?)[당나라 서주(徐州) 팽성(彭城) 사람으로 태종 정관(貞觀) 연간에 국자(國子) 조교(助教)에 제수된 뒤에 홍문관(弘文館) 학사(學士)를 지냈다. 고종(高宗) 용삭(龍朔) 연간에 숭현관(崇賢館) 학사(學士)를 겸임했다. 『상서정의(尙書正義)』 수찬(修撰)에 참여했고 국자 박사(博士)가 되어서는 허경종(許敬宗) 등과 『문관사림(文館詞林)』, 『문사박요(文思博要)』 편찬에 참여했다. 저서에 『사기음의(史記音義)』, 『사기지명(史記地名)』, 『한서음의(漢書音義)』, 『속이아(續爾雅)』 등이 있다.]의 전(傳)에서는 모두 고사(古史)에 의거해 평질(平秩)로 (쓰고) 발음해야 한다고 했다. 그러나 『상서대전(尙書大傳)』에 이르기를 "변질동작(辯秩東作)"이라고 했으니, 그렇다면 이는 질(秩)의 뜻을 풀이해 정(程)이라고 한 것이므로 차례대로 해야 할 일[作程]을 골고루 부과한다[便課]는 말이다. 【정의(正義)】 도(導)란 '가르쳐주다[訓=誨]'라는 뜻이다. 삼춘(三春-맹(孟)·중(仲)·계(季))은 동쪽을 주관하기 때문에 '해가 떠오른다[日出]'라고 했고, 경작은 봄에 이뤄지기 때문에 '봄에 하는 농사일[東作]'이라고 한 것이다. 이는 희중에게 명해 만백성을 공손하고 부지런히[恭勤=敬] 이끌고 깨우쳐서 봄에 하는 농사일을 정해진 기한[程期]에 맞춰서 하도록 했다는 말이다.

4) 【집해(集解)】 공안국(孔安國)이 말했다. "일중(日中)이란 춘분날을 말한다. 조성이란 남방의 주작(朱雀-주조(朱鳥)) 7수(宿)이다. 은(殷)이란 '바로잡다[正]'라는 것이다. 춘분날 저녁에 조성이 마침내 나타나면 그것을 갖고서 중춘(仲春-음력 2월)의 기절(氣節)을 바로잡는다는 말이다. 이를 응용해 맹(孟-맹춘), 계(季-계춘)를 미뤄 헤아려보면 그것도 얼마든지 알 수가 있다." 아래의 中은 발음이 중(仲)이며, 하(夏), 추(秋), 동(冬)의 경우에도 똑같다.

5) 【집해(集解)】 공안국(孔安國)이 말했다. "봄의 일이 이미 시작되면 장정들[丁壯]이 일을 하러 나가니, 이는 춘분이 되면 이에 백성이 노인과 장정으로 나눠어 쪼개진다[分析]는 말이다." 젖이 불어나는 것[乳化]을 자(字-새끼를 베다)라

고 한다. 『상서(尙書)』에는 (자(字)가 자(孶)로,) 미(微)가 미(尾)로 되어 있는데, 『설문(說文-설문해자)』에 이르기를 "미(尾)란 교접(交接-교미)하는 것이다"라고 했다.

거듭 명하기를[申命(신명)], 희숙(羲叔)에게 남교(南交)에 거처하라고 했다[1]. (그곳에 나아가) 여름에 하는 농사일[南爲(남위)]을 순서에 따라 가지런하게 하도록 하여[便程(편정)=平秩(평질)] 삼가 잘 마칠 수 있게 했다[敬致(경치)][2]. 해가 길어질 때[日永(일영)] 심성(心星-대화성)을 갖고서 바로잡아[正(정)] 여름에 적중했다[中夏(중하)][3]. 이에[其(기)=於是(어시)] 백성은 계속 흩어져 바삐 생활하고[因(인)], 새와 짐승들은 털이 듬성듬성해지며 바뀐다[希革(희혁)][4].

1) 【집해(集解)】 공안국(孔安國)이 말했다. "여름이 봄과 교차하는 때로, 희숙이 남방의 관리들을 다스린다." 【색은(索隱)】 공(孔-공안국)의 주(注)는 옳지 않다. 만일 그렇다면 겨울이 가을과 교차하는 때에 대해서는 어떤 이유로 아래에 그와 관련된 글이 없단 말인가? 또 동쪽에는 우이(嵎夷), 서쪽에는 매곡(昧谷), 북쪽에는 유도(幽都)라 하여 세 방면에 대해서는 모두 땅을 말했을 뿐 여름의 경우에만 그에 해당하는 땅을 말하지 않았다. 이에 봄과 교차한다고 말한 것은 법식이 아니니, 그 말이 잘못을 심하게 저지른 것이다. 그러나 남쪽에는 교지(交阯)라는 곳이 있는데, 혹 옛글들에서는 한 글자를 생략하고 이름을 불렀으니, 남교(南交)란 곧 이 교지임은 의심할 바 없다. 【정의(正義)】 희숙은 남방의 관리들을 주관했으니, 예를 들면 『주례(周禮)』의 하관경(夏官卿)이 그것이다.

2) 【집해(集解)】 공안국(孔安國)이 말했다. "위(爲)는 '달라지게 하다[化(화)]'라는 뜻이다. 남방의 화육(化育)의 일을 골고루 차례 있게 나눠서 그 가르침을 삼가 시행해[敬行(경행)] 그 일을 잘 마치게 한다는 말이다." 【색은(索隱)】 爲는 의(依)자로 읽는다.[이는 『서경(書經)』의 와(譌)를 곧 위(爲)로 본 것이다. 여기서는 그냥 '의'가 아니

라 '위'로 새겼다.] 봄에 동작(東作)하고 여름에 남위(南爲)한다고 했으니, 이는 모두 밭을 갈고 손을 보아 농사를 장려하는 일이다. 공안국은 억지로 위(爲)를 와(訛)자로 보는 바람에, 비록 뜻은 '화육하다[化]'로 풀기는 했지만, 해석 또한 심하게 우회(紆回)하고 말았다.[농사일을 너무 거창하게 풀어냈다는 비판이다.] 【정의(正義)】 희숙에게 명해 마땅히 백성의 일을 공손하고 부지런하게 받들어서 그 뿌리고 기른 것들[種殖]을 정해진 기한[程期]에 맞춰서 하도록 했다는 말이다.

3) 【집해(集解)】 공안국(孔安國)이 말했다. "영(永)은 '길다[長]'는 뜻이니, 곧 하짓날을 말한다. 심성[火]은 (동방의) 창룡(蒼龍)의 (7수(宿) 중에서) 중성(中星)이다. 중성을 대표로 들었으니 7성(星-혹은 수)이 다 나타난다는 것을 알 수 있다. 그걸 보고서 중하(中夏-혹은 중하(仲夏))의 절기를 바로잡는다." 마융(馬融)과 왕숙(王肅)이 말하기를 낮이 가장 긴 누각(漏刻)이 60각(刻)이라고 했는데, 정현(鄭玄)은 55각이라고 했다.

4) 【집해(集解)】 공안국(孔安國)이 말했다. "인(因)이란 노약자까지 모두 다 밭에 있는 장정들에게 나아가 농사일을 돕는 것을 말한다. 여름이 되면 새와 짐승들은 털과 깃이 드물어지면서 털이 바뀌기 시작한다. 혁(革)이란 '바뀌는 것[改]'이다."

거듭하여 명하기를[1], 화중(和仲)에게[2] 서쪽 땅[西土]에 거처하라고 했는데[3] 그곳은 매곡(昧谷)이라고도 불린다[4]. (그곳에 나아가) 들어가는 해를 삼가 보내주어[敬道日入] 가을에 하는 농사일[西成]을 순서에 따라 가지런하게 하도록 했다[便程=平秩][5]. 밤이 가운데일 때[夜中=宵中] 허성(虛星)[6]을 갖고서 바로잡아[正] 가을에 적중했다[中秋][7]. 이에[其=於是] 백성은 평소와 같고[夷易][8], 새와 짐승들은 털이 듬성듬성해지며 바뀐다[希革][9].

1) 『서경(書經)』에는 분명(分命)이라고 했는데 사마천은 신명(申命)이라고 했다. 이는 희중, 희숙,

화중, 화숙을 하나로 묶어서 보고 있다는 뜻이다. 반면에 『서경(書經)』은 희중과 희숙을 한 묶음, 화중과 화숙을 한 묶음으로 보았다.

2) 【정의(正義)】 화중은 서방의 관리들을 주관했으니, 예를 들면 『주례(周禮)』의 추관경(秋官卿)이 그것이다.

3) 【집해(集解)】 서광(徐廣)이 말하기를 "어떤 판본에는 토(土)자가 없다. 서쪽이라고 한 것은 지금의 천수군(天水郡) 서현(西縣)이다"라고 했다. 배인(裴駰)이 살펴보건대, 정현(鄭玄)이 말하기를 "서(西)란 농서(隴西)의 서쪽으로, 지금 사람들이 태산(兌山)이라 부르는 곳이다"라고 했다.

4) 【집해(集解)】 서광(徐廣)이 말하기를 "판본에 따라 유곡(柳谷)이라고도 한다"라고 했다. 배인(裴駰)이 살펴보건대, 공안국(孔安國)이 말하기를 "해가 계곡으로[谷] 들어가면 천하는 어두워지기[冥=昧] 때문에, 그래서 매곡(昧谷)이라고 한 것이다. 이는 서쪽을 다스리는 관직에 둔 것으로, 가을 하늘의 일[秋天之政]을 담당한다[掌=主]"라고 했다.

5) 【집해(集解)】 공안국(孔安國)이 말했다. "가을은 서쪽[西方]이며 만물이 이뤄지는 때이다." [『서경(書經)』에는 경도일입(敬道日入)을 좀 더 분명하게 "들어가는 해를 삼가 보내주어[寅餞納日]"라고 했다. 인(寅)은 '삼가다[敬]'이고 전(餞)은 '전별(餞別)하다'라는 말이다.]

6) 【색은(索隱)】 허(虛)를 옛날에는 의(依)자로 읽었는데, 추탄생(鄒誕生)은 발음이 허(墟)라고 했다. 살펴보건대 허성(虛星)은 분묘(墳墓)를 주관하는데, 추씨는 어쩌면 그 이치를 알고 있었으리라.

7) 【집해(集解)】 공안국(孔安國)이 말했다. "봄은 낮으로 말했고 가을은 밤으로 말했으니, 서로 다 갖추어졌다. 허(虛-허성)란 현무(玄武-북쪽의 7성)의 중성(中星)이다. 이 또한 7성 모두 추분에 보이니, 그것을 갖고서 삼추(三秋-맹추·중추·계추)를 바로잡은 것이다."

8) 『서경(書經)』을 풀이한 채침(蔡沈)은 평(平)을 "더위가 물러가서 사람들의 기운이 평온해지는 것"이라고 풀었다. 뒤에 나오는 공안국과는 다른 풀이이다.

❖

9) 【집해(集解)】 공안국(孔安國)이 말했다. "이(夷)는 '평화롭다[平]'는 말이다. 노인과 장정들이 밭에 있으면서 여름을 함께하니 평화롭다[平]는 말이다. 선(毨)은 '털갈이하다[理]'라는 뜻이다. 털이 다시 나는 것을 정리(整理)라고 한다."

거듭 명하기를, 화숙(和叔)에게 북쪽 지방[北方=朔方]에 거처하라고 했는데 그곳은 유도(幽都)라고도 불린다[1]. (그곳에 나아가) 저장하는 일을 고르게 살피게 했다[便在伏物=平在朔易][2]. 해가 짧아질 때[日短] 묘성(昴星)을 갖고서 바로잡아[正] 겨울에 적중했다[中冬][3]. 이에[其=於是] 백성은 몸을 따뜻하게 하고[燠][4], 새와 짐승들은 가는 솜털이 난다[氄毛][5].

한 해[歲=朞]를 366일로 하고 윤달[閏月]을 써서 사계절[四時]을 바르게 했다[6]. (이에) 백관(百官)을 진심으로 다스리니[信飭=允釐][7], 많은 공적이 모두 잘 이뤄졌다[興].

1) 【집해(集解)】 공안국(孔安國)이 말했다. "북쪽은 유도(幽都)라고 했으니, 모여드는(-혹은 쌓아두는) 곳[所聚]이라는 뜻이다." 【색은(索隱)】 『산해경(山海經)』에서 "북해(北海) 안에 유도(幽都)라는 이름의 산이 있다"라고 했는데 아마도[蓋] 이것일 것이다. 【정의(正義)】 살펴보건대 북방의 유주(幽州)는 음(陰)이 모이는 땅인데, 화숙에게 명해 거기에 살면서 그곳을 다스리라고 한 것이다. 화숙은 북방의 관직을 주관했으니, 예를 들면 『주례(周禮)』의 동관경(冬官卿)이 그것이다.

2) 【색은(索隱)】 화숙으로 하여금 북방에서 생산물을 저장하는 일을 살피게 했으니, 이는 사람들이 쌓아온 것들을 겨우내 모두 잘 보관·저장하게 한 것을 말한다. 『시자(尸子)』에도 이르기를 "북방이란 숨어 드는 방위[伏方]이다"라고 했다. 『상서(尙書)』에 이르기를 "다시 소생하는 바를 고르게 살피다[平在朔易=平裁朔易]"라고 했다. 그런데 지금 살펴보건대 『대전(大傳-상서대전)』에서는 "저장하는 일을 고르게 살피게 했다[便在伏物]"라고 했으니, 태사공은 이를

근거로 쓴 것이다.

3) 【집해(集解)】 공안국(孔安國)이 말했다. "낮이 (가장) 짧은 날은 동짓날이다. 묘성은 백호(白虎-서쪽의 7성)의 중성(中星)이다. 이 또한 7성이 모두 보이는 것을 갖고서 겨울의 절기[冬節(동절)=冬季(동계)]를 바로잡은 것이다." 마융(馬融)과 왕숙(王肅)이 말하기를, 낮이 가장 짧은 누각(漏刻)이 40각(刻)이라고 했다. 정현(鄭玄)은 45각이라고 했는데 잘못이다.

4) 『서경(書經)』에는 '아랫목에 있다[隩(오)]'로 되어 있다.

5) 【집해(集解)】 서광(徐廣)이 말했다. "氄의 발음은 용(茸-무성함)이다." 배인(裴駰)이 살펴보건대, 공안국(孔安國)은 말하기를 "백성은 집 안으로 들어가고, 새와 짐승들은 모두 부드럽고 연하며 가는 솜털[氄毛(용취)細毛(세모)]이 자라남으로써 스스로를 따뜻하게 한다[自溫(자온)]"라고 했다.

6) 【색은(索隱)】 무릇 주천(周天-천체가 한 바퀴 도는 일)은 365도(度)와 4분의 1이니, 이것이 하늘의 도수(度數)이다. 그런데 해의 운행은 느려서 1년이 한 주천이 되고 달의 운행은 빨라서 한 달이 한 주천이 되니, 해는 하루에 1도 운행하고 달은 하루에 13도 19분의 7을 운행한다. 29일의 절반을 넘게 되면 달이 하늘을 운행하는 것이 1잡(帀)이 되는데 또한 좇아가서 해에 이르러 더불어 만나게 된다. 1년에 12번 만나니, 이를 열두 달이라고 한다. 매달 29일의 절반에 조금 지난다. 해마다 적은 달이 여섯 차례나 되니, 이렇게 되면 해마다 6일이 남게 된다. 또 태세(大歲)가 366일이고 소세(小歲)가 355일이니, 전체가 쌓이면 66일이 된다. 그것은 실은 1년에 오직 11일 정도가 남게 된다. (이럴 경우) 3년도 못 가서 이미 한 달이 만들어지니, 이럴 경우에는 윤달을 둔다[置閏(치윤)]. 만약에 3년마다 윤달을 두지 않을 경우에는 정월이 2월이 되어버리고, 9년이 지나면 석 달이 차이가 나서 봄이 여름이 되어버리며, 17년이 지나면 여섯 달의 차이가 나서 사계절이 모두 정반대가 된다. 이 때문에 사계절은 바르지 않게 되고 세(歲)는 이뤄질 수가 없다. 그러므로 전(傳)에 이르기를 "남는 것을 끝으로 돌리니 일에 어긋남이 없었다"라고 한 것은 이를 두

고 한 말이다.

7) 【집해(集解)】 서광(徐廣)이 말하기를 "칙(飭)은 칙(勅)의 옛글자이다"라고 했다.

요(堯)가 말했다.

"이 일[此事]을 순리에 맞춰 고분고분하게 할 수 있는 사람은 누구인가?[1]"

방제(放齊)가 말했다.

"사자(嗣子)인 단주(丹朱)가 성품이 열려 있고 밝습니다[開明][2]."

요가 말했다.

"어찌[吁]! (그 아이는) 말에 진실성이 없는 데다가 다투기까지 하니[頑凶=嚚訟], 쓸 수가 없다[不用][3]."

요가 또 말했다.

"누가 좋겠는가?"

환두(讙兜=驩兜)가 말했다.

"공공(共工)이 바야흐로 공적이 쌓여서 드러나고 있으니, 쓸 수 있습니다[4]."

요가 말했다.

"공공은 말은 잘하지만[善言] 등용하면 자신의 말과 위배되는 짓을 할 것이고[用僻] 겉으로 용모만 공손하지, 하늘과도 같은 도리를 어지럽힐 것이니[漫天=滔天], 쓸 수 없다[5]."

요가 또 말했다.

"아[嗟]! 사악(四嶽=四岳)아[6]. 세차게 흘러넘치는[湯湯] 홍수가 하늘에까지 이르러서 널리 광범위하게 산을 에워싸고[懷] 언덕을 덮치는[襄] 바람에[7] 저 아래 백성이 이에 근심하고 있으니, 이를 다스릴 유능한 이가 있겠는가?"

모두가 말하기를 곤(鯀)이 좋다[可]고 했다[8].

요가 말했다.

"곤은 명령을 거역하며[負命=悖命] 좋은 사람들을 무너뜨릴 것[毁族]이니, 안 된다[9]."

악(嶽)이 말했다.

"그만둘 때 그만두더라도[异] (치수 대책을 세우는 것이) 가능한지를 시험해보고서, 이에 (불가능하다는 것이 판명될 경우 그때 가서) 물러나게 해야 합니다[已][10]."

요가 이에 악의 말을 들어[聽] 곤을 썼다[用]. (하지만 요임금의 지적대로) 9년[九載=九年]이 되어도 가시적인 성과를 이루지 못했다[功用不成][11].

1) 【정의(正義)】 장차 등용시켜 자기 자리를 이을 자를 말한 것이다.

2) 【집해(集解)】 공안국(孔安國)이 말했다. "방제는 신하의 이름이다." 【정의(正義)】 정현(鄭玄)이 말했다. "(단주는) 제요(帝堯)의 뒤를 이을[胤嗣] 아들인데, 이름이 단주이고 성품이 열려 있고 밝았다." 살펴보건대 개(開)란 '열려 있어 통달했다[解而達]'라는 뜻이다. 『제왕기(帝王紀)』에 이르기를 "요가 산의씨(散宜氏)의 딸을 아내로 맞았는데 이름이 여황(女皇)이었고 단주를 낳았다"라고 했고, 『급총기년(汲冢紀年)』에 이르기를 "후직(后稷)이 제의 아들 단주를 추방했다[放]"라고 했으며, 『범왕형주기(范王荊州記)』에 이르기를 "단수현(丹水縣)은 단천(丹川)에 있는데 요의 아들 주(朱)가 봉해진 곳이다"라고 했고, 『괄지지(括地志)』에 이르기를 "단수 고성(丹水故城)은 등주(鄧州) 내향현(內鄕縣) 서남쪽으로 130리에 있다. 단수 때문에 현(縣)의 이름이 되었다"라고 했다.

3) 【집해(集解)】 공안국(孔安國)이 말했다. "우(吁)란 의문스럽고 기이할 때[疑怪] 쓰는 감탄사이다." 【정의(正義)】 『좌전(左傳)』에 이르기를 "입으로 진실하고 믿을 수 있는 말[忠信之言]을 하지 않는 것을 은(嚚)이라고 하고, 마음으로 다움과 의로움의 원칙[德義之經]을 본받으려 하지 않는 것을 완(頑)이라고 한다"라

고 했다. 흉(凶)이란 '다투는 것[訟]'이다. 이는 단주의 마음이 이미 완고하고 진실성이 없는 데다가[頑嚚] 나아가 쟁송하기를 좋아해 그를 쓸 수가 없다는 말이다.

4) 【집해(集解)】 공안국(孔安國)이 말했다. "환두(讙兜)는 신하의 이름이다." 정현(鄭玄)이 말했다. "공공은 수관(水官-물 관리 책임자)의 이름이다." 【정의(正義)】 兜의 발음은 (도가 아니라) 두(斗)와 후(侯)의 반절음이다.

5) 【정의(正義)】 공공은 말을 잘했지만, 마음 씀씀이[用意]는 그릇되고 치우쳤다[邪僻]. 겉으로는 공손하고 삼가면서도 죄악이 하늘에 이를 정도[漫天]여서 쓸 수가 없다는 말이다.

6) 【집해(集解)】 정현(鄭玄)이 말했다. "사악은 사계절을 책임지는 관리로, 사방 악(嶽-큰 산)의 일을 주관한다." 【정의(正義)】 홍수를 찬탄하며 사악에게 누가 능히 다스릴 수 있는지를 물은 것이다. 공안국(孔安國)이 말했다. "사악이란 곧 위에 있는 희와 화 네 사람의 자식들이다. 사악의 제후들을 나눠서 맡았기에[分掌] 사악(四嶽)이라고 부른 것이다."

7) 【집해(集解)】 공안국(孔安國)이 말했다. "회(懷)는 '품어 안는 것[包]'이고 양(襄)은 '위로 올라가는 것[上]'이다." 【정의(正義)】 湯의 발음은 상(商)인데, 지금은 글자 그대로 (탕이라고) 읽는다. 탕탕(湯湯)은 넓고 평평한[廣平] 모습이다. 이는 물이 거세게 흘러 깨끗이 씻어낸다는 뜻이다. 땅 위에 있는 물건들이 물에 떠내려가는 것을 가리켜 널리 평평해지듯이[蕩蕩然]라고 한 것이다. 살펴보건대 회(懷)는 품어 담는 것[藏]으로서 물건을 꾸리듯 감싸서 간직한다[包裹]는 뜻이 있으니, 그래서 (공안국은) 회(懷)는 '품어 안는 것[包]'이라고 말한 것이다. 『이아(爾雅)』「석언(釋言)」편에 이르기를 "양(襄)은 가(駕-수레, 오르다)이니, 소나 말을 올라타는 것[駕乘]은 모두 '위에 있다[在上]'는 말이다"라고 했다. 이는 물이 위로 언덕을 타고 오르는 것이 너무도 크고 성대해서 그 기세가 마치 하늘을 어지럽힐 듯하다는 말이다.

8) 【집해(集解)】 마융(馬融)이 말하기를 "곤(鯀)은 신하의 이름으로 우(禹)의 아버지

다"라고 했다.

9) **【정의(正義)】** 負의 발음은 (부가 아니라) 패(佩)로, 의(依-혹은 위(違))자와도 통한다. 패(負)란 '어긴다[違]'는 뜻이기 때문이다. 족(族)은 '무리[類]'이다. 곤(鯀)은 성품이 사납고 비뚤어져 있어서[很戾] 가르침과 명[教命]을 어기고 좋은 사람의 부류[善類]를 헐뜯고 망칠 것이기 때문에 쓸 수 없다는 말이다. 『시경(詩經)』「대아(大雅) 상유(桑柔)」편에 이르기를 "탐욕스러운 자가 무리를 망치도다[貪人敗類]"라고 했다.

10) **【정의(正義)】** 异의 발음은 이(異)이다. 공안국(孔安國)이 말했다. "이(异)는 '그만두다', '그치다[已]'라는 뜻이고, (뒤에 있는) 이(已)는 '물러나다[退]'라는 뜻이다. 이는 나머지 사람들은 다 해보았으니 오직 곤(鯀)을 등용해서 시험해 보고 성공을 못 거두게 될 경우 그때 가서 물러나게 하면 된다는 말이다."

11) **【정의(正義)】** 『이아(爾雅)』「석천(釋天)」편에 이르기를, "재(載)는 세(歲-1년)이다. 하나라에서는 사(祀)라 했고, 주나라에서는 년(年)이라 했고, 당우(唐虞-요순) 때는 재(載)라고 했다"라고 했다. 이순(李巡)[『이아(爾雅)』에 대한 주석으로 유명하다.]이 말하기를 "각자 일을 계통적으로 기록하면서[紀事] 서로 그 명칭을 답습하지 않았음을 보인 것이다"라고 했고, 손염(孫炎)[『이아(爾雅)』 등 경전에 대한 주석을 달았다.]이 말하기를 "세(歲)는 세성(歲星-목성)이 일차(一次) 운행하는 것에서 취한 것이고, 사(祀)는 사계절 제사를 한 차례씩 마치는 것에서 취한 것이고, 년(年)은 벼와 곡식[禾穀]이 한 차례 익게 되는 것에서 취한 것이고, 재(載)란 만물이 끝나고 다시 시작하는 것[更始]에서 취한 것이다. 재(載)는 년(年)의 별명이니, 그래서 재(載)를 년으로 삼았다"라고 했다. 살펴보건대 가시적인 성과를 이뤄내지 못했다는 것은 수해가 그치지 않았다는 말이니, 그 때문에 추방되어 쫓겨난 것[放退]이다. 이듬해 순(舜)을 얻자 마침내 곤을 우산(羽山)으로 내쫓고[殛] (뒤에) 그의 아들 우(禹)를 썼다[用].

요가 말했다.

"아! 사악(四嶽)아, 짐(朕)이 자리에 있은 지 70년[七十載]이다. 너희가 능히 나의 명을 잘 따르니, 짐의 자리를 넘겨주겠노라[1]."

사악이 답해 말했다.

"(저희는) 다움이 비루하여[鄙德] 자리를 욕되게 할 것입니다[2]."

요가 말했다.

"귀한 친인척은 물론이고, 혈연관계가 멀고[疏遠] 숨어 지내는 사람들까지 모두 천거하라."

무리가 모두 요에게 말했다.

"한 홀아비[矜=鰥][3]가 백성 사이에 있는데, 이름은 우순(虞舜)이라고 합니다."

요가 말했다.

"그래, 짐도 들어본 바 있다. 그는 어떤 사람인가?"

사악이 말했다.

"눈먼 자의 아들입니다. 그 아비는 아둔하고[頑] 어미는 말에 진실성이 없으며[嚚] 동생은 오만한데[傲], 능히 효심으로 화합시켜 꾸준히 앞으로 나아가게 집안을 다스려서[烝烝治] (부모와 동생이) 간사한 지경에 이르지 않게 만들었습니다[不至姦][4]."

요가 말했다.

"내가 이에[其] 시험해보겠노라[5]."

1) 【집해(集解)】 정현(鄭玄)이 말했다. "이는 너희 제후 중에서 일을 순리에 맞게 고분고분하고 천명을 잘 따르는 자가 있으면 들어와서 내 자리에 올라 천자의 일을 통치해보라는 말이다." 【정의(正義)】 공안국(孔安國)이 말했다. "요(堯)는 16세에 당후(唐侯)로 있다가 올라가서 천자가 되어 재위한 것이 70년이었으니, 이때 86세로 늙었기에 장차 자신을 대신할 사람을 찾은 것이다."

2) 【정의(正義)】 사악이 모두 말하기를, 자신들은 비루하고[鄙俚=卑俚] 다움이 없어 만약에 천자의 일을 이어받아 행할 경우 이는 제위(帝位)를 모욕하는 것이 될 것이라고 했다. 즉 자신들[己等]은 감당할 수 없다는 말이다.

3) 【집해(集解)】 공안국(孔安國)이 말했다. "아내가 없는 것을 관(矜)이라고 한다." 【정의(正義)】 矜의 발음은 (긍이 아니라) 고(古)와 완(頑)의 반절음이다.

4) 【집해(集解)】 공안국(孔安國)이 말했다. "간악스러움에 이르지 않았다는 말이다." 【정의(正義)】 증(烝)은 '나아간다[進]'는 뜻이다. 이는 그 아비는 아둔하고[頑] 어미는 비뚤어졌으며[嚚] 동생은 오만한데[傲], 순이 모두 효심으로 화합시켜 좋은 쪽으로 나아가게 함으로써 간악함에 이르지 않게 했다는 말이다.

5) 【정의(正義)】 두 딸을 갖고서 순을 시험해 그가 집안을 다스리는[理家=治家] 도리를 살펴보려고 한 것이다.

이에 요는 두 딸을 (그에게 보내어) 아내로 삼게 하고서[妻之][1] 두 딸을 대하는 그의 태도[德]를 살폈다[2]. 순(舜)은 두 여인을 반듯하게 다스려서[飭] 규예(嬀汭)로 내려보내[下][3] 지어미의 예절[婦禮]대로 하게 했다. 요가 이를 좋게 여겨[善之] 마침내 순에게 오전(五典)[4]을 삼가 잘 조화시키라고 하니[愼和=愼徽], (백성이) 오전을 능히 따랐다. 드디어 백관(百官)(을 담당하는 자리)에 앉히자, 백관이 때에 맞춰 펴졌다[5]. (이어서) 사방에서 오는 손님들을[四門] 맞이하는 일을 맡기자, 사방이 모두 화목해지고[穆穆] 제후들이나 먼 곳에서 온 빈객(賓客)들이 모두 (순을) 공경했다[6]. 요는 순으로 하여금 산림(山林)이나 천택(川澤)으로 직접 들어가 보게 했는데, 거센 바람과 천둥, 번개, 빗속에서 일을 수행하면서도 순은 혼미함에 빠지지 않았다[不迷][7]. 요는 그래서 빼어나다[聖]고 여겨 순을 불러 말했다.

"너는 일을 도모하는 것이 지극했고, 네가 했던 말들도 실제 성과를 낸 것이 3년이다[8]. 너는 제위(帝位)에 오르도록 하라[登=登]."

순은 다움이 아직 모자라다고 사양했고, 조금도 기뻐하지 않았다[不懌=不怡][9].

정월 초하루[上日]에[10] 문조(文祖)(의 사당)에서 제위를 받았으니[受終], 문조란 요의 시조[太祖]이다[11].

1) 【정의(正義)】 두 딸이란 아황(娥皇)과 여영(女英)이다. 아황은 아이를 낳지 못했고, 여영은 상균(商均)을 낳았다. 순이 천자에 오르자[升] 아황은 후(后), 여영은 비(妃)가 되었다.

2) 【정의(正義)】 그가 두 딸에게 하는 덕행을 보고서 집안을 어떻게 다스리는지를 살핌으로써 앞으로 나라를 어떻게 다스릴지를 알아보려 했다는 말이다.

3) 【집해(集解)】 공안국(孔安國)이 말했다. "(규예란) 순이 살던 규수(嬀水)의 어귀[汭]이다." 【색은(索隱)】 『열녀전(列女傳)』에 이르기를 두 딸 중에 장녀는 아황(娥皇), 차녀는 여영(女英)이라고 했는데, (여영에 대해) 『계본(系本)』에서는 여영(女瑩)이라고 했고 『대대례(大戴禮)』에서는 여언(女匽)이라고 했다. 황보밀(皇甫謐)이 말했다. "규수(嬀水)는 하동(河東) 우향현(虞鄉縣) 역산(歷山) 서쪽에 있다. 예(汭)란 '물가[水涯]'이니, 예를 들어 낙예(洛汭), 위예(渭汭)가 그런 경우이다." 【정의(正義)】 汭의 발음은 예(芮)이다. 순은 능히 두 여인을 마땅함과 이치[義理]로 가지런히 해서[整齊=飭] 두 여인의 마음을 낮춰 규예에 가 있도록 함으로써 집안사람들[虞氏]에게 며느리의 도리를 행하도록 했다는 말이다. 『괄지지(括地志)』에서 말했다. "규수의 수원(水源)은 포주(蒲州) 하동(河東) 남산(南山)에서 나온다. 허신(許愼)이 말하기를 '물가[水涯]를 예(汭)라고 한다'라고 했다. 살펴보건대 (임방(任昉)의) 『지기(地記)』에서 말했다. '하동군 청산(青山) 동산(東山)에 샘이2개 있는데, 아래 남쪽으로 흐르는 것이 규수(嬀水), 북쪽으로 흐르는 것이 예수(汭水)이다. 두 강은 서로 다른 수원에서 나와 합쳐서 흐르다가 계곡을 나와 서쪽으로, 황하로 흘러 들어간다. 규수의 북쪽을 일러 예(汭)라고 한다.' 또 말했다. '하동현에서 2리 떨어진 곳

에 옛 포판성(蒲坂城)이 있는데, 순임금이 도읍한 곳[所都]이다. 성안에는 순임금 사당[舜廟]이 있고, 성 밖에는 순임금의 집과 두 비(妃)의 단(壇-제단)이 있다.'"

4) 【집해(集解)】 정현(鄭玄)이 말했다. "오전(五典)이란 다섯 가지 가르침[五教=五倫]이다. 이는 대개 (순을) 사도(司徒-백성 교육 담당)의 직을 갖고서 시험해본 것이다."

5) 백관을 헤아리는 일을 맡기자, 일이 방치됨이 없이 제대로 잘 진행되었다는 말이다.

6) 【집해(集解)】 마융(馬融)이 말했다. "사문(四門)이란 사방의 문이다. 제후와 여러 신하가 조회를 오게 되면 순이 그들을 빈객으로 맞이했는데, 행동 하나하나가 다 아름다운 다움[美德=令德]이 있었다는 말이다."

7) 【색은(索隱)】 『상서(尚書)』에 이르기를 "큰 산기슭에 들어가[納于大麓]"라고 했고 『곡량전(穀梁傳)』에 이르기를 "산에 있는 숲을 녹(麓)이라 한다"라고 했으니, 산기슭[山足]을 녹(麓)이라고 한 것이다. 그래서 이를 (사마천은) 산림에 들어가고도 혼미함에 빠지지 않은 것이라고 풀었다. 공씨(孔氏-공안국)는 녹(麓)을 녹(錄)으로 풀이해, 순으로 하여금 만기(萬幾)의 정사를 크게 기록하게[大錄] 한 것이라고 보았다. 조금 전의 풀이와는 같지 않다.

8) 【집해(集解)】 정현(鄭玄)이 말했다. "3년이란 사방의 빈객들을 맞이한 이후의 3년을 말한다."

9) 【집해(集解)】 서광(徐廣)이 말했다. "(懌의) 발음은 역(亦)이다. 『금문상서(今文尚書)』에는 불이(不怡)라고 되어 있으니, 이(怡)는 '기뻐하다[懌]'는 뜻이다." 【색은(索隱)】 고문(古文-『고문상서』)에는 불사(不嗣-잇지 않다)라고 되어 있고 금문에는 불이(不怡)라고 되어 있는데, 이(怡)가 곧 역(懌)이다. 이것은 다움이 감당할 수 없어 사양했고 마음속으로조차 조금도 기뻐하거나 즐거워하는 바가 없었다는 뜻이다. 속본(俗本)에는 택(澤)으로 된 경우도 있는데 잘못일 뿐이니, 그 또한 마땅히 역(懌)이 되어야 한다.

10) 【집해(集解)】 마융(馬融)이 말했다. "상일(上日)은 초하루[朔日]이다." 【정의(正義)】

정현(鄭玄)이 말했다. "제왕이 대(代-왕조)를 바꿀 경우 정월을 바꾸지[改正] 않는 경우가 없었다. 요의 정월은 건축(建丑-12월)이고 순의 정월은 건자(建子-11월)인데, 이때에는 아직 바꾸지 않았을 때이기 때문에 요의 정월에 의거해 상일이라고 한 것이다."

11) 【집해(集解)】 정현(鄭玄)이 말했다. "문조(文祖)란 오부(五府)의 큰 이름으로, 주나라의 명당(明堂)과 같은 것이다." 【색은(索隱)】 (위서(緯書)인) 『상서제명험(尙書帝命驗)』에서 이르기를 "오부(五府)란 오제(五帝)의 사당이다. 창(蒼)은 영부(靈府)라 했고, 적(赤)은 문조(文祖)라 했고, 황(黃)은 신두(神斗)라 했고, 백(白)은 현기(顯紀)라 했고, 흑(黑)은 현구(玄矩)라 했다. 당우(唐虞) 때 천부(天府)라 부르던 것을 하나라에서는 세실(世室), 은나라에서는 중옥(重屋), 주나라에서는 명당(明堂)이라고 불렀는데, 모두 오제(五帝)를 제사 지내던 장소이다"라고 했다. 【정의(正義)】 순은 문조에서 제요의 마지막을 이어받았다. 『상서제명험(尙書帝命驗)』에서 이르기를 "제(帝)란 하늘을 이어받아 오부를 세워서, 그렇게 함으로써 하늘을 높이고 그 상징을 본받는다. 오부란 황(黃)의 경우 신두(神斗)라고 했다"라고 했는데, 그 주(注)에서 이렇게 말했다. "당우(唐虞) 때는 천부(天府)라 부르던 것을 하나라에서는 세실(世室), 은나라에서는 중옥(重屋), 주나라에서는 명당(明堂)이라고 불렀는데, 모두 오제(五帝)를 제사 지내던 장소이다. 문조란 적제(赤帝)가 불꽃처럼 튀는 부(府)라 하여 이름하여 문조라고 했으니, 불이 활활 타오르고 빛이 밝아서 문(文)과 장(章)의 조상이 된다 하여 문조(文祖)라고 한 것이다. 주나라에서는 명당이라고 했다. 신두(神斗)란 황제(黃帝)가 중추(中樞-북극성)가 되는 부를 포함했기 때문에 이름을 신두(神斗)라고 한 것이다. 두(斗)란 '주관한다[主]'는 뜻이다. 흙의 정기는 맑고 고요해서 사행(四行)을 주관하기에, 그래서 신두(神斗)라고 이름 지은 것이다. 주나라에서는 태실(太室)이라고 했다. 현기(顯紀)란 백제(白帝)가 부르고 거부하는[招拒] 부(府)라 하여 현기라고 불렀다. 기(紀)란 법(法-모범)이다. 쇠의 예리함으로 만물을 끊고 나눈다고 해

서 현기(顯紀)라고 불렀다. 주나라에서는 총장(總章)이라고 했다. 현구(玄矩)란 흑제(黑帝)가 빛의 기운을 모으는 부(府)라 하여 현구라고 이름했다. 구(矩)란 '잣대로 삼다[法]'라는 것이다. 물의 정묘함은 그 맛이 신령스러워 능히 가벼움과 무거움을 잴 수 있어, 그래서 그것을 일러 현구라 했다. 주나라에서는 현당(玄堂)이라 했다. 영부(靈府)란 창제(蒼帝)의 신령을 위엄 있게 받드는 부이니, 그래서 영부라고 이름했다. 주나라에서는 청양(青陽)이라고 했다."

제 요(帝堯)가 늙자 이에 순에게 명해 천자의 정사[天子之政]를 대리하게 하고서[攝行] 천명을 살폈다. 순은 마침내 선기옥형(璿璣玉衡)에 있으면서 칠정(七政)을 가지런하게 했다[齊][1]. 드디어 상제(上帝)께 유(類)제사를 올리고[2], 육종(六宗)께 인(禋)제사를 올리고[3], 산천에 망(望)제사를 올리고[4], 여러 귀신에게도 두루 제사를 지냈다[辯][5]. 오서(五瑞)를 거둬들였다가[揖=輯] 길월과 길일을 골라 사악과 여러 목(牧-지방관)에게 상서로운 옥을 나눠주었다[班瑞=頒瑞][6].

1) 【집해(集解)】 정현(鄭玄)이 말했다. "선기와 옥형은 혼천의(渾天儀-천체 관측 장비)이다. 칠정은 해와 달과 오성(五星-금·목·수·화·토성)이다." 【정의(正義)】 『설문(說文)』에 이르기를 "선(璿)이란 붉은 옥[赤玉]이다"라고 했다. 살펴보건대, 순이 비록 요의 명을 받았지만, 오히려 스스로 편안치[自安] 못해서 다시 선기와 옥형으로 천문(天文)을 바로잡은 것이다. 기(璣)란 (기계나 틀로) 천체의 운행[轉運]을 형상화한 것이고 형(衡)은 퉁소 모양의 가로막대[橫簫]인데, 기(璣)를 아래에서 움직이며 형(衡)으로써 천체를 살핀다. 이것은 임금다운 임금[王者]이 천문을 바로잡는 기구로서 그 가지런함과 가지런하지 못함을 관찰하는 것이니, 지금 칠정이 가지런하다면[齊] 자기가 선위를 받는 것이 옳은 것이 된다. (후한의 학자) 채옹(蔡邕)이 말했다. "옥형은 길이가 8척이고 구

멍 지름이 1촌으로 아래쪽 끝을 통해서 별자리를 관찰하며, 아울러 천체를 형상화한 기(璣)를 매달고서 형(衡)을 통해 천문을 살피는데, 이를 기(璣)를 돌려가며 형(衡)으로 살핀다는 뜻에서 전기규형(轉璣窺衡)이라고 했다. 이를 통해 별자리를 알아내는 것이다. 기의 지름은 8척이고 원주는 2장(丈) 5척보다 조금 더 된다." 정현(鄭玄)이 말했다. "빙빙 돌아가는[運轉] 것은 기(璣)이고, 바름을 붙잡아주는[持正] 것은 형(衡)이다." 『상서대전(尙書大傳)』에서 말했다. "정사란 적중된 도리를 가지런하게 하는 것[齊中]이다. 봄·여름·가을·겨울과 천문(天文), 지리(地理), 인도(人道)가 모두 정사가 되는 까닭을 말한 것이다. 길이 바르면 만 가지 일들이 순리대로 이뤄지니, 그러므로 천도(天道)는 정사 중에서도 가장 큰 것[政之大]이다."

2) 【집해(集解)】 정현(鄭玄)이 말했다. "예(禮)에 따르면 환구(圜丘-하늘처럼 둥근 언덕)에서 상제에게 제사를 올린다." 【정의(正義)】 『오경이의(五經異義)』에서 말했다. "때가 아닌데, 하늘에 제사를 지내는 것을 유(類)라고 하는데, 일의 유형[事類]을 갖고서 (하늘에) 고하는 것이다. 이때는 순이 섭위하게 된 것을 고했기 때문에 상제(常祭)가 아니었다." (『예기(禮記)』) 「왕제(王制)」에 이르기를 "천자가 장차 외출을 할 경우 상제에게 유(類)제사를 지낸다"라고 했다. 정현이 말했다. "호천상제(昊天上帝)를 일러 천황대제(天皇大帝)라고 하는데, 북신(北辰)의 별이 이에 해당한다."

3) 【집해(集解)】 정현(鄭玄)이 말했다. "육종이란 성(星)·신(辰)·사중(司中)·사명(司命)·풍사(風師)·우사(雨師)이다." 배인(裴駰)이 살펴보건대 육종의 뜻이 많은데, 어리석은 내가 보건대[愚謂] 정현의 설이 가장 낫다. 【정의(正義)】 (『국어(國語)』) 「주어(周語-주나라 이야기)」에 이르기를 "정성을 다하고 뜻을 모아[精意] 제향하는 것을 인(禋)이라고 한다"라고 했고, 손염(孫炎)은 말하기를 "인(禋)이란 정결하고 삼가는[絜敬=潔敬] 제사이다"라고 했다. 살펴보건대, 성(星)이란 다섯 위성(緯星)이고, 신(辰)은 해와 달이 만나는 12차(次)이며, 사중과 사명은 문창(文昌)의 제5성과 제4성이고, 풍사는 기성(箕星)이며, 우사는 필성

(畢星)이다. 공안국(孔安國)이 말했다. "사계절의 추위와 더위이며, 해와 달과 별이며, 홍수와 가뭄이다." 『예기(禮記)』 「제법(祭法)」에서 말했다. "태소(大昭-제단 이름)에 양이나 돼지[少牢(소뢰)]를 묻는 것은 사시(四時)에 제사하는 것이다. 감단(坎壇)에서 기도하는 것은 추위와 더위를 보내고 맞이하는 제사이다. 왕궁(王宮)은 해에 제사를 지내는 곳이고, 야명(夜明)은 달에게 제사를 지내는 곳이다. 유영(幽禜)은 성(星)에 제사를 지내는 곳이고, 우영(雩禜)은 홍수와 가뭄을 막아주기를 빌며 제사를 지내는 곳이다." 사마표(司馬彪, ?~306년경)[서진(西晉) 하내(河內) 온현(溫縣) 사람으로 사마목(司馬睦)의 아들이다. 젊어서부터 학문에 매진해서 많은 책을 널리 읽었다. 진나라 왕조의 종실(宗室)이다. 진무제(晉武帝) 태시(泰始) 중에 기도위(騎都尉)가 되고 비서승(祕書丞)으로 옮겼다. 산기시랑(散騎侍郞)까지 올랐으며 60여 세로 죽었다. 『장자(莊子)』에 주를 달았고, 후한 말기 군벌들의 혼전 양상을 기술한 『구주춘추(九州春秋)』를 편찬했으며, 후한의 역사를 담은 『속한서(續漢書)』를 지었다.]는 『속한서(續漢書)』에서 이렇게 말했다. "(후한의) 안제(安帝)가 육종(六宗)을 세워 낙양성 서북쪽 해지(亥地)에서 제사를 지냈는데, 예법은 대사(大社)와 비슷했다. 위(魏)나라가 그것을 이어받았다[因之(인지)]. 진(晉)나라 초에 이르러 순의(荀顗)가 새로운 제사를 말했는데, 육종의 귀신이 여러 학자의 설과 같지 않다고 말했기 때문에 마침내 그 제사를 폐지했다."

4) 【집해(集解)】 서광(徐廣)이 말했다. "(산천이란) 명산대천을 말한다." 【정의(正義)】 망(望)이란 멀리서 바라보며[遙望(요망)] 산천에 제사를 지내는 것이다. 산천이란 오악(五嶽)과 사독(四瀆)이다. 『이아(爾雅)』에서 말했다. "양산(梁山)은 진(晉)나라에서 망제를 올리던 곳이다."

5) 【집해(集解)】 서광(徐廣)이 말했다. "辯의 발음은 (변이 아니라) 반(班)이다." 배인(裴駰)이 살펴보건대, 정현(鄭玄)이 말하기를 "여러 귀신이란 예를 들면 구릉이나 평원[墳衍(분연)] 등을 말한다"라고 했다. 【정의(正義)】 辯의 발음은 편(遍)이다. 여러 귀신에게 두루 제사를 지낸다는 말이다.

6) 【집해(集解)】 마융(馬融)이 말했다. "집(揖)은 '거둬들인다[斂(염)]'는 말이다. 오서(五

瑞)란 공후백자남이 잡아 쥐는 홀로 상서로운 신의의 징표이다. 요가 장차 순에게 선위하려고 하면서 여러 목으로부터 그것을 거둬들인 다음에 순으로 하여금 직접 가서 그것을 나눠주게[班] 한 것이다." 【정의(正義)】 揖의 발음은 (읍이 아니라) 집(集)이다. 『주례(周禮)』「전서(典瑞)」에서 말했다. "왕(王-천자)은 진규(鎭圭)를 쥐는데, 1척 2촌이다. 공(公)은 환규(桓圭)를 쥐는데, 9촌이다. 후(侯)는 신규(信圭)를 쥐는데, 7촌이다. 백(伯)은 궁규(躬圭)를 쥐는데, 5촌이다. 자(子)는 곡벽(穀璧)을 쥐고 남(男)은 포벽(蒲璧)을 쥐는데, 둘 다 5촌이다. 오서라고 말한 것은 왕의 경우 거기에 포함하지 않았기 때문이다." 공문상(孔文祥)이 말했다. "(고대 중국의) 송나라 말기에 회계(會稽)에서 우왕의 사당을 수리할 때 사당 뜰 산에서 다섯 가지의 규옥(圭玉) 100알쯤을 얻었는데, 모양이 주나라 예법과 같았으며 둘 다 짧고 작았다. 이는 곧 우왕이 회계(會稽)에서 제후들과 회동하면서 규를 쥐고 산신에 예를 다한 뒤에 그것을 묻은 것이었다. 그 벽(璧)들은 지금도 존재한다."

그해 2월에 동쪽으로 순수(巡狩)하니, 대종(岱宗-태산)에 이르러 시(柴) 제사를 지내고[1] 산천을 멀리서 바라보며 차례를 정했다[望秩][2]. 드디어 동방의 군장(君長-제후)들을 만나보시니, 때와 달[時月]에 맞춰 날을 바로잡고[正日][3] 음률[律]과 도량형(度量衡)을 하나로 통일시켰다[4]. 다섯 가지 예[五禮]를 닦고[5], 오옥(五玉)[6] · 삼백(三帛)[7] · 이생(二生)[8] · 일사(一死)[9]를 예물[摯][10]로 바치게 했으며 다섯 가지 기물[五器]은 조회가 끝나면[卒] 마침내 돌려주었다[復][11]. 5월에 남쪽으로 순수하고 8월에 서쪽으로 순수하며 11월에 북쪽으로 순수했는데, 모두 (동쪽을 순수한) 처음과 같았다[如初]. (도읍으로) 돌아와서는 조녜묘(祖禰廟-시조의 사당)[12]에 이르러 특우(特牛-힘센 황소 한 마리)를 (희생으로) 써서 예를 올렸다[禮].

1) 【집해(集解)】 마융(馬融)이 말했다. "순이 천명을 받고 요가 죽은 지[受終] 5년 후

의 2월이다." 정현(鄭玄)이 말했다. "건묘(建卯)의 달이다. 동악(東嶽)에 시제(柴祭) 한다는 것은 실적을 점검한다[考績]는 것이다. 시(柴)는 '섶을 태워 제사를 지내다[燎]'라는 뜻이다." 【정의(正義)】 살펴보건대, 이미 여러 제후에게 상서로운 옥을 나눠주고서 곧장 동순 했다는 것은 땅을 지키는 제후들과 대종의 악(嶽)에서 회동한 뒤 섶[柴]을 태워 (하늘에) 고하기를 지극히 했다는 말이다. 천자[王者]가 순수를 하는 까닭은, 제후들은 한 나라를 독자적으로 다스리며[自專] 위엄과 복록[威福]을 자기가 알아서 하기 때문에 위에서 내리는 명을 가로막아[壅遏] 은택이 밑으로 내려가지 못하게 할 수 있다. 그래서 순행하며 백성의 질고(疾苦)를 직접 알아보기 위함이다. 『풍속통(風俗通)』에서 말했다. "태(太-태산)란 산 중에서도 가장 존귀한 곳이라는 뜻으로, 한편으로는 대종(岱宗)이라고도 하는데, 그것은 시작[始]이자 으뜸[長]이니 만물이 시작하고 음양이 서로 교대하는 것이 된다. 그 때문에 오악 중에서도 으뜸이 되는 것이다." 살펴보건대 2월은 중월(仲月)이다. 중(仲)이란 적중함[中]이니, 그 적중한 도리를 얻었다는 말이다.

2) 【정의(正義)】 차례에 맞춰[秩] 동방 제후들의 영토 안에 있는 명산대천에 망제사를 지냈다는 말이다. 질(秩-차례작질)을 언급한 이유는, 오악은 삼공을 살피고 사독은 제후를 살피기 때문이다.

3) 【집해(集解)】 정현(鄭玄)이 말했다. "사계절의 달수와 날의 이름을 맞추고 바로잡아서[協正] 빠진 것들을 갖춰놓았다는 말이다." 【정의(正義)】 이미 동방의 군장들을 만나보고 난 뒤 마침내 사계절의 절기, 달의 크고 작음, 해의 갑을(甲乙-차례)을 잘 합치시켜서 하나로 가지런히 했다는 말이다. 『주례(周禮)』에 이르기를 "태사(太史)는 세년(歲年)을 바로잡고 일의 순서를 펼치는 일[序事]을 맡아서 방국(邦國)에 정삭(正朔-책력)을 반포한다"라고 했으니, 절기와 그믐과 초하루는 모두 (사실상) 천자가 반포해준 것이다. 그럼에도 오히려 제후국들이 서로 다르거나 혹은 가지런하지 못할 것을 근심해서, 그로 인해 순수하며 그것을 합치시키고 바로잡았다는 말이다.

4) 【집해(集解)】 정현(鄭玄)이 말했다. "율(律)은 음률이다. 도(度)는 장척(丈尺-길이)이다. 양(量)은 두곡(斗斛-말과 휘), 형(衡)은 근량(斤兩-무게)이다." 【정의(正義)】 율의 12율, 도의 장척, 양의 두곡, 형의 근량에 대해 모두 천하가 서로 똑같게 함으로써 제도와 장단과 경중에 있어 아무런 차이가 없도록 했다는 것이다. 『한서(漢書)』「율력지(律曆志)」에서 말했다. "「우서(虞書)」에 이르기를 '마침내 율(律)과 도(度)와 양(量)과 형(衡)을 똑같이 했다'라고 했으니, 이는 먼 곳과 가까운 곳을 다 같이해서[齊=同] 백성의 신뢰를 얻게 된 것이다. 율은 12개인데, 양(陽) 6개는 율(律)이 되고 음(陰) 6개는 여(呂)가 된다.[12율 중에서 황종(黃鐘)·태주(太簇)·고선(姑洗)·유빈(蕤賓)·이칙(夷則)·무역(亡射)을 양율(陽律) 또는 웅성(雄聲)이라 하고, 대려(大呂)·협종(夾鐘)·중려(中呂)·임종(林鐘)·남려(南呂)·응종(應鐘)을 음려(陰呂) 또는 자성(雌聲)이라고 한다. 그리하여 "12율이 돌아가며 각각 궁(宮) 곧 중심음이 된다. 또 12율이 각각 5조(調), 즉 다섯 선법을 가졌으므로 모두 60조가 된다"라고 채원정(蔡元定)의 『율려신서(律呂新書)』에 전한다.] (양의) 율은 기운을 통할해서 사물을 구별하는데[統氣類物], 1을 황종(黃鐘), 2를 태주(太族), 3을 고선(姑洗), 4를 유빈(蕤賓), 5를 이칙(夷則), 6을 무역(亡射)이라 한다. 여는 양을 도와 기운을 퍼뜨리는데[旅陽宣氣], 1을 임종(林鐘), 2를 남려(南呂), 3을 응종(應鐘), 4를 대려(大呂), 5를 협종(夾鐘), 6을 중려(中呂)라고 한다. 도(度)란 분(分-푼)·촌(寸)·척(尺-자)·장(丈-길)·인(引)인데, 길고 짧은 것을 헤아리는 것이다. 본래 황종의 길이에서 생겨났다.[이하에서는 도량형(度量衡) 모두의 표준이 황종에서 생겨났다고 풀이하고 있다.] 자곡(子穀)인 검은 기장[秬黍] 한 알을 갖고서, 기장 한 알의 폭을 기준으로 삼아 90을 헤아려서 황종의 길이를 얻었다. 한 알은 1분이 되고, 10분은 1촌이 되고, 10촌은 1척이 되고, 10척은 1장이 되고, 10장은 1인이 되니, 이 다섯 가지 도(度)는 길이를 재는 데 자세하다[審]. 양(量)이란 약(龠)·합(合-홉)·승(升-되)·두(斗-말)·곡(斛-휘)인데, 많고 적음을 헤아리는 것으로서 본래 황종의 작은 피리[龠]에서 생겨난 것이다. 도수(度數)를 써서 그 용량[容]을 자세히 재는데, 자곡인 검은 기장의 중간 크기 1,200개

를 그 피리에 채워 넣어 우물물을 수평으로 맞추듯이 평미레[槪][말이나 되에 곡식을 담고 그 위를 평평하게 밀어 고르게 하는 데 쓰는 도구이다.]질을 해서 수평으로 만든다. 10약은 1합(合)이 되고, 10합은 1승(升)이 되고, 10승은 1두(斗)가 되고, 10두는 1곡(斛)이 되니, 다섯 가지는 양을 재는 데 좋다[嘉=善]. 형권(衡權)이란 수(銖)·양(兩-냥)·척(尺)·균(鈞)·석(石)인데, 물건을 저울에 달아서[稱] 평평함을 베풀어 그 가볍고 무거움을 알아내는 것이다. 본래 황종의 무게[重]에서 생겨난 것이다. 하나의 피리[龠]에 기장 1,200알을 담으면 무게가 12수(銖)가 되고, 그것을 2배로 하면 1냥[兩]이 되고, 16냥은 1근(斤)이 되고, 30근은 1균(鈞)이 되고, 4균은 1석(石)이 되니, 다섯 가지 권[五權]은 삼가지 않을 수 없다. 형(衡)은 저울[平]이고, 권(權)은 무게[重-저울추]이다."

5) 【집해(集解)】 마융(馬融)이 말했다. "길례(吉禮)·흉례(凶禮)·빈례(賓禮)·군례(軍禮)·가례(嘉禮)이다." 【정의(正義)】 『주례(周禮)』에 이르기를, "길례로 방국(邦國)의 귀신들을 섬기고, 흉례로 방국의 우환을 슬퍼하고, 빈례로 방국들과 친분을 맺고, 군례로 방국을 하나로 만들고, 가례로 만백성을 내 몸과 같이 여긴다"라고 했다. 『상서(尙書)』 「요전(堯典)」에서 말한 "상제(上帝)께 유(類)제사를 올리고"는 길례이고 "마치 어머니상을 당한 듯이[如喪考妣]"는 흉례이며 "여러 후가 4년 사이에 조회했다[群后四朝]"는 빈례이고, 「대우모(大禹謨)」에서 말한 "네가 가서 정벌하라[汝徂征]"는 군례이고, 「요전(堯典)」에서 말한 "이에 두 딸을 시집보내어[女于時]"는 가례이다.

6) 【집해(集解)】 정현(鄭玄)이 말했다. "즉 오서(五瑞)이다. 그것을 쥐었을 때는 서(瑞), 진열했을 때는 옥(玉)이라고 한다."

7) 【집해(集解)】 마융(馬融)이 말했다. "삼고(三孤-삼공의 아래 관직)가 잡아 쥐는 것이다." 정현(鄭玄)이 말했다. "백(帛)이란 옥을 올릴 때 감싸는 비단이다. 반드시 3개인데, 고양씨(高陽氏)의 후손은 붉은 비단[赤繒]을 쓰고 고신씨(高辛氏)의 후손은 검은 비단[黑繒]을 쓰며 그 밖의 제후들은 모두 흰 비단[白繒]을 쓴다." 【정의(正義)】 공안국(孔安國)이 말했다. "제후의 세자는 훈(纁-분홍 비단)을

쥐고, 공(公)의 고(孤-공의 아래 관직)는 현(玄-검은 비단)을 쥐고, 부용국(附庸國)의 임금은 황(黃-누런 비단)을 쥔다." 살펴보건대 『삼통기(三統紀)』에서는 복희를 미뤄 천통(天統)으로 삼아 적색을 높이고, 신농은 지통(地統)으로 삼아 흑색을 높이며, 황제는 인통(人統)으로 삼아 흰색을 높였다. 소호는 황제의 아들이니 역시 흰색을 높였고, 고양씨는 또한 천통이니 적색을 높였으며, 요는 인통이니 흰색을 썼다[用白].

8) 【정의(正義)】 새끼 양[羔]과 기러기[鴈]이다. 정현(鄭玄)이 『주례(周禮)』「대종백(大宗伯)」에 대한 주해에서 말했다. "고(羔)는 어린양인데, 어린양이 무리를 지어 그 무리에서 떠나가지 않는 데서 뜻을 취한 것이다. 기러기는 때를 잘 살펴 날아가는 것에서 뜻을 취한 것이다. 경(卿)은 새끼 양을 쥐고, 대부는 기러기를 쥔다." 살펴보건대, 새끼 양과 기러기는 성질이 온순해서 키울 수 있기 때문에 예물로 삼는 것이다.

9) 【정의(正義)】 꿩[雉]이다. 마융(馬融)이 말했다. "일사는 꿩인데, 사(士)가 잡아 쥐는 것이다." 살펴보건대, 산 채로는 예물로 삼을 수 없기 때문에 사(死)라고 한 것이다. 꿩은 죽음으로 절개를 지켜 절의를 잃지 않는 것에서 뜻을 취했다.

10) 【집해(集解)】 마융(馬融)이 말했다. "예물[摯]이란 경과 대부가 잡아 쥐는 이생(二生)인 새끼 양과 기러기, 사가 잡아 쥐는 일사(一死)의 꿩을 말한다." 【정의(正義)】 摯의 발음은 지(至)이다. 지(贄-폐백)는 '잡아 쥐는 것[執]'이다. 정현(鄭玄)이 말했다. "지(贄)라는 말은 지극한 것으로, 스스로 지성을 다한다는 말이다." 위소(韋昭)가 말했다. "지(贄)란 육지(六贄)인데, 고(孤)는 피백(皮帛)을 쥐고 경(卿)은 새끼 양을 쥐고 대부는 기러기를 쥐고 사는 꿩을 쥐고 일반 서인들은 집오리[鶩]를 쥐고 공인과 상인은 닭[雞]을 쥔다."

11) 【집해(集解)】 마융(馬融)이 말했다. "다섯 가지 기물이란 위에서 말한 다섯 가지 옥이다. 오옥은 예가 끝나면 돌려주었지만 삼백(三帛) 이하는 돌려주지 않았다." 【정의(正義)】 卒의 발음은 자(子)와 율(律)의 반절음이다.

12) 【정의(正義)】 하휴(何休)가 말했다. "살아 계실 때는 부(父), 돌아가시면 고(考), 사당에 모시면 네(禰)라고 한다."

(순은) 5년에 한 번씩 순수(巡狩)했고 여러 제후는 그 4년 사이에 조회했다[四朝][1]. 두루두루 아뢰기를[徧告=敷奏] 말로써 하게 하고[2], 밝게 검증하기를 공적(功績)으로 했으며, 상을 내려주기를 수레와 의복[車服]으로 했다[3].

1) 【집해(集解)】 정현(鄭玄)이 말했다. "순수하는 해에 제후들은 자기 나라의 악(嶽) 아래에서 (천자를) 알현했고, 그사이의 4년 동안에는 사방의 제후들이 나눠 경사(京師-수도)로 와서 조회했다[來朝]."[4년 동안 동서남북으로 나눠 지역별로 와서 조회했다.]

2) 【정의(正義)】 이는 천자에게 자신들이 다스린 바를 두루두루 고하는 것을 말한다.

3) 【정의(正義)】 공안국(孔安國)이 말했다. "공적이 이뤄지면 수레와 의복을 내려줌으로써[錫] 그가 능력을 잘 쓴 것을 드러내 높여주었다는 말이다."

비로소[肇=始] 12주(州)를 두었고, 하천을 터주었다[決川=濬川][1]. 일정한 형벌[典刑]을 통해 본보기를 보여주었는데[象][2], 유배형[流]으로써 오형(五刑)을 사면해주었고[宥][3] 관가의 형벌은 채찍[鞭]으로 하고[4] 학교의 형벌은 회초리[扑]로 했으며[5] 금(金)으로 속죄하는 형벌을 만들었다[6]. 고의가 아닌 잘못과 불행으로 인해 지은 죄[眚災]는 사면 했고[7], 확신을 갖고 다시 죄를 범하는 자[怙終][8]는 잔적(殘賊)으로 여겨 형벌을 가했다[9]. "삼가고 또 삼가며[欽哉欽哉]!" 오직 형벌을 신중하게[靜=謐] 했도다[10]!

1) 【집해(集解)】 마융(馬融)이 말했다. "우(禹)가 물과 땅을 고르게 해서[平] 구주(九

州)를 두었고, 순(舜)은 기주(冀州)의 북쪽이 넓고 크니 그곳을 나눠 병주(幷州)를 두었으며, 연(燕)과 제(齊)가 아득히 멀기에 연을 나눠 유주(幽州)를 두고 제를 나눠 영주(營州)를 두었다. 이에 12주가 된 것이다." 정현(鄭玄)이 말했다. "다시 이렇게 해서 경계를 정한 것은 땅을 파고 물길을 터주어 수해를 막기 위함이었다."

2) **【집해(集解)】** 마융(馬融)이 말했다. "이는 구요(咎繇-고요)가 오상(五常)의 형벌을 제정한 것을 말한다. 그것을 어기는 사람이 없었다는 것은 다만 그 본보기만 보아도 그것을 어기는 사람이 없었다는 뜻이다." **【정의(正義)】** 공안국(孔安國)이 말했다. "상(象)이란 '본받는다[法]'는 뜻이다. 상형(常刑-일정한 형벌)을 쓰니 법을 뛰어넘지 않았다는 것이다."

3) **【집해(集解)】** 마융(馬融)이 말했다. "유(流)란 추방하는 것[放]이고, 유(宥)란 너그럽게 용서해주는 것[寬]이다. 하나는 어린 사람[幼少]이고, 또 하나는 노인들[老耄]이고, 또 하나는 굼뜨고 어리석은 사람[蠢愚]이다. 오형이란 묵(墨-먹으로 새김), 의(劓-코를 벰), 비(剕-발을 벰), 궁(宮-성기를 자름), 대벽(大辟-사형)을 말한다." **【정의(正義)】** 공안국(孔安國)이 말했다. "유배나 추방[流放]의 법으로 오형을 너그럽게 해주었다는 말이다." 정현(鄭玄)이 말했다. "삼유(三宥)란 첫째 불식(弗識-무식), 둘째 과실(過失), 셋째 유망(遺忘-망각)이다."

4) **【집해(集解)】** 마융(馬融)이 말했다. "관가의 일을 명확하게 다스리기 위한 형벌이다."

5) **【집해(集解)】** 정현(鄭玄)이 말했다. "복(扑)은 회초리[檟楚]이다. 회초리는 관리들을 가르치기 위해 쓰는 형벌이다."

6) **【집해(集解)】** 마융(馬融)이 말했다. "금(金)이란 황금이다. 뜻은 좋지만, 결과가 나쁘면 금을 내어 속죄하게 했고, 그러고 나서도 경계하거나 조심하지 않는 자는 처벌했다."

7) **【집해(集解)】** 정현(鄭玄)이 말했다. "생재(眚災)란 다른 사람에게 근심과 해악을 끼치는 것이다. 과실이 설사 해로움이 있다고 해도 (고의가 아닐 경우) 사면했

다는 말이다."

8) 【집해(集解)】 서광(徐廣)이 말했다. "판본에 따라 (종(終)이) 중(衆)으로 되어 있다."

9) 【집해(集解)】 정현(鄭玄)이 말했다. "자신의 간사함을 믿고서[怙=恃(호 시)] 종신토록 잔악한 짓을 하면 형벌을 가한다는 말이다."

10) 【집해(集解)】 서광(徐廣)이 말했다. "『금문(今文-금문상서)』에서 말하기를 '유형지밀재(惟刑之謐哉)[『사기(史記)』 원문에는 '유형지정재(惟刑之靜哉)'라고 되어 있다.]' 라고 했는데, 『이아(爾雅)』에 이르기를 '밀(謐)은 신중하다, 고요하다[靜(정)]라는 뜻이다'라고 했다." 【색은(索隱)】 집해(集解)에서는 '유형지밀재(惟刑之謐哉)'로 되어 있다고 했는데, 살펴보니 『고문(古文-고문상서)』에는 '휼재(恤哉-불쌍히 여기다)'로 되어 있다. 아마도 『금문(今文)』의 경우 복생(伏生, 기원전 264~170년)[진(秦)나라 때 박사(博士)를 지냈고, 『금문상서(今文尙書)』를 보존해 전수했다. 진시황이 분서(焚書)를 단행할 때 벽 속에 『상서』를 숨겼다가 한(漢)나라 초기에 꺼냈는데, 수십 편을 잃어버리고 28편만 남아 있었다. 이것을 『금문상서(今文尙書)』라 한다. 한문제(漢文帝)는 그가 『상서』에 능하다는 소문을 듣고 조조(鼂錯)를 보내 배우게 했고, 장생(張生)과 구양생(歐陽生) 등이 그에게 배웠다. 여러 번 전해져서 구양씨(歐陽氏), 대하후씨(大夏侯氏), 소하후씨(小夏侯氏)의 상서학파가 형성되어 모두 학관(學官)에 세워졌다. 지금 전하는 십삼경주소(十三經注疏)의 『상서주소(尙書注疏)』에 복생이 전한 『금문상서(今文尙書)』가 들어 있다. 저서에 『상서대전(尙書大傳)』이 있는데, 제자인 장생(張生), 구양생(歐陽生) 등이 전해 들은 것을 기록한 것이라는 설도 있다.]이 구송할 때 휼(卹)과 밀(謐)의 소리가 비슷해서 마침내 밀(謐)로 된 것이다.

환두(讙兜=驩兜)가 공공(共工)을 천거해 말했을 때[進言(진언)][1], 요는 안 된다고 말하면서도 그를 공사(工師)[2]로 시험해보았지만, 공공은 과연 엉망인데다가 편벽되었다[淫辟(음벽)][3]. 사악(四嶽)이 곤(鯀)을 천거해 홍수(鴻水)를 다스릴 것을 청했을 때, 요는 불가하다고 말하면서도 악(嶽)이 억지로 그를 시험해볼 것을 청하는 바람에 그를 시험했으나 아무런 공로가 없어 백성이 불

편해했다[4]. 그런데 삼묘(三苗)[5]가 강(江-강수)과 회(淮-회수)[6]와 형주(荊州) 사이에 있으면서 여러 차례 난을 일으켰다. 이에 순(舜)은 (순수에서) 돌아와 제(帝-요임금)에게 말해, 공공(共工)을 유릉(幽陵)에 유배 보냄으로써[流][7] 북적(北狄)을 바꾸고[變][8], 환두(驩兜)를 숭산(崇山)에 추방해[放][9] 남만(南蠻)을 바꾸고, 삼묘를 삼위(三危)로 옮겨[遷=竄][10] 서융(西戎)을 바꾸고, 곤(鯀)을 우산(羽山)으로 내쫓아[殛][11] 동이(東夷)를 바꿀 것을 청했다. 이렇게 네 사람을 처벌하자[四辜=四罪] 천하가 모두 복종했다.

1) 【정의(正義)】 환두(讙兜)는 혼돈(渾沌)이고, 공공(共工)은 궁기(窮奇)이며, 곤(鯀)은 도올(檮杌)이고, 삼묘(三苗)는 도철(饕餮)이다. 『좌씨전(左氏傳)』(문공 18년)에 이르기를 "순이 요의 신하가 되어 사흉(四凶)을 유배 보내 사방의 먼 지방으로 내침으로써 사람을 해치는 괴물들[魑魅]을 막았다"라고 했다.

2) 【정의(正義)】 공사란 지금의 대장경(大匠卿-공조판서)과 같다.

3) 【정의(正義)】 (辟은) 필(匹)과 역(亦)의 반절음이다.

4) 여기서 요임금은 두 번 다 부정적으로 생각하면서도 일단 신하들 의견을 따랐다.

5) 【집해(集解)】 마융(馬融)이 말했다. "나라 이름이다." 【정의(正義)】 『좌전(左傳)』에 이르기를 "예로부터 제후는 왕명(王命)을 쓰지 않았는데[스스로 왕이라고 칭할[稱王] 수 있는 것은 천자뿐이었다.], 우(虞-순임금 시대)나라 때는 삼묘가 왕명을 썼고 하(夏)나라 때는 관호(觀扈)가 그랬다"라고 했다. 공안국(孔安國)이 말했다. "진운씨(縉雲氏)의 후손이 제후가 되었는데 칭호는 도철(饕餮)이다." 오기(吳起)가 말했다. "삼묘라는 국(國)의 왼쪽에는 동정(洞庭)이, 오른쪽에는 팽려(彭蠡)가 있다." 살펴보건대, 동정은 호수 이름인데 악주(岳州) 파릉(巴陵) 서남쪽으로 1리에 있으며 남쪽으로 청초호(青草湖)와 이어져 있다. 팽려도 호수 이름인데 강주(江州) 심양현(潯陽縣) 동남쪽으로 52리에 있다. 천자는 북쪽에 있기 때문에, 그래서 동정이 서쪽에 있는 것을 왼쪽이라 하고 팽려가 동쪽에 있는 것을 오른쪽이라고 한 것이다. 지금의 강주(江州), 악주(鄂州),

악주(岳州)가 삼묘의 땅이다.

6) 【정의(正義)】 지금의 팽려호이다. 본래는 형주(荊州)에 속했다. 『상서(尙書)』에서 "남쪽으로 강수(江水)로 들어가서 동쪽으로 물길이 돌아 늪지에 고여 들어서 팽려가 되었다"라고 한 것이 이것이다.

7) 【집해(集解)】 마융(馬融)이 말했다. "유릉은 북예(北裔-북쪽 변경)이다." 【정의(正義)】 『상서(尙書)』와 『대대례(大戴禮)』 둘 다 유주(幽州)라고 했다. 『괄지지(括地志)』에서 말했다. "옛 공성(龔城)은 단주(檀州) 연락현(燕樂縣) 경계에 있다. 옛 노인들이 말하기를, 순임금이 공공을 유주에 유배 보내니 이 성에 거주했다고 했다." 『신이경(神異經)』에서 말했다. "서북의 황무지에 어떤 사람이 있었는데, 사람의 얼굴에 붉은 머리꾸미개를 하고 몸은 뱀이었다. 사람의 손과 발을 하고 오곡과 짐승을 먹는데, 완고하고 어리석었으며[頑愚] 이름은 공공(共工)이라고 했다."

8) 【집해(集解)】 서광(徐廣)이 말했다. "변(變)은 판본에 따라 섭(燮)이라고 했다." 【색은(索隱)】 변(變)이란 그 모습과 의복을 바꾸니 이적(夷狄-오랑캐)도 중국과 같아졌다는 뜻이다. 서광은 섭(燮)이라고도 했다고 했는데, 섭(燮)이란 '조화를 이루다[和]'라는 말이다. 【정의(正義)】 이는 사흉을 사방의 끝자락[四裔]으로 유배를 보내자, 사방의 오랑캐들이 각각 공공 등을 모방해서[放=倣] 중국의 풍속을 시행했다는 말이다.

9) 【집해(集解)】 마융(馬融)이 말했다. "남예(南裔-남쪽 변경)이다." 【정의(正義)】 『신이경(神異經)』에서 말했다. "남쪽의 황무지에 어떤 사람이 있었다. 사람의 얼굴에 새의 부리[鳥喙]를 하고 날개가 있었는데, 양쪽 손발로 날개를 떠받치고 다니며 바닷속 물고기를 먹었다. 사람됨이 도리에 어긋나고 나빴으며[很惡] 비바람과 금수를 두려워하지 않고 죽을죄를 짓고서도 태연했으니, 이름을 환두(驩兜)라고 했다."

10) 【집해(集解)】 마융(馬融)이 말했다. "서예(西裔-서쪽 변경)이다." 【정의(正義)】 『괄지지(括地志)』에서 말했다. "삼위산(三危山)에는 봉우리가 3개 있어서[위(危)에는

'깎아지른 듯하다'라는 뜻이 있다.] 삼위라고 했는데, 세속에서는 또한 비우산(卑羽山)이라고도 했다. 사주(沙州) 돈황현(燉煌縣) 동남쪽으로 30리에 있다." 『신이경(神異經)』에서 말했다. "서쪽 황무지에 어떤 사람이 있었는데, 얼굴과 눈과 손발은 다 사람의 모양이었고 겨드랑이[胳=腋] 아래에 날개가 있었지만 날지는 못했다. 사람됨이 탐욕스럽고[饕餮] 음란하고 게을렀으며 이치를 몰랐는데, 이름을 묘민(苗民)이라고 했다."

11) **【집해(集解)】** 마융(馬融)이 말했다. "극(殛)은 처벌하는 것[誅]이다. 우산은 동예(東裔-동쪽 변경)이다." **【정의(正義)】** 殛은 발음은 (극이 아니라) 기(紀)와 역(力)의 반절음이다. 공안국(孔安國)이 말했다. "극(殛-격), 찬(竄), 방(放), 유(流)는 모두 '처벌하다[誅=責][이것을 보아도 극(殛)이나 주(誅)가 반드시 죽인다는 뜻이 아님을 알 수 있다. 곤(鯀)을 극(殛)했다고 해서 곤을 죽였다고 풀이하는 경우가 많은데, 그냥 유배를 보냈다는 뜻일 뿐이다.]'라는 뜻이다." 『괄지지(括地志)』에서 말했다. "우산은 기주(沂州) 임기현(臨沂縣) 경계에 있다." 『신이경(神異經)』에서 말했다. "동쪽에 어떤 사람이 있었는데, 사람의 모습을 하고 몸에는 털이 많았으며 스스로 물과 땅에 밝아서 통하게 하거나 막아내는 법[通塞]을 잘 알았다. 사람됨이 자신만 옳다고 여겨서[自用] 자기 마음대로 하고 마음대로 그쳤기에[欲爲欲息], 사람들은 그래서 이 사람을 일러 곤(鯀-상상 속의 큰 물고기)이라고 했다."

요는 세워진 지 70년에 순을 얻었다가 20년이 지나 늙게 되자 순으로 하여금 천자의 정사를 대리로 맡게 하고는[攝行] 그를 하늘에 천거했다가, 자리에서 물러난 지[辟位] 28년 만에 붕(崩)했다[1]. 백성은 마치 부모를 잃은 듯이 슬퍼했다. 3년 동안 사방에서는 모두 음악을 거두고서[2] 요를 그리워했다[思=慕].

1) **【집해(集解)】** 서광(徐廣)이 말하기를 "요가 자리에 있은 지 모두 98년이다"라고

했다. 배인(裴駰)이 살펴보건대, 『황람(皇覽)』에서 이렇게 말했다. "요의 무덤[堯冢(요총)]은 제음(濟陰) 성양(城陽)에 있다. 유향(劉向)이 말하기를 '요는 제음에 묻혔고 (무덤이 있는) 언덕이나 무덤[壟(롱)] 모두 작았다'라고 했는데, 『여씨춘추(呂氏春秋)』에 이르기를 '요는 곡림(穀林)에 묻혔다'라고 했다." 황보밀(皇甫謐)은 "곡림은 곧 성양이다. 요는 평양(平陽)에 도읍했으니, 『시경(詩經)』에 나오는 당국(唐國)이다"라고 했다. 【정의(正義)】 황보밀이 말했다. "요가 자리에 나아간 지 98년이었고 순을 통해[通(통)] 섭정한 것이 28년이었으니, 모두 117년이다." 공안국(孔安國)이 말했다. "요의 수명은 116년이다." 『괄지지(括地志)』에서 말했다. "요릉(堯陵)은 복주(濮州) 뇌택현(雷澤縣) 서쪽 3리에 있다. 곽연생(郭緣生)이 『술정기(述征記)』에서 말하기를 '성양현 동쪽에 요의 무덤이 있는데, 또한 요릉(堯陵)이라고 하고 비석이 있다'라고 했으니, 이것이다." (또) 『괄지지』에서 말했다. "뇌택현은 본래 한나라 성양현이다."

2) 【정의(正義)】 『상서(尙書)』에 이르기를 "3년 동안 사방에서 팔음(八音-8가지 악기로 연주 하는 음악)을 그쳐 조용히 했다[遏密(알밀)]"라고 한 것이 이것이다.

요는 아들 단주(丹朱)가 똑똑지 못해[不肖(불초)][1] 천하를 물려주기에 부족하다는 것을 알았기에, 이에 마침내 권력을 순에게 넘겨주었다[2]. 순에게 주면, 천하는 그 이득을 얻지만, 단주는 손해를 보고, 반면에 단주에게 주면 천하는 손해를 보지만 단주는 그 이득을 얻을 수 있었기에, 요가 말했다.

"천하를 손해 보게 하면서 한 사람을 이롭게 할 수는 없다."

그리하여 결국[卒(졸)] 순에게 천하를 넘겨주었다. 요가 붕하고 삼년상을 마친 뒤, 순은 단주에게 양보하고서 자신은 남하(南河)의 남쪽으로 피했다[3]. 그러자 제후 중에 조근(朝覲-조회) 하는 자들은 단주에게 가지 않고 순에게 갔으며, 옥송(獄訟-형사 송사)을 다투는 자들도 단주에게 가지 않고 순에게 갔으며, 찬양하는 노래를 부르는[謳歌(구가)=讚歌(찬가)] 자들은 단주를 찬양하지 않고 순을 찬양했다. 순이 "하늘(의 뜻)이로다"라고 말하고서는 드디어 얼

마 후에 중국(中國)으로 가서 천자의 자리를 밟았다[踐][4]. 이 사람이 제순(帝舜)이다.

1) 【색은(索隱)】 정현(鄭玄)이 말했다. "초(肖)는 '닮다[似]'라는 뜻이다. 불사(不似)란 '아비와 같지 못하다[不如父]'는 말이다." 황보밀(皇甫謐)이 말했다. "요는 산의씨(散宜氏)의 딸을 아내로 맞았는데, 여황(女皇)이라고 했으며 단주(丹朱)를 낳았다. 또 서자 9명이 있었는데 모두 불초했다."

2) 【색은(索隱)】 아버지와 아들이 이어받아 세워지는 것[繼立]은 일정한 도리[常道]이고 뛰어난 이를 찾아서 그에게 선위하는 것은 때에 맞춰 풀어내는 도리[權道]이니, 권(權)이란 일정함에서 벗어나 도리에 합치한다는 뜻이다. 【정의(正義)】 오제(五帝)가 천하를 다스리다가 늙으면 뛰어난 이에게 선위했으니, 그래서 일단은[權=姑]['권도(權道)로써'라고 옮겨도 무방하다.] 순을 시험해본 것이다.

3) 【집해(集解)】 유희(劉熙)가 말했다. "남하(南河)란 구하(九河) 중에서 가장 남쪽에 있는 것이다." 【정의(正義)】 『괄지지(括地志)』에서 말했다. "옛 요성(堯城)은 복주(濮州) 견성현(鄄城縣) 동북쪽으로 15리에 있다. 『죽서(竹書-죽서기년)』에 이르기를 옛날에 요임금의 임금다움[君德]이 쇠하자, 순에 의해 감옥에 갇혔다고 했다. 또 언주 고성(偃朱故城)은 현의 서북쪽으로 15리에 있다. 『죽서』에 따르면 순은 요를 가두고서 다시 단주를 봉쇄하고 아버지와 서로 만나볼 수 없게 했다고 한다." 살펴보건대 복주의 북쪽으로 탑수(漯水)와 붙어 있는데, 큰 강이다. 황하는 요의 도읍의 남쪽에 있어서 남하(南河)라고 했으니, (『서경(書經)』) 「우공(禹貢)」에서 "남하(南河)에 이르렀다"라고 한 것이 이것이다. 그 언주성(偃朱城)이 있는 곳이 곧 "순은 단주에게 양보하고서 자신은 남하(南河)의 남쪽으로 피했다"라고 한 장소이다.

4) 【집해(集解)】 유희(劉熙)가 말했다. "천자의 지위는 오랫동안 비워둘 수 없어, 이에 드디어 돌아가서 문조(文祖)에 이르러[格=至] 제위(帝位)를 맡았다는 것

이다. 제왕이 도읍으로 삼는 곳을 중(中)이라고 하기 때문에, 그래서 중국(中國)이라고 한 것이다."

우순(虞舜)[1]은 이름이 중화(重華)이다[2]. 중화의 아버지는 고수(瞽叟)이고[3], 고수의 아버지는 교우(橋牛)이며, 교우의 아버지는 구망(句望)이고, 구망의 아버지는 경강(敬康)이고, 경강의 아버지는 궁선(窮蟬)이고, 궁선의 아버지는 제 전욱(帝顓頊)이고, 전욱의 아버지는 창의(昌意)이다. 따라서 순에 이르기까지 7세(世)이다. 궁선으로부터 제순에 이르기까지는 모두 다 미미해[微] 서인(庶人-평민)이었다.

1) 【집해(集解)】 시법(諡法-시호법)에 이르기를 "어질고 빼어나고 성대하며 밝은 것[仁聖盛明]을 순(舜)이라고 한다"라고 했다. 【색은(索隱)】 우(虞)는 나라 이름인데, 하동(河東) 대양현(大陽縣)에 있다. 순(舜)은 시호이다. 황보밀(皇甫謐)이 말하기를 "순(舜)의 자(字)는 도군(都君)이다"라고 했다. 【정의(正義)】 『괄지지(括地志)』에서 말했다. "옛 우성(虞城)은 섬주(陝州) 하북현(河北縣) 동북쪽으로 50리 떨어진 우산(虞山) 위에 있다. 역원(酈元)이 『수경주(水經注)』에서 말하기를, 간교(幹橋) 동북쪽에 우성(虞城)이 있는데 요임금이 딸들을 우(虞)에 시집보낸 땅이라고 했다. 또 송주(宋州) 우성(虞城)은 대양국(大襄國)이 봉해진 읍으로, 두예(杜預)가 말하기를 순임금의 후손들이 제후로 있었던 곳이라고 했다. 또 월주(越州) 여요현(餘姚縣)에 대해 고야왕(顧野王, 519~581년)[남조 진(陳)나라 오군(吳郡) 오현(吳縣) 사람이다. 어려서부터 배우기를 좋아했고, 성장하자 경사(經史)에 정통했으며 천문과 지리, 충전기자(蟲篆奇字)도 익혔다. 또한 단청(丹靑)에도 뛰어나서, 양(梁) 선성왕(宣城王)이 고현(古賢)의 상을 그리게 했는데 왕포(王褒)가 상찬(像贊)을 썼으니 당시 사람들이 '이절(二絶)'이라 불렀다. 양(梁) 무제(武帝) 대동(大同) 4년(538년) 태학박사(太學博士)가 되었다. 진나라에 들어가 국자박사에 오르고, 황문시랑(黃門侍郎)을 거쳐 광록대부(光祿大夫)를 지냈다. 양나라 때 태학박사 등을 지냈고, 진나라 때는 벼슬이 광록경(光

祿卿)에 이르렀다. 훈고학(訓詁學)에 정통했는데 고금문자(古今文字)의 형체와 훈고를 수집하고 고증해 1만 6,017자를 540부로 구분한 『옥편(玉篇)』을 저술했다. 이 책은 양 무제 대동 9년(543년)에 완성했다.]이 말하기를, 순임금의 후손 중에서도 서얼[支庶]들이 봉해진 곳이라고 했다. 순(舜)은 요성(姚姓)이어서, 그 때문에 여요(餘姚)라고 한 것이다. 현 서쪽 70리에 한나라 때 상우(上虞)라는 옛 현(縣)이 있다. 『회계구기(會稽舊記)』에 이르기를, 순은 상우(上虞) 사람으로 우(虞)와는 30리 떨어진 요구(姚丘)에서 살았는데 이곳이 곧 순이 태어난 곳이라고 했다. 주처(周處)의 『풍토기(風土紀)』에 이르기를, 순은 동이(東夷) 사람이며 요구(姚丘)에서 태어났다고 했다." 『괄지지』에서 또 말했다. "요허(姚墟)는 복주(濮州) 뇌택현(雷澤縣) 동쪽으로 13리에 있다. 『효경원신계(孝經援神契)』에 이르기를, 순은 요허에서 태어났다고 했다." 살펴보건대 두 장소는 불분명하다.

2) **【집해(集解)】** 서광(徐廣)이 말했다. "황보밀(皇甫謐)이 말하기를, '순은 요가 21세 때인 갑자년에 태어났고 순의 나이 31세 때인 갑오년에 불려 가 쓰였으며[徵用] 79세 때인 임오년에 제위에 나아가서[卽眞] 100세 때인 계묘년에 붕(崩)했다'라고 했다." **【정의(正義)】** 『상서(尙書)』에 이르기를 "중화(重華)는 제(帝-요)에 부합했다[協]"라고 했는데, 공안국(孔安國)은 다음과 같이 풀이했다. "화(華-남김없이 꽃피움)란 문덕(文德)이니, 따라서 그 말은 순이 요의 열렬한 애씀[文]을 빛내어 요에게 '거듭해서 부합했다[重合]'라는 뜻이다." (순의 아버지) 고수(瞽叟)는 성이 규(嬀)이고 아내 이름은 악등(握登)인데, 큰 무지개를 보고서 뜻이 통해 요허(姚墟)에서 순을 낳았기에 그 성을 요(姚)라고 한 것이다. 눈이 겹동자[重瞳子]여서 중화(重華)라고 했다. 자(字)는 도군(都君)이다. 얼굴은 용의 모습이었고 입이 컸으며, 검은빛 얼굴에 키는 6척 1촌이었다.

3) **【정의(正義)】** 공안국(孔安國)이 말했다. "눈이 없는 것[無目]을 일러 고(瞽-장님)라고 한다. 순의 아버지는 눈이 있었으나 좋고 나쁨을 제대로 분별할 수 없었기 때문에, 그래서 당시 사람들이 그를 일러 고(瞽-눈뜬장님)라고 부르며 짝하는 글자를 수(叟)라고 했다. 수(叟=瞍) 또한 장님을 칭하는 말이다."

순의 아버지 고수는 (눈뜬) 장님[盲]이었다. 순의 어머니가 죽자[1] 고수는 다시 아내를 맞아들여 상(象)을 낳았는데, 상은 오만했다. 고수는 후처의 자식을 아껴 늘 순을 죽이려 했다. (그럴 때면) 순은 피해 달아나야 했고[避逃], 작은 잘못이라도 하면 그때마다 벌을 받아야 했다. (그럼에도) 아버지와 후모(後母-계모)와 동생을 고분고분 섬기기를[順事] 날로 더 도탑게 해서 삼가며[篤謹] 조금도 흐트러짐[懈]이 없었다.

1) 【색은(索隱)】 황보밀(皇甫謐)이 말했다. "순의 어머니 이름은 악등(握登)인데, 요허(姚墟)에서 순을 낳아 그 때문에 성을 요씨(姚氏)라고 한 것이다."

순은 기주(冀州) 사람이다[1]. 순은 역산(歷山)에서 밭을 갈았고[耕][2], 뇌택(雷澤)에서 물고기를 잡았고[漁][3], 황하 물가[濱]에서 질그릇을 구웠고[陶][4], 수구(壽丘)에서 집기(什器-생활용품)들을 만들었고[5], 때를 보아 부하(負夏)에 나아갔다[就時於負夏][6]. 순의 아버지 고수는 완악했고[頑] 어머니는 말에 진실성이 없었으며[嚚] 동생 상은 오만해[傲], 모두가 순을 죽이려고 했다. (하지만) 순은 고분고분 나아가[順適] 자식 된 도리를 잃지 않았다. 형으로서 동생에게 우애를 다하고 자식으로서 부모에게 효도했다. 순을 죽이려 했지만, 그럴 수가 없었고 갑자기[卽=遽] 찾아도 (늘) 일찍이 곁에 있었다[7].

1) 【정의(正義)】 포주(蒲州) 하동현(河東縣)은 본래 기주에 속했다. (유징지(劉澄之)의) 『송영초산천기(宋永初山川記)』에 이르기를 "포판성(蒲坂城) 안에 순의 사당이 있고, 성 밖에 순의 집과 두 비의 단(壇)이 있다"라고 했다. 『괄지지(括地志)』에서 말했다. "규주(嬀州)에 규수가 있는데, 강은 성안에서 솟아 나온다. (장화(張糀)의) 『기구전(耆舊傳)』에 이르기를, 다름 아닌 순이 두 여인을 규예로 내려보낸[釐降] 그곳이라고 했다. 성 밖에는 순의 우물[舜井]이 있고 성 북

쪽에는 역산이 있으며 산 위에 순의 사당이 있다고 하는데, 자세히 알 수 없다." 살펴보건대, 규주(嬀州)를 또한 기주성(冀州城)이라고 한 것이 이것이다.

2) 【집해(集解)】 정현(鄭玄)이 말했다. "하동(河東)에 있다. 【정의(正義)】 『괄지지(括地志)』에서 말했다. "포주(蒲州) 하동현(河東縣) 뇌수산(雷首山)이며 일명 중조산(中條山)이라고 한다. 또 역산(歷山)이라고도 하고, 수양산(首陽山)이라고도 하고, 포산(蒲山)이라고도 하고, 양산(襄山)이라고도 하고, 감조산(甘棗山)이라고도 하고, 저산(猪山)이라고도 하고, 구두산(狗頭山)이라고도 하고, 박산(薄山)이라고도 하고, 오산(吳山)이라고도 한다. 이 산은 서쪽으로 뇌수산에서 일어나 동쪽으로 오판(吳坂)에 이르는데, 이름이 모두 11개인 것은 주현(州縣)에 따라 나눠지기 때문이다. 역산 남쪽에 순의 우물이 있다." 또 말했다. "월주(越州) 여요현(餘姚縣)에 역산과 순의 우물이 있다고 했고 복주(濮州) 뇌택현(雷澤縣)에 역산과 순의 우물이 있다고 했는데, 이 두 곳에는 또한 순을 낳았다고 하는 요허(姚墟)도 있다. 규주(嬀州)의 역산과 순의 우물에 대해서도 모두 순이 밭을 갈던 곳이라고 하는데, 자세히 알 길이 없다."

3) 【집해(集解)】 정현(鄭玄)이 말했다. "뇌하(雷夏)는 연주(兗州)의 늪지[澤]인데, 지금은 제음(濟陰)에 속한다." 【정의(正義)】 『괄지지(括地志)』에서 말했다. "뇌하택(雷夏澤)은 복주(濮州) 뇌택현(雷澤縣) 성곽 밖 서북쪽에 있다. 『산해경(山海經)』에 이르기를 뇌택에는 우레의 신[雷神]이 있는데, 용의 몸을 하고 사람의 머리를 했으며 그 배를 두드리면 우레가 쳤다고 했다."

4) 【집해(集解)】 황보밀(皇甫謐)이 말했다. "제음군 정도현(定陶縣) 서남쪽 도구정(陶丘亭)이 이곳이다." 【정의(正義)】 살펴보건대, 조주(曹州) 황하 변에서 기와 그릇[瓦器=土器]을 구웠다. 『괄지지(括地志)』에서 말했다. "도성(陶城)은 포주 하동현 북쪽으로 30리에 있으니, 곧 순이 도읍했던 곳이다. 남쪽으로 역산과의 거리가 멀지 않다. 혹은 밭을 갈고 혹은 질그릇을 구웠다고 하니 그곳이 어디인지를 대략은 알아낼 수 있겠지만, 그렇다고 어찌 반드시 정도(定陶)만이 바야흐로 질그릇을 구울 수 있는 곳이겠는가? 순이 질그릇을 구웠다면 이

중에서 혹 하나일 것이다."

5) 【집해(集解)】 황보밀(皇甫謐)이 말했다. "노(魯)나라 동문의 북쪽에 있다." 【색은(索隱)】 집기(什器)의 집/십(什)은 '많다[數]'는 뜻이다. 대개 사람들의 집에서 늘 쓰는 용기는 하나가 아니기 때문에, 그래서 십(十=什)을 갖고서 많다는 뜻으로 쓴 것이다. 이는 마치 오늘날 '십물(什物)'이라고 하는 것과 같다. 수구는 땅 이름이며 황제(黃帝)가 난 곳이다. 【정의(正義)】 안사고(顔師古)가 말했다. "군법에서 오인(伍人)은 오(伍)가 되고 두 오는 십(什)이 된다. 기물을 함께 써서 생활에 필요한 도구[生生之具]를 집기(什器)[집(什)은 세간살이라는 뜻이다.]라고 하니, 이는 마치 지금도 종군(從軍)하거나 부역에 나갈 때 열 사람을 하나의 화(火-단위)로 삼아서 함께 필요한 것들을 모으고 조달해 쓰도록 하는 것과 같다."

6) 【집해(集解)】 정현(鄭玄)이 말했다. "부하는 위(衛)나라 땅이다." 【색은(索隱)】 때를 보아 나아간다[就時]는 것은 '때를 따른다[逐時=隨時]'는 것이니, 이는 곧 때를 틈타 이익을 노린다[射利]는 말이다. 『상서대전(尙書大傳)』에 이르기를 "돈구(頓丘)에서 장사를 했고[販=賈] 때를 보아 부하에 나아갔다"라고 한 것이나 『맹자(孟子)』에서 "부하로 옮겨 갔다[遷]"라고 한 것은 (둘 다) 이를 가리킨다.[순이 장사도 했다는 말이다.]

7) 꼬투리를 잡으려 해도 잡을 수가 없었다는 말이다.

순은 나이 20세 때 효성(孝誠)으로 세상에 알려졌다. 30세가 되었을 무렵에 제요(帝堯)가 쓸 만한 사람[可用者]에 대해 묻자[1], 사악(四嶽)이 모두 우순(虞舜)을 천거하며 말하기를 "쓸 만합니다"라고 했다. 이에 요는 마침내 두 딸을 순에게 시집보내 그의 속마음[其內]을 살피고, 아홉 아들을 그와 함께 살게 하고는 그의 드러나는 면들[其外]을 살폈다. 순이 규예(嬀汭)에 살면서 집안의 일 처리[內行]를 더욱 삼가자[彌謹=益謹], 요의 두 딸은 감히 자신들이 고귀한 신분이라 해서 순의 친척들에 대해 오만함을 갖고서 섬기지 않았으니[2] 심히 아녀자의 도리가 있었고 요가 보낸 아홉 아들들도 모두

더욱 도탑게 행동했다[益篤][3].

1) 【정의(正義)】 가용(可用)이란 천자가 될 만하다는 뜻이다.

2) 【정의(正義)】 두 딸은 감히 자신들이 제의 딸이라고 해서 순의 친척들에게 교만을 부리지 않았다는 말이다. 친척이란 아버지 고수, 계모와 동생 상(象), 여동생 과수(顆手) 등이다.

3) 【정의(正義)】 독(篤)은 '도탑다[惇=敦]'는 뜻이다. 두 딸이 부녀자의 도리를 공손하게 삼가 행했을 뿐만 아니라 아홉 아들들이 순을 섬긴 것까지도 더욱 돈후(惇厚)하고 근경(謹敬)했다는 말이다.

순이 역산에서 농사를 짓자, 역산 사람들은 모두 밭의 경계를 양보했고[讓畔][1], 뇌택(雷澤)에서 물고기를 잡자, 뇌택 사람들은 모두 낚시하는 자리를 양보했으며[讓居], 황하 물가에서 질그릇을 굽자, 황하 물가의 그릇들은 모두 거칠거나 비뚤어지거나 하는 문제가 없어졌다[不苦窳][2]. 1년이 지나자, 그가 살던 곳에 마을[聚=村落][3]이 형성되었고, 2년이 지나자, 읍(邑)이 되었으며, 3년이 지나자 큰 읍[都]이 되었다[4]. 요는 마침내 순에게 가는 베로 만든 옷[絺衣][5]을 내려주고 거문고[琴]를 주었으며, 그를 위해 창름(倉廩-곳간)을 지어주고 소와 양을 주었다.

1) 【정의(正義)】 『한비자(韓非子)』(「논난(論難)」편)에서 말했다. "역산의 농부들은 서로 땅을 침략했는데, 순이 가서 농사를 짓자 1년이 지난 뒤 밭 가는 이들이 서로 밭의 경계를 양보했다."

2) 【집해(集解)】 『사기음은(史記音隱)』에서 말했다. "(窳의) 발음은 유(游)와 보(甫)의 반절음이다.[발음이 '오'라는 말이다.] 배인(裴駰)이 보건대, 유(窳)란 문제점[病]이다. 【정의(正義)】 苦는 고(鹽-굵은소금)와 같은데 발음은 고(古)이다. 고(鹽)란 '거칠다[麤]'는 뜻이다. 窳의 발음은 유(庾-창고, 곳간)이다.

3) 【정의(正義)】 聚는 재(在)와 유(喩)의 반절음인데, 촌락(村落)을 뜻한다.

4) 【정의(正義)】 『주례(周禮)』「교야법(郊野法)」에 이르기를 "구부(九夫-아홉 장정)를 정(井-사방 1리), 4정을 읍(邑), 4읍을 구(丘), 4구를 전(甸), 4전을 현(縣), 4현을 도(都)라 한다"라고 했다.

5) 【정의(正義)】 치(絺)는 가는 갈포로 만든 옷이다. 추씨(鄒氏)는 발음이 죽(竹)과 궤(几)의 반절음이라고 했다.[그러면 '쥐'가 된다는 말이다.]

고수는 여전히[尙] 또 순을 죽이고자 해서, 순으로 하여금 창고에 올라가 흙을 바르게 한 뒤 자신은 아래에서 불을 놓아[縱火] 창고에 불을 질렀다. 순은 마침내 (물에 젖은) **삿갓[笠] 2개로 자신을 지키고[自扞=自捍=自保], 내려와서 달아나 죽지 않을 수 있었다[1]. 뒤에 고수는 다시 순에게 우물을 파게 했는데[穿井], 순은 우물을 파면서** (그 안에) **숨을 수 있는 공간[匿空]을 만들어두고[2] 옆으로 나갈 수 있게 해놓았다[旁出][3]. 순이 이미 깊이 들어가자, 고수는 상과 함께 흙을 쏟아부어[下土] 우물을 메워버렸는데[實井][4], 순은 피할 수 있는 공간을 통해 빠져나와서 달아났다[5]. 고수와 상은 순이 이미 죽었을 것이라고 여겨서 기뻐했다. 상이 말했다.**

"본래 이 일을 꾸민 것은 저[象]입니다."

상은 자기 부모와 (순의 재산을) **나누기로 하고서, 이에 말했다.**

"순의 처인 요의 두 딸과 거문고는 제가 차지하고, 소와 양과 창름은 부모님께 드리겠습니다."

1) 【색은(索隱)】 이는 삿갓으로 자기 몸을 스스로 지켜서 마치 새가 날개를 펼치듯이 가볍게 내려앉음으로써 다치지 않을 수 있었다는 말이다. 황보밀(皇甫謐)은 "양산(兩繖)"이라고 했는데, 산(繖-일산이나 우산)은 삿갓의 일종이다. 『열녀전(列女傳)』에 이르기를 "두 부인이 순에게 새와 같은 옷[鳥工]을 입고 창름에 올라가게 했다"라고 한 것이 이것이다. 【정의(正義)】 『통사(通史)』에서 말했

다. "고수가 순을 시켜 곳간을 씻으라[滌廩]고 하자 순이 요의 두 딸에게 그것을 말했고, 두 딸은 이렇게 말했다. '당신을 불 지르려고 할 때 까치와 같은 옷을 입고서 새처럼 피하세요.' 순이 이미 창름에 올라갔다가 (그 방법을 써서) 화를 면하고 달아날 수 있었다."

2) 【색은(索隱)】『열녀전(列女傳)』에서 이른 "용과 같은 옷[龍工]을 입고 우물로 들어갔다"라고 한 것이 이것이다.

3) 【정의(正義)】 순이 몰래 옆으로 구멍을 뚫어 다른 우물을 통해 탈출한 것을 말한다. 『통사(通史)』에서 말했다. "순이 우물을 파게 되자 또 두 부인에게 말하니, 두 부인이 말했다. '당신의 의상을 입고 달아나세요. 용의 모습을 한 옷을 입고 가세요.' 우물에 들어가니 고수와 상이 흙을 쏟아부어[下土] 우물을 메우려 했고, 순은 다른 우물을 통해[從=由] 밖으로 나와서 달아났다." 『괄지지(括地志)』에서 말했다. "순의 우물은 규주(嬀州) 회융현(懷戎縣) 서쪽 외성(外城) 안에 있다. 그 서쪽에도 또 하나의 우물이 있는데, 『기구전(耆舊傳)』에 이르기를 이것도 또한 순의 우물이라고 했고 순이 그 안에서 밖으로 나왔다고 한다. 『제왕기(帝王紀)』에 이르기를 하동에 순의 우물이 있다고 했는데, 알 수가 없다[未詳]."

4) 【색은(索隱)】 또한 (실정(實井)이 아니라) 전정(塡井-우물을 메우다)으로 된 판본도 있다.

5) 【집해(集解)】 유희(劉熙)가 말했다. "순이 임시 계책[權謀]으로 스스로 벗어나기도 했기만, 또한 크게 빼어난 사람[大聖]이라, 신인(神人)의 도움이 있었기 때문이다."

상은 마침내 순의 집[宮居][1]에 머물면서 그 거문고를 뜯고 있었다. 순이 가서 그것을 보게 되었는데, 상이 깜짝 놀라[鄂=愕] 불쾌한 표정으로[不懌=不悅] 말했다.

"나는 형[舜]에 대해 정말로 마음 아파하고 있었어[鬱陶]."

순이 말했다.

"그렇지, 넌 아마도 거의 그랬을 것이야[爾其庶矣][2]."

순은 다시 (예전처럼) 고수를 섬겼고, 동생을 아껴주는 것도 더욱 조심했다[彌謹]. 이에 요가 드디어 순에게 오전(五典)과 백관(百官)을 맡겨 시험하니, 모두 잘 다스렸다.

1) 【정의(正義)】 궁(宮)은 집[室]이다. 『이아(爾雅)』에 이르기를 "집[室]을 궁(宮)이라고 한다"라고 했다. 『예기(禮記)』(「내칙(內則)」)에 이르기를 "명사(命士) 이상부터는 아버지와 아들이 집을 달리한다[異宮]"라고 했다.

2) 【색은(索隱)】 너[汝=爾]는 오히려 마땅히 형제간에 우애하고 공경하는[友悌] 정의(情義)에 거의 가까운 마음을 품었을[庶幾] 것이라는 말이다. 맹자(孟子)가 『상서(尙書)』의 글에서 취한 바와 같이 또 "이 여러 신하야, 너희들은 나를 도와 다스리도록 하라"고 했으니, 이는 대개 상(象)으로 하여금 내가 신하들[臣庶]을 다스리는 일에 함께해주기를 바란 것이다.)[이 부분에 대해서는 오랫동안 풀이가 많았다. 즉 순은 상이 자신을 해치려 했던 것을 진정 모르고서 이런 말을 했는가 하는 것이다. 대체적인 해석은 순이 형제간의 우애를 손상하지 않기 위해 그 사실을 알면서도 오히려 자신을 도와서 신하들을 다스리는 일을 해달라고 말한 것이라고 본다. 물론 상을 봉해주면서도 실질적인 권한은 주지 않았다.]

옛날에 고양씨(高陽氏)에게는 재능 있는 자손[才子] 8명이 있었는데[1], 세상 사람들은 그들로부터 이로움을 얻었기에 그들을 일러 팔개(八愷)라고 했다[2]. 고신씨(高辛氏)에게도 재능 있는 자손 8명이 있었는데[3], 세상 사람들은 그들을 일러 팔원(八元)이라고 했다[4]. 이들 16씨족[族者]은 대대로 그 아름다움을 이뤄내어[濟][5] 조상의 이름을 떨어뜨리지 않았다[不隕]. (하지만) 요(堯)에 이르렀을 때 요는 아직 능히 그들을 들어 쓰지 못했다[未能擧]. (그러나) 순이 팔개를 들어 써서 후토(后土-땅의 신)를 주관하게 하여[6] 백

관의 일[百事]을 살피게 하니[揆=商量], 일이 때에 맞게 차례대로 이뤄지지 [時序] 않는 바가 없었다[7]. 팔원을 들어 써서 사방에 다섯 가지 가르침[五教=五常]을 펴도록 하니[8], 아버지는 마땅하고[義] 어머니는 자애로우며[慈] 형은 우애를 다했고[友=友愛] 동생은 공손하고[恭=悌] 자식들은 효도를 다해서[孝] 나라 안으로는 평온하고 나라 밖으로는 (태평이) 이뤄졌다[內平外成][9].

1) **【집해(集解)】** 이름이 『좌전(左傳)』(문공(文公) 18년조)에 나온다.[이하 고양씨, 고신씨, 제홍씨, 진운씨 이야기는 바로 이 『좌전(左傳)』 문공(文公) 18년에 나오는 이야기를 기반으로 했고, 문장 표현도 거의 똑같다.]

2) **【집해(集解)】** (후한의 학자) 가규(賈逵)가 말하기를 "개(愷)는 '조화를 이루다', '평온하다[和]'라는 뜻이다"라고 했다. **【색은(索隱)】** 『좌전(左傳)』(문공(文公) 18년조)에서 태사(太史) 극(克)이 노(魯)나라 선공(宣公)에게 이렇게 말했다. "옛날에 고양씨(高陽氏)에게는 재능 있는 자손[才子] 8명이 있었으니, 창서(倉舒), 퇴애(隤敳), 도인(檮戭), 대림(大臨), 방강(尨降), 정견(庭堅), 중용(仲容), 숙달(叔達)입니다."

3) **【집해(集解)】** 이름이 『좌전(左傳)』(문공(文公) 18년조)에 나온다.

4) **【집해(集解)】** 가규(賈逵)가 말하기를 "원(元)이란 '좋다[善]'라는 뜻이다"라고 했다. **【색은(索隱)】** 『좌전(左傳)』(문공(文公) 18년조)에서 이렇게 말했다. "옛날에 고신씨(高辛氏)에게는 재능 있는 자손[才子] 8명이 있었으니, 백분(伯奮), 중감(仲堪), 숙헌(叔獻)[율곡 이이의 자가 바로 숙헌이다.], 계중(季仲), 백호(伯虎), 중웅(仲熊), 숙표(叔豹), 계리(季貍)입니다."

5) **【색은(索隱)】** 원(元)이란 각각의 친족들에게 화평하게[愷] 하는 것이니, 그래서 씨족을 말한 것이다. 제(濟)란 이뤄내는[成] 것이니 후대가 전대의 일을 이뤄내는 것을 말한다.

6) **【집해(集解)】** 왕숙(王肅)이 말하기를 "군(君-임금)은 구토(九土)의 마땅함[宜=義]

을 다스린다"라고 했다. 두예(杜預)가 말하기를 "후토란 지관(地官)이다"라고 했다. 【색은(索隱)】 땅을 주관한다[主土]. 우(禹)는 사공(司空-토목을 담당)을 맡았는데, 사공이 땅을 주관한다면 우도 팔개(八愷) 중의 하나이다. 【정의(正義)】 『춘추정의(春秋正義)』에서 말했다. "후(后)는 군(君-임금)이다. 하늘은 황천(皇天)이고, 땅은 후토(后土)이다."

7) 【정의(正義)】 우(禹)가 구토(九土)의 마땅함을 헤아려서 때에 맞춰 그 차례에 따름으로써 일의 실상을 얻지 못함이 없었다는 말이다.

8) 【색은(索隱)】 설(契)은 사도(司徒)이고, 사도는 다섯 가지 가르침을 펼쳤다. 이렇게 되면 설은 팔원 중의 하나인 것이다.

9) 【정의(正義)】 나라 안이란 제하(諸夏-중원)이며, 밖이란 오랑캐[夷狄]이다. 살펴보건대, 설(契)이 오상(五常)의 가르침을 일으킴으로써 중국[諸夏]은 태평하고 오랑캐는 교화되었다[向化]는 말이다.

옛날에 제 홍씨(帝鴻氏)에게는 재능이 없는 자손[不才子]이 있었는데[1], 남의 마땅함을 가리고 몰래 해악을 행하며[掩義隱賊] 흉악한 일들[凶慝]을 저지르기를 좋아해서[好行] 천하는 그를 혼돈(渾沌)이라고 불렀다[2]. 소호씨(少皞氏)[3]에게도 재능이 없는 자손이 있었는데, 믿음을 저버리고 진실함을 미워하며 꾸미기를 좋아하고 나쁜 말을 하고 다녀서 천하는 그를 궁기(窮奇)라고 불렀다[4]. 전욱씨(顓頊氏)에게도 재능이 없는 자손이 있었는데, 가르쳐 일깨울 수가 없고 좋은 말을 해줘도[話言] 알아듣지를 못해서 천하는 그를 도올(檮杌)이라고 불렀다[5]. 이 세 족속은 대대로 세상의 근심거리였다. (하지만) 요에 이르러서도 이들을 제대로 제거하지 못했다. 진운씨(縉雲氏)[6]에게도 재능이 없는 자손이 있었는데, 먹고 마시는 데 탐욕을 부리고 재물을 밝혀서 천하는 그를 도철(饕餮)이라고 불렀다[7]. 천하에서는 그들을 미워해 삼흉(三凶)과 비교했다[8]. 순이 사방의 빈객들을 접대할 때[9] 마침내 이들 사흉의 족속을 유배시켜서 변방[四裔] 네 곳으로 추방해[10] 요괴들

[螭魅=魑魅]을 막도록 하니[御=禦]11), 이에 사방의 문이 열리고 (나라 안에) **흉악한 자들이 사라졌다.**

1) 【집해(集解)】 가규(賈逵)가 말했다. "제홍(帝鴻)이란 황제(黃帝)이다. (그의) 재능이 없는 자손이란 곧 먼 후손[苗裔] 환두(讙兜)이다."

2) 【정의(正義)】 특(慝)은 악(惡)이다. 판본에 따라서는 "천하는 그를 혼돈이라고 불렀다"의 혼돈이 환두(讙兜)로 되어 있다. 이는 (다른 사람이 행한) 마땅한 일[義事]은 덮거나 가리고 몰래 남을 해치는 짓[賊害]을 하며 흉악한 일을 좋아해서 혼돈이라고 불렀다는 말이다. 두예(杜預)는 말하기를 "혼돈(渾沌)이란 사리가 개통되지 못한 모습이다"라고 했다. 『신이경(神異經)』에서 말했다. "곤륜산(崑崙山) 서쪽에 한 짐승이 있는데, 그 모양은 개처럼 생겼고 털이 길며 네 발을 가졌고 큰 곰[羆] 같으면서도 발톱이 없다[無爪]. 눈이 있으면서도 보지를 못하고 길을 가면서도 어디로 가야 할지를 모르며[不開] 두 귀를 가졌어도 듣지를 못하지만, 사람처럼 지성을 갖고 있고, 배[腹]가 있는데도 오장이 없고 창자[腸]는 곧기만 하고 구불구불하지 않아서 음식을 삼키면 곧장 내려가버린다. 사람처럼 덕행이 있지만 일을 하기만 하면 거기에 저촉되고, 또 흉덕을 갖고서 일을 할 때마다 거기에 기댄다[依憑=依據]. 이를 이름해 혼돈(渾沌)이라고 한다." 또 『장자(莊子)』(「응제왕(應帝王)」)에서 말했다. "남해의 제(帝)는 숙(儵)이고, 북해의 제는 홀(忽)이고, 중앙의 제는 혼돈(渾沌)이다. 숙과 홀이 때때로 혼돈의 땅에서 함께 만났는데, 혼돈이 그들을 매우 잘 대접했다. 숙과 홀이 혼돈의 은덕에 보답하려고 함께 상의해 이렇게 말했다. '사람들은 모두 구멍이 7개 있어 보고 듣고 먹고 숨 쉬는데 이 혼돈만은 없으니, 시험 삼아 구멍을 뚫어줍시다.' 하루에 한 구멍씩 뚫었더니 7일 만에 혼돈이 죽어버렸다." 살펴보건대 환두의 본성과 비슷해 그 때문에 그를 혼돈이라고 호칭한 것이다.

3) 【집해(集解)】 복건(服虔)이 말했다. "금천씨(金天氏-혹은 김천씨)의 제호(帝號)

이다."

4) 【집해(集解)】 복건(服虔)이 말했다. "공공씨(共工氏)를 가리킨다. 그는 행동이 궁색했고[窮] 기이한 짓[奇]을 좋아했다." 【정의(正義)】 공공(共工)을 가리킨다. 신의 있는 행동을 헐뜯고 비난했으며 충직한 자들을 미워하고 그릇된 말을 잘 꾸며댔기에, 그래서 궁기(窮奇)라고 한 것이다. 살펴보건대, 평소 행동이 끝에 가서는 반드시 궁색함에 이르렀고 남들에게 아첨해서 기이한 짓을 하기를 좋아했다. 『신이경(神異經)』에서 이렇게 말했다. "서북쪽에 한 짐승이 있는데, 그 모양은 호랑이처럼 생겼고 날개가 있어 잘 날아다니며 마음대로 공격해 사람을 잡아먹는다. 사람의 언어를 알아서, 사람이 싸운다는 말을 들으면 곧바로 그중에 곧은 자를 먹어버렸고, 사람 중에 충신한 사람이 있다는 말을 들으면 곧바로 그의 코를 먹어버렸으며, 사람 중에 악역(惡逆)하여 못된 사람이 있다는 말을 들으면 곧바로 짐승을 죽여서 가져다 바쳤다. 이를 이름해 궁기(窮奇)라고 한다." 살펴보건대, 공공의 본성과 비슷해 그 때문에 그를 궁기라고 호칭한 것이다.

5) 【집해(集解)】 가규(賈逵)가 말했다. "도올(檮杌-등걸)이란 아둔하고 흉악해서[頑凶] 아무것도 그에 필적할 것이 없는[無疇匹] 모습이니, 곤(鯀)을 가리킨다." 【정의(正義)】 곤(鯀)을 가리킨다. 흉완(凶頑)이란 도저히 가르칠 수 없고 조령(詔令)을 전혀 따르지 않는다는 뜻이다. 그래서 도올이라고 한 것이다. 무주필(無疇匹)이라고 한 것은 자기 마음대로 방자한 것을 말한다. 『신이경(神異經)』에서 말했다. "서방 황무지에 한 짐승이 있는데, 모양은 호랑이처럼 생겼으며 대단히 크고 털의 길이는 2척이었다. 사람의 얼굴과 호랑이 다리를 했고 멧돼지의 입처럼 어금니가 있었으며 꼬리 길이는 1장 8척이었는데, 황무지 안을 어지럽히고 다녔다. 이를 이름해 도올(檮杌)이라고 한다. 일명 오흔(傲佷-오만하고 싸움질을 좋아함)이라 하고, 일명 난훈(難訓-일깨워주기 어려움)이라고 한다." 살펴보건대 곤의 본성과 비슷해, 그 때문에 그를 도올이라고 호칭한 것이다.

❖

6) 【집해(集解)】 가규(賈逵)가 말했다. "진운씨는 강성(姜姓)이다. 염제(炎帝)의 먼 후손으로, 마땅히 황제 때 진운(縉雲)의 관직을 맡았을 것이다." 【정의(正義)】 지금의 괄주(括州) 진운현(縉雲縣)이 아마도 그가 봉해진 곳일 것이다. 『자서(字書)』에 이르기를 "진(縉)이란 붉은 비단[赤繒]이다"라고 했다.

7) 【정의(正義)】 삼묘(三苗)를 가리킨다. 음식을 탐하고 재물이나 뇌물을 좋아하여, 그래서 도철(饕餮)이라 부른 것이다. 『신이경(神異經)』에서 말했다. "서남쪽에 한 사람이 있었는데, 몸에는 털이 많고 머리 위에 돼지를 이고 있었다. 성품이 어긋나고 악하며[很惡] 편안히 놀기를 좋아했고, 재물을 쌓아놓고도 쓰지 않으며 다른 사람의 곡식을 빼앗기를 즐겼다. 강자이면서도 노약자들 것을 빼앗고, 무리를 두려워해 홀로 있는 사람을 공격했는데, 이름하여 도철(饕餮)이라고 한다." 살펴보건대 삼묘의 본성과 비슷해, 그 때문에 그를 도철이라고 호칭한 것이다.

8) 【집해(集解)】 두예(杜預)가 말했다. "제(帝)의 자손이 아니었기 때문에 별도로 두고서 삼흉과 비교한 것이다." 【정의(正義)】 이상의 네 곳(-혼돈·궁기·도올·도철에 관한 글)은 모두 『좌전(左傳)』의 글이다. 본래 글을 정리한 순서대로 하자면 사흉(四凶)이 되어야 하니, 이렇게 쓴 것은 아마도 착오가 있었던 것이 아닌가 싶다.

9) 【정의(正義)】 두예(杜預)가 말했다. "사방의 문을 열고 사방의 온갖 이야기를 다 들어서[闢四門 達四聰] 수많은 뛰어난 이[衆賢]를 빈객의 예로 대했다는 말이다."

10) 【집해(集解)】 가규(賈逵)가 말했다. "사예(四裔)의 땅은 (제가 통치하는) 왕성으로부터의 거리가 4,000리이다."

11) 【집해(集解)】 복건(服虔)이 말했다. "이매(螭魅)란, 머리는 사람이고 몸통은 동물이며 네 다리를 갖고서 사람을 잘 현혹했는데, 산림에 이상한 기운이 생겨나게 해서 사람에게 해악을 끼쳤다." 【정의(正義)】 살펴보건대 요괴들을 막도록 했다는 것은 다시 간사하고 아첨하는[邪諂] 사람이 생겨날 것을 걱정해서,

그 때문에 사흉을 유배시키고 추방해서 그들을 막아내었다는 뜻이다. 그래서 아래에서 "흉악한 자들이 사라졌다"라고 한 것이다.[어(御)를 '부리다', '제어하다[制御]'로 옮겨도 무방하다.]

순이 큰 산기슭[大麓]에 들어갔을 때 거센 바람과 천둥, 번개, 비바람 속에서도 혼미함에 빠지지 않자[不迷], 요는 마침내 순에게 얼마든지 천하를 물려줄 만하다는 것을 알아차렸다. 요가 늙자, 순으로 하여금 천자의 정치를 대리로 행하게 하고[攝行] 순수(巡狩)토록 했다. 순을 얻어 일을 맡긴 지[用事] 20년이 되자 요는 그에게 섭정(攝政)하게 했다[1]. 섭정한 지 8년 만에 요임금이 붕(崩)했다. (순이) 삼년상을 마치고 단주(丹朱)에게 (제위를) 양보했으나 천하는 순에게 귀의했다.

그런데 우(禹), 고요(皐陶)[2], 설(契), 후직(后稷), 백이(伯夷), 기(夔), 용(龍), 수(倕), 익(益), 팽조(彭祖)[3]가 요(堯)임금 때부터 모두 들어 쓰였으나[擧用] 아직 직분[職]을 나눠 갖지[分] 못하고 있었다[4]. 이에 순은 마침내 문조(文祖)(의 사당)에 이르러 사악(四嶽)과 모의해서, 사방의 문을 열어 사방의 눈과 귀와 밝게 통하게 했다[辟四門明通四方耳目=闢四門達四聰]. (또) 12목(牧)에게 명해 제(帝-요임금)의 다움[德]을 논하게 하면서, 두터운 다움[厚德]을 시행하고 말 재주꾼[佞人]을 멀리하면[5] 오랑캐들[蠻夷]들도 서로를 이끌고 와서[率=帥] 복종할 것이라고 말해주었다. 순이 사악에게 일러 말했다.

"능히 공업을 밝게 일으켜[奮庸][6] 요의 일[事=載]을 (더) 아름답게 할[美=熙=廣] 자가 있다면 관직에 앉혀서 (내) 일을 돕게 하겠다."

1) 섭행(攝行)은 말 그대로 사안별로 대신 수행하는 것이고, 섭정(攝政)이란 전적으로 맡아서 대행하는 것이다.

2) 【정의(正義)】 고요(皐陶)는 두 음이다.[고도라는 음도 있고 고요로도 읽는다는 말이다.]

3) 【색은(索隱)】 팽조(彭祖)는 곧 육종씨(陸終氏)의 셋째 아들이다. 전갱(籛鏗)의 후손으로, 뒤에 대팽(大彭)이 되었지만, 또한 팽조(彭祖)라고도 불렸다. 【정의(正義)】 고요(皐陶)의 자(字)는 정견(庭堅)으로, 영(英)과 육(六) 두 나라[國]는 그의 후손이다. 契의 발음은 (계가 아니라) 설(薛)이며, 은나라의 시조이다. 백이(伯夷)는 제(齊)나라 태공의 시조이다. 기(夔)는 거(巨)와 귀(龜)의 반절음이며 악관(樂官)이다. 倕는 음이 수(垂)이니, 또한 수(垂)로도 쓴다. 안에서 말을 담당하는[內言] 관리이다. 익(益)은 백예(伯翳)인데, 곧 진(秦)나라와 조(趙)나라의 시조이다. 팽조는 요임금 때부터 들어 쓰였으니, 하나라와 은나라를 거치면서 줄곧 대팽(大彭)에 봉해졌다.

4) 【정의(正義)】 분(分)이란 봉강(封疆)과 작토(爵土)를 나눠 갖는다는 말이다.

5) 【정의(正義)】 순이 12목에 명해 제요(帝堯)의 다움을 논하게 하고, 또 백성에게 두텁게 대하게 하고, 간사하게 말재주나 부리는 사람들을 멀리 쫓아내라고 한 것이다. 능히 이처럼 할 수 있다면 (자기 나라 백성은 말할 것도 없고) 오랑캐들도 복종할 것이라는 말이다.

6) 【집해(集解)】 마융(馬融)이 말했다. "분(奮)은 '밝히다[明]'라는 뜻이고 용(庸)은 공업, 공적[功]이다."

모두[皆=僉]가 말했다.

"백(伯) 우(禹)가 사공(司空)[1]이 된다면 제의 공적을 아름답게 할 수 있을 것입니다."

순이 말했다.

"아[嗟]! 그렇도다[然=兪]. 우(禹)야, 너는 물과 땅을 골고루 잘 다스려[平] 부디 이 일에 힘을 쏟도록[勉=務] 하라!"

우가 절을 하고서 머리를 조아리며 직(稷)과 설(契)과 고요(皐陶)에게 사양했다. 순이 말했다.

"그렇다[然=兪]. (하지만 네가) 가도록 하라![2]"

1) 토목의 일을 주관하는 관직이다. 공(空)은 혈(穴)에서 왔다. 옛날에 사람들이 동굴 같은 곳에서 살았기 때문이다.

2) 【집해(集解)】 정현(鄭玄)이 말했다. "그가 천거한 사람들이 적임자임을 인정한 것이다. 그러나 네가 가서 이 관직을 맡으라고 한 것은, 그가 사양한 바를 들어주지 않은 것이다."

순이 말했다.

"기(棄)야. 백성[黎民]이 비로소 굶주리고 있으니[始飢][1], 너는 후직(后稷)을 맡아 각종 곡식을 때에 맞게 씨 뿌리도록 하라[播時][2]!"

1) 【집해(集解)】 서광(徐廣)이 말했다. "『금문상서(今文尙書)』에는 '조기(祖飢)'라고 되어 있다. 조(祖)란 시(始)이다." 【색은(索隱)】 『고문(古文-고문상서)』에는 '조기(阻飢)'라고 되어 있다. 공씨(孔氏-공안국)가 말하기를, 조(阻)란 '힘겹다[難]'는 뜻이라고 했다. 조(祖)와 조(阻)는 발음이 서로 비슷한데, 어느 것이 옳은지는 알 수가 없다.

2) 【집해(集解)】 정현(鄭玄)이 말했다. "時는 시(蒔-옮겨 심다)로 읽는다. 【정의(正義)】 직(稷)은 농관(農官)이다. 파시(播時)란 사계절에 고분고분하면서 각종 곡식을 심는다는 말이다.

순이 말했다.

"설(契)아. 백성이 서로를 제 몸과 같이 여기지 않고[不親] 오품(五品)이 고분고분하지 않으니[不馴=不遜][1], 너는 사도(司徒)가 되어 다섯 가지 가르침[五教]을 삼가 펴서[敬敷] 늘 너그럽게 하도록 하라[在寬][2]"

1) 【집해(集解)】 정현(鄭玄)이 말했다. "오품(五品)이란 아버지, 어머니, 형, 동생, 자식이다." 왕숙(王肅)이 말했다. "오품은 오상(五常)이다." 【정의(正義)】 馴의 발음은

(순이 아니라) 훈(訓)이다.

2) 【집해(集解)】 마융(馬融)이 말했다. "(다섯 가지 가르침이란) 오품을 가르치는 것을 말한다."

순이 말했다.

"고요(皐陶)야. 오랑캐[蠻夷]가 하(夏)를 휘젓고 다니고[猾夏][1] 도적 떼가 안팎에서 법도를 어기고 있으니[寇賊姦軌][2], 너는 사(士)[3]가 되어 오형(五刑)을 따르게 하고[有服] 오복(五服)을 세 곳에 나아가게 하며[三就][4] 오유(五流)에는 헤아림이 있어[有度][5] 다섯 등급[五度]으로 세 곳에 머물게 하라[三居][6]. 그 죄를 분명히 밝혀야 백성이 능히 그것을 믿게 될 것이다[7]."

순이 말했다.

1) 【집해(集解)】 정현(鄭玄)이 말했다. "활하(猾夏)란 중국(中國)을 쳐들어와 어지럽히는 것[侵亂]이다."

2) 【집해(集解)】 정현(鄭玄)이 말했다. "안에서 일어나는 것을 간(姦)이라고 하고, 밖에서 시작하는 것을 궤(軌)라고 한다. 【정의(正義)】 또한 (궤(軌)는) 판본에 따라 궤(宄-바깥 도적)로도 되어 있다.

3) 【집해(集解)】 마융(馬融)이 말했다. "옥관(獄官)의 우두머리이다." 【정의(正義)】 살펴보건대 대리경(大理卿)과 같다.

4) 【집해(集解)】 마융(馬融)이 말했다. "오형이란 묵형(墨刑), 의형(劓刑), 비형(剕刑), 궁형(宮刑), 대벽(大辟-사형)이다. 삼취(三就)란, 대죄(大罪)는 들판에 (시신을) 펼쳐놓고 차죄(次罪)는 저잣거리에 펼쳐놓으며 왕의 동족은 경기권의 사씨(師氏-형벌 관리)에게 데리고 가는 것이다. 이미 오형을 따르게 되면 마땅히 세 곳으로 나아가야 한다." 【정의(正義)】 공안국(孔安國)이 말했다. "복(服)이란 '따른다[從]'는 말이니, 이는 처벌의 가볍고 무거움이 적중해 바름[中正]을 얻었다는 뜻이다." 살펴보건대, 묵형이란 이마에 점을 파는 것인데 먹으로 검

게 물들인다[涅(열)]. 의형이란 코를 잘라내는 것이다. 비형이란 발꿈치를 자르는 것[刖(월)]이다. 궁형이란 음형(淫刑)으로, 남자는 불알을 잘라내고[割勢(할세)=去勢(거세)] 여자는 음부를 유폐(幽閉)시킨다. 대벽이란 사형이다.

5) 【정의(正義)】 度의 발음은 도(徒)와 낙(洛)의 반절음이다. 『상서(尙書)』에는 댁(宅)으로 되어 있다. 공안국(孔安國)이 말하기를 "오형에 따른 유배형은 각각 그 정해진 곳이 있다"라고 했다.

6) 【정의(正義)】 살펴보건대, 그 원근을 헤아려[度(탁)] 세 등급의 장소를 정한다는 말이다.

7) 【집해(集解)】 마융(馬融)이 말했다. "팔의(八議)[팔의(八議)는 의친(議親)·의고(議故)·의공(議功)·의현(議賢)·의능(議能)·의근(議勤)·의귀(議貴)·의빈(議賓)을 말하는데, 모두 '평의한다'라는 의미의 의(議)가 들어가 있어서 붙여진 용어이다. 팔의에 관련된 법이 정식 입법화된 것은 중국의 위진남북조시대부터지만, 이 법의 원류는 훨씬 이전부터 있어왔다. 팔의에게 형사상의 특혜를 주는 것에 대해 이를 정당화한 논리는 『주례(周禮)』의 '팔벽(八辟)'과 『예기(禮記)』의 '형불상대부(刑不上大夫-형벌은 대부에는 이르지 않는다)'의 구절, 이에 대한 한·당대 주소가(註疏家)들의 주석이었다. 정현(鄭玄)과 공영달(孔穎達) 등의 주소가들은, 대부는 도덕군자이기 때문에 범법할 우려가 없으며 천자가 선발한 대부는 더더욱 그렇기에 대부를 상대로 형법을 제정하지도 않고 이들을 형법으로 처벌하지도 않는다고 했다. 결국 팔의법은 대부로 대표되던 당시 귀족 관료층의 신분과 생명을 보호하기 위한 것이었다.]가 있어 임금은 차마 형벌을 쓰지 않고 그를 사면해서 멀리 보내는 것이다. 다섯 등급의 구별에는 다시 각각 세 등급의 장소가 있으니, 대죄는 사예(四裔-네 변방)에 내던지고 다음은 구주(九州)의 밖이고 다음은 중국(中國)의 밖이다. 마땅히 그 죄를 밝혀야 능히 그들을 믿게 하고 복종하게 한다는 말이다."

"누가 능히 나의 백공[工(공)]을 고분고분하게 할 수 있겠는가[馴(훈)][1]?"

모두가 말하기를 수(垂)가 좋다고 했다. 이에 수를 공공(共工)으로 삼았다[2].

순이 말했다.

"누가 능히 나의 위아래[上下]와 초목과 조수(鳥獸)를 고분고분하게 할 수 있겠는가[馴][3]?"

모두가 말하기를 익(益)이 좋다고 했다. 이에 익을 짐(朕)[4]의 우(虞)로 삼았다[5].

익이 절을 하고서 머리를 조아리며 주호(朱虎)와 웅비(熊羆) 등 여러 신하에게 사양했다[6]. 순이 말했다.

"그렇다[然=兪]. (하지만 네가) 가서 모두 화합시켜라[諧]!"

드디어 주호와 웅비를 보좌[佐]로 삼았다[7].

1) 【집해(集解)】 마융(馬融)이 말했다. "백공(百工)을 주관하는 관직을 말한다."

2) 【집해(集解)】 마융(馬融)이 말했다. "사공(司空)이 되어 백공의 일을 함께 다스리는 것[共理]이다."

3) 【집해(集解)】 마융(馬融)이 말했다. "위란 들판[原]이고, 아래란 늪지[隰]이다."

4) 원래는 이 부분이 직접 인용이어서 "짐의 우로 삼으라"인데, 간접 인용으로 바뀌면서 그냥 짐(朕)자를 그대로 쓴 것이다. 짐은 천자가 자신을 칭하는 말이다.

5) 【집해(集解)】 마융(馬融)이 말했다. "우(虞)란 산택을 주관하는 관직 이름이다."

6) 【색은(索隱)】 즉 고신씨의 아들 백호(伯虎)와 중웅(仲熊)이다. 【정의(正義)】 공안국(孔安國)이 말했다. "주호와 웅비는 두 신하의 이름이다. 수(垂)와 익(益)이 사양한 네 사람은 모두 원개(元凱-팔원과 팔개)에 드는 사람들이다."

7) 【정의(正義)】 익의 보좌로 삼은 것이다.

순이 말했다.

"아! 사악아, 능히 짐의 삼례(三禮)[1]를 맡을[典] 만한 사람이 있는가?"

모두가 말하기를 백이(伯夷)가 좋다고 했다. 순이 말했다.

"아! 백이야. 너를 질종(秩宗)[2]으로 삼으니, 새벽부터 밤늦도록 오로지

삼가며 곧게 하여야만[直] 맑고 깨끗할[靜潔] 수 있을 것이다[3].”

1) 【집해(集解)】 마융(馬融)이 말했다. “삼례란 천신(天神), 지기(地祇), 인귀(人鬼)의 삼례이다.” 정현(鄭玄)이 말했다. “천사(天事), 지사(地事), 인사(人事)의 삼례이다.”

2) 【집해(集解)】 정현(鄭玄)이 말했다. “존비(尊卑)의 차례와 질서[次秩]를 주관한다.” 【정의(正義)】 태상(太常)과 같은 것이다. 『한서(漢書)』「백관표(百官表)」에 이르기를 “왕망(王莽)이 태상을 고쳐 질종이라고 했다”라고 했으니, 옛 전통에 의거하려 한 것이다. 공안국(孔安國)이 말했다. “질(秩)이란 차례[序], 종(宗)이란 높이는 것[尊]이다. 교묘(郊廟-교외의 사당)를 주관하는 관직이다.”

3) 【정의(正義)】 정(靜)은 ‘맑음[淸]’이고 결(潔)은 ‘깨끗함[明]’이다. 공안국(孔安國)이 말했다. “전례(典禮)를 맡고 정교(政敎)를 베풂이 정직하고 청명해야 한다는 말이다.”

백이가 기(夔)와 용(龍)에게 양보했다. 순이 말했다.

“그렇다[然=兪][1]. 기를 전악(典樂)으로 삼아 치자(穉子)들을 가르치게 하라[2]! 곧되 따뜻하고[直而溫][3] 너그럽되 엄격하고[寬而栗][4] 굳세되 모질지 않으며[剛而無虐] 대범하되 오만하지 않게[簡而無傲][5] 해야 할 것이다. 시(詩)란 마음속의 뜻[意]을 말로 한 것이고 가(歌-노래)란 그 말을 길게 읊는 것[長]이며[6] 성(聲-소리)은 길게 읊은 것[永=詠]에 의지하는 것이고 율(律-음률)은 길게 읊은 소리를 조화시키는 것이니[7], 팔음(八音)이 능히 조화를 이뤄 서로 자신의 차례를 빼앗지[奪倫] 않아야만 귀신과 사람[神人]이 이로써 화합할 것이다[8].”

1) 【정의(正義)】 공안국(孔安國)이 말했다. “그가 천거한 사람들이 뛰어남[賢]을 인정한 것이다. 그러나 그가 사양한 바를 허락하지 않은 것이다.”

2) 【집해(集解)】 정현(鄭玄)이 말했다. "국자(國子-나라의 귀중한 자녀)이다." 살펴보건대 『상서(尙書)』에서는 주자(冑子-맏아들)라고 했으니, 치(穉)와 주(冑)는 소리가 서로 비슷하다. 【정의(正義)】 공안국(孔安國)이 말했다. "주(冑)란 '길러주다[長]'라는 뜻이니, 원자(元子) 이하로부터 경대부의 자제까지 시가(詩歌)로써 춤을 가르쳐 국자들에게 중화(中和)해 효우(孝友)를 잘 익히도록 가르치고 길러주는 것을 말한다."

3) 【집해(集解)】 마융(馬融)이 말했다. "(마음가짐이) 바르고 곧으며 낯빛이 온화하다는 뜻이다."

4) 【집해(集解)】 마융(馬融)이 말했다. "관대하면서도 삼가고 조심하며 상대를 전율케 한다는 뜻이다."

5) 【정의(正義)】 공안국(孔安國)이 말했다. "굳셈을 잃으면 모질어지고 대범함을 잃으면 오만해지니, 이 점을 잘 가르쳐서 그 같은 잃음[失]을 미리 막아야 한다는 말이다."

6) 【집해(集解)】 마융(馬融)이 말했다. "가(歌)란 시의 뜻을 말로 길게 읊은 것이다." 【정의(正義)】 공안국(孔安國)이 말했다. "시는 뜻을 말로 표현해서 그 마음을 끌어내는 것이고, 가(歌)는 그 뜻을 읊조려서 그 말을 길게 나타내는 것이다."

7) 【집해(集解)】 정현(鄭玄)이 말했다. "소리의 곡절(曲折)이 다시 길게 읊조리는 것에 의존하고 소리가 음률과 잘 어울려야[中] 마침내 조화를 이루게 된다." 【정의(正義)】 공안국(孔安國)이 말했다. "소리란 오성(五聲)이니 궁상각치우(宮商角徵羽)이고, 음률이란 육률육려(六律六呂)이니 열두 달 소리의 기운[音氣]이다. 마땅히 성률(聲律)에 의거해야 음악이 조화를 이룬다."

8) 【집해(集解)】 정현(鄭玄)이 말했다. "조상들[祖考]이 와서 이르면 여러 후가 다움을 갖추고서 예양한다는 것인데, 이는 한 가지 해석일 뿐이다." 【정의(正義)】 팔음이란 쇠, 돌, 실, 대나무, 박[匏], 흙, 가죽, 나무이다. 공안국(孔安國)이 말했다. "윤(倫)이란 이치[理]이다. 팔음이 능히 조화를 이뤄 이치가 서로 잘못되

거나 남의 것을 빼앗지 않는다면 귀신과 사람이 모두 화합할 것이니, 기(夔)에게 명해서 힘쓰라고 한 것이다."

기가 말했다.

"아[於]! 내가 돌로 만든 악기[磬=경쇠]를 치고 두들겨[擊石拊石] 온갖 짐승까지도 서로 이끌며 춤을 추게 하겠습니다[率舞][1]."

순이 말했다.

"용(龍)아! 짐은 동료를 모략하는 참설(讒說)이 좋은 사람을 끊어내고 거짓이 힘을 얻게 해서[殄僞] 짐의 무리[朕衆]를 흔들고 놀라게 하는 것[振驚]을 두려워하고 꺼리어[2] 너를 납언(納言)으로 삼을 것을 명하니, 새벽부터 밤늦도록까지 짐의 명을 들고나게 하면서[出入=出納] 오로지 진실해야 할 것이다[信=允][3]."

순이 말했다.

"아[嗟]! 너희[女] 스물두 사람은[4] 삼가고[敬哉=欽哉] 때에 맞춰가면서[惟時] 하늘의 일을 살피도록 하라[相][5]."

3년에 한 번씩 공적을 심사하되[考功] 세 번 고찰해[三考] 내쫓고 올리니[絀陟=黜陟][6], 멀고 가까운 곳의 수많은 공적이 모두 널리 잘 이뤄졌다[興=熙]. 삼묘(三苗)를 (좋은 사람과 그렇지 못한 사람으로) 나눠서 내쫓았다[北=背][7].

1) 【집해(集解)】 정현(鄭玄)이 말했다. "온갖 짐승은 복불씨(服不氏)가 맡아서 길렀다. 솔무(率舞)란 음악이 조화를 이루었다는 말이다." 【정의(正義)】 於의 발음은 (어가 아니라) 오(烏)이다. 공안국(孔安國)이 말했다. "(돌이란) 석경(石磬)인데, 음이 맑다. 두드리기도 하고 치기도 하는데, 맑은 것이 다 조화를 이루게 되면 그 나머지가 모두 그것을 따른다. 음악이 온갖 짐승을 감화시켜 서로 이끌고서 춤을 추게 할 정도라면 귀신과 사람이 조화를 이루었다는 것을 얼마

든지 알 수 있다는 말이다." 살펴보건대, 경(磬-경쇠)이란 한 덩어리 흑석(黑石-흑요암)이니 음악에서는 복(福)이나 원망이 반복되지 않는 것이다. 『주례(周禮)』에 이르기를 "하관(夏官) 중에 복불씨(服不氏)가 있어 맹수들을 길들이는 일을 담당했는데, 하사(下士) 1명, 도(徒) 4명이다"라고 했다. 정현(鄭玄)이 말하기를 "복종하지 않는 짐승들을 복종시키는 관직이다"라고 했다.

2) 【집해(集解)】 서광(徐廣)이 말했다. "판본에 따라 '제설진행(齊說殄行) 진경중(振驚衆)'이라고 되어 있기도 하다." 배인(裴駰)이 살펴보건대, 정현(鄭玄)은 이렇게 말했다. "이른바 겉으로는 어짊을 취하면서도 행동은 도리에 어긋나니[色取仁而行違], 이것이 나의 신하 무리를 놀라게 하고 또 의혹을 품게 만든다는 것이다." 【정의(正義)】 입을 잘 놀려서[利口] 남을 해치는 사람을 꺼리고 미워하며 겸해서 간사하고 거짓된[僞] 사람의 무리를 끊어내려 하는 것은, 혹시라도 그들이 나의 무리를 놀라게 할까 봐 두려워서라는 것이다. 그래서 용(龍)으로 하여금 그들을 막고 끊어서[遏絶] 그 명을 들이고 날 때 오로지 신실함만 생각하라고 한 것이다. 이 위(僞)자는 태사공(太史公)이 『상서(尚書)』에 있는 글자를 바꾼 것이다. 『상서(尚書)』에는 행(行)으로 되어 있는데, 발음은 하(下)와 맹(孟)의 반절음이다. 자기의 입을 잘 놀려 남을 해치는 말을 하는 사람을 두려워하고 꺼려서, 아무런 덕행이 없는 관리는 모두 잘라버리겠다는 말이다.

3) 【정의(正義)】 공안국(孔安國)이 말했다. "납언(納言)은 후설(喉舌-목구멍과 혀)의 관리이다. 아래의 말을 들어서 위에 들이고[納] 위의 말을 받아서 아래에 퍼뜨리니[宣], 반드시 진실해야 한다."[그래서 조선시대에도 승정원 승지들을 후설이라고 했다.]

4) 【집해(集解)】 마융(馬融)이 말했다. "직, 설, 고요는 모두 관직에 있은 지[居官] 오래되어 공적을 이룬 바가 있었지만 단지 그 일을 서술하고 칭찬했을 뿐 더 이상 명을 내리지 않았다.[이들은 22명에서 제외한다는 말이다.] 우와 수 이하는 모두 처음으로 명을 받았는데 모두 6명이니, 위에 있는 12목과 사악을 합치면

모두 22명이다." 정현(鄭玄)이 말했다. "모두 문조(文祖)에 이르렀을 때 천자가 명을 내린 것이다."

5) 【정의(正義)】 상(相)은 살펴본다[視]는 뜻이다.[일을 본다[視事]고 할 때의 그 시(視)와 같다.] 순이 22명에게 명을 내려, 각각 자신의 직분을 삼가 행하되[敬行] 오직 때에 맞게 하늘의 마땅한 바를 살펴가면서 일을 행하라[行事]는 말이다.

6) 9년마다 출척이 이뤄졌다는 뜻이다.

7) 【집해(集解)】 정현(鄭玄)이 말했다. "찬축(竄逐-유배) 당한 삼묘가 서예(西裔-서쪽 변방)의 제후가 되어 여전히 악행을 저질렀으니, 마침내 다시 나누고 쪼개서[分析] (악한 자들은) 유배를 보냈다는 말이다."

이 스물두 사람은 모두 자신의 공업을 이뤄냈다. 고요가 대리(大理)가 되어 공평하니[平][1] 백성은 각각 복종해 그 실상을 받아들였고, 백이가 예를 주관하자[主禮] 위아래가 모두 양보했으며, 수가 공사(工師)[2]를 주관하자 백공이 최선의 성과를 냈다. 익이 우(虞)를 주관하자 산택이 열렸고[辟][3], 기가 농사를 주관하자 백곡이 때에 맞게 무성했다.

설이 사도(司徒-교육)를 주관하자 백성이 모두 서로를 제 몸처럼 여기며 화합했고[親和], 용(龍)이 빈객을 주관하자 먼 곳의 사람들이 찾아왔다. 12목이 행정을 잘 시행하자 구주(九州)에서는 누구도 법을 무시하거나 어기지 않았다[4].

1) 【정의(正義)】 고요는 사(士-옥관의 장)가 되어 천하의 죄악을 바로잡고 공평하게 처리했다.

2) 【정의(正義)】 공사란 지금의 대장경(大匠卿)과 같다.

3) 【정의(正義)】 비(婢)와 역(亦)의 반절음이다.

4) 【정의(正義)】 우(禹)의 9주 백성이 감히 순(舜)의 12목을 무시하거나 어기지 않았다는 말이다.

❖

특히 우(禹)의 공로가 가장 컸는데, 아홉 산을 뚫고[披][1] 아홉 곳의 늪지를 통하게 했다. 아홉 강을 터서 구주(九州)를 정하자 각 주는 자신들의 직분에 맞게 와서 공물(貢物)을 바쳤는데, (어느 누구도) 그 마땅함[厥宜]을 잃지 않았다. 사방 5,000리로, 황복(荒服)에까지 이르렀다. 남쪽으로는 교지(交阯)와 북발(北發)[2]을, 서쪽으로는 융(戎), 석지(析枝), 거수(渠廋), 저(氐), 강(羌)을, 북쪽으로는 산융(山戎), 발(發), 식신(息愼)[3]을, 동쪽으로는 장(長), 조이(鳥夷)[4]를 어루만져주니[撫][5], 사해(四海-온 천하)[6] 안의 모두가 제순(帝舜)의 공업을 떠받들었다[戴]. 이에 우(禹)가 마침내 구소(九招)의 음악을 지으니[7], 신이한 일들[異物]이 일어나고 봉황이 날아들었다. 천하의 밝은 다움[明德][8]은 모두 우제(虞帝-순임금)로부터 비롯되었다.

1) **【정의(正義)】** 산 주변을 깎아내어 통하게 했다는 말이다.

2) **【색은(索隱)】** 일구(一句)이다.[한 단어라는 말이다. 자칫 북과 발을 따로 풀이할까 보아서 이런 주를 달아놓은 것이다.]

3) **【집해(集解)】** 정현(鄭玄)이 말했다. "식신은 혹 숙신(肅愼)이라고도 하는데, 동북쪽의 오랑캐[夷]이다."

4) 제주도에 관한 가장 오래된 이름으로 보기도 한다.

5) **【색은(索隱)】** 이는 제순의 다움이 사방의 오랑캐 모두에게 미쳐 어루만져주었다는 말이니, 그래서 (먼저)[번역한다면 가장 뒤에 있지만 원문에서는 맨 앞에 나온다.] 무(撫)자를 갖고서 모두를 총괄한 것이다. 북발(北發)은 마땅히 북호(北戶)가 되어야 하는데, 남쪽에 있는 지명을 북호라고 했다. (그러나) 또한 『한서(漢書)』를 살펴보건대 북발은 북방에 있는 국명이니, 지금 남쪽에 있는 나라를 북발이라고 한 것은 잘못이다. 이 글은 생략되다 보니 사방 오랑캐의 이름이 뒤엉켜 있다. '서쪽으로는 융' 앞에 서(西)자가 하나 더 붙어서 '서융'이 되어야 하고, 산융 다음에 '북'자가 들어가서 '발'은 '북발'이 되어야 하며, 장과 이는 붙어야 한다. 장이(長夷)란 곧 조이(鳥夷)이니, 그 뜻으로 볼 때도 마땅히 그러

해야 한다. 지금 살펴보건대 『대대례(大戴禮)』에도 장이(長夷)라고 되어 있으니, 장(長)이란 오랑캐의 칭호이다. 또 이르기를 '선지(鮮支), 거수(渠搜)'라고 했으니 그렇다면 선지는 마땅히 여기에 있는 석지(析枝)여야 한다. 선(鮮)과 석(析)은 발음이 서로 비슷하다. 추씨(鄒氏)와 유씨(劉氏)는 말하기를 "식(息)은 아울러 숙(肅)이라고도 발음한다"라고 했는데, 틀렸다. 또 오랑캐의 이름이 옛날 책들에서 반드시 다 똑같지 않지만, 그러나 지금은 글자 그대로 읽는다. 【정의(正義)】 주(注)에서 조(鳥)라고 한 것은 판본에 따라 도(島)로 되어 있는 곳도 있다. 『괄지지(括地志)』에서 말했다. "백제국(百濟國) 서남쪽 바다 안에는 큰 섬 15개가 있으니, 모두 읍(邑)을 두고 사람들이 살고 있는데 백제에 속한다. 또 왜국(倭國) 서남쪽 큰 바다에 있는 섬들에는 소국(小國)이 100여 개 있는데, 도읍이 있는 곳에서 남쪽으로 1만 3,500리 떨어져 있다." 살펴보건대 (당나라) 무후(武后) 때 왜국을 고쳐서 일본국(日本國)이라고 했다.

6) 【정의(正義)】 『이아(爾雅)』에서 말했다. "구이(九夷), 팔적(八狄), 칠융(七戎), 육만(六蠻)을 일러 사해(四海)라고 한다."

7) 【색은(索隱)】 招의 발음은 소(韶)로, 곧 순임금의 음악인 소소(簫韶)이다. 9장[九成(구성)]으로 되어 있기 때문에 구소라고 했다.

8) '천하를 밝혀주는 다움'이라고 옮겨도 무방하다.

순은 나이 20세 때 효성으로 소문이 나서 30세에 제 요(帝堯)가 들어 썼으며[擧(거)] 50세에 천자의 일을 대리로 수행했고[攝行(섭행)], 나이 58세에 요가 붕하자 61세에 요를 대신해 제위를 밟았다[踐(천)][1]. 제위를 밟은 지 39년 되던 해에 남쪽으로 순수하던 중 창오(蒼梧)의 들판에서 붕(崩)했다. 강남(江南) 구의(九疑-산 이름)에 묻혔으니, 이곳이 영릉(零陵)이다[2].

1) 【집해(集解)】 황보밀(皇甫謐)이 말했다. "순이 도읍한 곳을 누구는 포판(蒲阪)이라 하고 누구는 평양(平陽)이라 하고 누구는 반(潘)이라고 하는데, 반은 지금

의 상곡(上谷)이다." 【정의(正義)】『괄지지(括地志)』에서 말했다. "평양은 지금의 진주성(晉州城)이 그곳이다. 반은 지금의 규주성(嬀州城)이다. 포판은 지금의 포주(蒲州) 남쪽으로 2리 떨어진 하동현 경계에 있는 포판 고성(蒲阪故城)이 그곳이다."

2) 【집해(集解)】『황람(皇覽)』에서 말했다. "순의 무덤은 영릉(零陵) 영포현(營浦縣)에 있다. 그곳의 산 구계(九谿)가 모든 면에서 서로 비슷해서, 그 때문에 구의(九疑)라고 한다. 전(傳)에 이르기를 '순은 창오에 묻혔고, (동생) 상이 그를 위해 이곳에서 농사를 지었다'라고 했다. 『예기(禮記)』에 이르기를 '순은 창오에 묻혔고, 두 비는 따르지 않았다'라고 했다. 『산해경(山海經)』에 이르기를 '창오산의 경우 제순이 남쪽[陽]에 묻혔고 단주가 북쪽에 묻혔다'라고 했다." 황보밀(皇甫謐)이 말했다. "혹자는 말하기를, 두 비는 형산(衡山)에 묻혔다고 했다."

순은 제위를 밟게 되자 수레에 천자의 기를 꽂고 아버지 고수에게 가서 인사를 올렸는데, 화순하면서도 조심하기를[夔夔][1] 오직 삼가며 자식의 도리 그대로 했다. 동생 상을 봉해 제후로 삼았다[2]. 순의 아들 상균(商均) 또한 (요의 아들 단주처럼) 똑똑하지 못했는데[不肖][3], 이에 순은 마침내 우(禹)를 하늘에 미리 천거했다[豫薦][4]. 17년이 지나 붕했다. 삼년상을 마치자 우 역시 순이 요의 아들에게 했던 것처럼 마침내 순의 아들에게 양보했다가[5], 제후들이 귀의한 다음에야 천자의 자리를 밟았다. 요의 아들 단주, 순의 아들 상균 모두 강토(疆土)를 소유했고[6], 그리하여 선조의 제사를 모셨다. 자기 신분에 맞는 옷을 입고, 예악(禮樂)도 그와 같았다. 빈객(賓客)의 자격으로 천자를 만났고[7] 천자도 그들을 신하로 대하지 않았으니[弗臣], 감히 함부로 하지 않겠다는 뜻을 드러내 보여준 것이다.

1) 【집해(集解)】 서광(徐廣)이 말했다. "기기는 화합하면서도 삼가는[和敬] 모습

이다."

2) 【집해(集解)】『맹자(孟子)』에서 말하기를 "그를 유비(有庳)에 봉해주었다"라고 했다. 【정의(正義)】『제왕기(帝王紀)』에 이르기를 "순의 동생 상(象)을 유비(有鼻)에 봉해주었다"라고 했다. 『괄지지(括地志)』에서 말했다. "비정신(鼻亭神)은 영도현(營道縣) 북쪽으로 60리에 있다. 그래서 『노전(老傳)』에 이르기를, 순이 구의에 묻히자, 상이 와서 이곳에 이르렀으니 후세 사람들이 사당을 세워 비정신이라고 이름했다고 했다. 『여지지(輿地志)』에 이르기를, 영릉군(零陵郡) 응양현(應陽縣) 동쪽에 산이 있는데 그 산에 상의 사당이 있다고 했다. 왕은(王隱)의 『진서(晉書)』에 이르기를, 본래 천릉현(泉陵縣) 북부(北部) 동쪽으로 5리에 유비(有鼻)의 옛터가 있는데 상이 봉해졌던 곳이라고 했다."

3) 【집해(集解)】 황보밀(皇甫謐)이 말했다. "아황(娥皇)은 아들이 없었고 여영(女英)은 상균(商均)을 낳았다." 【정의(正義)】 초주(譙周)가 말하기를 "우(虞) 땅을 순의 아들에게 봉해주었는데, 지금의 송주(宋州) 우성현(虞城縣)이다"라고 했다. 『괄지지(括地志)』에서 말했다. "우국(虞國)은 순의 후손들이 봉해진 읍이다. 어떤 사람은 말하기를, 순의 아들 균(均)을 상(商) 땅에 봉해주었기 때문에 상균(商均)이라고 칭호를 붙였다고 한다."

4) 【색은(索隱)】 하늘에 고해 그로 하여금 섭위(攝位)하게 한 것이다.

5) 【정의(正義)】『괄지지(括地志)』에서 말했다. "우가 낙주(洛州) 양성(陽城)에 머물렀던 것은 상균을 피하기 위함이지 당시에 오래 머물려고 했던 것은 아니다."

6) 【집해(集解)】 초주(譙周)가 말하기를 "당(唐)을 요의 아들에게 봉해주었고 우(虞)를 순의 아들에게 봉해주었다"라고 했다. 【색은(索隱)】『한서(漢書)』「율력지(律曆志)」에 이르기를 요의 아들 주(朱)를 단연(丹淵)에 봉해 제후로 삼았고, 상균을 우(虞)에 봉해주었는데 양국(梁國)에 있으며 지금의 우성현(虞城縣)이라고 했다. 【정의(正義)】『괄지지(括地志)』에서 말했다. "정주(定州) 당현(唐縣)은 요의 후손들이 봉해진 곳이고, 송주(宋州) 우성현(虞城縣)은 순의 후손들

이 봉해진 곳이다."

7) 【정의(正義)】 천자의 빈객이 되었다는 말이다.

황제(黃帝)로부터 순(舜)과 우(禹)에 이를 때까지는 모두 동성(同姓)이면서 국호(國號)만 달리함으로써 (각각의) 밝은 다움[明德(명덕)]을 널리 드러냈다[1]. 그래서 황제는 유웅(有熊)이라고 했고, 제 전욱은 고양(高陽), 제 곡은 고신(高辛), 제 요는 도당(陶唐)[2], 제 순은 유우(有虞)라고 했는데[3], 제 우(帝禹)가 하후(夏后)를 연 뒤로는 씨(氏)를 달리하여 성이 사씨(姒氏)였으며 설(契)이 상(商)을 열었을 때는 성이 자씨(子氏)였고[4] 기(棄)가 주(周)를 열었을 때는 성이 희씨(姬氏)였다[5].

1) 【집해(集解)】 서광(徐廣)이 말했다. "외전(外傳)에 이르기를 '황제에게는 아들이 25명 있었는데 그중에 성(姓)을 얻은 자는 14명이다'라고 했다. 우번(虞翻, 164~233년)[삼국시대 오나라 회계(會稽) 여요(餘姚) 사람이다. 처음에 태수(太守) 왕랑(王郎)의 공조(功曹)가 되었고, 나중에 손책(孫策)을 따라 부춘장(富春長)과 기도위(騎都尉) 등을 지냈다. 여몽(呂蒙)이 관우(關羽)를 공격하려고 할 때 자청해서 수행해 임무 수행에 도움을 주었다. 여러 차례 직간해 심기를 거슬러서, 나중에 주사(酒邪) 때문에 교주(交州)로 쫓겨났다. 학생을 가르칠 때 게으르지 않았고, 『금문맹씨역(今文孟氏易)』을 가전(家傳)했다. 『노자』와 『논어』, 『국어(國語)』의 훈주(訓注)와 『역주(易注)』를 지었지만 모두 없어졌다. 정현(鄭玄), 순상(荀爽)과 더불어 역학삼가(易學三家)로 일컬어진다. 저서에 당나라 이정조(李鼎祚)의 『주역집해(周易集解)』에 채록된 것과, 청나라 황석(黃奭)의 『한학당총서(漢學堂叢書)』, 손당(孫堂)의 『한위이십일가역주(漢魏二十一家易注)』에 집록된 것이 있다.]이 말하기를 "다움[德(덕)]을 씨성(氏姓)으로 삼았다"라고 했다. 또 우(虞)의 설에 따르면, 모두 25명인데 그중 두 사람은 같은 성인 희(姬)이고, 또 11명은 성을 11개 가졌는데 유(酉)·기(祁)·이(已)·등(滕)·침(蒧)·임(任)·순(荀)·리(釐)·길(姞)·전(儇)·의(衣)가 그것이며, 나머지 성 12개는 다움이 빈약해 기록하지 않았다고 한

다." 【정의(正義)】 釐의 발음은 력(力)과 기(其)의 반절음이다. 姞의 발음은 기(其)와 길(吉)의 반절음이다. 儇의 발음은 (현이 아니라) 재(在)와 선(宣)의 반절음이다.

2) 【집해(集解)】 위소(韋昭)가 말했다. "도(陶)와 당(唐)은 둘 다 나라 이름이니, 이는 마치 탕(湯)을 은상(殷商)이라고 부르는 것과 같다." 장안(張晏)이 말했다. "요는 당후(唐侯)였다. 봉국은 중산(中山)에 있었는데, 당현(唐縣)이 이곳이다."

3) 【집해(集解)】 황보밀(皇甫謐)이 말했다. "순은 우(虞)에서 아내를 맞아들여 그것을 갖고서 씨(氏)로 삼았으니, 지금의 하동(河東) 대양(大陽) 서산(西山) 위에 있는 우성(虞城)이 그것이다."

4) 【색은(索隱)】 『예위(禮緯)』에서 말했다. "우(禹)의 어머니는 이름이 수기(脩己)이며, 율무와 질경이[薏苡]를 삼키고서 우를 낳았기에 그로 인해 성을 사씨(姒氏)라고 했다." 설(契)의 성이 자씨(子氏)인 것도 또한 그 어머니가 제비 알[乙子]을 삼키고서 낳았기 때문이라고 한다.[일반적으로는 황제의 증손 제곡(帝嚳)의 제2부인인 간적(簡狄)이 현조(玄鳥-제비)의 알을 삼키고서 설을 낳았다고 한다.]

5) 【집해(集解)】 정현(鄭玄)이 허신(許愼)의 『오경이의(五經異義)』를 논박하면서 말했다. "『춘추좌전(春秋左傳)』에 이르기를 '무해(無駭)가 졸(卒)하자 우보(羽父)가 시호와 본관[氏]을 청했다. 공(-노나라 은공)이 중중(衆仲)에게 묻자, 중중이 대답했다. "천자는 다움이 있는 사람을 후(侯)로 세워 그가 태어난 곳을 성(姓)으로 내려주고, 땅을 봉해주고[封] 명하여 씨(氏)라고 합니다. 제후들은 자(字)를 갖고서 씨로 삼습니다. 그로 인해 족(族)이 됩니다. 관직의 경우 대대로 맡아 공로가 있으면 그 후손들이 관직을 족(族)으로 삼기도 하고, 읍 또한 그와 같습니다." 이에 은공은 자기 자(字)를 족명으로 삼아 전씨(展氏)로 하라고 명했다'라고 했다. 이 말을 갖고서 보자면 천자는 성을 내려주고 씨를 명하며[賜姓名氏], 제후들은 족명을 명해줄 수 있다. 족(族)이란 씨의 별칭이다. 성(姓)이란 백세를 총괄하는 것으로서 구별이 일어나지 않게 하는 것이고, 씨(氏)란 자손의 출처를 구분해주는 것이다. 그래서 『세본(世本)』의

편(篇)들에서는 성(姓)이 위에 있고 씨(氏)가 아래에 있는 것이다."

태사공(太史公)이 말한다[曰][1].

"배우는 자들이 오제(五帝)를 많이 언급한 것은 아주 오래되었다[尙矣][2].

그러나 『상서(尙書)』만 홀로 요(堯) 이래를 싣고 있다. 백가(百家)가 황제(黃帝)를 말한 것을 보면 그 문장에 품격이나 가르침[雅馴]이 없어[3], 점잖은 선비[薦紳先生]라면 그것을 쉽게 언급하지 못했다[難言][4]. 공자가 전한 「재여문오제덕(宰予問五帝德)」과 「제계성(帝繫姓)」에 대해서는 유학을 공부한 사람들[儒者] 사이에서도 혹 서로 전수하지 않았다[5].

1) 【정의(正義)】 태사공이란 사마천(司馬遷)이 자신을 이르는 것[自謂]이다. 「자서전(自敍傳)」에 이르기를 "태사공이 말하기를, 선친의 말씀이 있었다"라고 했고, 또 "태사공이 말하기를, 나는 그것을 동생(董生-동중서)에게서 들었다"라고 했으며, 또 "태사공이 이릉(李陵)의 화(禍)를 만났다"라고 했다. 분명히 태사공은 사마천의 자호(自號)이다. 천(遷)이 태사공의 관리가 되었기 때문에 찬(贊)의 첫머리로 삼은 것이다. 우희(虞喜, 281~356년)[동진(東晋) 회계(會稽) 여요(餘姚) 사람이고, 우예(虞預)의 형이다. 여러 차례 박사에 임명되었지만 나아가지 않았다. 경술(經術)에 전념하면서 참위서(讖緯書)도 아울러 박람했다. 젊어서부터 조행(操行)이 있었고 박학했으며 옛것을 좋아했다. 제갈회(諸葛恢)에게 불려 가서 공조(功曹)가 되었다. 수십만 언(言)의 저술을 남겼다. 성제(成帝) 함강(咸康) 중에 『안천론(安天論)』 등을 편찬했다. 하늘은 높고 끝이 없으며 항상 안정되어 움직임이 없는 데다 일월성신(日月星辰)도 각자 운행한다고 주장했다. 또 세차(歲差)를 발견하기도 했다. 『모시략(毛詩略)』을 주석하고 『효경』에 주를 달았다. 그 밖의 저서에 『논어우씨찬주(論語虞氏贊注)』와 『찬정현주(贊鄭玄注)』, 『주관박난(周官駁難)』 등이 있다.]가 말했다. "옛날에 천관(天官)을 주관하는 자는 모두 상공(上公)이었으니, 천(遷) 혼자만이 아니다."[이런 형식의 글을 찬(贊)이라고 한다. 훗날 '사평

(史評)'이라 하여 사관이 사건을 정리하고 나서 자신의 소회를 짤막하게 정리한 글의 원조라 할 수 있다. 『한서(漢書)』에서는 '찬왈(贊日)'이라고 했는데 『사기(史記)』에서는 '태사공왈(太史公日)'이라고 했다.]

2) 【색은(索隱)】 상(尙)이란 '위', '오래되다[上]'는 뜻이니 '아주 오래되었다[久遠]'는 말이다. 상의(尙矣)라는 표현은 『대대례(大戴禮)』에서 나온 것이다.

3) 【정의(正義)】 馴은 (발음도 뜻도 순이 아니라) 훈(訓)이다. 백가의 말은 모두 전아(典雅)한 가르침[訓]이 없다는 말이다.

4) 【집해(集解)】 서광(徐廣)이 말했다. "천신(薦紳)은 곧 진신(縉紳)이다. 옛글자의 가차(假借)이다." 그것이란 공자가 전했다는 「재여문오제덕(宰予問五帝德)」과 「제혜성(帝繫姓)」을 가리킨다. 【정의(正義)】 繫의 발음은 해(奚)와 계(計)의 반절음이다.

5) 【색은(索隱)】 「재여문오제덕(宰予問五帝德)」과 「제계성(帝繫姓)」은 모두 『대대례(大戴禮)』와 『공자가어(孔子家語)』의 편 이름이다. 둘 다 정경(正經)이 아니기 때문에 한나라 때 유자들은 성인(聖人-공자)의 말씀이 아닌 것으로 간주했다. 그래서 대부분 전하여 배우지도[傳學] 않았다.

나[余]는 일찍이[嘗] 서쪽으로 가서 공동(空桐)에 이르렀고[1] 북쪽으로는 탁록(涿鹿)을 지났으며[2] 동쪽으로는 바다까지 차근차근 나아갔고[漸] 남쪽으로는 장강과 회수(淮水)를 건넜는데, (가는 곳마다) 장로(長老)들이 모두 각각 흔히들 칭송하는 황제, 요순과 관련된 곳에 가서 보면 풍속과 교화[風教]가 참으로 (다른 곳들과는) 다른 데다가 전반적으로 보면 고문(古文)에서 벗어나지 않고 이에 가까웠다[近是][3]. 내[予]가 『춘추(春秋)』와 『국어(國語)』를 살펴보니 그것이 「오제덕(五帝德)」과 「제계성(帝繫姓)」을 처음으로 드러내어 밝힌[發明] 점이 분명했건만[4], 돌이켜보건대[顧] 단지[弟=只] 깊이 파고들지 않았을 뿐이지[5] 그것이 드러낸 견해는 하나같이 허황하지 않았다[不虛=不空][6].

1) 【정의(正義)】 여(余)란 태사공의 자칭이다. 상(嘗)은 '일찍이[曾]'라는 뜻이다. 공동산은 원주(原州) 평고현(平高縣) 서쪽으로 100리에 있는데, 황제가 광성자(廣成子)에게 도를 물었던 곳이다.

2) 【정의(正義)】 탁록산은 규주(嬀州) 동남쪽으로 50리에 있다. 그 산비탈에 탁록성이 있는데, 이곳이 바로 황제, 요순이 도읍했던 곳이다.

3) 【색은(索隱)】 고문이란 곧 「재여문오제덕(宰予問五帝德)」과 「제혜성(帝繫姓)」 두 글이다. "이에 가까웠다"라는 것은 성인의 설에 가까웠다는 말이다.

4) 【색은(索隱)】 태사공은 자신이 『춘추(春秋)』와 『국어(國語)』의 옛글을 널리 탐구하고 검증해보았더니 더욱더 「오제덕(五帝德)」 등의 설을 드러내고 밝히는 바가 심히 분명하고 현저했다고 말하고 있다.

5) 【집해(集解)】 서광(徐廣)이 말했다. "제(弟)는 '다만', '단지[但]'라는 뜻이다. 『사기(史記)』와 『한서(漢書)』는 이 문제를 보는 데 있어서 견해가 같지 않다. 또 좌사(左思)의 「촉도부(蜀都賦)」에서 '꼭 전지(滇池-곤명지)와 같고[弟如滇池]'라고 했는데, 이처럼 불분명한 것들이 많은 것은 글자의 오류 때문이다. 배우는 자들이 어찌 널리 살피지 않는가?" 【정의(正義)】 고(顧)란 '생각하다[念]'는 뜻이고 제(弟)는 '또한[且]'이라는 뜻이다. 태사공은 자신이 고문을 널리 고찰해서 그 말들을 잘 골라 분석해보았더니 드러낸 견해가 모두 허황하지 않고 심히 분명하고 현저한데, 돌이켜 생각해보니 또한 깊게 고찰하고 논하지 않았을 뿐이라는 말이다.

6) 【색은(索隱)】 「제덕(帝德)」과 「제계(帝繫)」에 있는 표현들은 모두 허황한 것들이 아니라는 말이다.

『서경(書經)』에는 오래전부터[有間] 빠진 부분들[缺=缺失]이 있는데[1], 그 누락 부분[其軼=其失]이 마침내 종종 다른 글에서 발견되곤 했다[2]. 배우기를 좋아하고 생각을 깊이 해[好學深思] 마음으로 그 뜻을 아는 사람[心知其意]이 아닌, 얕게 보고 적게 들은 사람[淺見寡聞]에게 이런 말을 한다는

것은 참으로 어려운 일이다. (하지만) 나는 아울러 차례를 논해[論次] 그 말 중에서도 심히 사리에 합당한 것들[尤雅者]을 골랐고, 그래서 (오제에 관한 이야기를) 드러내어 「본기(本紀)」 글의 첫머리로 삼았다[3].[4]

1) 【정의(正義)】 『고문상서(古文尙書)』의 빠지거나 누락된 부분이 그 사이에도 많았는데, 황제에 관한 이야기 또한 없었다는 말이다.

2) 【색은(索隱)】 고전(古典)에서 잔결(殘缺)된 것들이 오래 연수(年數)가 쌓였다는 것이다. 그래서 유간(有間)이라고 했다. 그러나 제(帝)들의 남겨진 일들[遺事]은 흩어지거나 없어졌다가도[散軼] 마침내 종종 다른 책이나 기록에서 나오곤 했으니, 곧 「제덕(帝德)」과 「제혜(帝繫)」 등의 설이 그것이다. 그래서 자기는 지금 자료를 모으고 파고들어 황제(黃帝) 이래의 일들을 갖춰서 논했을[備論] 뿐이라는 말이다.

3) 【정의(正義)】 태사공은 고문과 아울러 제자백가에 근거해서 차례를 논하고, 그 말들 중에서 전아(典雅)한 것들만을 골라서 드러내어 「오제본기(五帝本紀)」를 짓고 그것을 사기(史記) 130편의 첫머리[首]에 두었다.

4) 【색은술찬(索隱述贊)】 [사마정(司馬貞)이 시의 형식으로 『사기(史記)』의 내용을 압축한 것이다. 반고(班固)의 『한서(漢書)』 맨 마지막에 있는 「서전(敘傳)」과 비슷한 것이라 할 수 있다. 그러나 크게 좋은 글인지에 대해서는 독자 판단에 맡긴다.]

황제는 소전에서 나와[帝出少典]/헌구에 머물렀네[居于軒丘]/이미 염제의 시대를 떠맡아[既代炎曆]/드디어 치우를 사로잡았도다[遂禽蚩尤]/고양씨가 자리를 이어받으니[高陽嗣位]/차분하고 속이 깊어 지모가 있었네[靜深有謀=靜淵有謀]/크고 작고 멀고 가깝고[小大遠近]/모두 다 품어 안아 주었도다[莫不懷柔]/이에 제곡(帝嚳)으로 이어지니[爰洎帝嚳]/역대 빼어난 임금들 모두 더불어 평안하였네[列聖同休]/제 지(帝摯)의 동생[帝摯之弟]/그 칭호 방훈이라[其號放勳]/나아가면 해 같았고[就之如日]/바라보면 구름 같았도다[望之如雲]/우이에서 봄 농사 시작하고[郁夷東作]/매곡에서 가을 농사 마무리하게 했네[昧谷西曛]/궁벽한 시골 사람 눈 밝게 끌어올려 쓰시니[明敭仄陋=擧用廁陋]/깊이 간직한 다음 상제에게까지 들렸도다[玄德升聞]/능히 천하를 넘겨주시니[能讓天下][요와 순 모두 아들이 아닌 사람에게 넘겨주었다.]/뛰어나도다 두 임금이시여[賢哉二君]!

[사마정은 「오제본기」의 술찬을 이렇게 마치고 나서 다음과 같은 글을 간략하게 덧붙여 '술찬'이란 글의 어려움을 표현하고 있다.]

"위의 술찬의 문체[體]가 심히 자연스럽지 못한 것[所不安]은 어째서인가? 무릇 일을 서술하고 공로를 찬미하는 것[敍事美功]은 처음부터 끝까지 다 실상과 부합해야 하고, 악을 징계하고 선을 권장하는 것은 바로 기리고 깎아냄[褒貶]의 정신과 맞아떨어져야 한다. 태사공이 찬하고 논한 것[贊論]들을 살펴보건대 어떤 나라에는 여러 명의 군주들이 등장하고 어떤 선비의 경우에는 수많은 행실들이 있다 보니 능히 끝과 시작[終始]을 갖춰 논하지[備論] 못하고 스스로도 대략 그 줄거리의 얼개[梗概]만을 펼칠 수 있었다. (그래서 내가) 드디어 이에 과감하게 하나의 일[一事]만 취하고 과감히 하나의 뛰어난 점[一奇]만 끌어당겨[이 부분이 바로 사마정 자신이 처음에 제기한, 심히 자연스럽지 못한 것에 대한 자기해명이라고 할 수 있다.] 곧 한 편의 찬(贊)을 지었으니, 장차 귀감[龜鏡=龜鑑]으로 삼기에는 실로 취할 바가 없다 하더라도 진실로 명월지주(明月之珠)와 같아서[귀감만큼은 안 되어도 명월지주만큼은 될 수 있다는 뜻이다.] 이에 비견할 만한 바가 없을 것이다[無類]. 지금부터 아울러 거듭해서 130편의 찬을 짓노라."

본기(本紀)

권2 하본기(夏本紀) 제2

권2 하본기(夏本紀) 제2

하우(夏禹)[1]는 이름이 문명(文命)[2]이다. 우의 아버지는 곤(鯀)이고, 곤의 아버지는 제 전욱(帝顓頊)이고[3], 전욱의 아버지는 창의(昌意)이며, 창의의 아버지는 황제(黃帝)이다. (그러므로서) 우(禹)는 황제의 현손(玄孫)이자 제 전욱의 손자이다. 우의 증조부 창의와 아버지 곤은 둘 다 제위(帝位)에 오르지 못했고 남의 신하[人臣]였다.

1) 【집해(集解)】 시법(諡法-시호법)에 이르기를 "선양을 받아 공적을 이루는 것[受禪成功]을 일러 우(禹)라고 한다"라고 했다. 【정의(正義)】 하(夏)란 제우(帝禹)의 봉국 이름이다. 『제왕기(帝王紀)』에서 말했다. "우는 봉국을 받아[受封] 하백(夏伯)이 되었는데, (하는) 예주(豫州) 외곽 남쪽으로 지금의 하남(河南) 양적(陽翟)이 이곳이다."

2) 【색은(索隱)】 『상서(尙書)』(「대우모(大禹謨)」)에서 "사해에 문명(文命)을 널리 펼치시고[敷]"라고 했는데, 공안국(孔安國)이 (이를 풀어) 말하기를 "문덕과 교명을 밖으로 베풀었다[外布文德敎命]"라고 하면서 이것이 우의 이름이라고는 말하지 않았다. 태사공(太史公)은 방훈(放勳), 중화(重華), 문명(文命)을 모두 (각각) 요, 순, 우의 이름이라고 보았는데, 아직 반드시 그런지는 알 수가 없다. 공안국은 또 "우(虞)는 씨이고 순(舜)은 이름이다"라고 했으니, 그렇다면 요, 우, 탕(湯)도 다 이름이다. 대개 옛날에 제왕의 칭호는 모두 이름으로 했고, 후대에 와서 그 업적을 바탕으로 추모해 시호를 지었다. 그 실상으로 볼 때 우(禹)가 이름이다. 그래서 장안(張晏)이 말하기를 "소호(少昊) 이전

에는 천하의 이름은 그 제왕의 다움[其德]을 본떠서 지었고, 전욱(顓頊) 이후부터 천하의 이름은 그 이름을 갖고서 지었다"라고 했다. 또 살펴보건대 『계본(系本)』에 이르기를 "곤(鯀)은 유신씨(有辛氏)의 딸을 아내로 맞았으니[取=娶] 이름을 여지(女志)라고 했는데, 이 여인이 고밀(高密-우의 자(字))을 낳았다"라고 했다. 송충(宋衷)이 말했다. "고밀은 우가 봉해진 나라[國]이다." 【정의(正義)】 『제왕기(帝王紀)』에서 말했다. "아버지 곤(鯀)이 수기(脩己)를 아내로 맞았다. 유성(流星)이 묘수(昴宿)를 관통하는 것을 보고서 꿈에 뜻이 감통했고, 또 신주(神珠)인 율무와 질경이[薏苡]를 삼키고서 가슴이 갈라지며[胸坼] 우를 낳았다. 이름이 문명(文命)이고 자가 밀(密-고밀)이며 신장이 9척 2촌이었는데, 본래 서쪽 오랑캐[西夷] 사람이었다. 『대대례(大戴禮)』에 이르기를 '고양(高陽)의 손자이자 곤(鯀)의 아들이며 이름이 문명이다'라고 했다. 양웅(楊雄-揚雄)의 『촉왕본기(蜀王本紀)』에 이르기를 '우는 본래 문산군(汶山郡) 광유현(廣柔縣) 사람이며 석뉴(石紐)에서 태어났다'라고 했다." 『괄지지(括地志)』에서 말했다. "무주(茂州) 문천현(汶川縣) 석뉴산이 있는 현에서 서쪽으로 73리에 있다. 『화양국지(華陽國志)』에 이르기를 '근래에 오랑캐 사람들이 공동으로 그 땅을 경영하고 있어 사방 100리에 감히 살거나 목축을 할 수 없었는데, 지금까지도 오히려 감히 여섯 가축[六畜]을 방목할 수 없다'라고 했다." 살펴보건대 광유(廣柔)는 수(隋)나라 때 이름을 고쳐 문천(汶川)이라고 했다.

3) 【색은(索隱)】 황보밀(皇甫謐)이 말했다. "곤(鯀)은 제전욱의 아들로 자(字)는 희(熙)이다." 또 『연산역(連山易)』에서 말하기를 "곤(鯀)을 숭(崇) 땅에 봉했다"라고 했으니, 그래서 『국어(國語)』에서는 그를 일러 "숭백(崇伯) 곤(鯀)"이라고 했다. 『계본(系本)』에서는 또 곤을 전욱의 아들로 보았다. 『한서(漢書)』「율력지(律曆志)」에 이르기를 "(『제계(帝系)』에 이르기를) 전욱으로부터 5대에 곤(鯀)을 낳았고"라고 했다. 살펴보건대 곤은 이미 요임금 때 벼슬을 하고 있었고 순과는 대계(代系-세대와 계통)에 있어 서로 거리가 머니[殊懸=懸殊=懸隔], 순

이 곧 전욱의 6대손이라면 곤은 전욱의 아들이 될 수 없다. 대체로 반씨(班氏-반고)의 말이 그 실상에 가깝다고 하겠다.

제 요(帝堯)의 시대를 맞아[當] 홍수(鴻水)가 하늘에 이를 만큼 넘쳐흘러[滔天][1] 광대하게 산을 휘감고 언덕을 집어삼키니, 아래 백성[下民]이 이에[其] 근심했다. 요가 능히 물을 다스릴 수 있는[治水] 사람을 구하자, 여러 신하와 사악은 모두 곤이라면 해낼 수 있다고 말했다. 요가 말했다.

"곤은 사람됨이 명령을 거역하며[負命=悖命] 좋은 사람들을 무너뜨릴 것[毁族]이니 안 된다."

사악(四嶽)이 말했다.

"비교해볼 때[等之=比之] 아직은 곤보다 뛰어난 자가 없으니, 바라건대 제(帝)께서는 그를 시험해보소서."

이에 요가 사악의 말을 들어[聽] 곤을 써서 물을 다스렸다. (하지만 요임금의 지적대로) 9년이 되도록 홍수는 그치지 않았고 아무런 성과도 이뤄지지 않았다. 이에 제 요가 마침내 사람을 찾다가 다시 순을 얻었다. 순이 등용되어 천자의 정사를 대리 수행하고 순수(巡狩)했다. (이때 순은) 가서[行] 곤의 치수(治水)가 아무런 성과도 없음[無狀]을 보고서[2] 마침내 곤을 우산(羽山)으로 유배 보내[殛] 거기서 그대로 죽게 했다[3]. 천하는 모두 순이 그를 주벌한 것[誅=責]을 옳다고 여겼다. 이에 순은 곤의 아들 우(禹)를 뽑아 올려서 곤이 하던 사업을 계속하도록 했다.

1) 【색은(索隱)】 판본에 따라 홍(洪)으로 되어 있다. 홍(鴻)이란 '크다[大]'는 뜻이다. 새 중에서 큰 것을 홍(鴻), 작은 것을 안(鴈-기러기)이라고 하니, 그래서 근대의 문자에서 '크다'라는 뜻으로 모두 홍(鴻)을 쓴다.

2) 【색은(索隱)】 아무런 공로의 실상[功狀]이 없었다는 말이다.

3) 【정의(正義)】 殛의 발음은 기(紀)와 역(力)의 반절음이다.[격이라는 말인데, 극과 비슷

해서 그냥 그대로 극으로 읽도록 한다.] 곤은 우산(羽山)에서 모습을 바꾸고 황내(黃熊-세 발 자라)가 되어 우연(羽淵)으로 들어갔다. 熊의 발음은 내(乃)와 내(來)의 반절음인데, 아래의 점 3개는 다리 3개다. 『속석발몽기(束晳發蒙紀)』에 이르기를 "자라[鼈] 중에서 발이 3개인 것을 내(熊)라고 한다"라고 했다.

요가 붕(崩)하자 제 순이 사악에게 물었다.

"능히 요임금의 일을 아름답게 이뤄낼 수 있어 관직에 앉힐 만한 사람이 있는가?"

모두 말했다.

"백우(伯禹)가 사공(司空-토목 담당)이 되면 요임금의 일을 아름답게 이뤄낼 수 있을 것입니다."

순이 말했다.

"아! 그렇다."

우에게 명했다.

"너는 물과 흙을 골고루 잘 다스리니, 부디 그에 힘쓰도록 하라."

우는 절하고 머리를 조아리며 설(契), 후직(后稷), 고요(皐陶)에게 양보했다. 순이 말했다.

"너는 이에 가서 너의 일을 잘 챙기도록 하라."

우는 사람됨이 일에 민첩하고[敏給=敏捷] 능히 부지런했으니[克勤], 그의 다움은 도리를 어기지 않았고[不違] 그의 어짊은 친족들을 제 몸과 같이 여겼으며[可親] 그의 말은 믿을 만했다[可信]. 그의 말소리에는 가락[律]이 있었고[1)], 몸가짐은 법도[度]에 맞았으며[2)], 어떤 일을 하면 실상에 부합했다[稱以出][3)]. 최선을 다해 힘쓰고 화목한 태도[亹亹穆穆]는 (백관들에게) 큰 벼리가 되고 작은 벼리가 되었다[爲綱爲紀].

1) 【색은(索隱)】 우의 소리가 종률(鍾律)에 호응했다는 말이다.

2) 【집해(集解)】 왕숙(王肅)이 말했다. "몸을 갖고서 법도로 삼았다." 【색은(索隱)】 지금의 무(巫)는 우의 걸음걸이[禹步]를 칭한다.[이는 무용의 보법과 관련된다. 하나라는 주술 사회였다. 여기서 무(巫)란 무당의 춤추는 걸음걸이인데, 우가 백성을 위해 힘들게 치수 사업을 하던 것을 흠모해서 그것을 모방한 춤을 추었으니 그 춤 모양을 우의 걸음걸이라고 불렀다는 말이다.]

3) 【집해(集解)】 서광(徐廣)이 말했다. "판본에 따라 (출(出)이) 사(士)로 된 경우도 있다." 【색은(索隱)】 살펴보건대 『대대례(大戴禮)』에는 사(士)로 되어 있다. 또 어떤 풀이에 따르면 위의 글에서 음악 소리와 몸가짐은 종률과 법도[律度]가 있다고 했으니, 권형(權衡-저울추와 저울대) 또한 그 몸에서 나왔다는 것이다. 그래서 "어떤 일을 하면 실상에 부합했다[稱以出][칭(稱)이란 말과 실상이 부합한다는 말이고, 출(出)이란 말이나 행동을 밖으로 드러낸다는 뜻이다.]"라고 한 것이다.

우가 마침내 드디어[乃遂] 익(益), 후직(后稷)과 함께 제명(帝命)을 받들어 제후와 백관[百姓]들에게 명해 일꾼들을 동원해서 땅을 다스리게 하니[傅土], 그들은 산으로 가서 나무말뚝으로 표시해[行山表木][1] 높은 산과 큰 강을 정했다[定][2].

1) 【집해(集解)】 『상서(尙書)』(「우공(禹貢)」)에 부(傅)자는 부(敷)자로 되어 있다. 마융(馬融)이 말하기를 "부(敷)란 나누다[分]라는 뜻이다"라고 했다. 【색은(索隱)】 『상서(尙書)』에는 "부토수산간목(敷土隨山刊木-토지를 분별하고 산을 따라 나무를 베다)"이라고 되어 있다. 지금 살펴보건대 『대대례(大戴禮)』에서 "부토(傅土)"라고 했으니, 이 글은 거기에 의거한 것이다. 부(傅)는 곧 '붙이다[付]'이니, 일을 나눠 맡기는 것을 뜻한다. 『상서(尙書)』의 경우에는 부(敷)자로 되어 있는데, 부(敷)란 '나누다[分]'라는 뜻이므로 이 경우에는 사람들을 나눠 구주의 땅을 다스리게[理] 했다는 뜻이 된다. 표목(表木)이란 간목을 세워 표시물로

삼는다는 뜻이니, 공안국이 『서경(書經)』에서 주석한 뜻과는 다르다.

2) 【집해(集解)】 마융(馬融)이 말했다. "제사의 예법을 살피는 차례를 정했다는 말이다." 배인(裴駰)이 살펴보건대, 『상서대전(尙書大傳)』에 이르기를 "고산대천이란 오악(五嶽)과 사독(四瀆) 등을 말한다[그냥 고산 대천을 정해 주(州)의 경계를 구별한 것으로 보는 풀이도 있다.]"라고 했다.

우는 선친인 곤이 공로를 이루지 못하고 처벌받은 것을 마음 아프게 여겨, 이에 온몸을 수고롭게 하고 애를 태우느라[勞身焦思] 밖에서 13년을 지냈고 자기 집 대문을 지나가면서도 감히 들어가지 않았다. 입고 먹는 것을 소박하게 하면서도 귀신에게는 정성을 다했으며[致孝][1], 자기 집은 허름하게 하면서도 도랑 공사[溝淢]에는 비용을 아끼지 않았다[致費][2]. 육지에서 다닐 때는 수레를 탔고 강을 다닐 때는 배를 탔으며, 개흙을 다닐 때는 썰매 모양의 덧신[橇]을 신었고[3] 산에 올라갈 때는 징 박은 덧신[檋]을 신었다[4]. 왼손에 수준기와 먹줄[準繩]을, 오른손에 그림쇠와 곱자[規矩]를 들고서[5] 사계절에 맞춰[載][6] 구주(九州)를 열고 구도(九道)를 통하게 하며 구택(九澤)을 막고[陂] 구산(九山)을 쟀다.

익으로 하여금 백성에게 볍씨를 주어 낮고 습한 땅[卑溼=卑濕]에 심게 했다.

후직으로 하여금 백성에게 부족한 식량을 주도록 했다. 식량이 부족한 곳에 대해서는 남아도는 곳의 식량으로 서로 조절해서 공급함으로써 제후들의 균형을 맞춰주었다.

우는 마침내 각지를 돌며 땅의 마땅함[地宜-땅의 형편]을 살펴보고[相] 거기서 나는 것을 갖고서 공물(貢物)을 정했고, (운반을 위한) 산천의 편리함도 함께 고려했다.

1) 【집해(集解)】 마융(馬融)이 말했다. "풍성한 제물을 갖추고 정성껏[豐絜] 제사를

올렸다는 말이다."

2) 【집해(集解)】 포씨(包氏)가 말했다. "사방 1리를 정(井)이라 한다. 정 사이에 구(溝-작은 도랑)가 있는데, 구의 폭과 깊이는 4척이다. 사방 10리를 성(成)이라 한다. 성 사이에 역(洫-큰 도랑)이 있는데, 역의 폭과 깊이는 8척이다."[공자는 이 대목이 우왕의 가장 뛰어난 면모라고 보고서 『논어(論語)』「태백(泰伯)」편에서 이렇게 평가했다. "우는 내가 흠잡을 데가 전혀 없다. 자신의 음식은 간소하게 하면서도 (제사 때는) 귀신에게 지극정성을 다했다. 의복을 검소하게 하면서도 제사 때 입는 의관인 무릎 가리개와 관(冠)의 일종인 면(冕)에는 아름다움을 다했고, 궁실은 낮게 하면서도 (백성을 위한) 치수 사업[溝洫]에는 모든 힘을 다했다. 우는 내가 흠잡을 데가 전혀 없다."]

3) 【집해(集解)】 서광(徐廣)이 말하기를 "다른 책에는 간혹 절(蕝-띠로 만든 썰매)로 되어 있다"라고 했다. 배인(裴駰)이 살펴보건대, 맹강(孟康)이 말하기를 "절(橇)은 키[箕]처럼 생겼는데, 개흙 위를 썰매 타듯이 밀면서 가는 것[擿行]이다"라고 했다. 여순(如淳)이 말했다. "橇의 발음은 (취가 아니라) 모절(茅蕝)의 절(蕝)이다. 이는 개흙 위에 판을 설치해가면서 길을 가는 것을 말한다." 【정의(正義)】 절(橇)의 모양은 배처럼 생겼는데, 짧고 작으며 양쪽 머리가 조금 튀어나와 있다. 사람이 한쪽 무릎[一脚]을 굽힌 채 개흙 위에서 밀치며 앞으로 나아가면서 개흙 위의 물건들을 줍는 데 쓰인다. 지금의 항주(杭州)와 온주(溫州) 해변에는 아직 그것이 남아 있다.

4) 【집해(集解)】 서광(徐廣)이 말하기를 "檋는 판본에 따라 교(橋)로 되어 있는데, 발음은 구(丘)와 요(遙)의 반절음"이라고 했다. 배인(裴駰)이 살펴보건대, 여순(如淳)이 말하기를 "교거(檋車)란 쇠로 뾰족한 징을 만든 것으로, 길이는 반촌이고 신발 밑에 달아서 산을 오를 때 미끄러짐[蹉跌]이 없도록 한 것이다"라고 했다. 또 발음은 기(紀)와 녹(錄)의 반절음이다.[이럴 경우에는 발음이 '곡'이 된다.] 【정의(正義)】 산을 오를 때는 앞쪽 이빨이 짧고 뒤쪽 이빨이 긴 것을, 산을 내려올 때는 앞쪽 이빨이 길고 뒤쪽 이빨이 짧은 것을 쓴다. 檋의 발음은 이와 똑같다.[아마도 배인의 주장이 옳다는 뜻인 듯하다. 그래서 '교'가 아니라 '곡'으로 읽

었다.]

5) 【집해(集解)】 왕숙(王肅)이 말하기를 "좌우란 늘 사용한다[常用]는 말이다"라고 했다. 【색은(索隱)】 왼쪽에서는 사람됨에 적합한 수준기와 먹줄을 운용하고, 오른쪽에서는 반드시 그림쇠와 곱자에 응하도록 거동한다는 말이다.

6) 【집해(集解)】 왕숙(王肅)이 말하기를 "일을 풀어가면서 사계절의 마땅함[宜]을 어기지 않았다는 말이다"라고 했다.

우는 기주(冀州)부터 (치수 사업을) 시작했다[1]. 기주에서 호구산(壺口山)을 이미 정비하자[載] 양산(梁山)과 기산(岐山)을 다스렸다[2]. 태원(太原)을 이미 닦자, 태악산 남쪽[嶽陽]에 이르렀다[3]. 담회(覃懷)에서 공적을 이룬 다음에는[4] 형장(衡漳)에 이르렀다[5]. 그 땅은 희고 부드러웠다[白壤][6]. 부세(賦稅)는 상상(上上-1등급)이지만 다음 등급도 섞였고[錯=雜][7] 밭은 중중(中中-5등급)이었으며[8] 상수(常水)와 위수(衛水)가 이미 (물길을) 따라서 흘렀기에 대륙택(大陸澤)도 이미 다스려졌다[爲=治][9]. 조이(鳥夷)의 공물은 가죽옷[皮服]이었다[10]. 오른쪽에 있는 갈석산(碣石山)[11]을 끼고[夾] 바다[海]로 들어가서[12] 운반했다.

1) 【집해(集解)】 공안국(孔安國)이 말했다. "요가 도읍한 곳이다. 먼저 공부역(貢賦役)을 실시하고서 글로 담아낸 것[載]이다." 정현(鄭玄)이 말했다. "두 하(河) 사이를 일러 기주라고 한다." 【정의(正義)】 살펴보건대, 물을 다스리고[理水=治水] 공부(貢賦)를 정하는 것을 제도(帝都)부터 시작했다는 말이다. 황하는 승주(勝州) 동쪽에서 시작해 곧장 남쪽으로 흘러서 화음(華陰)에 이르고, 곧바로 동쪽으로 흘러서 회주(懷州) 남쪽에 이르며, 다시 동북쪽으로 평주(平州) 갈석산(碣石山)에 이르러 바다로 들어간다. 동하(東河)의 서쪽, 서하(西河)의 동쪽, 남하(南河)의 북쪽이 모두 기주다.[『서경(書經)』의 해설자 채침(蔡沈)은 이렇게 말했다. "삼면이 황하에 접해 있으니, 연하(兗河)의 서쪽이요 옹하(雍河)의 동쪽이요 예하

(豫河)의 북쪽이다."]

2) 【집해(集解)】 정현(鄭玄)이 말했다. "「지리지(地理志)」에 이르기를 호구산은 하동(河東) 북굴현(北屈縣) 동남쪽에 있고, 양산(梁山)은 좌풍익(左馮翊) 하양(夏陽)에 있으며, 기산은 우부풍(右扶風) 미양(美陽)에 있다." 【정의(正義)】 『괄지지(括地志)』에서 말했다. "호구산은 자주(慈州) 길창현(吉昌縣) 서남쪽으로 50리의 기주 경계에 있다. 양산은 동주(同州) 한성현(韓城縣) 동남쪽으로 19리에 있고 기산은 기주(岐州) 기산현(岐山縣) 동북쪽으로 10리 지점에 있는데, 두 산은 옹주(雍州) 경계에 있다." 공안국(孔安國)이 말했다. "동쪽에서 시작해 산을 따라 물을 다스리며[理水(이수)] 서쪽으로 나아간 것이다."

3) 【집해(集解)】 공안국(孔安國)이 말했다. "태원은 지금은 군(郡) 이름이다. 태악(太嶽)은 태원 서남쪽에 있다. 산의 남쪽을 양(陽)이라고 한다." 【색은(索隱)】 악(嶽)이란 태악이니, 곧 기주의 진산(鎭山)인 곽태산(霍太山)이다. 살펴보건대 「지리지(地理志)」에 이르기를 곽태산은 하동 체현(彘縣) 동쪽에 있다고 했다. 모두가 이와 같은데도 이를(-즉 곽태산을) 인용해 쓰지 않은 것은 모두 「지리지(地理志)」에만 나오는 글이기 때문이다. 【정의(正義)】 『괄지지(括地志)』에서 말했다. "곽태산은 심주(沁州) 심원현(沁原縣) 서쪽으로 70~80리 떨어진 곳에 있다."

4) 【집해(集解)】 공안국(孔安國)이 말했다. "담회는 황하에서 가까운 곳의 땅 이름이다." 정현(鄭玄)이 말했다. "회현(懷縣)은 하내(河內)에 속한다." 【색은(索隱)】 살펴보건대 하내에 회현이 있는데 지금 땅을 검토해보니 담(覃)자가 없는 까닭은, 대개 담회 두 글자가 혹 당시에는 모두 같은 땅의 이름이었기 때문일 것이다.

5) 【집해(集解)】 공안국(孔安國)이 말했다. "장수(漳水)는 가로질러 흐른다[橫流(횡류)=衡(형)]." 【색은(索隱)】 공안국의 주는 형(衡)을 '가로지르다[橫(횡)]'로 보았는데 틀렸다. 왕숙(王肅)이 말하기를 "형(衡)과 장(漳)은 두 강의 이름이다"라고 했다. 「지리지(地理志)」에 이르기를 "맑은[淸(청)] 장수는 상당(上黨) 첨현(沾縣) 동북쪽에

서 발원해 부성현(阜城縣)에 이르러 황하로 들어가고, 흐린[濁] 장수는 상당(上黨) 장자현(長子縣) 동쪽에서 발원해 업(鄴)에 이르러 맑은 장수로 들어간다"라고 했다. **【정의(正義)】** 『괄지지(括地志)』에서 말했다. "옛[故] 회성(懷城)은 회주(懷州) 무척현(武陟縣) 서쪽으로 11리에 있다. 형장수(衡漳水)는 영주(瀛州) 동북쪽 125리 떨어진 평서현(平舒縣) 경계에 있다."

6) **【집해(集解)】** 공안국(孔安國)이 말했다. "흙에 덩어리가 없는 것[無塊]을 양(壤)이라고 한다."

7) **【집해(集解)】** 공안국(孔安國)이 말했다. "상상이란 제1등이다. 착(錯)이란 '섞이다[雜]'는 말이니, (즉 작황에 따라) 섞어서 제2등의 부세도 낼 수 있다는 말이다."

8) **【집해(集解)】** 공안국(孔安國)이 말했다. "구주 중에서 제5등이다."

9) **【집해(集解)】** 정현(鄭玄)이 말했다. "「지리지(地理志)」에 이르기를, 항수(恆水-상수)는 항산(恆山)에서 나오고 위수(衛水)는 영수(靈壽)에 있으며 대륙택은 거록(鉅鹿)에 있다고 했다." **【색은(索隱)】** 이 글에서는 항산(恆山)과 항수(恆水)를 고쳐 모두 상(常)이라고 했는데, 이는 한나라 문제(文帝)의 이름을 피했기[避諱] 때문이다. 상수는 상산 상곡양현(上曲陽縣)에서 발원해 동쪽으로 흘러 구수(滱水)로 들어가고, 위수는 상산 영수현(靈壽縣)에서 발원해 동쪽으로 흘러 호지(虖池)로 들어간다. 곽박(郭璞)이 말했다. "대륙은 지금의 거록 북쪽 광하택(廣河澤)이다."

10) **【집해(集解)】** 정현(鄭玄)이 말했다. "조이(鳥夷)는 동(북)방 백성으로, (곡식이 부족해서) 새와 들짐승을 먹었다." 공안국(孔安國)이 말했다. "그들은 가죽옷을 입는데, 맑은 물로 가죽의 해로움을 제거했다." **【정의(正義)】** 『괄지지(括地志)』에서 말했다. "말갈국(靺鞨國)은 옛날의 숙신(肅愼)인데, 경사(京師)에서 동북쪽으로 1만 리 못 미쳐 있으며 동쪽과 북쪽은 각각 큰 바다에 이른다. 그 나라 남쪽에 백산(白山)이 있는데, 새와 들짐승과 풀과 나무들이 모두 흰색이다. 그 사람들은 산림 사이에서 살아가고 땅의 기운[土氣]은 지극

히 차가우며 늘 동굴 생활을 한다. 동굴은 깊은 것을 귀하게 여겨서 아홉 사다리를 타야 바닥에 이른다. 돼지를 길러 육식을 하며 그 가죽을 입고, 겨울에는 온몸에 돼지기름을 바르는데 여러 차례 나눠 두텁게 발라서 바람과 추위를 막는다. 구린내와 더러움을 귀하게 여겨서 불결하니, 측간을 동굴 중앙에 만들고 그 주위를 둘러싸고서 생활한다. 용력을 가진 자들이 많고 활을 잘 쏘는데, 활 길이는 4척이고 쇠뇌와 같으며 화살대는 싸리나무를 쓰고 길이는 1척 8촌이며 청석(靑石)으로 화살촉을 만든다. 매장할 때는 나무를 얽어 곽을 만들고 돼지를 잡아서 곽 위에 쌓는데 부자는 수백 마리에 이르고 빈자라도 수십 마리에 이르니, 이를 죽은 이의 식량으로 여기기 때문이다. 흙으로 그 위를 높게 덮고 노끈으로 곽을 맨다. 머리가 흙 위로 나오게 하고 술을 붓는데, 끈이 썩으면 그친다. 사계절 제사는 없다."

11) 【집해(集解)】 공안국(孔安國)이 말했다. "갈석은 바다 근처[海畔(해반)]에 있는 산이다."

12) 【집해(集解)】 서광(徐廣)이 말했다. "해(海)는 판본에 따라 하(河)로 되어 있는 경우도 있다." 【색은(索隱)】 「지리지(地理志)」에 이르기를 "갈석산은 북평(北平) 여성현(驪城縣) 서남쪽에 있다"라고 했다. 『태강지리지(太康地理志)』에 이르기를 "낙랑(樂浪) 수성현(遂城縣)에 갈석산이 있는데, 장성(長城-만리장성)이 시작하는 곳[所起(소기)]이다"라고 했다. 또 『수경(水經)』에 이르기를 "요서(遼西) 임투현(臨渝縣) 남쪽 물가에 있다"라고 했다. 대개 갈석산은 2개가 있는데, 이 글에서 "오른쪽에 있는 갈석산(碣石山)을 끼고 바다로 들어갔다"라고 했으니 마땅히 북평의 갈석산이다.

제수(濟水)와 황하 사이에 연주(沇州)가 있다[1]. 구하(九河)가 이미 길이 통하자[2] 뇌하(雷夏)가 이미 큰 호수가 되었으며, 옹수(雍水)[3]와 저수(沮水)가 합쳐져서 뇌하로 들어갔다[4]. 땅에 뽕나무를 심어 이미 누에를 칠 수 있게 되니, 이에 백성은 언덕을 내려가 (평평한) 땅에서 거주하게 되었다[5]. 그

❖

땅은 검고 기름져서[黑墳][6] 수풀이 무성하고[繇] 나무가 쑥쑥 잘 자랐다[條][7]. 밭은 중하(中下)였으며[8] 부세는 정(貞)으로, 13년 동안 잘 다스리자 마침내 (다른 주들과) 같아졌다[9]. 그 공물은 옻나무와 견사, 대광주리와 무늬가 있는 비단[織文]이었는데[10], 제수와 탑수(漯水)에 배를 띄워 황하를 통해 운반했다[11].

1) 【집해(集解)】 정현(鄭玄)이 말했다. "연주의 경계가 이 두 강의 사이에 있음을 말한 것이다."

2) 【집해(集解)】 마융(馬融)이 말했다. "(연주 안을 흐르는) 구하의 이름은 도해(徒駭), 태사(太史), 마협(馬頰), 복부(覆釜), 호소(胡蘇), 간(簡), 혈(絜-혹은 결), 구반(鉤盤), 격진(鬲津)이다."

3) 옹수(灉水)라고도 한다.

4) 【집해(集解)】 정현(鄭玄)이 말했다. "옹수와 저수가 서로 만나 합쳐져서 뇌택(雷澤)으로 들어간다는 말이다. 「지리지(地理志)」에 이르기를 뇌택은 제음(濟陰) 성양현(城陽縣) 서북쪽에 있다고 했다." 【색은(索隱)】 『이아(爾雅)』에 이르기를 "물이 황하로부터 나와서 옹수가 된다"라고 했다. 【정의(正義)】 『괄지지(括地志)』에서 말했다. "뇌하택은 복주(濮州) 뇌택현(雷澤縣) 성곽 밖 서북쪽에 있다. 옹수와 저수 두 강은 뇌택 서북쪽 평지에 있다."

5) 【집해(集解)】 공안국(孔安國)이 말했다. "큰물이 빠지자, 백성이 언덕을 내려가서 평평한 땅[平土]에서 거주하며 뽕나무를 심고 누에를 쳤다는 말이다."

6) 【집해(集解)】 공안국(孔安國)이 말했다. "색은 검고 흙이 부풀어 올랐다[墳起]는 뜻이다."

7) 【집해(集解)】 공안국(孔安國)이 말했다. "요(繇)는 '무성하다[茂]', 조(條)는 나무가 '잘 자란다[長]'는 뜻이다."

8) 【집해(集解)】 공안국(孔安國)이 말했다. "제6등이다."

9) 【집해(集解)】 정현(鄭玄)이 말했다. "정(貞)은 바름[正=正道]이다. 이 주를 다스림

에 있어 바른 도리로 조금도 쉬지 않았으니[不休], 13년이 지나서야 마침내 부세를 매길 수 있게 되어 나머지 여덟 주와 같아졌다. 이는 그만큼 공사가 쉽지 않았다는 말이다. 그 부세는 하하(下下-제9등)이다."[바르다는 것은 상황이 어렵다면 부세를 최대한 가볍게 해주는 것이 바른 도리라는 말이다.]

10) 【집해(集解)】 공안국(孔安國)이 말했다. "땅이 옻나무가 자라기에 좋고 또 뽕나무가 자라기에 좋아서 누에를 쳤다는 말이다. 무늬가 있는 비단[織文]이란 아름답고 화려하게 수놓은 비단[錦綺]류를 가리키는데, 그것을 대광주리[筐篚]에 담아서 바쳤다[貢]는 말이다."

11) 【집해(集解)】 정현(鄭玄)이 말했다. "「지리지(地理志)」에 이르기를, 탑수는 동군(東郡) 동무양(東武陽)에서 발원한다고 했다." 【색은(索隱)】 제수는 하동(河東) 원현(垣縣) 왕옥산(王屋山) 동쪽에서 발원해 흐름이 제음(濟陰)에까지 이어지니, 그래서 응소(應劭)는 이렇게 말했다. "제수는 평원(平原) 탑음현(漯陰縣) 동쪽에서 발원하고, 탑수는 동군(東郡) 동무양현(東武陽縣) 북쪽에서 발원해 천승현(千乘縣)에 이르러 바다로 들어간다."

바다와 대산(岱山) 사이에 청주(青州)가 있다[1]. 우이(堣夷)가 이미 쉽게 다스려지자[略][2] 유수(濰水)와 치수(淄水)가 이미 길이 통했다[3]. 그 땅은 희고 기름졌으며[白墳], 해변은 넓은 개펄[廣潟]이었고[4], 그 밭은 소금기가 많았다[斥鹵][5]. 밭은 상하(上下)이고, 부세는 중상(中上)이었다[6]. 그 공물은 소금과 가는 갈포[絺], 각종 해산물[海物維錯][7], 대산계곡[岱畎]에서 나는 비단, 모시[枲], 납[鉛], 소나무, 괴석(怪石)[8], 내이(萊夷)[9]의 축산물, 대광주리에 담은 산뽕나무로 친 누에 실[酓絲]이었는데[10], 문수(汶水)에 배를 띄워 제수(濟水)를 통해 운반했다[11].

1) 【집해(集解)】 정현(鄭玄)이 말했다. "동쪽으로 바다부터 서쪽으로 대산에 이르렀다는 말이다. 동악(東嶽)을 대산이라고 한다." 【정의(正義)】 살펴보건대, 순(舜)이

청주를 나눠 영주(營州)로 삼았으니, 요서와 요동이다.

2) 【집해(集解)】 마융(馬融)이 말했다. "우이는 땅 이름이다. 공력을 들인 것이 많지 않은 경우 약/략(略)이라고 한다." 【색은(索隱)】 공안국(孔安國)이 말했다. "동쪽 변두리[東表] 땅을 칭해 우이(嵎夷)라고 한다." 『금문상서(今文尙書)』와 『제명험(帝命驗)』에는 모두 우철(禺鐵)로 되어 있는데, 요서에 있다. 철(鐵)은 옛날의 이(夷)자이다.

3) 【집해(集解)】 정현(鄭玄)이 말했다. "「지리지(地理志)」에 따르면 유수는 낭야(琅邪)에서 발원하고 치수는 태산(泰山) 내무현(萊蕪縣) 원산(原山)에서 발원한다고 했다." 【색은(索隱)】 유수는 낭야군 기현(箕縣)에서 발원해 북쪽으로 도창현(都昌縣)에 이르러서 바다로 들어간다. 치수는 태산 내무현 원산 북쪽에서 발원해 동쪽으로 박창현(博昌縣)에 이르러서 제수(濟水)로 들어간다. 【정의(正義)】 『괄지지(括地志)』에서 말했다. "밀주(密州) 거현(莒縣) 유산(濰山)이 유수가 발원하는 곳[所出]이다. 치주(淄州) 치천현(淄川縣) 동북쪽으로 70리 떨어져 있는 원산이 치수가 발원하는 곳이다. 세상에 전하기를, 우(禹)가 물을 다스리는 공업을 마치자, 흙과 돌이 검어지고 몇 리(里) 안의 물결이 마치 칠(漆-옻)처럼 검어져서 그 강을 일러 치수(淄水-검은 강)라고 했다."

4) 【집해(集解)】 서광(徐廣)이 말했다. "판본에 따라 석(潟)을 택(澤)이라고도 했고, 또 척(斥)이라고도 했다."

5) 【집해(集解)】 정현(鄭玄)이 말했다. "척(斥)이란 땅에 소금기[鹹鹵]가 많은 것을 뜻한다." 【색은(索隱)】 鹵의 발음은 노/로(魯)이다. 『설문(說文-설문해자)』에서 말했다. "노(鹵)란 소금기 있는 땅[鹹地]이다. 동쪽 지방에서는 척(斥), 서쪽 지방에서는 노(鹵)라고 한다."

6) 【집해(集解)】 공안국(孔安國)이 말했다. "밭은 제3등이고 부세는 제4등이다."

7) 【집해(集解)】 공안국(孔安國)이 말했다. "치(絺)는 가는 갈포[細葛]이다. 착(錯)은 여러 가지로 섞여서[雜] 한 종류가 아니라는 말이다." 정현(鄭玄)이 말했다. "해물이란 바다에서 나는 물고기다. 물고기 종류는 워낙 다양하다."

8) 【집해(集解)】 공안국(孔安國)이 말했다. "견(畎)은 골짜기[谷]다. 기이하고 좋은 돌은 옥(玉)과 비슷하다. 대산의 계곡에서 이들 다섯 가지 물건이 나오는데, 모두 공물로 바쳤다."

9) 【집해(集解)】 공안국(孔安國)이 말했다. "내이(萊夷)는 땅 이름인데, 방목을 할 수 있다." 【색은(索隱)】 살펴보건대, 『좌전(左傳)』(정공(定公) 10년)에 이르기를 "내인(萊人)이 공자를 겁박하자 공자는 말하기를 '오랑캐는 중화를 어지럽힐 수 없다[夷不亂華]'라고 했다"라고 했고 또 이르기를 "제(齊)나라가 내(萊)나라를 정벌했다"라고 했는데, 복건(服虔)은 동래(東萊) 황현(黃縣)이 이곳이라고 보았다. 지금 살펴보건대 「지리지(地理志)」에 이르기를 황현에 내산(萊山)이 있다고 했으니, 아마도 바로 이 땅의 이(夷-오랑캐)가 그들인 듯하다.

10) 【집해(集解)】 공안국(孔安國)이 말했다. "산뽕나무 누에 실은 거문고와 비파의 줄을 만드는 데 적합하다[中]." 【색은(索隱)】 『이아(爾雅)』에 이르기를 "염(檿)은 산뽕나무[山桑]이다"라고 했으니, 이는 누에가 산뽕나무를 먹고서 빚어낸 실이다.

11) 【집해(集解)】 정현(鄭玄)이 말했다. "「지리지(地理志)」에 이르기를, 문수(汶水)는 태산(泰山) 내무현(萊蕪縣) 원산(原山)에서 발원해 서남쪽으로 흘러 제수(濟水)로 들어간다고 했다."

바다와 대산(岱山), 회수(淮水) 사이에 서주(徐州)가 있다[1]. 회수와 기수(沂水)가 이미 다스려지자, 몽(蒙)과 우(羽)에도 이에 채소와 곡식을 심었다[蓺][2]. 대야택(大野澤)이 이미 큰 못[都]이 되고[3], 동원(東原)[4]은 낮은 평지가 되었다. 그 땅은 붉고 기름진 점토[埴墳]이고[5], 수풀과 나무는 점점 무성하게 자랐다[漸包][6]. 그 밭은 상중(上中)이고, 부세는 중중(中中)이었다[7]. 공물은 다섯 색깔의 흙[五色土][8], 우산 골짜기[羽畎]에서 나는 꿩[夏翟][9], 역산 남쪽[嶧陽]에서 홀로 자라는 오동나무[10], 사수(泗水) 강변에 있는 부석(浮石-반쯤 물 밖으로 나온 돌)으로 만든 경쇠[磬][11], 회이(淮夷)에서 나는

하본기(夏本紀) 제2

진주[蠙珠]와[臮=暨] 어류[12], 대광주리에 담은 검은 비단[玄纖縞]이었는데[13], 회수와 사수(泗水)[14]에 배를 띄워 황하를 통해 운반했다.

1) 【집해(集解)】 공안국(孔安國)이 말했다. "동쪽으로는 바다에, 북쪽으로는 대산에, 남쪽으로는 회수에 이르렀다."

2) 【집해(集解)】 정현(鄭玄)이 말했다. "「지리지(地理志)」에 이르기를 기수는 태산(泰山-군) 개현(蓋縣)에서 발원한다. 몽(蒙)과 우(羽)는 둘 다 산 이름이다." 공안국(孔安國)이 말했다. "두 강을 이미 다스리자 두 산에 곡식을 심을 수 있게 되었다는 말이다." 【색은(索隱)】 『수경(水經)』에 이르기를, 회수(淮水)는 남양군(南陽郡) 평지현(平氏縣) 태잠산(胎簪山)에서 발원해 동북쪽으로 흘러 동백산(桐柏山)을 지나가고, 기수(沂水)는 태산군 개현 애산(艾山)에서 발원해 남쪽으로 하비현(下邳縣)을 지나 사수(泗水)로 들어가며, 몽산(蒙山)은 태산군 몽음현(蒙陰縣) 서남쪽에 있고, 우산(羽山)은 동해군(東海郡) 축기현(祝其縣) 남쪽에 있는데 곤(鯀)이 유배 갔던 땅이라고 했다.

3) 【집해(集解)】 정현(鄭玄)이 말했다. "대야는 산양(山陽) 거야(鉅野) 북쪽에 있는데, 이름을 거야택(鉅野澤)이라고 한다. 공안국(孔安國)이 말했다. "물을 가둬놓은 곳[所停]을 도(都)라고 한다."

4) 【집해(集解)】 정현(鄭玄)이 말했다. "동원은 땅 이름이다. 지금의 동평군(東平郡)이 곧 동원이다." 【색은(索隱)】 (서진의 학자) 장화(張華)의 『박물지(博物志)』에서 말했다. "연주(兗州) 동평군이 곧 『상서(尙書)』에서 말하는 동원이다." 【정의(正義)】 넓은 평원[廣平]을 원(原)이라고 한다. 서주(徐州)가 동쪽에 있기 때문에 동원(東原)이라고 한 것이다. 물이 빠져 이미 평소처럼 회복되자 밭 갈고 씨 뿌릴 수 있게 되었다고 말한 것이다.

5) 【집해(集解)】 서광(徐廣)이 말했다. "식(埴)은 찰흙[黏土=粘土]이다."

6) 【집해(集解)】 공안국(孔安國)이 말했다. "점(漸)은 '길게 진행된다[長進]'는 말이고, 포(包)는 '무더기로 자란다[叢生]'는 말이다."

7) 【집해(集解)】 공안국(孔安國)이 말했다. "밭은 제2등이고 부세는 제5등이다."

8) 【집해(集解)】 정현(鄭玄)이 말했다. "다섯 색깔의 흙이란 대사(大社)의 봉(封-두둑하게 높이는 흙더미)을 위한 것이다." 【정의(正義)】 『한시외전(韓詩外傳)』에서 말했다. "천자의 사(社-사직)는 넓이가 5장(丈)인데, 동쪽은 청색, 남쪽은 적색, 서쪽은 백색, 북쪽은 흑색이고 위에는 황토로 덮었다[冒]. 장차 제후를 봉할 때 각각 그 방향에 맞는 흙을 갖고 갔고 흰 띠풀로 감싸서[苴] 사(社)를 만들었다." 『태강지기(太康地記)』에 이르기를 "성양(城陽) 고막(姑幕)에는 다섯 색깔의 흙이 있는데, 제후를 봉할 때 띠풀과 흙을 내려주어 그것으로 사(社)를 꾸미게 했다. 이 흙이 곧 「우공(禹貢)」편에 나오는 서주의 흙이다. 지금은 밀주(密州) 거현(莒縣)에 속한다"라고 했다.

9) 【집해(集解)】 공안국(孔安國)이 말했다. "하적(夏狄)의 적(狄)은 꿩 종류의 이름이다. 깃털이 깃대[旌旄]용으로 알맞았는데[中], 우산 골짜기에 그것이 있다."

10) 【집해(集解)】 공안국(孔安國)이 말했다. "역산(嶧山) 남쪽[陽]에서 홀로 자라는 오동나무인데, 거문고와 비파를 만드는 데 알맞았다." 정현(鄭玄)이 말했다. "「지리지(地理志)」에 이르기를, 역산은 하비(下邳)에 있다고 했다." 【정의(正義)】 『괄지지(括地志)』에서 말했다. "역산은 연주(兗州) 추현(鄒縣) 남쪽으로 22리에 있다. 『추산기(鄒山記)』에 이르기를, 추산은 옛날의 역산이며 사람과 수레의 왕래가 계속 이어졌고 지금도 여전히 오동나무가 많다고 했다." 살펴보건대, 지금 오동나무가 홀로 자라서 오히려 증거가 되는데 거문고와 비파에 너무 치우친 듯하다.

11) 【집해(集解)】 공안국(孔安國)이 말했다. "사수 강변 수중에 밖으로 드러난 돌이 있었는데, 그것으로 경쇠를 만들 수 있었다." 정현(鄭玄)이 말했다. "사수는 제음(濟陰) 승지현(乘氏縣)에서 발원한다." 【정의(正義)】 『괄지지(括地志)』에서 말했다. "사수가 팽성(彭城) 여량(呂梁)에 이르면 석경(石磬)이 난다."

12) 【집해(集解)】 공안국(孔安國)이 말했다. "회(淮)와 이(夷)는 강 2개로, 진주조개와 좋은 물고기가 난다." 정현(鄭玄)이 말했다. "회이(淮夷)는 회수 주변의 오

랑캐[夷] 백성이다." 【색은(索隱)】 살펴보건대, 『상서(尙書)』「주서(周書)」 비서(費誓)편에 이르기를 "이에 회이(淮夷)와 서융(徐戎)이 함께 일어났으니"라고 했으니, 지금의 서주가 회이를 말하는 것이라면 정(鄭-정현)의 풀이가 맞다[爲得]. 빈(蠙-진주조개)은 판본에 따라 빈(玭)으로 되어 있는데, 둘 다 보(步)와 현(玄)의 반절음이다.[엄밀히 말하면 '변'이라는 말인데, 일단은 둘 다 그냥 '빈'으로 두었다.] 기(暨)는 옛날의 기(曁)자이다. 기(暨)란 '및', '그리고', '함께[與]'라는 뜻이다. 오랑캐 사람들이 사는, 회수 지역에 이런 진주와 물고기가 난다는 말이다. 또 (판본에 따라 빈(蠙)을) 빈(濱)이라고 한 경우도 있는데, 그것은 '물가[畔]'라는 뜻이다.

13) 【집해(集解)】 정현(鄭玄)이 말했다. "섬(纖)은 '가늘다[細]'는 뜻이다. 제복(祭服)의 소재는 가는 것을 높게 친다." 【정의(正義)】 현(玄)은 '검다[黑]'는 것이고, 섬(纖)은 '가늘다[細]'는 뜻이며, 호(縞)는 흰 비단[白繒]이다. 가늘고 흰 비단을 염색해서 검은색으로 만든 것이다.

14) 【정의(正義)】 『괄지지(括地志)』에서 말했다. "사수(泗水)의 발원지[源]는 연주(兗州) 사수현(泗水縣) 동쪽의 배미산(陪尾山)이다. 그 발원지에 길이 4개 있어 그것으로 이름을 삼았다."

회수(淮水)와 바다 사이에 양주(揚州)가 있다[1]. 팽려(彭蠡)가 (치수를 통해) 이미 큰 못[都]이 되니 크고 작은 기러기들[陽鳥]이 살게 되었다[2]. 세 강[三江]이 이미 바다로 흘러 들어가게 되자[3] 진택(震澤)이 안정되기에 이르렀다[致定][4]. 크고 작은 살대들[竹箭=篠簜]이 이미 널리 퍼졌다[布][5]. 그곳의 수풀들은 길지 않았고[夭], 나무들은 높게 자랐으며[喬][6], 그 땅은 진흙[塗泥]이었다[7]. 밭은 하하(下下)이고, 부세는 하상(下上)이었지만 바로 위의 등급도 섞였다[上雜][8]. 공물은 금속 세 종류[三品][9], 각종 아름다운 옥돌[瑤琨][10], 화살용 대나무, 상아[齒], 가죽[革], 깃털[羽], 꼬리[旄][11], 도이(島夷)의 풀로 짠 옷[卉服][12], 대광주리에 담은 오색비단[織貝]이었고[13] 천자

의 별도 명이 있을 경우에는[錫貢] 잘 포장한 귤과 유자도 바쳤다[14]. 장강과 바다의 연안을 타고서[均] 회수와 사수를 통해 운반했다[15].

1) 【집해(集解)】 공안국(孔安國)이 말했다. "북쪽은 회수에 의지하고, 남쪽은 바다에 이르렀다[距]."

2) 【집해(集解)】 정현(鄭玄)이 말했다. "「지리지(地理志)」에 따르면 팽려는 예장(豫章) 팽택(彭澤) 서쪽에 있다고 했다." 공안국(孔安國)이 말했다. "양(陽)을 따르는 새로서 크고 작은 기러기[鴻鴈=鴻雁] 종류를 말하는데, 겨울철에 이 늪지에 산다." 【색은(索隱)】 도(都)는 『고문상서(古文尙書)』에 저(豬)라고 되어 있다. 공안국(孔安國)이 말했다. "물이 고여 있는 곳을 저(豬-웅덩이)라고 한다.[지금의 저(瀦)가 바로 웅덩이라는 뜻이다.]" 정현(鄭玄)이 말했다. "남쪽 지방에서는 도(都)를 저(豬)라고 한다." 그렇다면 이 못은 '만나고 모여든다[聚會]'는 뜻이다. 【정의(正義)】 蠡의 발음은 예(禮)이다. 『괄지지(括地志)』에서 말했다. "팽려호는 강주(江州) 심양현(潯陽縣) 동남쪽으로 52리에 있다."

3) 【색은(索隱)】 위소(韋昭)가 말했다. "세 강이란 송강(松江), 전당강(錢唐江)[전당강(錢塘江)으로도 쓴다.], 포양강(浦陽江)이다." 지금 살펴보건대, 「지리지(地理志)」에는 남강, 중강(中江), 북강이 있으니, 이것이 세 강이다. 그중에 남강은 회계(會稽) 오현(吳縣) 남쪽에서 시작해 동쪽으로 흘러 바다로 들어간다. 중강은 단양(丹陽) 무호현(蕪湖縣) 서남쪽에서 시작해 동쪽으로 흘러서 회계 양선현(陽羨縣)에 이르러 바다로 들어간다. 북강은 회계 비릉현(毗陵縣) 북쪽에서 시작해 동쪽으로 흘러 바다로 들어간다. 그래서 아랫글에서 "동쪽으로 흘러 중강이 된다"라고 했고, 또 "동쪽으로 흘러 북강이 된다"라고 했고, 공안국(孔安國)이 말하기를 "북이 있고 중이 있으면 남이 있음을 알 수 있다"라고 한 것이다.

4) 【집해(集解)】 공안국(孔安國)이 말했다. "진택이란 오(吳)의 남쪽에 있는 큰 호수의 이름이다. 세 강이 이미 바다로 들어가게 되자 여기에 이르러 진택을 안

정시켰다는 말이다." 【색은(索隱)】 진(震)은 진(振)으로 쓰기도 한다. 「지리지(地理志)」에 따르면 회계 오현(吳縣)은 "옛날에 주나라 태백(泰伯)이 봉해진 곳으로 구구(具區)가 그 서쪽에 있는데, 『고문(古文)』에서는 이곳을 진택(震澤)이라고 했다"라고 했다. 또 『좌전(左傳)』에서는 입택(笠澤)이라고 했는데, 그 또한 이곳을 가리키는 것이다. 【정의(正義)】 이 호수는 소주(蘇州) 서남쪽으로 45리에 있다. 삼강(三江)이란 소주 동남쪽으로 30리에 있는데 이름하여 삼강구(三江口)라고 한다. 첫째는 강 서남쪽으로 올라가 70리를 지나면 태호에 이르는데, 송강(松江)이라고 하고 옛날에는 입택강(笠澤江)이라고 했다. 둘째는 강 동남쪽으로 올라가 70리를 지나면 백현호(白蜆湖)에 이르는데, 상강(上江)이라고 하고 또 동강(東江)이라고도 했다. 셋째는 강 동북쪽으로 내려가 300여 리를 흘러서 바다로 들어가는데, 하강(下江)이라고 하고 또 누강(婁江)이라고도 했다. 그 강들이 나뉘는 지점을 이름하여 삼강구(三江口)라고 한 것이다. 고이(顧夷)는 『오지기(吳地記)』에서 말하기를 "송강은 동북쪽으로 70리를 흘러 삼강구에 이른다. 동북쪽으로 바다로 들어가는 것이 누강이고, 동남쪽으로 바다로 들어가는 것이 동강이고, 이와 더불어 송강까지 해서 삼강(三江)이 된다"라고 했으니, 바로 이를 말한 것이다. 삼강을 다스려 바다로 들어가게 했다는 말이지, 진택으로 들어가게 했다는 뜻이 아니다. 살펴보건대, 태호의 서남쪽은 호주(湖州)의 계곡 여럿이 천목산(天目山) 아래를 따라서 흘러가고 있고, 서북쪽은 선주(宣州)의 여러 산과 계곡이 있어 나란히 태호로 흘러 들어간다. 태호의 물은 동북쪽으로 흘러 각각 삼강구에 이르러서 바다로 들어간다. 이 (삼강구라는) 호수는 팽려호나 태호와 통하는 곳이 없었고, 아울러 산과 언덕에 막혀 있었다[阻]. (따라서) 여러 학자와 「지지(地志-지리지)」 등이 풀이한 "삼강기입(三江既入)"에 대한 주석은 틀렸다. 『주례(周禮)』「직방씨(職方氏)」편에 이르기를 "양주(揚州)의 늪지[藪]를 구구(具區), 내[川]를 삼강(三江)이라 한다"라고 했다. 살펴보건대 오호(五湖)와 삼강(三江)에 대한 위소의 주석은 틀렸다. 그 발원지는 둘 다 태호와 통하지 않는데도 "삼강기입(三江旣入)"을 끌어와 풀이했으니, 잘못됨이 심하다. 오호(五湖)란 능호(菱湖), 유호(游湖), 막호(莫湖), 공호(貢湖), 서호(胥湖)로 모두 태호의 동쪽 연안이니, 다섯 만(灣)이 곧 오호이다. 이는 대개 옛날에는 나눠져 있었지만, 지금은 나란히 서로 이어져 있다. 능호는 막리산(莫釐山) 동쪽에 있는데 둘레는 30여 리이고, 서쪽 주둥이는 열려 있어 폭이 2리이다. 주둥이의 남쪽은 막리산, 북쪽은 서후산(徐侯山)이며, 서쪽으로 막호와 연결되어 있다. 막호는 막리산의 서쪽과 북쪽에 있는데, 북쪽으로는 서호와 연결되어 있다. 서호는 서산(胥山) 서쪽에 있는데, 남쪽으로는 막호와 연결되어 있다. 각각은 둘레가 50~60리이며, 서쪽으로 태호와 연결된다. 유호는 북쪽으로 20리 떨어진 곳으로 장산(長山) 동쪽에 있으며, 호수의 서쪽 주둥이는 열려 있어 폭이 2리이다. 주둥이의 동남쪽은 수리산(樹里山)과 접해 있고 서북쪽은 장산과 접해 있는데, 호수 둘레는 50~60리이다. 공호는 장산 서쪽에 있고, 주둥이는 열려 있어 폭이 4~5리다. 주둥이의 동남쪽이 장산, 산의 남쪽이 바로 산양촌(山陽村-산 남쪽 마을)이며, 서북쪽으로는 상주(常州) 무석현(無錫縣) 노안(老岸)과 연결되어 있다. 호수 둘레는 190리 이상이며, 호수 몸통은 동북으로 향하고 있는데 길이는 70여 리이다. 두 호수의 서쪽 또한 태호와 이어져 있다. (『사기(史記)』) 「하거서(河渠書)」에 이르기를 "오(吳)에서는 운하[渠(거)]를 파서 삼강과 오호가 통하게 했다"라고 했고 (『사기』) 「화식전(貨殖傳)」에 이르기를 "저 오(吳)에는 삼강과 오호의 이점이 있다"라고 했으며 또 「태사공자서전」에서 "고소(姑蘇)에 올라 오호(五湖)를 바라보았다"라고 했으니, 바로 이곳이다.

5) 【집해(集解)】 공안국(孔安國)이 말했다. "물이 빠지니 (각종 대나무가) 널리 퍼지며 자랐다[布生(포생)]는 말이다."

6) 【집해(集解)】 짧게 자라는 것[少長(소장)]을 요(夭)라고 한다. 교(喬)란 높다는 뜻이다.

7) 【집해(集解)】 마융(馬融)이 말했다. "물이 스며들어 잠긴 땅[洳(여)]이었기 때문이다."

8) 【집해(集解)】 공안국(孔安國)이 말했다. "밭은 제9등이고, 부세는 제7등이지만 (풍년이 들 경우에는) 제6등을 섞어서 냈다는 말이다."

9) 【집해(集解)】 공안국(孔安國)이 말했다. "금·은·동이다." 정현(鄭玄)이 말했다. "세 색깔의 동(銅-구리)이다."

10) 【집해(集解)】 공안국(孔安國)이 말했다. "요(瑤)와 곤(琨)은 모두 아름다운 옥[美玉]이다."

11) 【집해(集解)】 공안국(孔安國)이 말했다. "상아, 무소 가죽[犀皮], 새의 깃털, 검정소[旄牛]의 꼬리다." 【정의(正義)】 『주례(周禮)』「고공기(考工記)」에서 "무소 갑옷[犀甲]은 7속(屬), 코뿔소 갑옷[兕甲]은 6속이다"라고 했는데, 곽(郭-곽박)은 이렇게 말했다. "무소는 물소[水牛]와 비슷한데, 머리는 돼지와 같고 배는 매우 크며 다리는 짧고[庳] 뿔은 길쭉하며[橢] 가시나무를 잘 먹는다. 또 뿔이 하나인 놈들도 있다." 살펴보건대 서남이(西南夷)에서는 늘 검정소 꼬리를 공물로 바치는데, 그것으로써 각종 깃발의 끝부분을 장식한다. 『서경(書經)』이나 『시경(詩經)』에서는 모두 모(旄)라고 불렀다. 그래서 『상서(尙書)』에 이르기를 "오른쪽에는 흰 모(旄)를 잡아 쥐고"라고 했고 『시경』(「소아(小雅) 거공(車攻)」편)에 이르기를 "조(旐-깃발)를 세우고 모(旄)를 설치해"라고 했으니, 모두 이 소의 꼬리에서 나온 깃 장식을 가리킨다.

12) 【집해(集解)】 공안국(孔安國)이 말했다. "남해 도이에서는 갈활(葛越-칡과 부들)로 초복(草服-훼복)을 만들어 입는다." 【정의(正義)】 『괄지지(括地志)』에서 말했다. "백제국 서남쪽 발해(渤海-지금의 서해) 안에는 큰 섬 15곳이 있는데, 모두 읍락이 있어 사람이 살고 백제에 속한다." 또 왜국(倭國)은 (당나라) 무황후(武皇后) 때 고쳐서 일본국이라고 했는데, 백제 남쪽에서 바다를 사이에 두고 섬에 의존해서 살아가고 있으며 소국(小國)이 모두 100여 개이다. 이는 모두 양주(揚州) 동쪽에 있는 도이(島夷-섬 오랑캐)들이다. 살펴보건대 동남쪽 오랑캐들은 갈활(葛越), 초죽(焦竹) 등으로 초복(草服)을 만들어 입는데, 활(越)이란 곧 저기(苧祁-모시 일종)이다.[부들자리라는 뜻일 때는 越의 발음은 월이 아니라 활(趏)이다.]

13) 【집해(集解)】 공안국(孔安國)이 말했다. "직(織)이란 가는 비단[細繒]이다. 패(貝)

는 강에서 나는 물건[水物]이다." 정현(鄭玄)이 말했다. "패(貝)란 비단[錦](종류의) 이름이다. 『시경(詩經)』(「소아(小雅) 항백(巷伯)」편)에 이르기를 '무늬를 이뤄냈으니[成] 조개 무늬 비단[貝錦]이로다'라고 했다. 무릇 직(織)이란 그 실에 먼저 염색을 한 다음에 무늬를 빚어낸다."

14) **【집해(集解)】** 공안국(孔安國)이 말했다. "작은 것을 귤(橘), 큰 것을 유자[柚]라고 한다. 명을 내려[錫命] 그때에만 바쳤다는 것이니, 일정한 것은 아니었다[不常]는 말이다." 정현(鄭玄)이 말했다. "명이 내려오면 바쳤고, 혹은 때에 따라 수확이 없으면 바치지 않았다. 석(錫)이란 금속을 부드럽게 만든 것[柔金]이기 때문이다.[그래서 명령을 유연하게 쓴다는 말이다.]"

15) **【집해(集解)】** 정현(鄭玄)이 말했다. "均은 (균이 아니라) 연(沿)이라고 읽는다.[『서경(書經)』에는 연(沿)이라고 되어 있다.] 연(沿)이란 물을 따라 고분고분[順水] 항해하는 것이다."

형산(荊山)과 형산(衡山) 남쪽[陽] 사이에 형주(荊州)가 있다[1]. 장강과 한수(漢水)가 마치 백관이 천자에게 조회하듯[朝宗] 바다로 들어간다[2]. 강 9개가 심히 제대로 자리를 잡고[甚中][3] 타수(沱水)와 잠수(涔水)가 이미 (물길대로) 통하게 되자[4] 운토(雲土)와 몽(夢)도 다스려졌다[5]. 그 땅은 습기 많은 진흙이었다. 밭은 하중(下中)이고 부세는 상하(上下)였다[6]. 공물은 깃털, 꼬리, 상아, 가죽, 금속 세 종류, 참죽나무[杶=椿], 산뽕나무[榦=檊], 향나무[栝], 잣나무[柏][7], 거친 숫돌[礪], 고운 숫돌[砥], 화살촉용 돌[砮], 단(丹)[8], 화살용 대나무들[箘簬=箘簵], (화살용) 호나무[楛]였는데[9], (그 지역에 있는) 세 봉국이 바치는 그 지역의 이름난 특산물로[10] 포장용 궤짝[匭]은 (띠풀의 일종인) 청모(菁茅)로 만들었다[11]. (공물로는 또) 대광주리에 담은 진홍색 비단과 꿰미로 엮은 진주[玄纁璣組]가 있었으며[12] 아홉 강에서 (천자의 명이 있을 경우에) 올리는[入賜=納錫] 큰 거북도 있었다[13]. (운송할 때는) 장강, 타수, 잠수, 한수에 배를 띄워 낙수(雒水)로 뛰어 넘어가[踰=逾] 남하(南河-

❖

황하의 남쪽 지역)에 이르렀다[14].

1) 【집해(集解)】 공안국(孔安國)이 말했다. “북쪽으로는 형산(荊山)에 의지하고, 남쪽으로는 형산(衡山)의 남쪽[陽]까지 이른다.”

2) 【집해(集解)】 공안국(孔安國)이 말했다. “두 강은 이 주(州-형주)를 거쳐서[經] 바다로 들어가는데 그것이 천자에게 조회하는 모습과 비슷하니, 온갖 천(川)이 바다를 으뜸[宗]으로 삼고 있는 모양이다. 종(宗)이란 ‘높은 우두머리[尊]’이다.” 【정의(正義)】 『괄지지(括地志)』에서 말했다. “강수(江水-장강)의 원천은 민주(岷州) 남쪽 민산(岷山)에서 나와 남쪽으로 흘러 익주(益州)에 이르고, 곧바로 동남쪽으로 흘러 촉(蜀)으로 들어가 노주(瀘州)에 이르며, 동쪽으로 흘러 삼협(三硤)과 형주(荊州)를 지나 한수(漢水)와 합쳐진다. 손경자(孫卿子-순자)가 말하기를 ‘강수도 그 원천에서는 술잔을 띄울[濫觴] 정도이다[『순자(荀子)』 「자도(子道)」편에 나오는 말이다. 장강이 험하다고는 하지만 원천으로 거슬러 올라가 보면 작은 시냇물에 불과해서 술잔이나 띄울 수 있는 정도라는 말이다. 그 후 남상(濫觴)은 일의 시작이나 시초를 뜻하는 말로 쓰이고 있다.]’라고 했다.” 또 말했다. “한수(漢水)의 원천은 양주(梁州) 금우현(金牛縣)에서 나와 동쪽으로 28리를 흘러가 파총산(嶓冢山)에 이른다.”

3) 【집해(集解)】 공안국(孔安國)이 말했다. “장강은 이 주와 경계를 접하고 있고 나뉘어 구도(九道)가 되는데, 심히 지세(地勢)의 알맞음을 얻었다.” 정현(鄭玄)이 말했다. “「지리지(地理志)」에 이르기를, 강 9개는 심양(尋陽) 남쪽에 있는데 9개 모두 동쪽으로 흐르다가 합쳐져서 큰 강이 된다고 했다.” 【색은(索隱)】 살펴보건대, 『심양기(尋陽記)』에 따르면 강 9개란 오강(烏江), 방강(蚌江), 오백강(烏白江), 가미강(嘉靡江), 사강(沙江), 견강(畎江), 늠강(廩江), 제강(隄江), 균강(箘江)이다. 또 장정(張湞)의 『구강도(九江圖)』에 실린 이름 중에는 삼리(三里), 오견(五畎), 오토(烏土), 백방(白蚌)이 있다. 아홉 강의 이름이 일정치가 않다.

4) 【집해(集解)】 공안국(孔安國)이 말했다. "타(沱)는 장강의 별명이고, 잠(涔)은 강의 이름이다." 정현(鄭玄)이 말했다. "물이 나와서 강에 잠기니 잠(涔)이라고 했는데, 한수가 잠수이다." 【색은(索隱)】 잠(涔)은 잠(潛)으로 되어 있기도 하다. 잠수는 촉군(蜀郡) 비현(郫縣) 서쪽에서 발원해 동쪽으로 흘러 장강으로 들어간다. 잠수는 한중(漢中) 안양현(安陽縣) 서쪽(-서남쪽)에서 나와 북쪽으로 흘러 한수로 들어간다. 그래서 『이아(爾雅)』에 이르기를 "물이 장강에서 나와 타수가 된다. 한수는 잠수에서 나와 그렇게 된다"라고 했다. 【정의(正義)】 『괄지지(括地志)』에서 말했다. "번(繁)에서 강수가 비강(郫江)을 받아들인다. 우공(禹貢)에 이르기를 '민산이 강수를 인도하는데, 동쪽은 별도로 타(沱-타수)라고 했다'라고 했으니, 원천은 익주(益州) 신번현(新繁縣)이다. 잠수(潛水)는 한편으로 복수(復水)라고도 했는데 지금의 이름은 용문수(龍門水)이니, 그 원천이 이주(利州) 요곡현(綿谷縣) 동룡문(東龍門) 산의 큰 돌구멍 아래에 있기 때문이다."

5) 【집해(集解)】 공안국(孔安國)이 말했다. "운몽(雲夢)의 늪지가 강남(江南)에 있는데, 그 가운데에는 평평하게 흙으로 된 언덕이 있다. 물이 빠지고 나면 밭이랑을 경작할 수 있다." 【색은(索隱)】 몽(夢)은 판본에 따라 몽(瞢-어둡다)으로 되어 있는데, 추탄생(鄒誕生)도 발음을 몽(蒙)이라고 했다. 살펴보건대, 운토(雲土)와 몽(夢)은 본래 두 늪지의 이름이니 대개 사람들은 두 늪지가 서로 가깝다고 여겨서 간혹 둘을 합쳐 운몽(雲夢)이라고 부를 뿐이다. 지식을 갖춘 사람들은 『좌전(左傳)』에서 초자(楚子-초나라 임금)가 장강을 건너 운중(雲中)에 들어갔다는 것을 근거로 삼고 또 초자(楚子)와 정백(鄭伯-정나라 임금)이 강남의 몽(夢) 땅에서 사냥했다고 하여, 그렇다면 두 늪지는 서로 다른 곳이라고 여긴다. 위소(韋昭)가 말했다. "운토(雲土)는 지금 현(縣)이 되었고 강하(江夏) 남군(南郡)의 화용(華容)에 속한다." 지금 살펴보건대, 「지리지(地理志)」에 이르기를 강하에 운두현(雲杜縣)이 있다고 했으니, 이곳이 그 땅이다.

6) 【집해(集解)】 공안국(孔安國)이 말했다. "밭은 제8등, 부세는 제3등이다."

7) 【집해(集解)】 정현(鄭玄)이 말했다. "네 나무의 이름이다." 공안국(孔安國)이 말했다. "간(榦)은 산뽕나무[柘=山桑]이다. 잣나무 잎에 소나무 몸통을 한 것을 괄(栝-노송나무)이라고 한다."

8) 【집해(集解)】 공안국(孔安國)이 말했다. "지(砥)는 여(礪)보다 면이 고운데[細], 둘 다 숫돌[磨石]이다. 노(砮)는 돌로, 화살촉[矢鏃]을 만드는 데 알맞다. 단(丹)은 붉은 흙의 한 종류이다."

9) 【집해(集解)】 서광(徐廣)이 말했다. "판본에 따라 '화살 다리[箭足]에 쓰는 간(杆)나무'라고 했는데, 간(杆-박달나무)은 곧 호(楛)나무이고 楛의 발음은 호(怙)다. 화살 다리란 화살촉을 가리킨다. 혹 화살 다리가 곧 균로(箘簬)의 뜻풀이인가?" 정현(鄭玄)이 말했다. "균로(箘簬)란 바람 소리를 듣는다, 혹은 바람을 따른다[聆風]는 뜻이다."

10) 【집해(集解)】 마융(馬融)이 말했다. "화살용 대나무들[箘簵=箘簬], (화살용) 호나무[楛]가 바로 세 봉국이 바치는 공물이었는데, 이름이 났다는 것은 아주 좋았다는 말이다."

11) 【집해(集解)】 정현(鄭玄)이 말했다. "궤(匭)는 새끼로 엮은 것[纏結]이다. 청모(菁茅)란 띠풀에 털 가시가 있는 것인데, 종묘에서 축주(縮酒)할 때 필요한 것이라 중하게 여겼다. 그래서 잘 꾸려서 싼 뒤에 다시 새끼로 엮은 것이다." 【정의(正義)】 『괄지지(括地志)』에서 말했다. "진주(辰州) 노계현(盧溪縣) 서남쪽으로 350리에 포모산(包茅山)이 있다. 『무양기(武陽記)』에 이르기를 '산 끝자락[山際]에 포모가 나는데, 가시가 있고 등골이 3개 있어 그 때문에 포모산이라고 한다'라고 했다."

12) 【집해(集解)】 공안국(孔安國)이 말했다. "이 주에서는 진홍색 비단을 염색했는데, 그 색깔이 좋아서 그것을 바쳤다. 기(璣)는 구슬의 한 종류로 강 속에서 난다. 조(組)란 실로 묶은 것이다."

13) 【집해(集解)】 공안국(孔安國)이 말했다. "1척 2촌 이상 되는 것을 일러 큰 거북이라고 하는데, 아홉 강의 물속에서 난다. 거북은 늘 바치는 것이 아니고,

명이 내려오면 그때 바쳤다."

14) 원문에는 한수 앞에 어(於)자가 있는데 이는 잘못 들어간 것으로 보인다. 『서경(書經)』의 원문에는 어(於)자가 없다. 채침(蔡沈)은 이 부분을 다음과 같이 풀이했다. "장강, 타수, 잠수, 한수는 물길의 들고남을 자세히 알 수 없으나 대세는 강수, 타수로부터 잠수, 한수로 들어간다. 한수는 낙수와 통하지 않으므로 배를 놔두고 육지로 가서 낙수에 이르고, 낙수를 통해 남하에 이른다."

형산(荊山)과 하(河) 사이에 예주(豫州)가 있다[1]. 이수(伊水), 낙수(雒水), 전수(瀍水), 간수(澗水)가 이미[旣][2] 하수(河水)로 들어가자[3] 형파(滎播)는 이미 큰 못이 되었고[4], 하택(荷澤)의 물길을 잘 인도하니 맹저(明都)가 그 혜택을 입었다[被][5]. 그 땅은 부드러운데[壤], 가장 낮은 곳은 땅이 기름지고 성글다[墳壚][6]. 밭은 중상(中上)이고, 부세는 상중(上中)인데 섞여 있다[7]. 공물은 옻나무, 비단실, 갈포, 모시, 대광주리에 담은 가는 솜[纖絮][8]이고 천자의 별도 명이 있을 경우에는[錫貢] 경쇠를 다듬는 숫돌[磬錯]을 바치기도 했다[9]. 낙수에 배를 띄워 황하를 통해 운반했다.

1) 【집해(集解)】 공안국(孔安國)이 말했다. "서남쪽으로 형산에 이르렀고, 북쪽으로 하수(河水)와 닿았다[距]." 【정의(正義)】 『괄지지(括地志)』에서 말했다. "형산은 양주(襄州) 형산현(荊山縣) 서쪽으로 80리에 있다. 한자(韓子)가 말하기를 '변화(卞和)는 초(楚)의 형산에서 옥박(玉璞)을 얻었다'라고 했는데, 바로 이곳이다." 하(河)란 낙주(洛州) 북하(北河)를 말한다.

2) 이 말 속에는 이미 치수가 끝이 났다는 뉘앙스가 들어 있는데, 국내 대부분의 번역서는 이를 무시하고 아예 옮기지도 않았다.

3) 【집해(集解)】 공안국(孔安國)이 말했다. "이수는 육혼산(陸渾山)에서 나오고 낙수는 상락산(上洛山), 간수는 민지산(澠池山), 전수는 하남산(河南山) 북쪽에서 발원하는데 네 강이 합류해 하수로 들어간다." 【색은(索隱)】 이수는 홍농(弘

農) 노지현(盧氏縣) 동쪽에서 발원하고, 낙수는 홍농 상락현(上洛縣) 총령산(冢領山), 전수는 하남(河南) 곡성현(穀城縣) 참정(替亭) 북쪽, 간수는 홍농 신안현(新安縣) 동쪽에서 발원해 모두 하수로 들어간다. **【정의(正義)】** 『괄지지(括地志)』에서 말했다. "이수는 괵주(虢州) 노지현 동쪽의 만산(巒山)에서 발원해 동북쪽으로 흘러 낙수(洛水)로 흘러 들어간다. 낙수는 상주(商州) 낙남현(洛南縣) 총령산에서 발원해 동쪽으로 흘러 낙주 성곽 안을 경유하고, 다시 동쪽으로 흘러 이수와 합쳐진다. 전수는 낙주(洛州) 신안현 동쪽에서 발원해 남쪽으로 흘러 낙주 성곽 안에 이르렀다가 남쪽으로 낙수와 합쳐진다. 간수는 낙주 신안현 동쪽의 백석산(白石山)에서 발원해 동북쪽으로 흘러 곡수(穀水)와 합쳐져 흘러가며, 낙주 성곽 안을 경유하고 동쪽으로 낙수로 흘러 들어간다."

4) **【집해(集解)】** 공안국(孔安國)이 말했다. "형(滎)은 늪지의 이름[澤名]이다. 파수(波水)는 이미 흐름을 막아[遏] 큰 못[都]을 이뤄냈다는 말이다." **【색은(索隱)】** 『고문상서(古文尙書)』에 이르기를 '형파(滎波)'라고 했는데, 여기와 『금문(今文)』에서는 나란히 '형파(滎播)'라고 했다. 파(播)란 '물이 점점 퍼져서 넘친다[播溢]'는 뜻이고, 형(滎)은 늪지 이름이다. 그래서 『좌전(左傳)』에 이르기를 적(狄-오랑캐)과 위(衛)나라가 형택(滎澤-늪지 형)에서 전투했다고 한 것이다. 정현(鄭玄)이 말했다. "지금은 새(塞)가 평지인데, 형양(滎陽) 사람들은 오히려 그곳을 형파(滎播)라고 간주한다."

5) **【집해(集解)】** 공안국(孔安國)이 말했다. "하택은 호릉(胡陵)에 있다. 맹저는 늪지 이름이며 하동(河東) 북쪽에 있는데, (피(被)라고 한 것은) 물의 흐름이 흘러 넘쳐[泆覆] 그곳에 이르기[被=至] 때문이다." **【색은(索隱)】** 하택은 제음(濟陰) 정도현(定陶縣) 동족에 있다. 明都의 발음은 (명도가 아니라) 맹저(孟豬)다. 맹저택(孟豬澤)은 양국(梁國) 수양현(睢陽縣) 동북쪽에 있다. 『이아(爾雅)』와 『좌전(左傳)』에서는 그것을 맹저(孟諸)라고 했고 『금문(今文)』 또한 그러하며 오직 『주례(周禮)』에서만 망저(望諸)라고 했는데, 모두 이 땅의 같은 이름이

다. 【정의(正義)】 『괄지지(括地志)』에서 말했다. "하택은 조주(曹州) 제음현(濟陰縣) 동북쪽으로 90리 떨어진 정도성(定陶城) 동쪽에 있는데, 지금의 이름은 용지(龍池)이며 또한 구경피(九卿陂)라고도 부른다."

6) 【집해(集解)】 공안국(孔安國)이 말했다. "노(壚-흑토)는 '성글다[疏]'는 뜻이다." 마융(馬融)이 말했다. "예주의 땅은 3등급이 있는데, 가장 아래[下者]가 분로(墳壚)이다."

7) 【집해(集解)】 공안국(孔安國)이 말했다. "밭은 제4등이고, 부세는 제2등인데 또한 제1등을 섞어서 냈다."

8) 【집해(集解)】 공안국(孔安國)이 말했다. "가는 솜[細緜]이다."

9) 【집해(集解)】 공안국(孔安國)이 말했다. "옥석을 다듬는 것을 착(錯)이라고 하니, 경착(磬錯)이란 경쇠를 다듬는 돌을 말한다."

화산의 남쪽[華陽]과 흑수(黑水) 사이에 양주(梁州)가 있다[1]. 문(汶)과 파(嶓)가 이미 (다스려져서) 채소와 곡식을 심을 수 있게 되고[蓺][2] 타수(沱水)와 잠수(涔水)가 이미 길이 열리게 되자[3] 채(蔡)와 몽(蒙)에서는 여(旅) 제사를 지내 치수를 마무리했고[平][4] 화이(和夷)[5]에서는 공적이 이뤄졌다. 그 땅은 검푸른색[靑驪]이었다[6]. 밭은 하상(下上)이고, 부세는 하중(下中)인데 삼등으로 섞여 있다[三錯][7]. 공물은 아름다운 옥[璆], 철, 은, 강철[鏤][8], 화살촉용 돌[砮], 경쇠, 곰, 큰 곰[羆], 여우, 너구리[貍], 융단[織皮]으로[9], 서경산(西傾山)에서 난 것은 환수(桓水)를 통해 운반해 왔는데[是來][10], 잠수(潛水)에서 배를 띄워 면수(沔水)로 뛰어넘어 가[踰][11] 위수(渭水)로 들어가서 황하를 가로질러 건넜다[亂][12].

1) 【집해(集解)】 공안국(孔安國)이 말했다. "동쪽으로는 화산(華山)의 남쪽을 근거로 삼았고, 서쪽으로는 흑수(黑水)와 닿았다[距]." 【정의(正義)】 『괄지지(括地志)』에서 말했다. "흑수의 원천은 양주(梁州) 성고현(城固縣) 서북쪽 태산(太山)

에서 나온다."

2) 【집해(集解)】 정현(鄭玄)이 말했다. "「지리지(地理志)」에 이르기를, 민산(岷山)은 촉군(蜀郡) 전저도(湔氐道)에 있고 파총산(嶓冢山)은 한양(漢陽) 서쪽에 있다고 했다." 【색은(索隱)】 문(汶)은 판본에 따라 민(崏)으로 되어 있고 또 민(岐)으로 되어 있기도 하다. 민산(岐山)은 (『사기(史記)』) 「봉선서(封禪書)」에서 한편으로는 독산(瀆山)이라고도 했는데, 촉군 전저도 서쪽 변경[西徼(서요)]에 있으며 강수(江水)의 발원지이다. 파총산은 농서(隴西) 서현(西縣)에 있으며 한수(漢水)의 발원지이다. 【정의(正義)】 『괄지지(括地志)』에서 말했다. "민산(岷山)은 민주(岷州) 일락현(溢樂縣) 남쪽으로 1리 떨어진 곳에 있는데, 계속 이어져서[連緜(연면)=連綿(연면)] 촉까지 2,000리에 이르는 곳을 모두 이름해서 민산이라고 한다. 파총산은 양주(梁州) 금우현(金牛縣) 동쪽으로 28리에 있다."

3) 【집해(集解)】 공안국(孔安國)이 말했다. "타수와 잠수(潛水)는 이 주에서 발원(發源)해 형주(荊州)로 들어간다."

4) 【집해(集解)】 공안국(孔安國)이 말했다. "채와 몽은 둘 다 산의 이름이다. 산에 제사 지내는 것을 여(旅)라고 한다. 평(平)이란 '치수 사업[治功(치공)]을 마쳤다'라는 뜻이다." 정현(鄭玄)이 말했다. "「지리지(地理志)」에 이르기를 채산과 몽산은 한가현(漢嘉縣)에 있다고 했다." 【색은(索隱)】 이는 서주(徐州)의 몽산이 아니니, 촉군(蜀郡) 청의현(青衣縣)에 있다. 채산은 어디에 있는지 알지 못하겠다. 몽(蒙)은 현의 이름이다. 【정의(正義)】 『괄지지(括地志)』에서 말했다. "몽산은 아주(雅州) 엄도현(嚴道縣) 남쪽으로 10리에 있다."

5) 【집해(集解)】 마융(馬融)이 말했다. "화이는 땅 이름이다."

6) 【집해(集解)】 공안국(孔安國)이 말했다. "색은 청흑(青黑)이다."

7) 【집해(集解)】 공안국(孔安國)이 말했다. "밭은 제7등이고, 부세는 제8등인데 (풍흉에 따라) 제7등과 제9등을 섞어서 (그중 하나를) 냈다는 말이다."

8) 【집해(集解)】 공안국(孔安國)이 말했다. "구(璆)는 옥의 이름이다." 정현(鄭玄)이 말했다. "황금 중에서도 아름다운 것을 유(鏐)라고 한다.[여기서 유(鏐)를 말한 것

은 글자의 오른쪽 부분, 즉 요(翏)자가 좋다는 뜻을 한층 더해줌을 보이기 위한 것으로 보인다.] 누(鏤)는 강철(剛鐵)인데, 쇠를 깎아낼 수 있다."

9) 【집해(集解)】 공안국(孔安國)이 말했다. "네 짐승의 가죽을 바친 것이다. 직피(織皮)란 지금의 융단[罽=絨緞]이다."

10) 【집해(集解)】 마융(馬融)이 말했다. "서경산을 다스려서 환수를 통해 이리로 오게 했다는 말로, 그 밖의 다른 길은 없다는 뜻이다." 정현(鄭玄)이 말했다. "「지리지(地理志)」에 이르기를 서경산은 농서(隴西) 임조(臨洮)에 있다고 했다." 【색은(索隱)】 서경산은 농서 임조현 서남쪽에 있다. 환수는 촉군 민산(岷山) 서남쪽에서 발원해 강(羌) 땅의 가운데를 흘러서 남해(南海)로 들어간다. 【정의(正義)】 『괄지지(括地志)』에서 말했다. "서경산은 지금의 강대산(彊臺山)인데, 조주(洮州) 임담현(臨潭縣) 서남쪽으로 336리에 있다."

11) 【집해(集解)】 공안국(孔安國)이 말했다. "한수(漢水) 상류를 면(沔-면수)이라 한다." 정현(鄭玄)이 말했다. "간혹 한수를 일러 면수라 한다."

12) 【집해(集解)】 공안국(孔安國)이 말했다. "곧장[正] 가로지르는 것[絶流=斷流=橫流而渡]을 난(亂)이라고 한다."

흑수와 서하(西河) 사이에 옹주(雍州)가 있다[1]. 약수(弱水)가 이미 서쪽으로 흐르고[2] 경수(涇水)가 위수(渭水)의 북쪽[汭]과 합쳐지자[屬][3] 칠수(漆水)와 저수(沮水)가 이미 (다스려져) 순조롭게 따랐고[從][4] 풍수(灃水)도 같았다[所同][5]. 형산과 기산은 이미 (다스려져서) 여(旅)제사를 지냈으니[6], 종남(終南)과 돈물(敦物)에서 조서(鳥鼠)에 이르렀다[至][7]. 고지대 평원과 저지대 습지[原隰]에서 공업이 이뤄져 도야(都野)까지 이어졌다[8]. 삼위(三危)가 이미 안정되자[度][9] 삼묘(三苗)도 크게 차례가 잡혔다[大序=丕敍][10]. 그 땅은 황색이며 부드러웠다[黃壤]. 밭은 상상(上上)이고, 부세는 중하(中下)였다[11]. 공물은 아름다운 옥[璆]과 푸른 옥[琳], 경옥(硬玉-비취옥)[琅玕]이었는데[12], (운송할 때는) 적석(積石)에서 배를 띄워 용문(龍門)과 서

하(西河)에 이르렀다가[13] 위수 북쪽[汭-물이 합쳐지는 어귀]에서 만났다[14]. 모피를 입는 족속[織皮]이 곤륜(昆侖), 석지(析支), 거수(渠搜)에서 살았고, 이들 서융(西戎)은 곧 차례가 잡혔다[15].

1) **【집해(集解)】** 공안국(孔安國)이 말했다. "서쪽으로 흑수(黑水)와 닿았고[距], 동쪽으로 하수(河水)에 근거를 두었다. 용문(龍門)의 황하는 기주(冀州) 서쪽에 있다." **【색은(索隱)】** 「지리지(地理志)」에 이르기를, 익주(益州) 진지(滇池)에 흑수사(黑水祠)가 있다고 했다. 정현(鄭玄)이 『지설(地說)』을 인용해 말하기를 "삼위산(三危山)은 흑수가 그 남쪽에서 발원한다"라고 했다. 『산해경(山海經)』에 이르기를 "흑수는 곤륜허(崑崙墟) 서북쪽 구석에서 발원한다"라고 했다.

2) **【집해(集解)】** 공안국(孔安國)이 말했다. "그것을 인도해 서쪽으로 흐르게 해서 합려(合黎)에 이르렀다." 정현(鄭玄)이 말했다. "대부분의 강은 다 동쪽으로 향하는데, 이 강만 홀로 서쪽으로 흐른다." **【색은(索隱)】** 살펴보건대, 『수경(水經)』에 이르기를 "약수는 장액(張掖) 산단현(刪丹縣) 서북쪽에서 발원해 주천(酒泉) 회수현(會水縣)에 이르러 합려산(合黎山) 가운데로 들어간다"라고 했다. 『산해경(山海經)』에 이르기를 "약수는 곤륜허 서남쪽 구석에서 발원한다"라고 했다.

3) **【집해(集解)】** 공안국(孔安國)이 말했다. "속(屬)은 '이르다', '미치다[逮]'는 뜻이고, 강의 북쪽을 예(汭)라고 한다. 이는 경수를 다스려 위수로 들어가게 했다는 말이다." 정현(鄭玄)이 말했다. "「지리지(地理志)」에 이르기를, 경수는 안정(安定) 경양(涇陽-경수의 북쪽)에서 발원한다고 했다." **【색은(索隱)】** 위수는 수양현(首陽縣) 조서동혈산(鳥鼠同穴山)에서 발원한다. 『설문(說文)』에 이르기를 "두 강이 서로 (합쳐지면서 다른 강으로) 들어가는 곳을 예(汭)라고 한다"라고 했다. **【정의(正義)】** 『괄지지(括地志)』에서 말했다. "경수의 원천은 원주(原州) 백천현(百泉縣) 서남쪽에 있는 계두산(笄頭山) 경곡(涇谷)에서 나온다. 위수의 원천은 위주(渭州) 위원현(渭原縣) 서쪽으로 76리 떨어진 조서산에서 발원하는

데, 지금의 이름은 청작산(靑雀山)이다. 위수는 발원지가 3개 있는데 모두 조서산에서 나오며, 동쪽으로 흘러 하수로 들어간다." 살펴보건대, 경수를 다스려[理=治] 위수에 이르렀고 또 칠수와 저수를 다스려 마찬가지로 위수를 따라 흐르게 했으며 또다시 풍수(灃水)를 다스려 마찬가지로 위수로 들어가게 했다는 말이다.

4) 【정의(正義)】 『괄지지(括地志)』에서 말했다. "칠수의 원천은 기주(岐州) 보윤현(普潤縣) 동남쪽 기산(岐山-혹은 칠산(漆山)) 칠계(漆溪)에서 나와 동쪽으로 흘러 위수로 들어간다. 저수는 일명 석천수(石川水)인데, 원천은 옹주(雍州) 부평현(富平縣)에서 나와 동쪽으로 흘러 역양현(櫟陽縣) 남쪽으로 들어간다. 한나라 고제(高帝-유방)가 역양에 만년현(萬年縣)을 두었다. 『십삼주(지리)지』에 이르기를 '만년현 남쪽에 경수와 위수가 있고, 북쪽에 소하(小河)가 있으니, 이것이 곧 저수다'라고 했다. 『시경(詩經)』(「대아(大雅) 면(緜-면면히 이어짐)」편)에 이르기를 고공단보(古公亶父)[주(周)나라 태왕(太王)으로, 대왕(大王)이라고도 한다. 문왕(文王)의 할아버지이며, 공류(公劉)의 9세손(世孫)이다. 고공(古公)은 태왕(大王)의 본호(本號)이고 단보(亶父)는 태왕(大王)의 이름이다. 단보를 자(字)라고도 한다. 기산(岐山) 기슭에서 다움을 닦아 주나라의 기반을 이룬 사람이다. 추존(追尊)해 태왕(太王)이라고 한다.]가 빈(豳) 땅을 떠나 칠수와 저수 사이로 건너왔다고 했으니, 곧 이 두 강이다."

5) 【집해(集解)】 공안국(孔安國)이 말했다. "칠과 저의 물이 이미 순조로워져서[從=順] 위수로 들어왔다는 말이다. 풍수도 같았다는 것은 마찬가지로 위수로 들어왔다는 뜻이다. 【색은(索隱)】 칠과 저 두 강의 경우, 칠수는 우부풍(右扶風) 칠현(漆縣) 서쪽에서 발원한다고 했는데 저수는 「지리지(地理志)」에 아무런 글도 없다. 그런데 『수경(水經)』에서 저수(水)는 북지(北地) 직로현(直路縣)에서 발원해 동쪽으로 흘러서 풍익(馮翊) 대우현(祋祤縣)을 지나 낙수(洛水)로 들어간다고 했다. 『설문(說文)』 또한 칠수와 저수를 각각 별도의 강 이름으로 보았다. 공안국 홀로 둘을 하나의 강이라고 보았고, 또 이것이 낙수(洛水)라고 했다. 풍수(灃水)는 우부풍(右扶風) 호현(鄠縣) 동남쪽에서 나와 북쪽으로

흘러 상림원(上林苑)을 지난다. 【정의(正義)】『괄지지(括地志)』에서 말했다. "옹주(雍州) 호현(鄠縣) 종남산(終南山)이 풍수의 발원지[出(출)]이다."

6) 【집해(集解)】 공안국(孔安國)이 말했다. "형산은 기산의 동쪽에 있는 것이지, 형주(荊州)의 형산이 아니다." 【정의(正義)】『괄지지(括地志)』에서 말했다. "형산은 옹주 부평현에 있는데, 지금의 이름은 굴릉원(掘陵原)이다. 기산은 기주 기산현 동북쪽 10리에 있다."『상서정의(尙書正義)』에서 이르기를 "홍수 때는 제사의 예를 폐기한다. 이미 여제(旅祭)를 지냈다면 이는 치수 공사를 마쳤다는 말이다"라고 했다. 살펴보건대, 옹주(雍州) 형산(荊山)은 곧 황제(黃帝)와 우(禹)가 쇠솥[鼎(정)-천자의 상징]을 주조했던 곳이며 양주(襄州) 형산현(荊山縣) 서쪽의 형산은 곧 변화(卞和)가 옥박(玉璞)을 얻었던 곳이다.

7) 【집해(集解)】 공안국(孔安國)이 말했다. "세 산의 이름이니, 서로 바라보았다는 말이다." 정현(鄭玄)이 말했다. "「지리지(地理志)」에 따르면 종남과 돈물은 둘 다 우부풍(右扶風) 무공(武功)에 있다." 【색은(索隱)】 살펴보건대,『좌전(左傳)』에 중남산(中南山)이 나오는데 두예(杜預)는 이를 종남산이라고 보았다.「지리지(地理志)」에 이르기를 "태일산(太一山)의 옛 명칭이 종남(終南)이고 수산(垂山)의 옛 명칭이 돈물이다"라고 했으니, 둘 다 부풍 무공현 동쪽에 있다. 【정의(正義)】『괄지지(括地志)』에서 말했다. "종남산은 일명 중남산이고, 일명 태일산이고, 일명 남산(南山)이고, 일명 귤산(橘山)이고, 일명 초산(楚山)이고, 일명 진산(秦山)이고, 일명 주남산(周南山)이고, 일명 지폐산(地肺山)인데, 옹주(雍州) 만년현(萬年縣) 남쪽으로 50리에 있다."

8) 【집해(集解)】 정현(鄭玄)이 말했다. "「지리지(地理志)」에 따르면 도야는 무위(武威)에 있는데 이름을 휴도택(休屠澤)이라고 했다." 【정의(正義)】 원습(原隰)이란 유주(幽州) 지역이다. 살펴보건대, 원(原)이란 높은 평지이고 습(隰)이란 저지대이다. 따라서 위주(渭州)부터 공사를 마쳐 서북쪽으로 양주(涼州) 도야에 이르렀다는 말이니, 사주(沙州) 삼위산(三危山)이다.『괄지지(括地志)』에서 말했다. "도야택은 양주(涼州) 고장현(姑臧縣) 동북쪽으로 280리에 있다."

9) 【색은(索隱)】 정현(鄭玄)이 『하도(河圖)』와 『지설(地說)』을 끌어와서[引] 말하기를, "삼위산은 조서(鳥鼠) 서남쪽에 있는데 기산과 서로 이어져 있다"라고 했다. 度의 발음을 유백장(劉伯莊)은 전(田)과 각(各)의 반절음이라고 했는데, 『상서(尚書)』에는 '택(宅-집을 짓고 살만함)'으로 되어 있다.

10) 【집해(集解)】 공안국(孔安國)이 말했다. "서예(西裔-서쪽 변방)의 산이 이미 거주할 만하게 되자 삼묘의 부족들 사이에 차서(次序)가 생겨났으니, 우(禹)의 공로이다."

11) 【집해(集解)】 공안국(孔安國)이 말했다. "밭은 제1등, 부세는 제6등인데, 사람의 손[人功]이 적게 갔다."

12) 【집해(集解)】 공안국(孔安國)이 말했다. "구(璆)나 임(琳)은 모두 옥의 이름이다. 낭간(琅玕)은 돌인데, 옥구슬과 비슷하다."

13) 【집해(集解)】 공안국(孔安國)이 말했다. "적석산은 금성(金城) 서남쪽에 있으며 하수(河水)가 지나가는 곳이다. 용문산은 하동(河東)의 서쪽 경계에 있다." 【색은(索隱)】 적석은 금성 하관현(河關縣) 서남쪽에 있다. 용문산은 좌풍익(左馮翊) 하양현(夏陽縣) 서북쪽에 있다. 【정의(正義)】 『괄지지(括地志)』에서 말했다. "적석산의 지금 이름은 소적석(小積石)인데 하주(河州) 포한현(枹罕縣) 서쪽으로 7리에 있으며, 하주는 경사(京師-수도)에서 서쪽으로 1,472리 떨어져 있다. 용문산은 동주(同州) 한성현(韓城縣) 북쪽으로 50리에 있다. 이기(李奇)가 말하기를 '우(禹)가 하수(河水)를 뚫고 통하게 한 곳인데, 그 넓이는 80보였다'라고 했다. 『삼진기(三秦記)』에 이르기를 '용문의 물은 배를 들어 올려서[懸船] 지나가야 했는데 양쪽이 다 산이라 수륙이 통하지 않았으니, 거북이나 물고기가 용문 아래에 수천 마리나 모여들었지만, 위로 올라갈 수가 없었다. 만일 올라간다면 용(龍)이 되는 것이었다. 그래서 용문 아래에 아가미가 드러나 햇볕에 마르고 이마에 상처를 입은[點額點額] 고기들이 수두룩하다고 말한 것이다.[이를 사자성어로 용문점액(龍門點額)이라고 하는데, 과거 등에 수차례 도전했다가 실패한 사람을 일컫는다.]'" 살펴보건대, 하(河)가 기

주의 서쪽에 있어 그 때문에 서하(西河)라고 한 것이다. 우(禹)는 소적석산(小積石山)에서 하수를 발원케 해서 하동 북쪽 아래로 배를 타고 영(靈)과 승(勝)의 북쪽을 거쳐[歷] 남쪽으로 항해해 용문에 이르렀으니, 이들 지역은 모두 옹주 땅이다.

14) 【정의(正義)】『수경(水經)』에 이르기를 "하수는 또 남쪽으로 흘러 동관(潼關)에 이르고, 위수는 서쪽에서 시작해 그쪽으로 흘러간다"라고 했다.

15) 【집해(集解)】 공안국(孔安國)이 말했다. "직피(織皮)란 모포(毛布)이다. 이는 네 나라가 황복(荒服)의 밖에 있고 유사(流沙-서역의 사막 지방)의 안에 있기 때문이다[공안국이 네 나라라고 한 것은 거와 수를 별개의 나라로 보았기 때문이다.]. 강(羌)족이나 무(髳-더벅머리)족과 같은 (오랑캐) 족속들을 모두 차서(次序)가 있는 쪽으로 나아가게 했다는 말로, 우(禹)의 공적이 융적(戎狄)에까지 미쳤음을 찬미한 것이다." 【색은(索隱)】 정현(鄭玄)이 볼 때, 가죽으로 옷을 해 입는 사람들이 사는 곳이 곤륜, 석지, 거수인데 세 산은 모두 서융(西戎)에 있다. 왕숙(王肅)이 말했다. "곤륜은 임강(臨羌) 서쪽에, 석지는 하관(河關) 서쪽에, 서융은 서역(西域)에 있다." 왕숙은 거수를 (산이 아니라) 지명으로 보아 거수는 말하지 않았다. 지금 살펴보건대, 「지리지(地理志)」에 이르기를, 금성(金城) 임강현(臨羌縣)에 곤륜사(昆侖祠)가, 돈황(燉煌) 광지현(廣至縣)에 곤륜장(昆侖障-장벽)이, 삭방(朔方)에 거수현(渠搜縣)이 있다고 했다.

산 9개[九山]에 길을 뚫었다[道][1]. 견(汧)과 기(岐)는 형산(荊山)에 이르러[2] 하수(河水)로 뛰어넘어 갔다[踰]. 호구(壺口)와 뇌수(雷首)[3]는 태악(太嶽)에까지 이르렀고[4], 지주(砥柱)와 석성(析城)은 왕옥(王屋)에까지 이르렀다[5]. 태항(太行)과 상산(常山)은 갈석(碣石)에 이르러 바다로 들어갔다[6]. 서경(西傾), 주어(朱圉), 조서(鳥鼠)[7]는 태화(太華)에 이르렀고[8], 웅이(熊耳), 외방(外方), 동백(桐柏)은 배미(負尾)에 이르렀다[9]. 파총(嶓冢)에 길을 뚫어 형산(荊山)에 이르렀고[10], 내방(內方)은 대별(大別)에 이르렀다[11]. 민

산(汶山-문산)의 남쪽은 형산(衡山)에 이르렀다가[12] 강을 9개 지나 부천원(敷淺原)에 이르렀다[13].

1) 【색은(索隱)】 견(汧), 호구, 태항, 서경(西傾), 웅이(熊耳), 파총(嶓冢), 내방(內方), 민(岐)이 9개 산이다. 옛날에는 이를 나눠 3개 조(條)로 했다. 그래서 「지리지(地理志)」에서는 북조(北條)의 형산(荊山)이 있다고 했다. 마융(馬融)은 견산을 북조, 서경산을 중조(中條), 파총산을 남조(南條)라고 했다. 정현(鄭玄)은 열(列)을 4개로 나눠 견산을 음렬(陰列), 서경산을 다음 음렬, 파총산을 양렬(陽列), 민산을 다음 양렬이라고 했다.[조(條)나 열(列) 모두 근간이 된다는 뜻이다.]

2) 【집해(集解)】 정현(鄭玄)이 말했다. "「지리지(地理志)」에 따르면 견수는 우부풍(右扶風)에 있다." 【색은(索隱)】 견(汧)은 판본에 따라 견(岍)으로 되어 있는 경우도 있다. 살펴보건대, 견수(汧水)의 경우 그래서 그 글자에 산(山)이 오기도 하고 수(水)가 오기도 하는데, 마치 민산(岐山)이 그러한 것과 같다. 「지리지(地理志)」에 이르기를 오산(吳山)은 견현(汧縣) 서쪽에 있다고 했는데, 『고문(古文)』에서는 견산(汧山)이라고 했다. 기산은 우부풍 미양현(美陽縣) 서북쪽에 있고, 형산(荊山)은 좌풍익(左馮翊) 회덕현(懷德縣) 남쪽에 있다. 【정의(正義)】 『괄지지(括地志)』에서 말했다. "견산은 농주(隴州) 견원현(汧源縣) 서쪽으로 60리에 있다. 그 산은 동쪽으로 기산, 수산(岫山)과 이웃해 있고[隣], 서쪽으로는 농강(隴岡)과 붙어 있는데[接] 여기서 견수가 발원한다. 기산은 기주(岐州)에 있다."

3) 【색은(索隱)】 뇌수산은 하동 포판현(蒲阪縣) 동남쪽에 있다.

4) 【집해(集解)】 공안국(孔安國)이 말했다. "세 산은 기주(冀州)에 있다. 태악은 상당(上黨) 서쪽이다." 【색은(索隱)】 즉 곽태산(霍太山)이다. 이미 위에서 나왔다. 【정의(正義)】 『괄지지(括地志)』에서 말했다. "호구산은 자주(慈州) 길창현(吉昌縣) 서남쪽이다. 뇌수산은 포주(蒲州) 하동현(河東縣)에 있다. 태악은 곽산(霍山)인데, 심주(沁州) 심원현(沁源縣)에 있다."

5) 【집해(集解)】 공안국(孔安國)이 말했다. "이들 세 산은 기주(冀州)의 남하(南河) 북쪽에 있다." 【색은(索隱)】 석성산은 하동(河東) 호택현(濩澤縣) 서남쪽에, 왕옥산은 하동 원현(垣縣) 동북쪽에 있다. 『수경(水經)』에 이르기를 지주산은 하동 대양현(大陽縣) 남하(南河) 물 가운데에 있다고 했다. 【정의(正義)】 『괄지지(括地志)』에서 말했다. "지주산(底柱山)은 속칭 삼문산(三門山)인데, 섬주(陝州) 협석현(硤石縣) 동북쪽으로 50리 떨어진 황하의 가운데 있다. 공안국이 말하기를 '지주(底柱)란 산 이름이다. 황하의 물이 나눠 흘러서 산을 에워싸며 지나가고 산은 물 가운데 있다 보니, 마치 기둥[柱(주)]처럼 보여서 그렇게 불렀다'라고 했다." (또) 『괄지지』에서 말했다. "석성산은 택주(澤州) 양성현(陽城縣) 서남쪽으로 70리에 있다. 『수경주』에서 이르기를 '석성산은 매우 높고 험준하며 위는 평탄하고 샘이 2개 있는데, 동쪽 샘은 흐리고 서쪽 샘은 맑으며 주변에는 풀과 나무가 자라지 못한다'라고 했다." (또) 『괄지지』에서 말했다. "왕옥산은 회주(懷州) 왕옥현 북쪽으로 10리에 있다. 『고금지명(古今地名)』에 이르기를 '산은 사방 700리이고 산의 높이가 1만 길[仞(인)]인데, 본래 기주(冀州)의 하양산(河陽山)이다'라고 했다."

6) 【집해(集解)】 공안국(孔安國)이 말했다. "앞의 두 산은 이어져서[連延(연연)=綿綿(면면)] 동북쪽으로 갈석산과 만나 창해(滄海)로 들어간다." 【색은(索隱)】 태항산은 하내(河內) 산양현(山陽縣) 서북쪽에 있다. 상산(常山)은 곧 항산(恆山)인데, 상산군 상곡양현(上曲陽縣) 서북쪽에 있다. 【정의(正義)】 『괄지지(括地志)』에서 말했다. "태항산은 회주(懷州) 하내현(河內縣) 북쪽으로 25리에 있는데, 양장판(羊腸阪-양의 창자를 닮은 비탈이나 골짜기)이 있다. 항산은 정주(定州) 항양현(恆陽縣) 서북쪽으로 140리에 있다. 『도서복지기(道書福地記)』에 이르기를 '항산은 높이가 3,300장(丈)이고 정상 부분이 사방 20리인데, (도교에서 중시하는) 태현(太玄)의 샘이 있고 신령스러운 풀 19종이 나며 일반에서도 널리 사용할 수 있다'라고 했다."

7) 【집해(集解)】 정현(鄭玄)이 말했다. "「지리지(地理志)」에 이르기를, 주어(朱圉)는

한양(漢陽) 남쪽에 있다고 했다." 공안국(孔安國)이 말했다. "조서산은 위수가 발원하는 곳[원문에는 소산(所山)으로 되어 있는데, 소출(所出)의 잘못인 듯하다.]이고 농서의 서쪽에 있다."

8) 【집해(集解)】 정현(鄭玄)이 말했다. "「지리지(地理志)」에 이르기를, 태화산은 홍농(弘農) 화음(華陰) 남쪽에 있다고 했다." 【색은(索隱)】 어(圉-마부, 감옥)는 판본에 따라 어(圄-감옥)로 된 경우도 있다. 주어산은 천수(天水) 기현(冀縣) 남쪽에 있다. 조서산은 농서 수양현(首陽縣) 서남쪽에 있다. 태화는 곧 돈물산이다.

9) 【집해(集解)】 정현(鄭玄)이 말했다. "「지리지(地理志)」에 이르기를 웅이는 노지(盧氏) 동쪽에 있다고 했다. 외방은 영천(潁川)에 있다. 숭고산(嵩高山), 동백산은 남양(南陽) 평지(平氏) 동남쪽에 있다. 배미(陪尾)는 강하(江夏) 안릉(安陵) 동북쪽에 있는데, 횡미산(橫尾山)이 그곳인 듯하다." 【색은(索隱)】 웅이산은 홍농 노지현 동쪽에 있는데, 이수(伊水)가 발원하는 곳이다. 외방산은 곧 영천(潁川) 숭고현(嵩高縣) 숭고산으로, 『고문상서(古文尙書)』에도 외방산으로 되어 있다. 동백산은 일명 대복산(大復山)인데, 남양(南陽) 평지현 동남쪽에 있다. 배미산(陪尾山)은 강하(江夏) 안릉현(安陵縣) 동북쪽에 있다. "「지리지」에서는 이를 일러 횡미산이라고 했다. 負의 발음은 (부가 아니라) 배(陪)이다. 【정의(正義)】 『괄지지(括地志)』에서 말했다. "화산(華山)은 화주(華州) 화음현(華陰縣) 남쪽으로 8리에, 웅이산은 괵주 노지현 남쪽으로 50리에 있다. 숭고산은 또 태실산(太室山)이라고도 하고 또 외방산이라고도 하는데, 낙주(洛州) 양성현(陽城縣) 북쪽으로 23리에 있다. 동백산은 당주(唐州) 동백현 동남쪽으로 50리에 있는데, 회수(淮水)가 발원한다. 횡미산은 옛날의 배미산으로, 안주(安州) 안릉현 북쪽으로 60리에 있다."

10) 【집해(集解)】 정현(鄭玄)이 말했다. "「지리지(地理志)」에 이르기를 형산은 남군(南郡) 임저(臨沮)에 있다고 했다." 【색은(索隱)】 이는 동조(東條) 형산으로, 남군 임저현 동북쪽 귀퉁이에 있다. 【정의(正義)】 『괄지지(括地志)』에서 말했다. "파총산은 양주(梁州)에 있다. 형산은 양주(襄州) 형산현 서쪽으로 80리

에 있다." 또 말했다. "형산현은 본래 한나라 때 임저현 땅이다. 저수(沮水)가 곧 한수(漢水)이다." 살펴보건대, 손숙오(孫叔敖)[초나라 장왕의 둘도 없는 책사가 되어 군제(軍制)를 개혁하고 내정을 쇄신하며 각종 수리(水利), 영전(營田) 사업을 일으킴으로써 초나라가 안으로 부국강병을 이룩하고 밖으로 춘추의 3대 패업(霸業)을 성취하는 데 절대적인 공헌을 했다. 장왕이 그의 공적을 가상하고 고맙게 여겨서 부유하고 넓은 읍(邑)을 하사하고자 했으나 고사(固辭)하고, 척박해서 아무도 탐내지 않는 침읍(寢邑)을 청했다고 한다.]가 저수를 흐르게 해서[激(격)] 운몽택(雲夢澤)을 만들었다고 하는 것이 이것이다.

11) 【집해(集解)】 정현(鄭玄)이 말했다. "「지리지(地理志)」에 이르기를, 내방산은 경릉(竟陵)에 있는데 이름을 입장산(立章山)이라고 한다. 대별산은 여강(廬江) 안풍현(安豐縣)에 있다." 【색은(索隱)】 내방산은 경릉현 동북쪽에 있다. 대별산은 육안국(六安國) 안풍현에 있는데, 지금 그곳 사람들은 증산(甑山)이라고 부른다. 【정의(正義)】 『괄지지(括地志)』에서 말했다. "장산(章山)은 형주(荊州) 장림현(長林縣) 동북쪽으로 60리에 있다. 지금의 한수(漢水)는 장산 동쪽을 의지하고 있으니, 경전이나 역사에 나오는 기록과 부절처럼 맞아떨어진다[符會(부회)]." 살펴보건대, 대별산은 지금 사주(沙州)의 산 정상에 있는데 한강이 그 왼쪽을 지나가니, 오히려 지금 세상 사람들이 증산(甑山)이라고 부르는 곳인 듯하다. 주해에 이르기를 "안풍현에 있다"라고 했으니, 한수가 지나가는 곳은 아니다.

12) 【색은(索隱)】 (형산은) 장사(長沙) 상남현(湘南縣) 동남쪽에 있다. 『광아(廣雅)』에 이르기를 "구루(岣嶁) 봉우리를 일러 형산이라고 한다"라고 했다. 【정의(正義)】 『괄지지(括地志)』에서 말했다. "민산(岷山)은 무주(茂州) 민천현(汶川縣)에, 형산은 형주(衡州) 상담현(湘潭縣) 서쪽으로 41리에 있다."

13) 【집해(集解)】 서광(徐廣)이 말했다. "천(淺)은 판본에 따라 멸(滅)로 되어 있기도 하다." 배인(裴駰)이 살펴보건대, 공안국(孔安國)이 말하기를 "부천원은 일명 부양산(傅陽山)인데 예장(豫章)에 있다"라고 했다. 【색은(索隱)】 예장 역릉현

(歷陵縣) 남쪽에 부양산이 있는데, 일명 부천원이라고 한다.

작은 강 9개[九川(구천)]에 길을 냈다[道(도)][1]. 약수(弱水)는 합려(合黎)에 이르렀고[2] 여파(餘波-남은 물결)는 유사(流沙)로 들어갔으며[3], 흑수(黑水)에 길을 내니 삼위(三危)에 이르렀다가 남해(南海)로 들어갔다[4].

황하의 적석에서 물길을 내[5] 용문에 이르렀으니, 남쪽으로는 화음(華陰)에 이르렀다[6]. 동쪽으로는 지주(砥柱)에 이르렀다가[7] 다시 동쪽으로 맹진(盟津)에 이르렀으며[8], (다시) 동쪽으로 낙수(雒水)를 지나 대비(大邳)에 이르렀다[9]. 북쪽으로는 강수(降水)를 지나서 대륙(大陸)에 이르렀는데[10], (여기서) 북쪽으로 9개 하(河)로 퍼졌다가[播(파)] 다시 합쳐져서 역하(逆河)가 되어 바다로 들어간다[11].

1) 【색은(索隱)】 약(弱), 흑(黑), 하(河), 양(瀁), 강(江), 연(沇), 회(淮), 위(渭), 낙(洛)의 작은 강 9개이다.

2) 【집해(集解)】 정현(鄭玄)이 말했다. "「지리지(地理志)」에 이르기를 약수는 장액군(張掖郡)에서 발원한다고 했다." 공안국(孔安國)이 말했다. "합려는 강 이름이고, 유사의 동쪽에 있다." 【색은(索隱)】 『수경(水經)』에 이르기를 합려산은 주천(酒泉) 회수현(會水縣) 동북쪽에 있다고 했는데, 정현(鄭玄)은 『지설(地說)』을 끌어들여 마찬가지로 그렇다고 했다. 공안국은 강 이름이라고 했지만, 그 산에는 그 강이 해당해야 하는데, 기록한 바가 각각 똑같지 않다. 【정의(正義)】 『괄지지(括地志)』에서 말했다. "난문산(蘭門山)은 일명 합려이고 일명 궁석산(窮石山)인데 감주(甘州) 산단현(刪丹縣) 서남쪽으로 70리에 있으니, 『회남자(淮南子)』에 이르기를 '약수의 원천은 궁석산에서 나온다'라고 했다." 또 말했다. "합려는 일명 강곡수(羌谷水)이고 일명 선수(鮮水)이며 일명 복표수(覆表水)인데, 지금의 이름은 부투하(副投河)이다. 또한 장액하(張掖河)라고 하는데, 남쪽의 토곡혼(吐谷渾) 경계에서 시작해 감주(甘州) 장

액현으로 흘러 들어간다." 지금 살펴보건대, 합려산은 임송현(臨松縣) 임송산 동쪽에서 발원해 북쪽으로 흘러 장액 고성 아래를 지나고, 또 북쪽으로 흘러서 장액현을 지나 23리를 흘러가며, 다시 북쪽으로 흘러서 합려산을 경유한다. 그리고 꺾어져서 북쪽으로 흘러 유사적(流沙磧) 서쪽을 지난 뒤 거연(居延)의 바다로 들어가는데, 행로가 1,500리이다. 합려산은 장액현 서북쪽으로 200리에 있다.

3) 【집해(集解)】 공안국(孔安國)이 말했다. "약수의 남은 물결은 서쪽으로 넘쳐 유사로 들어간다." 정현(鄭玄)이 말했다. "「지리지(地理志)」에 이르기를, 유사는 거연(居延) 동북쪽에 있는데 거연택(居延澤)이라고 한다고 했다. 『지기(地記)』에서 말하기를 '약수는 서쪽으로 흘러 합려산 한복판으로 들어가고 남은 물결은 유사로 들어가서 남해(南海)로 통하게 된다'라고 했다." 마융(馬融)과 왕숙(王肅)은 모두 합려와 유사는 (산이나 강이 아니라) 땅 이름이라고 했다. 【색은(索隱)】 「지리지」에서 말했다. "장액 거연현 서북쪽에 거연택이 있는데, 『고문(古文)』은 이를 유사(流沙)라고 했다." 『광지(廣志)』에 따르면 "유사는 옥문관(玉門關) 밖에 있는데, 거기에 거연택이 있다"라고 했고, 또 『산해경(山海經)』에서는 "유사는 종산(鐘山)에서 발원해 서남쪽으로 흘러 곤륜허에 이르렀다가 바다로 들어간다"라고 했다. 살펴보건대 이는 땅과 강의 이름을 겸하고 있다. 그래서 한편으로는 땅 이름이라 하고 한편으로는 강 이름이라고 했으니, 정현과 마융이 서로 같지 않은 것은 아마도 나름의 이유가 있을 것이다.

4) 【집해(集解)】 정현(鄭玄)이 말했다. "「지리지(地理志)」에서는 익주(益州) 전지(滇池)에 흑수사(黑水祠)가 있다고만 하고 이 산수가 있는 곳을 기록하지는 않았다. 『지기(地記)』에 이르기를 '삼위산은 조서의 서남쪽에 있다'라고 했다." 공안국(孔安國)이 말했다. "흑수는 북쪽에서 남쪽으로 흘러 삼위를 거쳐서[經(경)] 양주(梁州)를 지나 남해로 들어간다." 【정의(正義)】 『괄지지(括地志)』에서 말했다. "흑수의 원천은 이주(伊州) 이오현(伊吾縣) 북쪽으로 120리 떨어진 곳

으로, 다시 남쪽으로 2,000리를 흐르다가 끊어진다. 삼위산은 사주(沙州) 돈황현 동남쪽으로 40리에 있다." 살펴보건대 남해(南海)란 양주(揚州) 동쪽의 큰 바다이니, 그래서 민강(岷江)은 아래로 흘러내려 양주 동쪽에서 바다로 들어간다. 흑수의 원천은 이주(伊州)에 있으며, 이주의 동남쪽부터 3,000여 리를 흘러 선주(鄯州)에 이르고, 선주 동남쪽으로 400여 리를 흘러 하주(河州)에 이르렀다가 황하로 들어간다. 하주에는 소적석산, 즉 (『서경(書經)』) 「우공(禹貢)」편에 나오는 "적석에서 배를 띄워 용문에 이른다"라는 적석이 있다. 그러나 황하는 서남쪽 아래를 끼고 대곤륜 동북쪽 귀퉁이에서 발원해, 동북쪽으로 흘러 전(闐)을 지났다가 염택(鹽澤)으로 흐르고, 곧바로 동남쪽으로 잠행(潛行-땅속으로 흐르는 것)해 토욕혼(土谷渾) 경계에 있는 대적석산에 이르며, 다시 동북쪽으로 흘러 소적석산에 이르렀다가 또다시 동북쪽으로 흐르니, 유래와 흘러가는 곳이 모두 지극히 멀다. 흑수는 홍수 때가 되면 황하로부터 흘러나오니, 어찌 남해로 들어갈 수 있겠는가? 남해는 이로부터 거리가 심히 멀고 남산(南山), 농산(隴山), 민산(岷山) 등이 그 사이를 가로막고 있다. 이런 홍수 피해를 당하게 되는 곳이 아주 많아서 서융은 치수 공사를 제대로 할 수 없었고, 그래서 『고문(古文)』에서는 (그 지역을 평해) 소략(疏略)하다고 했던 것이다.

5) 【색은(索隱)】 『이아(爾雅)』에 이르기를 "하(河-황하)는 곤륜허에서 발원하는데, 그 곳의 땅은 하얗다"라고 했다. 『한서(漢書)』 「서역전(西域傳)」에서 말했다. "황하는 원천이 2개 있는데, 하나는 총령(蔥嶺)에서, 또 하나는 우전(于闐)에서 나온다. 우전은 남산 아래에 있으니, 그 강이 북쪽으로 흘러 총령하(葱嶺河)와 만났다가 동쪽으로 흘러 포창해(蒲昌海)로 흘러 들어간다. 포창해는 일명 염택(鹽澤)이라고도 불리는 곳이다. 그 물은 정지해 있으며 겨울과 여름에 늘지도 줄지도 않는다. 모든 사람은 (그 물이) 지하로 잠행했다가 남쪽으로 적석(積石)에서 솟아 나와 중국의 황하가 된다고 여기고 있다." 이곳이 황하가 발원하는 곤륜(昆侖)인데, 우(禹)는 적석산으로부터 황하의 물길을 끌어내어

치수의 공력을 더했던 것이다.

6) 【집해(集解)】 공안국(孔安國)이 말했다. "화산 북쪽에 이르렀다가 동쪽으로 흘러간다." 【정의(正義)】 화음현은 화산 북쪽에 있는데, 본래 위(魏)나라의 음진현(陰晉縣)이었다가 진(秦)나라 혜문왕(惠文王) 때 이름을 고쳐서 영진(寧秦-진나라를 평안케 한다)이라고 했고, 한(漢)나라 고제(高帝-유방) 때 화음(華陰)이라고 고쳐 불렀다.

7) 【집해(集解)】 공안국(孔安國)이 말했다. "지주는 산 이름이다. 황하의 물이 나뉘어 흐르며 산을 껴안고 지나가는데, 산이 물 가운데 있는 것이 마치 기둥처럼 보이기 때문이다. 서괵(西虢) 경계에 있다." 【정의(正義)】 지주산은 세상 사람들이 삼문산(三門山)이라고 하니, 우(禹)가 이 산을 뚫었는데[鑿(착)] 물길이 3개 있어 삼문이라고 한 것이다.

8) 【집해(集解)】 공안국(孔安國)이 말했다. "낙수(洛水) 북쪽에 있다." 【색은(索隱)】 맹(盟)은 옛날의 맹(孟)자이다. 맹진(孟津)은 하양(河陽)에 있다. 『십삼주기(十三州記)』에 이르기를 "하양현은 황하 변[河上(하상)]에 있으니 곧 맹진(孟津)이다"라고 했으니, 바로 이곳이다. 【정의(正義)】 두예(杜預)가 말했다. "맹(盟)은 하내군(河內郡) 하양현(河陽縣) 남쪽의 맹진(孟津)인데, 낙양성(洛陽城) 북쪽에 있다. 물이 크게 모여드는 곳[所湊(소진)]을 예나 지금이나 진(津)이라고 하는데, (주나라) 무왕(武王)이 거기를 건넜기에 근대(近代) 사람들은 그곳을 무제(武濟-무왕이 건너다)라고 불렀다." 『괄지지(括地志)』에서 말했다. "맹진(盟津)은 주나라 무왕이 주(紂)를 정벌하고 800여 제후들과 회맹(會盟)한 진(津-강가 언덕)이다. 또 맹진(孟津)이라 하고, 부평진(富平津)이라고도 한다. 『수경(水經)』에 이르기를 소평진(小平津)이라고 했으니, 지금 하양진(河陽津)이라고 부르는 곳이 이곳이다."

9) 【집해(集解)】 공안국(孔安國)이 말했다. "낙예(洛汭)는 낙수가 황하로 들어가는 지점이다. 산이 다시 일어서는 것을 비(邳)라고 한다." 【색은(索隱)】 『이아(爾雅)』에서 말했다. "산이 하나로 이뤄지는 것을 비(邳)라고 한다." 혹은 성고현(成

皐縣)의 산이 이것이다. 【정의(正義)】 이순(李巡)이 말했다. "산이 두 번 겹쳐 있는 것을 영(英)이라고 하고, 한 번 겹쳐 있는 것을 비(伾)라고 한다."『괄지지(括地志)』에서 말했다. "대비산(大伾山)은 지금의 이름이 여양동산(黎陽東山)이고 또 청단산(青檀山)인데, 위주(衛州) 여양(黎陽) 남쪽으로 7리에 있다. 장읍(張揖)이 말하기를 지금의 성고(成皐)라고 했는데, 틀렸다."

10) 【집해(集解)】 정현(鄭玄)이 말했다. "「지리지(地理志)」에 따르면 강수는 신도(信都)(남쪽)에 있다." 공안국(孔安國)이 말했다. "대륙은 늪지[澤(택)] 이름이다." 【색은(索隱)】「지리지」에 따르면, 강수(降水)에서 '강(降)'이라는 글자는 '계(系)'에서 나온 것으로 신도국에서 발원해 호지(虖池)·장수(漳水), 하수(河水)와 나란히 바다로 들어간다고 했다. 대륙은 거록군(鉅鹿郡)에 있다.『이아(爾雅)』에 이르기를 "진(晉)나라 땅에 대륙이 있다"라고 했는데, 곽박(郭璞)은 그곳이 이 늪지라고 했다. 【정의(正義)】『괄지지(括地志)』에서 말했다. "강수의 원천은 노주(潞州) 둔류현(屯留縣) 서남쪽에서 나와 동북쪽으로 흘러 기주(冀州)에 이르러 바다로 들어간다."

11) 【집해(集解)】 정현(鄭玄)이 말했다. "아래 꼬리가 합쳐지는 것을 일러 역하(逆河)라고 하는데, 서로를 향해 가다가 만나서 서로를 받아들이는 것을 말한다." 【정의(正義)】 파(播)는 '퍼지다', '베풀다[布(포)]'라는 뜻이다. 강물이 기주에 이르러 나뉘어 퍼져서 9개 하[九河(구하)]가 되고, 내려가서 창주(滄州)에 이르러 다시 하나로 합쳐져서 하나의 큰 하가 된다. 이름하여 역하(逆河)라고 하니, 오른쪽으로 갈석산을 끼고서 발해로 들어간다.

파총산에서 시작하는[道(도)=導(도)] 양수(漾水)는 동쪽으로 흘러 한수(漢水)가 되고[1], 다시 동쪽으로 흘러서 창랑(蒼浪)의 물이 되어[2] 삼서(三澨)를 지나 대별(大別)로 들어가고[3], 남쪽으로 흘러 강수(江水-장강)로 들어가고, 동쪽으로 휘돌아[匯(회)] 모여서 늪지를 이루니 팽려(彭蠡)이며[4], 동쪽으로 흘러서 북강(北江)이 되어 바다로 들어간다[5].

1) 【집해(集解)】 정현(鄭玄)이 말했다. "「지리지(地理志)」에 따르면, 양수는 농서(隴西) 저도(氐道)에서 발원해 무도(武都)에 이르러 한수(漢水)가 되고 강하(江夏)에 이르는데, 이를 가리켜 하수(夏水)라고 불렀다고 한다." 【색은(索隱)】 『수경(水經)』에 이르기를 "양수는 농서 저도현 파총산에서 발원해 동쪽으로 흘러서 무도 저현(沮縣)에 이르러 한수가 된다"라고 했다. 「지리지」에 이르기를, 강하에 이르면 이를 가리켜 하수(夏水)라고 불렀다고 한다. 『산해경(山海經)』에서도 한수는 파총산에서 발원한다고 했다. 그래서 공안국(孔安國)은 이렇게 말했다. "샘이 처음에 산에서 나와 양수가 되고, 동남쪽으로 흘러 면수(沔水)가 되며, 한중(漢中)에 이르러 동쪽으로 흘러서 한수가 된다." 【정의(正義)】 『괄지지(括地志)』에서 말했다. "파총산의 물이 처음 나올 때는 산이 가로막아 흠뻑 잠기기[沮洳] 때문에, 그래서 저수(沮水)라고 했다. 동남쪽으로 흘러 양수가 되고, 또 면수가 된다. 한중에 이르러 한수가 되고, 균주(均州)에 이르러 창랑수(滄浪水)가 된다. 처음에 큰 강을 나오려고 할 때는 하구(夏口)였다가, 다시 면구(沔口)가 된다. 한강(漢江-한수)을 일명 면강(沔江)이라고도 한다."

2) 【집해(集解)】 공안국(孔安國)이 말했다. "별도의 강 흐름을 말한다. 형주(荊州)에 있다." 【색은(索隱)】 마융(馬融)과 정현(鄭玄) 둘 다 창랑을 하수(夏水), 즉 한하(漢河)의 별개의 강 흐름으로 보았다. (굴원(屈原)의) 「어부가(漁父歌)」에 이르기를 "창랑의 물 맑으니 내 갓끈 씻으리라"라고 했는데, 이 강을 말한다. 【정의(正義)】 『괄지지(括地志)』에서 말했다. "균주(均州) 무당현(武當縣)에 창랑수가 있다. 유중옹(庾仲雍)은 『한수기(漢水記)』에서 이렇게 말했다. '무당현에서 서쪽으로 40리 떨어진 한수 가운데에 주(洲-강 가운데 있는 섬)가 있는데, 이를 창랑주(滄浪洲)라고 부른다.' 『지기(地記)』에 이르기를 '물은 형산(荊山)에서 발원해 동남쪽으로 흘러 창랑수가 된다'라고 했다."

3) 【집해(集解)】 공안국(孔安國)이 말했다. "삼서란 강 이름[水名]이다." 정현(鄭玄)이 말했다. "강하(江夏) 경릉(竟陵)의 경계 지점에 있다." 【색은(索隱)】 『수경(水經)』

에 이르기를 "삼서는 땅 이름으로, 남군(南郡) 기현(邔縣) 북쪽이다"라고 했다. 공안국과 정현은 강 이름이라고 했다. 지금 경릉에 삼참수(三參水)가 있는데, 세상 사람들은 이를 삼서수(三澨水)라고 부른다.

4) 【집해(集解)】 공안국(孔安國)이 말했다. "회(匯)는 '물이 휘돌아 모이다[回]'라는 뜻이다. 물이 동쪽으로 휘돌아서 팽려(彭蠡)라는 큰 늪지[大澤]가 된다."

5) 【집해(集解)】 공안국(孔安國)이 말했다. "팽려에서 강(江)이 나뉘어 길 3개를 통해서 진택(震澤)으로 들어가, 드디어 북강(北江)이 되어 바다로 들어간다."

민산(汶山)에서 시작하는 강수는 동쪽으로 나눠져 타수(沱水)가 되고, 다시 동쪽으로 흘러 예(醴)에 이르며[1], 9개 하(河)를 지나 동릉(東陵)에 이르고[2], 동쪽으로 흐르다가 넘쳐서[迆=迤] 북쪽으로 흘러가 물이 휘도는 곳[匯]에서 모이고[3], 동쪽으로 흘러 중강(中江)이 되어 바다로 들어간다[4].

1) 【집해(集解)】 공안국(孔安國)과 마융(馬融), 왕숙(王肅)은 모두 예(醴)를 강 이름으로 보았다. (반면에) 정현(鄭玄)은 "예(醴)는 언덕 이름[陵名]이다. 큰 언덕[大阜]을 능(陵)이라고 한다. 장사(長沙)에 예릉현(醴陵縣)이 있다"라고 했다. 【색은(索隱)】 굴원이 노래하기를 "나의 패옥을 예수 물가[醴浦]에서 씻어내고"라고 했으니, 분명히 예(醴)는 강이다. 공안국과 마융의 풀이가 그 실상에 맞다. 또 (진(晋)나라 우희(虞喜)가 지은) 『우희지림(虞喜志林)』에서는 예(醴)를 강으로 보아 원수(沅水)의 지류[別流]라고 하면서 예(醴)자를 예(澧)로 썼다.

2) 【집해(集解)】 공안국(孔安國)이 말했다. "동릉은 땅 이름이다."

3) 【집해(集解)】 공안국(孔安國)이 말했다. "이(迆)는 '넘치다[溢]'라는 뜻이다. 동쪽으로 흐르다가 넘쳐서 나뉘어 흘러가고, 대체로[都] 북쪽에 있는 팽려에서 만나게 된다."

4) 【집해(集解)】 공안국(孔安國)이 말했다. "북강이 있고 중강이 있으니, 남강이 있다는 것도 알 수 있다." 【정의(正義)】 『괄지지(括地志)』에서 말했다. "(『서경(書

經)』) 「우공(禹貢)」편에서 이르기를, 3개 강은 모두 팽려에서 만나고 합쳐져서 하나의 강이 전부 바다로 들어간다고 했다."

연수(沇水)를 통하게 하니, 동쪽으로 흘러 제수(濟水)가 되어 황하로 들어가고 흘러넘쳐[泆] 형(滎)이 되었으며[1], 동쪽으로 흐르다가 도구(陶丘) 북쪽으로 나와서[2] 다시 동쪽으로 흘러 하(荷)에 이르고[3], 다시 동북쪽으로 흘러 문수(汶水)에서 만나고[4] 다시 동북쪽으로 흘러 바다로 들어간다.

1) 【집해(集解)】 정현(鄭玄)이 말했다. "「지리지(地理志)」에 따르면, 연수는 하동(河東) 원현(垣縣) 동쪽에 있는 왕옥산(王屋山)에서 발원해 동쪽으로 흘러 하내(河內) 무덕(武德)에 이르러 황하로 들어가고, 흘러넘쳐 형택(滎澤)이 된다." 공안국(孔安國)이 말했다. "제수는 온(溫)의 서북쪽에 있다. 형택은 오창(敖倉) 동남쪽에 있다." 【색은(索隱)】 『수경(水經)』에서 말했다. "하동 원현 왕옥산으로부터 동쪽으로 흐르는 것을 연수라고 하니, 온현 서북쪽에 이르러 제수가 된다." 【정의(正義)】 『괄지지(括地志)』에서 말했다. "연수는 회주(懷州) 왕옥현(王屋縣) 북쪽으로 10리 떨어진 왕옥산 꼭대기에서 발원하는데, 암벽 아래 돌샘은 물이 고여[渟] 흐르지 않으며 그 깊이는 잴 수가 없다. 이미 땅 밖으로 나타났다가 숨은 상태로 제원현(濟源縣) 서북쪽 2리 떨어진 평지까지 이르게 되면 그 원천이 거듭해서 나오고, 다시 동남쪽으로 흘러 사수(汜水)가 된다." 『수경』에 이르기를 "연수는 동쪽으로 흘러서 온현 서북쪽에 이르러 제수(泲水)가 되고, 다시 남쪽으로 공현(鞏縣)의 남쪽과 맞닥뜨리며 흘러서 황하로 들어간다"라고 했다. 『석명(釋名-이름 풀이)』에 이르기를 "제(濟)란 '건너다[濟=渡]'라는 뜻이다"라고 했는데, 뒷부분 濟의 발음은 자(子)와 세(細)의 반절음이다. 살펴보건대 제수는 황하로 들어가 남쪽으로 흘러가서 황하의 남쪽 강변을 타고 내려가다가 넘쳐서[溢] 형택이 되는데, 이는 정주(鄭州) 형택현 서북쪽으로 4리에 있다. 지금은 물이 없고 평지가 되었다.

2) 【집해(集解)】 공안국(孔安國)이 말했다. “도구란 언덕이 이중으로 형성되어 있다[再成]는 말이다.” 정현(鄭玄)이 말했다. “「지리지(地理志)」에 따르면 도구는 제음(濟陰) 정도(定陶) 서남쪽에 있다.” 【정의(正義)】 『괄지지(括地志)』에서 말했다. “도구는 복주(濮州) 견성(鄄城) 서남쪽으로 24리에 있다. 또 이르기를 조주성(曹州城) 안에 있다고도 했다. 서재종(徐才宗)의 『국도성기(國都城記)』에 이르기를 ‘이 성안에 높은 언덕[高丘]이 있으니, 곧 옛날의 도구이다’라고 했다.”

3) 【집해(集解)】 공안국(孔安國)이 말했다. “하택(荷澤)의 물이다.”

4) 【정의(正義)】 汶의 발음은 문(問)이다. 「지리지(地理志)」에 이르기를, 문수는 태산군(泰山郡) 내무현(萊蕪縣) 원산(原山)에서 발원해 서남쪽으로 흘러 제수(泲水)로 들어간다고 했다.

회수(淮水)는 동백(桐柏)에서 시작해[道][1] 동쪽으로 흘러서 사수(泗水), 기수(沂水)와 만나고, 동쪽으로 흘러 바다로 들어간다[2].

1) 【정의(正義)】 「지리지(地理志)」에 이르기를, 동백산은 남양(南陽) 평지현(平氏縣) 동남쪽에 있는데 회수가 발원한 곳이라고 했다. 살펴보건대, 당주(唐州) 동쪽으로 50여 리에 있다.

2) 【집해(集解)】 공안국(孔安國)이 말했다. “사수와 기수 두 강과 합쳐져서 바다로 들어간다.”

위수(渭水)는 조서동혈(鳥鼠同穴)[1]에서 시작해 동쪽으로 흘러서 풍수(灃水)와 만나고[2], 다시 동북쪽으로 흘러 경수(涇水)로 들어가며[3], 동쪽으로 흘러 칠수(漆水)와 저수(沮水)를 지나[過] 황하로 들어간다[4].

1) 【집해(集解)】 공안국(孔安國)이 말했다. “새와 쥐[鳥鼠]가 모두 암수로 짝을 이뤄

같은 동굴[同穴]에 살았기 때문에 이 산의 이름을 마침내 조서(鳥鼠)라고 했으니, 위수가 발원한 곳이다." 【정의(正義)】『괄지지(括地志)』에서 말했다. "조서산은 지금의 청작산(青雀山)인데, 위주(渭州) 위원현(渭源縣) 서쪽으로 76리에 있다. 『산해경(山海經)』에 이르기를 '새와 쥐가 같은 동굴에 사는 산인데, 위수의 발원지이다'라고 했고, 곽박(郭璞)은 그에 대한 주해에서 '지금의 농서(隴西) 수양현(首陽縣) 서남쪽에 있다. 산에는 새와 쥐가 함께 살았다는 동굴이 있다. 그 새는 (종류가) 여(鵌)이고, 그 쥐는 폐(鼣)인데 인가에 있는 쥐와 비슷하며 꼬리가 짧다. 여(鵌)는 북방 사막에 사는 새[鵽]와 비슷한데, 작으며 검누런 색이다. 동굴에 들어가면 땅바닥이 3~4척인데, 쥐는 안에 살고 새는 밖에 있었다'라고 했다." 鵌의 발음은 (도가 아니라) 여(余)이다. 鼣의 발음은 부(扶)와 폐(廢)의 반절음이다.[정확히는 '뻬'이지만 이는 사실상 비슷하므로 그냥 '폐'라고 했다.] 鵽의 발음은 정(丁)과 괄(刮)의 반절음이며, 꿩[雉]과 비슷하다.

2) 【정의(正義)】『괄지지(括地志)』에서 말했다. "옹주(雍州) 호현(鄠縣) 종남산이 풍수의 발원지인데, 북쪽으로 흘러 위수(渭水)로 들어간다."

3) 【정의(正義)】『괄지지(括地志)』에서 말했다. "경수는 원주(原州) 백천현(百泉縣) 서쪽 계두산(笄頭山)에서 발원해 경곡(涇谷)을 나와 동남쪽으로 흘러서 위수(渭水)로 들어간다."

4) 【집해(集解)】 공안국(孔安國)이 말했다. "칠(漆)과 저(沮)는 둘 다 강의 이름이다. 또한 낙수(洛水)라고도 하는데, 풍익(馮翊) 북쪽에서 발원한다."

낙수(雒水)는 웅이(熊耳)에서 시작해[1] 동북쪽으로 흘러 간수(澗水)와 전수(瀍水)에서 만나고[2], 다시 동쪽으로 흘러 이수(伊水)에서 만나고[3], 동북쪽으로 흘러 황하로 들어간다[4].

1) 【집해(集解)】 공안국(孔安國)이 말했다. "의양(宜陽)의 서쪽에 있다. 【정의(正義)】『괄지지(括地志)』에서 말했다. "낙수(洛水)는 상주(商州) 낙남현(洛南縣) 서쪽 총

령산에서 발원해 동북쪽으로 흘러 황하로 들어간다. 웅이산은 괵주 노지현 남쪽으로 50리에 있는데, 낙수가 지나가는 곳[所經]이다."

2) 【집해(集解)】 공안국(孔安國)이 말했다. "하남성(河南城) 남쪽에서 만난다." 【정의(正義)】 『괄지지(括地志)』에서 말했다. "간수는 낙주(洛州) 신안현(新安縣) 동쪽에 있는 백석산(白石山) 북쪽[陰]에서 발원한다." 「지리지(地理志)」에 이르기를, 전수는 하남 곡성현(穀城縣) 참정(替亭) 북쪽에서 발원해 동남쪽으로 흘러 낙수로 들어간다고 했다.

3) 【집해(集解)】 공안국(孔安國)이 말했다. "낙양(洛陽) 남쪽에서 만난다."

4) 【집해(集解)】 공안국(孔安國)이 말했다. "공현(鞏縣) 동쪽에서 합쳐진다."

이에 아홉 주[九州]가 모두 다스려져 같아졌기에[攸同=治同] 사방의 나라 안[四奧]이 이미 거처할 수 있게 되었으며[1], 아홉 산[九山]의 나무를 베어 사람들이 다니기에 편하게 되고[栞旅][2] 9개 작은 강[九川]의 수원지도 통하게 되며[3] 아홉 늪지[九澤]에 이미 제방을 쌓았으니[4] 사해(四海-천하)가 하나가 되었다[會同].

육부(六府-조정에서 가·불가를 결정하는 곳)[5]가 잘 정비되어[甚修=孔修] 각종 토지[衆土]가 등급에 따라 (세금이) 바로잡혔고[交正], 각종 재물에 대한 부세를 삼가 거둬들였는데[6] 모두 (상중하) 3등급[三壤]에 따라 공물과 세금을 거두었다[7].

1) 【집해(集解)】 공안국(孔安國)이 말했다. "사방의 땅들이 이미 거주할 만하게 되었다는 말이다."

2) 【집해(集解)】 공안국(孔安國)이 말했다. "아홉 주의 명산이 이미 나무를 베고[槎木] 길을 뚫어 여(旅)제사를 지냈다는 말이다."

3) 【집해(集解)】 공안국(孔安國)이 말했다. "아홉 주의 천(川)이 이미 깨끗하게 정비되어[滌除] 막힌 곳이 없었다는 말이다."

4) 【집해(集解)】 공안국(孔安國)이 말했다. "아홉 주의 늪지에 모두 이미 제방이 쌓여서 둑이 터지거나 넘치는 곳이 없었다는 말이다."

5) 【집해(集解)】 공안국(孔安國)이 말했다. "육부란 금(金)·목(木)·수(水)·화(火)·토(土)·곡(穀)이다."

6) 【집해(集解)】 정현(鄭玄)이 말했다. "각종 토지의 좋고 나쁨과 높고 낮음이 그 바름을 얻었다는 뜻이다. 또한 그에 맞게 공비(貢篚)가 정해졌고, 그 재물에 대한 세금을 조심스럽게 받들었으며, 모두 법으로 제도를 정해서 그것을 받아들였다는 말이다."

7) 【집해(集解)】 정현(鄭玄)이 말했다. "삼양(三壤)이란 상·중·하에 각각 3등씩이 있는 것이다."[사실상 9등급이 된다.]

중국(中國)에 토성(土姓)을 내려주면서 (순임금이) 말했다.

"삼가[祗(지)=敬(경)] 나의 다움[台德(태덕)]을 먼저 해야 할 것이며, 짐이 행하는 바를 어기지 말라[不距(불거)]!"[1)]

1) 【집해(集解)】 정현(鄭玄)이 말했다. "(중국(中國)의) 중(中)이란 곧 아홉 주를 말한다. 천자가 그 봉국을 세워주고 제후들에게 땅을 내려주며 성(姓)을 하사하고 씨(氏)를 명해주니, 그들은 천자의 다움을 삼가 기뻐해서 이미 그것을 먼저 하고 또한 나 천자가 정교(政教)를 시행하는 바를 어겨서는[距違(거위)] 안 된다는 말이다."

천자의 나라 밖 (주위) 500리 지역을 전복(甸服)이라고 하는데[1)], 100리까지는 부세로 볏단[總(총)]을 바쳤고[2)] 200리까지는 벼 이삭[銍(질)]을 바쳤고[3)] 300리까지는 낟알[秸(갈)]을 바쳤고[4)] 400리까지는 정미하지 않은 쌀[粟(속)]을 바쳤고 500리까지는 정미한 쌀[米(미)]을 바쳤다[5)]. 전복 밖의 500리 지역을 후복(侯服)이라고 하는데[6)], (전복에서) 100리까지는 (경·대부들의) 채읍[采(채)]이고[7)]

200리까지는 천자에게 복역하는 작은 나라[任國]이며[8] **(나머지) 300리는 제후의 땅이다**[9].

1) 【집해(集解)】 공안국(孔安國)이 말했다. "천자가 직접 다스리는 땅으로, 왕성으로부터의 거리가 사방[面] 500리 안이다."

2) 【집해(集解)】 공안국(孔安國)이 말했다. "전내(甸內)란 왕성(王城-천자가 거주하는 곳)에서 가까운 곳이다. 볏단[禾稿=禾藁]을 일러 총(總)이라고 하는데, 국마(國馬)를 먹이는 데 쓴다." 【색은(索隱)】 『설문(說文)』에 이르기를 "총(總)이란 풀들을 모아서 묶은 것[聚束]이다"라고 했다.

3) 【집해(集解)】 공안국(孔安國)이 말했다. "이삭[銍]을 잘라낸 것을 벼 이삭[禾穗]이라고 한다." 【색은(索隱)】 『설문(說文)』에 이르기를 "질(銍)이란 벼 이삭을 짧게 잘라낸 것이다"라고 했다.

4) 【집해(集解)】 공안국(孔安國)이 말했다. "갈(秸)이란 낟알[稿]이다. 낟알을 바치는 일을 떠맡은 것이다." 【색은(索隱)】 『예기(禮記)』 「교특생(郊特牲)」편에서 "포성(蒲城)의 고(槁)와 갈(秸)이 아름답다"라고 했으니, 그렇다면 갈(秸)도 낟알류를 가리키는 것이다.

5) 【집해(集解)】 공안국(孔安國)이 말했다. "바치는 것 중에 정미해 고운 것[精者]은 적었고 거친 것[麤者]은 많았다."

6) 【집해(集解)】 공안국(孔安國)이 말했다. "후(侯)란 (천자를 위해) '살피고 시중든다[候]'는 뜻이다. 척후(斥候)하여 자신의 일을 감당하는 것이다."

7) 【집해(集解)】 마융(馬融)이 말했다. "채(采)란 일[事]이다. 각각이 왕의 일을 받은 것이다."

8) 【집해(集解)】 공안국(孔安國)이 말했다. "왕의 일을 떠맡은 것[任]이다."

9) 【집해(集解)】 공안국(孔安國)이 말했다. "300리까지는 모두 천자를 위한 척후가 되므로, 그래서 셋을 합쳐 하나의 이름이 된다."[그냥 후가 아니라 제후(諸侯)라고 말하는 이유를 밝힌 것이다.]

후복 밖의 500리 지역을 수복(綏服)이라고 하는데[1], (후복에서) 300리까지는 천자의 문(文)을 헤아려[揆] 백성을 가르쳤고[2] (나머지) 200리는 천자의 무(武)를 떨쳐 나라를 호위하게 했다[3]. 수복 밖의 500리 지역을 요복(要服)이라고 하는데[4], 300리까지는 이(夷)이고[5] (나머지) 200리는 채(蔡)이다[6]. 요복 밖의 500리 지역을 황복(荒服)이라고 하는데[7], 300리까지는 만(蠻-오랑캐)이고[8] (나머지) 200리는 유(流)이다[9].

1) 【집해(集解)】 공안국(孔安國)이 말했다. "수(綏)는 '편안케 하다[安]'라는 뜻이다. 천자의 정교(政敎)에 복무한다."

2) 【집해(集解)】 공안국(孔安國)이 말했다. "규(揆)란 헤아리는 것[度]이다. 천자의 문교(文敎)를 헤아려서 그것을 행하는 것이니, 300리 안이 다 똑같다."

3) 【집해(集解)】 공안국(孔安國)이 말했다. "문교의 밖 200리에서는 무위(武衛)를 떨쳐 천자를 편안케 한다."

4) 【집해(集解)】 공안국(孔安國)이 말했다. "요(要)는 문교로써 다잡는 것[束=約]이다."

5) 【집해(集解)】 공안국(孔安國)이 말했다. "평상시[平=夷]의 가르침을 지켜 천자를 섬길 뿐이다."

6) 【집해(集解)】 마융(馬融)이 말했다. "채(蔡)란 법(法)이다. 천자의 형법을 받들 뿐이다."

7) 【집해(集解)】 마융(馬融)이 말했다. "(천자의) 정교가 거칠고 소홀해지므로 그 지역의 오랜 풍습으로써 다스린다."

8) 【집해(集解)】 마융(馬融)이 말했다. "만(蠻)이란 '게으르다', '깔본다[慢]'는 뜻이다. 예법이 허술하고 태만하니, (조회하러) 오면 거부하지 않고 가면 막지 않는다."

9) 【집해(集解)】 마융(馬融)이 말했다. "흘러 다니며 살아서 성곽이나 일정한 거처가 없다."[유배지로 보기도 한다.]

동쪽으로는 점점 나아가[漸=漸進] 바다에 이르렀고 서쪽으로는 유사(流沙-사막 지역)에까지 (천자의 교화를) 입었으며[被=蒙] 머나먼 북[朔][1]과 남에도 (교화가) 미치니[曁=及], 정치를 잘한다는 명성과 가르침[聲教]이 사해(四海-온 나라)에 미쳤다. 이에 제(帝)는 우(禹)에게 현규(玄圭-푸른빛 홀)를 내려줌으로써 그가 공로를 이루었음[成功]을 천하에 알렸다[2]. 천하가 이에 크게 평화로워지고 잘 다스려졌다[太平治].

1) 【집해(集解)】 정현(鄭玄)이 말했다. "삭(朔)은 북방이다."

2) 【정의(正義)】 제(帝)란 요(堯)임금이다. 현(玄)은 푸른 물색이다. 우가 물을 다스리는 데 공로를 이루었기에, 그래서 현규를 내려주어 그것을 표창한 것이다. 이상의 글은 모두 『상서(尚書)』「우공(禹貢)」에 나온다.[여기서 제는 요가 아니라 순이다. 그리고 마지막 문장의 경우 『서경(書經)』의 원문은 조금 다르다. "우가 현규를 올려 자신의 공로가 이뤄졌음을 고했다[禹錫玄圭 告厥成功]." 이는 『사기(史記)』의 "이에 제(帝-순임금)는 우(禹)에게 현규(玄圭-푸른 홀)를 내려줌으로써 그가 공로를 이루었음[成功]을 천하에 알렸다[於是帝錫禹玄圭 以告成功于天下]"와는 정반대로 되어 있다.]

고요(皐陶)를 사(士)[1]가 되어 백성을 다스렸다[理民=治民]. 제 순(帝舜)이 조회를 열자 우(禹), 백이(伯夷), 고요가 서로 제 앞에서 함께 말을 했는데[與語], 고요가 (먼저) 자신의 계책[謀=謨]을 말했다.

"그 도리와 다움[道德]을 믿게 하면 계책은 밝아지고[謀明] 보필하는 신하들이 화합할 것입니다[輔和]."

우가 말했다.

"그렇습니다만[然=兪], 어떻게 해야 하는지요?"

고요가 말했다.

"아[於][2]! 삼가 폐하의 몸을 닦으시고[愼其身修] 생각을 장구하게 하시고[思長][3] 구족(九族)을 돈독하게 펴주시며 많은 밝은 인재들[衆明=庶明]

이 힘써 보필하게 하신다면[高翼=勵翼], 가까운 데서 먼 데로 나아가는 도리가 바로 여기에 있을 것입니다[4].”

우가 좋은 말[美言=昌言]이라며 절한 다음에 “그 말이 옳습니다”라고 답했다.

고요가 말했다.

“아[於]! (임금다움을 제대로 실천하는 것은) 사람을 제대로 볼 줄 아는 것[知人]과 백성을 편안케 해주는 것[安民]에 달렸습니다.”

우가 말했다.

“아[吁]! 모든 것이 이와 같다면야[若是]. 그러나 요임금조차도 아마 그 두 가지를 (제대로 실천한다는 것을) 어렵다고 여기신 듯합니다[5]. 사람을 제대로 볼 줄 알면 지혜로워져서[智=哲] 사람들에게 그 능력에 맞는 적절한 관직을 주고, 백성을 편안케 해주면 (그것은 곧 백성에게) 은혜를 베푸는 것이니[惠] 백성이 모두 임금을 마음에 품을 것입니다. (이처럼) 임금이 능히 지혜롭고 능히 은혜로우면 어찌 환두(驩兜) 같은 (악한) 자를 걱정할 것이며, 어찌 유묘(有苗) 같은 (어리석은) 자를 유배 보낼 것이며, 어찌 교언선색(巧言善色)한 (공임(孔壬) 같은) 말재주꾼[佞人]을 두려워하겠습니까?[6]”

고요가 말했다.

“그렇습니다. 아[於]! 실로 일을 행하는 데에는 모두 아홉 가지 다움[九德]이 있습니다. 또한 말에는 그에 해당하는 다움이 있습니다.”

1) 【정의(正義)】 사(士)는 대리경(大理卿)과 같다.[대리경이란 형벌과 옥사를 총괄하는 책임자이다.]

2) 【정의(正義)】 於의 발음은 (어가 아니라) 오(烏)이고, 탄미(歎美)하는 말이다.

3) 【집해(集解)】 공안국(孔安國)이 말했다. “그 몸을 삼가 닦고, 생각은 장구한 도리를 최우선으로 하라는 말이다.”

4) 【집해(集解)】 정현(鄭玄)이 말했다. “구족의 차례를 잘 펴서 서로를 제 몸처럼 여

기게 하고[親之], 많은 뛰어나고 밝은 인재[賢明]들을 일으켜 세워 자신을 우익(羽翼) 하는 신하로 삼아서, 이런 정치를 가까운 데서부터 시작해 먼 곳에까지 이를 수 있게 해야 한다는 말이다."

5) 【집해(集解)】 공안국(孔安國)이 말했다. "제 요 역시 그것을 어렵게 여겼다는 말이다."

6) 【집해(集解)】 정현(鄭玄)이 말했다. "우가 자기 아버지 때문에 숨겼으니, 그래서 말이 곤(鯀)에는 미치지 않았다."

그러고는 마침내 이렇게 말했다.

"일 하나하나[事事=采采]를 살피는 데서 시작합니다[1]. 너그러우면서도 엄정하고[寬而栗][2], 부드러우면서도 꼿꼿하고[柔而立][3], 부지런히 애쓰면서도 공손히 하고[愿而共][4], 다스리는 능력이 뛰어나면서도 삼가는 마음을 잃지 않고[治而敬=亂而敬], 고분고분하면서도 과단성이 있고[擾而毅][5], 곧으면서도 온화하고[直而溫], 대범하면서도 예리하고[簡而廉], 굳세면서도 내실이 있고[剛而實=剛而塞], 강하면서도 마땅함에 맞게 행동하는[彊而義] 것입니다. 내면의 일정한 다움이 (외적으로 일을 행하는 것을 통해) 드러나서[章] (일회적인 것이 아니라) 지속적으로 이어진다면 그런 사람이 바로 뛰어난 인물[吉=賢人]이라 할 수 있을 것입니다[6].

날마다 세 가지 다움[三德]을 펴면 밤낮없이 집안[有家]을 밝게 다스릴 수 있습니다[7]. 날마다 여섯 가지 다움을 삼가 빈틈없이 받들면[嚴振敬] 자기 나라를 제대로 다스릴 수 있습니다[亮采][8]. 그리고 여러 분야에서 널리 인재를 구해 받아들이시고[翕受] 적재적소에 그에 맞는 인재들을 나눠 배치해[普施], 천자께서 이 아홉 가지 다움을 잘 실천하신다면 뛰어난 사람들[俊乂]이 모두 공직에 종사하게 되어[9] 모든 관리가 엄숙하게 일에 임할 것입니다. 간사하고 음흉하고 음모를 일삼는 자들은 일에 나아오지 못하게 해야 합니다. 적임자[其人]가 아닌데도 그런 사람이 그 자리에 있게 될 경우,

이를 두고서 천하의 큰 일을 어지럽힌다고 하는 것입니다[10]. 하늘이 죄 있는 자를 토벌할 때는 다섯 가지에 맞게 오형(五刑)을 써야 합니다[11]. 저의 말씀이 시행될 수 있겠습니까?"

1) 【집해(集解)】 공안국(孔安國)이 말했다. "어떤 사람이 일정한 다움을 갖고 있으면 반드시 그 일을 행하는 바를 말하게 되기 때문에, 그래서 일을 갖고서 검증하라는 뜻이다."

2) 【집해(集解)】 공안국(孔安國)이 말했다. "성품이 너그럽고 크면서도[寬弘] 장중하고 엄정하다[莊栗]는 뜻이다."

3) 【집해(集解)】 공안국(孔安國)이 말했다. "조화롭고 부드러우면서도[和柔] 능히 일을 바로 세울 수 있다는 뜻이다."

4) 【집해(集解)】 공안국(孔安國)이 말했다. "부지런하고 성실하면서도[愨愿] 공손하고 삼간다[恭敬]는 뜻이다."

5) 【집해(集解)】 서광(徐廣)이 말했다. "요(擾)는 판본에 따라 유(柔)로 되어 있기도 하다." 배인(裴駰)이 살펴보건대, 공안국이 말하기를 "요(擾)는 '길들이다', '고분고분하다[順]'라는 뜻이다"라고 했다. 지극히 과감한 것[致果]을 의(毅)라고 한다.

6) 【집해(集解)】 공안국(孔安國)이 말했다. "장(章)은 '밝히다', '드러내다[明]'라는 뜻이다. 길(吉)은 '좋다', '훌륭하다[善=良]'는 뜻이다."

7) 【집해(集解)】 공안국(孔安國)이 말했다. "세 가지 다움이란 아홉 가지 다움 중의 셋을 말한다. 경·대부가 가(家)에 해당하니, 아홉 가지 중에서 세 가지 다움만 행할 수 있어도 경·대부로 삼을 수 있다는 말이다."

8) 【집해(集解)】 공안국(孔安國)이 말했다. "엄(嚴)이란 삼가는 것[敬]이다. 여섯 가지 다움을 행해 정사를 신뢰감 있게 다스릴 수 있으면 제후가 될 수 있다는 말이다." 마융(馬融)이 말했다. "양(亮)은 '신실하다[信]'는 뜻이고, 채(采)는 일[事]이다."

9) 【집해(集解)】 공안국(孔安國)이 말했다. "흡(翕)은 '합치다[合]'라는 뜻이다. 능히 세 가지 혹은 여섯 가지 다움을 가진 사람을 모아서 받아들여 그들을 써서 정교를 널리 베풂으로써 아홉 가지 중 하나라도 가진 사람들로 하여금 모두 (자리를 받고) 일을 하게 해야 한다는 것이다. 천자가 이렇게 해야 한다고 말한 것은 곧 빼어난 다움과 다스리는 능력[理能]을 가진 인사들이 아울러 모두 관직에 있게 한다는 말이다."

10) 【색은(索隱)】 이는 『상서(尙書)』「고요모(皐陶謨)」에서 취해 글을 지은 것인데, 글이 끊어지고 특히 일정한 차례가 없으니, 이것이 바로 반고(班固)가 "(『사기』는) 소략하고 실상과 어긋난다[疏略抵捂]"라고 말한 까닭이다.

11) 【집해(集解)】 공안국(孔安國)이 말했다. "오형을 쓸 때는 마땅히 실상에 부합해야 한다는 말이다."

우가 말했다.

"그대의 말을 시행할 경우 공적을 이룰 수 있을 것입니다."

고요가 말했다.

"저는 아는 바가 없고, (다만) 도리를 돕는 일만 생각할 뿐입니다."[1]

1) 【정의(正義)】 고요(皐陶)가 말하기를, 자신은 아는 것이 없고 옛 도리를 깊이 돕는 것만 생각할 뿐이라고 했다. 겸손의 말이다. 이상은 모두 『상서(尙書)』「고요모(皐陶謨)」의 글인데, 그 골격만 요약했기에 온전히 갖춰진 것은 아니다.

제 순이 우에게 일러 말했다.

"너[女=汝]도 좋은 말[昌言]을 해보아라."

우가 절을 올린 후 말했다.

"아! 제가 무슨 말씀을 하겠습니까? 저는 그저 날마다 열심히 힘쓸 것[孳孳=孜孜]만 생각합니다."

❖

이에 고요가 따지듯이[難=詰難] 말했다.

"열심히 힘쓴다는 게 무슨 뜻이오?"

우가 말했다.

"홍수가 하늘까지 넘쳐흘러 크고 넓게 산을 에워싸고 언덕을 덮쳐서, 저 아래 백성이 모두 물에 빠졌습니다. 저는 육지에서 갈 때는[行] 수레를 타고 강에서는 배를 타고, 개흙에서는 썰매 모양의 덧신[橇]을 신고, 산에서는 징 박은 덧신[檋]을 신고서 산에 올라 나무를 베었습니다[栞]. 익(益)과 함께[與] 다양한 곡식[稻]과 날고기[鮮食]를 베풀어주었습니다[予][1]. 구주(九州)에 있는 천(川-작은 강)들을 터서 사해(四海)에 이르게 했고, 크고 작은 밭도랑[畎澮][2]을 파서 작은 강에 이르게 했습니다. 직(稷)과 함께 백성이 얻기 어려운 식량을 베풀어주었습니다. 식량이 모자란 곳은 여유가 있는 곳과 조정해 부족분을 채워주었고, 또는 살기 좋은 곳으로 옮겨 살도록 했습니다. 여러 백성이 마침내 안정되자 만국(萬國-많은 봉국)이 잘 다스려졌습니다."

고요가 말했다.

"그렇소. 이렇게 한 것이 그대의 아름다움[而美]이요[3]."

1) **【집해(集解)】** 공안국(孔安國)이 말했다. "짐승을 막 죽인 것을 선(鮮)이라고 한다." **【색은(索隱)】** 이는 우(禹)가 익(益)과 함께[與] 각종 새로운 곡식과 제물을 베풀어주었다[施予]는 말이다.

2) **【집해(集解)】** 정현(鄭玄)이 말했다. "견회(畎澮)란 밭 사이에 있는 도랑[溝]을 말한다."

3) 『서경(書經)』 「익직(益稷)」편의 원문은 이렇다. "그렇습니다[兪]. 그대의 아름다운 말[昌言]을 모범으로 삼겠습니다[師=法]"

우가 말했다.

"아! 제(帝)시여! 자리에 계심[在位]을 늘 삼가시고, 당신의 마음이 머무는 바[爾止]를 평안하게 하소서[1]. 뛰어난 자들이 제의 다움을 보필하면[輔德] 천하가 크게 호응할 것입니다. 맑은 마음[淸意]으로 상제의 명을 밝게 기다리신다면[昭待] 하늘이 이에 거듭 명해 아름다운 호응을 내려주실 것입니다[用休][2]."

1) 【집해(集解)】 정현(鄭玄)이 말했다. "당시의 마음이 머물러 있는 곳을 편안케 하여 망령되이 행동하지 말라는 뜻이다. 만일 그렇게 한다면 백성을 동요시킬 수 있기 때문이다."

2) 【집해(集解)】 정현(鄭玄)이 말했다. "하늘이 장차 거듭 그대에게 명해서 아름다운 호응[美應]을 내려주실 것이라는 말이다. 호응이란 상서로움[符瑞]을 말한다."

제가 말했다.

"아! 신하여, 신하여[1]! 신하들은 짐의 팔다리[股肱]와 눈·귀[耳目]가 되어야 한다.

내가 내 백성을 도우려 하면[左右] 너희들은 그것을 보필하라[2]. 내가 옛 사람들의 모습[象]을 살펴, 해와 달과 별을 갖고서 여러 무늬의 복색(服色)을 정하고자 하니, 너희는 그 제도를 잘 밝혀내도록 하라. 내가 육률(六律)과 오성(五聲)과 팔음(八音)을 듣고서 다스려지는지 다스려지지 않는지를 살펴[來始滑] 오언(五言)으로 들고나게[出入=出納] 하려 하니[3], 너희는 잘 듣도록 하라[4]. 내가 곧 편벽될 경우 너희는 나를 바로잡고 지적해야 한다[匡拂][5]. 너희는 앞에서 아첨하지 말고, 물러나서 나를 비방하지 말라! 보신(輔臣) 4명을 공경하라[6].

여러 참소하고 아첨하는 신하[讒嬖臣]는 그대들이[君][7] 다움과 열렬함[德誠]을 베푼다면 모두 깨끗해질 것이다."

우가 말했다.

"그렇습니다. 제께서 곧바로 이렇게 하지 않으시면[不時=不是] 좋은 사람과 나쁜 사람이 함께 (조정에) 포진하게 되어 아무런 공로도 이룰 수 없을 것입니다[8]."

1) 『서경(書經)』「익직(益稷)」편의 원문은 이렇다. "신하는 이웃이요, 이웃은 신하로다!"

2) 【집해(集解)】 마융(馬融)이 말했다. "내가 백성을 도우려고 하면 너희들은 마땅히 나를 도와서 그 일을 이뤄내야 한다는 말이다."

3) 조선시대 승정원(承政院)의 뿌리라 할 수 있다. 왕명 출납을 맡았다.

4) 【집해(集解)】 『상서(尙書)』에는 활(滑)자가 홀(曶)자로 되어 있는데, 발음은 (물이나 흘이 아니라) 홀(忽)이다. 정현(鄭玄)이 말했다. "홀(曶)이란 신하가 임금을 알현할 때 손에 잡아드는 것이다. 홀에는 사대명(思對命)[사(思)란 신하가 임금에게 아뢰기 전에 머릿속으로 생각하는 바이고, 대(對)란 임금이 신하를 접견하면서 묻고자 하는 바이며, 명(命)이란 임금이 신하에게 내려주어 일이 행해지도록 하는 것이다.]이라고 쓰여 있다. 임금도 또한 홀을 갖는데, 그것을 갖고서 오관(五官)에게 정교(政敎)를 내려주기 때문이다." 【색은(索隱)】 ("내시활(來始滑)"이) 『고문상서(古文尙書)』에는 "재치홀(在治忽)(-다스려짐과 소홀히 함에 있다)"로 되어 있고 『금문(今文)』에는 "채정홀(采政忽)"로 되어 있는데, 선배 유학자[先儒]들은 글자를 따라서 그냥 풀이했다. 지금 여기서 "내시활(來始滑)"이라고 한 것은 뜻에 있어서 통하는 바가 없다. 대개 내(來)자와 채(采)자가 서로 비슷하고 활(滑)자와 홀(忽)자는 소리가 서로 뒤섞였으며 시(始)자 또한 치(治)자와 비슷하다 보니, 그로 인해 착오가 생겨서 "내시활(來始滑)"이라고 한 것 같다. 지금은 『금문(今文)』의 발음 "채정홀(采政忽)" 석 자에 의거하고 있다. 유백장(劉伯莊)이 말한 "제후들에게 능히 정치가 제대로 이뤄지는지, 태만하거나 소홀히 하는지를 듣겠다는 뜻이다"라는 풀이가 옳다. 오언(五言)이란 인의예지지(仁義禮智信) 다섯 가지 다움을 말하는데, 정현은 "정교를 출납하는 오관(五官)이다"라고 했으

니 이는 틀렸다.

5) 조선시대 사간원(司諫院)의 뿌리라 할 수 있다.

6) 【집해(集解)】 『상서대전(尙書大傳)』에서 말했다. "옛날에 천자에게는 반드시 네 이웃[四隣]이 있었으니, 앞에는 의(疑), 뒤에는 승(丞), 왼쪽에는 보(輔), 오른쪽에는 필(弼)이 있었다."

7) 【집해(集解)】 서광(徐廣)이 말했다. "(군(君)이) 오(吾-나)로 되어 있기도 하다." 【색은(索隱)】 "여러 참소꾼과 아첨꾼 신하[讒嬖臣]는"이 하나의 구절이며, 군(君)자는 마땅히 다음 글에 이어져야 한다.)[신(臣)과 군(君)을 붙여서 해석하지 말라는 뜻이다.]

8) 【집해(集解)】 공안국(孔安國)이 말했다. "제가 신하를 쓰는 것이 이와 같지 않을 경우라면 뛰어난 이와 어리석은 이[賢愚]가 나란히 지위에 있게 되어 우열(優劣)이 함께 휩쓸려 갈[流] 것이기 때문이다."

제가 말했다[1].

"단주(丹朱)처럼 오만해서는 안 될 것이다. 태만하게 놀러 다니는 것만 좋아해 물이 없는 곳에 배를 띄우고 집에서는 패거리들과 음란한 짓만 하니[朋淫], 그로 인해[用=以] 대가 끊어졌도다. 나는 결코 이를 따르지[順是-從是] 않으리라."

우가 말했다.

"저는 도산씨(塗山氏)의 딸을 아내로 맞이해 (신임계갑(辛壬癸甲)일의) 나흘 만에 집을 떠나게 되었고 아들 계(啓)가 태어났어도 제가 돌보지 못했지만[不子][2], 이렇게 했기 때문에 능히 치수와 토목의 공업을 이룰 수 있었습니다. 국도(國都)의 가까운 곳부터 차례로 오복(五服)을 설치해서 사방 5,000리에까지 이르렀고, 전국 12주(州)에 모두 장관[師]을 두어 밖으로는 사해(四海)에까지 육박했으며[薄=迫][3], 다섯 제후국마다 모두 오장(五長)을 세워주었습니다[4]. 이에 각 도(道)는 공적이 있게 되었으나, 단지 삼묘만 완고해 즉시 공적을 이루지는 못했습니다[5]. 제께서는 이에[其=於是] 유념

하소서!"

제가 말했다.

"나의 다움 때문이라고는 하나, 마침내 네[女=汝=而=若=爾]가 공로를 펼친 덕분이로다."

1) 【정의(正義)】 "제가 말했다[帝曰]"라는 두 글자와 아래의 "우가 말했다[禹曰]"라는 두 글자가 『상서(尙書)』에는 모두 없다.[즉 제가 말한 부분은 우가 계속해서 하는 말로 되어 있다.] 태사공(太史公)이 이 네 글자를 채워 넣은 것은 곧 제와 우가 서로 문답을 주고받는 것을 지극히 하여 차례로 정리한 것이니, 마땅히 다른 책에서 보아서 그랬을 것이다.

2) 【집해(集解)】 공안국(孔安國)이 말했다. "도산(塗山)은 봉국 이름[國名]이다. 신일(辛日)에 아내를 맞이하고 4일째인 갑일(甲日)에 다시 가서 물을 다스렸다는 말이다." 【색은(索隱)】 두예(杜預)가 말하기를 "도산은 수춘(壽春) 동북쪽에 있다"라고 했고 황보밀(皇甫謐)은 "지금의 구강(九江) 당도(當塗)에 우의 사당[禹廟]이 있다"라고 했으니, 그렇다면 도산은 강남(江南)에 있다. 『계본(系本)』에 이르기를 "도산씨의 딸 이름은 여와(女媧)이다"라고 했으니, 이는 우가 도산씨의 여와라는 여인을 아내로 맞아들인 것이다. 또 살펴보건대, 『상서(尙書)』에 이르기를 "도산씨에게 장가들어 겨우 신임계갑(辛壬癸甲) 4일을 보냈는데, 계(啓)가 애타게[呱呱] 울어대는데도 나는 아비의 사랑을 보여줄 수 없었다[弗子=不慈]"라고 했는데 여기서는 "도산씨(塗山氏)의 딸을 아내로 맞이해 나흘 만에 집을 떠나게 되었으며, 아들 계가 태어났어도"라고 했으니, 대개 『금문상서(今文尙書)』에 탈루된 바가 있어 태사공(太史公)이 보충해서 말을 만든 것으로 보인다. 그러나 이 또한 그 본의를 알 수는 없다. 어찌 신임(辛壬)일에 아내를 맞아들이고 이틀 지나서 아들을 낳을 수 있는가? 경위를 알 수 없음이 심하다. 【정의(正義)】 "아들 계(啓)가 태어났어도 저는 돌보지 못했지만[生啓予不子]" 이 다섯 글자가 하나의 구절이다. 우는 신일(辛日)에 아내

를 맞아들이고 4일째인 갑일(甲日)이 되어 치수를 위해 떠났으며, 계가 태어났어도 자기 집 대문을 들어가지 못해서 자신은 아들의 이름도 짓지 못했다. 이렇게 했기 때문에 우가 능히 치수와 토목의 공업을 이룰 수 있었던 것이다. 또 일설에는 문을 지나면서도 들어가지 않은 것은 자식을 사랑하는 마음이 없었기 때문이라고 보기도 한다. 『제계(帝繫)』에 이르기를, "우는 도산씨의 딸을 아내로 맞았는데 그를 여와라고 했고, 이 사람이 계를 낳았다"라고 했다.

3) 【집해(集解)】 공안국(孔安國)이 말했다. "박(薄)은 '접근하다[迫]'는 뜻이니, 바다에까지 이른다는 말이다." 【정의(正義)】 『이아(爾雅)』에서 말했다. "구이(九夷)·팔적(八狄)·칠융(七戎)·육만(六蠻)을 일러 사해(四海)라고 한다." 『석명(釋名)』에서는 "해(海)란 회(晦-어두움)이다"라고 했다. 살펴보건대, 오랑캐[夷蠻]는 어둡고 우매하며 무지하므로 사해(四海)라고 한 것이다.

4) 【집해(集解)】 공안국(孔安國)이 말했다. "제후 다섯 나라마다 그중 뛰어난 이 한 사람을 세워 방백(方伯-일종의 관찰사)으로 삼고서 이를 일러 오장이라고 했다. 이는 통치를 돕기 위함이었다."

5) 【집해(集解)】 공안국(孔安國)이 말했다. "삼묘는 완고하고 흉폭한 까닭에 관직을 설치해서 선악을 분별할 수가 없었다."

고요는 이에 우의 다움[德]을 공경해 백성으로 하여금 모두 우를 본받도록 했다[則=效]. 그의 말대로 하지 않을 경우에는 형벌을 가해 따르게 했다[從之][1].

1) 【색은(索隱)】 명을 따르지 않는 사람의 경우 또한 형벌을 주어 그것을 따르게 했다는 말이다.

이에 기(夔)가 악을 행하자[行樂][1] 조상들의 혼령[祖考]이 찾아오고 제

후들[群侯]이 서로 사양했으며 새와 짐승들도 날며 춤추었고, 소소(簫韶) 9장(章)의 연주가 끝나자[九成] 봉황이 날아들고[鳳凰來儀][2] 온갖 짐승이 서로를 이끌며 춤을 추었으며 백관들이 진실로 화합했다[諧=和合]. 제가 이 악에 맞춰[用此=以此] 노래 가사를 지었다.

"하늘의 명을 받들어[陟]
때에 맞게 하고 기미(機微)를 잘 살피리라[維時維幾][3]."

1) 【정의(正義)】 지금의 태상경(太常卿)과 같은 것이다.

2) 【집해(集解)】 공안국(孔安國)이 말했다. "소소(簫韶)는 순임금의 음악 이름이다. 구장의 음악을 갖춰 연주하자 봉황이 이르렀다는 말이다."

3) 【집해(集解)】 공안국(孔安國)이 말했다. "하늘의 명을 받들고 바로잡아[奉正] 백성에게 행하는 것은 오직 때에 고분고분함[順時]에 있고 오직 기미를 조심함[愼微]에 있다는 말이다."

마침내 노래했다.

"고굉(股肱-팔다리 같은 신하)들이 즐거이 일하니
원수(元首-천자)도 분발하고
모든 관리도 기뻐하도다![1]"

1) 【집해(集解)】 공안국(孔安國)이 말했다. "고굉 같은 신하들이 기쁘고 즐겁게 충성을 다하니, 임금이 다스리는 공업이 마침내 일어나고 백관들의 성과도 마침내 넓어진다는 말이다."

고요가 손 모아 절하고 머리를 조아리며 한껏 소리 높여[揚言] 말했다.

"유념하소서[1]!

(신하들을) 거느리고 나라의 일을 일으키시되[興事]

신중히 하여 마침내 법도를 따르고[憲]

삼가야 할 것입니다[2]."

1) 【집해(集解)】 정현(鄭玄)이 말했다. "여러 신하로 하여금 제(帝)를 경계시킬 것을 염두에 두라는 말이다."[순임금이 신하들에게 잘하라고 말하자 고요가 먼저 임금부터 잘 해야 한다고 말하는 대목이라는 점에서 대단히 중요하다. 그렇기 때문에 바로 이어서 순임금은 이를 받아들여 가사를 바꾸게 되는 것이다.]

2) 【집해(集解)】 공안국(孔安國)이 말했다. "신하들을 거느리고 다스림을 일으키는[起治] 일을 하려고 할 때는 마땅히 임금부터 법도를 조심해 그 직(職)에 삼가야 한다는 말이다."

마침내 (순이) 가사를 바꿔 노래했다.

"원수가 눈 밝으니

고굉도 훌륭해

모든 일이 잘되리라[元首明哉 股肱良哉 庶事康哉]!"

순이 또 노래했다.

"원수가 자잘해 큰 뜻이 없으니[叢脞]

고굉도 게을러지고

모든 일이 내버려지도다[1]."

1) 【집해(集解)】 공안국(孔安國)이 말했다. "총좌(叢脞)란 자잘해서[細碎] 큰 계책이

없는 것을 말한다. 임금이 이와 같게 되면 신하들은 게을러지고 나태해져서 만사가 다 폐기된다."

제(帝)가 절하며 말했다.

"그렇다! 일을 함에 있어[往=行] 삼가야 할 것이로다[欽哉=敬哉][1]."

이에 천하가 모두 우가 밝힌 법도[度數]와 악곡[聲樂]을 으뜸으로 받드니[宗=主][2], 우는 산천의 신주(神主)가 되었다.

1) 왕(往)이란 곧 행(行)이며, 행(行)은 곧 행사(行事)이다. 이는 『주역(周易)』에 대한 공자의 풀이에서 명백하게 드러나는 언어 사용법이다. 이렇게 되면 왜 공자가 『논어(論語)』「학이(學而)」편에서 다음과 같은 말을 했는지를 명확히 이해할 수 있다. "(제후의 나라인) 천승지국을 다스릴 때라도 삼가는 마음으로 일을 해서 백성의 믿음을 얻어내고[敬事而信], 재물을 쓸 때는 절도에 맞게 하여 사치를 멀리함으로써 백성을 사랑해야 하며, (어쩔 수 없이) 백성을 (공역 등에) 부려야 할 경우에는 때에 맞춰 (농사일을 하지 않는 농한기 때 시키도록) 해야 한다."

2) 【집해(集解)】 서광(徐廣)이 말했다. "「순본기(舜本紀)」에 이르기를, 우(禹)가 마침내 구소(九韶-순임금의 음악)의 악을 일으켰다고 했다."

제 순은 하늘에 우를 천거해[薦] 후사[嗣]로 삼았다. 17년이 지나서[1] 제 순이 붕(崩)했다. 삼년상을 마치자, 우가 (제위를) 사양하고 순의 아들 상균(商均)을 피해 양성(陽城)[2]으로 갔다. (그러나) 천하의 제후들이 모두 상균을 떠나 우에게 조회했다[朝]. 우가 이에 드디어 천자의 자리에 나아가서[卽=就][3] 남면(南面)해 천하의 조회를 받았으니, 나라 이름을 하후(夏后)라고 하고 성을 사씨(姒氏)라고 했다[4].

1) 【집해(集解)】 유희(劉熙)가 말했다. "이게 맞다면 순임금이 문조(文祖)의 사당에 이른 지 3년이 지난 뒤에 우에게 섭정하게 하고 제사를 올리게 했다는 것

인가?"

2) 【집해(集解)】 유희(劉熙)가 말했다. "지금의 영천군(潁川郡) 양성현(陽城縣)이 이곳이다."

3) 【집해(集解)】 황보밀(皇甫謐)이 말했다. "평양(平陽)에 도읍했는데, 이는 혹은 안읍(安邑)에 있고 혹은 진양(晉陽)에 있다."

4) 【집해(集解)】 『예위(禮緯)』에 이르기를 "조상이 율무와 질경이[薏苡]를 삼키고서 낳았다"라고 했다.

제 우(帝禹)는 (천자로) 세워지자, 고요를 하늘에 천거해 장차[且] 그에게 정권을 넘겨주려고 했는데, 고요가 졸(卒-사망)했다[1]. 이에 고요의 후손들을 영(英) 땅과 육(六) 땅에 봉해주고[2] 혹은 허(許) 땅에 봉해주었다[3]. 그 뒤에[后=後] 익(益)을 들어 써서 그에게 정사를 맡겼다.

1) 【정의(正義)】 『제왕기(帝王紀)』에서 말했다. "고요는 곡부(曲阜)에서 태어났는데, 곡부란 언덕 지대[偃地]를 말한다. 그래서 제(帝)는 그것을 갖고서 성을 내려주며 언(偃-언덕)이라고 했다. 요가 순에게 선위하면서 고요를 명해 사(士)로 삼았는데 순이 우에게 선위했고, 우는 제위에 나아가자 고요(咎陶=咎繇)가 가장 뛰어나다[最賢]고 여겨 그를 하늘에 천거했으니 장차 그에게 선위할 뜻이 있었던 것이다. 선위하기도 전에 마침 고요가 졸했다." 『괄지지(括地志)』에서 말했다. "고요의 무덤은 수주(壽州) 안풍현(安豐縣) 남쪽으로 130리 떨어진 옛 육성(六城)의 동쪽에 있는데, 동쪽 큰 비탈[都陂] 안에 큰 무덤이 있다."

2) 【집해(集解)】 서광(徐廣)이 말했다. "『사기(史記)』에는 모두 영(英)자로 되어 있는데, 영포(英布)가 바로 이들의 먼 후예[苗裔]이다." 【색은(索隱)】 「지리지(地理志)」에 따르면, 육안국(六安國) 육현(六縣)은 고요의 후손인 언성(偃姓)이 봉해진 나라이다. 영(英) 땅은 자료가 없어 어디인지 모르는데, 경포(黥布-영포)가 그

후손이다. 【정의(正義)】 영(英)은 아마도 요(蓼) 땅일 것이다. 『괄지지(括地志)』에서 말했다. "광주(光州) 고시현(固始縣)은 본래 춘추시대 때 요국(蓼國)이었다. 언성(偃姓)은 고요의 후손이다. 『좌전(左傳)』에 이르기를 자섭(子燮)이 요(蓼)를 멸망시켰다고 했다. 『태강지지(太康地志)』에 이르기를, 요국(蓼國)은 원래 남양(南陽) 고현(故縣)에 있었는데 지금의 예주(豫州) 언현(郾縣) 경계에 있는 옛 호성(胡城)이 이곳으로, 후손들이 여기로 이주했다고 했다." (또) 『괄지지』에서 말했다. "옛날의 육성(六城)은 수주(壽州) 안풍현(安豐縣) 남쪽으로 130리에 있었다. 『춘추(春秋)』 문공(文公) 5년 가을에 초(楚)나라의 성대심(成大心)이 그들을 멸망시켰다."

3) 【집해(集解)】 『황람(皇覽)』에서 말했다. "고요의 무덤은 여강(廬江) 육현(六縣)에 있다." 【색은(索隱)】 허 땅은 영천(潁川)에 있다. 【정의(正義)】 『괄지지(括地志)』에서 말했다. "허(許)의 옛 성이 허주(許州) 허창현(許昌縣) 남쪽으로 30리에 있는데, 본래 한(漢)나라 허현(許縣)으로 옛날에는 허국(許國)이었다."

10년이 지나 제 우가 동쪽으로 순수(巡狩)하다가 회계(會稽)에 이르러 붕(崩)했다[1]. (우는) 천하를 익(益)에게 넘겨주었다[授]. 삼년상을 마치자 익은 제 우의 아들 계(啓)에게 (제위를) 양보하고 자신은 (계를) 피해 기산(箕山) 남쪽[陽]에서 살았다[2]. 우의 아들 계는 뛰어났기에[賢] 천하가 모두 그에게 마음을 붙였다[屬意]. 우가 붕하면서 비록 익에게 넘겨주었으나 익이 우를 보좌한 기간이 얼마 되지 않아서[日淺] 천하가 흡족해하지 않았다[未洽]. 그래서 제후들은 모두 익을 떠나서 계에게 조회하고서는 말했다.

"우리 임금 제 우(帝禹)의 아드님이시다."

이에 계가 드디어 천자의 자리에 나아가니, 이 사람이 바로 하후(夏后) 제 계(帝啓)이다.

하후(夏后) 제 계(帝啓)는 우의 아들이며 그의 어머니는 도산씨(塗山氏)

의 딸이다.

1) 【집해(集解)】 황보밀(皇甫謐)이 말했다. "나이 100세였다."

2) 【집해(集解)】 『맹자(孟子)』에 양(陽)자는 음(陰)으로 되어 있다. 유희(劉熙)가 말했다. "숭고산(嵩高山) 북쪽이다." 【정의(正義)】 살펴보건대, 음(陰)이란 곧 양성(陽城)이다. 『괄지지(括地志)』에서 말했다. "양성현은 기산 북쪽으로 13리에 있다" 또 아마도 기(箕)자 역시 잘못이고 본래 이것은 숭(嵩)자인 듯한데, 두 글자가 서로 비슷해서 그런 잘못이 생긴 것 같다. 이 양성현은 숭산(嵩山)에서 남쪽으로 23리에 있으니, 그렇다면 숭산의 남쪽[陽]이 되는 것이다.

유호씨(有扈氏)[1]가 복종하지 않자[不服] 계는 그들을 쳐서 감(甘) 땅에서 크게 싸웠다[大戰][2]. 장차 싸우려고 하면서, 「감서(甘誓)」를 지어 마침내 육경(六卿)을 불러서 거듭 경계시켰다[申之][3]. 계가 말했다.

"아[嗟]! 육군의 일[六事]을 맡은 사람들이여[4], 나는 그대들에게 맹세하여 고하노라.

유호씨가 오행(五行)을 위력으로 업신여기며[威侮] 삼정(三正)을 내팽개쳤기에[5], 하늘이 그 명을 끊어[勦=斷] 없애려 한다[6]. 지금 나는 오직 하늘의 징벌을 받들어[共=供] 행할 뿐이다[7]. 왼쪽이 왼쪽에서 공격하지 않고 오른쪽이 오른쪽에서 공격하지 않으면 너희가 명을 받들지 않는 것이요[8], 말 모는 병사들이 말 모는 일[政=事]을 잘하지 못하면 너희가 명을 받들지 않는 것이다[9]. 명을 따르는 자[用命]는 조상의 신주 앞에서 상을 주겠지만[10], 명을 따르지 않는 자는 지신(地神)의 사당 신주[社] 앞에서 형륙을 내리고[11] 내 너의 처자식[帑=妻子]까지 주륙할 것이다[12]."

드디어 유호씨를 멸망시키자 천하가 모두 조회했다.

1) 【집해(集解)】 「지리지(地理志)」에 따르면 부풍(扶風) 호현(鄠縣)이 호국(扈國)

이다. 【색은(索隱)】 「지리지」에 따르면 부풍현(扶風縣) 호(鄠)가 호국(扈國)이다. 【정의(正義)】 『괄지지(括地志)』에서 말했다. "옹주(雍州) 남쪽의 호현(鄠縣)은 본래 하나라의 호국(扈國)이었다. 「지리지」에 따르면 호현은 옛 호국이라고 했는데, 호정(戶亭)이 있다. 『훈찬(訓纂-뜻풀이 사전)』에 이르기를 호(戶), 호(扈), 호(鄠) 세 글자는 같은 것이라고 했으니, 옛날과 지금의 글자가 같지 않을 뿐이다."

2) 【집해(集解)】 마융(馬融)이 말했다. "감(甘)은 유호씨 남쪽 근교에 있는 땅 이름이다." 【색은(索隱)】 하나라 계(啓)가 토벌한 호(鄠)의 남쪽에 감정(甘亭)이 있다.

3) 【집해(集解)】 공안국(孔安國)이 말했다. "천자의 육군(六軍)이며, 그 장수를 모두 명경(命卿)으로 삼았다."

4) 【집해(集解)】 공안국(孔安國)이 말했다. "각각 군사(軍事)가 있으니, 그 때문에 육사(六事)라고 한 것이다."

5) 【집해(集解)】 정현(鄭玄)이 말했다. "오행(五行)이란 사계절의 성대한 다움[盛德(성덕)]이 행하는 정사를 말한다. 위모(威侮)란 '사납게 거스르는 것[暴逆(폭역)]'이다. 삼정(三正)이란 하늘과 땅과 사람의 바른 도리[正道(정도)]를 말한다."

6) 【집해(集解)】 공안국(孔安國)이 말했다. "초(勦)는 '끊어 없애다[截(절)]'라는 뜻이다."

7) 【집해(集解)】 공안국(孔安國)이 말했다. "공(共)은 '받들다[奉(봉)]'라는 뜻이다."

8) 【집해(集解)】 정현(鄭玄)이 말했다. "왼쪽이란 수레의 왼쪽[車左(거좌)]이고, 오른쪽이란 수레의 오른쪽이다."

9) 【집해(集解)】 공안국(孔安國)이 말했다. "말을 잘 모는 것을 정(政)이라고 한다. 이상 세 가지 중에 어느 하나라도 잘못되는 경우는 모두 자신의 명을 받들지 않은 것이라는 뜻이다."

10) 【집해(集解)】 공안국(孔安國)이 말했다. "천자가 몸소 정벌에 나설 때는 반드시 사당에 있는 조상의 신주를 수레에 싣고 함께 옮겨 다니다가 공로가 있으면 즉각 신주 앞에서 상을 내리는 것이어서, 상은 (조상의 은덕이지) 임금 마음대로 하는 것이 아님[不專(부전)]을 보여준다."

11) 【집해(集解)】 공안국(孔安國)이 말했다. "또한 사직의 신주[社主]도 싣고 가는데, 이를 일러 사사(社事)라고 한다. 도망쳐 달아나면[奔北] 그를 사직의 신주 앞에서 주륙한다. 사직의 신주는 음(陰)의 기운이니, 음은 죽임을 주관한다."

12) 【집해(集解)】 공안국(孔安國)이 말했다. "단지 자기 몸에만 그치는 것이 아니라 아내와 자식[女子]에게까지도 욕(辱)이 미치는 것으로, 수치를 몇 배로 더해 준다는 말이다."

하후 제 계가 붕하자[1] 아들 제 태강(帝太康)이 세워졌다. 제 태강은 나라를 잃어버렸고[2], 그의 형제[昆弟] 5명은 낙수(洛水) 북쪽[汭]에서 그를 기다리다가 「오자지가(五子之歌)」를 지었다[3].

1) 【집해(集解)】 서광(徐廣)이 말했다. "황보밀(皇甫謐)이 말하기를, 하(夏)나라 계(啓)의 원년은 갑진(甲辰)이고 10년이 지난 계축(癸丑)에 붕했다고 했다."

2) 【집해(集解)】 공안국(孔安國)이 말했다. "유람과 사냥에 빠져[盤] 백성의 일은 돌보지 않다가 예(羿)에게 쫓겨났고, (끝내) 나라를 되찾지 못했다."

3) 【집해(集解)】 공안국(孔安國)이 말했다. "태강의 다섯 동생은 그 어머니와 함께 낙수 북쪽에서 태강을 기다렸으나 그는 끝내 돌아오지 않았고, 그래서 원망하며 이 노래를 지었다."

태강이 붕하자 동생 중강(仲康)이 세워졌으니, 이 사람이 제 중강(帝仲康)이다. 제 중강 때 사시(四時)를 주관하는 희씨(羲氏)와 화씨(和氏)가 지나치게 술에 빠져서 계절과 일력(日曆)을 어지럽히니[1], 윤(胤)이 가서 그들을 정벌하고 「윤정(胤征)」을 지었다[2].

1) 【집해(集解)】 공안국(孔安國)이 말했다. "희씨와 화씨는 하늘과 땅과 사계절을 담

당하는 관리이다. 태강 이후 술에 빠져서[沈湎(침면)] 천시를 내팽개치고 갑을(甲乙-날짜)을 어지럽혔다."

2) 【집해(集解)】 공안국(孔安國)이 말했다. "윤국(胤國)의 군주가 왕명을 받고 가서 정벌한 것이다." 정현(鄭玄)이 말했다. "윤(胤)은 신하 이름이다."

중강이 붕하자 아들 제 상(帝相)이 세워졌다. 제 상이 붕하자 아들 제 소강(帝少康)이 세워졌다[1]. 제 소강이 붕하자 아들 저(予)[2]가 세워졌다. 제 저가 붕하자 아들 제 회(帝槐)[3]가 세워졌다. 제 회가 붕하자 아들 제 망(帝芒)[4]이 세워졌다. 제 망이 붕하자 아들 제 설(帝泄)이 세워졌다. 제 설이 붕하자 아들 제 불항(帝不降)[5]이 세워졌다. 제 불항이 붕하자 동생 제 경(帝扃)이 세워졌다. 제 경이 붕하자 아들 제 근(帝廑)[6]이 세워졌다.

1) 【색은(索隱)】 『좌전(左傳)』(양공(襄公) 4년)에서 위장자(魏莊子)[진(晉)나라 대부(大夫)이며 위장자(魏莊子)로도 불리는데, 위주(魏犨)의 아들이다. 처음에 중군사마(中軍司馬)에 임명되었다. 진나라 도공(悼公)이 제후들을 불러 모았을 때 도공의 동생 양간(楊幹)이 군진(軍陣)에서 반란을 일으키자, 그 무리를 소탕했다. 나중에 하군(下軍) 주장(主將)이 되어 정치를 맡았을 때, 산융(山戎)과의 화친을 주장하면서 화친을 맺으면 얻게 될 다섯 가지 이익에 대해 설파했다. 마침내 동맹을 맺게 되자 왕명으로 제융(諸戎)을 감독함으로써 진나라가 국세를 떨치고 패업(霸業)을 이루도록 도왔다. 정(鄭)나라 사람이 진나라에 음악을 뇌물로 바치자, 도공이 음악의 반을 그에게 하사했는데, 사양하며 받지 않고 도공에게도 거안사위(居安思危-평안할 때도 위급함을 늘 생각함)의 자세를 잃지 말 것을 간했다. 이로써 진나라는 더욱 강해졌다.]가 말했다. "옛날에 하(夏)나라가 바야흐로 쇠퇴하기 시작할 때 후(后) 예(羿)가 조(鉏) 땅에서 궁석(窮石)으로 옮겨 와서는, 하나라 백성을 갖고 하나라를 대신해서 정권을 장악했습니다. 자신의 활 솜씨만 믿고서 백성을 다스리는 정사는 닦지 않은 채 한착(寒浞)을 등용했는데, 한착은 백명씨(伯明氏) 아들로 간사했습니다. 이에 한착이 예(羿)를 살해한 뒤 삶아서 그 아들에게 먹게 하니,

그 아들은 차마 먹을 수가 없어 궁문(窮門)에서 죽었습니다. 한착은 예의 처첩을 취해 요(澆)와 희(豷)를 낳았습니다. (훗날) 요에게 군대를 동원해 짐관씨(斟灌氏)와 짐심씨(斟尋氏)를 멸망시키게 했고, 제 상(帝相) 또한 요에게 멸망 당했습니다. (제상의) 후(后) 민(緡)이 (친정인) 유잉(有仍)으로 돌아가서 소강을 낳았습니다. 유하(有夏-하나라)의 신하 미(靡)가 유격지(有鬲氏)에서 두 나라(-짐관과 짐심)의 유민(遺民)[燼]을 거둬 한착을 격멸하고 소강(少康)을 세웠습니다. 소강이 과(過)나라에서 요를 격멸하고 후(后) 저(杼)가 과(戈)나라에서 희를 격멸하니, 유궁이라는 나라는 드디어 멸망했습니다." 그렇다면 제 상은 스스로 찬시(簒弑)를 당했으며 중간에 착과 예, 두 씨를 거쳤으니, 대개 30여 년이다. 그런데 이 기록은 전반적으로 그런 내용을 기록하지 않고 다만[直=只] 제 상이 붕하고 아들 소강이 세워졌다는 것만 적고 있으니, 그 소략함이 심하다. 【정의(正義)】『제왕기(帝王紀)』에서 말했다. "제 예(帝羿)는 유궁씨인데, 그 이전의 성(姓)이 무엇인지는 알 수 없다. 제 곡(帝嚳) 이전에는 대대로 사정(射正-관직 이름)을 맡았다. 곡(嚳)에 이르러서 붉은 활과 흰 화살[彤弓素矢]을 내려주면서 조(鉏) 땅을 봉해주니, 제를 위해 대대로 활쏘기를 담당하면서 순임금을 거쳐, 하나라에 이르렀다. 예는 길보(吉甫)에서 활쏘기를 배웠는데, 팔이 길어서 활을 잘 쏘는 것으로 소문이 났다. 하(夏)나라가 쇠퇴하기에 이르자 (후(后) 예(羿)는) 조(鉏) 땅에서 궁석(窮石)으로 옮겨 와서는 하나라 백성을 갖고 하나라를 대신해 정권을 장악했다. 제 상(帝相)이 상구(商丘)로 옮겨 가서 동성의 제후 짐심씨(斟尋氏)에게 의탁했다. 예는 자신의 활 솜씨만 믿고 백성을 다스리는 정사는 닦지 않은 채 들판에서 사냥에만 빠져 놀면서[淫=放] 무라(武羅)·백인(伯因)·웅곤(熊髡)·방어(尨圉) 등(의 뛰어난 인물)을 버리고 한착(寒浞)을 신뢰했다. 한착은 백명씨(伯明氏)의 아들로 간사해서 한국(寒國)의 제후[寒侯]인 백명이 그를 내다 버렸는데, 이예(夷羿)가 그를 거둬 믿고서 부리며 자신의 승상으로 삼았다. 이에 한착은 도오(桃梧)에서 예를 죽이고 그 시신을 삶아서 그 아들에게 먹게 하니, 그 아들은 차마 먹을 수가 없어 궁문(窮門)으로 도망치다 죽었다. 착이 드디어 하나라를 대신해 스스로를 세워 제(帝)가 되었다. 한착은 유궁(有窮)의 칭호를 그대로 이어받고 예의 처첩을 취해 오(奡)와 희(豷)를 낳았다. 오(奡)는 힘이 세어[多力(다력)] 땅 위에서도 배를 끌어당겼다. (한착은) 요(澆-오(奡-오만하다는 뜻이다))의 군대를 시켜 짐관씨(斟灌氏)와 짐심씨(斟尋氏)를 멸망시키고 하제(夏帝) 상(相)을 죽이게 했다. 오를 과(過) 땅에, 희를 과(戈) 땅에 봉해주고는 자신의 속임수 능력[詐力(사력)]을 믿고 백성을 다스리는 정사는 닦지 않았다. 애초에 오가 제 상을 죽였을 때 비는 유잉씨의 딸이었는데, 후(后) 민(緡)이 유잉으로 돌아가서 소강을 낳았다. 원래 하나라의 유신(遺臣) 미(靡)는 예를 섬기다가 예가 죽자 유격지로 도망쳤었는데, (미가) 두 나라(-짐관과 짐심)의 유민(遺民)[餘燼(여신)]을 거둬 한착을 죽이고 소강(少康)을 세웠다. 소강이 과(過)나라에서 요를 격멸하고 후(后) 저(杼)가 과(戈)나라에서 희를 격멸하니, 유궁은 드디어 망했다." 살펴보건대, 제상이 찬탈을 당한[被簒(피찬)] 이래로, 예와 착 두 시대를 거쳐 40년인데 이 기록에서는 설명하지 않았다. 이 또한 사마천이 소략하게 한 때문이다. 『괄지지(括地志)』에서 말했다. "옛 조성(鉏城)은 활주(滑州) 위성현(韋城縣) 동쪽으로 10리에 있다. 『진지지(晉地記)』에 이르기를, 하남(河南)에 궁곡(窮谷)이 있는데 대개 이곳이 본래 유궁씨가 옮겨 간 곳이라고 했다." (또) 『괄지지』에서 말했다. "상구(商丘)는 지금의 송주(宋州)이다. 짐관 고성(斟灌故城)은 청주(青州) 수광현(壽光縣) 동쪽으로 54리에 있다. 짐심 고성(斟尋故城)은 지금의 청주 북해현(北海縣)이 그곳이다. 옛 과향정(過鄕亭)은 내주(萊州) 액현(掖縣) 서북쪽으로 20리에 있는데, 본래 과국(過國) 땅이었다. 옛 격성(鬲城)은 낙주(洛州) 밀현(密縣) 경계에 있다. 두예(杜預)가 말하기를 '(격(鬲)은) 나라 이름인데, 지금의 평원(平原) 격현(鬲縣)이다'라고 했다." 과(戈)나라는 송(宋)나라와 정(鄭)나라 사이에 있었다. 한국(寒國)은 북해(北海) 평수현(平壽縣) 동한정(東寒亭)이고, 백명(伯明)이란 그 군주이다. 신찬(臣瓚)이 말하기를, 짐심(斟尋)은 하남(河南)에 있었는데 대개 뒤에 북해로 옮긴

듯하다고 했다. 『급총고문(汲冢古文)』에 이르기를, 태강이 짐심에 살았고 예 또한 거기에 살았으며 걸(桀)도 거기에 살았다고 했다. 『상서(尙書)』에 이르기를 "태강이 나라[邦(방)]를 잃었는데, 형제 5인이 낙수 어귀에서 그를 기다렸다"라고 했으니, 이는 곧 태강이 거기에 살았으며 근처에 낙수가 있었던 것이다. 또 (『설원(說苑)』에서) 오기(吳起)가 위무후(魏武侯)에게 대답해 말하기를 "하나라 걸왕이 살았던 곳은, 왼쪽으로는 황하와 제수(濟水)가 있었고 오른쪽으로는 태화(太華)가 있으며 이궐(伊闕)이 그 남쪽에 있고 양장(羊腸)이 그 북쪽에 있다"라고 했고, 또 『주서(周書-일주서(逸周書))』「탁읍(度邑)」편에 따르면 무왕(武王)이 태공(太公)에게 묻기를 "내가 장차 유하(有夏)의 땅에 거주할 것이오"라고 했으니, 곧 하남(河南)이 이곳이다. 『괄지지』에서 말했다. "옛 심성(鄩城)은 낙주(洛州) 공현(鞏縣) 서남쪽으로 58리에 있는데, 대개 걸이 살던 곳이다. 양적현(陽翟縣) 또한 우(禹)가 봉해준 곳인데, 하백(夏伯)이 다스렸다."

2) 【색은(索隱)】 予의 발음은 (여가 아니라) 저(佇)이다. 『계본(系本)』에 이르기를, 계저(季佇)는 뛰어난 자라고 했다. 『좌전(左傳)』에 이르기를, 저(杼)가 과(戈)에서 희(豷)를 멸망시켰다고 했다. 『국어(國語)』(「노어魯語」)에 이르기를, 저(杼)는 능히 우(禹)를 이어받을 만한 자라고 했다.

3) 【색은(索隱)】 槐의 발음은 (괴가 아니라) 회(回)이다. 『계본(系本)』에는 제 분(帝芬)이라고 되어 있다.

4) 【색은(索隱)】 芒의 발음은 망(亡)이다. 추탄생(鄒誕生)은 또 발음이 황(荒)이라고 했다.

5) 【색은(索隱)】 『계본(系本)』에는 제 항(帝降)이라고 되어 있다.

6) 【색은(索隱)】 廑의 발음은 근(覲)이다. 추탄생(鄒誕生)은 또 발음이 근(勤)이라고 했다.

제 근이 붕하자 제불항의 아들 공갑(孔甲)이 세워졌으니, 이 사람이 제

공갑이다. 제 공갑이 세워지자, 귀신을 좋아하고 음란해 하후씨(夏后氏)의 다움이 쇠퇴했으니, (이에) 제후들이 배반했다. 하늘이 용 2마리를 내려보냈는데, 각각 암수 1마리씩이었다. 그러나 공갑은 용을 먹일[食(사)][1] 줄 몰랐으며 용을 잘 기르는 환룡씨(豢龍氏)[2]도 얻지 못했다. 도당씨(陶唐氏)가 이미 쇠망하고 그 후(后) 중에 유루(劉累)라는 자가 있었는데[3], 그는 환룡씨에게 용을 길들이는 법[擾龍(유룡)][4]을 배웠기에 이를 갖고서 공갑을 섬겼다. 공갑이 그에게 어룡씨(御龍氏)[5]라는 성씨를 내려주었으니, (먼 훗날) 시위(豕韋)의 후손의 봉지(封地)를 받게 된다[受(수)][6]. 암컷 용 1마리가 죽자 유루가 그것을 하후(夏后-공갑)에게 (바쳐서) 먹게 했더니, 하후가 사람을 보내 다시 용을 구해 오라고 했다. 이에 (유루는) 두려워서 떠나버렸다[7]. 공갑이 붕하자 아들 고(皐)가 세워졌다.

1) 【정의(正義)】 食의 발음은 사(寺)이다.

2) 【집해(集解)】 가규(賈逵)가 말했다. "환(豢)은 '기르다[養(양)]'라는 뜻이다. 곡식을 먹이는 것을 환(豢)이라고 한다."

3) 【집해(集解)】 복건(服虔)이 말했다. "후(后)란 유루가 제후라는 뜻이니, 하후가 성(姓)을 내려준 것이다." 【정의(正義)】 『괄지지(括地志)』에서 말했다. "유루의 고성은 낙주(洛州) 구지현(緱氏縣) 남쪽에 있으니, 이곳이 바로 유루의 옛터이다."

4) 【집해(集解)】 응소(應劭)가 말했다. "擾의 발음은 (요가 아니라) 유(柔)이다. 擾(유)란 '길들이다[馴(순)]'라는 뜻이다. 능히 그 기호와 욕심에 맞춰 고분고분 길러준다는 말이다."

5) 【집해(集解)】 복건(服虔)이 말했다. "어(御) 또한 '기르다[養(양)]'라는 뜻이다."

6) 【집해(集解)】 서광(徐廣)이 말했다. "수(受)는 판본에 따라 경(更)으로 된 경우도 있다." 배인(裴駰)이 살펴보건대, 가규(賈逵)가 이렇게 말했다. "유루의 후손은 상(商)대에 이르러서도 끊어지지 않고 시위의 뒤를 대신했다. 축융(祝融)의 후손이 시위에 봉해졌는데, 은(殷)나라 무정이 그것을 멸망시키고 유루의

후손이 그것을 대신하게 한 것이다."【색은(索隱)】 살펴보건대, 『계본(系本)』에 따르면 시위는 방성(防姓)이라고 했다.

7) 【집해(集解)】 가규(賈逵)가 말했다. "하후(夏后)가 이미 먹어버리고서 또다시 사람을 시켜 용을 구해오라고 하자, 유루가 더는 구할 수 없어 두려워한 것이다." 전하는 바에 따르면 노현(魯縣)으로 옮겨 갔다고 한다.

공갑이 붕하자 아들 제 고(帝皐)가 세워졌다[1]. 제 고가 붕하자 아들 제 발(帝發)이 세워졌다. 제 발이 붕하자 아들 제 이계(帝履癸)가 세워졌으니, 이 사람이 걸왕(桀王)이다[2].

제 걸(帝桀)의 시대에는[3] 공갑 이래로 제후들이 대부분 하나라를 배반하는 데도 걸은 다움에 힘쓰지[務德(무덕)] 않고 무력으로 백성을 해쳤기 때문에 백성이 견딜 수 없었고, 오히려 (은족(殷族)의 수령인) 탕(湯)을 불러들여 하대(夏臺)[4]에 가두었다가 얼마 후에[已而(이이)=尋(심)] 풀어주었다. 탕은 다움을 닦았으므로 제후들이 모두 탕에게 돌아왔고, 탕은 드디어 군사를 거느리고 하나라 걸을 쳤다. 걸은 명조(鳴條)[5]로 달아났다가 드디어 추방되어 죽었다[6]. 걸이 사람들에게 말한 바 있었다.

"내가 하대에서 끝내 탕을 죽이지 않았다가 이 지경에 이르게 된 것을 후회한다."

탕이 마침내 천자의 자리에 나아가[踐(천)] 하나라를 대신해서 천하의 조회를 받았다. 탕은 하의 후손들을 (제후에) 봉해주었고[7], 주(周)나라(가 탄생하기)에 이르러서는 (하의 후손들을) 기(杞) 땅에 봉해주었다[8].

1) 【집해(集解)】 『좌전(左傳)』에 이르기를, 고(皐)의 묘는 효남릉(殽南陵)에 있다고 했다.

2) 【색은(索隱)】 걸(桀)은 이름이다. 살펴보건대, 『계본(系本)』에 이르기를 제 고는 발(發)과 걸(桀)을 낳았다고 했는데 여기서는 발이 걸을 낳았다고 했고 황보

밀(皇甫謐)도 같은 의견이다.

3) 【집해(集解)】 시호법에 이르기를 "사람을 해치고 많이 죽이는 것[賊人多殺]을 걸(桀)이라고 한다"라고 했다.

4) 【색은(索隱)】 감옥 이름이다. 하나라에서는 균대(均臺)라고 했다. 황보밀(皇甫謐)이 말하기를 "그 땅이 양적(陽翟)에 있다"라고 했으니, 이것이다.

5) 【집해(集解)】 공안국(孔安國)이 말했다. "이 땅은 안읍(安邑) 서쪽에 있다." 정현(鄭玄)이 말했다. "남이(南夷)에 있는 지명이다."

6) 【집해(集解)】 서광(徐廣)이 말했다. "우에서 걸까지 임금이 17명이고 14세(世)이다." 배인(裴駰)이 살펴보건대, 『급총기년(汲冢紀年)』에 이르기를 "왕(王-천자)이 있을 때와 없었을 때를 포함해 존속기간이 모두 471년이다"라고 했다. 【색은(索隱)】 서광(徐廣)이 말했다. "우에서 걸까지 임금이 17명이고 14세(世)이다." 살펴보건대, 『급총기년』에 이르기를 "왕(王-천자)이 있을 때와 없었을 때를 포함해 존속기간이 모두 471년이다"라고 했다. 【정의(正義)】 『괄지지(括地志)』에서 말했다. "여주(廬州) 소현(巢縣)에 소호(巢湖)가 있는데, 곧 『상서(尙書)』에서 '성탕(成湯)이 걸을 치고 남소(南巢)로 추방했다'라고 한 그곳이다." 『회남자(淮南子)』에서 말했다. "탕이 역산(歷山)에서 걸을 꺾으니, 말희(末喜)와 같은 배를 타고 강을 떠내려가 남소의 산에 쫓겨났다가 죽었다." 『국어(國語)』에 이르기를 "소호가 가득 찼다"라고 하고 또 말하기를 "하나라 걸왕이 유시(有施)를 치니 시(施) 사람들이 말희(妺喜)라는 여인[女]을 보내주었다"라고 했다.

7) 【정의(正義)】 『괄지지(括地志)』에서 말했다. "하정 고성(夏亭故城)은 여주(汝州) 겹성현(郟城縣) 동북쪽으로 54리에 있는데, 대개 하후의 후손들이 봉해진 곳이다."

8) 【정의(正義)】 『괄지지(括地志)』에서 말했다. "변주(汴州) 옹구현(雍丘縣)은 옛 기국(杞國)의 성이 있던 곳이다. 주나라 무왕이 우의 후손을 봉해주면서 칭호를 동루공(東樓公)이라고 했다."

태사공(太史公)이 말한다.

"우(禹)는 사성(姒姓)이다. 그의 후손들은 분봉되어 국호를 성씨로 삼았기 때문에 유하후씨(有夏后氏), 유호씨(有扈氏), 유남씨(有男氏), 짐심씨(斟尋氏)[1], 동성씨(彤城氏), 포씨(褒氏), 비씨(費氏)[2], 기씨(杞氏), 증씨(繒氏), 신씨(辛氏), 명씨(冥氏), 짐과씨(斟戈氏) 등이 있다.

공자는 하나라의 역법(曆法)을 바르다고 여겼는데[3], 배우는 자들이 대부분 '하소정(夏小正)'을 전수했다고 한다[4]. 우순(虞舜)과 하우(夏禹) 때부터 공물과 부세 제도가 갖춰졌다. 어떤 사람은 우가 강남에서 제후와 회합해[會] 공적을 심사하던[計] 중에 붕어해 묻혔다고 해서 그곳을 회계(會稽)라고 이름 지었다고 한다[5]. 회계(會稽)란 모아서 심의한다[會計]는 뜻이다.[6]"

1) 【집해(集解)】 서광(徐廣)이 말했다. "판본에 따라 짐씨(斟氏), 심씨(尋氏)라고 되어 있다."

2) 【색은(索隱)】 『계본(系本)』에는 남(男)이 남(南)으로, 심(尋)이 심(鄩)으로, 비(費)가 비(弗)로 되어 있는데, 동성(彤城)과 포(褒)에 대해서는 아무런 언급이 없다. 살펴보건대, 주(周)나라에는 동백(彤伯)이 있었으니 이는 대개 동성의 후손이다. 장오(張敖)의 『지리지(地理志)』에 이르기를 "제남(濟南) 평수현(平壽縣)에 있는 그 땅은 곧 옛날의 짐심국이다"라고 했고 또 아래에는 짐과씨(斟戈氏)를 언급하고 있으니, 『좌전(左傳)』과 『계본(系本)』을 살펴보건대 모두 짐관씨(斟灌氏)를 말하는 것이다.

3) 하·은·주 세 나라의 역법 중에서 가장 정확했다는 말이다. 이를 공자는 충(衷)이라고 했고, 은나라를 질(質), 주나라를 문(文)이라고 했다.

4) 【집해(集解)】 『예기(禮記)』 「예운(禮運)」편에, 공자가 말하기를 "내가 하나라의 도리를 살펴보고 싶어서 기(杞)나라에 갔으나 징험할 만한 자료가 충분치 못했고, 나는 하나라의 역법[夏時]을 얻을 수는 있었다"라고 했다. 정현(鄭玄)이

말했다. "하나라의 사계절에 관한 책을 얻었다고 했는데, 그중에 남아 있는 것이 소정(小正)이다. 【색은(索隱)】 소정(小正)은 『대대례(大戴禮)』의 편 이름이다.

5) 【집해(集解)】 『황람(皇覽)』에서 말했다. "우왕의 무덤[禹冢]은 산음현(山陰縣) 회계산(會稽山) 위에 있다. 회계산의 본래 이름은 묘산(苗山)인데, 현(縣)의 남쪽에 있고 현과의 거리가 7리이다. 『월전(越傳)』에 이르기를, 우가 대월(大越)에 도착한 뒤 묘산에 올라 크게 모여서 심의해 다움이 있는 자에게는 작위를 주고 공로가 있는 자에게는 봉읍을 내렸으니, 이로 인해 묘산의 이름을 고쳐서 회계라고 했다. 이어 병으로 죽어 매장을 하는데, 갈대로 만든 관[葦棺]을 썼다. 구덩이는 깊이 7척으로 했으니, 위에서는 무너져 내리지 않게 했고 아래에서는 물이 흐르지 않게 했다. 단의 높이는 3척이고, 돌계단은 3단계였으며, 둘레는 사방 1무(畝)였다. 『여씨춘추(呂氏春秋)』에 이르기를, '우는 회계에 묻혔고 사람들의 무리를 번거롭게 하지 않았다'라고 했다. 묵자(墨子)가 말하기를 '우는 회계에 묻혔는데, 의구(衣裘)는 3벌이고 동관(銅棺)은 3촌이었다'라고 했다. 「지리지(地理志)」에 이르기를, 산에는 우의 우물과 우의 사당이 있는데 사람들 사이에 서로 전해오기를 밑에서는 여러 새가 밭에서 김을 맨다고[耘] 했다." 【색은(索隱)】 저(抵)는 '이르다[至]'라는 뜻인데, 발음은 정(丁)과 예(禮)의 반절음이다.[저(抵)가 무엇을 설명하는 것인지 알 수가 없다.] 위관(葦棺)이란 갈대로 만든 관이다. 다른 풀들[蘧篨]을 써서 염을 한다는 것은 틀린 말이다. 우가 비록 검약했다고 하지만, 어찌 만승의 임금인데 신하들이 그런 잡풀로 시신을 감쌀 수 있겠는가. 묵자가 "동관(銅棺)은 3촌"이라고 한 것도 오늘날 사람들의 마음과는 동떨어진 것이다. 【정의(正義)】 『괄지지(括地志)』에서 말했다. "우의 능은 월주(越州) 회계현(會稽縣) 남쪽으로 13리에 있다. 사당[廟]은 현에서 동남쪽으로 11리에 있다."

6) 【색은술찬(索隱述贊)】 요임금 홍수를 만나[堯遭鴻水]/뭇 백성 근심 속에 굶주렸네[黎人阻飢]/우가 부지런히 강과 내를 통하게 하느라[禹勤溝洫]/손발에는 굳은살투성이였도다[手足胼胝]/말로는 네 가지 탈것을 탔다고 하나[言乘四載]/

일을 하느라 사계절 내내 (이상한 신발을) 신어야 했네[動履四時]/어느 날 아내를 맞아들였으나[娶妻有日]/문을 지나면서도 들어가 인사도 못했지[過門不私]/아홉 땅 이미 다스려지니[九土旣理]/푸른 홀 이에 내려주셨네[玄圭錫玆]/제 계가 자리를 이어받았는데[帝啓嗣位]/유호씨가 명을 어겼구나[有扈違命]/오자의 노래 지었으니[五子作歌]/태강이 정사를 놓아버린 때문이로다[太康失政]/예와 착이 이에 업신여기니[羿浞斯侮]/하나라 왕실 힘을 못 쓰는구나[夏室不競]/공갑에 내려와서는[降于孔甲]/용을 기르면서 본성을 어지럽혔도다[擾龍乖性]/아 저 명조여![嗟彼鳴條]/그 마침은 아름답지 못했다네[其終不令]!

권3 — 은본기(殷本紀) 제3

권3 은본기(殷本紀) 제3

은설(殷契)[1]의 어머니는 간적(簡狄)[2]으로 유융씨(有娀氏)의 딸이며[3] 제곡(帝嚳)의 두 번째 비[次妃(차비)]이다. (간적 등) 세 사람이 목욕을 갔다가 제비[玄鳥(현조)]가 알을 떨어뜨리는 것을 보고 간적이 이를 받아 삼켰는데, 그로 인해 잉태해 설을 낳았다[4].

1) 【색은(索隱)】 설이 처음에 상(商) 땅에 봉해졌다가 그 후에 반경(盤庚)이 은(殷)으로 옮겼으니, 은은 업(鄴) 땅 남쪽에 있었는데 드디어 그것을 갖고서 천하의 호칭으로 삼았다. 설은 은나라 왕실[殷家(은가)]의 시조이니, 그래서 은설(殷契)이라고 말한 것이다. 【정의(正義)】 『괄지지(括地志)』에서 말했다. "상주(相州) 안양(安陽)은 본래 반경이 도읍했던 곳으로 곧 북몽(北蒙), 즉 은허(殷墟)이며, 남쪽으로 조가성(朝歌城)과 146리 떨어져 있다. 『죽서기년(竹書紀年)』에 이르기를 '반경은 엄(奄) 땅에서 북몽으로 옮겨 은허라고 불렀는데, 남쪽으로 업(鄴) 땅과 40리 떨어져 있다'라고 했다. 이 옛 업성(鄴城) 서남쪽으로 30리에 원수(洹水)가 있고, 남쪽 강안 3리에 안양성(安陽城)이 있으며, 서쪽으로는 은허라고 불리는 성이 있으니, 이것이 이른바 북몽이라는 곳이다." 지금 살펴보건대 원수는 상주(相州) 북쪽으로 4리에 있으며, 안양성이란 곧 상주(相州)의 외성(外城)이다.

2) 【색은(索隱)】 구본에는 (적(狄)이) 역(易)으로 되어 있는데, (역(易)과 적(狄)은) 발음이 같다. 또 적(逷)으로 되어 있기도 한데, 토(吐)와 역(歷)의 반절음이다.[주석대로 할 경우 다소 복잡할 듯해 관용적 표기를 따랐다.]

3) 【집해(集解)】 『회남자(淮南子)』에 이르기를 "유융은 부주(不周)의 북쪽에 있다"라고 했다. 【정의(正義)】 살펴보건대, 기록에 이르기를 "걸(桀)은 유융의 옛터[墟]에서 패했다"라고 했으니 유융은 마땅히 포주(蒲州)에 있어야 한다.

4) 【색은(索隱)】 초주(譙周)가 말했다. "설은 요(堯)임금 때 태어났고 순(舜)이 비로소 그를 천거했으니, 확실히 곡(嚳)의 아들은 아니다. 그의 아버지가 한미했기 때문에 아버지의 이름이 드러나지 않았던 것이다. 그의 어머니는 융씨(娀氏)의 딸로서 집안 여인들 3명과 냇가에 목욕을 갔다가 제비가 알을 낳자, 간적이 그것을 삼켰다고 했으니, 그렇다면 간적이 제곡의 두 번째 비가 아님은 분명하다."

설은 장성해서 하나라 우(禹)의 치수를 도와 공이 있었다[有功]. 제 순(帝舜)이 이에 설에게 말했다.

"백 가지 성씨[百姓]가 서로를 제 몸처럼 여기지 않고[不親] 오품(五品)이 일깨워지지 못하니[不訓], 네가 사도(司徒)가 되어 오교(五教)를 삼가 퍼트리되[敬敷] 오교는 너그러움을 벗어나서는 안 될 것이다[在寬]."

상(商) 땅에 봉해주고[1] 자씨(子氏)라는 성을 내려주었다[2]. 설이 당우(唐虞-요순)와 대우(大禹)의 시기에 일어나[興] 백성을 위한 공로와 업적을 드러내니[著] 백성이 그로 인해 평안해했다.

1) 【집해(集解)】 정현(鄭玄)이 말했다. "상국(商國)은 태화(太華) 남쪽에 있다." 황보밀(皇甫謐)이 말했다. "지금의 상락(上洛) 상(商)현이 그곳이다." 【색은(索隱)】 요가 설을 상 땅에 봉해주고서 시를 지었으니, (『시경(詩經)』) 「상송(商頌) 장발(長發)」편에 이르기를 "유융이 바야흐로 커지거늘, 제께서 아들을 세워 상나라를 만들었도다"라고 한 것이 이것이다. 【정의(正義)】 『괄지지(括地志)』에서 말했다. "상주(商州) 동쪽으로 80리 떨어진 상락현(商洛縣)은 본래 상읍(商邑)으로, 옛날의 상국(商國)이니 제 곡의 아들 설(卨)이 봉해진 곳이다."

2) 【집해(集解)】『예위(禮緯)』에서 말했다. "조상이 제비로 인해 아들[子(자)]을 낳았기 때문이다." 【정의(正義)】『괄지지(括地志)』에서 말했다. "옛 자성(子城)은 위주(渭州) 화성현(華城縣) 동북쪽으로 80리에 있는데, 대개 자성(子姓)의 별읍(別邑)으로 본다."

설이 졸(卒)하자 아들 소명(昭明)이 세워졌다[立(입)]. 소명이 졸하자 아들 상토(相土)가 세워졌다[1]. 상토가 졸하자 아들 창약(昌若)이 세워졌다. 창약이 졸하자 아들 조어(曹圉)가 세워졌다[2]. 조어가 졸하자[3] 아들 명(冥)이 세워졌다[4]. 명이 졸하자 아들 진(振)이 세워졌다[5]. 진이 졸하자 아들 미(微)가 세워졌다[6]. 미가 졸하자 아들 보정(報丁)이 세워졌다. 보정이 졸하자 아들 보을(報乙)이 세워졌다. 보을이 졸하자 아들 보병(報丙)이 세워졌다. 보병이 졸하자 아들 주임(主壬)이 세워졌다. 주임이 졸하자 아들 주계(主癸)가 세워졌다. 주계가 졸하자 아들 천을(天乙)이 세워졌는데, 이 사람이 성탕(成湯)이다[7].

1) 【집해(集解)】 송충(宋忠)이 말했다. "상토는 설이 봉해진 상 땅으로 나아갔으니, 『춘추좌씨전(春秋左氏傳)』(양공(襄公) 9년)에 이르기를 '알백(閼伯)이 상구에 거주했는데 상토가 그것을 이어받았다'라고 했다." 【색은(索隱)】 상토가 하(夏)를 보좌해 상(商)에서 공적을 드러내었으니, 『시경(詩經)』「상송(商頌) 장발(長發)」편에서 "상토가 치열하게 하여 해외가 깔끔하게 정돈되었도다"라고 한 것이 이것이다. 『좌전(左傳)』에 이르기를 "옛날에 도당씨(陶唐氏)의 화정(火正) 알백이 상구에 거주했는데, 상토가 그것을 이어받았다"라고 했으니, 이것이 처음으로 상 땅에 봉해준 것이었다. 【정의(正義)】『괄지지(括地志)』에서 말했다. "송주(宋州) 송성현(宋城縣)은 옛 알백의 유적지로 곧 상구이며, 또한 예(羿)가 봉해준 곳이라고도 한다."

2) 【색은(索隱)】『계본(系本)』에는 양어(糧圉)라고 되어 있다.

3) 【정의(正義)】 圉의 발음은 어(語)인데, 『계본(系本)』에 나온다.

4) 【집해(集解)】 송충(宋忠)이 말했다. "명이 사공(司空-토목 담당)이 되어 그 맡은 일[官事(관사)]에 부지런하다가 강물에 빠져 죽으니, 은나라 사람들이 그에게 교(郊)제사를 지냈다." 【색은(索隱)】 『예기(禮記)』에 이르기를 "명은 그 맡은 일을 부지런히 하다가 물에 빠져 죽었다"라고 했고, 은나라 사람들은 설을 시조로 삼고 명에게 교제사를 지냈다.

5) 【색은(索隱)】 『계본(系本)』에는 핵(核)이라고 되어 있다.

6) 【색은(索隱)】 황보밀(皇甫謐)이 말했다. "미(微)자 앞에 갑(甲)이 있으니, 그 어머니가 갑일(甲日)에 낳았기 때문이다." 상나라 왕실[商家(상가)]에서 날짜를 갖고서 이름을 지은 것은 한미한 데서부터 시작했기 때문이라는 것인데, 초주(譙周)는 (그것이 아니라) 죽고 나서 모셔진 사당의 신주[廟主(묘주)]를 갑(甲)이라고 칭했다고 보았다.

7) 【집해(集解)】 장안(張晏)이 말했다. "우(禹)나 탕(湯)은 모두 자(字)이다. 두 왕은 당우(唐虞-요순) 시대의 애쓰고 꾸밈[文(문)]을 멀리하고 고양(高陽)의 질박함[質(질)]을 따랐기에, 그래서 하나라와 은나라의 왕들은 모두 이름을 칭호[號(호)]로 삼았던 것이다." 시호법에 이르기를 "학정을 제거하고 잔적을 없앤 것[除虐去殘(제학거잔)]을 일러 탕(湯)이라고 한다"라고 했다. 【색은(索隱)】 탕의 이름은 이(履)이니, 『서경(書經)』에 이르기를 "나 소자 이(履)"라고 한 것이 그것이다. 또 천을(天乙)이라고 부르기도 했는데, 초주(譙周)가 말하기를 "하나라와 은나라의 예법에서는 살아 있을 때는 왕(王)이라고 하다가 죽었을 때는 사당의 신주를 갖고서 불렀는데, 둘 다 제의 이름과 짝한다. 하늘은 또한 제(帝)와 같은 뜻이고 은나라 사람들은 탕을 높였기에, 그래서 천을(天乙)이라고 칭했다"라고 했다. 설에서 탕까지 모두 14대이니, 그래서 『국어(國語)』에서 말하기를 "현왕(玄王)이 상나라를 위해 부지런히 일하시어 14대가 흥했다"라고 했다. 현왕은 설(契)이다.

성탕(成湯)의 때, 즉 설에서 탕까지 (도읍을) 여덟 번 옮겼다[八遷(팔천)][1]. 탕은 처음에 박(亳)에 살았는데[2], 선왕(先王)들을 따라서 거기에 살았던 것이며[3] 「제고(帝誥)」를 지었다[4].

1) 【집해(集解)】 공안국(孔安國)이 말했다. "14세(世) 동안 모두 여덟 차례 국도(國都)를 옮겼다."

2) 【집해(集解)】 황보밀(皇甫謐)이 말했다. "양국(梁國) 곡숙(穀熟)이 남박(南亳)인데, 이곳이 곧 탕의 도읍[湯都(탕도)]이다." 【정의(正義)】 『괄지지(括地志)』에서 말했다. "송주(宋州) 곡숙현(穀熟縣) 서남쪽으로 35리에 남박 고성이 있는데, 이곳이 남박이며 곧 탕의 도읍[湯都(탕도)]이다. 송주 북쪽으로 50리 떨어진 대몽성(大蒙城)은 곧 경박(景亳)으로, 탕이 맹세한 곳이기 때문에 경산(景山)이라는 이름이 생겨났다. 하남(河南) 언사(偃師)는 서박(西亳)인데, 제 곡(帝嚳)과 탕이 도읍한 곳이고 반경(盤庚) 또한 옮겨 와서[徙(사)=遷(천)] 이곳을 도읍으로 삼았다."

3) 【집해(集解)】 공안국(孔安國)이 말했다. "설(契)의 아버지 제 곡이 박에 도읍했고, 탕은 상구에서 이곳으로 옮겨 왔다. 그래서 '선왕(先王)들을 따라서 거기에 살았던 것이며'라고 한 것이다." 【정의(正義)】 살펴보건대, 박(亳)은 언사성(偃師城)이고 상구는 송주(宋州)이다. 탕이 자리에 나아가[卽位(즉위)] 남박에 도읍했고, 뒤에 서박으로 옮겼다. 『괄지지(括地志)』에서 말했다. "박읍 고성(亳邑故城)은 낙주(洛州) 언사현(偃師縣) 서쪽으로 14리에 있으니, 본래 제 곡의 옛터였다가 상탕(商湯)이 도읍한 곳이다."

4) 【색은(索隱)】 판본에 따라 고(俈)라고 되어 있다. 위에서 "선왕(先王)들을 따라서 거기에 살았던 것이며"라고 했기에, 그래서 「제고(帝俈)」를 지은 것이다. 공안국은 (탕이) 고(誥)를 지어 선왕에게 고했다고 본 것은, 자신의 대에 이르러 박 땅에 와서 살게 되었음을 말한다.

탕은 제후들을 정벌했다[征(정)][1]. 갈백(葛伯)이 제사를 올리지 않자, 탕이

❖

처음으로 그를 정벌했다[2]. 탕이 말했다.

"내가 전에 말했듯이, 물을 바라보면 자신의 모습을 볼 수 있는 것처럼 백성을 살펴보면 그 나라가 다스려지는지 아닌지[治不]를 알 수 있다."

이윤(伊尹)이 말했다.

"밝으십니다! (남의) 말을 능히 들을 줄 아신다면 도리는 마침내 나아갈 것입니다. 나라의 군주가 백성을 자식처럼 여긴다면[子=慈] 능력 있는 인물[善者]들이 모두 왕의 관직[王官]에 있게 될 것입니다. 힘쓰시옵소서[勉哉], 힘쓰시옵소서!"

탕이 말했다.

"네가 삼가 명(命)을 받들지 않는다면 나는 큰 벌을 내려 내쫓을 것이고, 결코 사면(赦免)해주는 일은 없을 것이다."

(그러고 나서) 「탕정(湯政)」을 지었다.

1) **【집해(集解)】** 공안국(孔安國)이 말했다. "(천자가 아니었지만) 하나라 방백(方伯-제후)으로 있으면서 (천자처럼) 정벌(征伐)을 스스로 결정할 수 있었다는 말이다."

2) **【집해(集解)】** 『맹자(孟子)』에서 "탕은 박에 거주했고 갈백과는 이웃하고 있었다"라고 했고, 「지리지(地理志)」에 이르기를 갈(葛)은 지금의 양국(梁國) 영릉(寧陵)의 갈향(葛鄕)이라고 했다.

이윤은 이름이 아형(阿衡)이다[1]. 아형이 탕을 만나고자 했으나 말미암을 방법[由]이 없자, 마침내 유신씨(有莘氏)의 잉신(媵臣)[2]이 되어[3] 정(鼎-쇠솥)과 조(俎-제사용 도마)를 메고 가서 맛있는 음식들[滋味]을 비유로 예를 들어 탕에게 유세해 왕도(王道)에 이르게 했다. 혹자는 "이윤은 처사(處士)였는데 탕이 사람을 시켜 그를 불러 맞아들이고자[聘迎] 했으나 다섯 번 거절한 뒤에야 기꺼이 가서 탕을 따랐으니 (이에) 소왕(素王)과 구주(九主)에

대해 말했다[4]"라고 했다. 그를 들어[擧] 국정을 맡겼다. 이윤은 탕을 떠나 하나라로 갔다. 하나라가 이미 부패했기에 다시 박(亳)으로 돌아왔다. 북문(北門)에서 들어가 여구(女鳩)와 여방(女房)을 만나보고서 「여구(女鳩)」와 「여방(女房)」을 지었다[5].

탕이 (대궐 밖으로) 나갔다가 들판에서 사방에 그물을 치고 "천하 사방의 모든 것이 다 내 그물 안으로 들어오게 해주소서"라고 축원하는 사람[祝]을 마주쳤다. 탕이 말했다.

"어허! 다 잡으려고 하다니!"

마침내 세 방면의 그물을 거두게 하고서 다음과 같이 축원했다.

"왼쪽으로 가고 싶은 것은 왼쪽으로 가게 하소서. 오른쪽으로 가고 싶은 것은 오른쪽으로 가게 하소서. 내 명령을 따르지 않는 것만 마침내 내 그물로 들어오게 하소서."

제후들은 이 소식을 듣고서 말했다.

"탕의 다움이 지극해 금수(禽獸)에까지 미쳤도다!"

1) 【색은(索隱)】 손자(孫子)의 『병서(兵書)』에 이르기를 "이윤의 이름은 지(摯)이다"라고 했고, 공안국(孔安國) 또한 이지(伊摯)라고 했다. 그러나 풀이하는 사람들은 아형(阿衡)을 관직 이름이라고 본다. 살펴보건대 아(阿)란 '의지하다', '기대다[倚]'라는 뜻이고 형(衡)이란 '평평하게 바로잡다[平]'의 뜻이다. (따라서 아형이란) 뭔가에 의지해서 평형을 잡는다[取平]는 말이다. 『서경(書經)』(「상서(商書)」 태갑(太甲)편)에 이르기를 "아, 사왕(嗣王-태갑)은 아형에게 고분고분하지 않았도다[弗惠=不順]"라고 했고 또 보형(保衡)이라고 불렀으니, 모두 이윤의 관호(官號)이지 이름이 아니다. 황보밀(皇甫謐)이 말했다. "이윤은 역목(力牧)의 후손으로, 공상(空桑)에서 태어났다"라고 했다. 또 『여씨춘추(呂氏春秋)』에 이르기를 "유신씨(有侁氏)[유신씨(有莘氏)라고도 쓴다.]의 딸이 뽕잎을 따

다가 뽕나무 그늘[空桑]에서 어린아이를 얻었는데, 어미가 이수(伊水) 가에 살았기에 이윤(伊尹)이라고 이름했다"라고 했다. 윤(尹)이란 정(正)이니, 탕이 그를 시켜 천하를 바로잡게 했다[正天下]는 말이다.

2) 딸을 시집보낼 때 딸려 보내는 몸종이나 신하를 말한다.

3) 【집해(集解)】『열녀전(列女傳)』에서 이렇게 말했다. "탕의 비(妃)는 유신씨(有莘氏)의 딸이다." 【정의(正義)】『괄지지(括地志)』에서 말했다. "옛날의 신국(莘國)이 변주(汴州) 진류현(陳留縣) 동쪽으로 5리에 있었는데, 옛 신성(莘城)이 이곳이다. 『진류풍속전(陳留風俗傳)』에 이르기를 '진류 외황(外黃)에 신창정(莘昌亭)이 있는데, 본래는 송(宋) 땅 신지읍(莘氏邑)이었다'라고 했다." 『이아(爾雅)』에 이르기를 "잉(媵)은 '데리고 가다[將]', '보내다[送]'라는 뜻이다"라고 했다.

4) 【집해(集解)】 유향(劉向)이 『별록(別錄)』에서 말했다. "구주(九主)란 법군(法君), 전군(專君), 수군(授君), 노군(勞君), 등군(等君), 기군(寄君), 파군(破君), 국군(國君), 삼세사군(三歲社君)인데, 모두 9품(品-종류)이며 그 모습을 그림으로 그렸다." 【색은(索隱)】 살펴보건대 소왕(素王)이란 태소상황(太素上皇)이니, 그의 도리가 질박했기에[質素] 소왕이라고 부른 것이다. 구주란 삼황오제와 하우(夏禹)를 가리킨다. 어떤 사람은 말하기를 구주란 구황(九皇)이라고 했지만, 유향의 『칠록(七錄)』에 있는 구주에 대한 주석을 살펴보면 그것은 명칭이 너무 기이해서 어디에 의거했는지를 알 수가 없을 뿐이다. (생각건대) 법군(法君)이란 법을 매우 엄격하게 쓰는 임금을 가리키니, 예를 들면 진(秦)나라 효공(孝公)이나 시황 등을 말한다. 노군(勞君)이란 천하를 위해 부지런히 노고를 다했던 임금을 가리키니, 예를 들면 우(禹)나 직(稷) 등을 말한다. 등군(等君)의 경우 등(等)이란 공평하다[平]는 뜻으로서 등급과 위엄을 정하면서 녹상(祿賞)을 고르게 하는 임금을 가리키니, 예를 들면 고조(高祖-유방)가 공신들을 봉하면서 옹치(雍齒, ?~?)[한고조(漢高祖)를 따라다니다가 배반했는데, 다시 돌아와서 전공을 세웠다. 그러나 고조는 그를 항상 불쾌하게 여겼다. 고조가 제위에 오른 뒤 봉후(封侯)를 하지 않자, 장수들에게 원망하는 기색이 있었는데, 고조가 장량(張良)의 헌책(獻策)을

좇아 제일 먼저 옹치를 십방후(什邡侯)에 봉하니 장수들이 다 안심하며 말하기를 "옹치도 봉후 했으니, 우리들은 근심할 것이 없다"라고 했다.]를 후로 삼은 것과 같다. 수군(授君)이란 스스로 다스릴 능력이 없어서 정사를 신하에게 맡긴 임금을 가리키니, 예를 들면 연왕(燕王) 쾌(噲)가 아들에게 넘기거나 우가 익에게 넘긴 것 등이 그에 준한다[比]. 전군(專君)이란 자기 마음대로 독단적으로 해서 뛰어난 신하들에게 아무것도 맡기지 않는 임금으로, 예를 들면 한나라 선제(宣帝)가 이에 해당한다. 파군(破君)은 상대를 가벼이 여기다가 외적을 불러들임으로써 나라는 멸망하고 임금은 죽게 되는 유형이니, 예를 들면 초무(楚戊)와 오비(吳濞) 등이 이런 임금이다. 기군(寄君)이란 아래로 백성을 힘들게 하면서 위로 자기는 교만을 부리는 임금으로, 결국 민심이 뿔뿔이 흩어지게 되기 때문에 맹가(孟軻-맹자)는 이를 일러 기군(寄君)이라고 했다. 국군(國君)의 경우 국(國)이란 마땅히 고(固)여야 하는데, 이는 글자가 와전된 것일 뿐이다. (고군(固君)이란) 성곽을 완비하고 군사[甲兵]를 튼튼히 하기는 했으나 다움이 닦여지지 않은 유형으로, 예를 들면 삼묘(三苗)나 지백(智伯)이 이에 해당한다. 삼세사군(三歲社君)이란 포대기[襁褓]에 쌓인 채 사직을 주관하는 것으로, 예를 들면 주나라 성왕이나 한나라의 소제(昭帝)와 평제(平帝) 등이 이에 해당한다. 또 구주에 대한 주해 중에는 법군(法君), 노군(勞君), 등군(等君), 전군(專君), 수군(授君), 파군(破君), 국군(國君)에다가 (기군을 빼고 대신) 삼세사군(三歲社君)을 두 가지로 해서 보는 경우도 있는데, 이것은 아닌 듯하다.

5) 【집해(集解)】 공안국(孔安國)이 말했다. "구와 방 두 사람은 탕의 뛰어난 신하[賢臣]이다. 이 두 편은 하나라가 썩은 것을 보고 실망해서 돌아오게 된 뜻을 말했다."

이런 때를 맞아 하나라 걸왕(桀王)이 포학한 정치를 하며 주색에 빠지자[淫荒] 제후 곤오씨(昆吾氏)가 난을 일으켰다[1]. 탕이 마침내 군대를 일으켜 제후들을 이끄니 이윤은 탕을 따랐고 탕은 몸소 도끼를 들고서[把鉞] 곤오

를 정벌하고 드디어 걸을 쳤다. 탕이 말했다.

"자[格], 너희 무리야, 이리로 오라! 너희는 모두 짐의 말을 들으라. 나처럼[台][2] 보잘것없는 사람[小子]이 감히 난을 일으키려고 하는 것이 아니라[3] 하나라가 많은 죄를 지어 하씨(夏氏)가 죄가 있다는 그대들의 중언(衆言)을 나는 들었다. 나는 상제가 두려워 감히 바로 잡지[正=征] 않을 수가 없다. 지금 하나라가 죄가 많아 하늘이 그를 처벌하라고 명하신 것이다. 지금 여러분 가운데 많은 이는 '우리 군주가 우리 무리를 불쌍히 여기지 않아 우리의 농사일[嗇事=穡事]을 그만두고 전쟁에 끌려왔다[割政][4]'라고 말한다. 또 그중에는 '죄가 있다고 하는데 과연 무슨 죄인가?'라고 말하는 사람도 있다. 하나라 왕은 온[率] 백성의 힘을 소진(消盡)시키고 온 나라의 재물을 약탈했다[5]. 그래서 온 백성이 나태해지고 서로 화목하지 않게 만들었으니[6] 이에 말하기를 '저 태양은 언제나 지려는고? 나 차라리 너와 함께 사라지리라![7]'라고 하고 있다. 하나라의 다움[夏德]이 이 지경이니 지금 짐이 반드시 (정벌하러) 가려는 것이다. 너희가 나 한 사람과 더불어 하늘의 징벌을 거행한다면 너희들에게 큰 상[大理][8]을 내릴 것이다. 너희는 내 말을 믿지 않으면 안 될 것이다. 짐은 결코 약속을 저버리는[食言][9] 사람이 아니다. (그렇지 않고) 너희들이 내 말을 따르지 않는다면 내 너의 처자식[帑=妻子]까지 주륙하고 용서치 않을 것이다."

이를 영사(令師-문서 담당 관리)에게 알려서 「탕서(湯誓)」를 짓게 했다. 이에 탕이 "나는 무용(武勇)이 매우 뛰어나다"라고 했기에 그를 무왕(武王)이라고 칭했다[10].

1) 【정의(正義)】 제 곡(帝嚳) 때 육종(陸終)의 장남인 곤오씨의 후손이다. 『세본(世本)에』 이르기를 "곤오란 위씨(衛氏)이다"라고 한 것이 그것이다.

2) 【집해(集解)】 마융(馬融)이 말했다. "이(台)는 나[我]를 뜻한다."

3) 【집해(集解)】 공안국(孔安國)이 말했다. "감히 걸의 죄를 바로잡고자 주벌하지 않

을 수 없다는 말이다."

4) 【집해(集解)】 공안국(孔安國)이 말했다. "백성의 농사일을 빼앗고 각박한 정치를 한다는 말이다."

5) 【집해(集解)】 공안국(孔安國)이 말했다. "걸왕 때 임금과 신하가 서로를 이끌어 백성의 힘을 막고 소진해 농사에 종사할 수 없도록 하면서 서로 하나라의 읍들을 차지하려고 난리를 쳤다는 말이다."

6) 【집해(集解)】 마융(馬融)이 말했다. "많은 백성이 서로를 이끌어[相率(상솔)] 나태하고 게을러졌으며 서로 화합하지 않았다는 말이다."

7) 【집해(集解)】 『상서대전(尙書大傳)』에서 말했다. "걸이 말하기를 '하늘에 해가 있는 것처럼 나에게는 백성이 있다. 해가 없어지랴! 해가 없어지면 나 또한 망하리라'라고 했다."

8) 【집해(集解)】 『상서(尙書)』에는 이(理)가 뇌(賚-하사품)로 되어 있다. 정현(鄭玄)이 말했다. "뇌(賚)란 하사품[賜(사)]이다."

9) 【색은(索隱)】 『좌전(左傳)』(애공(哀公) 25년)에 (애공이 맹무백(孟武伯)에게) 이르기를 "식언(食言)을 많이 하니 (어찌) 살이 찌지 않을 수 있겠는가?"라고 했으니, 이는 곧 망언(妄言)이 식언(食言)임을 말하는 것이다.

10) 【집해(集解)】 『시경(詩經)』(「상송(商頌) 장발(長發)」편)에 이르기를 "무왕이 깃발을 신고서 삼가 도끼를 잡으시어"라고 했는데, 이에 대한 모전(毛傳)의 풀이에서 "무왕은 탕왕이다"라고 했다.

걸(桀)이 유융(有娀)의 옛터[虛(허)=墟(허)]에서 패해 명조(鳴條)로 달아나자[犇(분)=奔(분)][1] 하나라 군사는 무너졌다[敗績(패적)]. 탕이 드디어 삼종(三鬷)을 쳐서 그들의 보물을 차지하자[俘(부)][2] (탕의 신하인) 의백(義伯)과 중백(仲伯)이 「전보(典寶)」를 지었다[3]. 탕이 이미 하나라를 이기자 하나라 사직을 옮기려고 했으나 불가해[4] 「하사(夏社)」[5]를 지었다. 이윤이 그것을 공포했다[報(보)][6]. 이에 제후들이 반드시 복종했고 탕은 마침내 천자의 자리에 올라 해내(海內)를 평

정(平定)했다.

1) 【정의(正義)】『괄지지(括地志)』에서 말했다. "고애(高涯) 벌판[原]은 포주(蒲州) 안읍현(安邑縣) 북쪽으로 30리 떨어진 남판구(南阪口-남쪽 비탈 어귀)에 있는데, 이곳이 곧 명조 두렁[陌]이다. 명조의 싸움터는 안읍 서쪽에 있다."

2) 【집해(集解)】 공안국(孔安國)이 말했다. "삼종(三朡)은 나라 이름[國名]이다. 걸이 그곳으로 달아나 몸을 보호했으니, 지금의 정도(定陶)이다. 부(俘)는 '차지하다[取]'라는 뜻이다." 【정의(正義)】『괄지지(括地志)』에서 말했다. "조주(曹州) 제음현(濟陰縣)은 곧 옛날의 정도(定陶)로, 동쪽에 삼종정(三朡亭)이 있으니 그곳이다."

3) 【집해(集解)】 공안국(孔安國)이 말했다. "두 신하가 전보 1편씩을 지었는데, 나라의 불변 보물[常寶=典寶]이라는 말이다."

4) 【집해(集解)】 공안국(孔安國)이 말했다. "사직을 옮겨서 두려고 했으나, 후세(의 공로)가 구룡(句龍)[공공(共工)의 아들로, 치수 사업을 잘하고 토지를 잘 다스려서 후세에 사직의 신으로 숭배된 전설상의 인물이다.]에 미치지 못한다고 해서 불가하다 하므로 그쳤다."

5) 【집해(集解)】 공안국(孔安國)이 말했다. "하나라 사직을 옮길 수 없었던 이유를 담고 있다."

6) 【집해(集解)】 서광(徐廣)이 말했다. "다른 판본에는 이윤이 '정사를 공포했다[報政]'로 되어 있다."

탕이 (박 땅으로) 돌아가는 길에 태권도(泰卷陶)[1]에 이르자 중훼(中𦧈-혹은 중훼(仲虺))가 「고(誥-고명)」를 지었다[2]. (탕이) 이미 하나라 왕령(王令)을 없애고[絀][3] 박(亳) 땅으로 돌아와 「탕고(湯誥)」를 지어 제후들에게 영(令)을 내렸다.

아! 3월에 왕이 동교(東郊)에 이르러
여러 제후와 여러 후(后)에게 고했다.

"백성을 위해 아무런 공로도 없거나
너의 일[迺事(내사)]에 온 힘을 다하지 않는다면
나는 이에 너희들을 크게 벌할 것이니
나를 원망하지 말라!"

또 말했다.

"옛날의 우(禹)와 고요(皐陶)는
오랫동안 밖에서 수고로움을 다해
백성에게 공로가 있었기에
백성은 마침내 편안할 수 있었다.
동쪽으로 장강(長江), 북쪽으로 제수(濟水),
서쪽으로 황하, 남쪽으로 회수(淮水) 등
사독(四瀆)을 이미 잘 정비하니
만백성이 마침내 이곳에서 살 수 있게 되었다.
후직(后稷)은 파종법을 내려주어
농민들은 백곡을 심었다.
삼공(三公)은 모두 백성을 위해 공로가 있었기에
그들의 후손들은 (제후로) 세워질 수 있었다[有立(유립)][4]
옛날에 치우(蚩尤)와 그의 대부(大夫)들이
백성을 향해 난을 일으켰으나
하늘[帝(제)=上帝(상제)]은 마침내
그들을 돕지[予(여)][5] 않았던 선례가 있다[有狀(유상)][6].

선왕(先王-옛날의 뛰어난 임금들)들의 말씀을 따르는 데 힘쓰지 않으면 안 될 것이다[7].”

1) 【집해(集解)】 서광(徐廣)이 말했다. “판본에 따라 이 ‘도(陶)’자가 없기도 하다.” 공안국(孔安國)이 말했다. “땅 이름이다. 탕이 삼종(三嵏)에서 돌아왔다는 말이다.” 【색은(索隱)】 추탄생(鄒誕生)은 권(劵)을 경(坰-국경 근처)이라고 했고 또 형(泂-멀다)이라고 했는데, 마땅히 경(坰)이 되어야 『상서(尙書)』와 같아지게 된다. 그렇다면 연자(衍字-군더더기 글자)가 아닐 수도 있지만, 그다음의 도(陶)는 연자일 뿐이다. 어떻게 그렇다는 것을 알 수 있는가? 『상서(尙書)』를 풀이한 사람들은 대경(大坰)을 지금의 정도(定陶)라고 보기 때문이다. 구본(舊本)에서는 혹 그 지명을 옆에 나란히 기록하기도 했는데, 후세 사람들이 옮겨 쓸 때 마침내 이 글자가 쓸데없이 덧붙은 것이다. 【정의(正義)】 坰의 발음은 고(古)와 명(銘)의 반절음이다.

2) 【집해(集解)】 공안국(孔安國)이 말했다. “중훼(仲虺)는 탕의 좌상(左相)이며 해중(奚仲)의 후손이다.” 【색은(索隱)】 仲虺는 음이 두 가지이니, 鼺는 루(壘)로 되어 있기도 하다. 발음은 글자 그대로이고, 『상서(尙書)』에서는 또 훼(虺-살무사)로 되어 있다.

3) 【집해(集解)】 공안국(孔安國)이 말했다. “하나라의 왕명을 폐기했다[絀(출)]는 말이다.”

4) 【집해(集解)】 서광(徐廣)이 말했다. “판본에 따라 입(立)이 토(土)로 되어 있기도 하다.” 【색은(索隱)】 우나 고요는 사람들에게 공로가 있어[有功(유공)] 그 후손을 세워주었기[建立(건립)] 때문에, 그래서 “(제후로) 세워질 수 있었다[有立(유립)]”라고 말한 것이다.

5) 【집해(集解)】 予의 발음은 여(與)이다.

6) 【색은(索隱)】 제(帝)는 하늘[天(천)]이다. 치우가 난을 일으키자, 상천(上天)이 끝내 그를 돕지 않았다[不佑(불우)]는 말인데, 이것이 불여(弗與)이다. 유상(有狀)이란 죄

가 커서 그 죄상이 드러나니, 그 때문에 황제(黃帝)가 그를 멸망시켰다는 말이다.

7) 【색은(索隱)】 선왕이란 황제, 제요, 제순을 말한다. 우와 고요(咎繇)는 오랫동안 밖에서 노고를 다했기 때문에 그 후손들이 세워질 수 있었지만, 치우는 난을 일으켜도 하늘이 그를 돕지 않았기 때문에 마침내 황제가 그들을 멸망시키기에 이르렀다. 이것들은 모두 선왕이 공로가 있는 자에게는 상을 내리고 죄가 있는 자에게는 주벌을 내린 것이니, 지금 너희들은 부지런히 힘쓰지 않으면 안 될 것이라는 말이다. 이는 탕이 자기 신하들을 경계시킨[誡(계)] 것이다.

또 말했다.

"도리가 없는 자[不道(부도)]는
그 나라에 있을 수 없게 할 것이니[毋之(무지)][1)]
그런 자는 나를 원망해서는 안 될 것이다."

이를 제후들에게 고해주었다. 이윤은 「함유일덕(咸有一德)」을 지었고[2)], 구단(咎單)은 「명거(明居)」를 지었다[3)].

탕은 마침내 정삭(正朔)을 고치고 복색(服色)을 바꿨으며, 흰색을 높이고[上(상)=尙(상)] 낮에 조회를 했다.

1) 【집해(集解)】 서광(徐廣)이 말했다. "지(之)는 판본에 따라 정(政)으로 되어 있다." 【색은(索隱)】 부도(不道)란 무도(無道)와 같다. 다시 제후들을 경계시켜 말하기를, 너희가 도리가 없는 짓을 할 경우 나는 너희를 봉국으로 가지 못하게 할 것이라고 말한 것이다.

2) 【집해(集解)】 왕숙(王肅)이 말했다. "임금과 신하가 모두[皆(개)=咸(함)] 같은 다움[一德(일덕)]

을 가져야 한다는 말이다." 【색은(索隱)】『상서(尙書)』에 따르면 이윤이 「함유일덕」을 지은 것은 태갑(太甲) 때인데 태사공은 그것을 여기에다 기록해서 성탕 때의 것이라고 말하고 있으니, 그의 말은 또 차서(次序)를 잃은 것이다.

3) 【집해(集解)】 마융(馬融)이 말했다. "구단은 탕의 사공(司空-토목 담당)이다. 백성이 거주할 때 지켜야 할 법을 밝힌 것이다."

탕이 붕(崩)한 후에[1] 태자(太子) 태정(太丁)이 아직 세워지지 못한 채 졸(卒)하자, 이에[於是(어시)] 마침내[迺=乃(내 내)] 태정의 동생 외병(外丙)이 세워졌으니 이 사람이 제 외병(帝外丙)이다. 제 외병이 자리에 나아간 지 3년 만에 붕하자 외병의 동생 중임(中壬)[2]이 세워졌으니 이 사람이 제 중임(帝中壬)이다. 제 중임이 자리에 나아간 지 4년 만에 붕하자 이윤은 마침내 태정의 아들 태갑(太甲)을 세웠다.[3] 태갑은 성탕(成湯)의 적장손(適長孫)으로, 이 사람이 제 태갑(帝太甲)이다.

제 태갑 원년에 이윤은 「이훈(伊訓)」, 「사명(肆命)」, 「조후(徂后)」를 지었다[4].

1) 【집해(集解)】『황람(皇覽)』에서 말했다. "탕의 무덤[湯冢(탕총)]은 제음(濟陰) 박현(亳縣) 북동쪽 성곽에 있는데, 현에서의 거리가 3리이다. 무덤은 사방형인데, 각 방(方)은 10보이고 높이는 7척이며 위는 평평하고 평지에 있다. 한나라 애제(哀帝) 건평(建平) 원년에 대사공(大司空) 어사(御史)인 장경(長卿)이 수재를 살피러 가면서 아울러 탕의 무덤에도 갔는데, 유향(劉向)이 말하기를 '은나라 탕왕이 묻힌 곳은 없었다'라고 했다." 황보밀(皇甫謐)이 말했다. "제후 자리에 올랐다가 17년 만에 천자의 자리에 올랐고, 천자가 된 지 13년 만에 나이 100세로 붕했다." 【색은(索隱)】 장경(長卿)이 여러 판본에는 대부분 겁성(劫姓)으로 되어 있다. 살펴보건대, 『풍속통(風俗通)』에 어씨(御氏)가 있으니 한나라 때 사공 사어가 되었는데, 그 이름이 장경(長卿)으로 확실히 겁성은 아니다. 또 겁미(劫彌)라는 사람이 있기는 한데 어사(御史)가 된 적은 없

다. 【정의(正義)】『괄지지(括地志)』에서 말했다. "박성(薄城) 북쪽 성곽 동쪽으로 3리 떨어진 평지에 탕의 무덤이 있다. 살펴보건대 몽(蒙), 즉 북박(北薄)에 있다." 또 말했다. "낙주(洛州) 언사현(偃師縣) 동쪽으로 6리 떨어진 곳에 탕의 무덤이 있는데, 동궁(桐宮)에서 가깝다고 했으니 대개 이것을 말한다."

2) 【정의(正義)】 중임(仲任)이라고도 한다.

3) 【정의(正義)】『상서(尙書)』 공자(孔子) 서(序)에서는 "성탕이 이미 몰(沒)하니 태갑 원년이다"라고 했을 뿐 외병(外丙)이나 중임(仲任)에 대해서는 말하지 않았는데, 태사공(太史公)은 『세본(世本)』에서 캐내어[採=採錄] 외병과 중임이 있었음을 말하고 있다. 두 책이 같지 않으니, 이런 때는 믿을 만한 것은 믿을 만한 그대로 전하고 의심스러운 것은 의심스러운 그대로 전한다[信則傳信 疑則傳疑].

4) 【집해(集解)】 정현(鄭玄)이 말했다. "사명(肆命)이란 정치와 가르침이 마땅히 해야 할 바를 진술한 것이다. 조후(徂后)란 탕의 법도를 말한 것이다.

제 태갑이 이미 세워진 지 3년이 되어도 눈 밝지 못하고[不明] 포학해서 탕의 법도를 따르지 않고 임금다움을 어지럽히자[亂德], 이에 이윤은 그를 동궁(桐宮)으로 내쫓았다[放=追放][1].

3년 동안 이윤이 정사를 대신하며[攝行政] 나라를 맡아서[當國] (본인이 몸소) 제후들의 조회를 받았다.

제 태갑이 3년 동안 동궁에 머물면서 자신의 과오를 깨닫고 스스로를 꾸짖으며 좋은 쪽으로 돌아오자[反善], 이에 이윤은 마침내 제 태갑을 맞이해 정권을 주었다. 제 태갑이 임금다움을 닦자[修德] 제후들이 모두 은나라에 복종했고, 백성도 그로 인해 평안했다. 이윤은 그것을 아름답게 여겨 마침내 「태갑훈(太甲訓)」 3편을 지었고, 제 태갑을 기려서[褒] 태종(太宗)이라고 칭했다.

태종이 붕하자 아들 옥정(沃丁)이 세워졌다. 제 옥정 때 이윤이 졸했다. 이미 박 땅에 이윤을 안장하고 나서[2], 구단(咎單)은 드디어 이윤의 일을 후세인들에게 깨우쳐주기 위해 「옥정(沃丁)」을 지었다.

옥정이 붕하자 동생 태경(太庚)이 세워졌으니, 이 사람이 제 태경(帝太庚)이다.

제 태경이 붕하자 아들 제 소갑(帝小甲)이 세워졌다[3].

제 소갑이 붕하자 동생 옹기(雍己)가 세워졌으니, 이 사람이 제 옹기(帝雍己)이다. 은나라의 도리[殷道(은도)=殷德(은덕)]가 쇠퇴하자 제후 가운데 간혹 조회에 오지 않는 이가 있었다.

1) 【집해(集解)】 공안국(孔安國)이 말했다. "(동궁이란) 탕이 묻힌 곳이다." 정현(鄭玄)이 말했다. "땅 이름인데, 왕(王-천자)의 이궁(離宮)이 있는 곳이다." 【정의(正義)】 『진태강지기(晉太康地記)』에서 말했다. "시향(尸鄉) 남쪽에 박판(亳阪)이 있고, 동쪽에 성이 있는데 태갑이 쫓겨난 곳이다." 살펴보건대 시향은 낙주(洛州) 언사현(偃師縣) 서남쪽으로 5리에 있다.

2) 【집해(集解)】 『황람(皇覽)』에서 말했다. "이윤의 무덤은 제음(濟陰) 기지(己氏) 평리향(平利鄉)에 있는데, 박 땅은 기지(己氏)와 가깝다." 【정의(正義)】 『괄지지(括地志)』에서 말했다. "이윤의 무덤은 낙주(洛州) 언사현(偃師縣) 서북쪽으로 8리에 있다." 또 말했다. "송주(宋州) 초구현(楚丘縣) 서북쪽으로 15리에 이윤의 무덤이 있다고 하는데, 아마도 아닌 듯하다." 『제왕세기(帝王世紀)』에서 말했다. "이윤의 이름은 지(摯)이고 탕왕의 재상이며 칭호는 아형(阿衡)이다. 나이 100세에 졸했는데, 이때 짙은 안개가 사흘 동안 끼었으니, 옥정(沃丁)은 천자의 예로 그를 장사 지냈다."

3) 【집해(集解)】 서광(徐廣)이 말했다. "「세표(世表)」에 이르기를, 제소갑은 태강의 동생이라고 했다."

제 옹기가 붕하고 동생 태무(太戊)가 세워졌으니, 이 사람이 제 태무(帝太戊)이다. 제 태무는 세워지자, 이척(伊陟)[1]을 재상으로 삼았다. 박에서 뽕나무와 닥나무가 함께 자라더니[共生] 하룻밤 사이에 한 아름 넘게 커졌다[大拱][2]. 제 태무가 두려워서 이척에게 물으니, 이척이 말했다.

"신이 듣건대 요사스러움[妖]도 다움을 이길 수는 없다고 했습니다. 제(帝)께서 행하신 정치에 혹시라도 잘못은 없었는지요? 제께서는 이에[其=於是] 다움을 닦으십시오."

태무가 그 말을 따르자 불길한 뽕나무[祥桑]는 말라 죽었다[3]. 이척은 무함(巫咸)에게 모든 공을 돌리며 그를 칭찬했다[贊][4]. 무함은 왕가(王家)의 일을 잘 처리했으며 「함애(咸艾)」[5]와 「태무(太戊)」를 지었다. 제 태무가 태묘(太廟)에서 이척을 칭송하면서 그를 그냥 신하로 대하지 않겠다[弗臣]고 하자, 이척이 사양하고 「원명(原命)」을 지었다[6]. 은나라가 (태무의 때에) 다시 일어나자[復興] 제후들이 귀의하게 되니, 그래서 그를 중종(中宗)이라고 칭했다.

1) 【집해(集解)】 공안국(孔安國)이 말했다. "이척은 이윤의 아들이다."

2) 【집해(集解)】 공안국(孔安國)이 말했다. "상(祥)이란 요사스럽고 괴기한 것[妖怪]이다. 두 나무가 함께 자랐으니, 공손하지 못한 것에 대한 벌이다." 정현(鄭玄)이 말했다. "두 손으로 감아쥐는 것을 공(拱)이라고 한다." 【색은(索隱)】 여기서는 "하룻밤 사이에 한 아름이 넘게 커졌다[日暮大拱]"라고 했는데, 『상서대전(尚書大傳)』에서는 "7일 만에 한 아름이 넘게 커졌다"라고 했으니, 여기와는 같지 않다.

3) 【색은(索隱)】 유백장(劉伯莊)이 말하기를, 말라 죽고 사라져서 보이지 않았다고 한 것은 지금 생각해볼 때 이유는 제가 다움을 닦아서 요상스러움이 드디어 없어져서라고 했다.

4) 【집해(集解)】 공안국(孔安國)이 말했다. "찬(贊)은 '고하다[告]'라는 뜻이다. 무함

은 신하 이름이다." 【정의(正義)】 살펴보건대, 무함과 아들 현(賢-무현)의 무덤은 모두 소주(蘇州) 상숙현(常熟縣) 서쪽 바다 방향으로 우산(虞山) 위에 있는데, 대개 두 사람은 본래 오나라 사람이다.

5) 【집해(集解)】 마융(馬融)이 말했다. "애(艾)는 '다스린다[治]'는 뜻이다."

6) 【집해(集解)】 마융(馬融)이 말했다. "원(原)은 신하 이름이다. 원에게 명해 우왕과 탕왕의 도리로서 자신을 닦게 했다는 것이다."

중종이 붕하자 아들 제 중정(帝中丁)이 세워졌다. 제 중정은 오(隞)[1]로 (도읍을) 옮겼다. 하단갑(河亶甲)은 상(相)[2]에 머물렀고[居], 조을(祖乙)은 경(邢)[3]으로 옮겼다. 제 중정이 붕하자 동생 외임(外壬)이 세워지니, 이 사람이 제 외임(帝外壬)이다. 「중정(仲丁)」이라는 글은 누락 부분이 있어[闕] 온전치 못하다[不具][4].

제 외임이 붕하자 동생 하단갑이 세워지니, 이 사람이 제 하단갑이다. 하단갑 때 은나라는 다시 쇠퇴했다.

하단갑이 붕하자 아들 제 조을(帝祖乙)이 세워졌다. 제 조을이 세워지자, 은나라는 다시 일어났다[復興]. 무현(巫賢)이 일을 맡았다[任職].

1) 【집해(集解)】 공안국(孔安國)이 말했다. "땅 이름이다." 황보밀(皇甫謐)이 말했다. "혹자는 말하기를 하남(河南) 오창(敖倉)이 이곳이라고 한다." 【색은(索隱)】 隞는 또 囂로도 쓰는데, 모두 오(敖)자로 발음한다. 【정의(正義)】 『괄지지(括地志)』에서 말했다. "형양 고성(滎陽故城)은 정주(鄭州) 형택현(滎澤縣) 서남쪽으로 17리에 있으니, 은나라 때의 오(敖) 땅이다."

2) 【집해(集解)】 공안국(孔安國)이 말했다. "땅 이름이며 하북(河北)에 있다. 【정의(正義)】 『괄지지(括地志)』에서 말했다. "옛 은성(殷城)은 상주(相州) 내황현(內黃縣) 동남쪽으로 13리에 있는데, 이곳은 곧 하단갑이 도읍으로 삼아 축성한 곳이다.

그래서 이름을 은성이라고 했다."

3) 【색은(索隱)】 邢의 발음은 (형이 아니라) 경(耿)인데, 근대의 판본에는 아예 경(耿)자로 되어 있다. 지금의 하동(河東) 피지현(皮氏縣)에 경향(耿鄕)이 있다. 【정의(正義)】 『괄지지(括地志)』에서 말했다. "강주(絳州) 용문현(龍門縣) 동남쪽으로 12리에 경성(耿城)이 있는데, 옛날의 경국(耿國)이다."

4) 【색은(索隱)】 대개 태사공(太史公)은 옛날에 「중정」이라는 글이 있었지만, 지금(-태사공 당대)은 이미 유실되어 제대로 갖춰져 있지 못하다는 것을 알고 있었다.

조을이 붕하자 아들 제 조신(帝祖辛)이 세워졌다.

제 조신이 붕하자 동생 옥갑(沃甲)이 세워졌으니, 이 사람이 제 옥갑(帝沃甲)이다[1].

제 옥갑이 붕하자 옥갑의 형 조신의 아들 조정(祖丁)이 세워졌으니, 이 사람이 제 조정(帝祖丁)이다.

제 조정이 붕하자 동생 옥갑의 아들인 남경(南庚)이 세워졌으니, 이 사람이 제 남경(帝南庚)이다.

제 남경이 붕하자 제 조정의 아들 양갑(陽甲)이 세워졌으니, 이 사람이 제 양갑(帝陽甲)이다. 제 양갑 때 은나라는 쇠퇴했다.

중정(中丁) 이래로, 적자계승제(嫡子繼承制)가 폐지되고[廢適(폐적)=廢嫡(폐적)] 반복해서 여러 동생의 아들들을 세우다 보니, 동생의 아들들이 혹 서로 다퉈 자리를 대신하려 하면서 거의[比(비)=幾(기)] 9세(世) 동안 어지러웠고 이에 제후들이 아무도 조회하러 오지 않았다[莫朝(막조)=不朝(부조)].

1) 【색은(索隱)】 『계본(系本-세본)』에는 개갑(開甲)이라고 되어 있다.

제 양갑이 붕하자 동생 반경(盤庚)이 세워졌으니, 이 사람이 제 반경(帝盤

庚)이다. 제 반경 시기에 은나라는 이미 하북(河北)에 도읍해 있었는데, 반경은 하남(河南)을 건너 다시 성탕(成湯)의 옛 도읍[故居]에 거주하려고 했다. 마침내 다섯 차례나 옮겼지만 정해진 거처를 찾지 못했으니[1], 은나라 백성 모두가 서로[胥=相] 걱정하고 원망하며 더 이상 옮기려고 하지 않았다[2]. (이에) 반경이 마침내 제후와 대신들을 타일러 말했다.

"예전 고후(高后)셨던 성탕과 그대들의 선조들께서는 함께 힘을 모아 천하를 평정하셨는데, 그분들이 제정한 법도는 따를 수 있는 것이었다. 그런데 지금 선왕의 법도를 저버리고 노력하지 않는다면 어떻게 덕정(德政)을 이룰 수 있겠는가?"

마침내 드디어 하남으로 옮겨 박(亳)을 다스리고[3] 탕의 정령(政令)을 시행했으니, 그런 다음에야 백성이 이로 말미암아 편안하게 되었고 은나라의 도리도 다시 일어났다[復興]. 제후들이 와서 조회하게 된 것은 반경이 성탕(成湯)의 다움을 잘 따랐기 때문이다.

1) 【집해(集解)】 공안국(孔安國)이 말했다. "탕부터 반경까지 모두 다섯 차례 천도했다." 【정의(正義)】 탕이 남박에서 서박으로 옮긴 이래로 중정은 오로 옮겼고 하단갑은 상에 머물렀으며 조을은 경에 머물렀고 반경은 황하를 건너 남쪽으로 가서 서박에서 거주했으니, 이것이 다섯 차례 천도이다.

2) 【집해(集解)】 공안국(孔安國)이 말했다. "서(胥)는 '서로[相]'라는 뜻이다. 백성이 옮기고 싶지 않아서 모두 걱정과 근심을 털어놓은 것이니, 서로 더불어 위를 원망한 것이다."

3) 【집해(集解)】 정현(鄭玄)이 말했다. "박에서 은(殷) 땅을 잘 다스리니, 상나라 왕실[商家]은 이로부터 천도해 칭호를 은박(殷亳)이라고 고쳐서 불렀다." 황보밀(皇甫謐)이 말했다. "지금의 언사(偃師)가 그곳이다."

제 반경이 붕하자 동생 소신(小辛)이 세워졌으니, 이 사람이 제 소신(帝小

辛)이다. 제 소신이 세워지고 나서 은나라가 다시 쇠퇴하자, 백성은 반경을 그리워하여 마침내 「반경(盤庚)」 3편을 지었다[1].

제 소신이 붕하자 동생 소을(小乙)이 세워졌으니, 이 사람이 제 소을(帝小乙)이다.

1) 【색은(索隱)】 『상서(尙書)』에서는 "반경이 장차 박 땅을 다스리려 하자 은나라 백성이 모두 서로 걱정하고 원망하며 「반경(盤庚)」을 지었다"라고 했는데, 여기서는 반경이 붕하고 동생 소신이 세워지자, 백성은 반경을 그리워해서 마침내 반경을 지었다고 했다. 이는 『고문상서(古文尙書)』에는 보이지 않는다.

제 소을이 붕하자 아들 제 무정(帝武丁)이 세워졌다. 제 무정이 은을 다시 일으키고자 생각했으나 아직 보좌할 적임자[其佐]를 얻지 못해, (상중이라) 3년 동안 아무 말도 하지 않은 채[三年不言] 정사는 총재(冢宰)[1]가 결정하도록 하고서 나라의 기풍[國風]을 깊이 살폈다. 무정이 밤에 꿈속에서 빼어난 이[聖人]를 만났는데, 이름이 열(說)이었다. 꿈에서 본 그 사람의 모습을 떠올리며 여러 대신과 수많은 관리 속에서 찾아보았으나 모두 아니었다. 이에 마침내 백관들을 시켜 들판[野]에 나아가 열심히 찾아보게 하니, 부험(傅險)이란 곳에서 열(說)을 얻을 수 있었다[2]. 이때 열은 죄를 짓고 노역에 끌려 나가서[胥靡] 부험에서 담을 쌓고 있었다[3]. (데리고 가서) 무정에게 알현시키니 무정이 "이 사람이다"라고 했다. 가까이 오게 하여 그와 이야기를 나눠보니 과연 빼어난 사람[聖人]이라, 그를 들어 재상으로 삼으니, 은나라가 크게 잘 다스려졌다[大治]. 그래서 드디어 부험에서 성을 따와 그를 부열(傅說)이라고 불렀다.

1) 【집해(集解)】 정현(鄭玄)이 말했다. "총재(冢宰)란 천관경(天官卿)으로, 왕사(王事)를 보좌한다."

2) 【집해(集解)】 서광(徐廣)이 말했다. "『시자(尸子)』에 이르기를 부암(傅巖)은 북해(北海)의 섬[洲]에 있다고 했다." 【색은(索隱)】 옛 판본에는 험(險)으로도 되어 있고 암(巖)으로도 되어 있다. 【정의(正義)】 『괄지지(括地志)』에서 말했다. "부험은 곧 부열이 판축(版築)을 할 때 숨어 지내던 굴로, 이름하여 성인굴(聖人窟)이라고 했다. 지금의 섬주(陝州) 하북현(河北縣) 북쪽으로 7리 떨어진 곳이니, 곧 우국(虞國)과 괵국(虢國)의 경계이다. 여기에는 또 부열사(傅說祠)가 있다. 『수경주(水經注)』에서 이르기를, '사간수(沙澗水)는 북쪽으로 우산(虞山)에서 발원해 동남쪽으로 부암, 즉 부열이 숨어 지내던 거처 앞을 지나가는데, 세상에서는 그곳을 이름해 성인굴이라고 한다'라고 했다."

3) 【집해(集解)】 공안국(孔安國)이 말했다. "부씨(傅氏)의 바위[巖]는 우와 괵의 경계에 있는데, 길이 지나가는 곳이라 간수(澗水)가 길을 무너뜨리는 경우들이 있었다. 그래서 늘 서미(胥靡-노역자)와 죄수들을 시켜 이 길을 보호할 담을 쌓게 했으니, 열(說)은 뛰어나면서도 숨어 지내는 사람[賢而隱]이었기 때문에 서미를 대신해서 담쌓기 노역을 하여 끼니를 해결했다."

제 무정이 성탕에게 제사를 지낸 다음 날 꿩이 날아와서 정(鼎-쇠솥)의 손잡이[耳]에 앉아 가늘게 울어댔다[呴][1]. 무정이 두려워하자, 조기(祖己)[2]가 말하기를 "왕께서는 걱정하지 마시고 먼저 정사를 닦으소서"라고 했다. 조기가 마침내 왕을 일깨워[訓] 말했다.

"저 하늘이 아래를 살필 때는 마땅함[義]을 일정한 잣대로 삼습니다[典][3]. 하늘이 내려준 수명[降年]에는 길고 짧음은 있으나, 결코 하늘이 백성을 요절시키는 일은 없고 (사람들이 자신의 행동 때문에) 스스로 그 수명을 중도에 끊어내는 것입니다. 사람 중에 다움을 지키지 않고 자신의 죄를 받아들이지 않을 경우 하늘은 이미[旣] 명에 입각해[附命] 그 (그릇된) 다움을 바로잡는데[4], 그때서야 사람들은 '이를 어찌하나?'라고 말합니다. 아[嗚呼]! 왕께서 백성을 위해 삼가고 일하시는 데는 하늘의 뜻을 계승하지

않은 바가 하나도 없어야 하고, 제사(祭祀)에는 일정한 규칙이 있으니 그릇된 방법으로 예를 올려서는 안 될 것입니다[5]!"

무정이 정사를 닦아 다움의 정치를 행하니[修政行德], 천하가 모두 기뻐했고 은나라의 도리[殷道]가 다시 일어났다[復興].

1) 【정의(正義)】 (呴의) 발음은 구(構)이니, 구(呴)란 꿩의 울음소리이다. 『시경(詩經)』(「소아(小雅) 소변(小弁)」편)에 이르기를 "장끼가 아침에 울어대는 것[雉之朝呴]"이라고 했다.

2) 【집해(集解)】 공안국(孔安國)이 말했다. "뛰어난 신하[賢臣]이다."

3) 【집해(集解)】 공안국(孔安國)이 말했다. "하늘이 아래 백성을 살필 때는 마땅함을 일정한 잣대[常=常規]로 삼는다는 말이다."

4) 【집해(集解)】 공안국(孔安國)이 말했다. "다움에 고분고분하지[順德] 못하다는 것은 '마땅함이 없다[無義]'는 말이고, 죄를 인정하지 않는다는 것은 자신을 고쳐서 바로잡지 않는다는 말이다. 하늘이 믿음과 명[信命]으로 그 다움을 바로잡아주는 데는 길고 짧음이 있음을 언급한 것이다." 【색은(索隱)】 附의 발음은 『상서(尙書)』의 발음에 의거할 때 부(孚-믿다)이다.

5) 【집해(集解)】 공안국(孔安國)이 말했다. "임금다운 임금[王者]이 백성을 대할 때는 마땅히 백성의 일을 삼가는 마음으로 행한다. 백성의 일[民事]이란 하늘이 내려주지 않은 바가 없다. 제사에는 일정함이 있으니, 가까운 사당보다 특별히 거창하게[豐] 해서는 안 된다." 【색은(索隱)】 제사에는 일정함이 있으니, 이보다 더 거창하게 하거나 더 낮춰서 하거나[殺] 해서 일정한 도리를 벗어나게[弃] 해서는 안 된다.

제 무정이 붕하자 아들 제 조경(帝祖庚)이 세워졌다. 조기는 꿩이 정(鼎)의 손잡이에 날아들어 울었던 일을 계기로, 무정이 덕정을 베풀게 된 것을 아름답게 여겨서 그의 사당을 세우고 고종(高宗)으로 삼았으며, 드디어 「고

종융일(高宗肜日)」과 「고종지훈(高宗之訓)」을 지었다[1]**.**

1) 【집해(集解)】 공안국(孔安國)이 말했다. "제사 지낸 다음 날 또 제사 지내는 것을 은나라에서는 융(肜)제사, 주나라에서는 역(繹)제사라고 했다."

제 조경이 붕하자 동생 조갑(祖甲)이 세워졌으니, 이 사람이 제 갑(帝甲)이다. 제 갑이 음란한 짓을 하자 은나라는 다시 쇠퇴했다[1]**.**

1) 【색은(索隱)】 『국어(國語)』에 이르기를 "제 갑이 정치를 어지럽히자 7대(代) 만에 망했다"라고 한 것이 이것이다.

제 갑이 붕하자 아들 제 늠신(帝廩辛)[1]**이 세워졌다. 제 늠신이 붕하자 동생 경정(庚丁)이 세워졌으니, 이 사람이 제 경정(帝庚丁)이다.**

제 경정이 붕하자 아들 제 무을(帝武乙)이 세워졌다. 은나라는 다시 박(亳)을 떠나 하북(河北)으로 옮겼다[徙=遷].

1) 【색은(索隱)】 『한서(漢書)』 「고금인표(古今人表)」와 『제왕대기(帝王代紀)』에서는 모두 (늠신(廩辛)을) 풍신(馮辛)이라고 했다.

제 무을은 무도해 우상(偶像) 인형[偶人]을 만들고서[1] **이를 천신(天神)이라고 불렀다. 그는 그 인형과 도박을 하면서[博] 옆 사람에게 심판을 보게 하고는[爲行], 천신이 이기지 못할 경우에는 마침내 모욕을 주었다. 가죽 주머니를 만들어 그 속에 피를 채우고 높이 매단 뒤 활로 쏘면서 이를 사천(射天-하늘을 쏘다)이라고 불렀다.**

무을은 황하와 위수(渭水) 사이로 사냥을 갔다가 갑자기 천둥이 치자 그 소리에 놀라 죽었고[震死][2]**, 아들 제 태정(帝太丁)이 세워졌다. 제 태정이 붕**

하자 아들 제 을(帝乙)이 세워졌는데, 제 을이 세워지고 은나라는 더욱 쇠퇴했다[益衰(익쇠)].

1) 【정의(正義)】 偶의 발음은 오(五)와 구(苟)의 반절음이니, 우(偶)란 '짝하다[對(대)]'라는 뜻이다. 흙이나 나무로 사람 모양을 만들어서 인형처럼 맞세우는 것이다.

2) 벼락에 맞아 죽었다는 말이다.

제 을의 큰아들은 미자(微子) 계(啓)였는데[1] 계(啓)는 어머니가 미천해서 후사가 될 수 없었고[2], 작은아들은 신(辛)이었는데 신의 어머니가 정후(正后)였기 때문에 신이 후사가 되었다. 제 을이 붕하자 아들 신이 세워졌으니 이 사람이 제 신(帝辛)인데, 세상에서는 그를 주(紂)라고 불렀다[3].

1) 【색은(索隱)】 미(微)는 봉국의 이름이고, 자(子)는 작위이며, 계(啓)는 이름이다. 『공자가어(孔子家語)』에 이르기를, 미(微)는 간혹 魏로 되어 있는데 읽을 때는 (위가 아니라) 미(微)의 발음을 따른다고 했다. 추본(趨本)에서도 마찬가지이다.

2) 【색은(索隱)】 여기에서는 계와 주의 어머니가 다른데 정현(鄭玄)은 어머니가 같다고 했으니, 『여씨춘추(呂氏春秋)』에 따르면 어머니가 계를 낳았을 때는 아직 정부인으로 세워지지 않았다가 주를 낳았을 때 비로소 정부인이 되었다. 그래서 계는 위이면서도 서자이고 주는 어리면서도 적자였던 것이다.

3) 【집해(集解)】 시호법에 이르기를 "마땅함을 해치고 좋은 사람을 손상하는 것[殘義損善(잔의 손선)]을 일러 주(紂)라고 한다"라고 했다.

제 주(帝紂)는 바탕[資(자)=質(질)]이 명석하고 머리가 잘 돌아갔으며[捷疾(첩질)], 재주와 힘이 남들보다 훨씬 뛰어나서 맨손으로 맹수들과 맞섰다[格(격)=對敵(대적)][1].

지혜는 간언이 필요하지 않을 정도였으며, 말재주는 허물을 교묘하게 꾸밀 수 있을 정도였다. 그는 신하들에게 능력을 자랑해 천하에 자신의 명성을 드높이려고 했으며, 다른 사람들을 모두 자신보다 못하다고 여겼다. 술과 음악을 지나치게 좋아했으며 여자를 좋아했다. 달기(妲己)[2]를 아껴서[愛], 달기의 말이라면 다 들어주었다. 이에 그는 사(師-악사) 연(涓)에게 늘 새로운 음탕한 곡을 짓게 하고 북리(北里)의 (저속한) 춤과 퇴폐적인 가락[靡靡之樂]을 만들게 했다. 세금을 두텁게 매겨 녹대(鹿臺)[3]를 돈으로 채우고, 거교(鉅橋)[4]를 곡식으로 메우게 했다. 게다가 개와 말 등 기이한 애완물을 모아서 궁실을 꽉 채웠다. 또 사구(沙丘)의 원대(苑臺)를 더욱 넓혀[5] 다양한 들판의 짐승과 새들을 잡아다가 그 속에 두었다. (주는) 귀신도 깔보았다. 사구에 수많은 악공(樂工)과 광대를 불러 모으고[冣][6] 술로 채운 연못을 만들고[以酒爲池][7], 각종 고기를 매달아 숲을 이뤄[縣肉爲林][8] 남녀를 홀딱 벗겨, 그 사이를 서로 쫓아다니게 하면서 긴 밤이 새도록 마셔댔다.

1) 【정의(正義)】 『제왕세기(帝王世紀)』에서 말했다. "주(紂)는 소 9마리를 거꾸러뜨려 질질 끌었고, 대들보를 들고 기둥을 바꿨다[撫梁易柱]."

2) 【집해(集解)】 황보밀(皇甫謐)이 말했다. "유소씨(有蘇氏)의 미녀이다." 【색은(索隱)】 『국어(國語)』에 말하기를, 유소씨의 딸인데 달(妲)은 자(字), 기(己)는 성(姓)이라고 했다.

3) 【집해(集解)】 여순(如淳)이 말했다. "(유향(劉向)의) 『신서(新序)』에 이르기를, 녹대(鹿臺)는 크기가 3리, 높이는 1,000척이라고 했다." 찬(瓚-신찬)이 말했다. "녹대란 대(臺) 이름인데, 지금의 조가성(朝歌城) 안에 있다." 【정의(正義)】 『괄지지(括地志)』에서 말했다. "녹대는 위주현(衛州縣) 서남쪽으로 32리에 있다."

4) 【집해(集解)】 복건(服虔)이 말했다. "거교(鉅橋)는 창고 이름이다. 허신(許愼)이 말하기를 '거록수(鉅鹿水)에 있는 큰 다리인데, 곡식을 배로 실어 나르던[漕粟] 곳이다'라고 했다." 【색은(索隱)】 추탄생(鄒誕生)이 말했다. "거(鉅)는 크다[大]는

뜻이고 교(橋)는 기물 이름[器名]이다. 주(紂)가 부세를 많이 거두려고 용기를 크게 했기 때문에 이름이 그런 것이다."

5) 【집해(集解)】『이아(爾雅)』에서 말했다. "이리(迆邐)는 사구(沙丘)이다."「지리지(地理志)」에 이르기를 거록(鉅鹿) 동북쪽 70리에 있다고 했다. 【정의(正義)】『괄지지(括地志)』에서 말했다. "사구대(沙丘臺)는 형주(邢州) 평향(平鄉) 동북쪽으로 20리에 있다. 『죽서기년(竹書紀年)』에 따르면, 반경(盤庚)이 은(殷)으로 옮겨 온 이래 주(紂)가 망하기까지 253년인데 더는 천도하는 일은 없었다. 주(紂) 시절에 그 읍이 점점 커져서 남쪽으로는 조가(朝歌)와 마주했고 북쪽으로는 한단(邯鄲)과 사구에 기대었는데[據], 그곳들에는 모두 이궁(離宮)이나 별궁(別宮)이 지어졌다."

6) 【집해(集解)】 서광(徐廣)이 말했다. "취(冣)는 판본에 따라 취(聚)로 되어 있기도 하다."

7) 【정의(正義)】『괄지지(括地志)』에서 말했다. "주지(酒池)는 위주(衛州) 위현(衛縣) 서쪽으로 23리에 만들어졌다. 태공(太公-강태공)은 『육도(六韜)』에서 말하기를, 주(紂)가 주지(酒池)를 만들어서 술지게미로 쌓은 언덕을 배로 돌아 나왔을 때 소처럼 엎드려서 술을 많이 마시는[牛飮] 자들이 3,000여 명에 이르렀다고 한다."

8) 【정의(正義)】 縣은 호(戶)와 면(眠)의 반절음이다.

백성은 원망했고 제후 중에 배반하는 자들이 나타나자 이에 주는 마침내 형벌을 무겁게 했는데, 형벌 중에는 포격(炮格)이라는 법까지 있었다[1]. 서백(西伯-서패) 창(昌)[2], 구후(九侯)[3], 악후(鄂侯)[4]를 삼공(三公)으로 삼았다. 구후에게 아름다운 딸[好女=美女]이 있어 주에게 들여보냈는데, 구후의 딸이 음탕한 짓을 좋아하지 않자[5] 주가 노해 그녀를 죽이고 구후를 소금에 절였다[醢]. 악후가 힘써[彊] 간언하며 격하게[疾] 변호하자 아울러 악후도 포를 떠버렸다[脯].

❖

1) 【집해(集解)】 (유향의) 『열녀전(列女傳)』에서 말했다. "구리판에 기름을 바르고 그 아래에는 숯불을 둔 뒤 죄 있는 사람을 걸어가게 하면 순식간에[輒] 숯불 안으로 굴러떨어졌으니, (그것을 보고서 마침내) 달기가 웃었다. 그 형벌을 이름하여 포격의 형(刑)이라고 했다." 【색은(索隱)】 추탄생(鄒誕生)이 말했다. "格의 발음은 또 각(閣)이라고도 한다." 또 말하기를 "술 거르는 베와 구리 인두[銅斗]를 써서 다리를 못 쓰게 해서 죽이다가, 이번에는 구리 격자판[銅格]을 만들어서 그 밑에 숯불을 피운 뒤 죄인으로 하여금 그 위를 걷게 했다"라고 했으니, 『열녀전(列女傳)』과는 조금 다르다.[다른 데서는 포락(炮烙)이라고도 했다.]

2) 주나라 문왕이다.

3) 【집해(集解)】 서광(徐廣)이 말했다. "다른 책에서는 귀후(鬼侯)라고 하기도 했다. 업현(鄴縣)에 구후성(九侯城)이 있다." 【색은(索隱)】 九 또한 글자 그대로 읽는데, 추탄생(鄒誕生)은 발음이 구(仇)라고 했다. 【정의(正義)】 『괄지지(括地志)』에서 말했다. "상주(相州) 부양현(滏陽縣) 서남쪽으로 50리에 구후성이 있는데, 또한 귀후성(鬼侯城)이라고도 한다. 이는 대개 은나라 때 구후성이었다."

4) 【집해(集解)】 서광(徐廣)이 말했다. "(악(鄂)은) 판본에 따라 邘로 되어 있는데, 이 때는 발음이 우(于)이다. 야왕현(野王縣)에 우성(邘城)이 있다."

5) 【집해(集解)】 서광(徐廣)이 말했다. "일설에는 '음탕한 짓을 좋아하지 않음이 없어서'라고 했다."

서백 창이 이 소식을 듣고 남몰래[竊] 탄식했는데, 숭후호(崇侯虎)가 이 사실을 알아차리고는 주에게 아뢰었다. 주는 서백을 유리(羑里)에 가두었다가[1], 서백의 신하 굉요(閎夭) 등이 미녀와 진기한 보물, 좋은 말[善馬=駿馬] 등을 구해서 바치자 마침내 서백을 용서해주었다. 서백은 풀려나자, 낙수(洛水) 서쪽의 땅[2]을 바치며 포격형(炮格刑)을 없애줄 것을 청했다. 주가 마침내 허락하고, 서백에게 궁시부월(弓矢斧鉞-활과 화살과 크고 작은 도끼)을 내려 주변 제후국을 정벌할 권한을 주면서 서백(西伯-서방 제후들의 우

두머리)[3]으로 삼았다.

한편 (주는) 비중(費中)을 써서[用=以] 국정을 맡겼는데[爲政][4], 그는 아첨을 잘하고[善諛] 이익을 탐해[好利] 은나라 사람들이 좋아하지 않았다[不親]. 주는 또 오래(惡來-혹은 악래)[5]를 썼는데, 그는 다른 사람을 비방하고 중상하기를 좋아해 제후들이 이 때문에 은나라와 더욱 멀어졌다[益疏].

1) 【집해(集解)】「지리지(地理志)」에 이르기를, 하내(河內) 탕음(湯陰)에 유리성(羑里城)이 있는데 서백이 억류되었던 곳이라고 했다. 위소(韋昭)가 말하기를 "(羑의) 발음은 유(酉)이다"라고 했다. 【정의(正義)】 유(牖-남쪽 창, 인도하다)는 판본에 따라 유(羑-권하다, 인도하다)로 되어 있는데, 발음은 유(酉)이다. 유성(羑城)은 상주 탕음현 북쪽으로 9리에 있는데, 주가 서백을 가두었던 성이다. 『제왕세기(帝王世紀)』에서 말했다. "문왕을 가두자, 문왕의 장남이 말하기를 '저 백읍고(伯邑考)가 은나라에 인질로 가겠습니다'라고 하고서는 주에게 나아가니, 주는 그를 삶아서 국을 만들어 문왕에게 내려주면서 말했다. '빼어난 이[聖人]는 마땅히 자기 아들을 끓인 국은 먹지 않겠지!' 문왕이 그것을 먹어버리자, 주가 말했다. '누가 서백이 빼어난 이라고 했는가? 아들을 끓인 국을 오히려 먹으니, 그가 빼어난 이인지 알 수가 없도다.'"

2) 【정의(正義)】 낙수(洛水)는 일명 칠저수(漆沮水)라고도 하니, 동주(同州) 낙서(洛西) 땅에 있는 단(丹), 방(坊) 등의 주(州)를 가리킨다.

3) 서패(西霸)로도 읽는다.

4) 【정의(正義)】 비(費)는 성이고 중(仲)은 이름이다.[이때의 위정(爲政)이란, 재상을 맡겼다는 뜻이다.]

5) 【색은(索隱)】 진(秦)나라 시조 비렴(蜚廉=飛廉)의 아들이다.

서백이 (자신의 봉국으로) 돌아와서 마침내 드러나지 않게[陰] 다움을 닦고 좋은 일을 행하니, 많은 제후가 주(紂)를 등지고 와서 서백에게 귀의했

다. 서백은 (세력이) 점점[滋=漸] 커졌고, 주는 이로 말미암아 권세의 무거움[權重]을 점차[稍=漸] 잃어갔다. 이에 왕자 비간(比干)[1]이 간언했지만 듣지 않았다[弗聽=不從]. 상용(商容)[2]은 뛰어난 이[賢者]였기에 백성이 그를 아꼈으나[愛] 주는 그를 등용하지 않았다[廢]. 서백이 기국(飢國)[3]을 정벌해 멸하자, 주의 신하 조이(祖伊)[4]가 이 소식을 듣고는 주(周-문왕의 봉국)를 미워하고[咎][5] 두려워하는 마음이 생겨서 주(紂)에게 달려가 아뢰었다.

"하늘이 이미 우리 은의 명을 끊으려 하시니[訖=已], 사리를 지극히 아는 사람에게 맡겨보고[假人] 거북점을 쳐봐도[元龜][6] 감히 (우리 앞날이) 길하리라는 것을 알 수가 없습니다[7]. 이는 선왕들께서 우리 후손들을 돕지 않는 것[不相][8]이 아니라 오직 왕께서 음란하고 포학함[淫虐]으로써 스스로 (하늘과의 관계를) 끊어버리시어 그 때문에 하늘이 우리를 버린 것이니, (그 바람에) 백성은 편안히 먹지도 못하고 하늘의 뜻[天性]을 헤아리거나 알지도 못하며 (선왕의) 법도도 따르지 못하고 있습니다[9]. 지금 우리 백성 가운데 (왕의) 멸망을 바라지 않는 사람이 하나도 없으니, 모두 말하기를 '하늘은 어찌하여[曷] 천벌을 내리지[降威] 않으며, 대명(大命-새로운 천명)은 어찌하여[胡] 이르지 않는가?'라고 하고 있습니다. 이제 왕께서는 이에 어찌하시겠습니까?"

1) 이름은 비(比)이니, 간(干)이라는 나라에 봉(封)해져 비간(比干)이라고 불린다. 태 정제(太丁帝)의 둘째 아들로 주왕(紂王)의 숙부(叔父)이다. 사람됨이 곧고 강직해, 주왕(紂王)의 폭정(暴政)을 바로잡기 위해 간언(諫言)하다가 잔인하게 살해되었다. 미자(微子), 기자(箕子)와 함께 상(商)나라 말기의 어진 사람 3명을 가리키는 '삼인(三仁)'으로 꼽히면서 충신(忠臣)의 전형으로 존경받았으며, 중국의 민간에서는 글과 재물[文財]을 관장하는 문곡성(文曲星, 구성(九星) 가운데 네 번째 별)의 화신(化身)으로 숭앙되었다.

2) 중국 은(殷)나라 주왕(紂王) 때 대부(大夫)로, 주왕에게 직간하다가 쫓겨났다. 주(周)나라 무왕(武王)이 은을 이기고 그의 집 앞을 지나며 경의를 표했다고 한다.

3) 【집해(集解)】 서광(徐廣)이 말했다. "기(飢)는 판본에 따라 기(阢)로 되어 있으며, 또 기(耆)로 되어 있는 곳도 있다."

4) 【집해(集解)】 공안국(孔安國)이 말했다. "조기(祖己)의 후손이며 뛰어난 신하[賢臣]이다."

5) 【집해(集解)】 공안국(孔安國)이 말했다. "구(咎)는 '미워하다[惡]'라는 뜻이다."

6) 【집해(集解)】 서광(徐廣)이 말했다. "원(元)은 판본에 따라 복(卜-점치다)으로 되어 있기도 하다."

7) 【집해(集解)】 마융(馬融)이 말했다. "원구(元龜)란 큰 거북[大龜]으로, 길이가 1척 2촌이다." 공안국(孔安國)이 말했다. "지극히 뛰어난 사람[至人]은 사람의 일로써 은나라를 살펴보았고 큰 거북점은 신령함으로써 그것을 징험해보았는데, 둘 다 길한 결과가 나오지 않았다는 말이다."

8) 【집해(集解)】 공안국(孔安國)이 말했다. "상(相)은 '돕다[助]'라는 뜻이다."

9) 【집해(集解)】 정현(鄭玄)이 말했다. "왕이 백성에게 사납게 굴고 학대해 편안히 먹을 수 없게 만듦으로써 음양이 거꾸로 (뒤바뀌어) 어지러워졌고, 하늘의 본성을 제대로 헤아리지 못하고 밝은 다움[明德]을 내팽개쳐서 선왕의 가르침과 법도를 제대로 닦지 않았다는 말이다."

주가 말했다.

"내가 태어나 제(帝)가 될 수 있었던 명(命)은 하늘에 있던 것이 아닌가?[1]"

조이가 돌아와서 말했다.

"주(紂)[2]에게는 간언이 불가능하다."

서백이 이미 졸(卒)하고 나자 (아직은 은나라의 제후국 중 하나였던) 주(周)나라 무왕(武王)이 동쪽으로 가서 정벌해 맹진(盟津)에 이르렀다. 제후 중에서 은나라를 배반하고 주나라로 모여든[叛殷會周] 자가 800명이었는데, 제후들이 모두 말했다.

"주(紂)는 정벌할 수 있습니다."

무왕이 말했다.

"너희들은 아직 천명을 알지 못한다."

마침내 다시 (주나라로) 돌아갔다.

1) 김충렬(金忠烈) 교수에 따르면 은나라는 천명이 옮겨 갈 수 없는 것이라고 믿었는데, 그것은 곧 조상신 숭배와 연결되며 주왕 또한 이런 관념을 가지고 있었다고 한다. 천명이란 옮겨 갈 수 있는 것이라고 여기지 않았기에 이렇게 말할 수 있었다는 말이다. 김충렬의 말이다. "은의 조상신 숭배 사상이 후대에 미친 역기능은 심각했던 것이다."

2) 더는 왕이라 부르지 않고 주(紂)라고 부르고 있다.

주왕은 더욱더 음란해져 그치질 않았다. 미자(微子)가 여러 차례 간언했으나 들어주지 않자, 마침내[乃] 태사(太師), 소사(少師)와 모의하고서[謀] 드디어 (은나라를) 떠났다. 비간(比干)이 말했다.

"남의 신하 된 자[爲人臣者]는 죽음을 걸고서 간언하지 않으면 안 된다."

이에 힘써[彊=力] 주에게 간언하자, 주가 화를 내며 말했다.

"내가 듣건대 성인(聖人-빼어난 이)의 심장은 구멍이 7개[七竅]라고 했다."

비간(의 가슴)을 갈라[剖] 그의 심장을 꺼내 보았다[1].

기자(箕子)가 두려워서 마침내 미친 척하며[詳狂=佯狂] 남의 노비가 되었으나, 주는 다시 그를 가두었다.[2] 은나라의 (음악을 주관하는) 태사와 소사는 은나라의 제기(祭器)와 악기(樂器)를 가지고 주나라로 달아났다. 주나라 무왕이 이에 드디어 제후들을 거느리고 주(紂)를 정벌하니, 주도 군대를 일으켜 목야(牧野)에서 맞섰다[距=拒][3].

1) 【정의(正義)】『괄지지(括地志)』에서 말했다. "비간은 미자가 떠나고 기자(箕子)가 미쳐버리는 것을 보고서는 마침내 탄식해 말했다. '임금의 허물을 간언하지

않는다면 이는 충(忠)이 아니다. 죽음이 두려워 말하지 않는다면 이는 용(勇)이 아니다. (임금에게) 허물이 있으면 간언하고 쓰이지 못하면 죽는 것, 이것이야말로 충의 지극함이다.' 간언을 올리고 떠나지 않은 채 사흘이 지났다. 주가 물었다. '무엇으로 스스로의 지조를 지키는가[自持]?' 비간이 말했다. '선함을 닦아 어짊을 행하고[修善行仁], 마땅함으로써[以義] 스스로의 지조를 지킵니다.' 주가 화를 내며 말했다. '내가 듣건대 성인(聖人-빼어난 이)의 심장에는 구멍이 7개[七竅]라고 했으니, 실제로 그런가?' 드디어 비간을 죽인 뒤 그의 심장을 도려내어[刳=剖] 살펴보았다."

2) 이때의 상황을 『논어(論語)』「미자(微子)」편에서는 이렇게 정리했다. "미자는 떠나가고, 기자는 종이 되고, 비간은 간언하다가 죽임을 당했다. 이에 대해 공자는 말했다. '은나라에 어진 사람 3명[三仁]이 있었다.'"

이 중에 과연 미자가 어떻게 어진 사람이냐를 두고서 논쟁이 있어왔다. 정약용(丁若鏞)은 『논어고금주(論語古今註)』에서 이렇게 말했다. "미자는 왕실의 지친(至親)인데, 어찌 일반 신하들의 예에 따라 세 번 간하고 드디어 떠날 수 있겠는가? 『사기』에 기록된 말은 잘못된 것이다. 미자가 떠난 것은 전혀 아무 다른 명분이 없었으니, 이것이 종묘사직[宗社]을 위한 것이 아니고 무엇이겠는가? (주나라의) 무왕(武王)이 미자를 송(宋)나라에 봉할 때도 미자의 마음 가운데는 반드시 이를 바라지 않았을 것이다. 그러나 삼종(三宗-왕통)의 혈맥이 이 한 몸에 있으므로, 이 몸이 생존해 있으면 은나라의 제사가 끊어지지 않겠지만 이 몸이 없다면 은나라의 번영이 다시는 지속될 도리가 없는 것이다. 인자(仁者) 셋이 서로 의논해 미자로 하여금 살아남게 도모했고, 미자 또한 천지에 건의하고 귀신에게 질정한 끝에 해(害)를 멀리하고 몸을 온전히 할 것을 결단했던 것이다. (미자가) 황야에 달아나 몸을 피할 때를 상상하면 그 마음의 측은하고 처참했던 것이 도리어 비간이 걱정 없이 쾌히 죽어버린 것만 같지 못했을 것이니, 공자가 그 마음을 더듬어 보아 그를 어질다[仁]고 인정한 것이다." 다시 말하면 종묘사직을 위하는 마음 외에는 미자가 나라를 떠난 것은 아무 명분이 없는 것이다.

3) 【집해(集解)】 정현(鄭玄)이 말했다. "목야는 주왕 때 남쪽 교외의 지명이다." 【정의(正義)】 『괄지지(括地志)』에서 말했다. "지금의 위주성(衛州城)이 곧 목야의 땅인데,

주나라 무왕이 주를 정벌하고 쌓은 것이다."

갑자일(甲子日)에 주의 군대가 패했다. 주는 (성으로) 도망쳐 들어와서 녹대(鹿臺)[1]에 올라 보옥(寶玉)으로 장식한 자기 옷을 입고, 불 속으로 뛰어들어[赴火(부화)] 죽었다[死(사)][2]. 주나라 무왕은 주(紂)의 머리를 베어 백기(白旗)에 매달았고 달기도 죽였다. 기자를 감옥에서 풀어주었고, 주와 비간의 묘에 봉분을 해주었으며, 상용의 마을을 표창했다[3]. 그는 또한 주의 아들인 무경(武庚) 녹보(祿父)[4]를 봉해주어 은나라 제사[殷祀(은사)]를 잇도록 했으며[5], 반경(盤庚)의 정령(政令)을 잘 손질해 시행하도록 했다[修行(수행)]. 은나라 백성이 크게 기뻐했다[大說(대열)=大悅(대열)]. 이에 주나라 무왕이 천자(天子)가 되었다. 그로부터 후세 사람들은 (천자를) 제(帝)라고 부르지 않고 왕(王)이라고 불렀다[6]. 그리고 은나라 후손을 제후로 삼아 주나라에 속하게 했다[7].

1) 【집해(集解)】 서광(徐廣)이 말했다. "녹(鹿)이 늠(廩-곳간)으로 되어 있는 경우도 있다."

2) 【정의(正義)】 『주서(周書)』[『일주서(逸周書)』라고도 한다.]에 이르기를 "주는 천지(天智)라는 아름다운 옥[玉琰(옥염)] 다섯 가지를 몸에 감싸고 스스로를 불살랐다[自焚(자분)]"라고 했다.

3) 【색은(索隱)】 황보밀(皇甫謐)이 말하기를 "상용(商容)과 은나라 사람들은 주나라 군대가 들어오는 것을 지켜보았다"라고 했으니, 그렇다면 이는 상용을 사람 이름으로 본 것이다. (이와 달리) 정현(鄭玄)이 말했다. "상나라[商家(상가)]의 음악을 주관하는[典樂(전악)] 관직이니, 예용(禮容)을 잘 알았다. 그렇기에 예를 담당하는 부서를 용대(容臺)라고 했다."

4) 상(商)이 멸망한 뒤 상(商)의 도읍이었던 은(殷)에 머무르며 유민(遺民)들을 다스렸는데, 주(周)의 무왕(武王)이 죽은 뒤에 주공(周公)이 성왕(成王)을 대신해서 섭정(攝政)을 하자 주공(周公) 형제들인 관숙(管叔), 채숙(蔡叔), 곽숙(霍叔)과 연합해서 반란을 일으켰다.

5) 【집해(集解)】 초주(譙周)가 말했다. "은나라는 모두해서 31세(世), 600여 년이었다." 『급총기년(汲冢紀年)』에서 말했다. "탕이 하나라를 멸하고 명을 받은 때로부터 29왕(王)이고 세월로는 496년이다."

6) 【색은(索隱)】 살펴보건대, 하나라와 은나라 때의 천자 또한 모두 제(帝)라고 불렀으나 대(代)가 내려올수록 다움이 엷어져서[덕박德薄] 오제(五帝)에 미칠 수 없었으니, 비로소 제(帝)라는 칭호를 깎고 왕이라고 불렀다. 그래서 「본기(本紀)」에서는 모두가 제(帝-오제五帝)였더라도 뒤에는 총괄해 삼왕(三王)이라고 한 것이다.[그래서 문왕, 무왕, 성왕이라고 부르게 된 것이다.]

7) 【정의(正義)】 즉, 무경(武庚) 녹보(祿父)이다.

주나라 무왕이 붕하자 무경(武庚)이 관숙(管叔)[1], 채숙(蔡叔)[2]과 함께 난을 일으켰다. 성왕(成王)이 주공(周公)[3]에게 명해 그들을 주벌토록 했고, 이어서 미자(微子)를 송(宋)나라에 봉해줘 은나라의 뒤를 잇도록 했다.

1) 성은 희(姬)고, 이름은 선(鮮)이다. 문왕(文王)의 셋째 아들이자 주공(周公) 단(旦)의 형이며, 무왕(武王)의 동생이다. 무왕이 은(殷)나라를 멸하고 동생들을 봉했을 때 채(蔡)에 봉해진 숙도(叔度)와 함께 관(管)에 봉해져서, 은나라 주왕(紂王)의 아들 무경(武庚)을 보좌해 하남(河南)을 다스렸다. 무왕이 죽자, 성왕(成王)이 제위를 이었는데 나이가 어려서 주공 단이 섭정하게 되자, 채숙·무경과 함께 동이(東夷)와 연합해 반란을 일으켰으나 주공의 동정(東征)으로 무경과 함께 죽임을 당했다.

2) 문왕(文王)의 다섯째 아들이고, 이름은 도(度)이다. 무왕(武王)의 동생이고 채(蔡)에 봉해졌다. 무왕이 죽자, 성왕(成王)이 어려서 주공 단(周公旦)이 섭정을 했는데, 관숙(管叔)과 함께 연합해 주왕(紂王)의 아들 무경(武庚)을 받들어 모반했다가 주공에게 쫓겨나 죽었다. 나중에 성왕이 그의 아들 호(胡)를 채(蔡) 땅에 봉함으로써 채나라의 시조가 되었다.

3) 이름은 단(旦)이고, 성은 희(姬)다. 숙단(叔旦)으로도 불린다. 서주 왕조를 세운 문왕(文王)의 아들이자 무왕(武王)의 동생이다. 채읍(采邑)이 주(周)에 있었다. 무왕을 도와 주(紂)를 쳐서

상(商)나라를 멸했고, 무왕의 아들 성왕(成王)을 도와 주 왕조의 기초를 확립했다. 무왕이 죽은 뒤 나이 어린 성왕이 제위에 오르자, 섭정(攝政)이 되었고, 은족(殷族)의 대표자 무경(武庚)과 주공의 형제 관숙(管叔)·채숙(蔡叔) 등의 반란을 진압했다. 이후 은족을 회유하기 위해 은(殷)의 옛 땅에 주왕(紂王)의 서형 미자계(微子啓)를 봉해 송나라라 칭했고, 자신의 아들 백금(伯禽)을 노(魯)나라에 봉하는 등 주나라 왕실의 일족과 공신들을 중원(中原)의 요지에 배치해 다스리게 했다. 이처럼 주나라 초기에 대봉건제(大封建制)를 실시함으로써 주나라 왕실의 기틀을 공고히 했으니, 예악(禮樂) 제도를 제정하고 제후(諸侯)를 봉하는 등 주나라를 강하게 만들었다. 죽은 뒤 성왕이 노나라에 천자의 예악(禮樂)을 하사해 그 덕에 보답했다.

태사공(太史公)이 말한다.

"나[余]는 송(頌)[1]에 의거해 설(契)의 일을 차례대로 정리했고, 성탕(成湯) 이후의 일은 『서(書-서경)』와 『시(詩-시경)』에서 캐고 가렸다[采=採集].

설은 자성(子姓)인데 그 후손들이 나뉘어 봉해져서[分封] 각자의 나라[國](의 이름)를 갖고 성(姓)으로 삼았으니, 은씨(殷氏), 내씨(來氏), 송씨(宋氏), 공동씨(空桐氏), 치씨(稚氏)[2], 북은씨(北殷氏)[3], 목이씨(目夷氏)가 있게 되었다. 공자(孔子)가 말하기를 "은나라의 노(路)가 가장 좋다[善]"라고 했고 (또) (은 왕조는) 흰색을 높였다[尙白=上白][4].[5]

1) 공자가 편찬한 『시경(詩經)』 「상송(商頌)」을 말한다. 『시경(詩經)』에서 송(頌)은 「주송(周頌)」, 「노송(魯頌)」, 「상송(商頌)」으로 나뉘는데, 모두 사람과 일을 칭송하는 시다.

첫째, 주송(周頌)은 모두 31편으로 서주 초기의 작품들인데, 대부분이 소왕·목왕 이전의 작품이다. 내용은 선조를 제사하는 시가 가장 많고, 다음으로 사직, 천지, 하악(河嶽), 백신(百神) 등을 제사하는 시들이다.

둘째, 노송(魯頌)은 모두 4편이다. 노나라는 산동성 동남부에 있었으며, 성왕은 주공의 아들 백금(伯禽)을 이곳에 봉했다. 노송 4편은 희공(僖公), 문공(文公) 때의 것으로 동주 시기의 작품이다. 서(序)에 의하면 사극(史克)이 희공을 칭송해 지었다고 하지만 근거가 없다. 다만, 주송이 종묘의 악가인 데 비해 노송은 모두 군왕에 대한 찬양의 노래다.

셋째, 상송(商頌)은 모두 5편이다. 그러나 상송은 상(商)의 노래가 아니다. 상의 후예가 송(宋)에 봉해진 뒤 송나라 사람이 정리해낸 상조의 송가(頌歌)로, 사실상 송의 제례가다. 사마천은 여기서 상나라 초창기 일을 채록했다.

2) 【색은(索隱)】 살펴보건대, 『계본(系本)』에 따르면 자성(子姓) 중에 치씨(雉氏)는 없다.

3) 【색은(索隱)】 『계본(系本)』에 따르면 "모씨(髦氏)"로 되어 있고, 또 시씨(時氏), 소씨(蕭氏), 여씨(黎氏)가 있다. 그러나 북은씨는 대개 진(秦)나라 영공(靈公)이 정벌한 박왕(亳王)이니 탕의 후손이다.

4) 【색은(索隱)】 『논어(論語)』에서 공자가 말하기를 "은나라의 수레[輅]를 타야 하고"라고 했고 『예기(禮記)』에 이르기를 "은나라 사람들은 흰색을 높인다"라고 했는데, 태사공(太史公)은 찬(贊-사평)을 지으면서 완전한 문장을 취하지 않고 결국 이 말만 했으니 역시 소략하다고 할 것이다.[『논어(論語)』 「위령공(衛靈公)」편에 이런 대화가 나온다. 안연이 나라를 잘 다스리는 방책에 관해 묻자, 공자가 말했다. "하나라의 책력을 시행하고, 은나라의 수레를 타고, 주나라의 면류관을 써야 한다. (그런 연후에) 음악은 순임금의 음악인 소무로 하고, 정나라의 음악을 추방하며, 말재주 있는 사람을 멀리해야 한다. (왜냐하면) 정나라 음악은 음탕하고, 말 잘하는 사람은 위태롭기 때문이다." 또 『예기(禮記)』 「단궁(檀弓)」편에 이르기를 "하나라는 검은색을 높여 (큰 제사 때) 검은 희생을 썼고, 은나라는 흰색을 높여 흰 희생을 썼으며, 주나라는 붉은색을 높여 붉은 희생을 썼다"라고 했다.]

5) 【색은술찬(索隱述贊)】 간적이 제비 알 삼키니[簡狄呑乙]/이 사람이 은나라 시조로다[是爲殷祖]/현왕(玄王)[제비[玄鳥] 알에서 나왔다고 해서 설(契)을 현왕이라고 부른 것이다.]이 상(商)나라 열었고[玄王啓商]/이윤은 도마 짊어졌네[伊尹負俎]/위(-탕)에서는 세 방면의 그물을 열었고[上開三面][동물에 대해서까지 어진 마음이 미쳤다는 뜻이다.]/아래(-이윤)에서는 아홉 임금론을 바쳤도다[下獻九主]/군사 돌려 태권에 이르렀고[旋師泰卷]/이어서 (태무 때에 이척과) 신호(臣扈)가 재상이 되

었네[繼相臣扈]/효(囂)로 옮기고 경(耿)이 무너져[遷囂圮耿]/그 도읍과 국토 일정치 못했구나[不常厥土]/무을이 도리를 잃었으니[武乙無道]/재앙은 하늘을 쏜 데서 비롯되었다네[禍因射天]/제신이 음란해[帝辛淫亂]/간언 뿌리치고 뛰어난 이 해쳤구나[拒諫賊賢]/구후는 소금에 절여지고[九侯見醢]/포락형 횡행했도다[炮烙興焉]/누런 도끼 긴 창대 휘두르니[黃鉞斯杖]/(주왕의 목) 흰 깃발에 매달렸네[白旗是懸]/슬프도다! 옥으로 꾸민 궁실이여[哀哉瓊室]/은나라 제사 그로 인해 옮겨 갔도다[殷祀用遷]!

본기(本紀)

권4 — 주본기(周本紀) 제4

권4 주본기(周本紀) 제4

주(周)(나라의 시조) 후직(后稷)은 이름이 기(弃, 棄)이다[1]. 그의 어머니는 유태씨(有邰氏)의 딸로 강원(姜原)이라 불렸다[2]. 강원은 제 곡(帝嚳)의 원비(元妃-정비)다[3]. 강원이 들판에 나갔다가 거인의 발자국을 보았는데, 설렘과 함께 기뻤다. 그것을 밟고 싶어 막상 밟으니, 아기를 가진 것처럼 몸 안이 꿈틀거리더니 달을 다 채워서[居期(거기)] 아들을 낳았다. 상서롭지 못한 것으로 생각해 비좁은 골목[隘巷(애항)]에다 버렸으나 말이나 소가 지나가면서 모두 피하고 밟지 않았고, 아이를 옮겨서 숲속에 가져다 놓으니 마침 산속에 많은 사람이 모여들어 아이를 옮겨주었으며, 이번에는 도랑 가운데 얼음 위에 버렸으나 날짐승들이 날개로 아이를 덮고 깃털로 바닥을 깔아주었다.[4] 강원이 신령스럽게 여겨서[目爲(이위)=以爲(이위)] 드디어 거둬 잘 키웠으니, 애초에 그 아이를 버리려[弃(기)] 했으므로 그래서 이름을 기(弃=棄)라고 했다[5].

1) 【정의(正義)】 태왕(太王=大王)이 거주했던 곳이 주원(周原-주 벌판)이었기 때문에, 그것을 갖고서 국호를 주(周)라고 한 것이다. 「지리지(地理志)」에 이르기를 우부풍(右扶風) 미양현(美陽縣) 기산(岐山) 서북쪽에 중수향(中水鄕)이 있는데, 주나라 태왕이 도읍한 곳이라고 했다. 『괄지지(括地志)』에서 말했다. "옛 주성(周城)을 일명 미양성(美陽城)이라고 하는데, 옹주(雍州) 무공현(武功縣) 서북쪽으로 25리에 있으니, 태왕의 성(城)이다."

2) 【집해(集解)】 (설씨(薛氏)의) 『한시장구(韓詩章句)[한시란 한(漢)나라 때 연(燕) 땅 사람 한영(韓嬰)이 전한 『시경(詩經)』을 말한다.]』에 이르기를 "강(姜)은 성(姓)이고 원(原)

은 자(字)다"라고 했는데, 혹자는 강원이 시호라고 했다. 【정의(正義)】 邰의 발음은 (태가 아니라) 천(天)과 내(來)의 반절음이고, 또한 태(斄-땅 이름)라고도 되어 있는데 같은 것이다. 『설문(說文-설문해자)』에 이르기를 "태(邰-부족 이름)는 염제(炎帝)의 후예로, 강성(姜姓)이며 태(邰) 땅에 봉해졌고 주나라 기(弃)의 외가다."

3) 【색은(索隱)】 초주(譙周)가 말하기를 "기(弃)는 제 곡의 맏아들[胄=伷]로, 그의 아버지는 밝혀지지 않았다"라고 했으니, 이 본기(本紀)와는 차이가 있다.

4) 【색은(索隱)】 이하는 모두 『시경(詩經)』 「대아(大雅) 생민(生民)」편에 나오는 내용이다. "아[誕]! 아이를 비좁은 골목에 버려두자[寘之隘巷] 소와 양이 덮어주고 아껴주었고[牛羊腓字之], 아! 평평한 숲에 가져다 두자[誕寘之平林] 마침 나무 베러 온 사람들이 거둬주었고[會伐平林], 아! 찬 얼음에 가져다 두자[誕寘之寒氷] 새가 덮어주고 깔아주었다[鳥覆翼之]." 이 일 그대로다.

5) 【정의(正義)】 (초주(譙周)의) 『고사고(古史考)』에서 말하기를 "기(弃)는 제 곡의 맏아들[胄=伷]로, 그의 아버지는 밝혀지지 않았다"라고 했으니, 이 글과는 조금[稍] 다르다.

기(弃)는 아이 때부터 뜻이 큰 인물[巨人]처럼 우뚝했다[屹=峻]. 그는 놀이를 할 때도 삼[麻]과 콩[菽-대두] 심는 것을 좋아했는데, (그가 심은) 삼과 콩은 잘 자랐다[美]. 어른이 되자 드디어 밭 갈기, 농사짓기와 땅의 마땅함[地之宜]을 살피기[相]를 잘해서 마땅히[宜] 심어야 할 곳에 심고서 거두니[稼穡][1], 백성이 모두 그를 본받았다[法則]. 제 요(帝堯)가 그에 관한 이야기를 듣고서 기를 들어[擧] 농사(農師)로 삼자, 천하가 그 혜택을 보아 공로가 있었다[有功].

제 순(帝舜)이 말했다.

"기(弃)야! 백성이 비로소 굶주리니[始飢][2], 너 후직(后稷)은 때맞춰 온갖 곡식의 씨를 심도록 하라."

기를 태(邰) 땅에 봉해주고3) 칭호를 후직(后稷)이라고 했으며 별도로 희씨(姬氏) 성(姓)을 내려주었다4). 후직이 흥하게 된 것은 도당(陶唐-요임금), 우(虞-순임금), 하(夏-우왕) 사이의 시기였고, 그때마다 모두 아름다운 다움[令德=美德]이 있었다5).

1) 【정의(正義)】 씨 뿌리고 심는 것[種]을 가(稼)라고 하고, 거두는 것[斂]을 색(穡)이라고 한다.

2) 【집해(集解)】 서광(徐廣)이 말했다. "『금문상서(今文尚書)』에서 '조기(祖飢)'라고 해서, 그래서 여기서도 '시기(始飢)'라고 했다. 조(祖)는 곧 '시작하다', '비로소[始]'라는 뜻이다."

3) 【집해(集解)】 서광(徐廣)이 말했다. "지금 태향(斄鄉)은 부풍(扶風)에 있다." 【색은(索隱)】 즉, 『시경(詩經)』 「대아(大雅) 생민(生民)」편에서 이르기를 "태 땅에 집을 정하셨도다[有邰家室]"라고 한 것이 이것이다. 태(邰)는 곧 태(斄)이니, 옛날과 지금의 글자가 다를 뿐이다. 【정의(正義)】 『괄지지(括地志)』에서 말했다. "옛 태성(斄城)은 일명 무공성(武功城)인데, 옹주(雍州) 무공현(武功縣) 서남쪽으로 22리에 있으며 옛 태국(邰國)이다. 후직과 강원의 사당이 있다." 모장(毛萇)[한나라 도(度-하북성 한단(邯鄲)) 사람으로 모장(毛長)이라 쓰기도 한다. 고문경학인 모시학(毛詩學)의 초기 전수자로 전해진다. 전한 초기 노(魯) 땅에 스승이기도 한 모형(毛亨)이 있었기에 소모공(小毛公)이라 불린다. 모형에게 『모시고훈전(毛詩詁訓傳)』을 배웠고 『시경(詩經)』에도 뛰어났다. 일찍이 하간헌왕(河間獻王)의 박사가 되었고 같은 군의 관장경(貫長卿)에게 학문을 전수했다. 관장경은 해연년(解延年)에게 전수했으며, 해연년은 서오(徐敖)에게 전수했다. 당시 『시(詩)』에 제노한(齊魯韓) 삼가(三家)가 있었는데 『모시(毛詩)』는 학관(學官)에 오르지 못했다가, 평제(平帝) 원시(元始) 5년 학관에 모시박사(毛詩博士)가 설치되었다. 위진(魏晉)시대 이후로는 삼가의 시가 모두 없어지고 『모시』만이 남아 성행했다.]이 말하기를, "태(邰)는 강원국(姜嫄國)인데 후직이 거기서 태어났다. 요임금이 하늘을 보더니 태(邰)에서 후직이 태어나게 되리라는 것을 알았기에, 그 때문에 그를 태 땅에 봉해주었

다"라고 했다.

4) 【집해(集解)】『예위(禮緯)』에서 말했다. "조상(-어머니)이 큰 발자국[大跡]을 밟고서 태어났다는 뜻이다."[희(姬)에는 기원·근원·자국·자취 등의 뜻이 있다.]

5) 국내 일부 번역본에는 원문에도 없는 '집안'을 추가해서 '후직의 집안'이라고 옮겼는데, 명백한 오역이다. 후직이 요임금, 순임금, 우왕 때에 걸쳐 활약해서 공로를 세움으로써 아름다운 다움을 드러냈다는 말이다.

후직이 졸(卒)하자[1] 아들 부줄(不窋)이 세워졌다[2]. 부줄 말년에 하후씨(夏后氏)의 정사가 쇠퇴해 직(稷-농사 담당 책임자)을 없애고[去稷] (농사에) 힘쓰지 않았기[不務][3] 때문에, 부줄은 그로 인해 관직을 잃고 융적(戎狄) 사이로 달아났다[犇=奔].

부줄이 졸하자 아들 국(鞠)이 세워졌다.

국이 졸하자 아들 공류(公劉)가 세워졌다. 공류는 비록 융적 사이에서 살았지만 후직의 업(業-일)을 다시 익혀서[復修] 밭 갈고 씨 뿌리는 일[耕種]에 힘쓰고 땅의 마땅함[地宜]에 맞게 농사를 지었으며, 칠수(漆水)와 저수(沮水)로부터 위수(渭水)를 건너가 목재를 구해서 썼다[4]. (그러자 장사를 하러) 돌아다니는 사람[行者]에게는 밑천[資]이 생겨났고 (자기 고향에) 머무는 사람[居者]에게는 재물이 쌓이니, 백성은 그의 선행[慶]에 힘입었다. 백성이 그를 마음에 품어[懷之], 많은 사람이 옮겨 와서 그의 보호를 받으려고 귀순했다[保歸]. 주나라의 도리[周道]가 일어난 것은 이때부터 시작되었고, 그래서 시인[5]은 가사와 노래를 지어 그의 다움을 사모했다[6].

공류가 졸하자 아들 경절(慶節)이 세워져서 빈(豳)에 도읍했다[國=國都][7].

1) 【집해(集解)】『산해경(山海經)』「대황경(大荒經)」에서 말했다. "흑수(黑水)와 청수(靑水) 사이에 광도(廣都)의 들판이 있는데, (거기에) 후직을 장사 지냈다." 황

모밀(皇甫謐)이 말했다. "무덤은 중국(中國)과의 거리가 3만 리다."

2) 【색은(索隱)】『제왕세기(帝王世紀)』에서는 "후직이 길씨(姞氏)를 맞아들여[納] 부줄을 낳았다"라고 했다. 그런데 초주(譙周)가 볼 때 『국어(國語)』(「주어(周語)」)에서는 "대대로 후직(后稷)을 맡아서 우(虞)와 하(夏)에 복종해 섬겨왔다"라고 했으니, (후직이란) 세습하는 직관(稷官)을 말하는 것이고 이 글은 그 대수(代數)를 빠뜨린 것이었다. 만약에 부줄이 곧장 기(弃)의 아들이라면 문왕(文王)에 이르기까지 1,000여 년 동안 오직 14대(代)만 있게 되어 실로 일의 실상[事情]과는 부합하지 않게 된다. 【정의(正義)】『괄지지(括地志)』에서 말했다. "부줄 고성(不窋故城)은 경주(慶州) 홍화현(弘化縣) 남쪽으로 3리에 있다. 즉 부줄은 융적(戎狄)이 살던 성에 있었던 것이다." 『모시소(毛詩疏)』에서 말했다. "우(虞)와 하나라와 은나라는 1,200년을 함께하니, 임금마다[每世] 재위가 모두 80년이 되어야 마침내 그 수를 채울 수 있을 뿐이다. 명(命)의 길고 짧음은 옛날이나 지금이나 같을 것이므로 만일 임금이 15명 재위했을 경우라면 모두 80세쯤 되어야 하니, 그 아들은 반드시 장차 다 늙어서야 태어났을 것이다. 사람의 실상[人情]과 동떨어짐이 심하다. 이치를 갖고서 미뤄 헤아려보자면[以理而推] 실로 그 근거를 믿기란 어렵다."

3) 【집해(集解)】위소(韋昭)가 말했다. "하나라 태강(太康)이 나라를 잃게[失國] 되자 직(稷)이라는 관직을 없애버리고 더는 농업에 힘쓰지 않았다는 말이다." 【색은(索隱)】『국어(國語)』에 이르기를 "직(稷)을 없애고 (농사에) 힘쓰지 않았다[弃稷不務]"라고 했다. 하나라 정사가 쇠퇴하자 부줄은 직관(稷官)에서 쫓겨났고 (하나라에서는) 더는 농업에 힘쓰지 않았다는 말이다.

4) 【정의(正義)】공류가 칠현의 칠수로부터[從=自] 남쪽으로 위수를 건너서 남산(南山)에 이르러 목재를 구해 사용했다는 말이다. 『괄지지(括地志)』에서 말했다. "빈주(豳州) 신평현(新平縣)은 곧 한나라 때의 칠현(漆縣)이다. 칠수는 기주(岐州) 보윤현(普潤縣) 동남쪽에 있는, 기산(岐山) 칠계(漆溪)에서 발원해 동쪽으로 흘러서 위수로 들어간다."

5) 『시경(詩經)』에 실린 시를 지은 사람을 가리키는 말이다.

6) 【색은(索隱)】 즉 (『시경(詩經)』) 「대아(大雅) 독공류(篤公劉-도타우신 공류)」편이 그것이다.

7) 【집해(集解)】 서광(徐廣)이 말했다. "신평(新平) 칠현(漆縣) 동북쪽에 빈정(豳亭)이 있다." 【색은(索隱)】 빈(豳)은 곧 빈(邠)이니, 옛날과 지금의 글자 차이일 뿐이다. 【정의(正義)】 『괄지지(括地志)』에서 말했다. "빈주(豳州) 신평현은 곧 한나라 때의 칠현으로, 『시경(詩經)』에서 말하는 빈국(豳國)이며 공류가 도읍으로 삼은 땅[所邑之地(소읍지지)]이다."

경절이 졸하자 아들 황복(皇僕)이 세워졌다.

황복이 졸하자 아들 차불(差弗)이 세워졌다.

차불이 졸하자 아들 훼유(毁隃)[1]가 세워졌다.

훼유가 졸하자 아들 공비(公非)가 세워졌다[2].

공비가 졸하자 아들 고어(高圉)가 세워졌다[3].

고어가 졸하자 아들 아어(亞圉)가 세워졌다[4].

아어가 졸하자 아들 공숙조류(公叔祖類)가 세워졌다[5].

1) 【집해(集解)】 (隃의) 발음은 유(踰)이다. 『세본(世本)』에는 유(楡-느릅나무)로 되어 있다. 【색은(索隱)】 『계본(系本)』에는 위유(僞楡)라고 되어 있다.

2) 【색은(索隱)】 『계본(系本)』에 이르기를 "공비벽방(公非辟方)"이라고 했는데, 황보밀(皇甫謐)이 말하기를 "공비의 자(字)가 벽방이다"라고 했다.

3) 【집해(集解)】 송충(宋衷)이 말했다. "고어가 직(稷)의 임무를 잘 이끌자, 주나라 사람들이 그에게 보답했다." 【색은(索隱)】 『계본(系本)』에 이르기를 "고어후모(高圉侯侔)"라고 했다.

4) 【집해(集解)】 『세본(世本)』에 이르기를 "아어운도(亞圉雲都)"라고 했는데, 황보밀(皇甫謐)이 말하기를 "운도는 아어의 자(字)이다"라고 했다. 【색은(索隱)】 『한서

(漢書)』「고금표(古今表-고금인표)」에 이르기를 "운도는 아어의 동생이다"라고 했다. 살펴보건대 이 설이 맞다면 벽방이나 후모 또한 모두 두 사람의 이름이 되는 셈인데, 실상이 어떤지는 제대로 알 수가 없다.

5) 【색은(索隱)】『계본(系本)』에 이르기를 "태공조감제주(太公組紺諸盩)"라고 했는데 (『사기(史記)』의) 「삼대세표(三代世表)」에는 (태공·조감·제주에) 숙류(叔類)가 더해져서 모두 네 사람이다. 황보밀(皇甫謐)이 말하기를 "공조(公祖)를 일명 조감제주라고 하는데, 자(字)가 숙류이고 칭호는 태공이다"라고 했다.

공숙조류가 졸하자 아들 고공단보(古公亶父)가 세워졌다. 고공단보가 후직과 공류의 업을 다시 닦아[復修(부수)] 덕을 쌓고 의로움을 행하자[積德行義(적덕 행의)] 나라 사람들이 모두 그를 받들었다[戴之(대지)]. 훈육(薰育)과 융적(戎狄)이 그를 공격해 재물을 얻으려 하자 그것들을 내주었는데, 얼마 안 가서 다시 공격해 와서 땅과 백성을 얻으려 하자 백성은 모두 화가 나서 싸우려고 했다. 고공(古公)이 말했다.

"백성이 있어 임금을 세우는 것은 장차 자신들에게 이롭게 하기 위해서이다. 지금 융적이 우리를 공격하는 까닭은 우리의 땅과 백성 때문이다. 백성이 나에게 있건 그들에게 있건 무슨 차이가 있겠는가? 백성이 나 때문에 싸우고자 한다면 이는 남의 아버지나 아들을 죽여가면서 군주 노릇 하는 것이니[君之(군지)], 나는 차마 그럴 수 없다."

마침내 사속(私屬)들과 함께 드디어 빈을 떠나서 칠수와 저수를 건너고[度=渡(도 도)][1] 양산(梁山)을 넘어[2] 기산(岐山) 아래에 머무르니[止(지)][3], 빈에 있던 사람들이 모두 다[擧國(거국)] 늙은이를 부축하고 어린이를 이끌며[扶老攜弱(부로 휴약)] 다시 기산 아래 고공에게 남김없이 귀의했다[歸(귀)]. 다른 이웃 나라에서도 고공이 어질다[仁(인)]는 소문을 듣고서 또한 많은 사람이 귀의했다. 이에 고공은 마침내 융적의 풍속을 덜어내고[貶(폄)] 성곽과 가옥들을 쌓고 지었으며 읍들을 (특성에 맞게) 나눠 그들을 살게 해주고[4] 오관유사(五官有司)를 만들었으니

[作(작)][5], **백성이 모두 그에 관한 노래와 음악을 지어 그의 다움을 기렸다[頌(송)=譽(예)][6].**

1) 【집해(集解)】 서광(徐廣)이 말했다. "두 강은 두양(杜陽) 기산(岐山)에 있으며, 두양현은 부풍(扶風)에 있다."

2) 【정의(正義)】 『괄지지(括地志)』에서 말했다. "양산은 옹주(雍州) 호치현(好畤縣) 서북쪽으로 18리에 있다." 정현(鄭玄)이 말했다. "기산은 양산 서남쪽에 있다." 그렇다면 양산은 가로로 길게 뻗어 있어서 그 동쪽은 하양(夏陽)과 마주해[當(당)] 서북쪽으로 뻗은 황하와 만나며[臨(임)] 그 서쪽은 기산 동북쪽과 마주하게 되니, 빈 땅에서 주(周)로 가려면 마땅히 이 산을 넘어야 한다.

3) 【집해(集解)】 서광(徐廣)이 말했다. "산은 부풍 미양(美陽) 서북쪽에 있으며 그 남쪽에 주원(周原-주 벌판)이 있다." 배인(裴駰)이 살펴보건대, 황보밀(皇甫謐)이 말하기를 "주(周) 땅에 도읍하고서 그 때문에 처음으로 국(國-봉국)의 이름을 고쳐 주(周)라고 했다"라고 했다.

4) 【집해(集解)】 서광(徐廣)이 말했다. "분별해서 읍락(邑落)을 만들어주었다는 말이다."

5) 【집해(集解)】 『예기(禮記)』(「곡례(曲禮)」편)에서 말했다. "천자의 오관은 사도(司徒-교육), 사마(司馬-군사), 사공(司空-치수 토목), 사사(司士-관리 규찰), 사구(司寇-치안)로, 이들은 다섯 부서의 관리들을 맡아 다스린다[典司(전사)]." 정현(鄭玄)이 말했다. "이는 은나라 때의 제도다."

6) 【색은(索隱)】 즉 『시경(詩經)』 송(頌)에서 노래하기를 "후직의 후손 실로 태왕이시니, 기산 남쪽에 머무르시어 실로 처음으로 상나라를 쳤도다"라고 한 것이 이것이다.[이 시는 「노송(魯頌)」 비궁(閟宮)편에 나오는 구절이다. 고공단보가 바로 태왕(大王)이다.]

고공에게는 장남 태백(太伯)과 차남 우중(虞仲)이 있었다. (그의 아내) 태

강(太姜)은 막내아들[少子] 계력(季歷)을 낳았고[1) 계력은 태임(大任)을 아내로 맞았는데[2), (태강과 태임) 둘 다 뛰어난[賢] 부인이었다[3). (태임이) 창(昌)을 낳을 때 빼어난 상서로움[聖瑞][4)이 있었다. 고공이 말했다.

"나의 대에 큰일을 일으킬 사람이 있을 것이라고 했는데 아마도 창이리라!"

장남 태백과 우중은 고공이 계력을 세워 창에게 (왕위를) 넘겨주려는 것을 알아차리고는 마침내 (남쪽의) 형만(荊蠻)으로 달아나서[亡][5) 문신을 하고 머리털을 짧게 자름으로써[以][6) (왕위를) 계력에게 양보했다[讓][7).

고공이 졸하자 계력이 세워지니 이 사람이 공계(公季)이다. 공계는 고공이 남겨준 도리를 닦고 의로움을 행하는 것이 도타웠으니 그래서 제후들은 그에게 고분고분했다[順之].

1) 【정의(正義)】 (가규(賈逵)의) 『국어주(國語注)』에서 말했다. "제(齊)·허(許)·신(申)·여(呂) 네 나라는 모두 강성(姜姓-강태공)으로 사악(四岳)의 후예이며 태강(太康)의 집안이다. 태강은 태왕의 비(妃)이며 왕계(王季)의 어머니이다."

2) 【집해(集解)】 『열녀전(列女傳)』에서 말했다. "태강은 유태씨(有邰氏)의 딸이다. 태임은 지임씨(摯任氏)의 중녀(中女)이다." 【정의(正義)】 『국어주(國語注)』에서 말했다. "지(摯)와 주(疇-밭두둑) 두 나라는 임성(任姓)이다. 해중(奚仲)은 중훼(仲虺)의 후예이며 태임의 집안이다. 태임은 왕계의 비(妃)이며 문왕의 어머니이다."

3) 【정의(正義)】 『열녀전(列女傳)』에서 말했다. "태강은 태왕이 맞아들여 비(妃)로 삼았으니 태백(太伯=泰伯), 중옹(仲雍), 왕계(王季)를 낳았다. 태강은 얼굴이 아름다우면서 행실이 반듯하고 고분고분했으며[貞順], 여러 아들을 몸소 인도해[率導] 아이들까지도 허물이나 잘못을 행하지 않았다. 태왕이 일을 도모할 때는 반드시 태강에게 물었고, 옮겨 다닐 때도 반드시 함께했다. 태임은

왕계가 맞아들여 비로 삼았다. 태임은 성품이 반듯하고 한결같았으며, 성실하고 장엄해서[端壹誠莊] 한결같이 그 같은 다움을 실천했다. 그 몸가짐도 눈으로는 나쁜 색을 보지 않고 귀로는 음란한 음악을 듣지 않으며 입으로는 오만한 말을 꺼내지 않았으니, 능히 태교(胎教)를 잘 행하고서 문왕을 낳았다." 이것은 모두 뛰어난 행실[賢行]이다.

4) **【정의(正義)】** (위서(緯書)인) 『상서제명험(尙書帝命驗)』에서 말했다. "음력 9월[季秋] 갑자일에 붉은 참새[赤爵=赤雀]가 단서(丹書)를 입에 물고 풍(酆)으로 날아들더니 창호(昌戶)에 머물렀다. 그 글은 이러했다. '삼감 혹은 부지런함[敬]이 게으름[怠]을 이기면 길하지만 게으름이 삼감을 이기면 멸망하고, 마땅함[義]이 욕심을 이기면 순조롭지만[從=順] 욕심이 마땅함을 이기면 흉하다. 무릇 모든 일은 힘써 노력하지 않으면 굽어지고, 삼가지 않으면 바르지 않게 된다. 굽은 자[枉者]는 폐멸(廢滅)하고, 삼가는 자[敬者]는 만세토록 이어진다. 어짊[仁]으로 그것을 얻어서 어짊으로 그것을 지키면 그 수명[量]이 100세를 이어가고, 어질지 못함[不仁]으로 얻었으나 어짊으로 그것을 지키면 그 수명이 10세를 이어가며, 어질지 못함으로 얻어서 어질지 못함으로 그것을 지키면 당세(當世)도 제대로 이어갈 수 없다.'" 이것이 대개 빼어난 상서로움이다.

5) **【정의(正義)】** 태백은 오(吳)나라로 달아났는데, 그가 당시 거주했던 성(城)은 소주(蘇州)에서 북쪽으로 50리 떨어진 상주(常州) 무석현(無錫縣) 경계의 매리촌(梅里村)에 있다. 그 성과 무덤이 지금도 남아 있다[見存]. 그런데 (이 글에서) "형만으로 달아나"라고 한 것은, 초(楚)나라가 월(越)나라를 멸망시키자 그 땅이 초나라에 속했다가 진(秦)나라가 초나라를 멸망시키자 (다시) 그 땅은 진나라에 속하게 되었는데, 진나라는 초(楚)라는 말을 쓰기 싫어서 형(荊)이라고 고쳐버렸다. 그래서 일반적으로 오월(吳越)의 땅을 형(荊) 땅이라고 부르게 되었고, 북쪽 사람들이 역사를 쓰면서 형(荊) 뒤에 만(蠻)자를 추가한 것이다. 이는 형세상[勢] 그런 것이다.

6) 【집해(集解)】 응소(應劭)가 말했다. "늘 물속에 있다 보니, 그래서 머리카락을 자르고 몸에 문신을 해서[文] 용(龍)의 자손임을 나타낸 것이다. 또 그렇게 하니 상처를 입어도 보이지 않는다."[자신들이 진심으로 양보한다는 것을 보여준 행위이므로 이(以-로써)를 넣어 그 점을 분명하게 표현한 것이다.]

7) 공자(孔子)는 태백의 이 같은 양보를 매우 높게 평가했다. 『논어(論語)』「태백(泰伯)」편의 주인공이 바로 태백이다. 공자가 말했다. "태백은 지덕한 인물[至德]이라고 부를 만하다. 세 번 천하를 사양하고도 백성이 그 덕을 칭송할 수 없게 했구나!" 세 번 사양했다[三讓]는 것은 진심으로 사양했다는 뜻이다.

공계가 졸하자[1] 아들 창(昌)이 세워지니 이 사람이 서백(西伯)이다. 서백은 문왕(文王)이라고 불리는데[2] 후직과 공류의 업을 그대로 따랐고[遵] 고공과 공계의 법도를 본받아 도탑고 어질었으며[篤仁] 노인을 공경하고 어린 사람을 사랑했다[敬老慈少]. 뛰어난 이에게는 예로써 자신을 낮췄고[禮下], 낮에는 장부와 선비들을 접대하느라 식사할 겨를도 없었으므로 장부와 선비들이 이 때문에 대부분 그에게로 몰려들었다[歸之]. 백이(伯夷)와 숙제(叔齊)도 고죽(孤竹)에 있다가[3] 서백이 노인들을 잘 봉양한다[善養]는 소식을 듣고는 함께[盍=合] 가서 그에게 귀의했다. 태전(太顚), 굉요(閎夭), 산의생(散宜生), 육자(鬻子), 신갑대부(辛甲大夫) 등이 모두 가서 그에게 귀의했다[4].

1) 【집해(集解)】 황보밀(皇甫謐)이 말했다. "호현(鄠縣)의 남산(南山)에 안장했다."

2) 【정의(正義)】 『제왕세기(帝王世紀)』에서 말했다. "문왕은 용의 얼굴에 호랑이의 어깨를 했으며 신장은 10척이었고 가슴에는 젖꼭지가 4개였다." 『낙서영준청(雒書靈準聽)』에서 말했다. "창제(蒼帝) 희창(姬昌-문왕)은 이마 가운데 뼈가 솟아났고[日角] 매부리코[鳥鼻]였으며 키[高長]는 8척 2촌이었다. 빼어나고 사리를 알았으며 자애롭고 다스릴 줄 알았다[聖智慈理]."

3) 【집해(集解)】 응소(應劭)가 말했다. "요서(遼西) 영지(令支)에 있다." 【정의(正義)】 『괄지지(括地志)』에서 말했다. "고죽 고성(孤竹故城)은 평주(平州) 노용현(盧龍縣) 남쪽으로 12리에 있다. 은나라 때 제후 고죽의 나라로, 성(姓)은 묵태씨(墨胎氏)이다."

4) 【집해(集解)】 유향(劉向)이 『별록(別錄)』에서 말했다. "육자(鬻子)는 이름이 웅(熊)이고 초(楚)에 봉해졌다. 신갑(辛甲)은 옛 은나라의 신하로 주(紂)를 섬겼는데, 대개 75차례 간언을 올렸으나 들어주지 않자, 은나라를 떠나 주나라에 왔다. 소공(召公)이 그와 더불어 이야기를 해보고서[與語] 뛰어나다고 여겨[賢之] 문왕에게 아뢰니, 문왕이 몸소 직접 그를 맞이해서 공경으로 삼고 장자(長子) 땅에 봉해주었다." 장자는 지금 상당(上黨)에서 관할하는 현(縣)이다.

숭후호(崇侯虎)가 은나라 주(紂-주왕)에게 서백(西伯-문왕)을 중상모략해[譖=讒] 이렇게 말했다.

"서백이 좋은 일을 많이 하고 다움을 쌓아서[積善累德] 제후들이 모두 그를 흠모하니[鄕之=向之], 장차 제(帝)께 이롭지 못할 것입니다."

제 주(帝紂)가 마침내 서백을 유리(羑里)에 가두니, 굉요 등이 이를 걱정했다. 이에 유신씨(有莘氏)의 아름다운 미녀[1], 여융(驪戎)의 문마(文馬)[2], 유웅(有熊)의 구사(九駟)[3]를 다른 진기한 특산물들과 함께 주의 총애를 받는 신하[嬖臣] 비중(費仲)을 통해[因] 주에게 바쳤다. 주가 크게 기뻐하며 말했다.

"이 중에 한 가지 물건[一物]만 있어도 얼마든지 서백을 풀어줄 텐데[4], 하물며 이토록 많단 말인가?"

마침내 서백을 사면하고, 그에게 궁시(弓矢-활과 화살)와 부월(斧鉞-크고 작은 도끼)을 내려주며 서백이 (주변 제후국이 반란을 일으킬 경우) 정벌할 수 있게 했다. 주가 말했다.

"서백을 중상모략한 자는 숭후호이다."

서백이 마침내 낙서(洛西)의 땅을 바치며 주에게 포격형(炮格刑)을 없애 줄 것을 청했다. 주가 그것을 허락했다.

1) 【정의(正義)】『괄지지(括地志)』에서 말했다. "옛 신국성(莘國城)은 동주(同州) 하서현(河西縣) 남쪽으로 20리에 있는데, 『세본(世本)』에서는 신국(莘國)이라고 했다. 사성(姒姓)이며 하우(夏禹)의 후손이니, 곧 산의생 등이 유신의 미녀를 구해서 주에게 바친 것이다."

2) 【정의(正義)】『괄지지(括地志)』에서 말했다. "여융 고성(驪戎故城)은 옹주 신풍현 동남쪽으로 16리에 있는데, 은나라와 주나라 때 여융국의 성이다." 살펴보건대, 준마(駿馬) 중에서도 붉은 갈기[赤鬣]와 하얀 몸통[縞身]에 눈이 황금색인 말이니 문왕이 이를 주에게 바쳤다."

3) 【정의(正義)】『괄지지(括地志)』에서 말했다. "정주(鄭州) 신정현(新鄭縣)은 본래 유웅씨(有熊氏)의 옛터[墟]에 있다." 살펴보건대, 구사(九駟)란 36필의 말이다.

4) 【색은(索隱)】 한 가지 물건이란 신씨(莘氏)의 미녀를 가리킨다. 은나라 주왕이 음혼(淫昏)해 여색을 좋아했으므로 그러하리라는 것을 알았던 것이다.

서백이 남몰래[陰] 좋은 일을 행하자, 제후들이 모두 와서 공평한 판결을 청했다. 이때 우(虞)와 예(芮)의 사람들 사이에 송사가 있었는데, 제대로 결정하지 못하자[1] 마침내 주나라로 갔다[如=之]. (그들이) 주나라 국경 안에 들어가서 보니, 밭 가는 사람들은 모두 밭의 경계를 양보하고[讓畔] 백성의 풍속은 모두 연장자에게 양보하는[讓長] 것이었다. 그러자 우와 예의 사람들은 미처 서백을 만나기도 전에 모두 부끄러워하며[慙] 서로에게 말했다.

"우리가 싸우는 것은 주나라 사람들이 부끄러워하는 바이니, 가서 무엇하겠는가? 다만[秖=但] 부끄럽게만 될 뿐이다."

드디어 되돌아가서 서로 양보하고 헤어졌다. 제후들이 이 소식을 듣고서 말했다.

"서백은 아마도[蓋] 천명을 받게 될 임금이리라."

1) 【집해(集解)】「지리지(地理志)」에 이르기를, 우(虞)는 하동 대양현(大陽縣)에 있고 예(芮)는 풍익(馮翊) 임진현(臨晉縣)에 있다고 했다. 『괄지지(括地志)』에서 말했다. "옛 우성(虞城)은 섬주(陝州) 하북현(河北縣) 동북쪽으로 50리 떨어진 우산(虞山) 위에 있는데, 옛날의 우국(虞國)이다. 옛 예성(芮城)은 예성현(芮城縣) 서쪽으로 20리에 있는데, 옛날의 예국(芮國)이다. 『진태강지기(晉太康地記)』에 이르기를, 우(虞)에서 140리 떨어진 곳에 예성이 있다고 했다." 『괄지지』에서 또 말했다. "한원(閒原-내버려둔 벌판)은 하북현(河北峴) 서쪽으로 65리에 있다. 『시경(詩經)』(「대아(大雅) 면(綿-면면히 이어짐)」편)에 이르기를 '우와 예가 평결을 물으러 오니[虞芮質厥成]'라고 했는데, 모장(毛萇)이 이를 풀이하기를 '우와 예의 군주가 서로 땅을 다퉈 오래 지나도록 해결하지 못하다가[不平=不決] 마침내 서로 말하기를, "서백이 어진 사람이라고 하니 함께 가서 물어보자[質=質正]"라고 하면서 마침내 함께 주나라에 조회하러 왔다. 그 경계를 들어서니 밭 가는 사람들이 밭의 경계를 양보했고[讓畔] 길 가는 사람들이 길을 양보했으며[讓路], 읍에 들어가니 남녀가 서로 길을 달리했고 반백(斑白=半白)이 된 자가 짐을 들거나 끌지[提挈] 않았으며, 조정에 들어가 보니 장부와 선비[士]가 대부(大夫) 되기를 사양했고 대부가 경(卿) 되기를 사양했다. 두 나라 군주가 서로에게 말했다. "우리는 소인이니 군자의 뜰을 밟을 수 없다." 그러고는 다투던 땅을 서로에게 양보하고 한원(閒原)으로 삼았다.' 지금도 그대로 있다." 이 주(注)는 「지리지」를 인용해서 예가 임진(臨晉)에 있다고 했는데, 의심컨대 불확실하다. 한원(閒原)은 하동(河東)에 있고 우, 예와 서로 접해 있으며 임진(臨晉)은 하서(河西) 동주(同州)에 있으니, 임진(臨晉)의 예향(芮鄉)이 아닌 것은 분명하다.

이듬해 견융(犬戎)을 정벌했고[1], 그 이듬해에 밀수(密須)를 정벌했고[2], 그 이듬해에 기국(耆國)을 꺾었다[敗(패)][3]. 은의 조이(祖伊)가 이런 소식을 듣고서 두려워하며 그것을 주에게 아뢰었다. 주가 말했다.

"(나에게는) 하늘의 명이 있지 않은가? 그가 어찌할 수 있겠는가?"

이듬해 (서백이) 우(邘)를 정벌했다[4]. 그 이듬해에는 숭후호를 정벌했다[5]. 그러고는 풍읍(豐邑)을 조성해[6] 기산 아래[岐下(기하)]에서 풍읍으로 도읍을 옮겼다[徙都(사도)]. 이듬해 서백이 붕하자[7] 태자 발(發)이 세워졌으니, 이 사람이 무왕(武王)이다.

1) **【집해(集解)】** 『산해경(山海經)』에서 말했다. "어떤 사람이 있었는데, 얼굴은 사람인데 몸통은 짐승이었으니 이를 이름해 견융(犬戎)이라고 했다." **【정의(正義)】** 또 말하기를 "황제(黃帝)는 묘룡(苗龍)을 낳았고 묘룡은 융오(融吾)를 낳았으며 융오는 병명(幷明)을 낳았고 병명은 백견(白犬)을 낳았다. 백견은 둘이었는데, 이를 견융이라고 한다"라고 했다. 『설문(說文)』에서 말하기를 "적적(赤狄)은 본래 개의 종류"라고 했으니, 그래서 글자는 견(犬)을 따랐다. 또 『후한서(後漢書)』에서 말하기를 "견융은 반호(槃瓠)의 후예이다"라고 했으니, 지금의 장사(長沙) 무림(武林)군의 태반이 이곳이다. 또 『모시소(毛詩疏)』에 이르기를 "대융곤이(大戎昆夷)"라고 한 것이 이것이다.

2) **【집해(集解)】** 응소(應劭)가 말했다. "밀수씨(密須氏)는 길성(姞姓)의 나라다." 신찬(臣瓚)이 말했다. "안정(安定-군) 음밀현(陰密縣)이 그곳이다." **【정의(正義)】** 『괄지지(括地志)』에서 말했다. "음밀 고성(陰密故城)은 경주(涇州) 순고현(鶉觚縣) 서쪽에 있는데 그 동쪽은 현성(縣城)과 접해 있으니, 이곳이 바로 옛날의 밀국(密國)이다." 두예(杜預)는 길성국(姞姓國)이라고 했는데, 이것은 안정 음밀현에 있다.

3) **【집해(集解)】** 서광(徐廣)이 말했다. "판본에 따라 기()로 되어 있다." **【정의(正義)】** 이는 곧 여국(黎國)이다. 추탄생(鄒誕生)은 말하기를, 본래는 아마도 여(黎)로

되어 있었을 것이라고 했다. 공안국(孔安國)은 여(黎)가 상당(上黨) 동북쪽에 있다고 했다. 『괄지지(括地志)』에서 말했다. "옛 여성(黎城)이란 여후국(黎侯國)인데, 노주(潞州) 여성현(黎城縣) 동북쪽으로 18리에 있다. 『상서(尙書)』(「상서(商書)」 서백감려(西伯戡黎)편)에 이르기를 '서백이 이미 여(黎)를 쳐서 이겼다[戡(감)]'라고 한 것이 이것이다."

4) 【집해(集解)】 서광(徐廣)이 말했다. "우성(邘城)은 야왕현(野王縣) 서북쪽에 있으니, 발음은 우(于)이다." 【정의(正義)】 『괄지지(括地志)』에서 말했다. "옛 우성(邘城)은 회주(懷州) 하내현(河內縣) 서북쪽으로 27리에 있으며, 옛날의 우국성(邘國城)이다. 『좌전(左傳)』에 이르기를 '우(邘) · 진(晉) · 응(應) · 한(韓)은 무왕(武王)의 목(穆)이다.[소(昭)와 목(穆)은 종묘에 모시는 위치를 말한다. 예를 들면, 주나라 종묘 제사에서는 문왕이 목이고 무왕은 소이다. 그래서 '우리 목고(穆考)이신 문왕'이라 했고, 또 '우리 소고(昭考)이신 무왕'이라 했다. 『좌전(左傳)』에서도 '관(管)·채(蔡)·성(郕)·곽(霍)·노(魯)·위(衛)·모(毛)·담(聃)·고(郜)·옹(雍)·조(曹)·등(滕)·필(畢)·원(原)·풍(酆)·순(郇)은 문왕의 소이다'라고 했는데, 이 열여섯 나라는 문왕의 아들이다. 문왕이 목이기에 그 아들을 문왕의 소라고 한 것이다. 또 '우(邘)·진(晉)·응(應)·한(韓)은 무왕의 목이다'이라 했는데, 이 네 나라는 무왕의 아들이다. 무왕이 소이므로 그 아들을 무왕의 목이라 한 것이다.]'라고 했다."

5) 【정의(正義)】 황보밀(皇甫謐)이 말했다. "(숭후호의 봉국은) 하나라 곤(鯀-우왕 아버지)의 봉지이다. 우(虞-순임금의 나라), 하, 상, 주나라 때 모두 숭국(崇國)이 있었다. 숭국은 대체로 풍(豐)과 호(鎬) 사이에 있다." 『시경(詩經)』(「대아(大雅) 문왕유성(文王有聲)」편)에 이르기를 "이미 숭을 정벌하고 나자, 풍에 읍을 만들었도다"라고 했으니, 이 나라가 있던 땅이다.

6) 【집해(集解)】 서광(徐廣)이 말했다. "풍(豐)은 경조(京兆-수도) 호현(鄠縣) 동쪽에 있는데 거기에는 영대(靈臺)가 있으며, 호(鎬)는 상림(上林) 곤명(昆明) 북쪽에 있는데 호지(鎬池)가 있고 풍과의 거리는 25리다. 둘 다 장안(長安)에서 남쪽으로 수십 리 떨어져 있다." 【정의(正義)】 『괄지지(括地志)』에서 말했다. "주나라 풍궁(豐宮)은 주나라 문왕의 궁으로, 옹주 호현(鄠縣) 동쪽으로 35리에

있다. 호(鎬)는 옹주 서남쪽으로 32리에 있다."

7) 【집해(集解)】 서광(徐廣)이 말했다. "문왕이 97세에 마침내 붕했다." 【정의(正義)】 『괄지지(括地志)』에서 말했다. "주나라 문왕의 묘(墓)는 옹주(雍州) 만년현(萬年縣) 서남쪽으로 28리 떨어진 벌판 위[原上]에 있다."

(이때가) 서백이 대개 자리에 나아간 지[卽位] 50년이었다. 그가 유리(羑里)에 갇혀 있을 때 아마도[蓋] 『역(易)』의 8괘[1]를 곱해서[益] 64괘로 만든 것 같다[2]. 시인들이 말하기를[道=言], 서백은 대개 명을 받은 해에 바로 왕으로 칭해지고[稱王] 우와 예의 송사를 결단했다고 했다[3]. 그 후 10년[4]이 지나서 붕(崩)하니, 시호를 문왕(文王)이라고 했다[5]. 법도를 고치고 정삭(正朔)을 제정했으며, 고공(古公-고공단보)을 추존해 태왕(太王)이라고 하고 공계(公季)를 추존해 왕계(王季)라고 했다[6]. 이는 아마도[蓋] (주(周)의) 왕업의 상서로움[王瑞]이 태왕(-고공단보)으로부터 일어났기 때문일 것이다[7].

1) 역(易)을 이루는 8개의 상징 부호로, 건(乾, ☰), 태(兌, ☱), 이(離, ☲), 진(震, ☳), 손(巽, ☴), 감(坎, ☵), 간(艮, ☶), 곤(坤, ☷)을 말한다.

2) 【정의(正義)】 (『역위(易緯)』) 「건착도(乾鑿度)」에서 말했다. "(맨 처음에) 황책(黃策)을 드리운 것은 희(羲-복희)이고, 괘를 더해 다움을 풀어낸[演德] 것은 문(文-문왕)이며, 명을 이뤄낸[成命] 것은 공(孔-공자)이다." (당나라 공영달(孔穎達)은) 『역정의(易正義)』에서 말하기를 복희(伏羲=宓羲)는 괘를 만들었고[制卦] 주공(周公)은 효사(爻辭)를 지었으며 공자는 십익(十翼-열 가지 해설의 글)을 지었다고 했다. 살펴보건대, 태사공(太史公)이 '아마도[蓋]'라고 한 것은 곧 의심쩍다는 말이다. 문왕이 역을 풀어낸 공이 있어 「주기(周紀-주본기)」를 지어 바야흐로 지금 그 아름다움을 찬미하고 있지만, 감히 독자적으로 온전하게 정했다고는 말하지 못하기 때문에 역을 거듭했다고[重易=益易] 하면서 '아마도'라고 말한 것이다.

3) 【정의(正義)】 두 나라가 서로 양보한 뒤에 제후 중에서 서백에게 귀의한 자가 40여 나라였으니, 모두 서백을 높여 왕이라고 했다. 대개 이해는 명을 받은 해이고 칭왕한 해이다. 『제왕세기(帝王世紀)』에서 말했다. "문왕이 자리에 나아간 지 42년 되던 해로 세(歲)는 순화(鶉火)에 있었으니, 문왕이 다시 명을 받은 원년에 비로소 칭왕했다." 또 『모시소(毛詩疏)』에서 말했다. "문왕은 97세에 삶을 마쳤는데[終] 이때는 명을 받은 지 9년째였으므로, 명을 받은 원년에 그의 나이는 89세였다."

4) 【정의(正義)】 10은 마땅히 9가 되어야 하는데, 그에 관한 해설은 뒤에 나온다.

5) 【정의(正義)】 시호법에 "하늘과 땅의 근간을 바로잡는 것[經緯天地]을 일러 문(文)이라고 한다"라고 했다.

6) 【정의(正義)】 『역위(易緯)』에서 말하기를 "문왕은 명을 받자, 정삭을 고치고 천하에 왕의 칭호를 선포했다"라고 했는데, 정현(鄭玄)은 이 주장을 믿었기 때문에 문왕이 칭왕 할 때 이미 정삭을 고치고 왕의 칭호를 선포했다고 한 것이다. (그러나) 살펴보건대, 하늘에는 태양이 2개 없듯이 땅에는 왕이 2명 있을 수 없는데 어찌 은나라 주왕이 아직 그대로 있는데 주나라가 왕을 칭했겠는가? 만약에 문왕이 스스로 칭왕 하고 정삭을 고쳤다면 이는 (건국이라고 하는) 공업이 이뤄진 것인데, 어찌 다시 무왕이 대훈(大勳)이 아직 모이지 않아서 끝내 아버지의 사업을 마치려고 했다고 말할 수 있겠는가? 『예기대전(禮記大全)』에 이르기를 "목(牧)의 들판에서 무왕이 큰일[大事]을 이루고 나자, 물러나 태왕 단보(亶父), 왕계(王季) 역(歷), 문왕 창(昌)을 왕으로 추존했다[追王]"라고 했으니, 이 글을 근거로 볼 때 마침내 이때 추왕(追王)해서 왕으로 삼은 것이지, 어찌 문왕이 스스로 왕칭 하고 정삭을 고칠 수 있었겠는가?

7) 【정의(正義)】 고공(古公)이 빈(邠) 땅에 있을 때 융적에게 공격을 당해 백성을 빼앗기자, 태왕이 말했다. "백성이 나에게 있건 그들에게 있건 무슨 차이가 있겠는가? (백성이 나 때문에 싸우고자 한다면) 이는 남의 아버지나 아들을 죽여가면서 군주 노릇 하는 것이니[君之], 나는 차마 그럴 수 없다." 드디어 빈 땅

을 떠나 멀리 가서 기산 아래에 머물렀다. 빈 땅 사람들은 나라 전체가 모두 고공에게 귀의했고, 다른 나라에서도 고공이 어질다는 소문을 듣고서 또한 많은 이가 귀의했다. 마침내 융적의 풍속을 덜어내고 집과 읍락을 지어서 분별하여 살도록 해주었다. 계력(季歷)이 뒤에 창(昌)을 낳을 때 빼어난 상서로움이 있었다. 대개 이것이 바로 왕업의 상서로움이 태왕 때에 흥기(興起)했다는 말이다. 따라서 "(이때는) 서백이 대개 자리에 나아간 지[卽位] 50년이었다"라는 문장부터 이 "태왕(-고공단보)으로부터 일어났기 때문일 것이다"라는 문장까지는 서백이 붕한 뒤에 있었던 일을 중복해서 서술한 것일 뿐이다. 경전(經傳)에 따라 차이가 있더라도 전적으로 폐기하지 않고 마침내 개략으로 적어서 그 아래에 두었으니, 이는 일이 분명히 의심스러웠기 때문이다. 그래서 여러 차례에 걸쳐 '대개', '아마도[蓋]'라고 말한 것이다.

무왕(武王)은 자리에 나아가자[卽位][1] 태공(太公) 망(望)[2]을 사(師)로 삼고 주공(周公)을 보(輔)로 삼았으며 소공(召公)과 필공(畢公) 등으로 하여금 왕을 돕게 하고[左右] 문왕의 빛나는 업적[緖業]을 스승이자 모범으로 삼아 닦았다.

1) 【정의(正義)】 시호법에 "능히 화란을 평정하는 것[克定禍亂]을 일러 무(武)라고 한다"라고 했다. 『춘추원명포(春秋元命包)』에 이르기를 "무왕은 이가 하나로 붙어 있었으니[騈齒], 이를 일러 강강(剛强)이라고 한다"라고 했다.

2) 본명은 강상(姜尙)이다. 그의 선조가 여(呂)나라에 봉해졌으므로 여상(呂尙)이라 불렸고 태공망이라고 불렸지만, 주로 강태공이라는 이름으로 알려져 있다. 주나라 문왕(文王)의 초빙을 받아 그의 스승이 되었고, 무왕(武王)을 도와 상(商)나라 주왕(紂王)을 멸망시켜 천하를 평정했으며, 그 공으로 제(齊)나라 제후에 봉해져서 그 시조가 되었다. 강태공은 동해(東海)에서 사는 가난한 사람이었는데, 집안을 돌보지 않아 아내가 집을 나갔다고 한다. 하루는 위수(渭水)에서 낚시를 하고 있었는데, 인재를 찾아 떠돌던 주나라 서백(-문왕)을 만났다. 서백은 노인의 범상치

않은 모습을 보고는 그와 문답해 인물됨을 알아보았고, 이에 주나라 재상으로 등용했다고 전해진다. 그를 태공망이라고 불렀는데, 이는 주나라 무왕의 선군인 태공(太公)이 바랐던[望] 인물이었기에 그렇게 불렀다고 한다. 강태공에 대한 전기는 대부분이 전설적이지만 전국시대부터 경제적 수완과 병법가(兵法家)로서 그의 재주가 회자되기도 했다. 병서(兵書) 『육도(六韜)』가 그의 저서라고 하며, 뒷날 세속에서는 그의 고사를 바탕으로 하여 한가하게 낚시하는 사람을 강태공 혹은 태공이라 칭하게 되었다.

9년[1]에 무왕은 필(畢)에 제사를 올린[上祭][2] 뒤 동쪽으로 가서 군대를 사열하고 맹진(盟津)에 이르렀다[3]. 문왕의 나무 신주[木主]를 만들어 중군(中軍)의 수레에 싣고는, 무왕 자신을 태자(太子) 발(發)이라고 칭하고서 문왕을 받들어 정벌하는 것이라고 말하며 감히 자기 마음대로 하지[自專] 않았다. 마침내 사마(司馬), 사도(司徒), 사공(司空), 제절(諸節)[4]에게 고했다.

"몸을 가지런히 하며 조심해야 할 것이다.

신실할지어다!

나는 무지하지만, 선조께는 다움을 갖춘 신하들[德臣]이 있었기에 소자(小子)가 선조의 공로를 이어받았도다[5].

상벌을 남김없이 바르게 세워 공로를 제대로 보상할 것이다."

그러고는 드디어 군사를 일으켰다. 사(師) 상보(尙父)가 호령을 내려[號] 말했다[6].

"너희 병사들을 거느리고 너와 함께 배를 띄워 출동하라!

나중에 도착하는 자는 목을 벨 것이다!"

무왕이 황하를 건너 중류(中流)에 이르렀을 때 흰 물고기가 왕의 배 안으로 뛰어오르니[7], 무왕이 몸을 굽혀서 물고기를 집어 들고는 제사를 올렸다.

이미 강을 건너자, 불덩이가 하늘에서 다시 떨어지더니 왕의 거처 지붕[王屋]에 이르렀을 때 가서[流] 까마귀[烏]로 바뀌었는데, 그것은 붉은색이었고 그 울음소리는 편안했다[魄][8]. 이때 제후들과 (따로) 기일을 정하지 않

았는데도 맹진에 모인 제후가 800명이었다. 제후들이 모두 말했다.

"주(紂)는 얼마든지 정벌할 수 있습니다."

무왕이 말했다.

"너희들은[女=爾] 아직 천명을 모른다. 아직은 (정벌해서는) 안 된다."

마침내 병사를 돌려 되돌아갔다.

1) 문왕 9년으로, 무왕은 아버지 문왕의 기년(紀年)을 그대로 사용했다.

2) 【집해(集解)】 마융(馬融)이 말했다. "필(畢)은 문왕의 묘(墓)가 있는 땅 이름이다." 【색은(索隱)】 살펴보건대 이 글에서 "필에게 제사를 올렸다[上祭于畢]"라고 했는데 필(畢)이란 하늘에 있는 별 이름으로, 필성(畢星-28수 중 열두 번째 별)은 전쟁을 주관하기 때문에 그래서 군사의 출동을 앞두고 필성에 제사를 지낸 것이다. 【정의(正義)】 『상서(尙書)』(「주서(周書)」) 무성(武成)편에서 말했다. "우리 문고(文考) 문왕께서 크게 천명을 받으시어[膺=受] 사방의 하(夏-중원)를 어루만져주시기를 아! 9년이나 했으나, 대통(大統)은 아직 이루시지 못하셨네[未集=未成]." 또 태서(太誓)편 서(序)에 이르기를 "아! 11년에 무왕이 은나라를 정벌했도다"라고 했고, 태서편에서는 "아! 13년 봄에 맹진(孟津)에서 크게 맞붙었도다[大會]"라고 했다. 『대대례(大戴禮)』에 이르기를 "문왕 15세에 무왕을 낳았다"라고 했으니, 그렇다면 무왕은 문왕보다 14세 아래다. 『예기(禮記)』 문왕세자(文王世子)편에 이르기를 "문왕은 97세에, 무왕은 93세에 삶을 마쳤다[終]"라고 했다. 살펴보건대 문왕이 붕했을 때 무왕은 이미 83세였고, 84세에 자리에 나아가 93세에 붕했으니, 무왕이 자리에 있었던 것은 정확히 만 10년이다. 13년에 (맹진에서) 주를 정벌했다고 한 것은 문왕이 명을 받은 해를 그대로 이어받은 것이니, 이는 그가 돌아가신 아버지[卒父]의 업을 그대로 잇고 있음을 밝히고 싶어 했기 때문이다. (『서경(書經)』「주서(周書)」) 금등(金縢)편에 이르기를 "상나라를 꺾고서 2년이 지나 왕이 병이 들어 위독했다[不豫]"라고 했다. 살펴보건대, 문왕이 명을 받은 지 9년이 되던

해에 붕했고, 무왕은 11년에 삼년상을 마치고[服闋] 맹진에서 군대를 사열했으며[觀兵], 13년에 주왕을 꺾었고, 15년에 병이 들자, 주공(周公)이 명을 청해 자신이 왕을 대신해서 죽게 해달라고 빌었는데 그로부터 4년이 지나서 붕했다. 그렇다면 무왕의 나이는 93세다. 그런데 태사공은 9년에 왕이 열병(閱兵)을 하고 11년에 주왕을 정벌했다고 했으니, 이는 (9년이라는 것을) 무왕이 자리에 나아간 해로 본 것으로서 『상서(尙書)』와는 차이가 있는 데다가 너무 소략하다.

3) 【집해(集解)】 서광(徐廣)이 말했다. "초주(譙周)가 말하기를 사기(史記-역사 기록)에서는 무왕이 11년에 동쪽으로 가서 군대를 사열하고 13년에 주왕을 이겼다고 했다."

4) 【집해(集解)】 마융(馬融)이 말했다. "부절을 담당하는 기관이다."

5) 【집해(集解)】 서광(徐廣)이 말했다. "판본에 따라 '나 소자가 선공(先公)의 공로를 이어받았도다'라고 되어 있다."

6) 【집해(集解)】 정현(鄭玄)이 말했다. "호령은 군법에서 매우 무거운 것이다."

7) 【집해(集解)】 마융(馬融)이 말했다. "물고기란 갑옷 같은 비늘[介鱗]이 있는 물건이니 군사를 상징하고, 희다는 것은 은나라 왕실[殷家]의 바른 색[正色]이다. 이는 은나라의 병사 무리가 주나라와 함께한다는 상징이다." 【색은(索隱)】 여기서부터 "왕의 거처 지붕에 이르렀을 때 가서 까마귀로 바뀌었는데"까지는 모두 『주서(周書-逸周書)』와 『금문상서(今文尙書)』 태서(泰誓)에 있는 말이다.

8) 【집해(集解)】 마융(馬融)이 말했다. "왕옥(王屋)이란 왕이 거처하는 집이다. 유(流)는 '가다[行]'라는 뜻이다. 백연(魄然)이란 '안정되어 있다'라는 뜻이다." 정현(鄭玄)이 말했다. "『서설(書說)』[『상서위(尙書緯)』라는 책에 같은 내용이 나온다. 『서경(書經)』에 대한 풀이를 말한다.]에 이르기를, 까마귀란 효성(孝誠)으로 이름이 있다고 했다. 무왕이 끝내 아버지의 대업을 마쳤기에, 그래서 까마귀의 상서로움이 찾아온[臻=致] 것이다. 붉은색은 주나라의 바른 색이다." 【색은(索隱)】 살펴보건대 『금문상서(今文尙書)』 태서(泰誓)에 이르기를 "가서 수리[鵰]가 되

었다"라고 했다. 수리란 맹금[鷙鳥]이다. 마융(馬融)이 말하기를 "무왕이 능히 주왕을 정벌할 수 있음을 밝힌 것이다"라고 했고 정현(鄭玄)이 이르기를 "까마귀는 효도의 새[孝鳥]이니, 무왕이 능히 아버지의 업을 마칠 수 있음을 말한 것이다"라고 했는데, 각각 글자를 따라서[隨文] 풀어낸 것이다.

2년이 지나자, 주(紂)의 어지럽힘과 포학함이 더욱 심해져서[滋甚] 왕자 비간(比干)을 죽이고 기자(箕子)를 가두었다는 이야기가 들렸다. 태사(太師) 자(疵)와 소사(少師) 강(彊)은 은나라의 악기들을 품고 주(周)나라로 도망쳤다. 이에 무왕은 제후들에게 두루 고하여[徧告] 말했다.

"은나라의 죄가 무거우니 끝내[畢=終] 정벌하지[伐][1] 않을 수가 없도다."

마침내 문왕(이 남긴 뜻)을 받들어 드디어 융거(戎車-전차) 300승(乘)과 용사[虎賁][2] 3,000명, 갑사(甲士-무장병) 4만 5,000명을 거느리고 동쪽으로 가서 주(紂)를 쳤다.

11년 12월 무오일(戊午日)에 군사들이 모두[畢] 맹진(盟津-맹 나루)을 건넜다[3]. 제후들이 전부 모여서 (그들끼리) 말했다.

"부지런히 온 힘을 다하고[孶孶] 게을리하지 말자[無怠]!"

무왕은 마침내 「태서(太誓)」를 지어 병사 무리에게 고했다.

"지금 은나라 왕 주는 마침내 자기 부인의 말을 써서 스스로 천명을 끊어내고 삼정(三正)을 훼손했으며[4], 그의 왕부모제(王父母弟)[5]를 멀리하고[離逷=離遠] 끝내 선조의 음악을 끊어버린[斷棄] 채, 이어서 음란한 노래를 만들었으며, 바른 소리를 바꾸고 어지럽히며[變亂] 자기 부인만 즐겁고 기쁘게 했다[怡說][6]. 그래서 지금 나 발(發)은 삼가 천벌을 함께 집행하려 하노라. 그대들[夫子][7]이여! 힘써야 할 것이다, 두 번 세 번 다시 행하지 않도록!"[8]

1) 【집해(集解)】 서광(徐廣)이 말했다. "판본에 따라 (벌(伐)이) 멸(滅)로 되어 있다."

2) 【집해(集解)】 공안국(孔安國)이 말했다. "호분(虎賁)이란 용맹스러운 병사[勇士]를 가리킨다. 마치 호랑이처럼 날랜 짐승과 같다는 뜻이니, 용맹스럽다는 말이다."

3) 【정의(正義)】 필(畢)은 '모두', '남김없이[盡]'라는 뜻이다. 모두가 황하 남쪽[河南]에서 북쪽으로 건넜다는 말이다.

4) 【집해(集解)】 마융(馬融)이 말했다. "움직임 하나하나가 하늘·땅·사람을 거슬렀다는 뜻이다." 【정의(正義)】 살펴보건대, 삼정(三正)이란 삼통(三統)이다. 주나라는 자(子)를 세워 천통(天統)으로, 은나라는 축(丑)을 세워 지통(地統)으로, 하나라는 인(寅)을 세워 인통(人統)으로 삼았다.

5) 【집해(集解)】 정현(鄭玄)이 말했다. "왕부모제란 조부모의 친족들이다. 반드시 모제(母弟)라고 한 것은 모든 친척을 다 포괄하려 한 것이다."

6) 【집해(集解)】 서광(徐廣)이 말했다. "이(怡)는 판본에 따라 사(辭)로 되어 있다."

7) 【집해(集解)】 정현(鄭玄)이 말했다. "부자(夫子)란 장부(丈夫)를 칭한 것이다.

8) 이를 보면 무왕은 무엇보다 은나라에서 음악이 붕괴하자 최종적으로 정벌 전쟁을 결심했음을 알 수 있다. 그것은 그 나라의 예악(禮樂)이 무너져 내렸음을 상징하기 때문이다.

2월[1] **갑자일**(甲子日) **먼동이 틀 무렵**[昧爽][2] **무왕이 아침에 상**(商) **땅 교외의 목야**(牧野)**에 이르러**[3] **마침내 맹세했다. 무왕은 왼손에 황색 도끼**[黃鉞]**를 쥐고**[杖] **오른손에 흰색 깃대를 잡고서**[秉][4] **지휘했다**[麾=揮]. (**무왕이**) **말했다.**

"멀리서 와주었도다, 서토(西土-서방의 나라)**의 사람들이여!"**[5]

무왕이 말했다.

"아[嗟], **나의 나라들의 총군**(冢君-제후)[6]**들이여!**

자, 나의 제후들이여! 사도(司徒), **사마**(司馬), **사공**(司空), **아려**(亞旅), **사씨**(師氏)[7], **천부장**(千夫長), **백부장**(百夫長)[8] **그리고 용**(庸), **촉**(蜀), **강**(羌), **모**(髳), **미**(微), **노**(纑), **팽**(彭), **복**(濮)**의 사람들이여!**[9]

그대들의 창[戈]을 높이 들고[稱][10] 그대들의 방패를 맞추고 그대들의 자루 긴 창[矛]을 세우도록 하라!

내가 선서하노라."

1) 【집해(集解)】 서광(徐廣)이 말했다. "판본에 따라 정월(正月)로 되어 있다. 이는 축을 세운 달[建丑之月]인데, 은나라의 정월이 주나라의 2월이기 때문이다."

2) 【집해(集解)】 공안국(孔安國)이 말했다. "매(昧)는 '어둡다[冥]'는 뜻이고, 상(爽)은 '밝아오다[明]'라는 뜻이니 새벽[蚤旦=早旦]이다.

3) 【집해(集解)】 공안국(孔安國)이 말했다. "계해일 밤에 진을 치고 (다음 날인) 갑자일 아침에 맹세한 것이다." 【정의(正義)】 『괄지지(括地志)』에서 말했다. "위주성(衛州城)에 대해 옛날에 노인들이 말하기를, 주나라 무왕이 주(紂)를 치러 상땅 교외 목야에 이르러서 마침내 이 성을 쌓은 것이라고 했다. 역원(酈元)은 『수경주(水經注)』에서 말하기를 '(어떤 강이) 조가(朝歌)부터 남쪽으로 흘러 청수(淸水)에 이르는데, 토지는 평평하게 뻗어 있으며 고과택(皐跨澤)을 근거로 삼으니 이 모두를 목야(牧野)라고 부른다'라고 했다." 『괄지지』에서 또 말했다. "주(紂)가 도읍한 조가(朝歌)는 위주(衛州) 동북쪽 70리에 있는데, 조가고성(朝歌故城)이 그곳이다. 본래는 매읍(妹邑)인데, 은나라 왕 무정(武丁)이 처음 그곳에 도읍했다. 『제왕세기(帝王世紀)』에 이르기를, 제을(帝乙)이 다시 황하 북쪽으로 건너서 조가로 천도했고[徙] 그의 아들 주(紂)가 거듭해[仍] 그곳을 도읍으로 삼았다고 했다."

4) 【집해(集解)】 공안국(孔安國)이 말했다. "월(鉞)이란 황금으로 장식한 도끼[斧]이다. 왼손에 황색 도끼를 쥐었다는 것은 주살함에 있어 아무런 문제도 없다[無事]는 것을 보인 것이고, 오른손에 깃대를 잡았다는 것은 교령(教令)을 통해 일이 있음[有事]을 보인 것이다."

5) 【집해(集解)】 공안국(孔安國)이 말했다. "그들이 고생한 것을 위로하는 말이다."

6) 【집해(集解)】 마융(馬融)이 말했다. "총(冢)은 '크다[大]'는 뜻이다."

7) 【집해(集解)】 공안국(孔安國)이 말했다. "아(亞)란 버금, 다음[次]이고 여(旅)는 많은 대부를 가리키니, 그 지위는 경(卿)이다. 사씨(師氏)는 대부의 관직인데, 병사를 데리고 문을 지킨다."

8) 【집해(集解)】 공안국(孔安國)이 말했다. "사솔(師率-1,000명을 거느림)과 졸솔(卒率-100명을 거느림)이다."

9) 【집해(集解)】 공안국(孔安國)이 말했다. "8개 나라는 모두 만이융적(蠻夷戎狄-사방의 오랑캐)이다. 강(羌)은 서쪽에 있다. 촉(蜀)은 수(叟-촉의 별칭)이다. 모(髳-더벅머리 오랑캐)와 미(微)는 파촉(巴蜀)에 있다. 노(纑)와 팽(彭)은 서북쪽에 있다. 용(庸)과 복(濮)은 강한(江漢-장강과 한수) 남쪽에 있다." 마융(馬融)이 말했다. "무왕이 이들을 통솔해서 장차 주(紂)를 치려 한 것이다." 【정의(正義)】 髳의 발음은 (무가 아니라) 모(矛)이다. 『괄지지(括地志)』에서 말했다. "방주(房州)의 죽산현(竹山縣)과 금주(金州)는 옛날의 용국(庸國)이다. 익주(益州)와 파(巴), 이(利) 등의 주는 모두 옛날의 촉국(蜀國)이다. 농우(隴右)의 민(岷), 조(洮), 총(叢) 등의 주에서 그 서쪽이 강(羌)이다. 요부(姚府)의 남쪽은 옛날의 모국(髳國) 땅이다. 융부(戎府)의 남쪽은 옛날의 미(微)·노(纑)·팽(彭) 3국의 땅이다. 복(濮)은 초나라 서남쪽에 있는데, 거기에는 모주(髳州), 미(微-미주), 복주(濮州), 노부(瀘府), 팽주(彭州)가 있다. 무왕이 서남이(西南夷)의 여러 주를 이끌고서 주(紂)를 친 것이다."

10) 【집해(集解)】 공안국(孔安國)이 말했다. "칭(稱)은 '들다[擧]'라는 뜻이다."

왕이 말했다.

"옛사람이 한 말에 '암탉은 새벽에 울지 않는다[牝鷄無晨]. 암탉이 새벽에 울면 집안이 망한다[牝鷄之晨 惟家之索][1]'라고 했다. (그런데) 지금 은나라 임금 주는 오직 부인의 말만 옳다고 여기고 써서[是用], 스스로 선조들에 지내는 사(肆)제사를 챙기지 않고[不答][2] 나라를 어지럽히고 내팽개쳤으며[昏棄], 자신의 왕부모제를 버려두고서 쓰지 않으며 마침내 저 사방에

서 죄가 많아 도망쳐 온 사람들을 높여주고[是崇] 길러주고[是長] 신임하고 [是信] 부림으로써[是使][3] 백성에게 포학하게 대하게 하니, 저들은 상나라에서 온갖 악행[姦軌]을 다 저질렀다. 이제 나 발은 삼가 하늘의 징벌을 그대들과 함께 행하려고 하노라[共行].

오늘의 일[事]이란 불과 예닐곱 걸음 나아가서 마침내 멈춰 대열을 맞추는 것이니[齊][4], 그대들은 힘써야 할 것이다.

네댓 번, 예닐곱 번 치고[伐] 마침내 멈춰 대열을 맞추는 것이니[5], 그대들은 힘써야 할 것이다.

위무도 당당하게[尙桓桓][6] 호랑이 같고 큰 곰 같고 승냥이 같고 교룡(蛟龍)[離][7] 같아야 할 것이요, 상(商)나라 국경에서 도망쳐 오는 자들에 대해서는 억지로 막거나 죽이지 말고[不禦克犇] 서토에서 노역을 시켜야 할 것이니[8], 그대들은 힘써야 할 것이다.

그대들이 힘쓰지 않는다면 이에[其] 나는 그대들의 육신을 도륙할 것이다[9].”

선서가 끝나자, 전거(戰車) 4,000승 규모의 제후 병사들이 모여들어 목야(牧野)에 도열(堵列)했다[陳師].

1) 【집해(集解)】 공안국(孔安國)이 말했다. “삭(索)은 ‘다하다[盡]’라는 뜻이다. 아녀자가 바깥일을 하는 것을 비유해 암컷[雌=牝]이 수컷[雄]을 대신해서 울어대면 집안이 망한다고 한 것이다.”

2) 【집해(集解)】 정현(鄭玄)이 말했다. “사(肆)는 제사 이름이다. 답(答)이란 ‘챙기다’, ‘고하다[問]’라는 뜻이다.”

3) 【집해(集解)】 공안국(孔安國)이 말했다. “주가 자신의 뛰어난 신하들은 다 내버린 채 도망자나 죄인들을 높여주고 길러주어[尊長], 그들을 믿고 썼다[信用]는 말이다.”

4) 【집해(集解)】 공안국(孔安國)이 말했다. “오늘의 싸우는 일[戰事]은 예닐곱 걸음

에 지나지 않으니, 마침내 멈춰서 서로 대열을 가지런히 맞춰야 한다는 뜻이다. 즉 마땅히 군사들은 한마음으로 나아가야 한다는 말이다."

5) 【집해(集解)】 공안국(孔安國)이 말했다. "벌(伐)이란 쳐서 베는 것[擊刺]이다. 작으면 네댓 번, 많으면 예닐곱 번이라고 예를 든 것이다."

6) 【집해(集解)】 정현(鄭玄)이 말했다. "환환(桓桓)이란 위무(威武)가 당당한 모습이다."

7) 【집해(集解)】 서광(徐廣)이 말했다. "이것의 뜻은 교룡[螭]과 같다."[교룡은 전설상의 맹수로 호랑이 모양에 용처럼 비늘이 있다고 했다.]

8) 【집해(集解)】 정현(鄭玄)이 말했다. "어(禦)는 힘으로 막아내는 것[彊禦]이니, 강포(彊暴)함을 말한다. 극(克)이란 죽이는 것[殺]이다. 주의 병사 중에서 도망쳐 오는 자들을 사납게 죽이지 말고, 마땅히 주나라를 위해 노역하게 해야 할 것이라는 말이다."

9) 【집해(集解)】 정현(鄭玄)이 말했다. "다시 덧붙여 말한 것이다."

제 주(帝紂)는 무왕이 온다는 소식을 듣고 그 또한 70만 명의 군사를 발동해[發兵=發軍] 무왕에 맞섰다[距]. 무왕은 사(師) 상보(尙父)에게 백부장(百夫長)들을 거느리고 적에게 달려들게 하고[致師][1], 대졸(大卒)에게는 제 주(帝紂)의 군사들을 향해 치달리게 했다[2]. 주의 군사가 비록 많았지만 모두 싸울 마음이 없었고 내심 무왕이 빨리[亟=速] 쳐들어오기를 바라고 있었기 때문에, 주의 군대는 모두 무기를 자기편을 향해 거꾸로 돌려[倒兵] 싸우면서 무왕에게 길을 열어주었다. 무왕이 돌격하자 주의 병사들은 모두 무너져서 주를 배반했다. 주는 달아나 다시 성(城)으로 도망쳐 들어가서, 녹대(鹿臺) 위에 올라 보석들이 박힌 옷을 뒤집어쓰고[蒙衣] 스스로 불 속에 뛰어들어 죽었다[3].

1) 【집해(集解)】 『주례(周禮)』에 이르기를 "환인(環人)은 돌격[致師]을 담당한다"라

고 했다. 정현(鄭玄)이 말했다. "치사(致師)란 기필코 싸우려는 의지를 다하는 것을 말한다. 옛날에는 장차 싸우려 할 때 먼저 용력이 뛰어난 병사들로 하여금 적에게 달려들게[犯敵] 했다." 『춘추전(春秋傳-춘추좌씨전)』(선공(宣公) 12년)에서 말했다. "초나라 허백(許伯)이 악백(樂伯)의 병거의 몰이꾼이 되고 섭숙(攝叔)이 수레 오른쪽을 맡는 우(右)가 되어, 진(晉)나라 군대에 달려들었다[致]. 허백이 말했다. '내가 듣건대, 적군에 달려드는 자[致師]의 말몰이꾼은 깃발이 쏠리도록 급히 달려서 적진 가까이까지 갔다가 돌아온다고 했다.' 악백이 말했다. '내가 듣건대 적군에 달려드는 자의 수레 왼쪽을 맡은 좌(左)는 좋은 화살로 적을 쏘고서 말몰이꾼을 대신해 고삐를 잡고, 말몰이꾼은 병거에서 내려 두 말을 가지런히 정리하고 말의 가슴걸이를 바르게 매고서 돌아온다고 했다.' 섭숙이 말했다. '내가 듣건대 적군에 달려드는 자의 우(右)는 적진으로 들어가 적을 쳐서 그 귀를 자르고 적을 생포해 돌아온다고 했다.' 모두 자기들이 들은 대로 실행하고서 돌아왔다."

2) 【집해(集解)】 서광(徐廣)이 말했다. "제(帝)는 판본에 따라 상(商)으로 되어 있다." 【정의(正義)】 대졸이란 융거 350승과 사졸 2만 6,250명, 호분 3,000명이다.

3) 【정의(正義)】 『주서(周書-逸周書)』에서는 "갑자일 저녁에 주(紂)는 천지(天智)라는 아름다운 옥[玉琰] 다섯 가지를 몸에 감싸고 스스로를 불살랐다[自焚]"라고 했는데, 그 주(注)에 이르기를 "천지란 옥 중에서도 좋은 것으로, 자기 몸을 그것으로써 두텁게 둘러싼 것이다. 모두 옥 4,000개를 불태웠으니, 거의 모든 옥이 녹았지만, 천지라는 옥은 녹지 않아서 주의 몸은 다 없어지지 않았다"라고 했다.

무왕이 커다란 백기를 들고 제후들을 지휘하니 제후들은 모두 무왕에게 절했고, 무왕이 이에 제후들에게 읍(揖)하자[1] 제후들이 모두 그를 따랐다. 무왕이 상나라에 이르자[2] 상나라 백성은 모두 교외에서 기다리고 있었다. 이에 무왕은 여러 신하로 하여금 상나라 백성에게 가서 말하게 했다.

"상천(上天)이 아름다운 복을 내려주었도다!"

상나라 사람들이 모두 두 번 절하고 머리를 조아리자, 무왕 또한 답으로 절했다[3]. (무왕은) **드디어 성으로 들어가 주가 죽은 곳에 이르렀다.** (주의 시신을 향해) **화살 세 발을 쏜 후에 수레에서 내려 경검**(輕劍)[4]**으로 그의 시신을 치고 황색 도끼로 주의 머리를 베어 커다란 백기에 매달았다. 이윽고**[已而(이이)=尋(심)] **주의 애첩인 두 여자를 찾아가니, 두 여자는 모두 목을 매어**[經(경)=剄(경)] **자살했다. 무왕은 다시 화살 세 발을 쏜 후에 검으로 치고 흑색 도끼**[玄鉞(현월)][5]**로 목을 베어 작은 백기에 매달았다. 무왕은 그러고는 마침내 성을 나와서 다시 군대로 돌아갔다.**

1) 【정의(正義)】 무왕이 제후들을 거느리고 천자를 치자 천자는 이미 죽게 되었다. 이에 제후들이 모두 축하하자 무왕이 제후들에게 읍했으니, 이는 무왕이 그들의 마음을 어루만져 고분고분하게 해줬다는 말이다.

2) 【정의(正義)】 (도읍인) 조가(朝歌)에 이르렀다는 말이다.

3) 【색은(索隱)】 무왕이 비록 신하로서 자신의 군주를 쳤으니 자못 다움에 부끄러움이 있어[慚德(참덕)] 상나라 사람들이 절을 하는데 응답을 하지 못했는데, 태사공(太史公-사마천)은 그 점을 놓쳤을 뿐이다. 위의 글을 음미해보건대, 제후들이 모두 무왕에게 절을 하며 축하하자 무왕도 답례로 읍을 했고, 용납을 받지 못할 것을 알면서도 드디어 상나라 사람들에게 자신을 낮춰 절을 한 것[下拜(하배)]이다.

4) 【정의(正義)】 『주서(周書-逸周書(일주서))』에서 "경려(輕呂)로 쳤다"라고 했는데, 경려란 검의 이름이다.

5) 【집해(集解)】 『사마법(司馬法)』에서 말했다. "하(夏)는 흑색 도끼를 쥐었다." 송균(宋均)이 말했다. "흑색 도끼는 철로 만들었는데, 갈거나 하지는 않았다."

그다음 날에 (무왕은) **도로를 치우고**[除道(제도)] **사당과 상나라 주궁**(紂宮-주왕의 궁궐)을 손질했다. 기약한 때가 되자 백부(百夫)들이 한기(罕旗)를 메고 맨 앞에서 달려갔다[先驅(선구)][1]. 무왕의 동생 숙진탁(叔振鐸)은 상거(常車-의장대 수레)를 받들어 포진했고, 주공 단(周公旦)이 큰 도끼를, 필공(畢公)[2]이 작은 도끼를 쥐고서 무왕의 곁을 지켰으며, 산의생(散宜生), 태전(太顚), 굉요(閎夭)는 모두 칼을 들고 무왕을 호위했다. (무왕이) 이미 성에 들어가서 사당 남쪽, 대졸(大卒)의 좌측에 서니 우측 병사들도 모두 그 뒤를 따랐다. 모숙정(毛叔鄭)은 명수(明水)를 받들었고[奉(봉)][3] 위강숙(衛康叔) 봉(封)이 자(兹)를 깔았으며[4] 소공 석(召公奭)은 예물을 올렸고[贊采(찬채)][5] 사 상보는 희생을 끌고 왔다. 윤일(尹佚)이 축문을 읽었다[筴祝(협축)][6].

"은의 마지막 자손 주(紂)[7]는 선왕의 밝은 다움[明德(명덕)]을 모조리 없애고 하늘과 땅의 신령을 업신여기고 모욕해 제사를 지내지 않았으며 상읍의 백성을 혼미하고 난폭하게 다루었으니, 이에[其(기)] 죄악을 천황 상제께 명백히 알리나이다."

이에 무왕은 두 번 절하고 머리를 조아리고서 말했다.

"거듭 큰 명[大命(대명)]을 받아 은(殷)을 무너뜨렸으니, 하늘의 밝은 명을 받겠나이다!"

무왕이 다시 두 번 절하고 머리를 조아리고서 마침내 (제사 지내는 곳에서) 나왔다.

1) 【집해(集解)】 채옹(蔡邕)이 『독단(獨斷)』에서 말했다. "앞쪽 행렬[前驅(전구)]에는 유운한(旒雲罕)이 9개 있었다." (장형(張衡)이) 『동경부(東京賦)』에서 "운한 9류(旒)"라고 했고 설종(薛綜, ?~243년)[일찍 오나라 손권(孫權)에게 발탁되어 궁중의 경비를 맡아보는 오관중랑장(五官中郎將)에 올랐다. 손권이 군마(軍馬)를 구하기 위해 요동에 사신을 보냈지만, 요동의 공손연(公孫淵)이 그 사신을 처형하는 사건이 일어났다. 분노한 손권은 군사를 이끌고 요동을 공격하려 했지만, 설종이 이를 극구 만류했고, 조조에게 쫓겨 오나라와 동맹을 맺기 위해 찾아온 제갈량과 논쟁한 끝에 설복되었지만 싸움에 나서서 적벽대전을 승리로

이끈다.]은 "유(旒)는 깃발 이름이다"라고 했다.

2) 「노세가(魯世家)」에는 소공(召公)으로 되어 있다.

3) 【집해(集解)】『주례(周禮)』에서 말했다. "사훼씨(司烜氏)는 감(鑑)으로 달이 비친 맑은 물[明水]을 떴다." 정현(鄭玄)이 말했다. "감(鑑)이란 거울류다. 달이 비친 물을 떴다는 것은 음과 양의 조화된 기운을 얻고자 한 것이니, 명수로 만든 술을 현주(玄酒)라고 한다." 【색은(索隱)】 명(明)이란 명수(明水)이다. 옛 판본에는 모두 수(水)자가 없지만 지금 판본에는 수(水)자가 있는 것이 많은데, 같은 뜻이다. 예를 들어 (명 앞에 동사를 붙여) 봉명(奉明)이라고 할 경우 그 뜻이 모호해서 봉명이 무엇을 뜻하는 것인지를 알 수가 없다. 烜의 발음은 (훤이 아니라) 훼(毁)다.

4) 【집해(集解)】 서광(徐廣)이 말했다. "자(茲)란 까는 방석 이름이다. 제후가 병들었을 때 '자리를 지고 누웠다[負茲]'라고 한다.[병이 든 사실을 완곡하게 말할 때, 천자(天子)는 불예(不豫)라 하고 제후(諸侯)는 부자(負茲), 대부(大夫)는 견마지병(犬馬之病), 사(士)는 부신(負薪)이라고 했다.]" 【색은(索隱)】 자(茲)는 판본에 따라 입(笠-구릿대)으로 되어 있기도 한데, 공명초(公明草)를 말한다. 자(茲)라는 것은 이미 완성된 방석을 들어서 말하는 것이고, 입(笠)은 원래의 풀 그대로를 말하는 것이다.

5) 【정의(正義)】 찬(贊)은 '돕다[佐]'라는 뜻이고, 채(采)는 예물[幣]이다.

6) 【정의(正義)】 윤일이 협서(筴書)와 축문(祝文)을 읽어 사직에 제사를 올렸다는 말이다.

7) 【정의(正義)】『주서(周書-逸周書)』에 이르기를 "마지막 후손 수덕(受德)"이라고 했다. 수덕이란 주(紂)의 자(字)이다.

(무왕은) 상나라 주(紂)의 아들 녹보(祿父)에게 은나라의 남은 백성을 갖고서 봉해주었다. 무왕은 은이 막 평정되어 아직 민심이 모이지 못했으므로[未集=未和] 이에 자신의 동생 관숙(管叔) 선(鮮)과 채숙(蔡叔) 탁(度)에

게 녹보를 도와[相] 은나라를 다스리게 했다[1]. 얼마 후에[已而] 소공에게 명해 기자(箕子)를 감옥에서 풀어주도록[釋][2] 했고, 필공에게 명해 감옥에 갇혀 있던 백성을 풀어주고 상용(商容)의 마을을 표창하게 했다[表]. 남궁괄(南宮括)에게는 명해 녹대의 재물과 거교(鉅橋)의 곡식을 풀어서 가난하고 힘없는 백성[貧弱萌隷]을 진휼하도록 했다. 남궁괄과 사일(史佚)에게는 구정(九鼎)과 보옥(保玉)[3]을 전시하도록 했다. 굉요에게 명해 비간(比干)의 묘에 봉분을 만들어 주게[封] 했다[4]. 종축(宗祝)에게는 군대에서 향사(享祠)를 거행하라고 했다.

1) 【정의(正義)】「지리지(地理志)」에 이르기를 하내(河內)는 은나라의 옛 도읍이라고 했다. 주나라는 은나라를 멸망시킨 뒤에 경기권[畿內]을 나눠 3국으로 만들었는데, 『시경(詩經)』에서 말한 패(邶), 용(鄘), 위(衛)가 그것이다. 패(邶)에는 주의 아들 무경(武庚)을 봉해주었고, 용(鄘)은 관숙이 다스리게 했으며[尹之=治之], 위(衛)는 채숙이 다스리게 했다. 이렇게 해서 은나라 백성을 감독하게 하니, 이를 일러 삼감(三監)이라고 했다. 『제왕세기(帝王世紀)』에서 말했다. "은나라 도읍에서 그 동쪽을 위(衛)라고 하여 관숙이 감독하게 했고, 은나라 도읍에서 그 서쪽을 용(鄘)이라고 하여 채숙이 감독하게 했으며, 은나라 도읍에서 그 북쪽을 패(邶)라고 하여 곽숙(霍叔)이 감독하게 했다. 이를 일러 삼감(三監)이라고 했다." 살펴보건대 두 설이 각각 다른데, 더는 상세히 알 수가 없다.

2) 【집해(集解)】 서광(徐廣)이 말했다. "석(釋)은 판본에 따라 원(原-사면하다)으로 되어 있다."

3) 【집해(集解)】 서광(徐廣)이 말했다. "보(保)는 판본에 따라 보(寶)로 되어 있다."

4) 【정의(正義)】 봉(封)이란 그 흙을 북돋워 경계를 표시하는 것이다. 『괄지지(括地志)』에서 말했다. "비간의 묘는 위주(衛州) 급현(汲縣) 북쪽으로 10리 250보에 있다."

마침내 군대를 해산하고 서쪽으로 돌아갔다. 가는 길에 순수(巡狩)하고 정사를 기록해 「무성(武成)」[1]을 지었다. 제후들을 봉해주고 종이(宗彝)를 골고루 나눠 내려주면서[班賜=頒賜] 「분은지기물(分殷之器物)」을 지었다[2].

무왕은 선대의 빼어난 왕들[先聖王]을 추념해 마침내 신농의 후손을 초(焦)[3]에, 황제의 후손을 축(祝)[4]에, 제 요의 후손을 계(薊)[5]에, 제 순의 후손을 진(陳)[6]에, 대우(大禹)의 후손을 기(杞)[7]에 기려서 봉해주었다[褒封].

(그리고) 이에 공신과 모사(謀士)를 봉해주었는데, 사 상보가 첫 번째로 봉해졌다[首封]. 상보를 영구(營丘)에 봉하고 제(齊)라고 했다[8]. 동생 주공 단을 곡부(曲阜)에 봉하고 노(魯)라고 했다[9]. 소공 석(奭)을 연(燕)에 봉했다[10]. 동생 숙선(叔鮮)을 관(管)에 봉했으며[11], 동생 숙탁(叔度-혹은 숙도)을 채(蔡)에 봉했다[12]. 나머지도 각각 차례에 따라 봉국을 받았다[受封].

1) 【집해(集解)】 공안국(孔安國)이 말했다. "무공(武功)을 이뤄냈다[成]는 뜻이다."

2) 【집해(集解)】 정현(鄭玄)이 말했다. "종이란 종묘의 술 단지[樽]이고, 분기(分器)를 지었다는 것은 왕의 명과 하사받은 물건을 적어서 드러내었다는 말이다."

3) 【집해(集解)】 「지리지(地理志)」에 이르기를, 홍농(弘農) 섬현(陝縣)에 초성(焦城)이 있는데 옛날의 초국(焦國)이라고 했다.

4) 【정의(正義)】 『좌전(左傳)』(정공(定公) 10년)에서 말했다. "축기(祝其)는 사실상[實] 협곡(夾谷)이다." 두예(杜預)가 말했다. "협곡은 곧 축기이다." 복건(服虔)이 말했다. "동해군(東海郡) 축기현(祝其縣)이다."

5) 【집해(集解)】 「지리지(地理志)」에 이르기를 연국(燕國)에 계현(薊縣)이 있다고 했다.

6) 【정의(正義)】 『괄지지(括地志)』에서 말했다. "진주(陳州) 원구현(宛丘縣)에 있는 진성(陳城) 안에 바로 옛날의 진국(陳國)이 있다. 제 순의 후손 알보(遏父)[알보(閼父)라고도 쓴다.]가 주나라 무왕에게 와서 도정(陶正)이 되자, 무왕이 그의 기물들을 바탕으로 해서 그 아들 규만(嬀滿)을 진(陳)에 봉하고 완구 주변에

도읍하게 했다."

7) 【정의(正義)】 『괄지지(括地志)』에서 이렇게 말했다. "변주(汴州) 옹구현(雍丘縣)이 옛날의 기국(杞國)이다. 「지리지(地理志)」에 이르기를 옛날의 기국이 이 성을 다스렸다. 주나라 무왕이 후의 후손을 기 땅에 봉하고 칭호를 동루공(東樓公)이라고 했는데, 21대에 이르러 초(楚)나라에 멸망당했다."

8) 【집해(集解)】 『이아(爾雅)』에서 말했다. "강이 그 앞과 왼쪽에서 발원했기 때문에 일러서 영구(營丘)라고 했다." 곽박(郭璞)이 말했다. "지금 제(齊)나라 영구에서는 치수(淄水)가 그 남쪽과 동쪽을 지나간다." 【정의(正義)】 『수경주(水經注)』에 이르기를, 지금의 임치성(臨菑城) 안에 언덕[丘]이 있다고 했다. 청주(青州) 임치현(臨淄縣)이 옛 영구의 땅이며, 여망(呂望)을 봉해준 제나라의 도읍이다. 영구는 현의 북쪽으로 100보 거리에 있는 외성(外城) 안에 있다. 『여지지(輿地志)』에 이르기를, 진(秦)나라가 세워지자, 현(縣)으로 삼았는데 성이 치수(淄水)를 내려다보고[臨] 있기에 임치(臨淄)라고 했다고 한다.

9) 【집해(集解)】 응소(應劭)가 말했다. "곡부는 노나라 성안에 있는데 구불구불하며 길이는 모두 해서 7~8리다." 【정의(正義)】 『제왕세기(帝王世紀)』에서 말했다. "염제(炎帝)는 진(陳)에서 옮겨 와 노나라 곡부에 도읍을 건설했다[營都]. 황제(黃帝)는 궁상(窮桑-궁산이라고도 함)에서 와 제위에 오른 뒤에 곡부로 천도했다. 소호(少昊)는 궁상에 도읍했다가[邑] 제위에 오르자, 곡부를 도읍으로 삼았다[都]. 전욱(顓頊)은 처음에는 궁상에 도읍했다가 상구(商丘)로 옮겼다." 궁상은 노나라 북쪽에 있는데, 혹자는 궁상이 곧 곡부라고 보기도 한다. 또 태정씨(太庭氏)의 옛 봉국이라고 하는데, 이것이 상엄(商奄)의 땅이다. 황보밀(皇甫謐)이 말했다. "황제(黃帝)는 수구(壽丘)에서 태어났는데, 이곳은 노나라 성 동문의 북쪽으로 헌원(軒轅)의 언덕이 있다. 『산해경(山海經)』에 이르기를 '이 땅은 궁상의 경계 끝에 있으며 서야(西射) 땅이다'라고 했으니, 이곳이다." 『괄지지(括地志)』에서 말했다. "연주(兗州) 곡부현(曲阜縣) 외성이 곧 주공 단의 아들 백금(伯禽)이 쌓은 옛 노성(魯城)이다."

10) 【정의(正義)】 제 요의 후손을 계에 봉해주고 소공 석을 연에 봉해주었다고 하는데, 그 글을 살펴보면 조금씩 겹치는 듯하다[似重]. 『수경주(水經注)』에 이르기를, 계성(薊城) 안 서북쪽 구석에 계구(薊丘)가 있어 거기서 이름을 취했다고 한다. 『괄지지(括地志)』에서 말했다. "연산(燕山)은 유주(幽州) 어양현(漁陽縣) 동남쪽으로 60리에 있다. 서재종(徐才宗)의 『국도성기(國都城記)』에 이르기를, 주나라 무왕은 소공 석을 연에 봉해주었는데 땅은 연산의 들판에 있어 거기서 나라 이름을 취했다고 한다." 살펴보건대, 주나라는 다섯 등급의 작(爵)으로 봉해주었는데 계와 연 두 나라는 모두 무왕이 세워준 것이니, 그래서 연산과 계구를 갖고 이름으로 삼았다. 그 땅은 충분히 자립할 수 있는 봉국들이었으나 계는 미미하고 연은 성대했으니, 마침내 (연이) 계를 병탄해 거기에서 (연 사람들이) 살게 됨으로써 계(薊)라는 이름은 드디어 끊어졌다. 지금의 유주(幽州) 계현(薊縣)이 옛날의 연국(燕國)이다.

11) 【정의(正義)】 『괄지지(括地志)』에서 말했다. "정주(鄭州) 관성현(管城縣) 외성이 옛날의 관국(管國)의 성인데, 주나라 무왕의 동생 숙선이 봉해진 곳이다."

12) 【정의(正義)】 『괄지지(括地志)』에서 말했다. "예주(豫州)에서 북쪽으로 70리 떨어진 상채현(上蔡縣)이 옛날의 채국(蔡國)이다. 무왕이 동생 숙탁을 채 땅에 봉해주었다고 했으니, 이곳이다. 현 동쪽 10리에 채강(蔡岡-산등성이)이 있어 거기서 이름을 따왔다."

무왕은 구목(九牧)의 군주들[君]을 불러서[徵] (함께) 빈(豳)의 언덕[阜=丘]에 올라 상읍(商邑-상나라 도읍)을 바라보았다[1]. 무왕이 주(周)에 이르러서도 밤늦도록 잠들지 못하자[2] 주공 단이 왕의 처소[王所]에 나아가 "어찌하여 잠들지 못하십니까?"라고 물었다. 왕이 말했다.

"너에게 고하겠다. 저 하늘이 은나라 제사를 받지 않으시어[不饗], 내[發]가 아직 태어나기 이전부터 지금까지[於今] 60년 동안 미록(麋鹿)이 교외[牧]에 있고[3] 비홍(蜚鴻)이 벌판에 가득했다[4]. 하늘이 은나라(제사)를 흠

향하지 않으시어[不享=不饗,] 마침내 지금과 같은 성공이 있게 되었다[5]. 저 하늘이 은나라를 세워 이름을 올린[登名] 사람이 360명이었는데, 그들은 그다지 두드러지지도 않았고 또한 내쫓기지도 않았건만[不顯亦不賓滅][6] 지금에 이르렀다. (그런 것을 보면) 하늘이 주나라를 보우하실지 아닌지 아직 정해지지 않았으니, 어찌 잠잘 겨를이 있겠는가?"

1) 【정의(正義)】 『괄지지(括地志)』에서 말했다. "빈주(豳州) 삼수현(三水縣) 서쪽으로 10리에 빈원(豳原-들판)이 있는데, 주나라 선조 공류(公劉)가 도읍했던 땅이다. 빈성(豳城)이 이 들판 위에 있는데, 그래서 공류가 그것으로 이름을 삼았다." 살펴보건대, 대개 무왕은 이 성에 올라서 상읍을 바라다보았을 것이다.

2) 【정의(正義)】 주(周)는 호경(鎬京)이다. 무왕이 주를 정벌하고 호경으로 돌아왔을 때 아직 하늘이 자신을 지켜줄 것인지가 정해지지 않아서 걱정을 했기에, 그래서 밤늦도록 잠들 수 없었던 것이다.

3) 【집해(集解)】 서광(徐廣)이 말했다. "이 일은 『주서(周書-逸周書)』와 『수소자(隨巢子)』[묵자의 제자 수소가 지은 책이다.]에 나오는데, 거기서 '이양(夷羊)이 들판에 있다'라고 했다. 목(牧)은 근교[郊]이고, 이양이란 괴물이다."

4) 【색은(索隱)】 살펴보건대 고유(高誘)가 말하기를 "비홍(蜚鴻)은 눈에놀이[蠛蠓]라는 작은 곤충이다"라고 했으니, 날아다니는 곤충으로 밭을 덮고 들판을 가득 채우기 때문에 재난이 된다. 크고 작은 기러기[鴻鴈]류는 아니다. 『수소자(隨巢子)』에는 '비습(飛拾)'이라고 되어 있는데, 비습도 곤충이다. 【정의(正義)】 어금(於今)이란 '지금을 맞아[當今]'와 같은 뜻이다. 지금까지 60년이 되었다는 것은 제 을(帝乙) 10년부터 주(紂)를 정벌할 때까지의 햇수이고, 미록(麋鹿)이 교외에 있다는 것은 중상모략하고 말재주 부리는 소인배들[讒佞小人]이 조정에서 자리를 차지하고 있음을 비유한 것이며, 비홍(飛鴻)이 벌판에 가득했다는 것은 충성스럽고 뛰어난 군자들[忠賢君子]이 내버려져 있음을 비유한 것이다. 곧 주의 아버지 제 을이 세워진 후부터 은나라는

점점 쇠락해져서, 주를 정벌하기까지 60년 동안 아첨하고 말재주나 부리는 소인배들이 조정의 높은 자리에 있으면서 충성스럽고 뛰어난 군자들을 허허벌판으로 추방하고 유배 보냈다는 말이다. 그래서 『시경(詩經)』(「소아(小雅) 홍안(鴻鴈)」편)에 이르기를 "크고 작은 기러기들 날아가는데, 그 깃 소리 숙숙(肅肅)하게 들리네. 지자(之子)가 길을 가는데, 들판에서 매우 힘들어하는구나"라고 했다. 모장(毛萇)은 이를 풀어서 "지자란 후백(侯伯)과 경사(卿士)들이다"라고 했고, 정현(鄭玄)은 이렇게 말했다. "크고 작은 기러기들은 음양과 한서(寒暑)를 피할 줄 아니, 백성이 무도한 자를 제거하고 도리가 있는 자에게로 나아갈 줄 안다는 것을 비유한 것이다."

5) 【색은(索隱)】 살펴보건대, 상천(上天)이 은나라 왕실의 제사를 흠향(歆享)하지 않고 재앙을 보였으며 그로 인해 우리 주나라는 지금 왕업을 이룰 수 있었다는 말이다.

6) 【집해(集解)】 서광(徐廣)이 말했다. "다른 판본에서는 '불고역불빈성(不顧亦不賓成-돌아보지도 않고 또한 도와서 이뤄주지도 않음)'이라고 했고, 또 다른 판본에서는 '불고역불휼(不顧亦不恤-돌아보지도 않고 또한 불쌍히 여기지도 않음)'이라고 했다." 【색은(索隱)】 하늘이 처음에 은국(殷國)을 세워주고는 또한 이름난 현인[名賢(명현)] 360명을 등용시켜, 나아가게 했으니, 이미 크게 뛰어난 현인[大賢(대현)]이 아닌 사람이 없었음에도 제대로 교화를 이뤄 지극한 다스림에 이르지 못했기 때문에 은나라 왕실[殷家(은가)]은 크게 빛을 발하지 못했고, 또한 그렇다고 곧바로 배척받거나 멸망하지도[擯滅(빈멸)] 않은 채 지금에까지 이르렀다는 말이다. 이 또한 『주서(周書-逸周書(일주서))』와 『수소자(隨巢子)』에 보이는데, 자못 중복되거나 빠지거나 착오가 일어난 곳들이 있다. 그런데 유씨(劉氏)가 음을 6개로 한 것은 옛것을 따른 탓이었겠지만 그 글자의 뜻 또한 제대로 통하지 않는다. 서광(徐廣)이 말하기를 어떤 판본에는 '불고역불빈성(不顧亦不賓成-돌아보지도 않고 또한 도와서 이뤄주지도 않음)'이라고 했는데, 대개 이는 학자들이 『주서(周書-逸周書(일주서))』와 『수소자』가 같지 않다고 본 때문이며 (빈(賓)의 경우)

축(逐)의 음이 바뀐 것일 뿐이다. 『수소자』에 이르기를 "천귀(天鬼)는 불고역불빈멸(不顧亦不賓滅) 한다"라고 했는데, 이때 천귀란 곧 천신(天神)이다.

(다시) 왕이 말했다.

"하늘이 보우하심을 정하고[定天保] (백성이) 천실(天室-주나라 왕실)을 따르게 하며[依天室], 모든 악인을 죄다 찾아내어 은나라 왕이 당한 것처럼 벌할 것이다[貶從殷王受][1]. 밤낮없이 투항한 이들을 위로해서[日夜勞來][2] 나의 서토(西土)를 안정시키고[定我西土][3] 내가 오직 일을 밝게 처리해[我維顯服] 그 다음을 사방에 비출 것이다[及德方明][4].

낙예(洛汭-낙수 어귀)로부터 이예(伊汭-이수 어귀)까지는 땅이 평탄하고 험하지 않아서[毋固=無險] 거기에 하나라가 정착했던 것이다[5]. 내가 남쪽으로는 삼도(三塗)를 바라보고 북쪽으로는 악(嶽) 주변[鄙]을 바라보고 황하를 내려다보며[6] 가만히[粵=竊] 낙수(雒水)와 이수(伊水) 유역을 바라보니, 도읍[天室]할 만한 곳이라 멀리 내버려둘 수 없다[毋遠][7]."

1) 【색은(索隱)】 지금 저 악인 중에서 천명을 알지 못하고 주나라 왕실에 고분고분하지 않은 자들을 모두 찾아내어 남김없이 처벌[貶責]하기를 주(紂)의 죄와 같이 하리라는 것이다. 그래서 말하기를 "은나라 왕이 당한 것처럼 벌할 것이다[貶從殷王受]"라고 했다.

2) 【집해(集解)】 서광(徐廣)이 말했다. "판본에 따라 (노래(勞來)가) 긍래(肯來-투항해서 오는 이들을 기꺼이 받아들이다)로 되어 있다."

3) 【색은(索隱)】 여덟 자는 연이어져 하나의 구절로 읽어야 한다.[이 점에 주목하지 않으면 기존 국내 번역본들처럼 노래(勞來)를 그냥 "백성을 수고하게 하고"라고 잘못 옮기게 된다.]

4) 【정의(正義)】 복(服)은 일[事]이다. 무왕이 주공에게 답하기를, 하늘이 자신의 자리를 편안하게 지켜줄 것이라는 걸 분명히 알아서[定知] 하늘의 궁실에 의지할 수 있고 은나라 주(紂)의 악을 제거하며 낮밤으로 백성을 위로해서 또한

자신의 서쪽 땅을 안정시키겠다고 한 것이다. 그래서 자신은 오직 일에 임함에 있어 공명정대하게 해서[明=顯] 자신의 다움과 가르침이 사방으로 밝게 행해지게 함으로써 마침내 편안히 잠들 수 있도록 하겠다는 말이다. 여기부터 저 위의 "무왕이 주(周)에 이르러서도 밤늦도록 잠들지 못하자"까지는 주공이 (그 까닭을) 물었기 때문에 먼저 써 내려간 것이다.

5) 【집해(集解)】 서광(徐廣)이 말했다. "하나라는 하남(河南)에 거주했는데, 처음에는 양성(陽城)에 있다가 뒤에는 양적(陽翟)에 거주했다." 【색은(索隱)】 낙수 어귀에서 이수 어귀까지는 그 땅이 평탄하고 험고(險固)한 곳이 없으니, 거기에 옛 하나라의 거주지가 있었다는 것이다. 【정의(正義)】 『괄지지(括地志)』에서 말했다. "우(禹)로부터 태강(太康)까지, (그 이전의) 당우(唐虞-요순)도 모두 도성(都城)을 바꾸지 않았다." 그렇다면 양성에 머문 것은 우가 (순의 아들) 상균(商均)을 피해 있을 때의 일로, 도읍을 정한 것은 아니었다는 말이 된다. 『제왕세기(帝王世紀)』에서 말했다. "우가 하백(夏伯)에 봉해진 곳은 지금의 하남 양적이다." 『급총고문(汲冢古文)』에서 말했다. "태강은 짐심(斟尋)에 살았고 예(羿) 또한 거기에 살았으며 걸(桀)도 거기에 살았다." 『괄지지(括地志)』에서 말했다. "옛 심성(鄩城)은 낙주(洛州) 공현(鞏縣) 서남쪽으로 58리에 있다."

6) 【집해(集解)】 서광(徐廣)이 말했다. "『주서(周書-逸周書)』「탁읍(度邑)」편에서 말했다. '무왕이 태공(太公)에게 물어 말하기를, "내가 장차 하나라가 있던 곳을 근거지로 삼으려 하니, 남쪽으로 바라보면 삼도가 보이고 북쪽으로 올려다보면 황하가 펼쳐져 있다"라고 했다.'" 【색은(索隱)】 두예(杜預)가 말하기를, 삼도는 육혼현(陸渾縣) 남쪽에 있다고 했다. 악(嶽)은 아마도 하북(河北)의 태항산(太行山)일 것이다. 비(鄙)란 도읍 주변으로, 악(嶽)에서 가까운 읍들을 말한다. 탁읍(度邑)은 『주서(周書-逸周書)』의 편 이름이다. 度의 발음은 도(徒)와 각(各)의 반절음이다. 【정의(正義)】 『괄지지(括地志)』에서 말하기를 "태항산과 항산(恆山)은 서로 이어져 있는데, 동북쪽으로는 갈석산(碣石山)과 접해 있고 서북쪽으로는 악산(嶽山)과 접해 있다"라고 했으니, 이 구절은 북쪽

으로 태항산과 항산 주변[邊鄙]의 큰 읍들이 있음을 말한다. 또 (『괄지지(括地志)』에서) "진주(晉州) 곽산(霍山)은 일명 태악(太岳)이라고 하는데 낙수(洛水) 서북쪽에 있고, 항산은 낙수 동북쪽에 있다"라고 했으니, 두 설은 모두 통한다.

7) 【정의(正義)】 월(粵)이란 '곰곰이 생각해보다[審愼]'라는 뜻이다. 곰곰이 낙수와 이수의 북쪽[陽]을 살펴보니 이 땅을 멀리하고는 도읍[天室]을 삼을 만한 곳이 없다는 말이다.

낙읍(雒邑)에 주나라 거소[周居]를 조성한 다음에 떠났다[1]. 화산(華山) 남쪽[陽]에 말을 풀어놓고[縱][2] 도림(桃林)의 허허벌판[虛]에 소를 풀어놓았으며[放][3] 무기를 거두고 군대를 해산해[振兵釋旅][4] 무기와 병사를 더는 쓰지 않을 것임을 천하에 보였다.

1) 【정의(正義)】 『괄지지(括地志)』에서 말했다. "옛 왕성(王城)을 일명 하남성(河南城)이라고 하는데 본래는 겹욕(郟鄏)이었으니, 주공(周公)이 새로 쌓았고 낙주(洛州) 하남현(河南縣) 북쪽으로 9리 떨어진 원내(苑內) 동북쪽 구석에 있다. 평왕(平王) 이래로 12왕(王-천자)이 모두 이 성을 도읍으로 삼았는데, 경왕(敬王)에 이르러 마침내 성주(成周)로 천도했다가 난왕(赧王) 때 다시 와서 왕성으로 삼았다. 『제왕세기(帝王世紀)』에 이르기를 '왕성 서쪽에 겹욕의 경계가 있다'라고 했고, 『좌전(左傳)』에 이르기를 '성왕(成王)이 겹욕에 정(鼎)을 가져다 놓았다'라고 했으며, 경상번(京相璠)[진(晉)나라 사람인데 『춘추토지명(春秋土地名)』 3권을 썼다.]의 『지명(地名)』에 이르기를 '겹(郟)은 산 이름이고, 욕(鄏)은 읍 이름이다'라고 했다."

2) 【정의(正義)】 화산은 화음현(華陰縣) 남쪽으로 8리에 있다. 산의 남쪽을 양(陽)이라고 한다.

3) 【집해(集解)】 공안국(孔安國)이 말했다. "도림은 화산 동쪽에 있다." 【정의(正義)】 『괄

지지(括地志)』에서 말했다. "도림은 섬주(陝州) 도림현 서쪽에 있다. 『산해경(山海經)』에 이르기를 '과보(夸父)[중국 신화 중에서 북쪽 땅에 살고 있었다고 여겨지는 거인족이다. 성도재천(成都載天)이라는 산에 살며, 뱀 2마리를 귀고리 삼고 뱀 2마리를 손에 쥐고 있다고 한다. 몸 크기는 태양을 쫓아간 과보 용사의 이야기에서 엿볼 수 있다. 이 용사가 태양을 쫓아서 들판을 달리다가 결국 태양이 지는 골짜기까지 도달했는데, 거기서 목이 말라 황하(黃河)와 위수(渭水)의 물을 다 마셔버렸으나 그래도 갈증은 없어지지 않자, 좀 더 북쪽에 있는 대택(大澤)이라는 사방 1,000리나 되는 호수로 가려다가 도중에 죽어버렸다고 한다.]의 산인데, 그 북쪽에 숲이 있어 이름을 도림(桃林)이라고 했다. 넓이는 300리이며 말들이 많고, 호수에서 강이 발원하여 북쪽으로 흘러 황하로 들어간다'라고 했다."

4) 【집해(集解)】 『공양전(公羊傳-춘추공양전)』에서 말했다. "(무기 등을) 집어넣는 것[入]을 일러 진려(振旅-무기를 거둠)라고 한다."

무왕은 이미 은나라를 이기고 나서[克殷][1] 2년이 지난 뒤 기자(箕子)에게 은나라가 망하게 된 까닭을 물었다. 기자는 차마 (자기 나라인) 은나라의 악을 말할 수 없어서 나라가 마땅히 존속되고[2] 망하는 도리를 갖고서 고했고[以存亡國宜告][3], 무왕 역시 난처해[醜=困] 일부러[故] 천도(天道)를 갖고서 물었다.

1) 전상(翦商)이라고도 한다. 상나라를 잘라냈다는 말이다. 『시경(詩經)』 「노송(魯頌) 비궁(閟宮)」 편에 나온다.

2) 【집해(集解)】 서광(徐廣)이 말했다. "판본에 따라 (존(存)이) 전(前)으로 되어 있기도 하다."[그럴 경우 '이존망국의(以存亡國宜)'는 '이전망국의(以前亡國宜)', 즉 '그전에 나라가 망한 도리'가 된다.]

3) 【색은(索隱)】 여섯 글자는 연이어 하나의 구절로 읽어야 한다. 【정의(正義)】 기자가 은나라 사람이라 은나라의 나쁜 점을 차마 말할 수 없어 주나라가 마땅히

해야 할 도리를 갖고서 무왕에게 고해주었으니, 홍범구주(洪範九疇)가 그것이며, 무왕도 (그 점을 고려해) 에둘러서 천도에 관해 물은 것이다.

무왕이 병들었다. 천하가 아직 안정되지 않았기에[未集=未定] 여러 공이 두려워하며 삼가[穆][1] 점을 쳤고 주공이 마침내 불재(祓齋-푸닥거리)[2]하고, 스스로를 제물[質][3]로 삼아 무왕을 대신해 죽거나 병들겠다며 기도를 올리자, 무왕에게 차도가 있었다[有瘳=有差]. 그 후에 붕(崩)하자[4] 태자 송(誦)이 뒤를 이어 세워지니[代立], 이 사람이 성왕(成王)이다.

1) 【집해(集解)】 공안국(孔安國)이 말했다. "목(穆)은 '삼가다[敬]'라는 뜻이다."

2) 【정의(正義)】 祓의 발음은 (불이나 볼이 아니라) 폐(廢)인데, 또 불(拂)이라고도 한다. 齋의 발음은 찰(札)과 개(皆)의 반절음이다. 불(祓)이란 상서롭지 못함을 제거하고 복을 구하는 것을 말한다.

3) 【정의(正義)】 발음은 (질이 아니라) 지(至)이다. 주공이 불재를 지내며 자신을 예물[贄幣]로 삼고 삼왕에게 고해 무왕을 대신할 것을 청하니, 무왕의 병이 마침내 나았다.

4) 【집해(集解)】 서광(徐廣)이 말했다. "(『사기(史記)』) 「봉선서(封禪書)」에 이르기를, '무왕이 은나라를 꺾고 2년이 지나, 천하가 아직 평안하지 않았는데[未寧=未集] 붕했다'라고 했다." 황보밀(皇甫謐)이 말했다. "무왕이 지위를 안정시킨 원년은 을유년이고, 6년 지난 경인년에 붕했다." 배인(裴駰)이 살펴보건대, 『황람(皇覽)』에 이르기를 "문왕·무왕·주공의 무덤은 모두 경조(京兆-수도) 장안(長安) 호취(鎬聚)의 동쪽 사직 안에 있다"라고 했다. 【정의(正義)】 『괄지지(括地志)』에서 말했다. "무왕의 묘는 옹주(雍州) 만년현(萬年縣) 서남쪽으로 28리 떨어진 필원(畢原) 위에 있다."

성왕의 나이가 어리고 주나라가 막 천하를 평정한 때였으므로 주공은

제후들이 주나라를 배반할까 두려워서 마침내 섭행(攝行-대행)해 나랏일을 맡았는데[當國], 관숙(管叔)과 채숙(蔡叔) 등 여러 동생은 주공을 의심해 무경(武庚)과 함께 난을 일으켜 주나라를 배반했다. 주공은 성왕의 명을 받들어 무경과 관숙을 쳐서 주살하고 채숙을 유배 보냈다[放]. 그리고 미자(微子) 개(開)로 하여금 은나라의 뒤를 잇게 하여 송(宋)에 봉국을 세웠다[國][1]. 또 은나라의 남은 백성[餘民]을 자못[頗] 거둬 그것으로써 무왕의 막냇동생을 봉해 위(衛) 강숙(康叔)으로 삼았다[2]. 진(晉) 당숙(唐叔)이 상서로운 곡물[嘉穀][3]을 얻어 성왕에게 바치자, 성왕이 그것을 전쟁터[兵所]에 있던 주공에게 보내니[歸][4], 주공은 동쪽 땅에서 곡물을 받고 천자의 명을 선포했다[魯][5]. 애초에 관숙·채숙이 주나라를 배반해 주공이 그들을 토벌하고서 3년이 지나자 완전히 안정되었으므로[畢定], 비로소 「대고(大誥)」를 짓고 그다음으로 「미자지명(微子之命)」을 짓고[6] 다음으로 「귀화(歸禾)」를, 다음으로 「가화(嘉禾)」를, 다음으로 「강고(康誥)」, 「주고(酒誥)」, 「재재(梓材)」[7]를 지었다. 그 (자세한) 일들은 「주공(周公)」편에 실려 있다. 주공이 정사를 행한 지 7년이 되어 성왕이 장성하자[長], 주공은 성왕에게 정권을 돌려주고[反政] 북면(北面)해[8] 여러 신하가 있는 자리로 나아갔다[就].

1) 【정의(正義)】 지금의 송주(宋州)이다.

2) 【정의(正義)】 『상서(尙書)』 낙고(洛誥)에서 말하기를 "내가 전수(瀍水) 동쪽에 대해 점쳐보니 또한 낙읍(洛邑)을 먹고 들어갔으니, 그래서 패(邶)와 용(鄘)과 위(衛)의 무리를 거기에 살게 했도다"라고 했고, 다사(多士)편 서(序)에 이르기를 "성주(成周)가 이미 완성되자 은나라의 완고한 백성을 옮겼다"라고 했다. 살펴보건대 이는 동주(東周)이며 옛날의 낙양성(洛陽城)이다. 『괄지지(括地志)』에서 말했다. "낙양 고성(洛陽故城)은 낙주(洛州) 낙양현(洛陽縣) 동북쪽으로 26리에 있는데, 주공이 쌓았으며 곧 성주성(成周城)이다. 『여지지(輿地志)』에 이르기를 '주나라 땅으로서 왕성의 동쪽에 있었기에 동주(東周)라

고 했다. 경왕(敬王)이 자조(子朝)의 난을 피해 낙읍에서 동쪽으로 피난해 이곳에 거주했다.[이 부분은 뒤에 상세하게 나온다. 경왕(景王)은 기원전 527년에 태자인 희수(姬壽)가 죽자, 왕자 희맹(姬猛)을 태자로 삼았다. 그러나 그는 서장자(庶長子)인 희조(姬朝-자조)를 총애해서 태자의 지위를 그에게 넘기려 했다. 그래서 주나라 왕실은 왕권 계승을 놓고 분란에 휩싸였는데, 단목공(單穆公), 유문공(劉文公)은 희맹을 지지했고 대부 빈기(賓起)와 모백득(毛伯得), 소장공(召莊公), 윤문공(尹文公) 등은 희조를 지지했다. 경왕은 단목공 등을 없애고 희조를 태자로 삼으려고 했으나 기원전 520년 음력 4월에 갑작스럽게 죽는 바람에 계획을 실행하지 못했다. 경왕이 죽자 단목공과 유문공은 희맹을 제25대 도왕으로 세우고 희조의 스승인 대부 빈기를 죽였다. 그러자 희조는 그해 음력 6월에 아버지 경왕의 장례를 마친 뒤 백공(百工)과 영왕(靈王), 경왕의 족인(族人)들을 규합해서 반란을 일으켰고, 그해 음력 11월에 도왕을 죽이고 스스로 왕위에 올랐다. 그러자 진(晉)나라가 희조를 공격하면서 도왕의 동생인 왕자 희개(姬丐)를 제26대 경왕(敬王)으로 세웠으나, 경왕은 주나라 도성으로 들어가지 못하고 지금의 산서성(山西省) 진성(晉城)인 진나라의 택(澤)에 머물러야 했다. 이처럼 이 시기에 주나라는 동과 서에 왕이 2명 있었으니, 서쪽의 희조를 서왕(西王), 동쪽의 경왕을 동왕(東王)이라 했다. 이후 서왕 희조와 경왕의 세력이 주나라의 지배권을 놓고 3년 동안 다투었는데, 기원전 516년 진나라의 경사(卿士)인 조앙(趙鞅)이 경왕에 대한 제후들의 지지를 끌어낸 뒤 순력(荀躒)과 함께 주나라 공격에 나서서 도성을 점령했다. 서왕은 초나라로 달아났고, 주나라의 도성으로 온 경왕은 서왕의 세력을 죽였다. 그 뒤 경왕은 서왕의 세력이 강한 도성 낙읍(洛邑)을 대신해서 동쪽에 새로 도성을 쌓았다.] 그의 박해로 왕도(王都)를 이어받지 못하자, 그 때문에 곽천(霍泉)을 허물어 그곳을 넓혔다'라고 했다." 살펴보건대, 무왕이 은나라를 멸망시키고 패·용·위 세 곳에 대해 삼감(三監)으로 하여금 다스리게 했다[尹之(윤지)=治之(치지)]. 무경이 난을 일으키자, 주공이 그를 멸하고 삼감의 백성을 성주로 옮긴 뒤, 그 나머지 백성을 자못 거둬 강숙을 봉해 위후(衛侯)로 삼았으니 곧 지금의 위주(衛州)가 이곳이다. 공안국(孔安國)이 말하기를 "삼감의 백성을 가지고 강숙에게 나라를 세워주고서 위후로 삼았다. 주공은 여러 반란을 징계하기 위해 뛰어난 동생으로 하여금 그곳을 책임지게 한 것

[主之]이다"라고 했다.

3) 【집해(集解)】 정현(鄭玄)이 말했다. "싹이 2개 합쳐서 하나의 이삭[穗]이 된 것이다."

4) 【집해(集解)】 서광(徐廣)이 말했다. "귀(歸)는 판본에 따라 궤(餽)로 되어 있기도 하다."

5) 【집해(集解)】 서광(徐廣)이 말했다. "『상서(尙書)』 서(序)에 이르기를 '천자의 명의 핵심 내용으로 삼다[旅]'라고 했다."

6) 【집해(集解)】 공안국(孔安國)이 말했다. "봉명(封命)의 글이다."

7) 【집해(集解)】 안국(孔安國)이 말했다. "강숙에게 정치하는 도리를 고해준 것인데, 마치 목수가 재목을 잘 다루는 것처럼 하라는 것이다."

8) 신하 입장으로 돌아갔다는 말이다. 남면(南面)은 임금의 입장이 된다는 말이다.

성왕이 풍(豐)에 머무르며 소공을 시켜 다시 낙읍을 조성하게 했으니, 무왕의 뜻을 잇기 위함이었다. 주공은 다시 점을 치고 거듭해서[申=重] 현지를 살펴본 다음에 마침내 건설을 마치고서[營築] 구정(九鼎)을 그곳에 두었다. (주공이) 말했다.

"이곳은 천하의 중심이라, 사방에서 공물을 바치러 들어오는 길의 거리[道里=里程]가 똑같다[均=同]."

그러고는 「소고(召誥)」와 「낙고(洛誥)」를 지었다. 성왕이 이미 은나라 유민을 그곳으로 이주시키자, 주공은 그것을 왕명으로 고하고서 「다사(多士)」와 「무일(無逸=無佚)」을 지었다. 소공이 보(保)가 되고 주공이 사(師)가 되어 동쪽으로 회이(淮夷)를 정벌해 엄(奄)을 멸한 후에[1] 그 군주를 박고(薄姑)[2]로 옮겼다. 성왕이 엄에서 돌아와 종주(宗周)에 있으면서[3] 「다방(多方)」[4]을 지었다. 이미 은나라 잔재 세력[殷命]들을 축출하고 회이를 습격하고 돌아와 풍에서 「주관(周官)」을 지었다[5]. 예와 악을 일으켜 바로잡고[興正禮樂] 제도를 이에 맞춰 고치니, 백성은 화목했고 찬송하는 노래들[頌聲][6]이 지

어져서 울려 퍼졌다. 성왕이 이미 동이(東夷)를 정벌하자 식신족(息愼族)[7] 이 와서 하례했으니, 왕이 영백(榮伯)에게 명을 내려[賜] 「회식신지명(賄息愼之命-식신에게 내려주는 명)」을 짓게 했다[8].

1) 【집해(集解)】 정현(鄭玄)이 말했다. "엄국(奄國)은 회이의 북쪽에 있다." 【정의(正義)】 『괄지지(括地志)』에서 말했다. "사주(泗州) 서성현(徐城縣) 북쪽으로 30리에 옛날 서국(徐國)이 있는데, 곧 회이이다. 연주(兗州) 곡부현(曲阜縣) 엄리(奄里)가 곧 엄국 땅이다."

2) 【집해(集解)】 마융(馬融)이 말했다. "제(齊) 땅이다." 【정의(正義)】 『괄지지(括地志)』에서 말했다. "박고 고성(薄姑故城)은 청주(青州) 박창현(博昌縣) 동북쪽으로 60리에 있다. 박고씨(薄姑氏)는 은나라 때 이곳에 제후로 봉해졌으며 주나라가 멸망시켰다."

3) 【정의(正義)】 엄을 정벌하고 호경으로 돌아온 것이다.

4) 【집해(集解)】 공안국(孔安國)이 말했다. "사방의 천하 제후들에게 고한 글이다."

5) 【집해(集解)】 공안국(孔安國)이 말했다. "주나라 왕실[周家]이 관직을 두고 직무를 나누며 사람을 쓰는[設官分職用人] 법이다." 『고문상서(古文尙書)』 서(序)에 이르기를 주관(周官)은 『서경(書經)』의 편 이름이라고 했다.

6) 【집해(集解)】 하휴(何休)가 말했다. "송성(頌聲)이란 태평을 노래한 음악들인데, 제왕의 위대함을 칭송한 것이다."

7) 숙신(肅愼)이라고도 하는데 고대 중국의 동북 지방에 살았던 퉁구스계 민족의 명칭이다. 숙신씨(肅愼氏)는 당우(唐虞) 시대에는 식신(息愼), 은주(殷周) 시대에는 숙신(肅愼) 또는 직신(稷愼)이라고도 했는데, 이들은 모두 하나이다. 한(漢)나라 이후로는 읍루(挹婁), 원위(元魏) 때는 물길(勿吉), 당(唐)나라 때는 말갈(靺鞨)이라 했다.

8) 【집해(集解)】 공안국(孔安國)이 말했다. "회(賄)는 '명이나 선물을 내려준다[賜]'는 뜻이다." 마융(馬融)이 말했다. "영백은 주나라(왕실)와 동성(同姓)으로 기내(畿內)의 제후이며 경대부(卿大夫-중앙 조정의 대부)였다."

성왕은 장차 붕(崩)하려 할 때 태자 교(釗-혹은 초)가 (제왕의) 임무를 감당하지 못할까[不任][1] 걱정해, 마침내 소공과 필공(畢公)에게 제후들을 거느리고 태자를 도와서 그를 (왕으로) 세울 것을 명했다. 성왕이 이미 붕하고 나자 두 공은 제후들을 거느리고 태자 교를 인도해 선왕의 사당에 참배하게 해서 문왕과 무왕이 왕업을 어렵게 이루었음을 거듭 고하면서, 절검(節儉)에 힘쓰고 탐욕을 부리지 말며 독실한 믿음으로 천하에 임(臨)하게 하고는 「고명(顧命)」을 지었다[2]. 태자 교가 드디어 세워지니, 이 사람이 강왕(康王)이다.

강왕은 자리에 나아가자[卽位=卽] (즉위 사실을) 제후들에게 두루 알리고, 또 문왕과 무왕의 대업[文武之業]을 갖고서 그들에게 거듭해서 선포하고 「강고(康誥)」를 지었다. 그래서 성왕과 강왕의 시대[際]에는 천하가 안녕해 형벌을 내버려둔 채[錯=措] 40여 년간 쓰지 않았다[3]. 강왕이 왕의 명을 내려 책명(策命)을 짓게 한 뒤 필공에게 백성을 나눠서 마을에 거주하게 함으로써 성주(成周)의 교외가 되게 하고[4] 「필명(畢命)」을 지었다.

1) 【정의(正義)】 釗의 발음은 (쇠가 아니라) 초(招)이며, 또는 고(古)와 요(堯)의 반절음이다.

2) 【집해(集解)】 정현(鄭玄)이 말했다. "임종하면서 명을 내는 것[出命]을 일러 고(顧)라고 한다. 고(顧)에는 '장차 세상을 떠나간다'라는 뜻이 담겨 있다."

3) 【집해(集解)】 응소(應劭)가 말했다. "착(錯-혹은 조(措))이란 '내버려두다', '두다[置]'라는 뜻이다. 백성이 법을 어기지 않으니, 형벌을 가할 일[置刑]이 없었다는 말이다."

4) 【집해(集解)】 공안국(孔安國)이 말했다. "백성이 사는 마을[居里]을 나누고 구별해서 그 선함과 악함에 따라 달리했다는 말이다. 동주의 교외 지역을 조성해 도성을 보호하게 한 것이다."

강왕이 졸(卒)하자[1] 아들 소왕(昭王) 하(瑕)가 세워졌다. 소왕 때는 임금다운 도리[王道]가 쇠퇴하고 이지러졌다[微缺]. 소왕은 남쪽으로 순수(巡狩)했다가 돌아오지 못하고[不返] 강 위에서 졸했다. 그가 졸한 사실은 (제후들에게) 부고(赴告)하지 않았으니, 숨긴 것이다[諱之=隱之][2]. 소왕의 아들 만(滿)이 세워졌으니, 이 사람이 목왕(穆王)이다.

목왕이 자리에 나아갔을 때 춘추가 이미 50세였다. 임금다운 도리가 쇠미해지자 목왕은 문왕과 무왕의 도리가 이지러진 것을 근심해, 마침내 백경(伯臩)[3]을 태복(太僕)[4]으로 삼고 국정을 잘 살피도록 거듭 경계하고는[申誡][5] 「경명(冏命)」을 지었다[6]. (이에) 다시 평안해졌다.

1) 왜 붕(崩)이라고 하지 않고 졸(卒)이라고 했는지는 알 수 없다. 아마도 사마천이 볼 때는 임금답지 못한 임금이었기 때문이라고 보인다.

2) 【정의(正義)】 『제왕세기(帝王世紀)』에서 말했다. "소왕이 임금다움이 쇠미해져서 남쪽으로 정벌을 나섰다. 한수(漢水)를 건널 때 뱃사람이 그를 미워해서 배를 바싹 붙여 왕(王)에게 나아가니, 왕(王)의 어선(御船)이 중류(中流)에 이르러 부딪쳐 박살 났다. 왕과 채공(祭公)이 모두 물속으로 빠져 붕(崩)했다. 오른쪽 배에 있던 신유미(辛游靡)가 팔이 길고 힘이 세었는데, 헤엄쳐 가서 죽은 왕(王)을 건져 올렸다. 주(周)나라 사람이 이를 휘(諱-은폐) 한 것이다."

3) 【집해(集解)】 공안국(孔安國)이 말했다. "백경(伯冏)은 신하 이름이다."

4) 【집해(集解)】 응소(應劭)가 말했다. "태복은 주나라 목왕이 둔 것이다. 대개 임금의 말을 관리하는 부서의 수장인데, 중대부(中大夫)이다."

5) 【집해(集解)】 서광(徐廣)이 말했다. "판본에 따라 (계(誡)가) 부(部)로 되어 있다."

6) 【정의(正義)】 『상서(尙書)』 서(序)에 이르기를 "목왕이 백경을 태복정(太僕正)으로 삼았다"라고 했으니, 응소(應劭)가 말했다. "태복은 주나라 목왕이 둔 것이다. 대개 임금의 말을 관리하는 부서의 수장인데, 중대부(中大夫)이다."

목왕(穆王)이 장차 견융(犬戎)[1]을 정벌하려 하자[2] 채나라 임금[祭公] 모보(謀父)[3]가 간언했다.

"안 됩니다. 선왕들께서는 다움을 밝히려고 하셨지, 군대를 드러내려고[觀] 하지 않으셨습니다. 무릇 병사들을 거두었다가 때가 되면 썼으니, 그랬기 때문에 쓰게 되면 (적들이) 두려워했습니다. 드러내기를 자주 하게 되면 (적들이) 깔보게 되고, 깔보면 저들을 두려움에 떨게 할 수 없습니다[無震][4]. 이 때문에 주나라 문공(文公)[5]의 송(頌)에 '방패와 창을 거두어들이고 활과 화살을 활집[櫜][6]에 넣고서 내가 아름다운 다움[懿德]을 구해 이 중국에 베푸니, 진실로 왕이 하늘의 명을 잘 보존했도다[載戢干戈 載櫜弓矢 我求懿德 肆于時夏 允王保之][7]라고 했던 것입니다.

1) 【집해(集解)】 서광(徐廣)이 말했다. "견(犬)은 판본에 따라 견(畎)으로 되어 있기도 하다."

2) 견융은 서융(西戎)의 별칭이다.

3) 【집해(集解)】 위소(韋昭)가 말했다. "제 혹은 채(祭)는 수도권[畿內]의 나라로서 주공(周公) 후손이니, 대대로 왕의 경사(卿士)가 되었다. 모보는 자(字)이다." 【정의(正義)】 『괄지지(括地志)』에서 말했다. "옛 채성(祭城)은 정주(鄭州) 관성현(管城縣) 동북쪽으로 15리에 있으니, 정나라 대부 채중(祭仲)의 읍이다. 『석례(釋例)』에 이르기를 '채성은 하남에 있으며 위에 오창(敖倉)이 있는데, 주공의 후손들이 봉해진 곳이다'라고 했다."

4) 【집해(集解)】 위소(韋昭)가 말했다. "진(震)은 '두려움에 떨게 한다[懼]'는 뜻이다."

5) 【집해(集解)】 위소(韋昭)가 말했다. "문공은 주공 단의 시호이다."

6) 【집해(集解)】 당고(唐固)가 말했다. "고(櫜-활집)는 도(韜-칼집, 활집)이다."

7) 【집해(集解)】 위소(韋昭)가 말했다. "무왕이 늘 아름다운 다움을 추구했기에, 그래서 그 공덕을 이렇게 크게 펼쳐 노래한 것이다. 진실로 무왕이 이 하나라

의 아름다움을 능히 보전한 것은 믿을 만하다는 뜻이다. 악장(樂章)이 큰 것을 하(夏-크다)라고 한다."『시경(詩經)』「주송(周頌) 시매(時邁)」편에 나오는 구절이다. 여기서 시(時)는 '이[是]'이며, 하(夏)는 제하(諸夏), 즉 넓은 의미의 중국을 가리킨다.]

선왕들께서 백성을 대하실 때는 그들의 (백성)다움을 힘써 바르게 해주셨고 그 본성을 두터이 해주셨으며 재산을 늘리도록 하여[阜=長] 그 기물들의 쓰임을 이롭게 해주셨습니다. 또 이롭고 해로운 방향[鄕=嚮][1]을 밝혀주고[2] 예와 법[文][3]으로 백성을 닦음으로써 그들로 하여금 이로운 곳으로 가고 해가 되는 것을 피할 수 있게 해주셨습니다. 그래서 백성은 백성다움을 마음속에 품고서 위엄을 두려워했기 때문에 능히 대대로 지켜서 더욱 성대하게 번성할 수 있었던 것입니다.

1) 【집해(集解)】 위소(韋昭)가 말했다. "향(鄕)이란 방향[方]이다."

2) 기물을 사용하는 바를 보여줌으로써 이롭거나 해로운 방향을 알게 한 것이다.

3) 여기서는 문(文)을 그냥 애씀으로 풀지 않고 보다 구체화해서 예와 법으로 풀었다.

옛날 우리 선왕들께서 대대로[世][1] 후직(后稷)이 되어 우(虞)나라[2]와 하(夏)나라를 직분을 다해 섬기셨습니다.

하나라가 쇠할 때에 이르러서는[3] 후직(后稷-농업 담당 직위)을 없애고 농사에 힘쓰지 않아서[4] 저의 선왕(先王)이신 부줄(不窋)[5]께서는 관직을 잃고 스스로 오랑캐 융(戎)과 적(翟)이 있는 곳으로 숨어 들어가셨으나[6], 감히 농사의 직분을 게을리하지 않고 늘 그 다움을 베풀었으며 선대의 일을 계승하고[遵][7] 선대의 가르침과 법도를 닦아서 아침저녁으로 독실하게 몸을 부지런히 하셨습니다. 또 도타움으로 도리를 지키고 진실함과 믿음[忠信]으로 일을 받들며 대대로 다움을 쌓아서[載德] 선조를 욕되지 않게 하셨습니다[不忝前人][8].

1) 【집해(集解)】 위소(韋昭)가 말했다. "기(棄)와 부줄(不窋)을 가리킨다." 당고(唐固)가 말했다. "아버지와 아들이 서로 이어주는 것을 세(世)라고 한다."

2) 순(舜)임금이 다스린 나라다.

3) 【정의(正義)】 태강(太康) 때를 말한다.

4) 【정의(正義)】 태강(太康)이 직관(稷官)을 폐지한 것을 말한다.

5) 기(棄)의 아들이다.

6) 요임금이 기(棄)를 태(邰)나라에 봉했는데, 부줄(不窋)에 이르러 그 관직을 잃고 중국을 떠나 빈(邠=豳)나라로 옮겨 갔다. 빈나라는 서쪽으로 융과 접해 있고 북쪽으로는 적과 가까웠다.

7) 【집해(集解)】 서광(徐廣)이 말했다. "준(遵)은 판본에 따라 선(選)으로 되어 있기도 하다."

8) 【정의(正義)】 전인(前人)이란 후직을 가리킨다. 부줄 또한 대대로 다움을 쌓아서 후직을 욕되게 하지 않았다는 말이다. 문왕과 무왕에 이르러서도 농사일에 힘쓰지 않음이 없었다.

문왕(文王)과 무왕(武王)에 이르러서는 과거의 빛난 밝음[光明(광명)]을 훤히 밝히시고 나아가 자애로움과 온화함[慈和(자화)]을 더하시어 신명을 섬기고 백성을 보호하니, 백성이 기뻐하며 좋아하지 않는 자가 없었습니다. 상(商)나라 임금 제신(帝辛)[1]이 백성에게 큰 악행을 저지르자, 백성은 더는 참지 못해서 기꺼운 마음으로 무왕을 추대해 저 상나라 목(牧)[2] 땅에서 전쟁을 했습니다[致戎(치융)]. 이 때문에 선왕께서는 무력에 힘을 써서 그런 것이 아니라, 백성의 고통을 불쌍히 여겨 그들의 환란을 제거해주신 것입니다.

1) 신(辛)은 주왕(紂王)의 이름이다.

2) 【정의(正義)】 주(紂)가 다스리던 나라의 수도와 가까운 교외 땅으로, 이름은 목야(牧野)이다.

무릇 선왕의 제도[1]에 따르면, 나라 안[邦內]은 전복(甸服)이고 나라 밖은 후복(侯服)이며 후복과 위(衛) 사이는 빈복(賓服)이고[2] 만이(蠻夷)가 사는 곳은 요복(要服)이며 서융과 북적[戎翟]이 사는 곳은 황복(荒服)이라고 했습니다. 전복에서는 제(祭)를 보내고[3], 후복에서는 사(祀)를 바치며[4], 빈복에서는 향(享)을 올리고[5], 요복에서 공(貢)을 바치며[6], 황복에서는 왕(王)께 조회합니다[王=終王][7]. 일제(日祭)[8]와 월사(月祀)[9]와 시향(時享)[10]과 세공(歲貢)[11]과 종왕(終王)[12]이 선왕의 순차적인 제사[先王之順祀][13]입니다.

1) 이는 『서경(書經)』에 나오는 내용으로, 중앙에서 국경까지의 국토를 거리로 나눠 획정한 구역과 각종 부세 등에 관해 제정한 규정을 말한다.

2) 【집해(集解)】 위소(韋昭)가 말했다. "후와 위를 총괄해서 말했다. 후(侯)는 후기(侯圻-후의 경기)이고, 위(衛)는 위기(衛圻)이다."

3) 【집해(集解)】 위소(韋昭)가 말했다. "날마다 이바지하는 것[供日]을 제(祭)라고 한다."

4) 【집해(集解)】 위소(韋昭)가 말했다. "달마다 이바지하는 것[供月]을 사(祀)라고 한다."

5) 【집해(集解)】 위소(韋昭)가 말했다. "사계절마다 이바지하는 것[供時]을 향(享)이라고 한다."

6) 【집해(集解)】 위소(韋昭)가 말했다. "해마다 이바지하는 것[供歲]을 공(貢)이라고 한다."

7) 【집해(集解)】 위소(韋昭)가 말했다. "왕(王)이란, 가서 천자를 왕으로 섬긴다는 말이다. 『시경(詩經)』(「상송(商頌) 은무(殷武)」편)에 이르기를 '감히 와서 뵙지 않는 이가 없어[莫敢不來王]'라고 했다."

8) 날마다 아버지와 조부에게 제사를 올리는 것이다.

9) 달마다 증조부와 고조부에게 제사를 올리는 것이다.

10) 계절마다 시조에게 제사를 지내는 것이다.

11) 1년에 한 번씩 그 지역의 특산물을 바치는 것이다.

12) 한 임금의 시대가 끝나고 새로운 임금이 계승하면 자국에서 나는 귀한 보물을 예물로 가지고 와서 조현하는 것이다.

13) 【집해(集解)】 서광(徐廣)이 말했다. "『외전(外傳-국어)』에서는 '선왕의 가르침[先王之訓]'이라고 했다."

(그래서 전복에서) 제를 보내지 않으면 천자는 자신의 뜻을 닦고[修意][1], 후복이 사를 바치지 않으면 명령을 내려 바로잡으며[修言][2], 빈복이 향을 올리지 않으면 법령을 정비하고[修文][3], 요복이 공을 바치지 않으면 명분을 바로잡으며[修名][4], 황복이 왕의 의무를 하지 않으면 다움을 닦았습니다[修德][5]. 이런 차례가 정해진[序成] 후에는 이르지 않는 자가 있을 경우 형벌로 다스렸습니다[修刑][6]. 이리하여 제를 보내지 않는 자는 형벌을 시행하고[刑], 사를 바치지 않는 자는 토벌하며[伐], 향을 올리지 않는 자는 정벌하고[征], 공을 바치지 않는 자는 견책하며[讓=責], 왕의 의무를 하지 않는 자는 문사(文辭)로 타일렀습니다[告]. 이에 형벌하는 법[刑罰之闢]이 있게 되고, 공격하는 무력[攻伐之兵]이 있게 되고, 징토하는 군대[徵討之備]가 있게 되고, 위엄으로 꾸짖는 명령[威讓之令]이 있게 되고, 문사로 타이르는 (외교용) 글[文告之辭]이 있게 되었습니다. 만약에 법령을 선포하고 말로 타이르는데도 오지 않으면 다시 자신의 다움을 더욱 닦아서, 백성이 먼 곳까지 가서 정벌하는 수고로움이 없도록 했습니다. 이 때문에 가까이 있는 자들은 왕명을 따르지 않는 이가 없었고, 먼 지방에 사는 사람들도 신하로서 복종하지 않는 자가 없었습니다.

1) 【집해(集解)】 위소(韋昭)가 말했다. "먼저 자신의 뜻과 생각[志意]를 닦아서 스스로를 꾸짖었다는 말이다. 기내는 가까워서 왕의 뜻을 알 수 있었기 때문이다."

2) 【집해(集解)】 위소(韋昭)가 말했다. "언(言)은 호령이다."

3) 【집해(集解)】 위소(韋昭)가 말했다. "문(文)이란 일정한 법[典法]이다."

4) 【집해(集解)】 위소(韋昭)가 말했다. "명(名)이란 높고 낮은 직공(職貢)의 명칭을 말한다."

5) 【집해(集解)】 위소(韋昭)가 말했다. "먼 곳의 사람들이 복종하지 않으면 문덕(文德)을 닦아서 오게 했다."

6) 【집해(集解)】 위소(韋昭)가 말했다. "서성(序成)이란 위의 다섯 가지 차례가 이미 완성되었으므로 찾아오지 않을 경우에는 형벌을 가했다는 말이다."

이제 저 대필(大畢)과 백사(伯士)[1]가 죽으면서부터 (그 뒤를 이은) 견융의 임금이 자신이 행해야 할 직분을 가지고 와서 종왕(終王-왕으로 받듦) 했습니다[2]. 그런데 천자께서는 말씀하시기를[3] '나는 반드시 시향[4]하지 않은 죄를 물어 정벌하겠다' 하면서 또 무력시위를 하려고[觀兵] 하시니, 혹시라도[幾] 선왕의 가르침과 법도를 폐기해서 종왕의 일이 허물어지지[頓=敗] 않겠습니까? 제가 듣건대 견융이 두터운 마음을 세워[樹敦=立敦][5] 옛 선왕의 다움을 능히 따라서 끝까지 온전하게 종왕의 직분을 지킨다고 하니, (만약에 우리가 무력시위를 하고 견융을 정벌할 경우 오히려) 그들이 우리에게 맞설[禦=應=距] 명분이 있게 될 것입니다."

목왕은 (듣지 않고) 드디어 정벌을 시행해 그 지방의 흰 이리 4마리와 흰 사슴 4마리를 잡아서 돌아왔다. 이때부터 황복에 사는 사람들은 주나라에 종왕 하지 않았다[不至].

1) 【집해(集解)】 서광(徐廣)이 말했다. "두 사람은 견융씨의 임금이다."

2) 【정의(正義)】 가규(賈逵)가 말했다. "대필과 백사는 견융씨의 두 임금이다. 흰 이리와 흰 사슴이 견융의 직공(職貢-공물)이었다." 살펴보건대 대필과 백사가 죽은 다음에는 견융씨가 늘 그 직공을 갖고서 왔다는 말이다.

3) 【정의(正義)】 채공이 목왕의 뜻을 거듭해서 밝혔기 때문에 "천자께서는 말씀하시기를"이라고 한 것이다.

4) 이는 빈복이 지켜야 할 예이다.

5) 【집해(集解)】 서광(徐廣)이 말했다. "수(樹)는 판본에 따라 속(樕)으로 되어 있다." 배인(裴駰)이 살펴보건대, 위소(韋昭)가 말하기를 "수(樹)는 '세우다[立(입)]'라는 뜻이다. 이는 견융들의 성품을 보다 돈독하게 한다는 뜻이다"라고 했다.

제후들 가운데 화목하지 못한[不睦(불목)=不和(불화)] 자들이 있었으니, 보후(甫侯)가 왕에게 말해 형법[刑辟(형벽)]을 지어 처리해야 한다[作修(작수)]고 했다[1]. 왕이 말했다.

"자, 오라! 나라가 있고 땅이 있는 사람들이여, 너희들에게 훌륭한 형법[祥刑(상형)]을 고하노라[2].

지금 너희들이 백성을 편안하게 하고자 한다면 어찌 사람을 고를 때 적임자[其人(기인)]가 아닌 사람을 고를 수 있겠는가?[3] 삼가 받들려면 형법이 아니고서 무엇을 삼가 받들겠는가? 바르게 처리하려면 공평한 판결이 아니고서 무엇을 바르게 처리하겠는가?[4]

1) 【집해(集解)】 정현(鄭玄)이 말했다. "『서설(書說-『서경』에 대한 풀이)』에 이르기를, 주나라 목왕이 보후를 재상으로 삼았다고 했다."

2) 【집해(集解)】 공안국(孔安國)이 말했다. "너희들에게 형벌을 잘 사용하는 방법을 고해주겠노라는 뜻이다."

3) 【집해(集解)】 왕숙(王肅)이 말했다. "백성을 편안케 하는 도리를 갖고서 일깨워준 것이다. 마땅히 누군가를 선택하려 하는가? 마땅히 뛰어난 이를 선택해야 하지 않겠는가?"

4) 【집해(集解)】 공안국(孔安國)이 말했다. "마땅히 뭔가를 삼가 받들고자 한다면 오직 오형(五刑)뿐이지 않겠는가? 마땅히 뭔가를 처결하고자 한다면 오직

세상의 경중이 맞아떨어지는 것이어야 하지 않겠는가?"

(소송의 당사자인) 양쪽이 나아와[造][1] 모두 갖춰지면[具備] 재판관[師]은 다섯 가지 방법[五辭][2]을 갖고서 이야기를 들어야 할 것이다. 다섯 가지 방법으로 보아서 진실로 믿을 만하면[簡信] 오형(五刑)에 따라 바로잡으라[3]. 오형으로 판단하기에 부족하면[不簡] 오벌(五罰)에 따라 바로잡으라[4]. 오벌로 판결한 것에 불복하면[不服] 오과(五過)에 따라 바로잡으라[5]. 오과의 결함[疵]은 (권세를 이용하는) 관옥(官獄)과 (연줄을 통하려는) 내옥(內獄)인데, 죄인의 실상을 정확하게 조사하고 밝히되[6] 재판관이 이런 잘못을 범할 경우 조사를 통해 죄인과 같이 처벌하라[7].

1) 【집해(集解)】 서광(徐廣)이 말했다. "조(造)는 판본에 따라 조(遭-만나다)로 되어 있는 곳도 있다."

2) 【집해(集解)】 공안국(孔安國)이 말했다. "양측이란 죄수와 증인이고, 조(造)란 '이르다[至]'라는 뜻이다. 양측이 이르러 다 갖춰지면 여러 옥관은 그들이 다섯 가지 형벌의 원칙에 해당하는지를 들어야 한다는 말이다." 【정의(正義)】 『한서(漢書)』 「형법지(刑法志)」에서 말했다. "5청(聽-곡직(曲直)을 판별하는 기준)이란, 첫 번째는 사청(辭聽-말), 두 번째는 색청(色聽-안색), 세 번째는 기청(氣聽-기운), 네 번째는 이청(耳聽-귀), 다섯 번째는 목청(目聽-눈)이다." 『주례(周禮)』에서 말했다. "말이 곧지 못하면 그 하는 말이 번잡스럽고, 눈이 곧지 못하면 눈이 어지럽고, 귀가 곧지 못하면 대답이 헷갈리고, 안색이 곧지 못하면 부끄러워하는 모습이 나타나고[赧], 기운이 곧지 못하면 자주 숨을 헐떡인다[喘]."

3) 【집해(集解)】 공안국(孔安國)이 말했다. "다섯 가지 방법으로 대체적인 실상을 파악해서, 실로 죄에 증거가 있다면 오형으로 바로잡으면 된다는 말이다."

4) 【집해(集解)】 공안국(孔安國)이 말했다. "제대로 실상을 가리지 못한 것이다. 오형

에 해당하지 않을 경우 마땅히 오죄로 바로잡아야 하는데, 돈을 내어 속죄하는 것이다."

5) 【집해(集解)】 공안국(孔安國)이 말했다. "불복(不服)이란 처벌하기에 부적절하다는 말이다. 오과에 따라서 바로잡으라는 말은, 따라서 사면하라는 말이다."

6) 【집해(集解)】 공안국(孔安國)이 말했다. "처벌과 죄명이 서로 합치되게 하라는 말이다. 【색은(索隱)】 살펴보건대 (『서경(書經)』 「주서(周書)」) 여형(呂刑)편에 이르기를 "관권과 보답과 궁녀 청탁과 뇌물과 간청[惟官(유관)惟反(유반)惟內(유내)惟貨(유화)惟來(유래)]"이라고 했으니, 지금 이것과 비슷하면서도 빠진 것들이 조금 있고 혹은 경우에 따라 문장을 생략하기도 했다.

7) 【집해(集解)】 마융(馬融)이 말했다. "(재판관이) 이 오과로써 사람의 죄를 넣고 빼줄 때는 (잘못을 범할 경우) 범법자와 똑같이 다루라는 말이다."

오형을 적용하기에 의심스러운 바가 있으면 사면하고 적용하기에 의심스러운 바가 있으면 사면하는 것이니[1], 진실로 믿을 만해야[簡信(간신)] 백성의 신임을 얻을 수 있고 심문할 때는 근거가 있어야 한다[惟訊(유신)有稽(유계)][2]. 조사가 확실하지 못한 사안은 의심스러운 대로 처리하지 말아야 할 것이며[無簡(무간)不疑(불의)=無簡(무간)不聽(불청)], 모두 함께 하늘의 위엄을 삼가 공경해야 할 것이다[3].

1) 【집해(集解)】 공안국(孔安國)이 말했다. "형벌이 의심스럽거든 사면해서 벌금형을 따르고, 벌금형이 의심스럽거든 사면해 풀어주되 마땅히 정확하게 살펴서 그 이치를 얻어야 할 것이라는 말이다."

2) 【집해(集解)】 공안국(孔安國)이 말했다. "진실을 파헤쳐 정말로 믿을 만해야 많은 사람의 마음과 합치될 것이니, 그 용모를 살피고 증거들과 합치되는지를 깊이 들여다보는 것이 무엇보다 중요하다는 말이다. 【색은(索隱)】 訊은 『상서(尙書)』에 따를 경우 발음이 (신이 아니라) 모(貌)이다.

3) 【집해(集解)】 공안국(孔安國)이 말했다. "진실로 실상이 없고 믿을 만하지 않다고

해서 그 옥사를 그대로 듣고 다스려서는 안 되고, 마땅히 하늘의 위엄을 엄숙히 공경해서 가볍게 형벌을 쓰는 일이 없어야 한다는 말이다."

경형(黥刑-묵형)의 죄에 해당하지만, 의문스러운 경우에는 100쇄(率)[1]의 벌금에 매기되 그 죄의 실상을 제대로 살피라. 의형(劓刑-코를 베는 형)의 죄에 해당하지만, 의문스러운 경우에는 200쇄의 벌금[倍灑(배려)][2]에 매기되 그 죄의 실상을 제대로 살피라. 빈형(臏刑-정강이를 베는 형)[3]의 죄에 해당하지만, 의문스러운 경우에는 300쇄의 벌금[倍差(배차)]에 매기되[4] 그 죄의 실상을 제대로 살피라. 궁형(宮刑)의 죄에 해당하지만, 의문스러운 경우에는 500쇄[5]의 벌금에 매기되 그 죄의 실상을 제대로 살피라. 또 대벽(大辟)의 죄에 해당하지만, 의문스러운 경우에는 1,000쇄의 벌금에 매기되 그 죄의 실상을 제대로 살피라.

1) 【집해(集解)】 서광(徐廣)이 말했다. "率은 곧 환(鍰-6냥)인데, 발음은 쇄(刷)이다." 공안국(孔安國)이 말했다. "6냥을 환(鍰)이라고 한다. 환(鍰)이란 황철(黃鐵)이다." 【색은(索隱)】 환은 황철이다. 열(鋝) 또한 6냥이다. 그래서 마융(馬融)은 말하기를 "열(鋝)은 무게 단위 명칭인데, 여형(呂刑)편에 나오는 환(鍰)과 같다"라고 했다. 옛 판본에는 쇄(率)가 선(選)으로 되어 있기도 하다.

2) 【집해(集解)】 서광(徐廣)이 말했다. "판본에 따라 새(蓰-다섯 곱)라고 되어 있는데, 5배를 새(蓰)라고 한다." 공안국(孔安國)이 말했다. "100을 2배로 한 것이니, 200환(鍰)이다." 【색은(索隱)】 灑의 발음은 (쇄가 아니라) 려(戾)다.

3) 발목을 베는 비형(剕刑)과 같다.

4) 【집해(集解)】 마융(馬融)이 말했다. "200을 2배로 하면 400환이다. 차(差)란 400의 3분의 1을 다시 더한 것이니, 모두 533과 3분의 1환이다." 【정의(正義)】 2배를 하고 차이가 있는 것이니, 200에서 3분의 1을 빼서 거기에 200을 합치면 333환 2냥이 된다. 궁형은 벌금이 500이니, 빈형은 이미 그보다 가벼운

데 그 수가 어찌 더 늘어날 수 있는가? 따라서 공안국과 마융의 설들은 다 틀렸다.

5) 【집해(集解)】 서광(徐廣)이 말했다. "판본에 따라 600으로 되어 있기도 하다."

경형, 즉 묵형(墨刑)에 해당하는 처벌 조항이 1,000가지이고 의형이 1,000가지, 빈형이 500가지, 궁형이 300가지, 대벽형이 200가지이니, 오형(五刑)에 속하는 처벌 조항은 모두 3,000가지다."[1]

명해 보형(甫刑)이라고 했다.

1) 이상의 내용은 『서경(書經)』 「주서(周書)」 여형(呂刑)편에 실려 있다.

목왕이 세워진 지 55년 만에 붕(崩)하자 아들 공왕(共王) 예호(繄扈)[1]가 세워졌다. 공왕이 경수(涇水) 근처에서 노닐 때 밀 강공(密康公)이 따랐는데[從=隨從][2], 밀 강공에게 세 여자가 도망쳐 왔다[奔之]. 강공의 어머니가 말했다[3].

"반드시 저 아이들을 왕께 바치시오. 무릇 짐승이 3마리면 군(群-떼)이 되고, 사람이 셋이면 중(衆-무리)이 되며, 여자가 셋이면 찬(粲)이 된다고 했소. 왕이 사냥할 때라도 짐승을 떼로 잡아서는 안 되고[4], 제후[公]가 행차할 때도 사람들에게 무리를 지어 수레에서 내려 경의를 표하게 할 수는 없으며[5], 왕이 비빈(妃嬪)을 맞이할 때도[御] 한집안[一族]에서 세 여자를 동시에 취할 수는 없는 일이오[不參][6]. 무릇 찬(粲)이란 모두 미인이라는 뜻이니, 사람들이 이 미인들을 자네에게 바쳤지만, 자네가 무슨 덕으로 그들을 감당하겠소? 왕도 감당하지 못하거늘 하물며 자네 같은 소인배[小醜]야 어떻겠소? 소인배가 보물을 지니면 결국 반드시 망하는 것이오!"

강공은 바치지 않았고 1년 후에 공왕은 밀국을 없앴다. 공왕이 붕하자 아들 의왕(懿王) 간(囏=艱)[7]이 세워졌다. 의왕 때 왕실이 드디어 쇠약해지

니, 시인이 풍자하는 시를 지었다[作刺(작자)][8].

1) 【색은(索隱)】『계본(系本)』에는 이호(伊扈)라고 되어 있다.
2) 【집해(集解)】 위소(韋昭)가 말했다. "강공은 밀국(密國)의 임금인데, 희성(姬姓)이다." 【정의(正義)】『괄지지(括地志)』에서 말했다. "음밀 고성(陰密故城)은 경주(涇州) 순고현(鶉觚縣) 서쪽에 있는데, 동쪽으로 현의 성과 접해 있으니, 이곳이 옛날의 밀국이다."
3) 【집해(集解)】『열녀전(列女傳)』에서 말했다. "강공의 어머니는 성(姓)이 외씨(隗氏)이다."
4) 【정의(正義)】 조대고(曹大家)가 말했다. "군(群)·중(衆)·찬(粲)은 모두 많다는 뜻이다. 사냥할 때 3마리를 잡으면 왕은 그것들을 다 거두지는 않는다. 그 해악이 심하기 때문이다."
5) 【정의(正義)】 조대고(曹大家)가 말했다. "공(公)은 제후이다. 공이 행차해서 많은 사람과 함께 정사를 토의할 때를 말한다."
6) 【집해(集解)】 위소(韋昭)가 말했다. "어(御)란 부인의 관직이고, 삼(參)이란 삼(三)이며, 일족(一族)이란 한 부자(父子)를 말한다. 그래서 조카딸[姪娣(질제)]을 통해 3명을 갖추기는 해도 일족에서 3명을 취하지는 않는다."
7) 【색은(索隱)】『계본(系本)』에 이르기를 견(堅)이라고 했다.
8) 【색은(索隱)】 송충(宋忠)이 말했다. "의왕은 호(鎬)에서 견구(犬丘)로 천도했기에[徙都(사도)] 폐구(廢丘)라고도 불렀는데, 지금의 괴리(槐里)가 이곳이다. 이때 왕실이 쇠퇴하자 비로소 시를 지은 것이다."

의왕이 붕하자 공왕(共王)의 동생 벽방(辟方)이 세워졌으니, 이 사람이 효왕(孝王)이다.

효왕이 붕하자 제후들이 다시 의왕의 태자 섭(燮)을 세웠으니, 이 사람이 이왕(夷王)이다[1].

1) 【정의(正義)】 『기년(紀年-죽서기년 혹은 급총기년)』에서 말했다. "3년에 제후들이 이르러 제(齊)나라 애공(哀公)을 쇠솥에 삶았다." 『제왕세기(帝王世紀)』에서 말했다. "16년에 붕했다."

이왕이 붕하자 아들 여왕(厲王) 호(胡)가 세워졌다. 여왕은 30년간 재위하면서 이익을 탐하고[好利] 영이공(榮夷公)을 가까이했다. 대부 예량정(芮良正)[1]이 여왕에게 간언해 말했다.

"왕실은 아마도[其] 장차 낮아질 것입니다[卑]. 저 영공(榮公)은 이익을 독점하는 것을 좋아하면서도 큰 어려움[大難=大事]은 알지 못합니다. 무릇 이익이란 온갖 사물에서 생기는 것이며 하늘과 땅이 싣고 있는 것이니, 그것을 자기 맘대로 독점하게 되면 해악이 많아집니다. 하늘과 땅의 만물은 모든 사람이 장차 같이 써야 하는데, 어찌 한 사람이 독점할 수 있겠습니까? (그렇게 할 경우) 많은 백성이 크게 분노할 것이며, (그렇게 되면) 큰 어려움에 대비할 수 없습니다. 그가 이러한 것으로 왕을 가르치니[教], 왕께서 어찌[其=豈] 오래도록 아무 일 없이 잘 지내실 수 있겠습니까?

무릇 다른 사람에게 왕 노릇 하는 자는 이익을 장려하고 끌어내어 위아래 모든 사람에게 (골고루) 펴주어야 합니다. 신(神)과 사람, 만물이 각기 적중함[極][2]을 얻지 않음이 없게 하시고, 걱정과 원망이 찾아오지 않을까 날마다 근심하고 두려워하셔야 합니다[怵惕]. 그래서 송(頌)에 이르기를 '문덕(文德) 있으신 후직이시여, 저 하늘과 짝이 되실 만하네. 우리 백성을 세워주시니, 백성 모두 그분을 모범으로 삼도다[極][3]'라고 했으며, (『시경(詩經)』) 「대아(大雅) 문왕(文王)」편에서는 '두루 복을 내리니 주(周) 천하가 되었도다'[4]라고 했습니다. 이는 이익을 두루 나눠주고 어려움을 두려워 한 때문이 아니겠습니까? 그랬기에 주나라가 능히 지금까지 이어올 수 있었던 것입니다.

(그런데) 지금 왕께서 재물을 독점하는 것을 배우시는 것이 옳은 일이겠

습니까? 필부가 이익을 독점해도 오히려 그를 일러 도적[盜]이라고 하거늘, 왕이면서 그렇게 하신다면 왕께 마음을 돌리는 사람이 드물어질 것입니다. 영공을 쓰신다면 주나라는 반드시 패망할 것입니다."

여왕이 들어주지 않고, 끝내 영이공을 경사(卿士-천자 조정의 재상)로 삼아 국사를 주관하게 했다[用事].

1) 【정의(正義)】 예백(芮伯)이다.

2) 【집해(集解)】 위소(韋昭)가 말했다. "극(極)은 '적중함', '알맞음[中]'이다."

3) 『시경(詩經)』「주송(周頌) 사문(思文)」편에 나오는 구절이다.

4) 【집해(集解)】 당고(唐固)가 말했다. "문왕이 이익을 널리 펴서 주나라의 도리가 계속 이어진 것을 말한다."

왕이 폭정과 학정을 일삼고 사치하며 교만하니[侈傲] 나라 사람들[國人]이 왕을 헐뜯었다[謗=毁]. 소공(召公)[1]이 간언해 말했다.

"백성이 (그런 포학한) 명을 견디지 못합니다."

왕이 노해 위무(衛巫)[2]를 불러서 헐뜯는 자들을 감시하게[監] 하고[3], 그가 보고하면 즉시 그들을 죽였다. 이에 헐뜯는 사람들이 드물어졌고 제후들은 조회하러 오지 않았다. 34년에 이르러 왕이 더욱 엄하게 단속하자, 나라 사람들은 감히 말하는 이가 없었고 길에서 만나도 눈짓으로만 이야기했다[道路以目][4].

그러자 여왕이 기뻐하며 소공에게 고해 말했다.

"내가 헐뜯는 것을 없애버렸으니, 마침내 아무도 감히 말하지 않는다."

1) 【집해(集解)】 위소(韋昭)가 말했다. "소강공(召康公)의 후손인 목공(穆公) 호(虎)인데, 천자의 경사(卿士)였다."

2) 【집해(集解)】 위소(韋昭)가 말했다. "위나라의 무당이다."

3) 【정의(正義)】 감(監)이란 '살피는 것[察]'이다. 무당은 신령스러웠기에 헐뜯는 이들이 있으면 반드시 살펴서 찾아냈다.

4) 【집해(集解)】 위소(韋昭)가 말했다. "눈으로만 서로 쳐다볼 뿐이었다는 말이다."

소공이 말했다.

"이는 말을 막은 것입니다. 백성의 입을 막는 것은 물을 막는 것보다 심합니다. 물이 막혔다가 터지면 피해자가 반드시 대단히 많은 것처럼, 백성 또한 마찬가지입니다. 이 때문에 물을 다스리는 자는 수로를 터서 물이 흐르게 하고, 백성을 다스리는 자는 그들을 펴줘[宣=布] 말하게 합니다. 그래서 천자가 정사를 들을 때는 공경(公卿)에서 일반 선비까지 시(詩)를 바치게 하고[1], 악관[瞽]에게는 곡(曲)[2]을 지어 바치게 하고, 사관에게는 글[書]을 바치게 하고[3], 악사[師]에게는 침언(鍼言-箴言)을 바치게 하고[4], 수(瞍)는 시편[賦]을 낭송하게 하고[5], 몽(矇)은 시를 읊게 하고[6], 백공(百工)은 간언하게 하고 일반 백성은 간접적으로 말을 전하게 하고[7] 근신들은 간언을 살피는 책임을 다하게 하고[8], 친척들은 왕의 과실을 보완해 살피게 하고[補察][9], 악관[瞽]과 사관[史]은 가르치고 일깨우게 하며[教誨][10], 늙은 신하[耆艾]에게는 그것을 정리하게 합니다[脩之=修之][11]. 그런 후에 왕이 이들을 헤아려보는[斟酌=參酌] 것이기 때문에 일이 잘 행해져서 이치에 어긋나지 않는 것입니다[不悖=不乖].

1) 【정의(正義)】 시를 지어 올려서 풍자하는 것이다.

2) 【집해(集解)】 위소(韋昭)가 말했다. "곡은 악곡이다."

3) 【정의(正義)】 사(史)란 태사(太史-사관)이다. 글을 올려 간언하는 것이다.

4) 【정의(正義)】 箴의 발음은 (잠이 아니라) 침(針)이고, 사(師)란 음악 책임자[太師]이다. 침을 찌르듯 경계하는 글을 올리는 것이다.

5) 【집해(集解)】 위소(韋昭)가 말했다. "눈동자[眸子]가 없는 사람을 수(瞍)라고 한

다. 부(賦)란 공경과 여러 선비가 바치는 시를 말한다."

6) 【집해(集解)】 위소(韋昭)가 말했다. "눈동자는 있지만 앞을 못 보는 사람을 몽(矇-청맹과니)이라고 한다. 『주례(周禮)』에 따르면, 몽은 현악기를 주관하며 잠언으로 간언하는 말을 읊조린다."

7) 【집해(集解)】 위소(韋昭)가 말했다. "일반 서인들은 비천해서 시사의 득실을 보더라도 위에 전달할 수가 없으므로 누군가에게 전해 왕에게 말했다." 【정의(正義)】 일반 서인들은 미천해서 시사의 득실을 보더라도 위에다 말할 수 없었기 때문에 마침내 길거리에서 서로 말을 전했다는 뜻이다.

8) 【집해(集解)】 위소(韋昭)가 말했다. "여기서 근신들이란, 임금과 함께 말에 오르는 자나 마부[驂僕] 등을 말한다."

9) 【정의(正義)】 친척들은 왕의 과실을 보완해주고 또 옳고 그름을 살핀다는 말이다.

10) 【집해(集解)】 위소(韋昭)가 말했다. "고(瞽)는 음악을 주관하는 태사(太史)이니, 사(史)는 태사(太史)이다."

11) 【집해(集解)】 위소(韋昭)가 말했다. "기애(耆艾)란 사부(師傅)이다. 악관과 사관의 말을 잘 정리해서 왕에게 보고하는 자다."

백성에게 입이 있는 것은 마치 땅에 산천이 있어서 재물들이 여기에서 나오는 것과 같고, 또한 들판에 평야·습지·옥토[衍沃][1)]가 있어서 입을 것과 먹을 것이 여기에서 나오는 것과 같습니다. 백성이 마음껏 말하도록 하면 정치를 잘하고 못함[善敗]이 여기에서 나오게 됩니다. 좋은 일을 밀고 나가고 잘못된 일을 방비하는 것[行善而備敗]은 대지에서 재물과 의식(衣食)을 생산하는 것과 같습니다. 무릇 백성이 마음속으로 생각해 입으로 말하는 것은, 속으로 많이 생각한 후에 그렇게 말하는 것입니다. 그런데 그들의 입을 막는다면 얼마나 갈 수 있겠습니까?"

왕이 들어주지 않았다. 이에 나라에는 감히 (정치에 대해) 말을 내는

[出言] 자가 없었고, 3년이 지나자 마침내 서로 연합해서 반란을 일으켜 여왕을 습격했다[襲]. 여왕은 도성을 나와 체(彘-돼지) 땅까지 달아났다[2].

1) 【집해(集解)】 당고(唐固)가 말했다. "아래로 평평한 곳을 연(衍-늪지, 습지)이라 하고, 이미 물이 충분한 곳[有溉]을 옥(沃-기름진 땅)이라고 한다."

2) 【집해(集解)】 위소(韋昭)가 말했다. "체(彘)는 진(晉)나라 땅인데, 한나라 때 현(縣)이 되었고 하동(河東)에 속하니 지금의 영안(永安)이다." 【정의(正義)】 『괄지지(括地志)』에서 말했다. "진주(晉州) 곽읍현(霍邑縣)은 본래 한나라 때의 체현(彘縣)인데, 뒤에 체를 고쳐 영안이라고 했다. 교(鄗) 땅을 쫓아서 진(晉)으로 달아난[犇=奔] 것이다."

여왕의 태자 정(靜)이 소공의 집에 숨었는데, 나라 사람들이 그 소식을 듣고 마침내 그 집을 에워쌌다. 소공이 말했다.

"예전에 내가 여러 차례[驟=數] 왕에게 간언했지만, 왕이 따르지 않다가[不從=不聽] 이 같은 어려움에 이르렀소. 지금 왕의 태자를 죽인다면 왕은 나를 원수로 생각해 분노하고 원망할 것이오[懟怒]. 무릇 군주를 섬기는[事君] 사람은 위험에 처해도 군주를 원수로 여기거나 원망하지 않으며 군주가 자신을 원망해도 화내지 않는 법인데, 하물며 천자를 섬김에랴[事王]?"

그러고는 마침내 자신의 아들로 하여금 왕의 태자를 대신하게 하니, 태자가 결국[竟] 달아날 수 있었다.

소공(召公)과 주공(周公)[1] 두 상(相-재상)이 정사를 행한 것[行政]을 공화(共和)라고 부른다[2]. 공화 14년에 여왕이 체 땅에서 죽었다[死]. 태자 정(靜)이 소공의 집에서 장성하자 마침내 두 재상이 함께 그를 세워 왕으로 삼으니, 이 사람이 선왕(宣王)이다. 선왕이 자리에 나아가자 두 재상이 그를 보

필해 정사를 돌보고 문왕, 무왕, 성왕, 강왕의 유풍(遺風)을 본받으니, 제후들이 다시 주나라를 종주로 삼았다[宗=宗主]. 12년에 노(魯)나라 무공(武公)이 와서 조회했다.

1) 주공 단의 둘째 아들 후손이다. 첫째 아들 백금(伯禽)은 노나라에 봉해졌으며, 둘째 아들은 도성에 머물면서 주나라 왕실을 도왔으니 후손들은 대대로 주나라 공이 되었다.

2) 【색은(索隱)】『급총기년(汲冢紀年)』 같은 경우에는 "공백(共伯)과 화(和)가 왕위를 범했다[干王位]"라고 말했으니, 공(共)은 봉국이고 백(伯)은 작위이며 화(和)는 그의 이름이고 간(干)은 '범하다', '찬탈하다[簒]'의 뜻이다. 즉 공백이 왕정을 섭정했다는 것이니, 그래서 "왕위를 범했다[干王位]"라고 말한 것이다. 【정의(正義)】 위소(韋昭)가 말했다. "체(彘)의 난 때 공경들이 화(和)와 함께 정사를 처리했기 때문에 공화(共和)라고 부른 것이다." 노련자(魯連子)가 말했다. "위주(衛州) 공성현(共城縣)은 본래 주나라 공백(共伯)의 봉국이었다. 공백의 이름은 화(和)인데, 어짊과 마땅함[仁義]을 잘 행하니 제후들은 그가 뛰어나다고 여겼다[賢之]. 주나라 여왕이 무도해서 나라 사람들이 난(難)을 일으키자, 왕은 아들을 남겨놓은 채 체 땅으로 달아났다. 제후들이 화를 받들어 천자의 일을 행하게 하고서는 칭호를 공화(共和) 원년이라고 했다. 14년에 여왕이 체에서 죽자, 공백은 제후들로 하여금 왕자 정(靖)을 받들어 선왕(宣王)으로 삼게 한 뒤 위(衛)에 있는 봉국으로 다시 돌아갔다."『세가(世家)』에서 말했다. "희후(釐侯-이후라고도 함) 13년에 주나라 여왕이 도성을 나가 체 땅으로 도망쳤고, 공화가 정사를 행했다. 28년에 주나라 선왕이 섰다. 42년에 희후가 졸(卒)하니, 태자 공백(共伯) 여(餘)가 세워져서 군(君)이 되었다. 공백의 동생 화(和)가 (희후의) 무덤 근처에서 공백을 습격하자 공백은 희후의 무덤길[羨]로 들어가 자살했다. 위나라 사람들이 희후 곁에 그를 묻고서 시호를 공백(共伯)이라 했으며, 화를 세워 위후(衛侯)로 삼으니 이 사람이 무공(武公)이다." 이 글을 살펴보면, 공백은 (후로) 세워지지 못했고 화가 세워

져서 무공이 되었다. 무공이 세워진 것은 공백이 졸(卒)한 다음이니, 나이 또한 서로 떨어져 있고 연표와 맞는 것으로 볼 때 『기년(紀年)』과 노련자가 잘못된 것임이 분명하다.

선왕이 천묘(千畝-천무라고도 함)의 적전(籍田)을 챙기지 않자[1] 괵(虢) 문공(文公)[2]이 잘못된 것이라고 간언했으나, 왕이 듣지 않았다. 39년에 천묘[3]에서 전쟁이 일어나 왕의 군대가 강씨(姜氏)의 융(戎-오랑캐)[4]에게 패했다[敗績][5].

1) 【정의(正義)】 응소(應劭)가 말했다. "옛날에 천자는 천묘에서 직접 밭을 갈아[耕籍=耕耤] 천하에 모범을 보였다." 신찬(臣瓚)이 말했다. "적(籍)이란 발로 밟으면서 농사일하는 모습을 보이는 것[蹈籍]이다." 살펴보건대 선왕이 친경(親耕)의 예(禮)를 소홀히 한 것이다.

2) 【집해(集解)】 가규(賈逵)가 말했다. "문공은 문왕의 친동생[母弟] 괵중(虢仲)의 후예로, 주나라 왕실의 경사(卿士)였다." 위소(韋昭)가 말했다. "문공은 괵숙(虢叔)의 후예로 서괵(西虢)이다. 선왕이 호(鎬-호경)를 도읍으로 삼았을 때 기내(畿內)에 있었다." 【정의(正義)】 『괄지지(括地志)』에서 말했다. "괵 고성(虢故城)은 기주(岐州) 진창현(陳倉縣) 동쪽으로 40리에 있다." 또 말했다. "천묘(千畝)의 벌판[原]은 진주(晉州) 악양현(岳陽縣) 북쪽으로 90리에 있다."

3) 【색은(索隱)】 땅 이름인데, 서하(西河) 개휴현(介休縣)이다.

4) 【집해(集解)】 위소(韋昭)가 말했다. "서이(西夷)의 별종으로, 사악(四嶽)의 후예이다."

5) 자기 나라가 패전한 것을 패적(敗績)이라고 부른다.

선왕(宣王)이 남국(南國)에서 동원했던 군대를 이미 잃고 나자, 마침내 태원(太原)에서 (징병을 위해) 백성의 수를 조사하려고 했다[料民][1]. 중산보

(仲山甫)[2]가 간언해 말했다.

"백성의 수를 조사해서는 안 될 것입니다."

선왕은 듣지 않고 끝내 백성의 수를 조사했다.

1) 【집해(集解)】 위소(韋昭)가 말했다. "강융에게 패했을 때 잃어버린 군대를 말한다. 남국이란 장강과 한수(漢水) 사이를 가리킨다. 요(料)는 '헤아리다[數(수)]'라는 뜻이다." 당고(唐固)가 말했다. "남국이란 남양(南陽)이다."

2) 【정의(正義)】 모장(毛萇)이 말했다. "중산보는 번목중(樊穆仲)이다." 『괄지지(括地志)』에서 말했다. "한나라 번현성(樊縣城)은 연주(兗州) 하구현(瑕丘縣) 서남쪽으로 35리에 있는데, 옛 번국(樊國)이며 중산보가 봉해진 곳이다.[선왕(宣王) 때의 현대부(賢大夫)로 이름은 전해지지 않는데, 번(樊)에 봉해져서 번중(樊仲), 번중산보(樊仲山父), 번목중(樊穆仲), 번후(樊侯) 등으로 불린다. 선왕이 전쟁에 패해 많은 병력을 잃게 되자 태원(太原)에서 주민의 수를 계산해 올리도록 하려는 것을 말려서 중지시켰다. 선공을 잘 보좌해서 신백(申伯)과 함께 임금을 보좌한 뛰어난 재상으로 알려져 있다. 윤길보(尹吉甫)가 일찍이 『시경(詩經)』 「대아(大雅) 증민(蒸民)」편을 써서 그의 다움을 찬미했다.]

46년에 선왕이 붕(崩)하자[1] 아들 유왕(幽王) 궁생(宮湦)[2]이 세워졌다.

유왕 2년에 서주(西周)와 삼천(三川) 모두에[皆(개)] 지진이 일어났다[3]. 백양보(伯陽甫)[4]가 말했다.

"주나라는 장차 망할 것이다. 무릇 하늘과 땅의 기운이 그 순서[序(서)=次(차)]를 잃어서는 안 되니, 만약에 그 순서를 잃으면[過(과)=失(실)] 임금[民(민)]은 혼란스럽게 된다[5]. 양(陽)이 엎드려 밖으로 나올 수 없고 음에 눌리어 올라올[烝(증)=升(승)] 수 없으면[6], 이때 지진이 일어난다[7]. (그런데) 지금 세 강에서 실제로 지진이 일어났으니, 이는 양이 자신이 있어야 할 곳을 잃고 음에 눌리었기[鎭(진)] 때문이다[8]. 양이 자기 자리를 잃고 음의 아래에 있게 되면[9] 강물의 근원은 반드시 막히게 되고[10], 근원이 막히면 나라는 반드시 망하게 된다[11].

1) 【정의(正義)】『주춘추(周春秋)』에서 말했다. “선왕이 두백(杜伯)을 아무 죄도 없이 죽였다. 3년이 지나 선왕이 제후들과 함께 포(圃) 땅에서 사냥하게 되었는데, 해가 중천에 있을 때 두백이 (갑자기) 길 왼쪽에서 나타났다. 붉은 옷에 관을 쓴 채 붉은 활과 화살을 쥐고서 선왕을 조준해 맞추니, 심장을 관통하고 척추뼈가 부서져서 죽었다.” 『국어(國語)』(「주어(周語)」)에 이르기를 “두백이 교(鄗) 땅에서 왕을 쏘았다”라고 했다.[『주춘추(周春秋)』가 어떤 책인지는 알 수 없는데, 그냥 역사를 뜻하는 의미에서 춘추(春秋)라는 말을 썼을 가능성도 있다. 이 책에서 말한 내용은 『묵자(墨子)』「명귀(明鬼-귀신을 해명함)」편에 자세하게 실려 있다. 선왕을 죽인 두백은 귀신이었다.]

2) 【집해(集解)】 서광(徐廣)이 말했다. “(생(涅)은) 판본에 따라 생(生)으로 되어 있기도 하다.”[따라서 판본에 따라 涅(열)로 되어 있는 것은 涅의 착오로 보인다.]

3) 【집해(集解)】 서광(徐廣)이 말했다. “경수(涇水), 위수(渭水), 낙수(洛水)이다.” 배인(裴駰)이 살펴보건대, 위소(韋昭)가 말하기를 “서주 호경(鎬京)에 지진이 있어 그 때문에 세 강[三川]도 흔들렸다”라고 했다. 【정의(正義)】 살펴보건대, 경수와 위수는 옹주(雍州) 북쪽에 있고, 낙수는 일명 칠저(漆沮)라고 하는데 옹주 동북쪽에 있어 남쪽으로 강물이 흘러 위수로 들어간다. 이때는 왕성이 동주였기에 호경을 서주라고 말한 것이다.

4) 【집해(集解)】 위소(韋昭)가 말했다. “백양보(伯陽父)는 주나라 대부이다.” 당고(唐固)가 말했다. “백양보는 주나라 주하사(柱下史-기둥 아래에서 역사를 담당하던 관리) 노자(老子)이다.”[백양보(伯陽父)나 백양보(百陽甫)로도 쓴다. 주나라 유왕(幽王) 때 대부(大夫)를 지냈다. 사서(史書)에 기록된 하후씨(夏後氏)가 쇠망했던 흔적을 읽고서 유왕이 포사(褒姒)를 총애하고 신후(申后)와 태자를 폐한 것이 주나라가 망하는 단초가 됨을 증명했다. 또 “양이 숨어 있으나 나올 수가 없고, 음이 다가오나 쪄 올릴 수가 없다[陽伏而不能出 陰迫而不能蒸]”는 것을 지진(地震)의 원인으로 해석했다. 또 물과 흙이 재용(財用)이 나오는 곳이라는 점을 말하기도 했다.]

5) 【집해(集解)】 위소(韋昭)가 말했다. “과(過)란 잃어버리는 것[失]이다. 여기서 민

(民)이라 한 것은 임금을 감히 바로 지적해서 말할 수 없어서 그렇게 표현한 것이다."

6) 【집해(集解)】 위소(韋昭)가 말했다. "증(蒸)이란 올라가는 것[升]이다. 양의 기운이 아래에 있고 음의 기운이 위에 있어서, 음의 기운이 양의 기운을 눌러 올라올 수 없게 만든다는 말이다."

7) 음과 양이 서로 압박하다가 기운이 아래에서 움직이게 될 때 땅이 진동하는 것이다.

8) 【집해(集解)】 위소(韋昭)가 말했다. "(진(鎭)이란) 음기에 눌려 압박을 받은 것[鎭營=鎭笮]이다."

9) 【집해(集解)】 위소(韋昭)가 말했다. "양이 음의 아래에 있다는 말이다."

10) 땅이 움직이게 되면 강물의 근원이 막히게 된다.

11) 나라는 산천에 의존하는데, 지금 근원이 막혔기 때문에 나라가 장차 망하게 된다는 것이다.

무릇 물이 흙을 적셔[演=潤] (만물을 내면) 백성이 그것을 쓰게 되는 것인데[1], 만약에 물이 흙을 적셔주지 못해서 백성이 쓸 수 있는 재물이 궁핍해지면 망하는 것 말고 무엇을 기다리겠는가?[2] 옛날에 이수(伊水)와 낙수(洛水)가 메마르자[竭=盡] 하(夏)나라가 망했고[3], 황하(黃河)가 메마르자 상(商)나라가 망했다[4]. 지금 주나라의 (나라)다움[德]이 두 시대[二代]의 말기[季]와 같고[5] 강물의 근원이 또 막혔으니, 막히면 반드시 메마르게 된다.

나라는 반드시 산천에 의존하는데[依][6], 산이 무너지고 강물이 마르는 것은 망할 조짐이다. 그리고 강물이 마르면 산도 반드시 무너지게 된다[7]. 만약에 나라가 망한다면 10년을 넘지 않을 것이니, 그것은 수의 끝[紀]이기 때문이요[8] 하늘이 내버리는 것은 기(紀-10년)를 넘지 않기 때문이다."

이해에 삼천이 마르고 기산(岐山)이 무너졌다.

1) 【집해(集解)】 위소(韋昭)가 말했다. "물과 흙의 기운이 서로 통하게 해주는 것이 적셔줌[演]이다. 적셔주면 만물이 살아나게 되어 백성이 그것을 얻어 쓰는

것이다."

2) 물의 기운이 적셔주지를 못해[不潤] 흙이 메말라서 (만물을) 길러주지를 못하기 때문에 쓸 수 있는 물건들이 궁핍해지는 것이다.

3) 【집해(集解)】 위소(韋昭)가 말했다. "우왕은 양성(陽城)에 도읍했는데, (이수는 웅이(熊耳)에서 발원하고 낙수는 총령(冢領)에서 발원하니) 이수와 낙수 가까이에 있다."

4) 【집해(集解)】 위소(韋昭)가 말했다. "상나라 사람들은 위(衛)를 도읍으로 삼았는데, 황하가 그곳을 지나간다."

5) 두 시대의 말기란 걸(桀)과 주(紂)의 때를 가리킨다.

6) 의존한다는 것은 그 정기가 나라를 이롭고 윤택하게 해준다는 뜻이다.

7) 【집해(集解)】 위소(韋昭)가 말했다. "강물이 땅을 적셔주지 않으면 땅이 메마르고 썩어서 무너지게 된다."

8) 【집해(集解)】 위소(韋昭)가 말했다. "수는 1에서 시작해 10에서 끝나고, 그러면 다시 시작하게 된다. 그래서 마지막을 기(紀)라고 한다."

3년에 유왕은 포사(褒姒)[1]를 가까이해 아꼈고[嬖愛], 포사가 아들 백복(伯服)을 낳자, 태자를 폐하려 했다. 태자의 어머니는 신후(申侯)의 딸로 후(后)가 되었는데, 뒤에 유왕이 포사를 얻어 그를 아끼게 되자 신후를 폐하고 아울러 태자 의구(宜臼)를 제거하고서 포사를 후로, 백복을 태자로 세우려 한 것이다. 주(周)나라 태사(太史) 백양(伯陽)이 사관들의 기록들[史記]을 읽고서 "주는 망할 것이다"라고 말했다[2].

1) 【색은(索隱)】 포(褒)는 나라 이름인데 하(夏)나라와 동성으로 성은 사씨(姒氏)이니, 예법에 따르면 부인의 경우에는 나라와 성을 함께 불렀다. 이 여자가 바로 용시(龍漦-용의 침)의 어린아이[夭子]로, 다른 사람에게 거둬졌다가 포 사람이 왕에게 바쳤기 때문에 포사라고 한 것이다. 【정의(正義)】 『괄지지(括地志)』

에서 말했다. "포국 고성(褒國故城)은 양주(梁州) 포성현(褒城縣) 동쪽으로 200보에 있는데, 옛날의 포국이다."

2) 【정의(正義)】 각 나라에는 사관이 있어 일을 기록했다. 그래서 사기(史記-사관의 기록)라고 했다.[역사서를 읽고서 이런 말을 했다는 것은 하나라의 걸, 은나라의 주의 사례에 비춰 보았다는 뜻이다.]

옛날에 하후씨(夏后氏-하나라 왕조)가 쇠락했을 때 신룡(神龍) 2마리가 하제(夏帝)의 뜰에 머물며 "우리는 포(褒)의 두 군주"[1]라고 말했다. 하제가 점을 쳐보니, 그것들을 죽이거나 쫓아버리거나 머무르게 하거나 어느 것이든 길하지 않았다. (다시) 점을 치자 용의 침[龍漦]을 받아서 보관한다면 마침내 길할 것이라고 했다[2]. 이에 예물을 올리고 간책(簡策)에 글을 지어[策] 용에게 고하자[3] 용은 사라지고 침만 남아 있었으니, 그것을 상자에 넣고[櫝][4] 땅에 남은 흔적은 없앴다[去之]. 하나라가 망하자, 이 상자[器]는 은나라에 전해졌고, 은나라가 망하자 다시 주나라에 전해졌다. 3대를 거치면서[比=經] (어느 누구도) 감히 열어보지 못했는데, 여왕(厲王)의 말년[5]에 이르러 그 상자를 열어 살펴보았다. 침이 뜰에 흘러내렸는데 없앨 수가 없었다. 여왕이 부인들을 발가벗겨 그 침을 향해 환호하게 하자[譟之][6], 침이 바뀌어 검은 자라[玄黿][7]가 되더니 왕의 후궁(後宮)으로 들어갔다. 그때 후궁에 있던 아이 중에서 예닐곱 살가량의 어린 여종[齔][8]이 그 자라와 마주쳤다. 그 여종이 이미 비녀를 꽂을 때[笄]가 되자[9] 잉태하게 되었는데, 남자와 접촉 없이[無夫] 아이를 낳게 되자 두려워서 그 아이를 내다 버렸다.

1) 【집해(集解)】 우번(虞翻)이 말했다. "용이 스스로 포의 두 선군(先君-돌아가신 임금)이라고 말한 것이다."

2) 【집해(集解)】 위소(韋昭)가 말했다. "시(漦)란 용이 토해낸 거품이나 침이다. 거품이나 침은 곧 용의 정기(精氣)다."

3) 【집해(集解)】 위소(韋昭)가 말했다. "간책에 글을 써서 용에게 고해 침을 달라고 청한 것이다."

4) 【집해(集解)】 위소(韋昭)가 말했다. "독(櫝)이란 궤에 넣어 간직한다[匱]는 뜻이다."

5) 【집해(集解)】 우번(虞翻)이 말했다. "말년이란 왕이 체 땅으로 도망쳐 있을 때이다."

6) 【집해(集解)】 위소(韋昭)가 말했다. "조(譟)란 떠들썩하게 소리를 질러대는 것[讙呼]이다." 당고(唐固)가 말했다. "무리 지어 소리 지르는 것[群呼]을 조(譟)라고 한다."

7) 【색은(索隱)】 또 원(蚖)으로 되어 있기도 한데, 발음은 원(元)이다. 현원(玄蚖)은 곧 사척(蜥蜴-도마뱀류)이다.

8) 【집해(集解)】 위소(韋昭)가 말했다. "젖니가 빠질 때를 츤(齔)이라고 한다. 여자아이는 7살이 되면 젖니가 빠진다."

9) 【정의(正義)】 『예기(禮記)』에 이르기를 "여자가 약혼하면[許嫁] 비녀를 꽂는다[笄]"라고 했다. 정현(鄭玄)이 말했다. "계(笄)란 지금의 잠(簪-비녀)이다."

선왕(宣王) 때 어린 여자아이들은 이런 동요를 불렀다.

"산뽕나무로 만든 활[檿弧]과
기(箕)나무로 만든 화살 주머니[服]가
실로 주나라를 망하게 하리라![1]"

이에 선왕이 노래를 듣고서 이 활과 화살 주머니를 파는 부부가 있으면 그들을 잡아서 죽이라고 했다. 이 부부가 도망가다가 예전에[鄕者] 후궁의 계집종이 낳아서 버린 어린아이[妖子][2]가 길에 있는 것을 발견했다. 밤에 아이 우는 소리를 들으니 슬프고 불쌍해, 부부는 드디어 아이를 거둬 도망쳐서 포(褒)나라로 달아났다[3]. 포나라 사람 중에 한 죄인이 어린 여종이 버렸던 여자아이를 왕에게 바쳐 속죄를 청했다[4]. 이 버려진 여자는 포나라에서 왔기에 포사(褒姒)라고 불렀다.

유왕 3년에 왕이 후궁에 갔다가 그녀를 보고는 사랑에 빠져서, 아들 백

복(伯服)을 낳자 끝내는 신후와 태자를 폐하고 포사를 후로, 백복을 태자로 삼았다[5]. 그러자 태사 백양이 말하기를 "재앙이 이뤄졌으니 어쩔 수가 없도다[無可奈何]!"라고 했다.

1) 【집해(集解)】 위소(韋昭)가 말했다. "산뽕나무[山桑]를 염(檿)이라고 한다. 호(弧)는 활[弓]이다. 기(箕-키)는 나무 이름이다. 복(服)은 화살집[矢房]이다."

2) 【집해(集解)】 서광(徐廣)이 말했다. "요(妖)는 판본에 따라 요(夭)로 되어 있기도 하다. 요(夭)란 '어리다[幼少]'라는 뜻이다."

3) 【정의(正義)】 부부는 산뽕나무로 만든 활을 파는 사람이었다. 선왕이 그들을 잡아 죽이려 하자 드디어 달아났다가 길에서 이 어린아이를 만났고, 불쌍하게 여겨서 거둬주었다.

4) 【정의(正義)】 『국어(國語)』(「진어(晉語)」)에서 말했다. "주나라 유왕이 유포(有褒)를 정벌하자 포나라 사람들이 포사라는 여인을 보내주었는데, 그 여인은 (뒤에) 괵(虢) 석보(石甫)와 한통속이 되었다."

5) 【색은(索隱)】 『좌전(左傳)』(소공(昭公) 26년)에서 이르기를 "휴왕(攜王-백복)이 명을 범하자[奸命=干命]"라고 한 것이 이를 말하는 것이다.

포사가 잘 웃지 않아 유왕이 온갖 방법으로[萬方] 그녀를 웃기려 했으나, (그녀는) 일부러[故] 웃지 않았다. 유왕은 봉수(烽燧)[1]를 올리고 대고(大鼓-큰 북)를 울려서 적이 쳐들어와 봉화를 올리는 것처럼 했다. 제후들이 모두 달려왔지만 도착해보니 적군은 보이지 않았고, (이를 본) 포사는 마침내 크게 웃었다. 유왕이 기뻐하며 여러 차례 봉화를 올렸다. 그 후에는 믿지 않게 되어 제후들도 더는 오지 않았다.

유왕은 괵 석보(虢石父)를 경(卿)으로 삼아 정사를 독점하게 했는데[用事], 나라 사람들이 모두 그를 원망했다. (왜냐하면) 석보는 사람됨이 아

첨을 잘하고 말을 잘 꾸몄으며[佞巧=巧言令色][2] 그럴싸한 말로 이익을 탐했는데도 왕은 그를 썼다. 게다가[又] 신후를 폐하고 태자를 쫓아내자 신나라 임금[申侯]은 노해 증(繒)[3], 서이(西夷)의 견융(犬戎)과 함께 유왕을 공격했다. 유왕이 봉수를 올려 병사들을 불렀으나, 병사들은 아무도 오지 않았다. 드디어 유왕을 여산(驪山)[4] 아래에서 죽이고 포사를 사로잡았으며, 주나라의 귀중한 물건들을 모두 챙겨서 돌아갔다[5]. 이에 제후들이 마침내 신나라 임금에게 나아가서[即] 유왕의 옛 태자였던 의구를 함께 세우니[共立], 이 사람이 평왕(平王)이며 그가 주나라 제사를 받들었다.

1) 【정의(正義)】 낮에는 연기를 피워 올려 멀리서 불에서 나는 연기를 보게 하고, 밤에는 봉화를 피워 올려 멀리서 불에서 나는 빛을 보게 한 것이다. 봉(熢)이란 흙으로 된 화로이고, 수(燧)란 거대한 횃불[炬火]이다. 모두 산 위에 있는데, 적이 쳐들어오면 연기나 횃불을 올렸다.

2) 【집해(集解)】 서광(徐廣)이 말했다. "영(佞)은 판본에 따라 첨(諂-아첨하다)으로 되어 있기도 하다."

3) 【색은(索隱)】 증(繒)은 나라 이름이며 하나라와 동성이다. 【정의(正義)】 『국어(國語)』(「주어(周語)」)에 이르기를 "증(繒)은 사성(姒姓)으로, 하우(夏禹)의 후손이다"라고 했다. 『괄지지(括地志)』에 이르기를 "증현(繒縣)은 기주(沂州) 승현(承縣)에 있는데, 옛날의 후국(侯國)이며 우(禹)의 후예이다"라고 했다.

4) 【색은(索隱)】 신풍현(新豐縣) 남쪽에 옛 여융국(驪戎國)이 있다. 【정의(正義)】 『괄지지(括地志)』에서 말했다. "여산은 옹주(雍州) 신풍현 남쪽으로 16리에 있다. 『토지기(土地記)』에 이르기를, 여산은 곧 남전산(藍田山)이라고 했다."

5) 【집해(集解)】 『급총기년(汲冢紀年)』에서 말했다. "무왕이 은나라를 멸망시킨 이래 유왕까지 모두 257년이다." 【정의(正義)】 진(晉)나라 함화(咸和) 5년에 급군(汲郡) 급현(汲縣)에서 위(魏)나라 양왕(襄王)의 무덤을 파서, 고서 75권을 얻었다.

평왕은 세워지자, 동쪽의 낙읍(雒邑)으로 옮겨 갔는데[1], 융(戎)의 무리를 피하기 위함이었다. 평왕 때 주나라 왕실은 쇠미해졌고, 제후 가운데 강한 나라가 약한 나라를 삼켜서[幷] 제(齊), 초(楚), 진(秦), 진(晉)나라가 비로소 커졌으며, 정사는 방백(方伯)에게서 나왔다[由][2].

49년에 노(魯)나라 은공(隱公)이 자리에 나아갔다[卽位][3].

51년에 평왕이 붕했는데, 태자 예보(洩父)[4]가 일찍 죽어[蚤死] 그 아들 임/림(林)을 세웠으니 이 사람이 환왕(桓王)이다. 환왕은 평왕의 손자이다.

1) 【정의(正義)】 곧 왕성(王城)이다. 평왕 이전까지는 동도(東都)라고 불렸으니, 경왕(敬王) 이후부터 전국시대(가 본격화되기 전)까지를 서주(西周)라고 한다.

2) 【집해(集解)】 『주례(周禮)』에 이르기를 "아홉 가지 의례를 갖고서 명을 내려 백(伯)으로 삼는다[九命作伯]"라고 했고 정중(鄭衆)이 말하기를 "제후 중에서 우두머리를 방백(方伯)이라고 한다"라고 했다.[오패(五霸)의 시대가 열린 것이다.]

3) 사마천은 주나라 역사를 기록한 「주본기」에서 왜 갑자기 일개 제후국에 불과한 노나라 은공의 즉위 사실을 적은 것일까? 이해는 기원전 722년으로, 공자(孔子)가 노나라 역사서를 쓰면서 출발점으로 삼은 해이기 때문이다. 공자가 편찬한 역사서 『춘추(春秋)』는 노나라 은공 원년(기원전 722년)부터 애공(哀公) 14년(기원전 481년)까지 242년간의 노나라 역사를 기록하고 있다.

4) 【정의(正義)】 (父는) 발음이 (부가 아니라) 보(甫)이다.

환왕 3년에 정(鄭)나라 장공(莊公)이 조회했으나, 환왕이 예로써 대하지 않았다[不禮=非禮][1].

5년에 정나라 장공이 원망해 노(魯)나라와 허전(許田)[2]을 바꿨다. 허전은 천자가 태산에서 용사(用事-제사)하는 밭이었다[3].

8년에 노나라에서는 은공을 죽이고[殺][4] 환공(桓公)을 세웠다.

13년에 정나라를 치자 정나라 사람이 환왕(桓王)을 쏘아 다치게 하니, 환왕이 물러나 돌아갔다[去歸(거귀)][5].

1) 【색은(索隱)】 노나라 은공 6년에 있었던 일이다.[대우하는 바가 사리에 맞지 않았다는 뜻이다.]

2) 허나라에서 가까운 곳에 있는 밭이다.

3) 【색은(索隱)】 『좌전(左傳)』에 따르면, 정나라 백(伯)이 (완(宛)을 보내) 허전(許田)을 빌려 갔는데, 결국은 팽(祊)과 맞바꾼 것이었다. 팽은 정나라가 제사를 지내는 태산(太山)의 밭이었고 허전(許田)은 노나라가 경사(京師-수도)에 조현할 때의 탕목읍(湯沐邑)이자 주공(周公)의 사당이 있는 곳이었는데, 정나라는 그곳과 가까워 쉽게 그것을 차지한 것이다. 이 글에서 "허전(許田)은 천자가 태산에서 용사(用事-제사) 하는 밭"이라고 한 것은 잘못되었다. 【정의(正義)】 두예(杜預)가 말했다. "성왕이 왕성(王城-낙양)을 경영할 때 천도할 뜻이 있었기 때문에 주공에게 허전(許田)을 주어 노나라의 조숙(朝宿-조회할 때 숙소)의 읍으로 삼게 하니, 후손들이 그곳에 주공의 별도 사당을 세웠다. 정(鄭)나라 환공(桓公)은 주나라 선왕의 친동생으로 정나라에 봉해졌는데, 태산의 제사를 돕는 탕목읍이 팽에 있었다. 정나라는 천자가 다시는 순수(巡狩)할 수 없을 것이라고 여겨 팽을 허전과 바꿔 각각 자기 나라에서 가까운 편의를 따르고자 했다. 그러나 노나라가 주공의 별도 사당이 있다는 이유로 의심할까 두려워 (자신들은) 태산의 제사를 폐지한 뒤에 노나라를 위해 주공의 제사를 지내고자 한다고 겸손한 말로 요구한 것이다." 『괄지지(括地志)』에서 말했다. "허전은 허주(許州) 허창현(許昌縣) 남쪽으로 40리에 있으며, 여기에는 노성(魯城)이 있고 주공의 사당이 성안에 있다. 팽의 밭은 기주(沂州) 비현(費縣) 동남쪽에 있다." 살펴보건대 완(宛)은 정나라 대부이다.

4) 【정의(正義)】 자윤(子允-은공의 이복동생이자 환공)이 공자 휘(翬-揮)를 시켜 은공을 살해했다.

5) 【색은(索隱)】 『좌전(左傳)』(환공(桓公) 5년)에서 '수갈(繻葛)의 전투[役]에서 축담(祝聃)이 왕에게 활을 쏘아 어깨를 맞췄다'라는 것이 이것이다.

23년에 환왕이 붕하자 아들 장왕(莊王) 타(佗)가 세워졌다.

장왕 4년에 주공(周公) 흑견(黑肩)이 장왕을 죽이고 왕자 극(克)[1]을 세우려고 했다. 신백(辛伯)[2]이 왕에게 고하니 왕이 주공을 죽였다[3]. 왕자 극은 연(燕)나라로 달아났다[4].

15년에 장왕이 붕하자 아들 희왕(釐王)[5] 호제(胡齊)가 세워졌다.

희왕 3년에 제(齊)나라 환공(桓公)이 비로소 패자(霸者)가 되었다.

1) 【집해(集解)】 가규(賈逵)가 말했다. "장왕의 동생 자의(子儀)이다."

2) 【집해(集解)】 가규(賈逵)가 말했다. "신백은 주나라 대부이다."

3) 【색은(索隱)】 『좌전(左傳)』(환공(桓公) 18년)에서 말했다. "애초에 자의가 환왕의 총애를 받아 환왕이 그를 주공에게 부탁하니[屬], 신백이 주공에게 간언하기를 '첩이 왕후와 같고 정령이 두 곳에서 나오는 것은 어지러움의 근본이다'라고 했다. 그러나 주공은 이를 따르지 않았고, 이 때문에 재앙이 그에게 미쳤다." 그런즉 주공은 선왕의 뜻에 기대어 스스로 주살을 불러들였고 신백은 임금과 신하의 마땅한 도리를 바로잡아 끝내 왕업을 안정시켰으니, 두 경의 우열을 실로 얼마든지 알 수가 있다.

4) 【정의(正義)】 두예(杜預)가 말했다. "남연(南燕)은 길성(姞姓)이다."

5) 【정의(正義)】 釐의 발음은 (이/리가 아니라) 희(僖)이다.

5년에 희왕이 붕하자 아들 혜왕(惠王) 낭/랑(閬)[1]이 세워졌다. 혜왕 2년이다. 애초에 장왕(莊王)이 총애하던 희(姬-후궁) 요(姚)[2]가 아들 퇴(頹)[3]를 낳았는데, 퇴도 (장왕의) 총애를 받았다[有寵]. 혜왕은 자리에 나아가자, 대

❖

신의 정원[園][4]을 빼앗아 동산[囿]을 만들었는데, 그래서 대부 변백(邊伯) 등 다섯 사람이 난을 일으켜서[5] 연(燕)과 위(衛)[6]의 군대를 소집해 모의하고서 혜왕을 공격했다. 혜왕은 온(溫)[7]으로 달아났고, 얼마 후에 정(鄭)나라의 역(櫟)[8]에 머물렀다. (그러자 변백 등이) 희왕의 동생 퇴(頹)를 세워 왕으로 삼았는데, 음악이 편무(徧舞)에 미치자[及][9] 정(鄭)과 괵(虢)나라 임금들이 화가 났다[10]. 4년이 지났을 때, 정나라와 괵나라의 임금[11]은 왕 퇴를 쳐서 죽이고[伐殺] 다시 혜왕을 들였다[入].

혜왕 10년에 제나라 환공에게 패(伯=覇)의 지위를 내려주었다.

1) 【색은(索隱)】『계본(系本)』에 이르기를, 이름이 무량(毋涼)이라고 했다. 【정의(正義)】 시호가 무량이다.

2) 【정의(正義)】 두예(杜預)가 말했다. "요성(姚姓)이다."

3) 【색은(索隱)】 장왕의 아들이자 희왕의 동생이며 혜왕의 숙부이다.

4) 【집해(集解)】『좌전(左傳)』에 이르기를 "대신은 위국(蔿國)이다"라고 했다.

5) 【집해(集解)】『좌전(左傳)』에 이르기를, 다섯 사람은 위국·변백·첨보(詹父)·자금(子禽)·축궤(祝跪)라고 했다.

6) 【정의(正義)】 남연(南燕)은 활주(滑州) 조성(胙城)이고, 위(衛)는 단주(澶州) 위남(衛南)이다.

7) 【정의(正義)】『좌전(左傳)』(장공(莊公) 19년)에 이르기를, 소분생(蘇忿生)이 12읍을 소유하고 있었는데 (은공 11년에) 환왕이 소자(蘇子)의 12읍을 빼앗아 정나라에 주자, 그 때문에 소자가 다섯 대부와 함께 혜왕을 쳤다고 했다. 온(溫)이란 그 12개 읍 중 하나이니, 두예(杜預)가 말하기를 하내(河內) 온현(溫縣)이라고 했다.

8) 【집해(集解)】 복건(服虔)이 말했다. "역은 정나라의 큰 도읍[大都]이다." 【정의(正義)】 두예(杜預)가 말했다. "역은 지금의 하남(河南) 양적현(陽翟縣)이다."

9) 【집해(集解)】 가규(賈逵)가 말했다. "편무란 육대(六代-황제·요·순·하·상·주)의 음

악을 두루 다 연주하는 것을 말한다."

10) 두 사람은 퇴가 놀기를 너무 좋아하는 것은 사리에 맞지 않아 화란을 부를 수 있다고 걱정해서 화가 난 것이다.

11) 【정의(正義)】 가규(賈逵)가 말했다. "정나라 여공(厲公) 돌(突)과 괵공(虢公) 임보(林父)이다."

25년에 혜왕이 붕하자 아들 양왕(襄王) 정(鄭)이 세워졌다. 양왕의 어머니는 일찍 죽었고[早死], 계모[後母]는 혜후(惠后)라고 했다[1].

(일찍이) 혜후가 숙대(叔帶)를 낳아[2] 혜왕의 총애를 받자, 양왕이 이를 두려워했다. 3년에 숙대가 융(戎) · 적(翟)과 함께 양왕을 공격할 것을 도모하자 양왕이 숙대를 주살하려 했고, 숙대는 제(齊)나라로 달아났다. 제나라 환공은 관중에게 주나라에 가서 융을 평정하게 했고, 습붕(隰朋)에게는 진(晉)나라에 가서 융을 평정하게 했다[3]. 왕이 관중을 상경(上卿)으로 예우하려 하자[禮=禮待=禮遇] 관중이 사양하며 말했다.

"신은 미천한 실무 관리[有司]이고 제나라에는 천자께서 명하신 국씨(國氏)와 고씨(高氏)가 있습니다[4]. 만일 그들이 절기에 따라[節][5] 봄가을에 와서 왕명을 받들려 한다면 그분들을 무슨 예로 대하시겠습니까? 배신(陪臣-제후의 신하)[6]은 감히 사양하겠습니다."

왕이 말했다.

"구씨(舅氏-외숙)[7], 나는 너[乃=爾]의 공훈을 아름답게 여기니 짐의 명을 결코 어기지 말라!"

관중이 결국 하경(下卿)의 예우를 받고서 돌아갔다[8].

9년에 제나라 환공이 졸(卒)했다.

12년에 숙대가 다시 주나라로 돌아갔다[9].

1) 【집해(集解)】 『좌전(左傳)』(장공(莊公) 18년)에서 말했다. "진규(陳嬀)가 경사(京

師-주나라 수도)로 시집을 갔으니, 이 사람이 실로 혜후(惠后)이다"라고 했다. 【정의(正義)】 살펴보건대, 진(陳)나라는 순(舜)의 후예이며 규성(嬀姓)이다.

2) 【색은(索隱)】 혜왕의 아들이며 양왕의 (이복)동생으로, 감(甘) 땅에 봉해졌기 때문에 『좌전(左傳)』에서 감(甘) 소공(昭公)이라고 불렀다. 【정의(正義)】 혜왕의 아들이며 양왕의 (이복)동생으로, 감(甘) 땅에 봉해졌다. 『괄지지(括地志)』에서 말했다. "옛 감성(甘城)은 낙주(洛州) 하남현(河南縣) 서남쪽으로 25리에 있다. 『좌전(左傳)』에서는 감 소공이라고 했고, 왕자 숙대라고도 했다. 『낙양기(洛陽記)』에 이르기를, 하남현 서남쪽으로 25리 되는 곳에서 감수(甘水)가 발원해 북쪽으로 흘러 낙수(洛水)로 들어간다고 했다. 산 위에 감성(甘城)이 있는데, 곧 감공(甘公)의 채읍(菜邑)이다."

3) 【집해(集解)】 복건(服虔)이 말했다. "융이 주나라를 치자 진(晉)이 융을 쳐서 주나라를 구원했으니, 그래서 (제나라와 진나라가) 화친한 것이다."

4) 【집해(集解)】 두예(杜預)가 말했다. "국자(國子)와 고자(高子)는 천자가 명해준 제나라의 수신(守臣)으로, 둘 다 상경(上卿)이다."

5) 【집해(集解)】 가규(賈逵)가 말했다. "절(節)은 사계절[時(시)]이다." 왕숙(王肅)이 말했다. "봄가을은 천자를 뵙는[聘享(빙향)] 절기이다."

6) 【집해(集解)】 복건(服虔)이 말했다. "배(陪)란 '거듭[重(중)]'이라는 뜻이다. 제후의 신하가 천자를 향해 자신을 칭할 때 (이중으로 신하라는 의미에서) 배신(陪臣)이라고 했다."

7) 【집해(集解)】 가규(賈逵)가 말했다. "구씨(舅氏)란 백구(伯舅)의 사신을 가리키는 말이다." 【정의(正義)】 무왕이 태공(太公-강태공)의 딸을 아내로 맞아 후(后)로 삼았기에 구씨(舅氏)라고 불러 옛일을 떠올리게 한 뒤 자신은 네가 융을 평정한 공훈을 매우 좋게 여긴다[善(선)=嘉(가)]고 말한 것이다.[백구란 천자가 자신과 성(姓)이 다른 제후를 부르는 호칭이다.]

8) 【정의(正義)】 두예(杜預)가 말했다. "관중은 감히 직분을 들어 스스로를 높이지 않았고, 결국 본래의 지위에 해당하는 예우를 받은 것이다."

9) 【집해(集解)】『좌전(左傳)』에 이르기를 "왕이 그를 부른 것이다"라고 했다.

13년에 정(鄭)나라가 활(滑)나라를 치자[1] 왕(-양왕)이 유손(游孫)과 백복(伯服)[2]을 보내어 활나라를 구원해줄 것을 청했으나, 정나라 사람들은 두 사람을 가둬버렸다. 정나라 문공(文公)은 혜왕이 복위한 후에 정나라 여공(厲公)에게 술잔[爵(작)]을 보내지 않은 것을 원망하고 있었으며[3] 또 왕이 활나라를 비호하는 것을 원망했으므로[4], 그래서 백복을 가둔 것이다. 왕이 화가 나서 장차 적(翟)나라의 힘을 빌려 정나라를 치려고 하니, 부신(富辰)[5]이 간언해 말했다.

"무릇 우리 주나라 왕실이 동천(東遷)할 때 진(晉)나라와 정나라의 힘을 빌렸고, 왕자 퇴가 난을 일으켰을 때도 또한 정나라가 평정해주었습니다. 지금 사소한 원한으로 정나라를 버리시다니요!"

왕은 듣지 않았다.

15년에 적(翟)나라 군사를 거느리고[降(강)=率(솔)] 정나라를 쳤다. 왕은 적나라에 신세를 져서[德(덕)] 장차 적나라 딸을 후로 삼으려 했는데, 부신이 간언해 말했다.

"평왕(平王), 환왕(桓王), 장왕(莊王), 혜왕(惠王)이 모두 정나라의 노고를 입었는데, 왕께서는 가까운 나라를 버리고 적나라와 친하려 하시니 이는 따를 수 없습니다."

왕은 듣지 않았다.

16년에 양왕이 적후(翟后)를 내쫓자[絀(출)] 적나라 사람들이 와서 엄하게 꾸짖고는[誅(주)=誅責(주책)] 담백(譚伯)을 죽였다[6].

부신이 말했다.

"내가 몇 차례나 간언했으나 따르지 않으셨다. 이런 상황에서 내가 나가서 싸우지 않는다면, 천자께서는 내가 원망해서 그런다고 여기시겠지?"

마침내 자기 무리를 이끌고 나가서 (싸우다가) 죽었다.

1) **【집해(集解)】** 가규(賈逵)가 말했다. “활(滑)은 (주나라와 같은) 희성(姬姓)의 나라이다.” 배인(裴駰)이 살펴보건대, 『좌전(左傳)』에 이르기를 “활나라 사람들은 정나라에 반기를 들고 위(衛)나라에 복종했다”라고 했다. **【정의(正義)】** 두예(杜預)가 말하기를, “활나라는 비(費)를 도읍으로 삼았고 하남(河南) 구지현(緱氏縣)에 있었는데 진(秦)나라에 멸망당했다”라고 했다. 한때는 정(鄭)나라와 진(晉)나라에 소속되었다가 뒤에는 주(周)나라에 속했다. 이 일은 노(魯)나라 희공(釐公) 20년에 있었다. 『괄지지(括地志)』에서 말했다. “구지 고성(緱氏故城)은 본래 비성(費城)이었으며, 낙주(洛州) 구지현(緱氏縣) 동쪽으로 25리에 있다.”

2) **【집해(集解)】** 가규(賈逵)가 말했다. “두 사람은 주나라 대부이다.”

3) **【집해(集解)】** 복건(服虔)이 말했다. “혜왕이 후(后-왕후)의 반감(鞶鑑-거울을 붙여 장식한 가죽띠)을 정나라 여공(厲公)에게 주고, 오직 괵공에게만 옥으로 된 술잔[玉爵(옥작)]을 주었다.” **【정의(正義)】** 『좌전(左傳)』에서 말했다. “장공(莊公) 21년에 왕(王-혜왕)이 괵국을 순수(巡狩)할 때 괵공이 왕을 위해 방(蚌) 땅에 행궁을 지으니, 왕이 그에게 주천(酒泉)읍을 주었다. 정나라 임금[鄭伯(정백)]이 연회를 열어 왕을 접대할 때 왕이 정나라 임금에게 후(后)의 반감(鞶鑑)을 주었는데, 괵공이 그릇을 청하자, 왕이 그에게는 술잔을 주었다. 정나라 임금이 이로 말미암아 왕을 원망했다.” 두예(杜預)가 말했다. “(반감이란) 가죽띠에 거울을 붙여 장식한 것이고, 작(爵)이란 술을 마시는 그릇이다. 방(蚌)은 땅 이름이며, 주천은 주나라의 읍이다.”

4) **【집해(集解)】** 복건(服虔)이 말했다. “활은 작은 나라로서 정나라와 가까워 대대로 복종해왔는데, 다시 어기고 배반하자 정나라 군대가 그들을 쳤다. 그래서 명을 듣기로 했으나 뒤에 왕(王-천자)에게 몸소 하소연했고[自愬(자소)], 이에 왕이 활의 편을 들어준 것이다.”

5) **【집해(集解)】** 복건(服虔)이 말했다. “부신은 주나라 대부이다.”

6) **【집해(集解)】** 당고(唐固)가 말했다. “담백은 주나라 대부 원백(原伯), 모백(毛伯)이

다.” 【색은(索隱)】 살펴보건대 『국어(國語)』에서도 “담백을 죽였다”라고 했다. 그런데 『좌전(左傳)』(희공(僖公) 24년)에서는 태숙(太叔)의 난 때 주공(周公) 기보(忌父), 원백(原伯), 모백(毛伯)을 사로잡았다고 했으니, 당고는 전해오는 글을 근거로 해서 담(譚)을 원(原)으로 읽은 것이다. 그러나 『춘추(春秋)』에 담(譚)이 있으니 이때 무슨 관련으로 또한 천자의 조정에 출사했다가 미리 피살되었겠는가? 『국어(國語)』에서 이미 “담백을 죽였다”라고 했으니, 이 때문에 태사공(太史公-사마천)은 거기에 의존하고 『좌전(左傳)』의 설은 따르지 않은 것이다.

애초에 혜후는 왕자 대(帶)를 세우고 싶어 했고, 그래서 자기 무리[黨=黨與]로 하여금 적인(翟人)에게 길을 열어주어 적인들이 드디어 주(周)나라로 들어왔다. 양왕은 (도성을) 나가서[出][1] 정나라로 달아났고, 정나라에서는 왕을 범(氾) 땅에 머무르게 했다[2].

왕자 대가 세워져 왕이 되니, 양왕이 내쫓았던 적후를 아내로 맞이해[取=娶] 온(溫)에서 살았다[3].

17년에 양왕이 진(晉)나라에 위급함을 알리자[告急] 진(晉)나라 문공(文公)은 왕을 받아들여 숙대를 주살했다. 양왕은 마침내 규(珪-홀), 창(鬯-울창주), 활과 화살을 진나라 문공에게 내려주고 패(伯=覇)로 삼았으며 하내(河內)의 땅을 진나라에 주었다[4].

20년에 진나라 문공이 양왕을 부르자[召] 양왕이 하양(河陽)과 천토(踐土)에서 그를 만났는데[5], 제후들이 남김없이[畢=盡] 조회했다. 사서(『춘추』)에는 이 일을 바로 적기를 꺼려서[諱] “천왕이 하양에 사냥하러 갔다[狩]”라고 기록했다[6].

1) 【정의(正義)】 『공양전(公羊傳)』(희공(僖公) 24년)에서 말했다. “천자[王者]의 경우에는 (천하를 소유하고 있으니 안과) 밖[外]이 있을 수 없는데도 여기서는 나가다

[出(출)]라고 했으니, 이는 어째서인가? 어머니를 더는 모실 수 없게 되었기 때문이다."

2) 【집해(集解)】 두예(杜預)가 말했다. "정나라 남쪽의 범(氾-넘치다)은 양성현(襄城縣) 남쪽에 있다." 【정의(正義)】 『괄지지(括地志)』에서 말했다. "옛 범성(氾城)은 허주(許州) 양성현에서 1리에 있다. 『좌전(左傳)』에서 '천왕이 나가서 정나라에 머물렀는데, 범(氾)에 거처했다'라고 한 것이 이것이다."

3) 【정의(正義)】 『괄지지(括地志)』에서 말했다. "옛 온성(溫城)은 회주(懷州) 온현(溫縣) 서쪽으로 30리에 있는데, 한나라와 진(晉)나라 때 현이 되었다. 본래는 주나라 사구(司寇) 소분생(蘇忿生)의 읍이었다. 『좌전(左傳)』에 이르기를 정나라 사람에게 소분생의 12개 읍을 주었다고 했는데, 온이 그중의 하나였다. 「지리지(地理志)」에 이르기를, 온현은 옛날의 봉국이며 기성(己姓)이고 소분생이 봉해진 곳이라고 했다."

4) 【정의(正義)】 가규(賈逵)가 말했다. "진나라에 공로가 있어 상으로 땅을 준 것인데, 양번(楊樊)·온(溫)·원(原)·찬모(攢茅)의 밭이었다."

5) 【집해(集解)】 가규(賈逵)가 말했다. "하양은 진나라의 온(溫)이다. 천토는 정나라의 지명으로, 하내(河內)에 있다." 【정의(正義)】 『괄지지(括地志)』에서 말했다. "옛 왕궁은 정주(鄭州) 형택현(滎澤縣) 서북쪽으로 15리 떨어진 왕궁의 성안에 있다. 『좌전(左傳)』에 이르기를, 진문공이 성복(城濮)에서 초(楚)나라를 꺾고 형옹(衡雍)에 이르러서 천토에 왕궁을 지었다고 했다." 살펴보건대, 왕성을 지은 곳은 천토의 성안이었다. 동북쪽 구석에 천토대(踐土臺)가 있는데, 동쪽으로 형옹과의 거리는 30여 리이다.

6) 【집해(集解)】 『좌전(左傳)』에서 말했다. "중니(仲尼-공자)가 말하기를 '신하로서 임금을 불렀으니, 교훈이 될 수 없다'라고 했으니, 그래서 사냥하러 갔다[狩(수)]고 기록한 것이다."

24년에 진(晉)나라 문공(文公)[1]이 졸(卒)했다.

31년에 진(秦)나라 목공(穆公)[2]이 졸했다.

32년에 양왕이 붕하자 아들 경왕(頃王) 임신(壬臣)이 세워졌다.

경왕이 6년 만에 붕하자 아들 광왕(匡王) 반(班)이 세워졌다.

광왕이 6년 만에 붕하자 동생 유(瑜)가 세워졌으니, 이 사람이 정왕(定王)이다.

1) 이름은 중이(重耳)이다. 아버지 헌공(獻公)에게는 총비(寵妃)가 많았는데, 그중에서도 여융(驪戎)을 토벌하고 잡아 온 여비(驪妃)를 특히 사랑했다. 그래서 여비의 소생인 해제(奚齊)를 후계자로 삼기 위해 태자 신생(申生)을 죽이고 중이와 그의 아우 이오(夷吾)를 추방했다. 중이는 적(狄)으로 도망쳐 국외에서 19년을 지내다가, 의형(義兄)이 되는 진(秦)나라 목공(穆公)의 원조로 진(晉)으로 돌아와서 62세에 즉위했으니 바로 문공이다. 문공은 오랜 방랑 생활에 따라다니던 호언(狐偃)·조최(趙衰)·가타(賈檞)·선진(先軫) 등의 현사(賢士)들을 중용했고, 그들의 건책(建策)에 따라 당시 왕실의 내란으로 정(鄭)나라로 망명해 있던 주(周)나라의 양왕(襄王)을 도와서 난을 평정하고 양왕을 복위시켰다. 이어서 송(宋)나라의 원조 요청을 받아들여서 군제(軍制)를 정비하고 북진을 노리고 있던 초(楚)나라 세력을 호남성(河南省)에 있는 성복(城濮) 전투에서 크게 부수었으며, 전후(戰後)에 천토(踐土)에서 주나라 양왕을 맞아 제후들과 동맹을 만들었다. 그리하여 진(晉)나라 문공은 제(齊)나라 환공(桓公)에 이어서 춘추시대 두 번째 패자(覇者)가 된다. 문공의 치세는 8년이었지만, 신하 중에 뛰어난 이들이 많아 그가 죽은 후에도 오랫동안 그의 패업이 계속되었다.

2) 목(穆)은 목(繆-무)으로도 쓴다. 춘추시대 진나라의 제9대 군주로, 이름은 임호(任好)이고 춘추오패(春秋五覇)의 한 사람이다. 재위 동안 어진 인재를 힘써 구해 백리해(百里奚)·건숙(蹇叔) 등을 등용해서 모신(謀臣)으로 삼았고, 올바른 정치에 전력을 기울여 국세가 날로 강해졌다. 동으로는 하서(河西)를 빼앗고 서로는 서융(西戎)을 치니, 패자가 되어 국세가 급격히 발전했다. 일찍이 오랫동안 진(晉)나라의 견제를 받았는데, 진(晉)나라 혜공(惠公)을 패배시키고 압박해 태자 어(圉)를 인질로 오게 했다. 또 병사를 동원해 진(晉)나라 공자(公子) 중이(重耳)가 즉위하

도록 도우니, 이 사람이 바로 진나라 문공(文公)이다.

정왕 원년에 초(楚)나라 장왕(莊王)이 육혼(陸渾)의 오랑캐[융戎]를 치고[1] 낙읍에 주둔하며[차次], 사람을 보내어 구정(九鼎-천자의 상징)에 관해 물었다. 왕이 왕손(王孫) 만(滿)[2]을 보내어 사양하는 말로 대응하게 하자[3] 초나라 군대가 마침내 물러갔다.

10년에 초나라 장왕이 정나라를 에워싸자, 정나라 임금[정백鄭伯]이 항복했다가 얼마 안 가서 나라를 다시 찾았다. 16년에 초 장왕이 졸했다.

21년에 정왕이 붕하자 아들 간왕(簡王) 이(夷)가 세워졌다. 간왕 13년에 진(晉)은 자신들의 임금 여공(厲公)을 죽이고 주나라에서 공자 주(周)를 맞이해[영迎] 세우고 도공(悼公)으로 삼았다.

14년에 간왕이 붕하자 아들 영왕(靈王) 설심(泄心)이 세워졌다. 영왕 24년에 제(齊)나라 최저(崔杼, ?~기원전 546년)[4]가 자기 임금 장공(莊公)을 시해했다.

1) 【집해(集解)】 「지리지(地理志)」에서 말하기를, 육혼현은 홍농군(弘農郡)에 속한다고 했다. 【정의(正義)】 두예(杜預)가 말했다. "윤성(允姓)의 융(戎)은 육혼에 거주하는데, 진(秦)과 진(晉)의 서북쪽에 있다. 두 나라는 융을 회유해서 그들을 이천(伊川)에 옮겨 살게 한 뒤 마침내 융(戎)이라는 칭호를 쓰게 했다. 지금의 낙주(洛州) 육혼현은 그 명칭을 딴 것이다." 『후한서(後漢書)』에서는 육혼융이 과주(瓜州)에서 이천으로 옮겨 갔다고 했다. 『좌전(左傳)』(희공(僖公) 22년)에서 말했다. "애초에 평왕(平王)이 동천할 때 신유(辛有)가 이천에 갔다가 머리를 풀어 헤치고 들판에서 제사를 지내는 자를 보고 말했다. '100년이 되지 않아 이곳은 융이 될 것이다. 주나라의 예가 먼저 없어졌구나!'" 살

펴보건대, 희공 22년 가을에 진(秦)과 진(晉)이 육혼의 융을 이천으로 옮겼으니, 신유의 말이 있은 때로부터 계산해보면 딱 100년이다. 『괄지지(括地志)』에서 말했다. "옛 마성(麻城)을 일러 만중(蠻中)이라고 하는데, 여주(汝州) 양현(梁縣)의 경계에 있다. 『좌전(左傳)』(애공(哀公) 4년)에 이르기를 '단부여(單浮餘-초나라 대부)가 만씨(蠻氏)를 포위했다'라고 했는데, 두예(杜預)는 말하기를 '성은 하남(河南) 신성(新城) 동남쪽에 있고 이락(伊洛)의 융족 육혼만씨의 성이다. 세상 사람들이 마(麻)를 만(蠻)으로 보는 것은 발음이 서로 가까워서이기 때문일 뿐이다'라고 했다." 살펴보건대 신성은 지금의 이궐현(伊闕縣)이다.

2) 【집해(集解)】 가규(賈逵)가 말했다. "왕손 만은 주나라 대부이다."

3) 『춘추좌씨전(春秋左氏傳)』 선공(宣公) 3년에 나온다. 초자(楚子-초나라 장왕(莊王)이다. 초나라는 천자만이 할 수 있는 왕(王)을 칭했다.)가 육혼(陸渾-한나라 때 지금의 하남성(河南省) 낙양시(洛陽市) 동남쪽 일대를 가리킨다.)의 융(戎-서쪽 오랑캐)을 토벌한 뒤 드디어 낙(雒-강의 이름이다.)에 이르러 주나라 영토에서 무력시위[觀兵]를 하니, 정왕(定王)이 (주나라 대부인) 왕손(王孫-왕의 손자) 만(滿)을 보내 초자를 위로했다. 초자가 왕손 만에게 정(鼎-천자를 상징하는 큰 쇠솥이다.)의 크고 작음과 가볍고 무거움에 관해 묻자(-주나라를 압박해 천하를 얻고자 하는 뜻을 내보인 것이다.), 왕손 만은 이렇게 말했다.

"(천자가 되는지의 여부는) 다움[德]에 있지 쇠솥[鼎]에 달린 것이 아닙니다. 옛날 하(夏)나라에 다움이 있을 때(-우왕(禹王)의 치세를 가리킨다.) 먼 나라들에서 갖가지 산천의 진기한 물건을 그림으로 그려 올리자, 구주(九州)를 다스리는 목(牧)과 백(伯)에게 금을 바치게 해서 구정(九鼎)을 주조해 거기에 (먼 나라들에서 온) 그림들을 새겨 넣고 온갖 일[百物=百事]을 새겨서 백성으로 하여금 귀신들의 간사한 실상을 알 수 있게끔 대비했습니다. 그리하여 백성은 강물이나 산속에 들어가더라도 예기치 못한 일[不若=不順]을 만나지 않았고 산신령이나 도깨비 혹은 물귀신[螭魅罔兩(魍魎)] 등도 마주치지 않게 되었습니다. 이에 위아래가 서로 합심하니 하늘로부터 복을 받았는데, 걸(桀)왕에게서 어두운 다움[昏德]이 드러나자, 쇠솥이 상(商)나라로 옮겨 가서 600년간 머물렀고, 상나라 주(紂)왕이 폭정과 학정을 일삼자, 쇠솥이 주나라로 옮겨 왔습니다.

이처럼 임금의 다움이 아름답고 밝으면[休明] 쇠솥이 아무리 작아도 무거워서 옮길 수가 없고, 임금의 다움이 어둡고 어지러우면[昏亂] 쇠솥이 아무리 커도 가벼워서 옮길 수 있습니다. 하늘은 밝은 다움[明德]이 있는 사람에게 복을 내리기 때문에, 쇠솥이 그곳에 와서 머무르게 되는 것입니다. 성왕(成王)께서 이 쇠솥을 겹욕(郟鄏-지금의 하남(河南)이다.)에 안치할 때 점괘에서 '30대 700년을 누리게 될 것이다'라고 했으니, 이는 하늘이 명한 바[天所命]입니다. (지금 비록) 주나라의 다움이 쇠락했다고는 하지만 아직 하늘의 명이 바뀌지 않았으니, 쇠솥이 가볍고 무거운지에 대해서는 물어서는 안 될 것입니다."

수세에 있으면서도 당당함을 잃지 않은 명문이라 할 수 있다.

4) 최무자(崔武子) 또는 최자(崔子)로도 불린다. 영공(靈公) 때 정(鄭)나라와 진(秦)나라 등의 정벌에 공을 세웠다. 자신의 처와 사통한 장공(莊公)을 시해하고 경공(景公)을 세워 전권을 휘둘렀지만, 집안의 불화를 틈탄 경봉(慶封)에 의해 멸문을 당했다.

27년에 영왕이 붕하자[1] 아들 경왕(景王) 귀(貴)가 세워졌다[2].

경왕 18년에 왕후가 낳은 태자가 빼어났으나[聖] 일찍 졸했다. 20년에 경왕은 아들 조(朝)[3]를 아껴서 그를 (태자로) 세우려고 하다가[4] 마침 붕하니[5], 왕자 개(丐)의 무리[黨與]가 (왕자 조와) 서로 세워지려고 다투었다. 나라 사람들이 (경왕의) 큰아들 맹(猛)을 세워 왕으로 삼았으나 왕자 조가 맹을 공격해 죽였으니, 맹을 도왕(悼王)이라고 했다. 진(晉)나라 사람들이 왕자 조를 공격해 개를 세워주니, 이 사람이 경왕(敬王)이다[6].

1) **【집해(集解)】** 『황람(皇覽)』에서 말했다. "영왕(靈王)의 무덤은 하남성(河南城) 서남쪽 백정(柏亭) 서쪽 주산(周山) 위에 있다. 대개 영왕은 날 때부터 코밑에 수염이 있고[髭] 신령스러웠기 때문에, 그래서 시호를 영왕(靈王)이라고 한 것이다. 그의 무덤에는 백성의 제사가 끊어지지 않았다."

2) **【색은(索隱)】** 이름은 귀(貴)이다. 살펴보건대 『국어(國語)』(「주어(周語)」)에 따르면 경왕 21년에 대전(大錢-큰 동전)과 무역(無射-큰 종)을 주조하자 단목공(單穆

公)과 악관 주구(州鳩)가 글을 올려 간언했다고 하는데, 지금 여기에는 그에 관한 아무런 언급도 없으니 역시 소략함을 알 수 있을 뿐이다.

3) 【집해(集解)】 가규(賈逵)가 말했다. "경왕의 장남이자 서자였다."

4) 【정의(正義)】 『좌전(左傳)』에서 말했다. "왕자 조가 성주(成周)의 보규(寶珪)를 황하에 던져 넣었는데, 나루의 뱃사공이 황하 가에서 그것을 얻었다." 두예(杜預)가 말했다. "황하에 기도해서 복을 구하려 한 것인데, 규가 스스로 물속에서 나왔다." 살펴보건대, 황하의 신이 감히 받을 수 없었기 때문이다.

5) 【집해(集解)】 『황람(皇覽)』에서 말했다. "경왕의 무덤이 낙양(洛陽) 태창(太倉) 안에 있다. 진(秦)나라는 여불위(呂不韋)를 낙양에 봉했는데 봉읍이 10만 호였으니, 그 성이 커져서 경왕의 무덤을 에워쌌다."

6) 【집해(集解)】 가규(賈逵)가 말했다. "경왕은 맹(猛)의 친동생이다."

경왕 원년에 진(晉)나라 사람들이 경왕을 들이려 했으나 왕자 조가 스스로를 세웠기에, 경왕은 들어가지 못하고 택(澤) 땅[1]에 머물렀다. 4년에 진(晉)나라가 제후들을 이끌고 경왕을 주(周)나라에 들여보내니, 왕자 조는 신하가 되고[爲臣(위신)][2] 제후들은 주나라에 성을 쌓았다.

16년에 왕자 조의 무리가 다시 난을 일으키자, 경왕은 진(晉)나라로 달아났다.

17년에 진(晉)나라 정공(定公)이 드디어 경왕을 주(周)에 들여보냈다.

39년에 제나라 전상(田常)이 자기 임금 간공(簡公)을 죽였다.

41년에 초나라가 진(陳)을 멸망시켰다. 공자(孔子)가 졸(卒)했다[3].

42년에 경왕이 붕하자[4] 아들 원왕(元王) 인(仁)이 세워졌다[5].
원왕이 8년에 붕(崩)하고 아들 정왕(定王) 개(介)가 세워졌다[6].

정왕 16년에 삼진(三晉)이 지백(智伯)을 멸망시키고 그의 땅을 나눠 가졌다.

1) 【집해(集解)】 가규(賈逵)가 말했다. "택읍은 주나라 땅이다."

2) 【집해(集解)】 (공자는) 『춘추(春秋)』에서 "왕자 조가 초나라로 달아났다"라고 했다. 『황람(皇覽)』에서 말했다. "왕조 조의 무덤은 남양(南陽) 서악현(西鄂縣)에 있다. 지금의 서악 조씨(晁氏)는 스스로를 왕자 조의 후손이라고 일컫는다."

3) 공자의 죽음을 제후에 준해 졸(卒)이라고 했다. 공자의 전기를 열전이 아니라 세가(世家)에 포함한 것도 사마천의 그런 생각 때문이다.

4) 【집해(集解)】 서광(徐廣)이 말했다. "황보밀(皇甫謐)이 말하기를, '경왕은 44년 재위했으니, 원년은 기묘년이고 붕했을 때는 임술년이다'라고 했다."

5) 【집해(集解)】 서광(徐廣)이 말했다. "『세본(世本)』에 이르기를, 정왕(貞王) 개(介)라고 했다."

6) 【집해(集解)】 서광(徐廣)이 말했다. "『세본(世本)』에 이르기를, 원왕(元王) 적(赤)이라고 했다." 황보밀(皇甫謐)이 말했다. "원왕 11년 계미년에 삼진(三晉)이 지백(智伯)을 멸망시켰다. 28년에 붕하자 세 아들이 서로 세워지려고 다투었는데, 응(應)을 세워 정정왕(貞定王)으로 삼았다." 【색은(索隱)】 『계본(系本-세본)』에서는 원왕(元王) 적(赤)이라고 했고 황보밀은 정정왕(貞定王)이라고 했는데, 두 글을 고찰해볼 때 원(元)에게는 인(仁)이라는 이름과 적(赤)이라는 이름 2개가 있었다. 『사기(史記)』는 원왕을 정왕(定王)의 아버지로 보았으니, 정왕(定王)이 곧 정왕(貞王)이지만, 『계본(系本)』에 의거하자면 원왕은 정왕(貞王)의 아들이다. 분명 하나는 어긋난 잘못[乖誤(괴오)]이다. 그러나 이 정(定)이 정(貞)이어야 한다면 그것은 글자상 오류일 뿐이다. 어찌 주나라 왕실에 두 정왕(定王)이 있어 대(代)를 이어받으면서 멀지 않을 수 있겠는가. 황보밀은 이 점을 보고서 의심해 결론을 내리지 않고, 드디어 『사기』와 『계본』의 착오를 미봉(彌縫)하고 정정왕(貞定王)이라고 한 것이다. 정확히 알 수는 없다.

28년에 정왕이 붕하자[1] 장자 거질(去疾)이 세워지니, 이 사람이 애왕(哀王)이다.

애왕이 세워진 지 석 달 만에 동생 숙(叔)이 애왕을 습격해 죽이고[襲殺(습살)] 스스로를 세웠으니, 이 사람이 사왕(思王)이다.

사왕이 세워진 지 다섯 달 만에 동생 외(嵬)가 사왕을 공격해 죽이고[攻殺(공살)] 스스로를 세웠으니, 이 사람이 고왕(考王)이다.

이들 세 왕은 모두 정왕(定王)의 아들이다.

1) 【집해(集解)】 서광(徐廣)이 말했다. "황보밀(皇甫謐)이 말하기를, 정왕은 10년 재위했는데 원년은 계해년이고 붕했을 때는 임신년이라고 했다."

고왕이 15년에 붕하자[1] 아들 위열왕(威烈王) 오(午)가 세워졌다.

고왕은 자기 동생을 하남(河南)에 봉했으니[2] 이 사람이 환공(桓公)인데, 그로 하여금 주공(周公)의 관직을 잇게 했다. 환공이 졸(卒)하자 아들 위공(威公)이 이어서 세워졌다[代立(대립)]. 위공이 졸하자 아들 혜공이 이어서 세워졌는데 (혜공은) 마침내 자신의 막내아들을 공(鞏) 땅에 봉해[3] 왕을 받들게 하면서 칭호를 동주(東周) 혜공(惠公)이라고 했다[4].

위열왕 23년에 구정(九鼎)이 진동했다. 한(韓)·위(魏)·조(趙) 세 나라에 명해 제후로 삼았다.

1) 【집해(集解)】 서광(徐廣)이 말했다. "황보밀(皇甫謐)이 말하기를, 고철왕(考哲王)의 원년은 신축년이고 붕했을 때는 을묘년이라고 했다."

2) 【정의(正義)】 『제왕세기(帝王世紀)』에서 말했다. "고철왕은 동생 게(揭)를 하남에 봉해 주공의 관직을 잇게 했으니, 이 사람이 서주(西周) 환공이다." 살펴보건

대, 경왕(敬王)이 성주(成周)로 천도해온 이래로, 명칭을 동주(東周)라고 하니 환공은 왕성을 도읍으로 삼고 칭호를 서주 환공이라고 했다.

3) 【집해(集解)】 서광(徐廣)이 말했다. "혜공의 아들이다." 【정의(正義)】 곽연생(郭緣生)의 『술정기(述征記)』에 따르면 공현(鞏縣)은 주나라 땅이며 공백(鞏伯)의 읍이다. 역사 기록에 따르면, 주나라 현왕(顯王) 2년에 서주 혜공은 막내아들 반(班)을 공(鞏)에 봉해 주나라 왕실을 받들게 하면서 동주 혜공이라고 했는데, 그의 아들 무공(武公)의 때에 진(秦)나라에 멸망 당했다.

4) 【색은(索隱)】 고왕은 동생을 하남에 봉하고 환공으로 삼았고, 그가 졸하자 아들 위공이 세워졌으며, 졸하자 아들 혜공이 세워졌다. (혜공의) 장남은 서주공(西周公)이 되었고, 막내아들은 공에 봉해져서 마침내 아버지의 칭호를 이어받아 동주 혜공이 되었다. 이에 동서로 두 주(周)가 있게 되었다. 살펴보건대, 『계본(系本)』에 이르기를 "서주 환공의 이름은 게(揭)이고 하남에 살았으며, 동주 혜공의 이름은 반(班)이고 낙양에 살았다"라고 한 것이 그것이다.

24년에 (위열왕이) 붕하자[1] 아들 안왕(安王) 교(驕)가 세워졌다. 이해에 도적 떼가 초(楚)나라 성왕(聲王)을 죽였다.

안왕이 세워진 지 26년 만에 붕하자[2] 아들 열왕(烈王) 희(喜)가 세워졌다.

열왕 2년에 주나라 태사(太史) 담(儋)[3]이 진(秦)나라 헌공(獻公)을 알현하고서 말했다[4].

"비로소 주나라와 진나라는 하나였다가 나뉘고, 나뉜 지 500년 후에 다시 합쳐지며[5], 합쳐진 지 17년 후에 패왕(霸王)이 나올 것입니다[6]."

1) 【집해(集解)】 서광(徐廣)이 말했다. "황보밀(皇甫謐)이 말하기를, (위열왕의) 원년은 병진년이고 붕했을 때는 기묘년이라고 했다." 배인(裴駰)이 살펴보건대, 송

충(宋衷)이 말하기를 "위열왕을 낙양성 안 동북쪽 구석에 장사 지냈다"라고 했다.

2) 【집해(集解)】 황보밀(皇甫謐)이 말했다. "안왕의 원년은 경진년이고 붕했을 때는 을사년이다."

3) 【색은(索隱)】 (『사기(史記)』) 「노자 열전(老子列傳)」에서 말하기를 "담(儋)은 곧 노자이다"라고 했을 뿐이고 또 말하기를 "그렇지 않다"라고 했으니, 그 연대를 징험해볼 때 별개의 사람이다. 【정의(正義)】 유왕(幽王) 때 백양보(伯陽甫)라는 사람이 있었는데, 당고(唐固)가 말했다. "백양보가 노자이다." 살펴보건대, 유왕 원년부터 공자가 졸(卒)할 때까지가 300여 년이고, 공자가 졸한 이후 129년이 지나서 담이 진나라 헌공을 알현하고 있다. 그렇다면 노자를 공자 때 사람이라고 볼 때 당고의 설은 틀렸다.

4) 【정의(正義)】 (『사기(史記)』) 「진본기(秦本紀)」에 따르면 헌공 11년에 (두 사람이) 만났고 만나본 지 15년 후에 주나라 현왕(顯王)이 진(秦)나라 효공(孝公)에게 문왕과 무왕의 제사에 올렸던 고기를 보내왔으니, 이 또한 시기적으로 합치한다.

5) 【집해(集解)】 응소(應劭)가 말했다. "주나라 효왕(孝王)이 백예(伯翳)의 후손을 봉해 후백(侯伯)으로 삼음으로써 주나라와 나뉘게 된 지 500년이다. 소왕(昭王) 때에 이르러 서주의 임금과 신하가 스스로 찾아와서 죄를 받고 자신의 읍 36개 성을 바쳤으니, 이는 합쳐진 것이다." 위소(韋昭)가 말했다. "주나라가 진(秦)을 봉해 시별(始別)로 삼고 진중(秦仲)이라고 불렀다. 500년이란 진중으로부터 효공이 강대해질 때까지이며, 현왕(顯王)이 백(伯)에 제사 지낸 고기를 보내온 것은 그와 친해져서 합쳐진 것이다." 【색은(索隱)】 주나라가 비자(非子)를 봉해 부용(附庸)으로 삼은 뒤 진(秦)에 읍을 주고서 칭호를 진영(秦嬴)이라고 했으니, 이것이 처음으로 합쳐진 것이다. 진나라 양공(襄公)에 이르러 비로소 반열에 올라 제후가 되었으니, 이것이 나뉜 것이다. 진나라가 반열에 올라 제후가 된 이래로 소왕(昭王) 52년까지, 즉 서주의 임금과 신하가

36개 성을 바쳐 진나라에 들어가기까지가 모두 516년이니, 이것은 합쳐진 것이다. '500년'이라고 한 것은 대략 큰 것만 말한 것이다.

6) 【집해(集解)】 서광(徐廣)이 말했다. "이때로부터 17년이 지나 진(秦)나라 소왕(昭王)이 세워졌다." 배인(裴駰)이 살펴보건대 위소(韋昭)가 말하기를 "(진나라의) 무왕(武王)과 소왕은 모두 (사실은 천자를 뜻하는 왕이 아니라) 백(伯)이며, 시황(始皇)에 이르러서야 천하를 다스리는 왕(王)이 되었다"라고 했다. 【색은(索隱)】 패왕이란 시황이다. 주나라가 진나라에 읍을 바친 이래로 시황이 처음 세워질 때까지는 정사가 태후와 노애(嫪毒-시기하고 음란하다는 뜻)에게서 나왔고 9년 후에 노애가 주살되었으니, 그 시기가 정확히 17년이다. 【정의(正義)】 주나라가 처음에 진나라와 합쳐진 것은 주나라와 진나라가 모두 황제(黃帝)의 후손임을 말하는 것으로, 비자에 이르러 아직 별도로 봉해주지 않았을 때까지가 합쳐져 있던 시기다. 나뉜 때란 비자 말년을 말하는 것으로, 주나라가 비자를 봉해 부용으로 삼고서 진(秦)을 읍으로 준 때로부터 군주 29명을 지나서 진 효공까지의 500년이다. 진 효공 2년에 주나라 현왕이 문왕과 무왕에게 올린 제사 고기를 진 효공에게 보내와서 다시 친해졌으니, 이것이 다시 합쳐진 것이다. 합쳐지고 17년이 지나 패왕이 나오리라는 것은 곧 진 효공 3년부터 19년, 즉 주나라 현왕이 문왕과 무왕에게 올린 제사 고기를 진나라 효공에게 보내올 때까지를 패(覇)라 한 것이다.[이 부분은 주석자의 착각인 듯하다. 제사 지낸 고기를 보내온 것은 효공 2년이고, 19년에는 천자로부터 패자로 공인 받았다.] 효공의 아들 혜왕은 칭왕(稱王)했으니, 이것이 왕자(王者)가 나온 것이다. 여기서 500년이란, 비자가 진후(秦侯)를 낳은 이래로 임금[君(군)] 28명을 거쳐서 효공 2년까지가 도합 486년이니, 만약에 비자가 진나라에 읍을 받은 이후의 14년을 더하면 딱 500년이 된다.

10년에 열왕이 붕하자 동생 번(扁)[1]이 세워졌으니, 이 사람이 현왕(顯王)이다.

현왕 5년에 진나라 헌공(獻公)을 치하하고 그에게 패(伯=霸)[2]의 칭호를 내려주었다. 9년에 현왕은 진나라 효공(孝公)에게 문왕과 무왕에 제사 지낸 고기[胙]를 보내주었다[3]. 25년에 진(秦)나라가 주나라 땅에서 제후들과 회맹했다[會]. 26년에 주나라는 진 효공에게 패의 칭호를 내렸다. 33년에 진 혜왕(惠王)을 치하했다. 35년에는 진 혜왕에게 문왕, 무왕에게 제사 지낸 고기를 보내주었다. 44년에 진 혜왕이 왕이라고 칭하니[稱王][4], 이후부터는 제후들이 모두 스스로 왕이라고 칭했다[5].

1) 【정의(正義)】 扁의 발음은 (편이 아니라) 변(邊)과 전(典)의 반절음이다.

2) 이때의 伯자는 패자(覇者)를 뜻하기 때문에 공후백자남의 백이 아니라 패로 발음해야 한다.

3) 【집해(集解)】 조(胙)란 제사 고기[膰肉]다. 『좌전(左傳)』(희공(僖公) 9년)에 이르기를 "왕(-양왕)이 재(宰-임금의 요리사) 공(孔)을 보내 제후(齊侯)에게 제사 고기[胙]를 내려주며 말하기를, 천자가 문왕과 무왕에게 제사를 지냈다[有事]고 했다."

4) 【정의(正義)】 「진본기(秦本紀)」에 이르기를, 혜왕 13년에 한(韓)·위(魏)·조(趙)와 함께 칭왕(稱王)했다고 한다.

5) 【색은(索隱)】 한(韓)·위(魏)·제(齊)·조(趙)를 가리킨다.

48년에 현왕이 붕하자 아들 신정왕(愼靚王) 정(定)이 세워졌다.

신정왕은 세워진 지 6년 만에 붕하고 아들 난왕(赧王) 연(延)이 세워졌다[1]. 왕(王) 난(赧)[2] 때 주나라는 동서로 나뉘어 다스려졌는데[3], 왕 난은 서주로 도읍을 옮겼다[徙都=遷都][4].

1) 【색은(索隱)】 황보밀(皇甫謐)이 말하기를, 이름은 탄(誕)이라고 했다. 난(赧-부끄러워하다)은 시호가 아니니, 시호법에는 난(赧)이 없다. 바로 이때 나라가 미약해져서 도끼질 하나도 몰래 해야 했고 늘 숨어 다니며 이리저리 돈을 빌려야

했기에, 얼굴이 화끈 달아오르고[赧然(난연)] 부끄러워서 그냥 칭호를 난(赧)이라고 했을 뿐이다. 또 살펴보건대, (위서의 일종인) 『상서중후(尙書中候)』에서는 난(赧)을 연(然)이라고 했는데 정현(鄭玄)은 말하기를 "然은 난(赧)으로 읽는다"라고 했다. 왕소(王劭)가 살펴보건대 赧의 옛 발음은 인(人)과 선(扇)의 반절음이고 지금의 발음은 노(奴)와 판(板)의 반절음이라고 했다. 『이아(爾雅)』에 이르기를, 얼굴에 부끄러움이 나타나는 것[面慙(면참)]을 난(赧)이라고 한다고 했다.

2) 여기와 다음 문장에서 사마천은 모두 난왕이라고 하지 않고 왕 난이라고 부르고 있다. 지금까지는 없었던 표현임을 감안할 때 그를 폄하하는 뉘앙스가 담긴 것으로 봐야 할 듯하다.

3) 【색은(索隱)】 서주는 하남이고 동주는 공(鞏)이다. 왕 난은 미약해서 서주와 동주를 나눠 다스렸으니, 각각에 하나의 도읍이 있었으므로 동주와 서주라고 한 것이다. 살펴보건대, 고유(高誘)가 말하기를 서주의 왕성은 지금의 하남이라고 했고 동주의 성주(成周)는 낙양 지역이라고 했다.

4) 【정의(正義)】 경왕(敬王)이 왕성을 동쪽의 성주로 옮긴 뒤로 10세가 지나서 왕 난에 이르러 성주에서 서쪽의 왕성으로 옮겼는데, 서주는 무공(武公)이 거처하던 곳이다.

서주 무공(武公)의 태자 공(共)[1]이 죽었는데, 다섯 서자가 있었으나 적자 중에서는 세워질 사람이 없었다. 사마전(司馬翦)[2]이 초왕에게 말했다.

"땅을 주고 공자 구(咎)를 도와서 태자가 되도록 청하는 것만 한 것이 없습니다."

좌성(左成)[3]이 말했다.

"안 됩니다. 주나라가 만일 듣지 않는다면 그대의 지략은 곤란에 빠지고 주나라와는 더욱 멀어질 것입니다[4]. 주왕(周王)이 누구를 옹립하려는지 잘 살펴서 사마전에게 암시하게 하고, 그때 가서 사마전이 초나라로 하여금 태자에게 땅을 주어 도와줄 것을 청하도록 하는 형식이 좋겠습니다."

과연 (서주는) 공자 구를 세워 태자로 삼았다[5].

1) 【집해(集解)】 서광(徐廣)이 말했다. "혜공의 맏아들이다." 【색은(索隱)】 『전국책(戰國策)』에는 동주 무공이라고 되어 있다.

2) 【정의(正義)】 翦의 발음은 자(子)와 천(踐)의 반절음이다. 초나라 신하다.

3) 【정의(正義)】 초나라 신하다.

4) 【정의(正義)】 땅을 주고 공자 구가 태자가 될 수 있게 도와달라고 청했다가 만약에 주나라가 불허한다면 초나라와 주나라의 교류가 더욱더 소원해질 것이라는 말이다.

5) 【정의(正義)】 초나라는 사마전으로 하여금 주나라에 가서 주나라 임금이 누구를 세우려는지를 알아내어 암암리에 그것을 알리도록 한 다음에 초나라가 (태자에게) 땅을 내어줄 것을 사마전이 지시하게 했다. 주나라는 과연 구를 세워 태자로 삼았다. "서주 무공"부터 여기까지 글은 모두 초나라가 주나라로 하여금 공자 구를 세우도록 교묘하게 일을 꾸민 내용이다.

8년에 진(秦)나라가 의양(宜陽)을 공격하자[1] 초나라는 의양을 구원했다. 그런데 초나라는 주나라가 진나라를 도와서 출병했다고 여겨서 장차 주나라를 치려고 했다[2]. 소대(蘇代)가 주나라를 위해 초왕에게 유세해 말했다.

"어찌하여 주나라가 진(秦)나라 편을 들게 하는 재앙[禍(화)]을 만드십니까?[3] 주나라가 진나라를 위해 출병한 군대가 초나라를 위해 출병했을 때보다 많다고 말하는 것은, 바로 주나라를 진나라 품으로 들어가게 하는 것과 같습니다. 그래서 세상에서는 '주진(周秦)[4]'이라 부르는 것입니다. 주나라는 스스로 문제를 풀[解(개)] 수 없다는 것을 알게 되면 분명 진나라에 들어갈 것이니, 이는 진나라가 주나라를 취하는 묘책[精者(정자)]이 될 뿐입니다[5].

임금을 위해서 묘책을 낸다면, 주나라가 진나라에 기울어도 잘 대하시고 기울어지지 않더라도 잘 대해주어 주나라와 진나라가 소원해지게 하십

시오[6]. 주나라는 진나라와의 관계가 끊어지면 분명히 영(郢)에 들어올 것입니다.[7]"

1) 【정의(正義)】『괄지지(括地志)』에서 말했다. "옛 한성(韓城)은 일명 의양성이었는데, 낙주(洛州) 복창현(福昌縣) 동쪽으로 14리에 있으니 곧 한(韓)의 의양현성(宜陽縣城)이다."

2) 【색은(索隱)】 의양은 한(韓)나라 땅이다. 진나라가 공격하자 초나라가 구원했는데, 주나라도 한나라를 위해 출병했다. 그런데 초나라는 주나라가 진나라를 위한다고 의심해서 그로 인해 주나라에 병력을 보내 치려 한 것이다.

3) 【색은(索隱)】 소대는 주나라를 위해 초나라 임금을 설득해 "왕은 어찌하여 주나라가 진나라를 위한다고 말하십니까? 주나라는 실은 진나라를 위하지 않습니다"라면서 논리를 펴나가고 있다. 만일 왕이 주나라가 진나라를 돕고 있다고 꾸짖는다면 주나라는 초나라를 두려워해서 반드시 진나라로 들어갈 것이니, 이것이 바로 재앙이라는 말이다.

4) 【색은(索隱)】 주나라와 진나라는 서로 가까워서 진나라가 주나라를 삼키려 한다면 겉으로는 주나라에 대해 화목한 척할 것이며, 이런 때를 맞아 제후들은 모두 주진(周秦)이라고 일컫는다는 것이다.

5) 【정의(正義)】 解의 발음은 기(紀)와 매(買)의 반절음이다. 대신해서 말하기를, 주나라가 만약에 초나라가 (자신들이) 진나라와 친한 것을 의심하고 있음을 알게 된다면 그 계책은 참으로 해결할 방도가 없는 것인지라 주나라는 반드시 진나라와 친해지려 할 것이니, 이는 진나라의 입장에서 보자면 주나라를 차지할 수 있는 정묘한 계책이라는 뜻이다.

6) 【정의(正義)】 대신해서 말하기를, 왕을 위한 계책이란 주나라가 진나라와 친하려 하면 그것은 그것대로 그냥 좋게 여기고, 주나라가 진나라와 친하지 않으면 이 또한 좋게 여기도록 하라는 것이다. 이런 식으로 초나라가 주나라에 대해 잘 대해주면 주나라는 반드시 진나라에 대해 거리를 두게 될 것이기 때문

이다.

7) 【정의(正義)】 영(郢)은 초나라 도읍이다. 초나라가 이미 주나라와 친해지고 나면 진나라는 기필코 주나라와 끊고 초나라와 친하려고 할 것이라는 말이다. “8년에”부터 여기까지는 소대가 주나라와 뜻을 합쳐야 한다고 초왕을 유세하는 내용이다.

진(秦)나라가 동주와 서주 사이의 길을 빌려[借(차)] 장차 한(韓)나라를 치려고 했는데, 주나라는 길을 빌려주자니[借之(차지)] 한나라가 두려웠고 빌려주지 않자니[不借(불차)] 진나라가 두려웠다[1]. 이에 사염(史厭)[2]이 주나라 임금[周君(주군)]에게 말했다[3].

“어찌해서 사람을 보내 한공숙(韓公叔)[4]에게 이렇게 말하지 않으십니까? ‘진이 감히 주의 땅을 가로질러[絶(절)] 한을 치려는 것은 동주를 믿기 때문이다. 그대는 어찌하여 주에 땅을 주지 않고 인질을 뽑아[發質(발지)] 초나라에 보내지[使(시)] 않느냐[5]?’ 그렇게 하면 진은 반드시 초를 의심하고 주를 믿지 않게 될 것이니, 한나라는 정벌 당하지 않을 것입니다. 또 진나라에는 이렇게 말해야 합니다. ‘한이 억지로 주에 땅을 주는 것은 장차 진나라가 주를 의심하게 하려는 속셈이고, 주가 감히 땅을 받지 않을 수 없기 때문이다.’ 진나라는 한나라가 주는 땅을 주가 받지 말아야 할 명분을 찾지 못할 것이니[6], 이렇게 되면 한에서는 땅을 받게 되고 진에서는 용납을 받을 수 있게 될 것입니다[7].”

1) 【정의(正義)】 앞에 나온 借는 (‘빌리다’의 뜻이므로) 발음이 정(精)과 다(多)의 반절음이고, 뒤에 나온 借 2개는 (‘빌려주다’의 뜻이므로) 발음이 자(子)와 야(夜)의 반절음이다.[두 발음의 차이가 크지 않아 표기는 우리식 그대로 그냥 차(借)라고 했다.]

2) 【정의(正義)】 (厭의 발음은) 오(烏)와 감(減)의 반절음이거나 어(於)와 점(點)의 반절음이다.

3) 【색은(索隱)】 주군(周君)이란 서주(西周) 무공(武公)이다. 이때 왕 난은 미약해서 맹약의 회의[盟會]를 주도하지 못하고 서주에 빌붙어서 지낼 뿐이었다.

4) 【집해(集解)】 서광(徐廣)이 말했다. "판본에 따라 하(何)로 되어 있기도 하다. 응소(應劭)가 말하기를, '『씨성주(氏姓注)』에 이르기를 하성(何姓)은 한(韓)의 후예라고 한다'라고 했다."

5) 【정의(正義)】 質의 발음은 죽(竹)과 이(利)의 반절음이고 使의 발음은 소(所)와 이(吏)의 반절음이니, 지시(質使-인질 사신)로서 공자나 중신(重臣) 등이 초나라에 가서 인질이 되는 것이다. 만약에 이로 인해 진나라가 초나라를 의심한다면 또한 주나라도 불신하게 할 수 있으니, 인질이나 볼모는 적과 긴장을 유지함에 있어 서로 손해 볼 것이 없다.

6) 【정의(正義)】 또 진나라에 이렇게 말해야 한다는 것이다. 즉 "한나라가 억지로 주나라에 땅을 주는 것은 진나라로 하여금 마치 주나라와 한나라가 친한 관계인 듯이 의심케 하려는 것이고, 그렇게 되면 주나라는 감히 땅을 받지 않을 수 없으며, 진나라는 반드시 주나라가 한나라 땅을 받아서는 안 된다는 교묘한 명분[巧辭]을 찾지 못할 것이다."

7) 【색은(索隱)】 이는 사염이 한나라를 설득해 주나라에는 땅을 주고 초나라에는 인질을 보내게 하려는 것으로, 진나라로 하여금 초나라가 주나라를 믿지 않고 있다고 의심하게 함으로써 주나라에 한나라를 치러 가는 길을 빌리는 일을 할 수 없게 만들면서 동시에 진나라에는 명을 들어주었다는 명분을 얻고 양해를 구할 수 있는 계책이라는 것이다.

진나라에서 서주의 군(君-무공)을 부르자, 서주 군은 가고 싶지 않았기에 사람을 시켜서 한왕(韓王)에게 이렇게 말했다[1].

"진이 이 서주의 군을 부른 것은 장차 왕의 남양(南陽)을 공격하려는 것인데, 왕께서는 어찌 남양에 군대를 보내지 않습니까? 그러면 저 주군(周君)은 장차 이것을 갖고서 진나라에 핑계[辭]를 댈 수 있습니다[2]. 주군이

진에 가지 않으면 진은 결코 황하를 넘어 남양을 치지 못할 것입니다."3)

1) 【색은(索隱)】『전국책(戰國策)』에 이르기를, 어떤 사람이 주군(周君)을 위해 위왕(魏王)에게 일러준 것이라고 했다.[즉 주군이 그 사람의 계책을 그대로 한왕에게 전한 것이다.]

2) 【색은(索隱)】 고유(高誘)가 『전국책(戰國策)』에 대한 주(注)에서 이렇게 말했다. "위나라 병사가 하남에 있다는 것을 구실로 삼아 주군(周君)은 진나라에 조회하러 가지 않을 것이라는 말이다."

3) 【정의(正義)】 남양은 지금의 회주(懷州)이니, 두예(杜預)가 말하기를 진산(晋山) 남쪽 하북(河北)에 있다고 했다. "진나라에서 서주의 군을 부르자"부터 여기까지는 서주의 군이 한나라를 설득해 하남에 군대를 출동시켜서 진나라를 도모할 것을 권유하는 내용이다.

동주와 서주의 싸움에서 한(韓)나라는 서주 편을 들었다. 어떤 사람이 동주를 위해[爲(위)] 한왕을 설득해 말했다1).

"서주는 옛 천자의 나라로 이름난 기물과 귀중한 보배가 많습니다. 왕께서 군대를 멈추고[案兵(안병)] 출병하지 않는다면 동주에 은덕을 베풀 수 있으니, 서주의 보물은 반드시 모두 한나라로 들어올 것입니다."2)

1) 【정의(正義)】 마침내 어떤 사람이 동주를 위해 한왕을 설득해 말하기를, 군대를 붙잡아두고서 출병하지 않는다면 주나라는 한나라를 고맙게 여길 것[德(덕)]이라는 말이다.

2) 【정의(正義)】 한나라가 출병해서 서주를 도울 경우에도, 또 (출병하지 않고) 동주를 공격하지 않는다 해도, 서주는 그 도움에 대해 감사해 보물과 기물들을 분명 남김없이 한나라에 다 줄 것이라는 말이다. "동주와 서주의 싸움에서"부터 여기까지는 어떤 사람이 한나라를 설득해 서주를 구원해줄 필요가 없

다고 말한 것이다.

왕 난(赧)은 성군(成君)이라고 불렀다. 초나라가 (한나라의) 옹지(雍氏)를 에워싸자[1] 한나라는 동주에서 갑옷과 식량을 징발하니, 동주의 군이 두려워서 소대(蘇代)를 불러 이 사실을 알렸다. 대가 말했다.

"군께서는 이에 대해 무슨 걱정을 하십니까? 신이 얼마든지 한나라가 주에서 갑옷과 곡식을 징발하지 못하도록 하겠으며, 또 군을 위해 고도(高都)[2]를 얻어내도록 하겠습니다."

주군이 말했다.

"그대가 정말로 그리해준다면 앞으로 그대의 말에 따라 국사를 처리하겠소."

대가 한나라 상국(相國-재상)[3]을 만나서 말했다.

"초나라가 옹지를 포위하며 석 달을 기한으로 했는데[期], 지금 다섯 달이 되어도 뽑지 못했다는[不拔] 것은 초나라가 피폐해졌다[病][4]는 뜻입니다. 지금 상국께서 마침내 주나라에서 갑옷과 식량을 징발한다면, 이는 초나라에 당신들이 지쳤다는 것을 알려주는 일입니다."

한나라 상국이 말했다.

"좋은 말이오. 사자(使者)가 가는 것을 멈추게 하겠소[已行][5]."

대가 말했다.

"어째서 고도를 주나라에 주지 않습니까?"

한나라 상국이 크게 노해[大怒] 말했다.

"내가 주나라로부터 갑옷과 곡식을 징발하지 않는 것만으로도 실로 이미 충분하오[多矣][6]. 무슨 이유로 주나라에 고도를 주어야 하오?"

대가 말했다.

"고도를 주나라에 주면 주나라는 굽혀서 한나라에 들어올 것이고, 진나라가 이 소문을 들으면 반드시 주나라에 크게 분노해서 곧바로 주나라와

통하지 않게 될 것입니다. 이는 이미 피폐해진 고도를 갖고서 온전히 주나라를 얻는 것인데, 어째서 주지 않으려 하십니까?"

상국이 말했다.

"좋소."

과연 고도를 주나라에 주었다.[7]

1) 【집해(集解)】 서광(徐廣)이 말했다. "양적(陽翟) 옹지성(雍氏城)이다. 『전국책(戰國策)』에 이르기를 '한나라 군사가 서주에 침입하자 서주는 성군(成君)을 시켜서 진나라를 설득해 구원해달라고 했다'라고 했으니, 마땅히 이 일과 같아야 하는데 빠지거나 잘못 서술되었다." 【색은(索隱)】 서씨의 설대로라면 마땅히 고치고 주를 달아 결론을 맺어야 하는데 "초나라가 한나라의 옹지(雍氏)를 에워싸자"에 대해서는 아무런 주를 달지 않았다. 【정의(正義)】 『괄지지(括地志)』에서 말했다. "옛 옹성(雍城)은 낙주(洛州) 양적현(陽翟縣) 동북쪽으로 25리에 있다. 그래서 노인들은 말하기를, 황제(黃帝)의 신하 옹보(雍父)가 절구와 공이를 만들어서 (그 공로로) 봉해진 곳이라고 했다." 살펴보건대, 그 땅은 당시에는 한(韓)나라에 속했다.

2) 【집해(集解)】 서광(徐廣)이 말했다. "지금의 하남(河南) 신성현(新城縣) 고도성(高都城)이다." 【색은(索隱)】 고유(高誘)가 말했다. "고도는 한(韓)나라의 읍으로, 지금은 상당(上黨)에 속한다." 【정의(正義)】 『괄지지(括地志)』에서 말했다. "고도고성(高都故城)은 일명 고도성(郜都城)인데, 낙주 이궐현(伊闕縣) 북쪽으로 35리에 있다."

3) 【집해(集解)】 『한서(漢書)』 「백관표(百官表)」에서 말하기를 "상국은 진(秦)나라 관제에 따른 관직이다"라고 했는데, 배인(裴駰)이 볼 때 한(韓)나라 또한 상국이 있었으니 그렇다면 여러 나라가 함께 진나라를 본뜨고 있었기 때문일 것이다.

4) 【정의(正義)】 초나라 병사들이 피폐하고 쇠약해졌다[폐약 弊弱]는 뜻이다.

5) 【색은(索隱)】 이(已)는 '그치다', '멈추다[止]'의 뜻이다.

6) 【정의(正義)】 이미 할 만큼 다 했다[幸甚]는 말이다.

7) 【정의(正義)】 "초나라가 한나라의 옹지(雍氏)를 에워싸자"부터 여기까지는 소대가 동주를 위해 한나라를 설득해서 갑옷을 징발하지 않도록 하고서도 고도를 얻어낸 것이다.

34년에 소려(蘇厲)가 주군(周君)에게 일러 말했다.

"진(秦)이 한(韓), 위(魏)를 깨뜨리고 사무(師武)를 꺾으며[扑=折][1] 북쪽으로 조나라의 인(藺)과 이석(離石)[2]을 차지할 수 있었던 것은 모두 백기(白起) 덕분입니다. 그는 용병에 능하고 하늘의 명도 갖고 있습니다. 지금 또 병사를 새(塞-변방 요새)로 출동시켜서 양(梁)을 공격하려고 하는데[3], 양이 깨지면 주나라가 위험해집니다. 군(君)께서는 어찌하여 사람을 보내어 백기에게 유세하지 않으시는지요? 이렇게 말하게 하십시오. '초나라에 양유기(養由基)란 자가 있는데 활을 잘 쏘았소. 버들잎에서 100걸음이나 떨어져 화살을 쏘아도 백발백중이므로 좌우에서 지켜보던 수천 명이 모두 참으로 잘 쏜다고 입을 모으곤 했소. 그때 어떤 자가 그 옆에 서서 말하기를 "훌륭하다. 내가 활쏘기를 가르칠 만하구나"라고 하자, 양유기가 화를 내면서 활을 내려놓고[釋=解] 검을 집어 들며[搤=執] "객(客)이 어떻게 내게 활쏘기를 가르칠 수 있단 말인가?"라고 했소. 객이 말하기를 "나는 그대에게 왼손으로 버티고 오른손을 구부리는 활쏘기[支左詘右][4]를 가르치겠다는 것이 아니오. 버들잎에서 100걸음 떨어져서 활을 쏘아 백발백중한다고 해도, 가장 좋은 때에 숨을 잘 멈추지[善息][5] 않는다면 조금만 지나도 결국은 기운이 빠지고 힘이 달려서 활이 휘고 화살이 구부러지게 되오. 한 발이라도 맞지 않는다면 백발백중이라는 이전의 성적은 다 허사가 되는 것이오[息][6]"라고 했소. 지금 한·위·사무를 격파하고 북쪽으로 조의 인읍과 이석읍을 빼앗았으니, 그대의 공이 대단히 크오. 지금 또 병사를 새(塞)로 출동시켜 동

서 두 주나라 사이를 지나 한을 등지고 양을 공격하려고 하는데, 이번에 승리하지 못하면 앞에서 세운 공은 모두 사라질 것이오. 따라서 병이 났다고 핑계 대고 출전하지 않는 것이 차라리 좋을 것이오'라고 말입니다."[7)]

1) 【집해(集解)】 서광(徐廣)이 말했다. "복(扑)은 판본에 따라 부(仆-뒤집다, 죽이다)로 되어 있다." 『전국책(戰國策)』에서 말했다. "진나라는 위(魏)나라 장수 서무(犀武)를 이궐(伊闕)에서 꺾었다."

2) 【집해(集解)】 「지리지(地理志)」에 이르기를, 서하군(西河郡)에 인과 이석 두 현이 있다고 했다. 【정의(正義)】 『괄지지(括地志)』에 이르기를 "이석현은 지금의 석주(石州)가 다스리는 현(縣)이다"라고 했고 인은 이석과 가까운데, 둘 다 조(趙)나라의 읍이다.

3) 【정의(正義)】 이궐의 요새[伊闕塞]를 말하는데, 낙주(洛州)에서 남쪽으로 19리에 있다. 이궐산의 지금 이름은 종산(鍾山)이다. 역원(酈元)의 『수경주(水經注)』에서는 "두 산이 서로 마주하며 마치 대궐을 쳐다보듯이 하는데, 이수(伊水)가 그 사이를 흘러가 이궐(伊闕)이라고 했다"라고 풀이했다. 살펴보건대 지금은 그것을 용문(龍門-용문산)이라고 하니, 우(禹)가 뚫어서 물이 통하게 한 곳이다.

4) 【색은(索隱)】 『열녀전(列女傳)』에서 말했다. "왼손은 마치 막아 지키듯이 하고[如拒] 오른손은 기대듯이 손가락을 나누어서[如附枝] 오른손이 쏠 때 왼손이 모르게 하는 것, 이것이 활을 쏘는 도리이다." 또 『월절서(越絶書)』에서 말했다. "왼손은 태산에 기대듯이 하고 오른손은 갓난아이를 안듯이 한다."

5) 【색은(索隱)】 이는 때에 맞춰 숨을 잘 멈추는 것을 말한다. 식(息)은 멈추는 것[止]이다.

6) 【색은(索隱)】 식(息)은 다 내다 버리는 것[棄]과 같다. 이전까지 좋았던 것을 '다 내다 버린다[幷棄]'는 말이다.

7) 【정의(正義)】 "34년에"부터 여기까지는 소려가 주나라를 위해 백기가 양나라를

정벌하지 않도록 하는 방법을 유세한 것이다.

42년에 진(秦)나라가 화양(華陽)의 약속[約]을 깨뜨리니[破][1], (주나라 신하) 마범(馬犯)이 주군에게 일러 말했다.

"양나라로 하여금 주나라에 성을 쌓아줄 것을 청하셔야 합니다[2]."

마침내 양왕에게 일러 말했다.

"주왕(周王)께서 (진이 쳐들어올까 걱정하다가) 병이 나서 만약에 돌아가시면 이 사람[犯] 또한 반드시 죽게 될 것입니다[3]. 범(犯)은 (주왕의) 구정(九鼎)을 몸소 왕께 들이려고 하니[入], 왕께서 구정을 받으시거든 범을 도모해주십시오[圖犯][4]!"

양왕이 말했다.

"좋다."

드디어 그에게 군대를 주면서 주나라를 지키라[戍]고 말했다[5]. 그 참에 (마범은) 진왕에게 이렇게 말했다.

"양(梁)나라는 주나라를 지키러 온 것이 아니라 장차 주나라를 토벌하려는 것입니다. 왕께서는 시험 삼아 군대를 국경에 보내어 잘 살펴보십시오[6]."

진나라는 과연 군대를 보냈다. (마범은) 다시 양왕에게 일러 말했다[7].

"주왕의 병이 심하니[甚矣], 구정을 보내는 일은 주왕의 재가를 받은 다음에 신이 다시 회답을 드리겠습니다[復之][8]. 지금 왕께서 병사를 주(周)나라에 보내시어 제후들이 모두 의심을 하므로[生心], 앞으로 어떤 일을 하려해도 장차 신뢰가 없을 것입니다. 병사들에게 주나라에 성을 쌓게 해서 일의 실마리[事端]를 감추는 것만 한 것이 없습니다[9]."

양왕이 말했다.

"좋다!"

드디어 주나라에 성을 쌓도록 했다.[10]

1) 【집해(集解)】 서광(徐廣)이 말했다. "판본에 따라 액(厄)으로 되어 있기도 하다." 【정의(正義)】 사마표(司馬彪)가 말했다. "화양은 정(亭) 이름인데, 밀현(密縣)에 있다. 진(秦)나라 소왕(昭王) 33년에 진나라는 위(魏)나라와의 약속을 어기고[背] 객경(客卿) 호상(胡傷)[호양(胡陽)이라고도 한다.]으로 하여금 위나라 장군 망묘(芒卯)를 치게 했다." (『사기(史記)』) 「육국 연표(六國年表)」에서 말했다. "백기(白起)가 화양에서 위나라를 치니, 망묘가 달아났다." 『괄지지(括地志)』에서 말했다. "옛 화양성(華陽城)은 정주(鄭州) 관성현(管城縣) 남쪽으로 40리에 있다." 살펴보건대, 마범(馬犯)은 진나라가 위나라와 맺은 화양의 약속을 깨는 것을 보고서 주나라가 위태로워질까 두려웠다. 그래서 "양나라로 하여금 주나라에 성을 쌓아주도록 청할 것을 권했던" 것이다.

2) 【색은(索隱)】 화양은 땅 이름이다. 사마표(司馬彪)가 말했다. "화양은 정(亭) 이름인데, 밀현(密縣)에 있다. 진(秦)나라 소왕(昭王) 33년에 진나라는 위(魏)나라와의 약속을 어기고[背] 객경(客卿) 호상(胡傷)[호양(胡陽)이라고도 한다.]으로 하여금 위나라 장군 망묘(芒卯)를 치게 했다." 마범(馬犯)은 진나라가 위나라와 맺은 화양의 약속을 깨는 것을 보고서 주나라가 위태로워질까 두려웠다. 그래서 주군에게 양나라에 주나라를 위해 성을 쌓아줄 것을 청하도록 하는 속임수 계책[詭計=詭謀]을 세운 것이다.[앞의 주와 부분적으로 겹치는데, 원문 충실의 원칙에 따라 원문 그대로 옮겼다.]

3) 【정의(正義)】 마범은 주나라 신하다. 이에 양왕에게 유세해 말하기를, 진나라가 위나라 화양의 군대를 깼으니, 주나라와의 거리는 너무 가까워졌고 주왕은 나라가 망하게 될까 두려워서 근심과 걱정만 하고 있으니, 오히려 몸에 중병이라도 들어 만약에 죽는다면 그 자신도 분명 죽게 될 것이라는 말이다.

4) 【색은(索隱)】 도(圖)란 '도모한다[謀]'는 뜻이다. 범이 양왕에게 말하기를, 자신이 바야흐로 왕에게 쇠솥을 바치거든 왕 또한 마땅히 자기를 구원해주기를 도모해야[謀] 할 것이라는 말이다.

5) 【정의(正義)】 수(戍)는 '지키다[守]'라는 뜻이다. 비록 주나라가 아직 양나라에 구

정을 들이지 않았음에도 양나라는 마범의 속이는 말[矯言]을 믿고서 드디어 그에게 군대를 주면서 주나라를 지키라[守]고 한 것이다.

6) 【정의(正義)】 양나라 군대는 주나라를 지키려고 온 것이 아니라 장차 서서히 주나라를 쳐서 구정과 보배로운 기물들을 취하려는 것이니, 왕께서 만일 믿지 못하겠다면 시험 삼아 군대를 변경에 보내 양왕의 변화를 잘 살펴보라는 말이다.

7) 【정의(正義)】 마범은 진나라에 유세해 진나라 군대를 변경에 출동하게 해놓고는 다시 거듭해서 양왕에게 가서 유세한 것이다.

8) 【색은(索隱)】 살펴보건대 『전국책(戰國策)』에는 심(甚)이 유(瘉-병이 낫다)로 되어 있으니, 범이 재가를 받은 다음에 다시 회답하겠다고 한 것은 왕의 병이 낫게 되면 도모했던 일[所圖]을 수행할 수 없게 될 것이니 (그때는 직접) 요청해서 재가를 받은 다음에 적당한 때에 쇠솥을 양나라에 들이겠다고 말한 것이다. 【정의(正義)】 부(復)란 '거듭하다[重]'는 뜻이다. 진나라가 이미 화양의 군대를 깨뜨렸고 지금 또 군대를 국경 근처[境上]로 보냈으니, 이는 주나라가 진나라로 인해 고통받은 것이 오래되었다는 뜻이다. 범(犯)이 앞서 (양나라에) 군대를 보내 주나라를 지켜줄 것을 청하자, 제후들은 모두 마음속으로 양나라가 주나라를 차지하려는 것으로 의심했는데, 뒤에 거듭해서 다시 군대를 더욱 보내 주나라를 지켜달라고 청하는 것이 될 일이겠는가.

9) 【색은(索隱)】 양나라는 실은[實] 주나라의 구정을 도모하면서 겉으로만[外] 군대를 보내 주나라를 지켜 화합하는 듯이 한 것이다. 진나라가 군사를 일으켜 주나라를 침략할 경우 양나라는 주나라를 구원하지 않을 것이니, 이는 본래 주나라에 잘해주려고 했던 일이 아니라 단지[止] 주나라를 위험에 빠뜨려 구정을 차지하려는 속셈이었기 때문이다. 그래서 제후들은 모두 마음속으로 양나라를 믿지 않았으니, 그러므로 일의 실마리[事端]를 감추는 것만 한 것이 없다는 말로써 병사들로 하여금 주나라에 성을 쌓도록 만든 것이다. 【정의(正義)】 이미 제후들이 의심을 품었으니, 병사들로 하여금 그저[便] 성

이나 쌓게 함으로써 주나라를 치려 했던 일의 실마리를 숨기고 제후들의 불신하는 마음을 끊어내자는 것이다. 양왕은 드디어 주나라에 성을 쌓게 함으로써 제후들의 의심을 풀어냈다.

10) 【정의(正義)】 "42년에"부터 여기까지는 마범이 양왕을 설득해 주나라를 위해 성을 쌓게 만든 내용이다.

45년에 주군(周君)의 진나라 빈객[秦客(진객)]이 주쉬(周冣)[1]에게 일러 말했다.

"공께서 진왕(秦王)의 효성을 기려서[譽(예)] 이에 응(應) 땅으로써 (진나라) 태후(太后)를 봉양케 하는 것만 한 것이 없습니다[不若(불약)=不如(불여)][2]. 진왕이 분명 기뻐해 이에 공은 진나라와 친교를 맺게 될 것이고, 두 나라 사이가 좋아지면 주군(周君)은 분명히 그것을 공의 업적이라 여길 것입니다. 사이가 나빠지면 주군에게 진나라에 들어갈 것을 권한 사람이 반드시 죄를 입게 될 것입니다."[3]

진나라가 주나라를 공격하니, 주쉬가 진왕에게 일러 말했다.

"왕을 위해 계책을 말씀드리자면, 주나라를 공격해서는 안 될 것입니다. 주나라를 공격하는 것은 실로 아무런 이익은 없이 소문으로만 천하를 겁먹게 만드는 것입니다. 천하가 소문으로라도 진나라를 두려워하면 반드시 동쪽으로 제나라와 손을 잡게 될 것입니다. 진나라 군대가 주나라에서 지치면 천하를 제나라와 연합하게 할 것이니, 그러면 진나라는 천하의 왕이 될 수 없습니다[不王(불왕)]. 천하가 진나라를 지치게 만들려고 왕께 주를 공격하라고 권하고 있으니, 진나라와 천하 제후들이 다 지친다면 (왕의) 영(令)은 시행될 수 없습니다."[4]

1) 【색은(索隱)】 冣의 발음은 (취가 아니라) 사(詞)와 유(喩)의 반절음이고 주나라의 공자(公子)이다.

2) 【집해(集解)】 서광(徐廣)이 말했다. "「지리지(地理志)」에 이르기를, 응(應)은 지금

의 영천(潁川) 보성현(父城縣) 응향(應鄕)이라고 했다." **【색은(索隱)】** 『전국책(戰國策)』에는 원(原)이라고 되어 있으니, 원은 주나라 땅이다. 태후란 진(秦)나라 소왕(昭王)의 어머니 선태후(宣太后) 미씨(芈氏)이다. **【정의(正義)】** 『괄지지(括地志)』에서 말했다. "옛 응성(應城)은 은나라 때 응국(應國)이며 보성(父城)에 있다." 살펴보건대, 응성은 이때 주나라에 속했으며 태후란 진소왕의 어머니 선태후 미씨다.

3) **【정의(正義)】** 객이 주쉬에게 말하기를, 주군(周君)이 진나라와 친교를 맺으면 이는 쉬의 공로가 될 것이요, 진나라와의 관계가 나빠지면 주군에게 진나라에 들어갈 것을 권유한 사람이 주쉬이니 이제 반드시 주군에게 권유한 죄를 입게 될 것이라고 한 것이다. "45년에"부터 여기까지는 주나라에 있던 빈객이 주쉬에게, 주군으로 하여금 응 땅을 진나라에 들이게 해서 두 나라의 관계를 좋게 한 뒤 돌아와야 한다고 유세한 내용이다.

4) **【정의(正義)】** 진나라가 주나라를 공격하려 하자 주쉬가 진나라를 설득해 말하기를, 주나라는 천자의 나라이니 비록 중요한 기물과 이름난 보물들을 갖고 있다고는 해도 국토가 협소해서 진나라에 제대로 이로울 것이 없다고 하면서, (그럼에도) 왕이 공격을 하게 된다면 마침내 천자를 공격했다는 소리를 듣게 되어 천하로 하여금 천자가 진나라를 두려워한다는 소문을 만들어냄으로써 제후들은 제나라에게로 돌아갈 것이라고 했다. 진나라 군대가 헛되이 주나라를 공격하느라 힘을 소진한다면 진나라는 천하의 왕이 될 수 없을 것이라는 말이다. 이에 천하가 진나라를 지치게 하려고 그 때문에 왕에게 주나라를 공격하라고 권유한 것이니, 진나라가 지칠 대로 지친 천하를 가진다 해도 가르침과 명령[敎命(교명)]이 제후들에게 시행되지는 못할 것이라고 했다. "진나라가 주나라를 공격하니"에서부터 여기까지는 주쉬가 진나라에 유세한 내용이다.

58년에 삼진(三晉-한·조·위)이 진(秦)나라에 맞섰다[距(거)]. 주나라는 자신

들의 상국(相國)을 진나라에 가게 했으나, 진이 무시하는 바람에[輕] 중간에 돌아왔다[還其行][1]. 객이 상국에게 말했다.

"진이 무시하는 것인지 중시하는 것인지[輕重] 아직 알 수 없습니다[2]. 진나라가 세 나라의 실정을 알고 싶어 하니, (그렇다면) 공께서는 어서 진나라 왕을 만나 '왕께 동방의 돌아가는 사정[變]을 알려드리고자 합니다'라고 말하는 것만 못합니다. (그리하시면) 진왕은 반드시 공을 중시할 것입니다. 공을 중시하는 것은 진이 주를 중시하는 것이요, 주가 진(의 마음)을 얻는 것입니다. 제나라가 주를 중시하는 것도 실로 주취(周聚)[3]가 제나라로부터 마음을 얻었기 때문입니다. 이렇게 되면 주는 늘 강한 나라[重國=大國]와의 관계를 잃지 않을 수 있습니다."[4]

진은 주를 믿고 군대를 발동해 삼진을 공격했다.[5]

1) 【정의(正義)】 진나라가 주나라의 상(相)을 가벼이 여기자[輕易] 상국이 이에 주나라로 돌아갔다는 말이다.

2) 【정의(正義)】 진나라가 상국을 경시한 것인지 중시한 것인지는 실로 아직은 알 수 없다는 말이다.

3) 【집해(集解)】 서광(徐廣)이 말했다. "판본에 따라 쉬(冣-모으다)로 되어 있는데, 쉬(冣) 또한 옛날의 취(聚)자다."

4) 【정의(正義)】 살펴보건대, 주쉬는 제나라를 섬겨 제나라와 주나라의 화친을 도모함으로써 제나라가 주나라를 중시하게 할 수 있었는데, 지금 상국은 다시 진나라가 주나라를 중시하게 만들려 하고 있다. 그렇게 된다면 상국이 진나라의 마음을 얻게 되고 주쉬가 제나라의 마음을 얻게 되어 주나라는 늘 큰 나라[大國]와의 관계를 잃지 않을 수 있다는 말이다.

5) 【정의(正義)】 삼진이란 한(韓)·위(魏)·조(趙) 세 나라다. "58년에"부터 여기까지는 객이 주나라 상국에게 유세해서 삼국의 정보를 얻어 진나라가 주나라를 중시하게 만들고자 한 내용이다.

59년에 진나라가 한(韓)나라의 양성(陽城)과 부서(負黍)를 차지하자[1] 서주가 두려워서 진나라를 배반하고[倍=背] 제후들과 합종 하기로 약속해[約從][2], 천하의 정예 군대를 이끌고[將] 이궐(伊闕)로 보내어 진을 공격함으로써[3] 진나라 군대가 양성을 통과하지 못하게 했다. 진나라 소왕(昭王)이 화가 나서 장군(將軍) 규(摎)[4]로 하여금 서주를 공격하게 했다. 서주의 군(君)[5]이 진나라로 달려가서 머리 숙여 죄를 받겠다고[受罪] 빌면서 자기의 읍 36개와 인구 3만 명을 죄다 바치니[盡獻][6], 진나라가 이를 받고서 서주의 군을 주나라로 돌려보냈다.

1) 【집해(集解)】 서광(徐廣)이 말했다. "양성에 부서취(負黍聚-부서 고을)가 있다." 【정의(正義)】 『괄지지(括地志)』에서 말했다. "양성은 낙주(洛州)의 현이다. 부서정(負黍亭)이 양성현 서남쪽으로 35리에 있는데, 옛날 주나라의 읍이다. 『좌전(左傳)』에 이르기를 '정나라가 주나라의 부서를 쳤다'라고 한 것이 이곳을 가리킨다." 지금은 한국(韓國)에 속한다.

2) 【집해(集解)】 문영(文穎)이 말했다. "관동(關東)을 종(從), 관서(關西)를 횡(橫)이라 한다." 맹강(孟康)이 말했다. "남북을 종(從), 동서를 횡(橫)이라 한다." 신찬(臣瓚)이 말했다. "이익으로 합치는 것을 종(從), 위세로써 서로 협박하는 것을 횡(橫)이라 한다." 【정의(正義)】 살펴보건대 이상의 설들은 그대로는 좀 모자란다[未允=未信]. 관동의 땅은 남북으로 길다. 긴 것을 종(從)이라고 하는데, 육국(六國)이 모두 거기에 자리 잡고 있다. 관서의 땅은 동서로 넓다. 넓은 것을 횡(橫)이라고 하는데, 진(秦)나라 홀로 거기에 자리 잡고 있다.

3) 【정의(正義)】 진나라가 한(韓)나라의 양성과 부서를 차지하자 서주는 두려워서 진나라와의 약속을 배반하고 제후들과 함께 종(從)으로 연합해서, 천하의 정예병들을 거느리고[領=領率=將] 낙산(洛山) 남쪽에서 이궐로 출동해 진나라 군대를 공격함으로써 양성으로 통할 수 없게 했다.

4) 【집해(集解)】 『한서(漢書)』 「백관표(百官表)」에서 말했다. "전(前)·후(後)·좌(左)·

우(右)장군은 모두 주나라 말기의 관직이다."

5) 【정의(正義)】 서주 무공(武公)이다.

6) 【색은(索隱)】 진(秦)나라 소왕(昭王) 52년의 일이다.

주군(周君)과 왕 난(赧)이 졸(卒)하자[1] 주나라 백성은 드디어 동쪽으로 달아났다[亡(망)]. 진나라는 구정과 귀한 보물들을 차지한 뒤 서주 공(西周公)을 탄호(狐)로 내쫓았다[2]. 그로부터 7년 후에 진(秦)나라 장양왕(莊襄王)이 동주와 서주를 멸했다[3]. 동주와 서주는 모두 진나라에 들어갔고[入(입)], 주나라는 이미 쇠망해[旣(기)] (조상들을 위한 나라 차원의) 제사를 지낼 수 없었다[不祀(불사)][4].

1) 【집해(集解)】 송충(宋衷)이 말했다. "시호를 서주(西周) 무공(武公)이라 했다." 【색은(索隱)】 아니다. 서광(徐廣)은 서주 무공이 혜공(惠公)의 맏아들이라고 했으니, 이 주군(周君)이 바로 서주 무공이다. 대개 이때 무공과 왕 난이 함께 졸(卒)했으니, 그래서 연이어 말한 것이다. 【정의(正義)】 유백장(劉伯莊)이 말했다. "난(赧)은 부끄러움을 심하게 탔고 사소한 일에도 놀랄 만큼 위약(危弱)했으며 동으로 서로 옮겨 다니며 빌붙어 살았으니, 족히 부끄러워할 만해서 칭호도 난(赧-무안해하다)이라고 한 것이다." 『제왕세기(帝王世紀)』에서 말했다. "이름은 탄(誕)이다. 비록 천자의 지위에 있었고 칭호도 천자로 불렸으나, 제후들에게 시달리고 핍박받아[役逼(역핍)] 일반 가정의 사내[家人(가인)]나 다름없었다. 백성에게 빚을 졌는데, 독촉을 당해도 마땅히 돌아갈 곳이 없자 마침내 어떤 대(臺)에 올라 빚쟁이들을 피했으니, 그래서 주나라 사람들은 그 대의 이름을 도책대(逃責臺-빚 독촉을 피하는 대)라고 불렀다."

2) 【집해(集解)】 서광(徐廣)이 말했다. "탄호취(狐聚)와 양인취(陽人聚)는 서로 가까우니, 낙양(洛陽)에서 남쪽으로 150리 떨어진 양성(梁城)과 신성(新城) 사이에 있다." 【색은(索隱)】 서주는 아마도 무공의 태자 문공(文公)일 것이다. 무공이

졸한 뒤에 세워져서 진나라에 의해 옮겨졌다. 동주의 경우 또한 그 명호(名號)를 알 수 없다. 『전국책(戰國策)』에 비록 주문군(周文君)이 나오기는 하지만, 역시 멸망 당한 시기나 누가 그렇게 했는지를 알 수 없다. 아마도 주나라 왕실[周室]이 쇠미해지자 기록을 없애버렸기 때문일 것이다. 태사공(太史公)이 비록 여러 책을 고찰해보았겠지만 결국 두 나라의 대계(代系)는 심히 불분명하다. 【정의(正義)】『괄지지(括地志)』에서 말했다. "여주(汝州) 외곽의 옛 양성(梁城)이 곧 탄호취(狐聚)이다. 양인 고성(陽人故城)이 곧 양인취(陽人聚)인데, 여주 양현(梁縣) 서쪽으로 40리에 있으며 진나라가 동주의 군(君)을 유배시킨 땅이다. 양(梁)은 또한 옛 양성(梁城)인데, 여주 양현 서남쪽으로 15리에 있다. 신성(新城)은 지금의 낙주(洛州) 이궐현(伊闕縣)이다." 살펴보건대, 탄호방(狐傍-탄호취)과 양인방(陽人傍)은 세 성 사이에 있다.

3) 【집해(集解)】 서광(徐廣)이 말했다. "주나라가 망할 무렵에 현이 모두 7개 있었으니, 하남·낙양·곡성(穀城)·평음(平陰)·언사(偃師)·공(鞏)·구지(緱氏)이다." 【정의(正義)】『괄지지(括地志)』에서 말했다. "옛 곡성(穀城)은 낙주 하남현 서북쪽으로 18리 떨어진 이원(里苑) 안에 있다. 하음현성(河陰縣城)은 본래 한(漢)나라 평음현이며 낙주 낙양현 동북쪽으로 50리에 있다. 『십삼주지(十三州志)』에 이르기를, 평진(平津) 대하(大河)의 남쪽에 있다고 했다. 위(魏)나라 문제(文帝)가 고쳐서 하음(河陰)이라고 했다."

4) 【집해(集解)】 황보밀(皇甫謐)이 말했다. "주나라는 모두 왕(王-천자)이 37명 있었고 867년이었다." 【색은(索隱)】 기(旣)란 '이미 전부 다[盡]'라는 뜻이니, 일식이 끝까지 다 일어나는 것을 기(旣-개기(皆旣))라고 한다. 주나라의 천명[周祚=周德]이 다 없어져서 제사를 주관할 사람이 없다는 말이다. 【정의(正義)】 살펴보건대, 왕 난(赧)이 졸한 다음에 천하에 임금[主]이 없었던 기간이 35년이다. 칠웅(七雄)이 서로 다투다가 진시황이 세워지고서야 천하가 하나로 뭉쳤으며[一統], 15년이 지나자, 해내(海內-천하)가 모두 한(漢)나라에게로 돌아갔다.

태사공(太史公)이 말한다.

"학자들은 모두 주(周)가 (은나라) 주(紂)를 치고서 (곧바로) 낙읍(洛邑)에 자리 잡았다고 말하지만, 그 실상을 종합해보면[綜其實(종 기실)] 그렇지가 않다. 무왕이 그것을 조성한[營之(영지)] 뒤 성왕이 소공을 시켜 자리 잡을 만한 곳인지를 점치게 한 다음에 구정(九鼎)을 가져다 두었으나 주나라는 다시 풍(豐)과 호(鎬-호경)에 도읍했고, 견융(犬戎)이 유왕(幽王)을 꺾자 주나라가 마침내 동쪽으로 옮겨 낙읍에 도읍한 것이다.

이른바 '주공(周公)을 우리 필(畢) 땅에 장사 지냈다'라고 할 때의 필 땅은 호(鎬) 동남쪽 두중(杜中)[1]에 있다. 진(秦)이 주(周)를 멸하고 한(漢)나라가 일어난 지 90여 년이 지나 천자(天子-한 무제)가 장차 태산(太山)에서 봉(封) 제사를 지내고 동쪽으로 순수(巡狩)해 하남(河南)에 이르렀을 때, 주(周)의 후예[苗裔(묘예)]를 찾아서 그 후손 가(嘉)에게 사방 30리 땅을 봉해주고 그를 주자남군(周子南君)이라 칭했다[2]. (그 지위와 대우는) 열후(列侯)와 어깨를 나란히 했으며, 선조들의 제사를 받들 수 있게 되었다[3]."[4]

1) 【집해(集解)】 서광(徐廣)이 말했다. "판본에 따라 사(社)로 되어 있기도 하다."

2) 【집해(集解)】 신찬(臣瓚)이 말했다. "『급총고문(汲冢古文)』에 이르기를, 위(衛)나라 장군 문자(文子)는 자남(子南) 미모(彌牟)인데 그의 후손 중에 자남 경(勁)이 있었다. 위(魏)나라에서 벼슬했고, 뒤에 혜성왕(惠成王, 기원전 400~334년) [양혜왕(梁惠王)으로도 불린다. 전국시대 위나라의 국군(國君)이다. 이름은 앵(罃)이고, 무후(武侯)의 아들이다. 즉위한 뒤 대량(大梁)으로 천도했다. (위나라는) 조(趙)나라, 한(韓)나라와의 관계가 악화했고, 제(齊)나라 군대에 의해 마릉(馬陵)에서 대패했으며, 여러 차례 진(秦)나라와의 전투에서도 패했다. 봉택(逢澤) 회의를 소집해 후(侯)에서 왕(王)으로 호칭을 바꾼 뒤 자신을 낮추고 폐백을 두텁게 해 현자(賢者)를 초빙하자, 추연(鄒衍)과 순우곤(淳于髡), 맹가(孟軻-맹자) 등이 대량으로 몰려들었다. 맹자가 일찍이 왕에게 인의(仁義)를 행하라고 권했지만 쓰지 못하더니, 국세가 점점 쇠약해져갔다. 36년 동안 재위했다.]이 위(衛)나라에 가면

서 자남을 후(侯)로 삼았다. 진(秦)나라가 6국을 삼킬 때 위나라가 끝까지 남았는데, 아마도 가(嘉)는 위나라 후손일 가능성이 있다. 그래서 씨는 자남(子南)이라 하면서 군(君)이라고 칭한 것이다." 【정의(正義)】 『괄지지(括地志)』에서 말했다. "주승휴성(周承休城)은 일명 양작오(梁雀塢)라고 하는데, 여주(汝州) 양현(梁縣) 동북쪽으로 26리에 있다. 『제왕세기(帝王世紀)』에 이르기를 '한(漢)나라 무제(武帝) 원정(元鼎) 4년에 황하와 낙수로 동순(東巡) 하면서 주나라의 다움[周德]을 사모해, 마침내 희가(姬嘉)를 봉해서 3,000호와 사방 30리를 봉읍으로 내려주고 주자남군(周子南君)으로 삼아 주나라 제사를 받들게 했다. 원제(元帝) 초원(初元) 5년에 가(嘉)의 손자 연년(延年)의 작위를 높여서 승휴후(承休侯-아름다움을 계승한 후)로 삼았다'라고 했으니 바로 이 성이다. 평제(平帝) 원시(元始) 4년에 높여져 정공(鄭公)이 되었다. (후한) 광무(光武) 건무(建武) 13년에 관(觀) 땅에 봉해져서 위공(衛公)이 되었다." 안사고(顔師古)가 말했다. "자남(子南)이란 봉읍의 명칭이고 주나라 후손이었으므로 둘을 합쳐서 주자남군(周子南君)이라고 한 것이다." 살펴보건대, 가(嘉) 이후의 모든 후손은 희성씨(姬姓氏)이며 이는 역사서에 분명하게 드러나 있다. 신찬(臣瓚)이 자남을 씨(氏)라고 한 것은 아마도 아닌 듯하다.

3) 【집해(集解)】 서광(徐廣)이 말했다. "주나라가 망한 을사년부터 원정(元鼎) 4년 무진년까지는 144년이며, (그중에) 한나라 연간은 94년이다. 한무(漢武) 원정 4년에 주나라 후손을 봉해주었다."

4) 【색은술찬(索隱述贊)】 후직은 빈에 자리 잡았고[后稷居邠]/태왕은 주나라 일으켰도다[太王作周]/(문왕 나실 때) 붉은 참새 단서 물고 왔고[丹開雀錄]/(무왕 정벌 나설 때) 하늘에서 불이 내려와 까마귀로 바뀌었지[火降烏流]/(문왕은) 이미 천하 삼분하여 그중 둘을 가졌는데도[三分旣有]/800 제후 이끌고 도모하지 않았네[八百不謀]/(문왕은) 무소처럼 당당한 모습으로 군중 앞에 맹세하고[蒼兕誓衆]/흰 물고기 배 안으로 튀어 들어왔지[白魚入舟]/(은나라) 태사는 악기 끌어안은 채 떠났고[太師抱樂]/(바른말 하던) 기자는 감금되었다네[箕子拘囚]/성

왕·강왕의 치세에는[成康之日]/정치는 대범했고 형벌을 쓸 일 없었지[政簡刑措]/(나라가 기울어) 남순 갔다가 돌아오지 못한 임금 있었고[南巡不還]/서쪽 오랑캐들 유인했으나 귀의하지 않았네[西服莫附]/공화(共和)의 일이 있고 나자[共和之後]/주나라 왕실 변고도 많구나[王室多故]/산뽕나무 활을 노래하는 동요 퍼져나가더니[檿弧興謠]/용의 침이 변고를 빚어냈도다[龍漦作蠹]/퇴와 대가 연이어 재앙 빚더니[穨帶挂禍]/실로 주나라 왕실 기울게 했다네[實傾周祚]!

본기(本紀)

권5 진본기(秦本紀) 제5

권5 진본기(秦本紀) 제5

진(秦)나라 선조[先]는 제 전욱(帝顓頊)[1)]의 먼 후예[苗裔]인 여수(女脩)이다. 여수가 베를 짜고 있는데 제비[玄鳥=鳦=燕]가 알을 떨어뜨리니, 여수가 그것을 삼켜 아들 대업(大業)을 낳았다[2)]. 대업은 소전(少典)의 딸 여화(女華)를 골라 아내로 맞았다[取=娶]. 여화가 대비(大費)를 낳았는데[3)], (대비는) 우(禹)와 함께 물과 땅을 다스렸다[平=治]. 치수 사업이 이미 이뤄지자, 제(帝-순임금)가 현규(玄圭-검은 홀)를 내려주었는데, 우가 받으면서 말했다.

"저 혼자 이룬 것이 아니라 실로 대비의 도움이 있었습니다."

제 순(帝舜)이 말했다.

"오, 너 비(費)야! 우를 도와 공을 이루었으니, 이에[其] 너에게 조유(阜游)를 내려주노라[4)]. 너의 후사들이 장차 크게 번창할 것이다[大出][5)]."

마침내 요성(姚姓)의 옥녀(玉女)에게 장가들게 했다[6)]. 대비가 절을 하고 그것을 받고는 순을 보좌해 새와 짐승을 길들이자[馴] 새와 짐승들이 잘 길들여져 복종했다[馴服]. 이 사람이 백예(柏翳)인데, 순이 그에게 영씨(嬴氏) 성을 내려주었다.

1) 【정의(正義)】 황제(黃帝)의 손자이며 칭호는 고양씨(高陽氏)이다.

2) 【색은(索隱)】 여수는 전욱의 후손[裔女]으로, 제비알[鳦子]을 삼켜 대업을 낳았다. 그의 아버지는 분명치 않다[不著]. 그런데 진(秦)나라와 조(趙)나라는 (여수로부터 이어진) 어머니 친족[母族]이면서 전욱(顓頊)을 조상으로 삼지

만, 이것이 실제로 자식을 낳았다는 뜻은 아니다. 살펴보건대 『좌전(左傳)』에 나오는 담국(郯國)은 소호(少昊)의 후손이며 영성(嬴姓)은 대개 그의 족속이니, 그렇다면 조나라와 진나라는 마땅히 소호씨를 조상으로 삼아야 한다. 【정의(正義)】 (유향(劉向)의) 『열녀전(列女傳)』에서 말했다. "요자(陶子)는 태어나서 5세가 되자 우(禹)를 보좌했다." 조대고(曹大家)가 주(注)에서 말했다. "요자(陶子-요의 아들)란 고요(皐陶)의 아들 백익(伯益)이다." 살펴보건대, 이는 곧 대업이 바로 고요임을 알 수 있다.

3) 【색은(索隱)】 얼마 후에 비(費)의 후손들이 그것을 씨(氏)로 삼았다. 이렇다면 진나라와 조나라의 조상은 영성(嬴姓)의 선조로서 일명 백예(伯翳)인데, 『상서(尙書)』에서는 그를 가리켜 백익(伯益)이라고 했고 『계본(系本)』이나 『한서(漢書)』에서 백익이라고 한 사람도 바로 이 사람이다. 『사기(史記)』의 위아래 여러 글을 깊이 상고해볼 때 백예와 백익이 한 사람이라는 것은 의심스럽지 않다[不疑]. 그런데 「진기 계가(陳杞系家)」[『사기(史記)』 「진기 세가(陳杞世家)」를 말한다.]에서는 곧바로 백예와 백익을 두 사람인 것처럼 서술하고 있으니, 어쩌면 태사공이 의심을 품고 있으면서도 분명하게 결정하지 못한 것이 아닌지 모르겠다. 그렇지 않다면 역시 단순한 오류일 뿐인가?

4) 【색은(索隱)】 조유란 검은색[皁色]의 깃발 술[旒]인데, 검은 옥색에 가깝다. 그가 크게 공업을 이루었다는 말이다. 그렇지만 포상은 마땅히 실상에 맞게 해야 한다는 뜻이기도 하다.

5) 【색은(索隱)】 출(出)은 '낳다[生]'라는 말이다. 네 후손들이 번창해서 장차 크게 자손들을 낳을 것이라는 말이다. 그래서 『좌전(左傳)』(희공(僖公) 23년)에서 말하기를 "진(晉)나라 공자(公子)는 희씨 소생[姬出]이다"라고 한 것이다.

6) 【집해(集解)】 서광(徐廣)이 말했다. "황보밀(皇甫謐)이 말하기를, 현옥(玄玉-검은빛 나는 옥)을 그에게 내려주어 요성의 여인을 아내로 삼게 했다는 뜻이라고 했다."

대비(大費)는 아들 둘을 낳았는데, 첫째는 대렴(大廉)으로 조속씨(鳥俗

氏)의 선조가 되었다 [實][1]. 둘째는 약목(若木)으로 비씨(費氏)의 선조가 되었는데[2], 그 현손(玄孫)이 비창(費昌)으로 그의 자손들은 혹 중국(中國)에, 혹 이적(夷狄-오랑캐 땅)에 살았다[3]. 비창은 하나라 걸왕(桀王) 때 하나라를 떠나서 상나라에 귀의해 탕(湯)을 위해 수레를 몰았고[御], 명조(鳴條)에서 걸왕을 꺾었다. 대렴의 현손은 맹희(孟戲)와 중연(中衍)인데[4], 중연은 새의 몸을 하고 사람의 말을 했다[5]. 제 태무(帝太戊)가 이를 듣고는 점을 쳐서 수레를 몰게 하니, 일을 잘해서[吉=善] 드디어 계속 말을 몰게 하고는 아내를 얻어주었다. 태무 이래로 중연의 후손들은 드디어 대대로 공을 세우며[6] 은나라를 보좌했으니, 그 때문에 영성(嬴姓) 중에서 많은 사람이 드러났고 드디어 제후가 되었다.

1) 실(實)은 '열매 맺다'라는 뜻에서 '선조가 되다[祖]'라는 뜻이 나왔다.

2) 【색은(索隱)】 중연(中衍)은 새의 몸을 하고 사람의 말을 했으므로 조속씨(鳥俗氏)가 되었다. 일설에는 욕(浴)이라고도 한다. 약목은 왕보자(王父字)로, 비씨(費氏)가 되었다.

3) 【색은(索隱)】 은나라 주(紂) 때의 비중(費仲)이 곧 창(昌)의 후예이다.

4) 【색은(索隱)】 옛 풀이에서는 맹중(孟仲)을 한 사람으로 보았는데 지금은 맹희와 중연(仲衍)으로 나눠서 보고 있으니, 이는 마땅히 두 사람의 이름이다.

5) 【정의(正義)】 신체는 새와 같은데 능히 사람의 말을 할 수 있었으며 또 입과 손발은 새와 비슷했다고 한다.

6) 【정의(正義)】 이는 비창과 중연을 말한다.

중연의 현손은 중결(中潏)이라 했는데[1], 서융(西戎)에 살면서 서수(西垂)를 지켰고[保=守] 비렴(蜚廉)을 낳았다. 비렴은 악래(惡來-혹은 오래)를 낳았다. 악래는 힘이 셌고[2] 비렴은 달리기를 잘해[善走], 이들 부자 두 사람은 재주와 힘으로 은주(殷紂-은나라 주왕)를 섬겼다.

주나라 무왕이 (은나라 마지막 왕) 주왕(紂王)를 칠 때 아울러 악래도 죽였다. 이때 비렴은 주왕를 위해[爲] 북방에 돌성을 쌓으러[石] 갔다가[3] 돌아왔는데, 보고할 곳이 없자 곽태산(霍太山)[4]에 단을 쌓고 (주왕에게) 보고하던 중에 석관을 얻었다[5]. 거기에 이런 명(銘)이 있었다.

'천제께서 너 처보(處父)[6]를 은나라 난리 때 죽지 않게 하시고, 너에게 석관까지 내리시어 씨족을 번창케 하리라[華氏].'

비렴이 죽자 드디어 곽태산에 안장했다[7].

1) 【집해(集解)】 서광(徐廣)이 말했다. "판본에 따라 활(滑)로 되어 있기도 하다." 【정의(正義)】 潏의 발음은 (휼이 아니라) 결(決)이다. 송충(宋衷)은 『세본(世本)』에 대한 주(注)에서 중활(仲滑)이 비렴을 낳았다고 했다.

2) 【집해(集解)】 『안자춘추(晏子春秋)』에 이르기를 "맨손으로 호랑이와 코뿔소를 찢어버렸다"라고 했다.

3) 【집해(集解)】 서광(徐廣)이 말했다. "황보밀(皇甫謐)이 말하기를 북방에서 돌성 쌓는 일을 했다고 한다." 【색은(索隱)】 석(石)자 다음에 아무런 글자가 없어서 문장도 성립하지 않고 뜻도 알 수가 없다. 이는 분명 『사기(史記)』가 본래부터 빠뜨린 것인데, 황보밀은 일찍부터 그 같은 주장을 폈다. 서(徐-서광)가 비록 그것을 인용하기는 했지만 끝내 여기서 빠진 글자가 무엇인지를 말하지 못했으니, (황보밀이) 모호한 부분을 자기 마음대로 처리한 것이 너무도 심하다.

4) 【집해(集解)】 「지리지(地理志)」에 이르기를, 곽태산은 하동(河東) 체현(彘縣)에 있다고 했다.

5) 【정의(正義)】 주(紂)가 이미 붕(崩)했으니 돌아가 보고할 곳이 없었다. 그래서 곽태산에 나아가 단을 쌓고 주에게 제사를 올려서 돌성 쌓기 작업이 완성되었음을 보고한 것이다.

6) 【색은(索隱)】 비렴의 별칭이다.

7) 【집해(集解)】 황보밀(皇甫謐)이 말했다. "체현(彘縣)에서 15리에 무덤이 있는데, 늘

거기에서 제사를 올렸다. 【색은(索隱)】 처보는 지극히 충성스러워서 나라가 없어지고 임금이 죽었지만, 신하의 충절을 잊지 않았다. 그래서 하늘에서 석관을 내려줌으로써 집안이 번창하게[光華] 해준 것이다. 이 일은 대개 실제가 아니며, 초주(譙周)가 특히 그것을 심하게 불신했다.

비렴에게는 또 계승(季勝)이라는 다른 아들이 있었는데, 계승은 맹증(孟增)을 낳았다. 맹증은 주나라 성왕에게 총애를 받았는데, 이 사람이 바로 택고랑(宅皐狼)이다[1]. 고랑은 형보(衡父)를 낳았고, 형보는 조보(造父)를 낳았다.

조보(造父)는 말을 잘 몰아[善御] 주나라 목왕(繆王=穆王)에게 총애를 받았다. 목왕이 기(驥), 도려(溫驪-혹은 도리)[2], 화류(驊騮)[3], 녹이(騄耳)[4]라는 말 4필[駟-한 수레에 끼우는 말 4필]을 얻어 서쪽으로 순수를 떠났는데, 너무 즐기느라 돌아오는 것도 잊어버렸다[5]. (이때) 서(徐) 언왕(偃王)이 난을 일으키자[作亂][6], 조보는 목왕을 위해 수레를 몰고 먼 길을 치달려서 주나라(본궁)로 돌아와 난을 다스렸다[救亂=治亂][7]. 목왕이 조성(趙城)을 갖고서 조보를 봉해주니, 이때부터 조보의 집안은 조씨(趙氏)가 되었다[8].

비렴이 계승을 낳은 이래[已下] 5세를 내려가서 조보에 이르러 따로 조(趙)에서 살게 되었다. 조최(趙衰)는 그 후손이다. 악래혁(惡來革-오래혁)은 비렴의 아들인데, 일찍 죽었다. (악래혁에게는) 여방(女防)이라는 아들이 있었다. 여방은 방고(旁皐)를 낳고 방고는 태궤(太几)를 낳고 태궤는 대락(大駱)을 낳고 대락은 비자(非子)를 낳았는데, 조보가 총애를 받았기 때문에 모두 조성에 힘입어 살면서[蒙] 조씨 성(姓)을 가지게 되었다.

1) 【정의(正義)】「지리지(地理志)」에 이르기를, 서하군(西河郡) 고랑현(皐狼縣)이라고 했다. 살펴보건대, 맹증은 고랑에 살면서 형보(衡父)를 낳았다.

2) 【집해(集解)】 서광(徐廣)이 말했다. "온(溫)은 판본에 따라 도(盜)로 되어 있다."

배인(裴駰)이 살펴보건대, 곽박(郭璞)이 말하기를 "말의 목 부위가 가는 것이다. 여(驪)란 검은색이다"라고 했다. 【색은(索隱)】 溫의 발음은 도(盜)다. 서광 또한 도(盜)라고 했다. 추탄생(鄒誕生)의 책에는 駣라고 되어 있는데, 발음은 (조가 아니라) 도(陶)다. 유씨(劉氏)는 『음의(音義)』에서 말하기를 "도려(盜驪)는 왜려(騧驪)인데, 왜(騧)란 옅은 황색이다"라고 했다. 팔준(八駿)이 이미 그 색으로 이름을 붙였으므로 왜려도 그렇게 해서 이름 지어진 것이다.

3) 【집해(集解)】 곽박(郭璞)이 말했다. "빛깔이 활짝 핀 꽃처럼 붉다. 지금은 명마 중에서 표(驃-누런 바탕에 흰색이 섞인 말)에 붉은빛이 나는 것을 조류(棗騮-대춧빛 말)라고 한다. 유(騮)란 붉은 말이다."

4) 【집해(集解)】 곽박(郭璞)이 말했다. "『기년(紀年)』에 이르기를 '북당(北唐)의 군(君)이 여마(驪馬) 1마리를 갖고서 내현 했는데, 녹이(騄耳)라고 했다'라고 했다. 팔준은 모두 그 색을 바탕으로 이름을 지었다." 배인(裴駰)이 살펴보건대, 『목천자전(穆天子傳)』에서는 목왕이 여덟 준마를 탔다고 했는데 이 본기에서는 그것을 다 갖춰 말하지 않았다. 【색은(索隱)】 살펴보건대 『목왕전(穆王傳)』에 이르기를, 적기(赤驥), 도려, 백의(白義), 거황(渠黃), 화류, 유약(騟騋), 녹이(騄耳), 산자(山子)라고 했다.[화류(華騮), 녹이(綠耳), 적기(赤驥), 백의(白義), 유륜(踰輪), 거황(渠黃), 도려(盜驪), 산자(山子)라고도 한다.] 【정의(正義)】 騄의 발음은 녹(錄)이다.

5) 【집해(集解)】 곽박(郭璞)이 말했다. "『기년(紀年)』에 이르기를, 목왕은 17년에 서쪽으로 곤륜(崑崙) 언덕을 정벌했으며 서왕모(西王母)를 만나보았다고 했다." 【정의(正義)】 『괄지지(括地志)』에서 말했다. "곤륜산은 숙주(肅州) 주천현(酒泉縣) 남쪽으로 80리에 있다. 『십육국국춘추(十六國春秋)』에 이르기를, '전량(前涼) 장준(張駿, 307~346년)[묘호는 세조(世祖)이며 시호는 문왕(文王)으로, 장식(張寔)의 아들이다. 태흥(太興) 3년(320년) 장식이 죽었는데 나이가 어려서 숙부 장무(張茂)가 대신 즉위했고, 태녕(太寧) 2년(324년) 장무가 병사하자 즉위했다. 이때는 전조(前趙)의 번국(藩國)으로 있었는데, 전조가 후조(後趙)와의 전쟁에서 패해 쇠약해지자 함화(咸和) 2년(327년)

에 독립했다. 9년(334년) 동진(東晉)이 대장군도독(大將軍都督) 섬서옹진양주제군사(陝西雍秦涼州諸軍事)에 임명했다. 영화(永和) 원년(345년) 영토를 나눠 양주(凉州)와 하주(河州), 사주(沙州)를 설치하고 대도독(大都督) 대장군(大將軍) 가량왕(假涼王)으로 자칭했다.]과 주천 태수 마급(馬岌)이 말씀을 올려 말하기를, 주천 남산(南山)이 곧 곤륜의 언덕인데, 주나라 목왕이 서왕모를 만나보고는 즐거워서 돌아오는 것도 잊었다고 했다'라고 했으니, 바로 이 산을 가리킨다. 석실(石室)과 왕모당(王母堂)이 있는데, 다양한 옥으로 장식되어 있어 화려함이 신궁(神宮)과 같았다." 살펴보건대, 숙주(肅州)는 경사(京師)에서 서북쪽으로 2,960리 떨어져 있으니 곧 소곤륜(小崑崙)이며, 황하의 근원이 나오는 곳은 아니다.

6) 【집해(集解)】 「지리지(地理志)」에 이르기를, "임회(臨淮)에 서현(徐縣)이 있는데 옛날에는 서국(徐國)이라고 했다"라고 했다. 『시자(尸子)』에서 말하기를 "서 언왕은 근육은 있었지만 뼈는 없었다"라고 했으니, 배인(裴駰)이 볼 때 언(偃-쓰러지다)이라는 칭호는 이로 말미암은 것이다. 【정의(正義)】 『괄지지(括地志)』에서 말했다. "대서성(大徐城)은 사주(泗州) 서성현(徐城縣) 북쪽으로 30리에 있는데, 옛날의 서국(徐國)이다. 『박물지(博物志)』에 이르기를, 서군(徐君-서나라 임금)의 궁인이 임신해서 알을 낳자 상서롭지 못하다고 여겨서 물가 섬[水濱洲(수빈주)]에 내다 버렸다. 혼자 사는 어머니에게는 곡창(鵠蒼)이라는 개가 있었는데, 내다 버린 알을 물고 다시 집으로 돌아왔다. 그것을 덮고 따뜻하게 해주니 마침내 어린아이가 되었는데, 태어났을 때 바로 넘어져서[偃(언)] 그것으로 이름을 삼았다. 궁인이 그 소식을 듣고는 다시 데려다가 길렀다. 장성하자 (아버지의 자리를) 이어받아 서군(徐君)이 되었다. 뒤에 곡창이 죽음을 앞두게 되자 뿔이 나고 꼬리가 9개 생겨나더니 변해 황룡(黃龍)이 되었다. 곡창은 혹 그 이름을 후창(后蒼)이라고도 한다." 『괄지지』에서 또 말했다. "서성(徐城)은 월주(越州) 무현(鄮縣) 동남쪽에서 바다 쪽으로 200리에 있다. 『하후지(夏侯志)』에 이르기를, 옹주(翁洲) 위에 서 언왕의 성이 있다고 했다. 전하는 바에 따르면, 옛날에 주나라 목왕(穆王)이 순수(巡狩)할 때 제후들이 모두 언왕을

높이자, 목왕이 그 소식을 듣고는 조보(造父)를 경(卿)으로 삼아 요뇨(騕褭-명마의 일종)를 타고 가서 하루에 1,000리를 달려 스스로 토벌하고 돌아오게 했다. 혹은 또 초왕(楚王)에게 군대를 이끌고 가서 토벌하게 했으니, 언왕은 마침내 이곳에 성을 세우고 (싸우다가) 생을 마쳤다고 한다."

7) 【정의(正義)】『고사고(古史考)』에서 말했다. "서 언왕과 초나라 문왕(文王)은 같은 때이지만 주나라 목왕과의 시간적 거리는 멀다. 또 천자가 행차했기에 주나라를 호위하고 있었는데, 어찌 난을 구제한다고 혼자서 멀리 하루에 1,000리를 달려갈 수 있겠는가?" 모두가 이 일은 사실이 아님을 말하고 있다. 살펴보건대, 「연표(年表)」에 따르면 목왕 원년은 초나라 문왕 원년과 318년이나 떨어져 있다.

8) 【집해(集解)】 서광(徐廣)이 말했다. "조성(趙城)은 하동(河東) 영안현(永安縣)에 있다." 【정의(正義)】『괄지지(括地志)』에서 말했다. "조성은 지금의 진주(晉州) 조성현(趙城縣)이 이곳이다. 본래는 체현(彘縣) 땅이었다가 뒤에 고쳐서 영안이라고 했으니, 곧 조보의 봉읍이다."

비자(非子)는 견구(犬丘)에 살았는데[1], 말과 가축[畜]을 좋아해[好] 잘 기르고 번식시켰다. 견구 사람들이 주(周)나라 효왕(孝王)에게 이를 말하자 효왕이 그를 불러 견수(汧水)와 위수(渭水) 사이에서[2] 말 기르는 일을 주관하게 했더니[主馬], 말들이 크게 번식했다[蕃息=産殖]. 효왕이 비자를 대락(大駱)의 적자[適嗣=嫡嗣]로 삼고자 했으나, 신후(申侯)의 딸이 대락의 아내가 되어 아들 성(成)을 낳자, 적자로 삼았다. 신후가 마침내 효왕에게 말했다.

"옛날에 우리 선조인 역산(酈山-혹은 이산)의 딸께서[3] 융족(戎族) 서헌(胥軒)[4]의 아내가 되어 중결(中潏)을 낳으시자 (융족이) 주와 친해져 주에 귀의해서 서수(西垂-서쪽 변방)를 지켰고, 서수는 그로 인해 화목해졌습니다. 지금 제가 다시 대락에게 딸을 시집보내 적자 성을 낳았습니다. 저와 대락

[申駱]이 거듭 혼인을 맺어[重昏] 서융(西戎)을 모두 복속시킴으로써 왕께서 왕이 될 수 있게 한 것입니다[5]. 왕께서는 이에[其] 잘 생각하소서[圖之=思之].”

이에 효왕이 말했다.

“옛날에 백예(栢翳=伯翳)가 순(舜)을 위해 가축들을 관리해[主畜] 가축들이 잘 번식하자 봉토와 영성(嬴姓)을 받게 되었다. (그런데) 지금 그 후세들이 또한 짐을 위해 말을 번식시켰기에, 짐은 이에 땅을 나눠주어 부용(附庸-부용국)으로 삼고자 한다.”

진(秦)에 도읍하고[邑之=都之][6] 다시 영씨의 제사를 잇게 하고는 칭호를 진영(秦嬴)이라고 했다. 또 신후의 딸이 낳은 아들을 폐하지 않고 대락의 적자로 삼아서 서융과 잘 지내게 했다.

1) 【집해(集解)】 서광(徐廣)이 말했다. “지금의 괴리(槐里)다.” 【정의(正義)】 『괄지지(括地志)』에서 말했다. “견구 고성(犬丘故城)은 일명 괴리이며 또한 폐구(廢丘)라고도 하는데, 옹주(雍州) 시평현(始平縣) 동남쪽으로 10리에 있다. 「지리지(地理志)」에 이르기를, 부풍(扶風) 괴리현이 그곳인데 주나라 때는 견구라고 하고 의왕(懿王)이 그곳에 도읍했으며 진(秦)나라가 이름을 고쳐 폐구라 했고 (한나라) 고조(高祖) 3년에 이름을 고쳐 괴리라고 했다고 한다.”

2) 【정의(正義)】 두 강 사이에 있었다는 말인데, 곧 농주(隴州)부터 동쪽으로 있는 지역이다.

3) 【정의(正義)】 신후의 선조는 역산에서 아내를 맞아들였다.

4) 【정의(正義)】 서헌은 중연(仲衍)의 증손이다.

5) 【정의(正義)】 신후와 대락이 거듭 혼인을 맺어 서융이 모두 복종하니 왕 노릇을 제대로 할 수 있었다는 말이다. 왕이란 곧 효왕이다.

6) 【집해(集解)】 서광(徐廣)이 말했다. “지금의 천수(天水) 농서현(隴西縣) 진정(秦亭)이다.” 【정의(正義)】 『괄지지(括地志)』에서 말했다. “진주(秦州) 청수현(清水縣)의 본래

이름이 진(秦)인데, 영성(嬴姓)의 읍이다. 『십삼주지(十三州志)』에 이르기를 진정(秦亭)은 진곡(秦谷)이라고 했다. 주나라 태사 담(儋)이 말하기를 "비로소 주나라가 진국과 합쳐졌다가 헤어졌다"라고 했으니, 그래서 천자가 진(秦)을 도읍으로 삼아준 것이다."

진영은 진후(秦侯)를 낳았는데, 진후는 세워진 지 10년 만에 졸(卒)했다. (진후는) **공백(公伯)을 낳았는데, 공백은 세워진 지 3년 만에 졸했다.** (공백은) **진중(秦仲)을 낳았다.**

진중이 세워지고 3년이 되었을 때 주나라 여왕(厲王)이 무도한 짓을 하니, 제후 중 일부가 배반했고 서융도 왕실에 반기를 들고 견구에 있는 대락의 종족을 멸했다. 주나라 선왕(宣王)이 자리에 나아가[卽位][1] 마침내 진중을 대부로 삼아 서융을 주벌하게 했다. 서융이 진중을 죽이니, 진중은 세워진 지 23년 만에 융에서 죽었다[死=見殺][2]. 아들이 다섯 있었는데, 그중 큰 아들이 장공(莊公)이다. 주나라 선왕이 마침내 장공의 다섯 형제를 불러 병사 7,000명을 주고 서융을 치게 해서 그들을 깨뜨렸다. 이에 다시 진중의 후손에게 선조 대락의 봉지인 견구와 아울러 더 많은 땅을 주어 서수(西垂)의 대부로 삼았다[3].

1) 【집해(集解)】 서광(徐廣)이 말했다. "진중 18년이다."

2) 【집해(集解)】 「모시서(毛詩序)」에서 말했다. "진중이 비로소 나라를 크게 만드니, 거마(車馬)와 예악(禮樂)과 시어(侍御)의 아름다움[好=美]이 있었다."

3) 【정의(正義)】 『수경주(水經注)』에서 말했다. "진나라 장공이 서융을 토벌해서 그들을 깨뜨리니, 주나라 선왕이 대락의 견구 땅을 주고 서수 대부로 삼았다." 『괄지지(括地志)』에서 말했다. "진주(秦州) 상규현(上邽縣) 서남쪽으로 90리에 있으니, 한나라 농서(隴西) 서현(西縣)이 이곳이다."

장공은 자신의 옛 땅 서견구(西犬丘)에 살면서 아들 셋을 낳았는데, 큰 아들이 세보(世父)다. 세보가 말했다.

"융이 나의 할아버지[大父] 중(仲)을 죽였으니, 내가 융의 왕을 죽이지 않으면 감히 읍으로 돌아가지 않을 것이다."

드디어 장차 융을 치러 가면서 자기 아우 양공(襄公)에게 자리를 양보했으니, 양공이 태자가 되었다. 장공이 세워진 지 44년 만에 졸하자 태자 양공이 뒤를 이어 세워졌다[代立].

양공 원년에 여동생 목영(繆嬴-무영)이 풍왕(豐王-유왕(幽王)의 잘못)의 아내가 되었다.

양공 2년에[1] 융이 견구의 세보를 에워싸자, 세보가 융을 치다가 융 사람들에게 포로가 되었다. 1년 남짓 지나서 다시 세보를 돌려보냈다.

7년 봄에 주나라 유왕(幽王)이 포사로 인해[用=以] 태자를 폐하면서 포사의 아들을 세워 적자로 삼고 여러 차례 제후를 속이자, 제후들이 배반했다. 서융의 견융이 신후와 함께 주나라를 정벌해 유왕을 역산(酈山-혹은 이산) 밑에서 죽였다. 이때 진나라 양공이 군대를 이끌고 주나라를 구원하러 나서서 힘껏 싸워 공로를 세웠다. 주나라가 견융의 난을 피해 동쪽 낙읍으로 천도할 때[2] 양공이 군대를 이끌고 주 평왕(平王)을 호송했으니, 평왕은 양공을 봉해 제후로 삼고 기산(岐山) 서쪽 땅을 하사했다. (그전에) 말했다.

"융은 무도해 우리의 기(岐) 땅과 풍(豐) 땅을 침탈했으니, 진나라가 능히 융을 공격해 내쫓는다면 곧 그 땅을 갖게 될 것이다."

함께 맹세하고서[與誓] 봉지와 작위를 내려준 것이다. 양공은 이에 비로소 나라를 갖고 제후들과 사신을 교환하는 등 대등한 예[聘享之禮]를 차릴 수 있게 되어, 마침내 검붉은 말[騮駒][3], 황소, 숫양[羝羊]을 각각 3마리씩 제물로 삼아 서치(西畤)에서 상제(上帝)께 제사를 지냈다[4].

12년에 (양공이) 융을 치러 갔다가 기산에 이르러 졸했다. 문공(文公)을 낳았다.

1) 【정의(正義)】 『괄지지(括地志)』에서 말했다. "옛 견성(汧城)은 농서(隴西) 견원현(汧源縣) 동남쪽으로 3리에 있다. 『제왕세기(帝王世紀)』에 이르기를 진(秦)나라 양공(襄公) 2년에 견(汧)으로 도읍을 옮겼다[徙都=遷都]라고 했으니, 바로 이 성이다.

2) 【정의(正義)】 주나라 평왕이 왕성을 옮겼으니, 곧 (『서경(書經)』) 「낙고(雒誥=洛誥)」에서 말한 "내가 간수(澗水)의 동쪽과 전수(瀍水)의 서쪽을 점쳐보니"라고 한 것이 그것이다.

3) 【집해(集解)】 붉은 말에 검은 털[黑髦]이 난 것을 유(駵)라고 한다.

4) 【집해(集解)】 서광(徐廣)이 말했다. "「연표(年表)」에 이르기를, 서치를 세우고 백제(白帝)에게 제사를 지냈다고 했다." 【색은(索隱)】 양공이 비로소 반열에 올라 제후가 되었을 때 그 자신은 서치에 살고 있었다. 서치란 현(縣) 이름인데, 그래서 서치를 짓고 백제에게 제사를 지낸 것이다. 치(畤)란 '머물다[止]'라는 뜻이니, 신령이 의지해서 머무는 곳을 말한다. 또한 발음은 시(市)라고도 하는데, 이때는 단을 만들어 하늘에 제사 지내는 것을 뜻한다.

문공 원년에 서수궁(西垂宮)에 거주했다[1].

3년에 문공은 병사를 700명 이끌고 동쪽으로 사냥을 갔다.

4년에 견수와 위수가 만나는 지점에 이르러 말했다.

"옛날에 주나라가 우리 선조 진영(秦嬴)에게 여기를 도읍으로 삼게 했으니[邑], 그 뒤에 결국 제후가 될 수 있었다."

마침내 살 만한 곳인지 점치게 하여 점괘가 길하다고[2] 나오니, 곧바로 고을을 조성하고[營] 도읍으로 삼았다.

10년에 처음으로 부치(鄜畤-제천단)를 만들고[3] 삼뢰(三牢)[4]를 썼다.

13년에 처음으로 사관(史官)을 두어 일을 기록하니[紀事=記事], 많은 백

성이 교화되었다.

16년에 문공이 병사를 이끌고 융을 치니, 융은 패해 달아났다. 이에 문공이 드디어 주나라 유민들을 거두었고, 땅을 기산까지 넓혀서 기산의 동쪽을 주나라에 바쳤다.

19년에 진보(陳寶)를 얻었다[5].

20년에 법률에 처음으로 삼족(三族)[6]을 멸하는 조항이 있게 되었다.

27년에 남산의 큰 가래나무를 베자, 나무 사이에서 큰 황소가 나와 풍수로 들어갔다[大特(대특)][7].

48년에 문공의 태자가 졸하니 시호를 내려 정공(竫公)이라고 했다[8]. 정공의 큰아들이 태자가 되었으니, 이 사람은 문공의 손자다.

50년에 문공이 졸하자 서산(西山)[9]에 안장했다. 정공의 아들이 세워지니, 이 사람이 영공(寧公)[10]이다.

1) 【정의(正義)】 곧 상서현(上西縣)이 그곳이다.

2) 【정의(正義)】 『괄지지(括地志)』에서 말했다. "미현 고성(郿縣故城)은 기주(岐州) 미현(郿縣) 동북쪽으로 15리에 있다. 모장(毛萇)이 말하기를 미(郿)란 땅 이름이라고 했다. 진나라 문공(文公)이 동쪽으로 사냥 갔다가 견수와 위수가 만나는 곳에 이르자 살 만한 곳인지 점치게 하고서는 마침내 도읍을 조성했다고 했으니, 곧 이 성이다."

3) 【집해(集解)】 서광(徐廣)이 말했다. "부현(鄜縣)은 풍익(馮翊)에 속한다." 【색은(索隱)】 현(縣) 이름이다. 부(鄜) 땅에 제사 터[畤(치)]를 조성하고서 부치(鄜畤)라고 했다. 그래서 (『사기(史記)』) 「봉선서(封禪書)」에서 말하기를 "진나라 문공(文公)이 꿈에 누런 뱀을 보았다. 하늘부터 아래로 땅에까지 이어졌는데, 주둥이가 부연(鄜衍)[좌풍익 부현(鄜縣)의 산록 지역을 말한다.]에서 멈췄다"라고 했고, 사돈(史敦)은 이를 신령스럽다고 여겨 제사 터를 세웠다. 【정의(正義)】 『괄지지(括地志)』에서 말했다. "삼치(三畤) 벌판[原(원)]은 기주(岐州) 옹현(雍縣) 남쪽으로 20리에

있다. 「봉선서」에 이르기를, 진나라 문공이 부치를 조성했고 양공은 서치를 만들었으며 영공은 오양상치(吳陽上畤)를 만들었으니, 그것이 이 벌판에 나란히 있게 되어 이름으로 삼았다고 했다."

4) 소·양·돼지 3종류의 가축을 희생 제물로 하는 제사를 가리킨다.

5) **【색은(索隱)】** 살펴보건대, 『한서(漢書)』「교사지(郊祀志)」에서 말했다. "문공이 간(肝) 모양을 한 돌과 같은 것을 얻었는데, 진창산(陳倉山) 북쪽 비탈에 성을 쌓으면서 사당을 만들어 그것에 제사를 지냈다. 그 신은 (혹은 어떤 해에는 오지 않고 혹은 한 해에 여러 차례 왔다. 올 경우에는 늘 밤에 찾아왔는데, 휘황찬란한 광채가 마치 유성과 같았고 동쪽에서 왔으며 사당이 있는 성에 모여들었다. 그것은) 마치 수꿩들과 같았고 울음소리는 크고 요란했으니[殷殷(은은)], 들판의 꿩들[野鷄(야계)][원래는 꿩[雉(치)]인데, 여후(呂后)의 이름을 피하기 위해[避諱(피휘)] 야계(野鷄)라고 표현한 것이다.]이 그에 응해 밤에 함께 울어대기도 했다. 1뢰(牢-소·양·돼지)로 제사를 지냈고, 그 사당을 진보(陳寶)라 이름 붙였다." 또 신찬(臣瓚)이 말했다. "진창현에 보부인사(寶夫人祠)가 있는데, 해마다 섭군신(葉君神)과 만났고 이곳에서 제사를 지냈다." 소림(蘇林)이 말하기를 "재질이 돌과 같았는데, 모양은 간(肝)과 비슷했다"라고 했다. **【정의(正義)】** 『괄지지(括地志)』에서 말했다. "보계사(寶鷄祠)는 기주(岐州) 진창현 동쪽으로 20리 떨어진 옛 진창성 안에 있다. 『진태강지지(晉太康地志)』에서는 이렇게 말했다. '진문공 때 진창 사람들이 사냥하다가 짐승을 잡았는데, 돼지[彘(체)]처럼 생기기는 했으나 이름을 알 수 없었다. 끌고 와서 그것을 바치려다가 두 동자를 만났다. 그 동자들이 말하기를 "이것의 이름은 위(媦)인데, 늘 땅속에 있고 죽은 사람의 뇌를 먹는다"라고 하니, 곧바로 그것을 죽이고자 해서 그 머리를 후려쳤다[拍捶(박추)]. 위 또한 이렇게 말했다. "두 동자의 이름은 진보(陳寶)인데, 수놈을 잡으면 왕자(王者)가 되고 암놈을 잡으면 패자(霸者)가 된다." 진창 사람들이 마침내 두 동자를 쫓아가니 바뀌어 암수 꿩이 되었고, 진창산(陳倉山) 북쪽 비탈에 날아올라 돌이 되었다. 진나라 사람들이 사당을 짓고 제사를 지냈다.' 『수신기(搜神記)』에 이

르기를, 그중에 수놈이 날아서 남양(南陽)에 이르렀고 그 후에 (후한을 세운) 광무(光武)가 남양에서 일어났으니, 모두 그의 말대로 되었다고 했다."

6) 【집해(集解)】 장안(張晏)이 말했다. "부모·형제·처자이다." 여순(如淳)이 말했다. "부족·모족·처족이다."

7) 【집해(集解)】 서광(徐廣)이 말했다. "지금의 무도고도(武都故道)에 노특사(怒特祠)가 있는데, 큰 소가 그려져 있었다. 위에는 나무뿌리가 자랐는데 소 1마리가 나무 안에서 나오더니 뒤에 풍수(豐水) 물속에서 나타났다." 【정의(正義)】 『괄지지(括地志)』에서 말했다. "큰 가래나무는 기주 진창현 남쪽으로 10리 떨어진 창산(倉山) 위에 있다. (특이한 일들을 모은 작자 미상의) 『녹이전(錄異傳)』에서 말했다. '진나라 문공 때 옹남산(雍南山)에 큰 가래나무가 있었는데, 문공이 그것을 베어내자 곧바로 큰 비바람이 불더니 나무가 다시 자라났고 잘라도 자를 수가 없었다. 이때 어떤 사람이 병이 들어 밤에 산속을 가다가, 귀신이 나무의 신과 주고받는 이야기를 들었다. "진나라가 만약에 사람들에게 머리를 풀게 한 뒤 붉은 실로 나무를 감싸고 너를 베어낸다면 너는 어떻게 할 수 없지 않겠는가?" 나무의 신은 아무런 말이 없었다. 다음 날 병든 사람이 들은 말을 전하자, 공이 그 말대로 나무를 베어 잘라냈는데, 그 안에서 푸른 소 1마리가 나오더니 내달려 풍수 안으로 달려 들어갔다. 그 후에 소가 풍수 안에서 나오자, 기병들을 시켜 치게 하니 이겨내지 못했다. 한 기병이 땅에 떨어졌다가 다시 일어섰는데 머리가 풀어 헤쳐져 있으니, 소는 그를 두려워해 들어가더니 나오지 않았다. 그리하여 모두(髦頭)를 두었고, 한나라와 위(魏)나라, 진(晉)나라가 그것을 이어받았다. 무도군은 노특사를 세웠으니, 이것이 큰 가래나무 우신(牛神)이다.'" 살펴보건대, 세속에서 푸른 소를 벽화에 그리는 것이 바로 이런 풍습이다.

8) 【집해(集解)】 서광(徐廣)이 말했다. "문공 44년이고, 노나라 은공(隱公) 원년이다."

9) 【집해(集解)】 서광(徐廣)이 말했다. "황보밀(皇甫謐)이 말하기를, 서산에 안장했는데 지금의 농서(隴西) 서현(西縣)이라고 했다."

10) 【집해(集解)】 서광(徐廣)이 말했다. "판본에 따라 만(曼)으로 되어 있다."

영공 2년에 평양(平陽)으로 도읍을 옮겼고[徙居][1], 군대를 보내 탕사(蕩社)[2]를 쳤다.

3년에 박(亳)과 싸웠는데, 박왕(亳王)은 융으로 달아났고 드디어 탕사를 멸망시켰다[3].

4년에 노나라 공자 휘(翬)[4]가 그 군주 은공(隱公)을 시해했다[弑].

12년에 탕씨(蕩氏)를 쳐서 땅을 차지했다. 영공은 10살에 세워졌는데, 세워진 지 12년 만에 졸해 서산(西山)에 묻혔다[5]. 아들 셋을 낳았는데 장남 무공(武公)이 태자가 되었다. 무공의 동생 덕공(德公)은 무공과 같은 어머니인 노희자(魯姬子)에게서 났다[6]. (노희자는) 출자(出子)도 낳았다.

영공이 졸하자 대서장(大庶長) 불기(弗忌), 위루(威壘), 삼보(三父)가 태자를 폐하고 출자를 세워 군(君)으로 삼았다. 출자 6년에 삼보 등이 다시 공동으로 사람을 시켜 출자를 무참하게 죽였다[賊殺]. 출자는 5살에 세워져 세워진 지 6년 만에 졸했다. 삼보 등은 마침내 원래 태자였던 무공을 다시 세웠다.

1) 【집해(集解)】 서광(徐廣)이 말했다. "미(郿)의 평양정(平陽亭)이다." 【정의(正義)】 『제왕세기(帝王世紀)』에 이르기를, 진나라 영공이 평양에 도읍했다고 했다. 살펴보건대, 기산현(岐山縣)은 양평향(陽平鄉)에 있는데, 향 안에 평양마을[平陽聚]이 있다. 『괄지지(括地志)』에서 말했다. "평양 고성(平陽故城)은 기주 기산현 서쪽으로 46리에 있는데, 진나라 영공이 도읍을 옮긴[徙都] 곳이다."

2) 【집해(集解)】 서광(徐廣)이 말했다. "사(社)는 판본에 따라, 두(杜)로 되어 있다." 【색은(索隱)】 서융의 임금 이름이 박왕(亳王)이다. 대개 (은나라를 세운) 성탕(成湯)의 먼 후손으로, 그 읍을 탕사라고 했다. 서광은 말하기를 판본에 따라 탕두(湯杜)라고도 한다고 했는데, 탕읍(湯邑)이 두현(杜縣)의 경계에 있어 탕두라고 말한 것이다. 【정의(正義)】 『괄지지(括地志)』에서 말했다. "옹주(雍州) 삼

원현(三原縣)은 탕릉(湯陵)에 있다. 또 탕대(湯臺)가 있는데, 이것은 시평현(始平縣) 서북쪽으로 8리에 있다." 살펴보건대, 그 나라는 대개 삼원과 시평의 경계에 있다.

3) 【집해(集解)】 황보밀(皇甫謐)이 말했다. "박왕의 칭호는 탕(湯)이고, 서이(西夷)에 있는 나라다."

4) 【정의(正義)】 발음은 휘(暉)인데, 이 사람이 곧 우보(羽父)다.

5) 【정의(正義)】 『괄지지(括地志)』에서 말했다. "진나라 영공의 무덤은 기주 진창현 서북쪽으로 37리 떨어진 진릉산(秦陵山)에 있다. 『제왕세기(帝王世紀)』에 이르기를, 진나라 영공의 무덤이 서산(西山) 큰 산록에 있었으니, 그래서 이름을 진릉산이라고 했다고 한다." 살펴보건대, 문공 또한 서산에 묻혔으니 대개 이곳이 진릉산인 듯하다.

6) 【정의(正義)】 덕공의 어머니 칭호도 노희자다.

무공 원년에 팽희씨(彭戲氏)[1]를 치기 위해서 화산(華山) 아래에 이르러[2] 평양 봉궁(平陽封宮)에 머물렀다[3].

3년에 삼보 등을 죽이고 삼족을 멸했으니[夷(이)=平(평)], 그가 출자를 죽였기 때문이다. 정(鄭)나라 고거미(高渠眯)[4]가 자기 임금 소공(昭公)을 죽였다.

10년에 규(邽) 땅과 기(冀) 땅의 융을 치고 처음으로 현(縣)을 두었다[縣之(현지)][5].

11년에 처음으로 두(杜)와 정(鄭)을 현으로 삼았다[6]. 소괵(小虢)[7]을 멸했다.

1) 【정의(正義)】 융족의 칭호다. 대개 동주(同州) 팽아 고성(彭衙故城)이 그곳이다.

2) 【정의(正義)】 즉 화악(華嶽) 아래이다.

3) 【정의(正義)】 궁궐 이름인데, 기주(岐州) 평양성 안에 있다.

4) 【색은(索隱)】 『춘추좌전(春秋左傳)』 노나라 환공(桓公) 17년조에서는 "고거미(高渠彌)"라고 했다.

5) 【집해(集解)】「지리지(地理志)」에 이르기를, 농서(隴西)에는 상규현(上邽縣)이 있다고 했다. 응소(應劭)가 말했다. "이는 곧 규융읍(邽戎邑)이다." 기현은 천수군(天水郡)에 속한다.

6) 【집해(集解)】「지리지(地理志)」에 이르기를, 경조(京兆-수도)에 정현과 두현이 있다고 했다. 【정의(正義)】『괄지지(括地志)』에서 말했다. "하두 고성(下杜故城)은 옹주(雍州) 장안현(長安縣) 동남쪽으로 9리에 있다. 옛날의 두백국(杜伯國)으로, 화주(華州) 정현(鄭縣)이다. 『모시보(毛詩譜)』에 이르기를, 정국(鄭國)은 주나라 기내(畿內)의 땅으로 선왕(宣王)이 자신의 아우를 함림(咸林)의 땅에 봉해주었는데 이 사람이 정(鄭)나라 환공(桓公)이라고 했다." 살펴보건대, 진(秦)나라가 그것을 고스란히 얻어 현으로 삼았다.

7) 【집해(集解)】 반고(班固)가 말하기를, 서괵(西虢)은 옹주(雍州)에 있다고 했다. 【정의(正義)】『괄지지(括地志)』에서 말했다. "옛 괵성(虢城)은 기주(岐州) 진창현(陳倉縣) 동쪽으로 40리에 있다. 거기서 다시 40리를 더 가면 성이 또 하나 있는데, 역시 이름은 괵성이다. 『여지지(輿地志)』에 이르기를, 이 괵이 바로 (주나라) 문왕의 친동생 괵숙(虢叔)이 봉해진 곳인데, 이를 서괵이라고 한다고 했다." 살펴보건대, 이 괵이 멸해졌을 때는 섬주(陝州)의 괵이 오히려 소괵을 가리키는 것이었다. 또 말하기를, 소괵은 강(羌)족의 별종이라고도 한다.

13년에 제나라 사람 관지보(管至父)와 연칭(連稱) 등이 자기들 임금 양공(襄公)을 죽이고 공손무지(公孫無知)를 세웠다. 진(晉)나라는 곽(霍)·위(魏)·경(耿)을 멸망시켰다[1]. 제나라에서는 옹림(雍廩)[2]이 무지(無知)와 관지보 등을 죽이고 환공(桓公)을 세웠다. 제나라와 진나라가 강국(彊國-패권국)이 되었다.

19년에 진(晉)나라 곡옥(曲沃)이 처음으로 진후(晉侯)가 되었고[3], 제나라 환공이 견(鄄)에서 (제후의 우두머리인) 패(伯=覇)[4]가 되었다.

1) 【색은(索隱)】 『춘추좌전』 노나라 민공(閔公) 원년조에서는 "진(晉)이 경(耿)을 멸하고 위(魏)를 멸하고 곽(霍)을 멸했다"라고 했는데 여기서는 위(魏)를 언급하지 않은 것은 역사서에서 글이 빠진 것일 뿐이다.[위나라를 언급했는데 언급하지 않았다고 한 것은 어째서인지 알 수 없다.] 또 『좌전』에 이르기를 "필만(畢萬)에게 위나라를 내려주고 조숙(趙夙)에게 경국(耿國)을 내려주었다"라고 했다. 두예(杜預)가 주(注)에서 말하기를 "평양(平陽) 피지현(皮氏縣) 동남쪽에 경향(耿鄕)이 있고, 영안현(永安縣) 동북쪽에 곽태산(霍太山)이 있다. 세 나라는 모두 희성(姬姓)이다"라고 했다. 『괄지지(括地志)』에서 말했다. "곽(霍)은 진주(晉州) 곽읍현(霍邑縣)이고, 또 춘추시대 때의 곽백국(霍伯國)이다. 위소(韋昭)가 말하기를, 곽은 희성(姬姓)이라고 했다." 『괄지지』에서는 또 이렇게 말했다. "옛 경성(耿城)의 지금 이름은 경창성(耿倉城)인데, 강주(絳州) 용문현(龍門縣) 동남쪽으로 20리에 있으며 옛날의 경국(耿國)이다. 『도성기(都城記)』에 이르기를, 경(耿)은 영성(嬴姓)의 나라라고 했다."

2) 【정의(正義)】 雍은 어(於)와 궁(宮)의 반절음이고 廩은 력(力)과 심(甚)의 반절음인데, 이는 옹림(雍林)읍 사람의 성과 이름이다.

3) 【색은(索隱)】 진(晉)나라 목후(穆侯)의 막내아들 성사(成師)가 곡옥(曲沃)에 (봉해져서 거기에) 살았기에 칭호를 곡옥환숙(曲沃桓叔)이라고 했고, (훗날 곡옥의) 무공(武公) 칭(稱) 때에 이르러 진후(晉侯) 민(緡)을 멸망시키고 비로소 칭 자신이 진나라 임금이 되었다.

4) 【정의(正義)】 伯의 발음은 패(霸)이다.

20년에 무공이 졸하자 옹(雍) 읍의 평양(平陽)에 안장했다. 처음으로 사람을 따라 죽게 했는데[從死=殉葬], 순장한 사람이 66명이었다. 아들 하나가 있었는데 이름을 백(白)이라 했고 백은 세워지지 못한 채 평양에 봉해졌고, 무공의 동생 덕공(德公)이 세워졌다.

덕공 원년에 처음으로 옹성의 대정궁(大鄭宮)에 거주했다[1]. 소·양·돼지의 희생을 각각 300마리 올려 부치(鄜畤)에서 제사를 지냈고, 옹성에서 거주하는 것이 적합한가를 점쳤다.

'후대 자손들이 황하에서 말에게 물을 먹이게 될 것이다.'[2]

양백(梁伯)과 예백(芮伯)이 와서 조회했다[來朝(내조)][3].

2년에 처음으로 복날을 정하고[初伏(초복)][4] 개를 잡아 열독(熱毒)[蠱(고)]을 제거했다[5].

덕공은 33살에 세워졌고 세워진 지 2년 만에 졸했다. 아들 셋을 낳았는데, 큰아들이 선공(宣公)이고 가운데 아들이 성공(成公)이며 막내아들이 목공(繆公)이다. 큰아들 선공이 세워졌다.

1) 【집해(集解)】 서광(徐廣)이 말했다. "지금 옹현(雍縣)은 부풍(扶風)에 있다." 【정의(正義)】 『괄지지(括地志)』에서 말했다. "기주 옹현 남쪽으로 7리에 옛 옹성이 있는데, 진나라 덕공의 대정 궁성(大鄭宮城)이다."

2) 【정의(正義)】 옹에서 살게 될 경우의 훗날을 점치니, 나라는 점점 더 광대해지고 후대의 자손들은 동쪽으로 용문(龍門)의 황하에서 말에게 물을 먹이게 될 것이라는 점괘가 나왔다.

3) 【색은(索隱)】 양(梁)은 영성(嬴姓)이고 예(芮)는 희성(姬姓)이니, 양국은 풍익(馮翊) 하양(夏陽)에 있고 예국은 풍익 임진(臨晉)에 있다. 【정의(正義)】 『괄지지(括地志)』에서 말했다. "남예향 고성(南芮鄕故城)이 동주(同州) 조읍현(朝邑縣) 남쪽으로 30리에 있고 북예성도 있는데, 둘 다 옛 예백국(芮伯國)이다. 정현(鄭玄)이 말하기를, 주나라와 동성인 나라는 기내(畿內-서울권)에 있었는데 천자의 경사(卿士)가 되었다고 했다. 『좌전(左傳)』에 이르기를, 환공(桓公) 3년에 예백 만(萬)의 어머니 예강(芮姜)이 예백의 총애를 받는 사람들이 많은 것[예백이 총애하는 남자·여자가 모두 뛰어난 다움[賢德(현덕)]을 갖추지 못했다고 한다.]을 미워해서 그를 축출하니, 예백은 위(魏)로 나가서 살았다고 했다." 지금 살펴보건대 섬

주(陝州) 예성현(芮城縣) 경계에 예국성이 있는데, 대개 은나라 말기에 우예(虞芮)가 땅을 다투었다던 예국(芮國)이 그곳이다.

4) 【집해(集解)】 맹강(孟康)이 말했다. "6월 복일(伏日) 초이다. 주나라 때는 없었는데, 이때 이르러 마침내 생겨났다." 【정의(正義)】 6월 삼복(三伏-초복·중복·말복) 풍습은 진나라 덕공 때 생겨났고, 그래서 초복(初伏)이라고 했다. 복(伏)이란 '음의 기운이 무더위를 피해 숨는다[伏]'는 뜻이다. 『역기석(曆忌釋)』에서 말했다. "복(伏)이란 무엇인가? 금(金)의 기운이 엎드려 숨는 날을 말한다. 사계절이 순환하면서 모두 서로 상생한다. 입춘에는 목이 수를 대신하고[代] 수가 목을 살린다. 입하에는 화가 목을 대신하고 목이 화를 살린다. 입동에서는 수가 금을 대신하고 금이 수를 살린다. 입추에는 금이 화를 대신하는데, 그래서 경일(庚日)에는 반드시 숨는다[伏]. 경(庚)은 금이니, 그러므로 복(伏)이라고 한 것이다."

5) 【집해(集解)】 서광(徐廣)이 말했다. "「연표(年表)」에 이르기를, 처음으로[初] 복날을 정해 사당에 제사를 지내고 도읍의 네 문에 개를 찢어 죽여 널어놓았다[磔].[책(磔)이란 (사형당한 자의) 시신을 (갈기갈기 찢어) 쫙 펼쳐놓는 것이다. 기시(棄市)란 시장에서 (사형수를) 죽이는 것이다. 그것을 일러 기시라고 하는 이유는, 죄수[刑人]를 저잣거리로 끌고 가서 군중이 보는 데서 죽이기 때문이다. 개를 이렇게 한 것은 재앙과 나쁜 기운을 막기 위함이다.]" 【정의(正義)】 고(蠱-독벌레)란 열독(熱毒)이나 악기(惡氣)가 사람을 해치는 것이니, 그래서 개를 찢어 죽여 널어놓음으로써 그것을 막으려 한 것이다. 「연표(年表)」에 이르기를 "처음으로[初] 복날을 정해 사당에 제사를 지내고 도읍의 네 문에 개를 찢어 죽여 널어놓았다"라고 했다. 책(磔)이란 푸닥거리[禳]이며, 개는 양의 기운을 가진 가축이다. 개를 외곽 네 문에 찢어발겨 놓은 뒤 열독의 기운이 사라지라고 푸닥거리하는 것이다. 『좌전(左傳)』(소공(昭公) 원년)에 이르기를 그릇[皿]에 벌레가 있는 것을 고(蠱)라고 한다고 했고, 고야왕(顧野王)이 말하기를, 곡식을 오래 그냥 쌓아두면 변해서 날아다니는 벌레[飛蠱]가 된다고 했다.

선공 원년에 위(衛)와 연(燕)이 주(周)나라를 쳐서[1] 혜왕(惠王)을 내쫓고 왕자 퇴(穨)를 세웠다.

3년에 정백(鄭伯)과 괵숙(虢叔)[2]이 왕자 퇴를 죽이고 (다시) 혜왕을 (주나라에) 들였다.

4년에 밀치(密畤-제사 터)를 지었다[3]. 진(晉)나라와 하양(河陽)에서 싸워 이겼다[勝之(승지)=敗之(패지)].

12년에 선공이 졸했다. 아들 아홉을 두었지만 아무도 세워지지 못했고, 동생 성공이 세워졌다.

1) 【정의(正義)】 위나라 혜공(惠公. ?~기원전 669년)[선공(宣公)의 아들이다. 혜공 4년 주변의 공자(公子)들이 혜공이 참언을 듣고 태자 급(伋)을 살해한 것을 원망해서 공격한 뒤 급의 동생 검모(黔牟)를 옹립해 국군으로 삼았다. 혜공은 달아났다. 검모가 재위한 지 8년, 제나라 양공(襄公)이 제후를 이끌고 위나라를 공격해 주변의 공자들을 죽이고 혜공을 복위시켰다. 검모는 주(周)나라로 달아났다. 25년 혜공은 주나라가 검모를 용인한 것을 원망해 연(燕)나라와 함께 주나라를 공격했고, 주나라 혜왕(惠王)은 온(溫)으로 달아났다. 위나라와 연나라가 혜왕의 동생 퇴(頹)를 왕으로 세웠다.]이 도읍한 곳이 곧 지금의 위주(衛州)다. 연은 남연(南燕)이고, 주는 천왕(天王-천자)이다. 『괄지지(括地志)』에서 말했다. "활주 고성(滑州故城)은 옛날의 남연국(南燕國)이다. 응소(應劭)가 말하기를, 남연은 길성(姞姓)의 나라로 황제(黃帝)의 후예라고 했다."

2) 【정의(正義)】 『괄지지(括地志)』에서 이렇게 말했다. "낙주(洛州) 범수현(氾水縣)은 옛날의 동괵국(東虢國)이고 정나라의 (요충지인) 제읍(制邑)이며 한나라의 성고(城皐)이니, 곧 주나라 목왕(穆王) 때의 호뢰성(虎牢城)이다. 『좌전(左傳)』(희공(僖公) 5년)에서 궁지기(宮之奇)가 말하기를 '괵중(虢仲)·괵숙(虢叔)은 (문왕의 아버지) 왕계(王季)의 아들[穆(목)]이다'라고 했다."

3) 【정의(正義)】 『괄지지(括地志)』에서 말했다. "한나라에는 치(畤) 5개가 있었는데, 기주(岐州) 옹현(雍縣) 남쪽에 부치(鄜畤)가 있었고 오양(吳陽)에 상치(上畤)·

하치(下畤)·밀치(密畤)·북치(北畤)가 있었다. 진나라 문공(秦文公)이 꿈에 누런 뱀이 하늘에서 내려오는 것을 보았다. 땅에 이르러 주둥이가 부연(鄜衍)에서 멈추니, 제사 터를 짓고는 백제(白帝)에게 교(郊)제사를 지낸 뒤 이곳을 부치(鄜畤)라고 했다. 진나라 선공(宣公)은 위남(渭南)에 밀치를 짓고 청제(青帝)에게 제사를 지냈다. 진나라 영공(靈公)은 오양에 상치를 짓고 황제(黃帝)에게 제사를 지냈고, 하치를 짓고 염제(炎帝)에게 제사를 지냈다. 한나라 고조(高祖)가 말하기를 '하늘에는 다섯 제(帝)가 있는데 지금은 네 분뿐이니 어찌 된 일인가?' 하고는, 드디어 흑제(黑帝)를 세웠으니 북치가 그것이다."

성공 원년에 양백(梁伯)[1]과 예백(芮伯)이 와서 조회했다. 제나라 환공(桓公)이 산융(山戎)을 치고 고죽(孤竹)에 주둔했다[次(차)=駐屯(주둔)][2].

성공이 세워진 지 4년 만에 졸했다. 아들 일곱을 두었으나 아무도 세워지지 못했고, 동생 목공(繆公=穆公)이 세워졌다[3].

1) 【정의(正義)】『괄지지(括地志)』에서 말했다. "동주(同州) 한성현(韓城縣) 남쪽으로 22리에 소량 고성(少梁故城)이 있는데 옛날의 소량국이다. 『도성기(都城記)』에 이르기를, 양백국(梁伯國)은 영성(嬴姓)의 후예로 진(秦)나라와 시조가 같다고 했다. 진나라 목공이 22년에 멸망시켰다."

2) 【정의(正義)】『괄지지(括地志)』에서 말했다. "고죽 고성(孤竹故城)은 평주(平州) 노용현(盧龍縣)에서 12리에 있는데, 은나라 때 제후국인 죽국(竹國)이었다."

3) 【색은(索隱)】 진나라는 선공(宣公)부터 그 위로는[已上(이상)=以上(이상)] 다 역사서에 이름이 없는데, 지금 『계본(系本)』, 『고사고(古史考)』를 살펴서 목공의 이름 임호(任好)를 얻었다.

목공 임호(任好) 원년에 목공이 몸소 군대를 이끌고[自將(자장)] 모진(茅津)[1]을 쳐서 이겼다.

4년에 목공은 진(晉)나라에서 아내를 맞아들였는데, 진나라 태자 신생(申生)의 누이였다. 이해에 제나라 환공이 초나라를 정벌해 소릉(邵陵)에 이르렀다.

1) 【정의(正義)】 유백장(劉伯莊)이 말했다. "융(戎)의 이름이다." 『괄지지(括地志)』에서 말했다. "모진과 모성(茅城)은 섬주(陝州) 하북현(河北縣) 서쪽으로 20리에 있다. 『수경주(水經注)』에 이르기를 모정(茅亭)이라고 했는데, 모융(茅戎)의 이름이다."

5년에 진(晉)나라 헌공(獻公)이 우(虞)나라와 괵(虢)나라를 멸하고 우의 임금과 그 대부 백리혜(百里傒)[1]를 포로로 잡아 왔는데, 이는 (그에 앞서) 벽(璧-아름다운 옥)과 말을 우나라에 뇌물로 주었기 때문이다. 이미 백리혜를 포로로 잡아 와서는, 딸을 진(秦)나라 목공에게 시집보낼 때 딸의 잉(媵-몸종)으로 삼아 딸려 보냈다. 백리혜가 진(秦)나라를 도망쳐 (초나라) 원(宛)[2]으로 달아났는데, 초나라 시골 사람[鄙人(비인)]이 그를 붙잡았다. 목공은 백리혜가 뛰어나다[賢(현)]는 것을 듣고는 비싼 값을 치르고서라도 데려오려고 했으나, 초나라 사람들이 내주지 않을까 걱정이 되어 마침내 초나라에 사람을 보내 말했다.

"나의 잉신(媵臣-예물처럼 딸려 온 신하) 백리혜가 거기에 있는데, 검정 숫양의 가죽 5장을 몸값으로 치르고자 한다[贖之(속지)]."

초나라 사람들은 드디어 받아들여 그를 내주었다. 이 당시 백리혜의 나이는 이미 70세가 넘었다. 목공이 백리혜를 풀어주면서 그와 더불어 나랏일을 이야기하려고 하자, 백리혜가 사양하며 말했다.

"저같이 망한 나라의 신하[亡國之臣(망국지신)]에게 물어보실 게 무엇이 있습니까?"

목공이 말했다.

"우나라 임금이 그대를 쓰지 않아 그 때문에 망한 것이지, 그대의 죄가 아니다."

거듭 질문을 하며[固問] 사흘 동안 이야기를 나누고서, 목공이 크게 기뻐하며 그에게 국정을 내주어 맡기면서[授之=任之] 칭호를 오고대부(五羖大夫-검정 숫양 5마리 대부)라고 했다. 백리혜가 사양하며 말했다.

"신(臣)은 신의 친구 건숙(蹇叔)[3]에 못 미칩니다. 건숙은 뛰어나지만, 세상 사람들이 그를 전혀 모릅니다. 신이 평소 돌아다니다가 제나라에서 곤경에 빠져 질(銍)[4] 땅 사람에게 구걸하고 있었는데, 건숙이 신을 거둬주었습니다. 신이 그 참에[因] 제나라 임금 무지(無知)를 섬기려 하자 건숙이 신을 말렸고, (덕분에) 신은 제나라의 난리에서 벗어날 수 있었습니다. 드디어 주나라로 갔는데, 주나라 왕자 퇴(頹)가 소를 좋아한다기에 신은 소 기르는 재주를 빙자해 자리를 청했습니다. 퇴가 신을 쓰려고 했으나 건숙이 신을 말렸고, 신이 거기를 떠나는 바람에 주살되지 않을 수 있었습니다. 우나라 임금을 섬기려 할 때도 건숙이 신을 말렸습니다. 신도 우나라 임금이 신을 (중요하게) 쓰지 않으리라는 것을 알았지만, 신은 정말로 녹봉과 벼슬이 몰래 탐이 나서[私利=私貪] 일단 머물렀습니다. 두 번은 그의 말을 들어 재난에서 벗어났고, 한 번은 그의 말을 쓰지 않아 우나라 임금의 난을 당했던 것입니다. 이 때문에 그가 뛰어나다는 것을 아는 것입니다."

이에 목공이 사람을 보내 두터운 폐백을 갖추고 건숙을 맞이해 상대부(上大夫)로 삼았다.

1) 백리해(百里奚)로 쓰기도 한다.

2) 【집해(集解)】「지리지(地理志)」에 따르면, 남양(南陽)에 유원현(有宛縣)이 있다. 【정의(正義)】 宛의 발음은 (완이 아니라) 어(於)와 원(元)의 반절음이며, 지금의 등주현(鄧州縣)이다.

3) 뛰어난 지략과 경륜으로 백리혜와 함께 진나라 목공이 서융(西戎)의 패주(霸主)가 되는 데 결정

적 역할을 했다.

4) 【집해(集解)】 서광(徐廣)이 말했다. "질(銍)은 판본에 따라 질(銍-낫)로 되어 있다." 【정의(正義)】 銍의 발음은 진(珍)과 율(栗)의 반절음이다. 질(銍)은 땅 이름이며 패현(沛縣)에 있다.

(같은 해) 가을에 목공이 몸소 군대를 이끌고 진(晉)나라 정벌에 나서서 하곡(河曲)[1)]에서 싸웠다. 진(晉)나라 여희(驪姬)가 정치를 어지럽혀서 태자 신생(申生)이 신성(新城)에서 죽었고[2)], 중이(重耳)와 이오(夷吾)는 나라 밖으로 도망쳤다[出犇=出奔][3)].

1) 【집해(集解)】 서광(徐廣)이 말했다. "판본에 따라 서(西-하서)로 되어 있다." 배인(裴駰)이 살펴보건대, 『공양전(公羊傳)』에 이르기를 "황하는 1,000리에 하나의 굽이[曲]로 되어 있다"라고 했다. 복건(服虔)이 말하기를 "하곡은 진(晉)나라 땅이다"라고 했고, 두예(杜預)가 말하기를 "하곡은 포판(蒲坂) 남쪽에 있다"라고 했다. 【정의(正義)】 살펴보건대, 하곡은 화음현(華陰縣) 경계에 있다.

2) 【정의(正義)】 위소(韋昭)가 말했다. "곡옥신(曲沃新)은 태자의 성(城)이다." 『괄지지(括地志)』에서 말했다. "강주(絳州) 곡옥현(曲沃縣)에 곡옥 고성이 있는데, 토박이들[土人]은 진나라 곡옥 신성이라고 여긴다."

3) 【정의(正義)】 중이는 적(翟)나라로 달아났고, 이오는 소량(少梁)으로 달아났다.[판본에 따라 중이가 달아난 나라를 적(狄)이라고도 하는데, 적(翟)과 적(狄)은 같은 것이다. 이오도 거기로 가려고 했으나, 그럴 경우 공모했다는 의심을 살 수가 있어 소량으로 달아났다고 한다.]

9년에 제나라 환공이 규구(葵丘)에서 제후들과 회합했다[會=會盟][1)].

진(晉)나라 헌공(獻公)이 졸했다. 여희의 아들 해제(奚齊)를 세웠으나 그

의 신하 이극(里克)이 해제를 죽였고, 순식(荀息)이 탁자(卓子)[2]를 세웠으나 극(克)이 또 탁자와 순식을 죽였다. 이오가 진(秦)나라에 사람을 보내 진(晉)나라로 들어갈 수 있게 해달라고 청하니, 이에 목공이 그것을 받아들여서 백리혜에게 군사를 이끌고 이오를 호송하게 했다. 이오가 일러 말했다.

"진실로 내가 (임금으로) 설 수 있게 된다면 진(晉)나라 하서(河西)의 성 8개[3]를 떼어 진(秦)나라에 주겠다."

귀국해 이미 세워지고 나자, 비정(丕鄭)을 진(秦)나라에 보내 감사를 표했지만, 약속을 어기고 하서의 성들을 주지 않았고 이극을 죽였다. 비정이 이를 듣고는 두려워서, 그 참에 목공과 모의해 말했다.

"진(晉)나라 사람들은 이오를 바라지 않고 실은 중이를 바랍니다. 지금 진(秦)과의 약속을 어기고 이극을 죽였으니, 모두 여생(呂甥)과 극예(郤芮)의 계략입니다. 바라건대 임금께서는 재물로 여와 극을 급히 불러들이고, 여와 극이 오거든 다시 중이를 입국시켜야 일이 순조로울 것입니다."

목공이 이를 허락하고 사신과 비정을 돌려보내 여와 극을 부르니, 여와 극 등은 비정이 이간질한다고 의심해 마침내 이를 이오에게 말해서 비정을 죽였다. (아버지를 따라갔던) 비정의 아들 비표(丕豹)가 진(秦)나라로 도망쳐 와서 목공에게 유세해 말했다.

"진(晉)나라 임금은 도리가 없어서 백성이 제 몸처럼 여기지 않으니 [不親(불친)], 쳐도 됩니다."

목공이 말했다.

"백성이 진실로 자기 임금을 탐탁지 않게[不便(불편)] 여긴다면 무슨 연유로 대신을 죽일 수 있겠는가. 능히 대신을 죽일 수 있다는 것, 이는 백성이 동조하기[調(도)][4] 때문이 아니겠는가!"

(비표의 말을) 듣지 않으면서도 비표(의 제안)를 몰래 썼다[陰用(음용)].

1) 【정의(正義)】『괄지지(括地志)』에서 말했다. "규구는 조주(曹州) 고성현(考城縣)

동남쪽으로 1리 150보 떨어진 성곽 안에 있으니, 곧 환공이 제후들과 회맹한 곳이다. 또 청주(青州) 임치현(臨淄縣)에도 규구가 있다. 곧 연칭(連稱)[중국 춘추시대 제나라의 군인이다. 제(齊)나라 양공(襄公) 때 대부(大夫)를 지냈다. 양공이 관지보(管至父)와 함께 전방 지역인 규구(葵丘)에 수(戍) 자리를 보내면서 다음 해 오이가 익으면 돌아오라고 했다.]과 관지보(管之父)에게 명해서 지키게 했던 곳[所戍處]이다."

2) 【집해(集解)】 서광(徐廣)이 말했다. "판본에 따라 탁(倬)으로 되어 있다."

3) 【정의(正義)】 동주(同州), 화주(華州) 등을 말한다.

4) 【정의(正義)】 調의 발음은 도(徒)와 료(聊)의 반절음이다. 능히 대신 비정을 죽였으니, 이는 이오가 백성과 잘 통한다[調和]는 말이다. 유백장(劉伯莊)이 말하기를, 발음은 도(徒)와 조(弔)의 반절음이라고 했다. 살펴보건대, 조(調)란 '고르다[選]'는 뜻이다. 간사한 신하를 주살하고 충성스러운 신하를 쓰니, 이는 곧 이오가 능히 사람을 잘 가려 뽑는다[調選]는 말이다. 둘 다 통한다.

12년에 제나라 관중(管中)과 습붕(隰朋)이 죽었다[死].

진(晉)나라가 가뭄이 들자 와서 곡식을 청했다. 비표는 목공에게 식량을 주지 말고 그들의 굶주림을 틈타 정벌하라고 유세했다. 목공이 공손지(公孫支)[1]에게 물으니, 지(支)가 말했다.

"기근과 풍년[飢穰]은 번갈아 일어나는 것일 뿐이니 주지 않을 수 없습니다."

백리혜에게 물으니 혜가 말했다.

"이오가 임금(-목공)께 죄를 지은 것이지, 그 백성이야 무슨 죄입니까?"

이에 백리혜와 공손지의 말을 써서 결국 식량을 내주었다. 배와 수레로 운반했는데, 옹(雍)에서 강(絳)까지[2] 서로 바라볼 정도로[相望] 이어졌다.

1) 【집해(集解)】 복건(服虔)이 말했다. "진나라 대부 공손자상[襄子桑]이다."

2) 【집해(集解)】 가규(賈逵)가 말했다. "옹은 진(秦)의 국도(國都)이고, 강은 진(晉)의 국도다."

14년에 진(秦)나라에 기근이 들자 (가서) 진(晉)나라에 식량을 청했다. 진(晉)나라 임금이 여러 신하와 이 일을 모의했는데, 괵석(虢射)[1]이 말했다.

"기근을 틈타 치면 큰 공을 이룰 수 있을 것입니다."

진군(晉君)이 그것을 따랐다.

15년에 (진군이 몸소) 군대를 일으켜[興兵=擧兵=發兵] 진(秦)나라를 공격하니, 목공도 군대를 일으켜[發兵] 비표를 장수로 삼고 몸소 가서 그들을 쳤다.

9월 임술일에 진(晉) 혜공(晉惠公) 이오와 한(韓)나라 땅[2]에서 맞붙어 싸웠다[合戰]. 진군(晉君)은 자기 군대를 내팽개친 채 진(秦)과 이익을 다퉜는데, (잔뜩 챙겨서) 돌아오다가 말들이 진흙탕에 빠졌다[鷙][3]. 목공이 그의 휘하들[麾下]과 함께 진군(晉軍)을 내달려 쫓았으나[馳追] 잡을 수 없었고, 도리어[反] 진(晉)나라 군대에 포위당했다. 진나라 군대가 목공을 치자 목공이 부상 당했다. 이때 기산(岐山) 아래에서 목공의 좋은 말을 몰래 잡아먹었던 300명이 위험을 무릅쓰고 치달려서 진나라 군대로 돌진하니, 진나라 군대는 포위를 풀었고 드디어 목공을 탈출시켰을 뿐만 아니라 거꾸로[反] 진군(晉君)을 생포했다[生得=生捕].

애초에 목공이 좋은 말[善馬=良馬]을 잃은 적이 있는데, 기산 아래 촌사람들[野人] 300여 명이 함께 말을 잡아서 그것을 먹어버렸다[4]. 관리들이 쫓아가서 붙잡아 이들을 법대로 처벌하려고 하자, 목공이 말했다.

"군자는 짐승 때문에 사람을 상하게 하지 않는다. 내가 듣건대, 좋은 말고기를 먹고서 술을 마시지 않으면 사람이 상한다고 했다."

마침내 모두에게 술을 내리고 그들을 용서했다. 이들 300명은 진(秦)나라가 진(晉)나라를 친다는 소식을 듣고는 모두 따르기를 요청해 목공을 따

르던 중이었는데, 목공이 궁지에 몰린 것[窘=窮塞]을 보자 실로 너나 할 것 없이 모두 날카로운 무기를 들고 경쟁적으로 싸움으로써 말을 잡아먹고도 용서받은 은덕에 보답한 것이었다.

목공이 진군(晉君)을 사로잡아 돌아와서는 전국에 영을 내렸다.

"모두 재계하라, 내가 장차 진군을 제물로 상제(上帝)께 제사를 올릴 것이다!"

주나라 천자가 이를 듣고는 "진(晉)은 우리와 같은 성이다" 하면서 진군을 용서해줄 것을 청했다. 이오의 누이는 또한 목공의 부인(夫人)이었는데, 부인이 이 소식을 듣고는 마침내 상복을 입고 맨발로 달려와서[跣] 말했다.

"첩이 형제를 제대로 가르치질 못해 군명(君命)을 욕되게 했습니다."

목공이 말했다.

"내가 진군을 잡아 공을 이루나 했더니, 지금 천자는 용서를 청하고 부인은 이 때문에 걱정하는구려."

마침내 진군과 맹세를 한 다음에 그가 돌아가는 것을 허락했고, 숙소도 바꿔 좋은 곳[上舍]으로 옮기게 하고서 소·양·돼지 각각 7마리씩[七牢]을 식량으로 보내주었다[饋之][5]. 11월에 진군 이오를 돌려보내니, 이오는 자신의 하서 땅을 바치는 한편 태자 자어(子圉)를 진(秦)나라에 인질[質]로 보냈다. 진나라는 종실의 딸을 자어의 아내로 삼게 했는데, 이 무렵 진나라 땅은 동쪽으로 황하에까지 이르렀다[6].

1) 【정의(正義)】 射의 발음은 (사가 아니라) 석(石)이다.

2) 【정의(正義)】 『좌전(左傳)』에 이르기를, 희공(僖公) 15년에 진(秦)나라와 진(晉)나라가 한나라 벌판[韓原]에서 싸웠는데 진(秦)나라가 진후(晉侯)를 붙잡아 돌아갔다고 했다. 『괄지지(括地志)』에서 말했다. "한원(韓原)은 동주(同州) 한성현(韓城縣) 서남쪽으로 18리에 있다. 『십육국춘추(十六國春秋)』에 이르기를 (진(晉)나라) 위과(魏顆)의 꿈에 노인네[父]가 풀을 묶어서[結草] 진(秦)나

라 장수 두회(杜回)에 맞설 수 있게 해주었다고 했는데, 이곳 또한 한원에 있다."[결초보은(結草報恩)이란 말은 여기서 나왔다. 위과는 아버지가 죽자, 서모를 개가시켜 순장을 면하게 해주었다. 이에 서모 아버지의 혼이 풀을 묶어 적국의 전진을 방해했다는 고사다.]

3) 【정의(正義)】 鷙의 발음은 치(致)이고, 또 칙(勅)과 이(利)의 반절음이다. 『국어(國語)』에 이르기를 "진(晉)나라 군대가 궤멸하니, 군대의 말들[戎馬(융마)]이 돌아오다가 진흙탕에 빠져[濘(영)] 나아가지 못했다"라고 했는데, 위소(韋昭)가 말했다. "영(濘)이란 '진창에 깊이 빠지다[深泥(심니)]'라는 뜻이다."[치(鷙)는 '무겁다' 혹은 '나아가지 못하다'라는 뜻이다.]

4) 【정의(正義)】 『괄지지(括地志)』에서 말했다. "야인오(野人塢-야인 촌락)는 기주(岐州) 옹현(雍縣) 동북쪽으로 20리에 있다." 살펴보건대 촌사람들이 말을 도둑질해서 먹은 곳으로, 그 때문에 이름을 그렇게 지었다.

5) 【집해(集解)】 가규(賈逵)가 말했다. "제후들끼리 주고받는 식량은 칠뢰다. 소와 양과 돼지 각 1마리씩이 일뢰(一牢)다."

6) 【정의(正義)】 진나라 하서의 성 8개가 진(秦)에 편입되어, 진나라는 동쪽 경계가 황하에까지 이르렀으니 곧 용문하(龍門河)다.

18년에 제나라 환공이 졸했다.

20년에 진(秦)나라가 양(梁)과 예(芮)를 멸했다[1].

22년에 진(晉)나라 공자 어(圉)가 진군이 병이 났다는 소식을 듣고 말했다.

"양(梁)은 우리 어머니의 나라[母家(모가)]인데[2] 진(秦)나라가 멸망시켰다. 나한테는 형제들이 많아, 바로 임금께서 돌아가시면[百歲後(백세 후)] 진(秦)은 틀림없이 나를 억류할 것이고 진(晉)도 나를 가벼이 여겨서 역시 다른 아들로 바꿔 세울 것이다."

자어가 마침내 도망쳐서 진(晉)나라로 돌아갔다.

23년에 진(晉) 혜공이 졸하자 자어가 세워져 임금[君]이 되었다. 진(秦)나라는 어(圉)가 도망쳐 달아난 것[亡去]을 원망해, 마침내 진(晉)나라 공자 중이(重耳)를 초(楚)나라에서 맞아들여서 예전 자어의 아내를 아내로 삼게 했다. 중이가 처음에 사양하다가 나중에는 마침내 받아들였다. 목공이 예를 더 높여[益禮] 그를 두텁게 예우했다.

24년 봄에 진(秦)이 사신을 보내 진(晉)의 대신들에게 중이를 귀국시키고 싶다고 알렸다. 진(晉)이 이를 허락하자 중이를 호송했다. 2월에 중이가 세워져 진군(晉君)이 되니, 이 사람이 문공(文公)이다. 문공은 사람을 시켜 자어를 죽였다. 자어, 이 사람은 회공(懷公)이다.

1) 【정의(正義)】 양국과 예국은 둘 다 동주(同州)에 있다. 진(秦)나라가 그 땅을 얻었으므로 두 나라 임금을 없앤 것이다.

2) 【정의(正義)】 자어의 어머니는 양백(梁伯)의 딸이다.

그해 가을에 주나라 양왕(襄王)의 동생 대(帶)가 적(翟-적(狄))나라 군대를 동원해 양왕을 치니, 양왕은 나라를 나와 정(鄭)나라에 머물렀다[1].

25년에 주나라 왕이 사람을 보내 진(秦)과 진(晉)에 자신의 어려움을 알렸다. 진(秦)나라 목공은 군대를 이끌고 진(晉)나라 문공을 도와서 양왕을 들여보내고[入=納] 왕의 동생 대를 죽였다.

28년에 진나라 문공이 성복(城濮)[2]에서 초나라를 꺾었다[敗=勝].

30년에 목공이 진 문공을 도와 정나라를 에워싸니[3], 정나라가 목공에게 사람을 보내 말했다.

"정나라가 망하면 진(晉)나라가 두터워지므로[厚], 진(晉)에는 득이 되지만 진(秦)에는 아무런 이익이 없습니다. 진(晉)의 강대함은 곧 진(秦)의 우환입니다."

목공이 마침내 군사를 거둬 돌아가니, 진(晉)도 군대를 철수했다.

32년 겨울에 진(晉)나라 문공(文公)이 졸했다.

1) 【정의(正義)】 왕(王-천자)은 범읍(氾邑)에 거처했다.

2) 【정의(正義)】 위(衛)나라 땅인데, 지금의 복주(濮州)다.

3) 【정의(正義)】 『좌전(左傳)』에 이르기를 희공(僖公) 30년에 진후(晉侯)와 진백(秦伯)이 정(鄭)나라를 포위했다고 했는데, 두예(杜預)가 말했다. "문공이 (옛날에 망명 생활을 할 때) 정나라를 지나가는데, 정나라는 그를 제대로 예우하지 않았다."

정나라 사람이 진(秦)나라에 정나라를 팔아넘기면서 말했다.

"내가 이 성문을 주관하고 있으니, 정나라를 습격할 수 있습니다."

목공이 건숙과 백리혜에게 물으니 이렇게 대답했다.

"여러 나라를 거쳐 1,000리 길을 넘어 남을 습격하는 일은 보탬이 될 것이 거의 없습니다. 더욱이 누군가가 정나라를 팔아넘기려는 것이라면, 우리 쪽 사람이 우리 정세를 적에다 고하지 않는다는 것을 어찌[庸=焉] 알 수 있겠습니까? 안 될 말입니다."

목공이 말했다.

"그대들은 모른다. 나는 이미 결정을 내렸다."

드디어 군대를 발동하고서 백리혜의 아들 맹명시(孟明視), 건숙의 아들 서걸술(西乞術)과 백을병(白乙丙)에게 군대를 이끌게 했다[將兵]. 군대가 떠나는 날에 백리혜와 건숙 두 사람이 곡을 하니, 목공이 이를 듣고서는 화가 나서 말했다.

"고(孤-제후의 자칭)가 군대를 발동하는데 그대들은 군대를 훼방하며 곡을 하니[沮哭], 왜 그러는가?[1]"

두 노인이 말했다.

"신들은 감히 임금의 군대를 훼방하려는 것이 아닙니다. 군대가 가게 되

면 신들의 자식도 함께[與]2) 가게 될 터인데, 신들은 늙어서 (군대가) 늦게 돌아올 경우 서로 볼 수 없을까 걱정이 되어 그 때문에 곡하는 것일 뿐입니다."

두 노인이 물러 나와 그 자식들에게 일러 말했다.

"너희 군대가 가서 패한다면 틀림없이 효산(殽山)의 좁고 험난한 곳[殽阨]3)에서일 것이다."

33년 봄에 진(秦)나라 군대가 드디어 동쪽으로 가서 진(晉) 땅을 거쳐 주나라 (도성의) 북문을 지났다. 주나라 (대부) 왕손(王孫) 만(滿)이 말했다.

"진(秦)나라 군대는 예가 없으니[無禮]4), 패하지 않을 것을 어찌 기대할 수 있겠습니까[不敗何待]?"

진나라 군대가 활(滑)나라에 도착했을 때5), 정나라의 장사꾼[販賣賈人]6) 현고(弦高)7)가 소 12마리를 끌고 장차 주나라로 팔러 가다가 진나라 군대를 보고는 죽거나 포로가 될 것이 두려워서 자기 소를 바치며 말했다.

"듣건대 큰 나라가 정나라를 주벌한다고 하는데, 정나라 임금[鄭君]이 방비를 단단히 하고는[謹修] 신에게 이 소 12마리로 병사들을 위로하라고 하셨습니다."

진나라 세 장군이 서로에게 말하기를 "장차 정나라를 습격한다는 것을 정나라가 지금 이미 알아챘으니, 가봤자 얻을 게 없을 뿐이오"라고 하고는 활을 멸했다. 활은 진(晉)나라 변읍(邊邑)이었다.

1) 【정의(正義)】 저(沮)란 '방해하다[毁]'라는 뜻이다. 『좌전(左傳)』에 이르기를, 건숙이 곡을 하며 "맹자(孟子-맹명시)야! 나는 군대가 떠나는 것은 봐도 돌아 들어오는 것은 보지 못할 것이다"라고 말했다고 했다.

2) 【정의(正義)】 與의 발음은 예(預)이다.

3) 【정의(正義)】 『춘추(春秋)』에 이르기를, 노(魯)나라 희공(僖公) 33년에 진(晉)나라 사람들과 강융(姜戎)이 효(殽)에서 진(秦)나라의 군대를 꺾었다고 했다. 『괄

지지(括地志)』에서 말했다. "삼효산(三殽山)은 또 이름을 금잠산(嶔岑山)이라고도 한다. 낙주(洛州) 영녕현(永寧縣) 서북쪽으로 20리에 있는데, 곧 옛날의 효도(殽道)이다."

4) 【정의(正義)】『좌전(左傳)』에서 말했다. "진나라 군대가 주나라 북문을 지나갈 때 (천왕에게 경의를 표하기 위해) 좌우 사람들이 투구를 벗고 수레에서 내렸다가 뛰어올라 탔는데[超乘], 수레 수가 300승(乘)이었다. 왕손 만이 아직 어렸는데, 그것을 지켜보다가 왕에게 말했다. '진나라 군대는 가볍고[輕] 예가 없으니 반드시 패할 것입니다. (가벼우면 계책이 모자라고 예가 없으면 생각이 치밀하지 못하니, 험한 곳에 들어가서 치밀하지 못하고 또 계책도 없다면 어찌 패전하지 않을 수 있겠습니까?)'" 두예(杜預)가 말했다. "천자의 왕성 문을 지나면서 갑옷을 벗어 던지고 무기를 한군데 모아둠으로써[卷甲束兵] 싸울 뜻이 없다는 것을 보이지 않고 (그냥) 수레에 뛰어오른 것은 용맹을 과시하려 한 것이다."

5) 【정의(正義)】『괄지지(括地志)』에서 말했다. 구지 고성(緱氏故城)은 낙주(洛州) 구지현(緱氏縣) 동쪽으로 25리에 있으며, 활은 백국(伯國-백작의 나라)이다. 위소(韋昭)가 말하기를, (주나라와 같은) 희성(姬姓)의 소국이라고 했다.

6) 【정의(正義)】『좌전(左傳)』에서는 상인(商人)이라고 했다.

7) 【정의(正義)】 사람의 성과 이름이다.

이때 진(晉)나라는 문공이 죽었으나[喪] 아직도 장사를 지내지 못하고 있었다. 태자 양공(襄公)이 화를 내며 말했다.

"진(秦)나라는 아비 잃은 나[我孤]를 능멸하는구나. 상중을 틈타 우리 활을 깨뜨렸다."

드디어 상복을 검게 물들이고는 군대를 발동해 효(殽)에서 진(秦)나라 군사를 막고서 그들을 쳐서 크게 깨뜨리니, 단 한 사람도 도망치지 못했다. 진(秦)의 세 장군을 포로로 잡아 돌아왔다. 문공의 부인은 진(秦)나라 여자였기에[1] 포로로 잡혀 온 진(秦)나라 세 장수를 위해서 청해 말했다.

❖

“이 세 사람에 대한 목공의 원망이 골수에 사무쳐 있을 것이니[入於骨髓], 바라건대 이들 세 사람을 돌려보내 우리 군(-목공)으로 하여금 몸소 통쾌하게[自快] 삶아 죽이게 하시지요!”

진(晉)나라 임금이 이를 허락해 세 장수를 진(秦)으로 돌려보냈다. 세 장수가 도착하자, 목공은 소복을 입고 교외로 나가 맞이하면서 세 사람을 향해 울면서 말했다.

“고(孤)가 백리혜와 건숙의 말을 듣지 않아 그대들 세 사람이 굴욕을 당한 것이지, 세 사람에게 무슨 죄가 있겠는가? 그대들은 설욕[雪恥=雪辱]을 위해 온 마음을 다하라[悉心=盡心], 조금도 게을리해서는 안 될 것이다[毋怠]!”

드디어 세 사람의 관직과 녹봉을 예전대로 회복시키고 훨씬 더 두텁게 대했다.

1) 【집해(集解)】 복건(服虔)이 말했다. “목공(繆公)의 딸이다.”

34년에 초나라 태자 상신(商臣)이 자기 아버지 성왕(成王)을 시해하고 뒤를 이어 세워졌다[代立].

목공은 이에 다시 맹명시 등에게 군대를 이끌고 진(晉)을 치게 해 팽아(彭衙)[1]에서 싸웠다가, 진(秦)나라가 불리해지자 군대를 이끌고 돌아왔다.

융(戎)의 왕이 유여(由余)[2]를 진(秦)나라에 사신으로 보냈다. 유여는 그 선조가 진(晉)나라 사람으로 융에 망명해 들어갔기에 진나라 말을 잘했다. (융왕은) 목공이 뛰어나다[賢]는 말을 듣고서 유여를 보내서 진(秦)나라를 살피게 한 것이다. 진 목공이 궁실과 쌓아놓은 재물을 보여주자, 유여가 말했다.

"귀신에게 이렇게 만들라 하면 귀신이라도 힘들어할 터이니, 사람에게 하라 하면 백성이 힘들어할 것입니다."

목공이 괴이하게 여겨 물었다.

"중국(中國)은 시(詩)·서(書)·예(禮)·악(樂)·법도(法度)로 나라를 다스리지만, 오히려 수시로 혼란이 일어나는데, 지금 융에는 이런 것들이 없는데 무엇으로 나라를 다스리는가? 진실로 어렵지 않겠는가?"

유여가 웃으며 말했다.

"이것이 바로 중국이 혼란스러워진 까닭입니다. 무릇 저 옛날 빼어난 황제(黃帝)께서는 예악과 법도를 만들어 몸소 앞장섰기에 그럭저럭 조금 다스려진 것[小治]입니다. 그 후세에 이르러서는 날로 교만하고 엉망이 되어서 법도의 위세에만 기대어[阻=憑] 아랫사람을 문책하고 감독하니, 아랫사람은 극도로 피폐해져서[罷=疲][3] 윗사람에게 어짊과 마땅함[仁義]이 없다고 원망합니다. 위아래가 서로 다투고 원망하며 서로 빼앗고 죽여서[簒弑] 종족이 멸망할 지경에 이르렀으니, 다 이런 이유 때문입니다.

무릇 융은 그렇지 않습니다. 위는 도타운 임금다움[淳德]으로 아래를 대하고 아래는 충직과 믿음[忠信]으로 위를 모시니, 한 나라의 정치가 마치 한 몸을 다스리는 것과 같아서 어떻게 다스려지는지도 모르게 잘 다스려집니다. 이것이 진실로 빼어난 이의 다스림[聖人之治]입니다."

이에 목공이 물러나 내사(內史)[4] 료(廖)에게 물었다.

"고(孤-임금의 자칭)가 듣건대, 이웃 나라에 빼어난 이[聖人]가 있으면 그 적국으로서는 걱정거리라 했다. 지금 유여의 뛰어남[賢] 때문에, 과인이 걱정이니 장차 이를 어찌하면 좋겠는가?"

내사 료(廖)가 말했다.

"융왕은 후미진 곳[辟匿]에 처박혀 있으므로 중국의 음악을 아직 들어보지 못했을 것입니다. 임금께서 시험 삼아 그에게 춤과 노래에 뛰어난 미녀[女樂]들을 보내어 그의 뜻을 빼앗아보십시오[奪][5]. 그리고 유여를 더 머물게 해달라고 청해서 그들 사이가 멀어지게 하십시오. 유여를 더 체류시켜서 돌려보내지 않는다면 (돌아갈) 시기를 놓치게 될 것이고, 그러면 융왕은 이를 이상하게 여겨서 반드시 유여를 의심하게 될 것입니다. 군주와 신하 사이에 틈[閒=隙]이 생기면 마침내 그를 포로처럼 붙잡아둘 수 있습니다. 여기에다가 융왕이 음악에 빠지면 반드시 정사를 게을리하게 될 것입니다."

목공이 말했다.

"좋다."

그러고는 목공은 유여와 다른 신하들을 자리에 빙 둘러[曲席][6] 앉히고서는, 음식과 그릇을 서로 전달해가며 융의 지형과 병력에 관해 물으면서 남김없이 살폈다[盡察][7]. 그런 다음에는 내사 료에게 영을 내려 가무에 능한 여악(女樂) 16명을 융왕에게 보내게 하니, 기녀들을 받은 융왕은 기뻐하며 한 해가 다 가도록[終年] 자리를 옮기지 않았다[不還][8]. 이에 진(秦)나라가 마침내 유여를 돌려보냈는데, 유여가 여러 차례 융왕에게 간언했으나 듣지 않았다. 목공이 또 여러 차례 사람을 보내 유여를 이간하니[間要=離間], 유여는 드디어 융왕을 떠나 진(秦)나라에 투항했다. 목공은 빈객의 예로 예우하면서 융을 정벌할 수 있는 형세에 관해 물었다.

1) 【집해(集解)】 두예(杜預)가 말했다. "풍익(馮翊) 합양현(郃陽縣) 서북쪽에 아성(衙城)이 있다." 【정의(正義)】 『괄지지(括地志)』에서 말했다. "팽아 고성(彭衙故城)은 동수(同州) 백수현(白水縣) 동북쪽으로 60리에 있다."

2) 【정의(正義)】 융 사람의 성과 이름이다.

3) 【정의(正義)】 罷의 발음은 피(皮)이다.

4) 【집해(集解)】 『한서(漢書)』 「백관표(百官表)」에 이르기를, "내사는 주나라 관직이다"라고 했다.

5) 【집해(集解)】 서광(徐廣)이 말했다. "탈(奪)은 판본에 따라 순(徇)으로 되어 있다."

6) 【정의(正義)】 상(牀-탁자)이 목공의 좌우에 있어 서로 이어져 앉았으니, 이를 일러 곡석(曲席)이라고 한 것이다.

7) 원래는 찰(詧)인데, 찰(詧)은 찰(察)의 옛글자다. 그래서 찰(察)이라고 했다.

8) 『한비자(韓非子)』에는 "옮겨 가지 않았다[不遷(불천)]"라고 되어 있으니, 이어서 "소와 말이 절반이나 죽었다"라고 했다. 이는 유목민이 풀을 따라 옮겨 가지 않았다는 말이다.

36년에 목공은 다시 맹명시 등을 더욱 두텁게 대우하면서 그들에게 군대를 이끌고 가서 진(晉)나라를 치게 하니, 황하를 건넌 다음에 타고 온 배를 불태워버리고는 진나라 사람들을 대파하고 왕관(王官)과 교(鄗)를 차지함으로써[取(취)][1] 효산(殽山)의 역(役-전투)을 설욕했다. 진(晉)나라 사람들은 모두 성을 지키며 감히 나오지 못했다. 이에 목공이 마침내 모진(茅津)에서[2] 황하를 건너가[3], 효산 전투에서 죽은 병사들을 위해 봉분을 쌓아[封(봉)][4] 장례를 치르며 사흘 동안 곡했다. 그러고는 군사들에게 맹세해 말했다.

"아, 사졸들이여! 떠들지 말고[無譁(무화)] 잘 들어라. 내가 너희에게 맹세하겠다. 옛사람들은 백발노인[黃髮番番(황발파파)][5]과 모의했기에 잘못을 저지르는 일이 없었다."

건숙과 백리혜의 계책을 쓰지 않은 것을 거듭 반성하며 이렇게 맹세함으로써 후세에게 자신의 잘못을 기억하게 한 것이다. 군자들이 이 이야기를 듣고는 모두 눈물을 흘리며 말했다.

"아! 진 목공이 사람을 두루 잘 대했기에[周(주)][6] 결국 맹명(孟明)의 경사로움이 있을 수 있었도다."

1) 【집해(集解)】 서광(徐廣)이 말했다. "『좌전(左傳)』에서는 교(郊)라고 했다." 배인(裴駰)이 살펴보건대, 복건(服虔)이 말하기를 "둘 다 진(晉)의 땅인데, (그동안은) 차지할 수 없었던 곳이다"라고 했다. 【정의(正義)】 鄗의 발음은 (호가 아니라) 교(郊)이다. 『좌전(左傳)』에서는 교(郊)라고 했다. 두예(杜預)가 말했다.

"취(取)라고 적은 것은 쉽게 얻었다는 말이다." 『괄지지(括地志)』에서 말했다. "왕관 고성(王官故城)은 동주(同州) 징성현(澄城縣) 서북쪽으로 90리에 있다. 또 이르기를, 남교 고성(南郊故城)은 현의 북쪽으로 17리에 있다고 했다. 또 북교 고성도 있고 서교 고성도 있다. 『좌전(左傳)』에 이르기를, 문공(文公) 3년에 진백(秦伯)이 진(晉)을 쳐서 황하를 건너 배를 불태우고 왕관과 교(郊)를 차지했다고 했다." 『괄지지』에서 또 말했다. "포주(蒲州) 의지현(猗氏縣) 남쪽으로 2리에 또 왕관 고성이 있는데, 이 또한 진백이 차지한 곳이다." 위의 글에서 "진나라 땅이 동쪽으로 황하에 이르렀다"라고 했는데, 이는 대개 의지왕관(猗氏王官)을 가리켜 말한 것이다.

2) 【집해(集解)】 서광(徐廣)이 말했다. "대양(大陽)에 있다." 【정의(正義)】 『괄지지(括地志)』에서 말했다. "모진은 섬주(陝州) 하북현(河北縣)과 대양현(大陽縣)에 있다."

3) 【정의(正義)】 모진에서 남쪽 방향으로 황하를 건넌 것이다.

4) 【집해(集解)】 가규(賈逵)가 말했다. "봉분을 쌓아 올려 표식을 한 것이다." 【정의(正義)】 『좌전(左傳)』에서 말했다. "진백(秦伯)이 진(晉)나라를 쳐서 황하를 건너니, 배를 불태워도 진(晉)나라 사람들이 나오지 않자 드디어 모진에서 강을 건너 효산에서 시신을 위한 봉을 쌓고 돌아왔다." 두예(杜預)가 말했다. "봉(封)이란 '매장한다'라는 뜻이다."

5) 【정의(正義)】 番의 발음은 (번이 아니라) 파(婆)이다. 글자는 마땅히 파(皤-머리가 하얗게 세다)가 되어야 한다. 파(皤)란 머리가 하얗게 센 모습이다. 머리카락이 하얗고 또 누런색도 섞여 있으니, 그래서 백발노인이라고 한 것이다. 건숙과 백리혜를 가리킨다.

6) 『논어(論語)』 「위정(爲政)」편에서 공자가 말했다. "군자는 사람을 두루 사귀되 사사로이 친분을 맺지 않고, 소인은 사사로운 친분을 맺되 두루 사귀지 않는다[周而不比(주이불비) 比而不周(비이부주)]."

37년에 진(秦)나라 유여의 계책을 써서 융왕을 치니, 나라 12개를 더해 사방 1,000리에 이르는 땅을 열어[開地(개지)][1] 드디어 서융을 장악했다[霸(패)]. (주

나라) 천자가 목공에게 소공(召公) 과(過)를 보내 축하하며 징과 북[金鼓]을 선물했다.

39년에 목공이 졸하자 옹(雍)에 안장하고[2] 177명을 순장했다[從死]. 진(秦)나라의 훌륭한 신하[良臣]인 자여씨(子輿氏) 3명[3]도 포함되어 있었는데, 이름이 엄식(俺息), 중항(仲行), 겸호(鍼虎)이다[4]. 진나라 사람들이 이들을 애도하며 「황조(黃鳥)」라는 시를 지어 노래했다.

군자[5]가 말했다.

"진 목공이 땅을 넓히고 나라를 늘려서 동쪽으로는 강력한 진(晉)나라를 굴복시켰고 서쪽으로는 융 지역을 제패했지만, 그럼에도 제후들의 맹주가 되지는 못했으니 진실로[亦] 마땅하도다. 죽은 뒤에 백성을 내버리고 훌륭한 신하들을 거둬 순장시켰도다. 그의 선왕들은 붕(崩)할 때 오히려 좋은 다움과 훌륭한 법을 남기려 했거늘, 하물며 좋은 사람과 훌륭한 신하들을 산 채로 죽였으니, 백성이 얼마나 슬퍼하랴! 이로써 보건대 진나라가 더는 동쪽으로 정벌할 수 없다는 것을 알겠노라."

목공에게는 아들이 40명 있었는데 태자 앵(罃)이 뒤를 이어 세워지니, 이 사람이 강공(康公)이다.

1) 【정의(正義)】 한안국(韓安國)이 말했다. "진나라 목공이 지배한 땅은 사방 300리로, 14개 나라를 병탄하고 사방 1,000리 땅을 열었다[辟地=闢地].

2) 【집해(集解)】 『황람(皇覽)』에서 말했다. "진나라 목공의 무덤은 탁천궁(橐泉宮) 기년관(祈年觀) 아래에 있다." 【정의(正義)】 『묘기(廟記)』에서 말했다. "탁천궁은 진나라 효공(孝公)이 조성했고, 기년관은 덕공(德公)이 세웠다. 대개 옹주성(雍州城) 안에 있다." 『괄지지(括地志)』에서 말했다. "진나라 목공의 무덤은 기주(岐州) 옹현(雍縣) 동남쪽으로 2리에 있다."

3) 【정의(正義)】 모장(毛萇)이 말했다. "양(良)이란 '좋다[善]'는 뜻이니, 좋은 신하[善臣] 3명을 말한다." 『좌전(左傳)』에 이르기를 "자거씨(子車氏)의 세 아들"이

진본기(秦本紀) 제5

라고 했고, 두예(杜預)는 말하기를 "자거는 진나라 대부이다"라고 했다.

4) 【정의(正義)】 行의 발음은 (행이 아니라) 호(胡)와 랑(郎)의 반절음이고, 鍼의 발음은 (침이 아니라) 기(其)와 염(廉)의 반절음이다. 응소(應劭)가 말했다. "진나라 목공이 여러 신하와 술을 마시다가 자리가 무르익자, 말했다. '살아서는 이 즐거움을 함께하고 죽어서는 이 슬픔을 함께하자.' 이에 엄식·중항·겸호가 모두 그렇게 하겠다고 했다. 공이 훙(薨)하자 모두 따라서 죽었다. 「황조(黃鳥-꾀꼬리)」라는 시가 지어지게 된 까닭이다." 두예(杜預)가 말했다. "사람을 묻는 것을 순(殉-따라 죽다)이라고 한다." 『괄지지(括地志)』에서 말했다. "세 훌륭한 신하의 무덤[三良冢]은 기주 옹현에서 1리 떨어진 고성(故城)에 있다."

5) 이때의 군자란 일의 이치를 아는 사람을 가리킨다.

강공 원년이다. 애초에 지난해[往歲=往年] 목공이 졸했을 때 진(晉)나라 양공(襄公) 역시 졸했다. 양공의 동생 이름은 옹(雍)이었는데, 진(秦)나라 출신[秦出]으로[1] 진(秦)나라에서 살았다. 진(晉)나라의 조순(趙盾)이 그를 (임금으로) 세우고 싶어서 수회(隨會)[2]를 시켜 옹을 맞아들이게 하니, 진(秦)나라는 군대를 보내어 영호(令狐)[3]까지 호송했다. (그러나) 진(晉)나라가 양공의 아들을 세우고 도리어 진(秦)나라 군대를 치니, 진(秦)나라 군대는 패배했고 수회는 도망쳐 왔다.

2년에 진(秦)나라가 무성(武城)[4]에서 진(晉)나라를 쳐서 영호(令狐) 전투[役](에서의 패배)를 되갚았다.

4년에 진(晉)나라가 진(秦)나라를 쳐서 소량(少梁)을 차지했다[取][5].

6년에 진(秦)나라가 진(晉)나라를 쳐서 기마(羈馬)[6]를 차지하고, 하곡(河曲)에서 싸워서 진(晉)나라 군대를 크게 이겼다. 진(晉)나라 사람들은 수회가 진(秦)나라에 있으면서 난을 일으킬까 두려워해, 마침내 위수여(魏讎餘)[7]로 하여금 거짓으로[詳][8] 진(晉)나라를 배반한 것처럼 꾸며서 회를 만나 함께 진(晉)나라로 돌아갈 계획을 논의하게 했다. 회가 드디어 진나라로

돌아갔다.

강공이 세워진 지 12년 만에 졸하자 아들 공공(共公)이 세워졌다[9].

1) 【정의(正義)】 옹의 어머니가 진(秦)나라 여인이었으므로 진나라 출신이라고 한 것이다.

2) 【정의(正義)】 위소(韋昭)가 말했다. "진(晉)나라 정경(正卿) 사위(士蔿)의 손자로, 성백(成伯)의 아들 계무자(季武子)이다. 수범(隨范)에 식읍이 있었으므로 수회라고 했고, 혹은 범회(范會)라고도 한다. 계(季)나 범자(范子)는 다 자(字)이다."

3) 【집해(集解)】 두예(杜預)가 말했다. "하동(河東)에 있다." 【정의(正義)】 『괄지지(括地志)』에서 말했다. "영호 고성(令狐故城)은 포주(蒲州) 의지현(猗氏縣) 경계에서 15리에 있다."

4) 【정의(正義)】 『괄지지(括地志)』에서 말했다. "옛 무성(武城)은 일명 무평성(武平城)이라고도 했는데, 화주(華州) 정현(鄭縣) 동북쪽으로 13리에 있다."

5) 【정의(正義)】 앞서 진(秦)나라에 편입되었다가 뒤에 진(晉)나라로 돌아간 것이다. 지금은 진(秦)나라가 다시 차지했다.

6) 【집해(集解)】 복건(服虔)이 말했다. "진(晉)나라 읍이다."

7) 【집해(集解)】 복건(服虔)이 말했다. "진(晉)나라 위읍(魏邑)의 대부다."

8) 【정의(正義)】 詳의 발음은 (상이 아니라) 양(羊)이다.

9) 【색은(索隱)】 이름은 가(豭-수퇘지)다. 이후 10대에 걸쳐 영공(靈公)까지 다시 모든 이름이 전해지지 않는다[失名(실명)].

공공 2년에 진(晉)나라 조천(趙穿)이 자기 임금 영공(靈公)을 시해했다.

3년에 초나라 장왕(莊王)이 강대해졌는데, 북쪽으로 군대를 보내 낙읍(洛邑)에 이르러서 주나라 구정(九鼎)에 관해 물었다. 공공이 세워진 지 5년 만에 졸하자 아들 환공(桓公)이 세워졌다.

환공 3년에 진(晉)나라가 우리[我][1] (진(秦)나라) 장수 1명을 꺾었다.

10년에 초나라 장왕이 정나라를 정복하고 북쪽으로 황하 근처에서 진(晉)나라 군대를 무찔렀다. 이런 때를 맞아 초나라는 패주[楚霸]로서 제후들을 불러 모아 회맹(會盟)했다.

24년에 진(晉)나라 여공(厲公)이 막 세워져서 진(秦)나라 환공과 황하를 끼고[夾] 회맹했으나, 돌아와 진(秦)나라는 맹약을 배반하고 적(翟)나라와 함께 모의해서 진(晉)나라를 쳤다.

26년에 진(晉)나라가 제후들을 이끌고 진(秦)나라를 쳤고, 진나라 군대가 패해 달아나자, 경수(涇水)까지 뒤쫓은 다음에 돌아갔다. 환공이 세워진 지 27년 만에 졸하자 아들 경공(景公)이 세워졌다[2].

1) 이 말에서 사마천이 나라별 역사를 서술할 때는 그 나라 입장에서 서술했음을 알 수 있다. 국내 번역서들은 대부분 이 의미를 놓친 듯하다.

2) 【집해(集解)】 서광(徐廣)이 말했다. "『세본(世本)』에 이르기를, 경공(景公)의 이름은 후백거(后伯車)라고 했다." 【색은(索隱)】 경공 이하는 이름이 다시 뒤섞여서[錯亂] 「시황본기(始皇本紀)」에서는 경공을 애공(哀公) (혹은 희공(僖公))이라고 했다.

경공 4년에 진(晉)나라 난서(欒書)가 자기 임금 여공(厲公)을 시해했다.

15년에 정나라를 구원하러 나서 역(櫟)[1]에서 진(晉)나라 군대를 물리쳤다. 이 무렵 진(晉)나라 도공(悼公)이 맹주가 되었다.

18년에 진(晉)나라 도공이 강대해져서 여러 차례 제후와 회맹하고는 그들을 이끌고 진(秦)나라를 쳐서 진(秦)의 군대를 꺾었다. 진(秦)나라 군대가 달아나자, 진(晉)나라 병사들이 그들을 뒤쫓아서 드디어 경수(涇水)를 건너 역림(棫林)[2]까지 이르렀다가 돌아갔다.

27년에 경공이 진(晉)나라로 가서 평공(平公)과 회맹했으나 얼마 안 되어

[已而이이] 배신했다.

36년에 초나라 공자 위(圍)가 자기 임금을 시해하고 스스로를 세웠으니 [自立자립], 이 사람이 영왕(靈王)이다. 경공의 친동생 후자겸(后子鍼)[3]이 총애를 받았는데, (게다가) 경공의 동생은 부유하기까지 했다. 그래서 누군가가 그를 중상모략하자[譖之참지] 혹시 주살될까 두려워 마침내 진(晉)나라로 달아났는데, 수레가 1,000승이나 되었다.

진(晉) 평공(平公)이 말했다.

"후자(后子), 그대는 이렇게까지 부유한데 어째서 스스로 도망쳤는가?"

대답했다.

"진공(秦公)이 무도해 주살당할까 겁이 나니, 그러므로 그가 죽을 때까지[後世후세] 기다렸다가 마침내 돌아가겠습니다."

39년에 초나라 영왕이 강대해져서 신(申)[4] 땅에서 제후들과 회맹해 맹주가 되고, 제나라 경봉(慶封)을 죽였다. 경공이 세워진 지 40년 만에 졸하자 아들 애공(哀公)[5]이 세워졌다. 후자(后子)가 다시 진(秦)나라로 돌아왔다.

1) 【집해(集解)】 두예(杜預)가 말했다. "진(晉)나라 땅이다." 【정의(正義)】 『괄지지(括地志)』에서 말했다. "낙주(洛州) 양적현(陽翟縣)이 옛날의 역읍(櫟邑)이다."

2) 【집해(集解)】 서광(徐廣)이 말했다. "棫의 발음은 역(域)이다." 배인(裴駰)이 살펴보건대, 두예(杜預)가 말하기를 "진(秦)나라 땅이다"라고 했다.

3) 【정의(正義)】 발음은 (침이 아니라) 겸(鉗)이다.

4) 【정의(正義)】 등주(鄧州) 남양현(南陽縣)에서 북쪽으로 30리에 있다.

5) 【색은(索隱)】 「시황본기(始皇本紀)」에서는 필공(畢公)이라고 했다.

애공 8년에 초나라 공자 기질(棄疾)이 영왕을 시해하고 스스로를 세우니 [自立자립], 이 사람이 평왕(平王)이다.

11년에 초나라 평왕이 사람을 보내서 진(秦)나라 여자를 구해 태자 건

(建)의 아내로 삼고자 했는데, 자기 나라에 도착한 여자를 보더니 아름다워서 자기 부인으로 삼았다.

15년에 초나라 평왕이 건을 죽이려 하니 건이 달아났다[1].

오자서(伍子胥)가 오(吳)나라로 달아났다. 진(晉)나라 공실이 쇠미해지고[卑=微] 육경(六卿)이 강해져서 욕심을 부려 안으로 서로 공격하니, 이 때문에 진(秦)과 진(晉) 두 나라는 한동안 상대를 공격하지 않았다.

31년에 오나라 왕 합려(闔閭)와 오자서가 초나라를 치자 초나라 왕은 수(隨)로 달아났고, 오나라는 드디어 영(郢-초나라 도읍)에 들어갔다. 초나라 대부 신포서(申包胥)가 (진(秦)나라에) 와서 위급함을 알리며[告急][2] 7일 동안 아무것도 먹지 않고 밤낮으로 통곡했다[3]. 이에 진(秦)나라는 마침내 전차 500승을 동원해서 초나라를 구원하고 오나라 군대를 패퇴시켰다[4]. 오나라 군대가 돌아가니, 초나라 소왕(昭王)은 마침내 다시 영으로 들어올 수 있었다.

애공이 세워진 지 36년 만에 졸(卒)했다. 태자는 이공(夷公)이었는데 이공은 일찍 죽어 세워질 수 없었고, 이공의 아들을 세우니 이 사람이 혜공(惠公)이다.

1) 【정의(正義)】 태자 건이 달아나 정나라로 가니, 정나라에서 그를 죽였다.

2) 【정의(正義)】 포서(包胥)의 성(姓)은 공손(公孫)인데, 신(申)에 봉해져 칭호를 신포서라고 했다. 『좌전(左傳)』(정공(定公) 4년)에서는 이렇게 서술하고 있다. "신포서가 진(秦)나라로 가서 원병을 청하며 말하기를, '오나라는 큰 멧돼지[封豕]와 큰 뱀[長蛇]과 같아서 중원의 상국들을 잠식하니[荐食=蠶食], 그 탐학스러움이 가장 먼저 (우리) 초나라에 미쳤습니다. 과군(寡君-자기 나라 임금을 부르는 겸칭)께서 사직을 지키는 데 실패해 도망쳐 초야에 계시면서 아래 신하를 보내 위급한 상황을 고하게 했으니, 오랑캐의 탐욕[夷德-오랑캐다움]이 끝이 없어 만약에 오나라가 임금의 나라와 이웃이 된다면 진나라 변경[疆埸]의

근심거리일 것입니다. 그러니 오나라가 아직 초나라를 평정하기 전에 임금께서는 (서둘러 출병해서) 초나라 땅을 분할해 차지하십시오. 만약에 초나라가 드디어 멸망하게 되면 (점령한 땅은) 임금의 땅이 될 것이고, 만약에 임금의 위령(威靈)으로 초나라를 어루만져주신다면 대대로 임금으로 섬길 것입니다' 라고 했다."

3) 【정의(正義)】『좌전(左傳)』(정공(定公) 4년)에서는 이렇게 서술하고 있다. "신포서가 진백(秦伯)에게 대답해 말했다. '과군(寡君-우리 임금)께서 도망쳐 초야에 계시면서 엎드려 살 곳도 얻지 못하고 계시는데, (저희 같은) 아래 신하가 어찌 감히 편안한 거처로 갈 수 있겠습니까?' 그러고는 일어나 서서 궁정의 담장에 기대어 통곡했는데, 낮밤으로 울음소리를 그치지 않았으며 7일 동안 물 한 모금도 삼키지 않았다. 진나라 애공이 그를 위해 「무의(舞衣)」라는 부(賦)를 읊자, (신포서가) 아홉 번 머리를 조아린 뒤에 앉았다. 진나라 군대가 마침내 출동했다.

4) 【정의(正義)】『좌전(左傳)』 노나라 정공(定公) 5년에 이렇게 서술하고 있다. "진(秦)의 자포(子蒲)와 자호(子虎)가 병거 500승을 거느리고 초나라를 구원하러 와서, 군상(軍祥)에서 오나라 군대를 깨뜨렸다."

혜공 원년에 공자(孔子)가 노(魯)나라에서 재상의 일[相事(상사)]을 수행했다[1].

5년에 진(晉)나라 경(卿) 중항씨(中行氏)와 범씨(范氏)가 진나라를 배반하자 진나라는 지씨(智氏)와 조간자(趙簡子)로 하여금 그들을 공격하게 했고, 범씨와 중항씨는 제나라로 달아났다.

혜공이 세워진 지 10년 만에 졸하자 아들 도공(悼公)이 세워졌다.

도공 2년에 제나라 신하 전걸(田乞)이 자기 임금 유자(孺子-어린 임금)를 시해하고 유자의 형 양생(陽生)을 세웠으니 이 사람이 제(齊) 도공(悼公)이다.

6년에 오나라가 제나라 군대를 꺾었다. 제나라 사람들이 도공을 시해하고 그의 아들 간공(簡公)을 세웠다.

9년에 진(晉)나라 정공(定公)과 오왕 부차(夫差)가 동맹을 맺고 황지(黃池)에서 맹주를 다투다가[爭長(쟁장)] 결국 오왕이 먼저 (맹주가) 되었다[2]. 오나라가 강대해지자 중국을 깔보았다[陵(능)=凌(능)].

12년에 제나라 전상(田常)이 간공(簡公)을 시해하고 간공의 동생 평공(平公)을 세웠으며, 상(常) 자신은 재상이 되었다.

13년에 초나라가 진(陳)나라를 멸망시켰다. 진(秦)나라 도공이 세워진 지 14년 만에 졸하자 아들 여공공(厲共公)이 세워졌다.

공자는 도공 12년에 졸했다[3].

1) 대사구(大司寇)에 올라 재상의 역할을 대행했다는 말이다.

2) 【집해(集解)】 서광(徐廣)이 말했다. "『외전(外傳)』에 이르기를, 오왕이 먼저 삽혈(歃血-동맹을 다짐하며 동물을 죽여 그 피를 마시거나 입술에 바르는 일)했다고 한다."

3) 공자의 죽음에 대해 제후에 준하여 졸(卒)이라고 표현하고 있다. 사마천은 공자는 제후를 다루는 「세가(世家)」에 편입시켰다.

여공공 2년에 촉(蜀) 땅 사람들이 와서 뇌물을 바쳤다.

16년에 황하 주변에 참호를 팠다. 병사 2만으로 대려(大荔)를 쳐서 왕성(王城)을 차지했다[1].

21년에 처음으로 빈양(頻陽)을 현으로 삼았다[2]. 진(晉)나라가 무성(武成)을 차지했다.

24년에 진(晉)나라에 난이 일어나서 지백(智伯)을 죽이고 지백의 봉토를 조씨(趙氏), 한씨(韓氏), 위씨(魏氏)가 나눠 가졌다.

25년에 지개(智開)가 읍 사람들과 함께 (진(秦)나라로) 도망쳐 왔다[3].

33년에 의거(義渠)[4]를 쳐서 그 왕을 사로잡았다.

34년에 일식이 일어났다. 여공공이 졸하자 아들 조공(躁公)이 세워졌다.

1) 【집해(集解)】 서광(徐廣)이 말했다. "지금의 임진(臨晉)이다. 임진에 왕성이 있다." 【정의(正義)】 『괄지지(括地志)』에서 말했다. "동주(同州) 동쪽으로 30리 떨어진 조읍현(朝邑縣)에서 다시 동쪽으로 30보를 가면 옛날의 왕성이 있다. 대려는 왕성읍과 가깝다."

2) 【집해(集解)】 「지리지(地理志)」에 이르기를, 풍익(馮翊)에 빈양현이 있다고 했다. 【정의(正義)】 『괄지지(括地志)』에서 말했다. "빈양 고성(頻陽故城)은 옹주(雍州) 동관현(同官縣) 경계에 있는데, 옛날의 빈양현성(頻陽縣城)이다."

3) 【집해(集解)】 서광(徐廣)이 말했다. "어떤 판본에는 26년에 남정(南鄭)에 성을 쌓았다고 했다." 【정의(正義)】 개(開)는 지백자(智伯子)다. 지백이 조양자(趙襄子) 등의 공격을 받아 봉토가 없어지자, 그의 아들과 따르는 사람들이 진(秦)나라로 도망쳐 왔다.

4) 【집해(集解)】 응소(應劭)가 말했다. "의거는 북쪽 땅이다." 【정의(正義)】 『괄지지(括地志)』에서 말했다. "영주(寧州)와 경주(慶州) 두 주는 춘추, 전국시대 때 의거융국(義渠戎國)의 땅이었다."

조공 2년에 남정(南鄭)[1]이 반란을 일으켰다.

13년에 의거가 공격해 와서 위수(渭水) 남쪽에까지 이르렀다.

14년에 조공이 졸하자 아우 회공(懷公)이 세워졌다[2].

1) 【정의(正義)】 남정은 지금의 양주(梁州)가 다스리는 현(縣)이다. 춘추, 전국시대 때 그 땅은 초나라에 속했다.

2) 【색은(索隱)】 여공공의 아들이다. 소(昭) 태자를 낳았는데, 미처 세우기도 전에 졸했다. 태자의 아들이 바로 영공(靈公)이다.

회공 4년에 서장(庶長)[1] 조(鼂)가 대신들과 함께 회공을 에워싸자, 회공이 자살했다[2]. 회공의 태자는 소자(昭子)인데, 일찍 죽었기에 대신들은 마침내 태자 소자의 아들을 세웠다. 이 사람이 영공(靈公)으로, 영공은 회공의 손자이다.

1) 진나라의 관직 이름이다. 흔히 좌서장이라고 한다.

2) 【정의(正義)】 조(鼂-아침, 바다거북)는 사람 이름이다.

영공 6년에 진(晉)나라가 소량(少梁)에 성을 쌓자, 진(秦)나라가 그곳을 쳤다.

13년에 (진(秦)나라가) 적고(籍姑)[1]에 성을 쌓았다. 영공이 졸(卒)했는데, 아들 헌공(獻公)[2]이 세워질 수가 없어 영공의 막내 숙부 도자(悼子)가 세워졌으니 이 사람이 간공(簡公)이다. 간공은 소자(昭子)의 동생이며 회공의 아들이다[3].

1) 【정의(正義)】 『괄지지(括地志)』에서 말했다. "적고 고성(籍姑故城)은 동주(同州) 한성현(韓城縣) 북쪽으로 30리에 있다."

2) 【색은(索隱)】 이름은 사습(師隰)이다.

3) 【색은(索隱)】 간공은 소자의 동생이며 회공의 아들이라고 했는데, 간공은 회공의 동생이고 영공(靈公)의 막내 숙부다. 「시황본기(始皇本紀)」에서 영공이 간공을 낳았다고 한 것은 잘못이다. 또 『기년(紀年)』에 이르기를, 간공이 9년에 졸하고 다음에 경공(敬公)이 세워져서 12년에 졸하고 마침내 혜공이 세워졌다고 했다. 【정의(正義)】 유백장(劉伯莊)이 말하기를 간공은 곧 소자의 동생이자 회공의 아들이며 여공(厲公)의 손자라고 했으니, 지금 「진기(秦記-진본기)」에서 간공을 영공의 아들이라고 한 것은 베껴 쓰는 과정에서 일어난 착오다.

간공 6년에 관리들에게 처음으로 칼을 차게 했다[帶劍(대검)][1]. 낙수(洛水) 근처에 참호를 팠다. 종천(重泉)에 성을 쌓았다[2].

16년에[3] (간공이) 졸하자 아들 혜공(惠公)이 세워졌다.

혜공 12년에 아들 출자(出子)가 태어났다.

13년에 촉(蜀)을 쳐서 남정(南鄭)을 차지했다. 혜공이 졸하자 출자가 세워졌다.

1) 【정의(正義)】 봄가을에 관리들은 각각 칼을 찰 수 있었다.

2) 【집해(集解)】 「지리지(地理志)」에 이르기를, 종천현은 풍익(馮翊)에 속한다고 했다. 【정의(正義)】 重의 발음은 (중이 아니라) 직(直)과 용(龍)의 반절음이다. 『괄지지(括地志)』에서 말했다. "종천 고성(重泉故城)은 동주(同州) 포성현(蒲城縣) 동남쪽으로 45리에 있다.

3) 【집해(集解)】 「표(表)」에 이르기를 15년이라고 했다.

출자 2년에 서장(庶長) 개(改)가 영공의 아들 헌공을 하서(河西-황하 서쪽)에서 맞아들여 그를 세웠고[1], 출자와 그 어머니를 죽인 다음 연못에 빠뜨려버렸다[沈之(침지)]. 진(秦)은 예전부터 자주 왕을 바꿔 임금과 신하가 어그러지고 어지러웠기에, 이 때문에 진(晉)나라가 다시 강대해져서 진(秦)의 하서 땅을 빼앗았다[2].

1) 【정의(正義)】 서(西)란 진주(秦州) 서현(西縣)으로 진나라의 옛 땅이다. 이때 헌공이 서현에 있었기 때문에 그를 맞아들여 세운 것이다.

2) 【정의(正義)】 앞서 말한 성 8개를 빼앗은 것이다.

헌공 원년[1]에 순장[從死(종사)]을 그쳤다.

2년에 역양(櫟陽)에 성을 쌓았다[2].

4년 정월 경인일에 효공(孝公)이 태어났다.

11년에 주나라 태사(太史) 담(儋)이 헌공에게 인사를 드리러 와서 말했다.

"주나라는 옛날에 진(秦)과 합쳐져 있다가 나뉘었고, 나뉜 지 500년 뒤에 다시 합쳐질 것이며, 합친 지 17년 뒤에 패왕(霸王)이 나타날 것입니다."

16년에 복숭아꽃이 겨울인데도 피었다.

18년에 금싸라기 비[雨金(우금)]가 역양에 내렸다[3].

21년에 진(晉)나라와 석문(石門)[4]에서 싸워 6만 명의 목을 베니, 천자가 수놓은 예복[黼黻(보불)]을[5] 보내 치하했다.

23년에 위진(魏晉-위나라)과 소량(少梁)에서 싸움을 벌여 그 장수 공손좌(公孫痤)[6]를 사로잡았다.

24년에 헌공이 졸(卒)하자[7] 아들 효공(孝公)이 세워졌는데[8], 나이가 이미[已(이)] 21세였다.

1) 【집해(集解)】 서광(徐廣)이 말했다. "정유년(丁酉年)이다."

2) 【집해(集解)】 서광(徐廣)이 말했다. "이곳으로 도읍을 옮긴 것인데, 지금의 만년(萬年)이 그곳이다." 【정의(正義)】 『괄지지(括地志)』에서 말했다. "역양 고성(櫟陽故城)은 일명 만년성(萬年城)인데, 옹주(雍州) 동북쪽으로 120리에 있다. 한(漢)나라 7년에 역양성 안을 나눠 만년현이라고 했고, 수(隋)나라 문제(文帝) 개황(開皇) 3년에 용수천(龍首川)으로 도읍을 옮겼으니, 지금의 경성(京城)이다. 만년을 고쳐 대흥현(大興縣)이라고 했다. 당나라 무덕(武德) 원년에 이르러 다시 고쳐서 만년이라고 했다."

3) 【정의(正義)】 진나라 국도(國都)에 금싸라기 비가 내렸다는 것은 아름다운 상서로움의 조짐이 있을 것임을 밝힌 것이다.

4) 【정의(正義)】 『괄지지(括地志)』에서 말했다. "요문산(堯門山)을 세상 사람들은 석

문이라고 하는데, 옹주(雍州) 삼원현(三原縣) 서북쪽으로 33리에 있다. 위로 길이 있는데 그 모양이 마치 문과 같이 생겼으니, 노인들이 말하기를 요(堯)가 산을 뚫고 문을 만들었다고 해서 그렇게 이름을 붙였다고 했다. (당나라) 무덕(武德) 연간[年中]에 이 산 남쪽에 석문현(石門縣)을 두었고, 정관(貞觀) 연간에 고쳐서 운양현(雲陽縣)이라고 했다."

5) 【집해(集解)】 『주례(周禮)』에 이르기를 "검은 실과 흰 실로 짠 것을 보(黼), 검은 실과 푸른 실로 짠 것을 불(黻)이라고 한다"라고 했다.

6) 【정의(正義)】 (좌(痤-뾰루지)는) 재(在)와 과(戈)의 반절음이다.

7) 【집해(集解)】 서광(徐廣)이 말했다. "「표(表)」에 이르기를 23년이라고 했다."

8) 【색은(索隱)】 이름은 거량(渠梁)이다.

효공 원년[1]에 황하와 효산[河山] 동쪽의 여섯 강국인 제나라 위왕(威王), 초나라 선왕(宣王), 위나라 혜왕(惠王), 연나라 도후(悼侯), 한나라 애후(哀侯), 조나라 성후(成侯)와 어깨를 나란히 했는데[並][2], 회사(淮泗)[3] 사이에는 작은 나라들이 10여 개 있었다. 초나라와 위나라는 진나라와 국경이 붙어 있었기에[接界=接境][4] 위나라가 장성을 쌓았는데, 장성은 정현(鄭縣)에서 시작해 낙수(洛水)를 따라 북으로 상군(上郡)에 이르렀다. 초나라는 한중(漢中)부터 남쪽으로 파(巴)와 검중(黔中)을 차지하고 있었다. 주나라 왕실이 쇠약해지자 제후들이 힘으로 정치를 하면서 다퉈 서로를 집어삼켰다[相併=相兼]. 진(秦)나라는 구석지게[僻] 옹주(雍州)에 있었기 때문에 중원(中原) 제후들과의 회맹에 참여하지 않아서 이적(夷翟-오랑캐)들이 진나라를 자신들과 같게 여겼다. 효공이 이에 은혜를 베풀고 고아와 과부를 구휼하며 전사들을 모으고 논공행상[功賞]을 분명하게 하면서, 나라 안[國中]에 다음과 같은 영(令)을 내렸다.

"옛날에 우리 목공께서는 몸소 기산(岐山)과 옹읍(雍邑) 사이에서 다움을 닦고 무위를 떨쳐서[修德行武] 동쪽으로는 진(晉)나라의 난을 평정해 황

하를 경계로 삼으셨고[5] 서쪽으로는 융적(戎翟)을 제패해 땅을 1,000리나 넓히셨으니, 천자께서 패(伯-패자)로 높여주셨고 제후들이 모두 축하를 올렸다. 후세를 위해 이런 업적을 개척하셨으니[開業] 심히 빛나고 아름다웠도다.

때마침 지난날 여공(厲公), 조공(躁公), 간공(簡公), 출자(出子) 때는 안녕하지 못하고 나라 안에 우환까지 겹쳐서 미처 바깥일[外事]을 돌볼 겨를이 없다 보니[未遑], 삼진(三晉)이 우리 선군(先君-돌아가신 옛 임금)들의 하서 땅을 공격해 빼앗고 제후들도 진(秦)을 낮춰보니 이보다 더한 치욕이 없었다. 헌공께서 자리에 나아가시어 변경을 안정시키고 역양으로 도읍을 옮겨 다스리게 되면서 장차[且=將] 동쪽을 정벌해 목공의 옛 땅을 수복하고 목공의 정령(政令)을 되찾으려 하셨다. 과인(寡人)은 선군들의 뜻을 생각할 때마다 늘 마음이 아프다. 빈객과 여러 신하가 진나라를 강하게 만들 수 있는 기이한 계책을 내어준다면, 나는 장차 관직을 높여주고 그들에게 땅을 나눠줄 것이다."

이에 마침내 군대를 출동시켜서 동쪽으로 섬성(陝城)을 에워싸고 서쪽으로 융의 환왕(獂王)[6]의 목을 베었다.

1) **【집해(集解)】** 서광(徐廣)이 말했다. "경신년(庚申年)이다."

2) **【정의(正義)】** 並은 백(白)과 낭(浪)의 반절음이다.

3) **【정의(正義)】** 회수(淮水)와 사수(泗水) 두 강을 말한다.

4) **【정의(正義)】** 초나라의 북쪽과 위나라의 서쪽은 진나라와 서로 접해 있다. (초나라는) 북쪽으로 양주(梁州) 한중군(漢中郡)부터 남쪽으로 파(巴)와 투(渝-혹은 유)를 소유했고 강남을 지나서는 검중(黔中), 무군(巫郡)을 소유했다. 위나라의 서쪽 경계는 진나라와 서로 접해 있으니, 남쪽으로 화주(華州) 정현(鄭縣)부터 서북쪽으로 위수(渭水)를 지나 낙수(洛水) 동쪽 강변에 임박하게 되면 북쪽으로 상군(上郡) 부주(鄜州)의 땅을 소유했다. (인접한 땅에는) 모두 장

성을 쌓아 진나라와 경계로 삼았다. 낙수란 곧 칠수(漆水)와 저수(沮水)이다.

5) 【정의(正義)】 곧 용문하(龍門河)다.

6) 【집해(集解)】 「지리지(地理志)」에 이르기를 천수군(天水郡)에 환도현(獂道縣)이 있다고 했으니, 응소(應劭)가 말했다. "환(獂)은 융의 읍인데, 발음은 (원이 아니라) 환(桓)이다."

위앙(衛鞅, ?~기원전 338년)[1]이 이런 영이 내려졌다는 말을 듣고는 서쪽으로 진(秦)나라에 들어와서 경감(景監)[2]을 중간에 넣어[因] 효공을 만나려 시도했다.

2년에 주나라 천자가 제사 지낸 고기를 보내왔다[致胙].

3년에 위앙이 효공에게 유세해[說], 법을 바꾸고 형벌을 정비하며[變法脩刑] 안으로는 농사에 힘쓰고 밖으로는 전쟁에서 목숨 걸고 싸우는 전사들에 대한 상벌을 제대로 할 것을 제안했다. 효공이 좋다고 여겼으나 감룡(甘龍)과 두지(杜摯) 등은 그렇지 않다고 여겨[弗然], 서로 쟁론을 벌였다. 결국 앙(鞅)의 법을 썼는데, 백성이 (처음에는) 그 법을 힘들어하다가 3년이 지나자, 그것을 편리하게 여겼다. 마침내 앙을 제배해 좌서장(左庶長)으로 삼았다. 그 일은 「상군 열전(商君列傳)」 안에 있다.

1) 상앙(商鞅) 또는 공손앙(公孫鞅)이라고도 한다. 위(衛)나라 공족(公族) 출신으로, 일찍부터 형명학(刑名學)을 좋아해 조예가 깊었다. 위(魏)나라에 벼슬하려 했지만 받아주지 않자, 진(秦)나라로 가서 효공(孝公)에게 채용되었다. 부국강병의 계책을 세워 여러 방면에 걸친 대개혁을 단행함으로써 후일에 있을 진(秦) 제국(帝國)이 성립하는 기반을 닦았다. 그 공적으로 열후에 봉해지고 상(商)을 봉토로 받으면서 상앙이라 불렸다. 재상으로 있을 때 엄격한 법치주의 정치를 펴서 많은 사람의 원한을 샀는데, 효공이 죽자, 반대파에 의해 거열형(車裂刑)에 처해졌다.

2) 【정의(正義)】 엄인(閹人-환관)이다.

7년에 (효공이) 위(魏)나라 혜왕(惠王)과 두평(杜平)[1]에서 만났다.

8년에 위나라와 원리(元里)[2]에서 싸워 성과를 거두었다[有功].

10년에 위앙이 대량조(大良造)가 되어 병사들을 이끌고 위나라 안읍(安邑)[3]을 에워싸서 항복시켰다.

12년에 함양(咸陽)[4]에 성읍을 조성하고 기궐(冀闕)[5]을 지어서 진나라는 이곳으로 도읍을 옮겼다. 작은 마을들[鄕聚][6] 여러 개를 아울러서[幷] 큰 현을 만들고 현마다 영(令-현령)을 1명 두었으니[7], (전국적으로) 41개 현이었다. 논밭의 경계[阡陌][8]를 허물고 땅을 개간하니, 동쪽으로 영토가 낙수(洛水)를 넘어섰다.

14년에 처음으로 부(賦)를 제정했다[9].

19년에 (주나라) 천자가 패(伯)로 올려주었다[致=尊][10].

20년에 제후들이 모두 축하를 올렸다. 진나라가 공자 소관(少官)에게 군대를 이끌고서 봉택(逢澤)[11]에서 제후들과 회맹하고 천자에게 조회하게 했다.

1) 【정의(正義)】 동주(同州) 징성현(澄城縣) 경계에 있다.

2) 【정의(正義)】 기성(祁城)은 동주 징성현(澄城縣) 경계에 있다.

3) 【집해(集解)】 「지리지(地理志)」에 이르기를, 하동(河東)에 안읍현이 있다고 했다. 【정의(正義)】 『괄지지(括地志)』에서 말했다. "안읍 고성(安邑故城)은 강주(絳州) 하현(夏縣) 동북쪽으로 15리에 있으며, 본래 하나라 도읍이었다."

4) 【정의(正義)】 『괄지지(括地志)』에서 말했다. "함양 고성(咸陽故城)은 또 위성(渭城)이라고도 불렸다. 옹주(雍州) 함양현(咸陽縣) 동쪽으로 15리 떨어져 있고 경성(京城)에서 북쪽으로 45리 떨어져 있으니, 곧 진나라 효공이 천도한 곳이다. 지금의 함양현은 옛날의 두우(杜郵)로, 백기(白起)가 죽은 곳이다."

5) 【정의(正義)】 유백장(劉伯莊)이 말했다. "기(冀)란 '일을 기록하다[記事(기사)]'라는 뜻이고, 궐(闕)이란 곧 대궐의 문[象魏(상위)]['상(象)'은 '법(法)', '위(魏)'는 '고(高)'라는 뜻이다. 옛날에 법률을 높은 성문에 게시한 데서 온 말이다. 곧 궁문(宮門) 밖 법령을 게시(揭示)하는 곳을 말하는데, 뜻이 바뀌어 법률 제도를 가리키거나 법률의 엄정한 적용을 가리키는 말로 쓰이기도 한다. 상궐(象闕)도 같은 말이다.]을 말한다."

6) 【정의(正義)】 1만 2,500가(家)가 향(鄕)이고, 취(聚)란 촌락을 가리킨다.

7) 【집해(集解)】 『한서(漢書)』「백관표(百官表)」에서 말했다. "현령(縣令)과 현장(縣長)은 모두 진나라 때 관직이다. 1만 호 이상이면 영(令)이라 했고, 질록은 1,000석에서 600석까지였다. 1만 호 아래라면 장(長)이라 했고, 질록은 500석에서 300석까지였다. 모두 승(丞)과 위(尉)가 있었다."

8) 【색은(索隱)】 『풍속통(風俗通)』에서 말했다. "남북(으로 난 밭 사이의 길)을 천(阡), 동서를 맥(陌)이라고 한다. 황하 동쪽에서는 동서를 천, 남북을 맥이라고 한다."

9) 【집해(集解)】 서광(徐廣)이 말했다. "공부(貢賦-공물과 세금)의 법을 제정한 것이다." 【색은(索隱)】 초주(譙周)가 말했다. "비로소 군부(軍賦)를 만든 것이다."

10) 【정의(正義)】 伯의 발음은 (백이 아니라) 패(霸)인데, 또는 글자대로 (백으로) 읽기도 한다. 효공 19년에 천자가 비로소 봉작해 패(霸)로 삼았으니, 곧 태사 담이 말하기를 "합쳐진 지 77년이 되면 패왕이 나온다"라고 했던 해다. 그래서 천자가 패로 올려준 것이다. (후한의 학자) 환담(桓譚, 기원전 24~기원후 56년)[거문고에 능했고 오경(五經)에 밝았으며, 고학(古學)을 좋아해 유흠(劉歆)·양웅(揚雄)에게서 배웠다. 왕망(王莽)이 천하를 찬탈했을 때 장악대부(掌樂大夫)와 중대부(中大夫)가 되었으며, 광무제(光武帝) 때 의랑급사중(議郎給事中)에 발탁되었다. 그러나 광무제가 참(讖-도참)을 이용해 정사를 펴자, 유학의 입장에서 저지하려다가 노여움을 사서 육안군(六安郡)의 승(丞)으로 좌천되었는데, 부임 도중에 죽었다. 고대(古代)를 이상(理想)으로 하여 현재를 바로잡는다는 입장에서 정치를 행하기 위해 『신론(新論)』 29편을 지었다. 이것은 육가(陸賈)의 『신어(新語)』, 유향(劉向)의 『신서(新序)』를 이어받고 왕충의 『논형(論衡)』을 전개한 것으로, 한대(漢代) 유가 사상의 변천을 알 수 있는 귀중한 문헌이다.]이 『신론(新論)』에서 말

했다. "무릇 상고(上古) 때는 삼황오제를 칭송했고 다음으로는 삼왕과 오패가 있었으니, 이들은 천하의 임금 중에서도 우두머리[冠首]다. 그래서 삼황은 도리와 이치[道理]를 썼고, 오제는 다움과 교화[德化]를 썼으며, 삼왕은 어짊과 마땅함[仁義]을 썼고, 오패는 권모술수와 지략[權智]을 썼다고 말하는 것이다. 그 설에 이르기를, 다스림에 있어 제도도 없이 형벌을 쓰지 않는 것을 일러 황(皇)이라고 하고, 제도는 있지만 형벌을 쓰지 않는 것을 일러 제(帝)라고 하며, 좋은 사람에게는 상을 주고 나쁜 사람은 주벌하니 제후들이 조회해 섬기는 것을 일러 왕(王)이라고 하고, 군대를 일으켜 동맹을 맺고 신의와 마땅함[信義]으로 세상을 고쳐가는 것[矯世]을 일러 패(伯)라고 한다고 했다."

11) 【집해(集解)】 서광(徐廣)이 말했다. "개봉(開封) 동북쪽에 봉택이 있다." 【정의(正義)】 『괄지지(括地志)』에서 말했다. "봉택은 또한 봉지(逢池)라고도 하는데, 변주(汴州) 준의현(浚儀縣) 동남쪽으로 14리에 있다."

21년에 제나라가 마릉(馬陵)[1]에서 위나라를 꺾었다.

22년에 위앙이 위나라를 쳐서 위나라 공자 앙(卬)을 사로잡았다. 위앙을 봉해 열후(列侯)로 삼고 칭호를 상군(商君)이라고 했다[2].

24년에 진(晉)과 안문(雁門)[3]에서 싸워 그 장수 위조(魏錯)[4]를 사로잡았다.

1) 【정의(正義)】 우희(虞喜)의 『지림(志林)』에서 말했다. "복주(濮州) 견성현(甄城縣) 동북쪽으로 60여 리 떨어진 곳에 마릉(馬陵)이 있는데, 시냇물과 계곡이 깊고 험준해서 매복하기에 좋다." 살펴보건대, (위나라 장수) 방연(龐涓)이 패한 곳이 이곳이다.

2) 【정의(正義)】 상주(商州) 상락현(商洛縣) 동쪽으로 89리에 있으며, 앙이 봉해진 곳이다. 설(契)이 봉해진 땅이기도 하다.

3) 【색은(索隱)】 『기년(紀年)』에서 "위(魏)나라와 안문(岸門)에서 싸웠다"라고 했는데 여기서는 안문(鴈門)이라고 했으니, 이는 아마도 소리가 같아서 생긴 착오인 듯하다. 또 아래에서 "안문(岸門)에서 한(韓)나라를 꺾었다"라고 했는데, 대개 같은 곳이다. 진나라가 한나라나 위나라와 싸운 것을 상고해볼 때 마땅히 안문(鴈門)에까지 다다를 수는 없다. 【정의(正義)】 『괄지지(括地志)』에서 말했다. "안문(岸門)은 허주(許州) 장사현(長社縣) 서북쪽으로 28리에 있으며, 지금의 이름은 서무정(西武亭)이다."

4) 【정의(正義)】 錯은 발음이 (착이 아니라) 칠(七)과 고(故)의 반절음이다.

효공이 졸(卒)하자 아들 혜문군(惠文君)[1]이 세워졌다. 이해에 위앙을 주살했다. 앙이 애초에 진나라에서 법을 시행할 때 법이 제대로 시행되지 않았는데, 태자가 금지령을 어기자, 앙이 말했다.

"법이 행해지지 않는 것은 귀척들로부터 비롯됩니다. 임금께서 법을 반드시 시행하시고자 한다면 태자부터 가장 먼저 적용하셔야 합니다. 태자에게 (문신을 새기는) 경형(黥刑)을 내릴 수는 없으니, 그 사부에게 경을 쳐야 할 것입니다."

이에 법이 크게 쓰이고[大用(대용)] 진나라 사람들이 잘 다스려졌다. 효공이 졸하고 태자가 세워지자, 종실 사람들이 앙에 대해 크게 원망을 품었다. 앙은 달아났는데, 그것이 반역으로 간주되어 결국 거열형(車裂刑)에 처해져서 진나라에 조리를 돌렸다[徇(순)][2].

1) 【색은(索隱)】 이름은 사(駟-말 4마리)이다.

2) 【집해(集解)】 『한서(漢書)』에서 말했다. "상군이 진나라에 법을 시행해, 전투에서 한 사람의 목을 베면 작(爵) 1급(級)을 내려주었고 관리가 되고 싶은 자에게

는 50석(에 해당하는 관직)을 내려주었다. 그 작위 명은 다음과 같다. 작(爵-작위)의 경우 1급은 공사(公士)[안사고(顔師古)가 말했다. "작위의 이름이 있어 사졸과는 사름을 말하기 때문에 공사(公士)라 한 것이다."], 2급은 상조(上造)[안사고(顔師古)가 말했다. "조(造)는 이룬다[成]는 뜻으로, 위에서 명(命)을 이룸이 있다는 말이다."], 3급은 잠뇨(簪裊)[안사고(顔師古)가 말했다. "끈으로 말에 두르는 것을 뇨(裊)라 한다. 잠뇨란 말을 그렇게 꾸몄다는 뜻이다."], 4급은 불경(不更)[안사고(顔師古)가 말했다. "경졸(更卒-한나라 때 농민이 부담하는 요역으로는 노역(勞役)과 병역(兵役)이 있었다. 15~56세 남자는 매년 1개월 가량을 거주하는 군이나 현의 노역에 동원되었는데, 이것을 경졸(更卒)이라고 한다.)의 일에 참여하지 않는다는 뜻이다."], 5급은 대부(大夫)[안사고(顔師古)가 말했다. "서열과 지위가 대부를 따른다."], 6급은 관대부(官大夫), 7급은 공대부(公大夫)[안사고(顔師古)가 말했다. "관과 공을 더해 높고 낮음을 보여주는 것이다."], 8급은 공승(公乘)[안사고(顔師古)가 말했다. "공가(公家)의 수레에 탈 수 있다는 뜻이다."], 9급은 오대부(五大夫)[안사고(顔師古)가 말했다. "대부를 높인 것이다."], 10급은 좌서장(左庶長), 11급은 우서장(右庶長)[안사고(顔師古)가 말했다. "서장은 많은 열[衆列]의 우두머리가 되었다는 뜻이다."], 12급은 좌경(左更), 13급은 중경(中更), 14급은 우경(右更)[안사고(顔師古)가 말했다. "경은 다시 경졸들을 이끄는 일을 주관하고 그 역사를 다스리는 것을 뜻한다."], 15급은 소상조(少上造), 16급은 대상조(大上造)[안사고(顔師古)가 말했다. "모두 상조의 군사들을 주관하는 것을 뜻한다."], 17급은 사거서장(駟車庶長)[안사고(顔師古)가 말했다. "말 4마리가 끄는 수레를 타고서 여러 무리의 장이 되는 것을 뜻한다."], 18급은 대서장(大庶長)[사고(師古)가 말했다. "다시 고쳐서 높인 것이다."], 19급은 관내후(關內侯)[사고(師古)가 말했다. "후라는 호칭은 경사(京師)에 거주하지만, 봉해진 읍은 없음을 말한다."], 20급은 철후(徹侯)[사고(師古)가 말했다. "그 작위가 위로 천자에게 통한다는 뜻이다."]라고 했다."

혜문군 원년에 초·한(韓)·조(趙)·촉(蜀) 사람들이 와서 조회했다[來朝].

2년에 (주나라) 천자가 치하했다.

3년에 왕(王-혜문군)이 관례(冠禮)를 올렸다[王冠][1].

4년에 천자가 문왕과 무왕에게 제사 지낸 고기를 보내왔다. 제나라와 위나라가 왕이라 칭했다[爲王=稱王][2].

1) 【정의(正義)】『예기(禮記)』에 이르기를, 나이 20세면 관례를 행한다고 했다.
2) 【색은(索隱)】 제나라 위왕(威王)과 위나라 혜왕(惠王)이다.

5년에 음진(陰晉) 사람 서수(犀首)가 대량조(大良造)가 되었다[1].

6년에 위나라가 음진을 진나라에 바치자 음진의 이름을 바꿔 영진(寧秦)[2]이라고 했다.

7년에 공자 앙이 위나라와 싸워서 그 장수 용고(龍賈)를 사로잡고 8만 명의 목을 베었다.

8년에 위나라가 하서 땅을 바쳤다[納=獻].

9년에 황하를 건너 분음(汾陰)과 피지(皮氏)를 차지했다[3]. 위나라 왕과 응(應)[4]에서 회맹했다. 초(焦)[5]를 에워싸서 항복시켰다.

1) 【집해(集解)】 서수(犀首)는 관직 이름이다. 성은 공손(公孫)이고 이름은 연(衍)이다. 【색은(索隱)】 관직 이름이니, 호아(虎牙-호랑이 어금니)와 같은 부류다. 성은 공손(公孫)이고 이름은 연(衍)이며, 위나라 사람이다. 【정의(正義)】 犀의 발음은 서(西)이다. 「지리지(地理志)」에 이르기를, (지금의) 화음현(華陰縣)은 옛날의 음진인데 진나라 혜왕(惠王) 5년에 이름을 고쳐 영진이라고 했고 (한나라) 고조 8년에 다시 이름을 고쳐 화음이라고 했다고 한다.
2) 【집해(集解)】 서광(徐廣)이 말했다. "지금의 화음현이다."
3) 【집해(集解)】「지리지(地理志)」에 이르기를, 두 현은 하동(河東-황하의 동쪽)에 속한다고 했다. 【정의(正義)】 황하를 건너 동쪽으로 가서 그곳들을 차지한 것이다. 『괄지지(括地志)』에서 말했다. "분음 고성(汾陰故城)은 속명으로 은탕성(殷湯

城)인데, 포주(蒲州) 분음현(汾陰縣) 북쪽에 있다. 피지는 강주(絳州) 용문현(龍門縣) 서쪽으로 1리 80보에 있는데, 곧 옛날의 피지성이다."

4) 【정의(正義)】『괄지지(括地志)』에서 말했다. "옛 응성(應城)은 응산(應山)에 있다고 해서 그렇게 이름 지은 것으로 옛날의 응국(應國)이며, 여주(汝州) 노산현(魯山縣) 동쪽으로 30리에 있다. 『좌전(左傳)』(희공(僖公) 24년)에 이르기를 '우(邘)·진(晉)·응(應)·한(韓)은 (주나라) 무왕(武王)의 목(穆-아들)이다'라고 했다."

5) 【정의(正義)】『괄지지(括地志)』에서 말했다. "초성(焦城)은 섬주(陜州) 성안에서 동북쪽으로 100보에 있는데, 초수(焦水)로 인해 그렇게 이름을 지었다. 주나라가 동성(同姓)을 봉한 곳으로, 『좌전(左傳)』(양공(襄公) 29년)에 이르기를 '우(虞)·괵(虢)·초(焦)·활(滑)·곽(霍)·양(陽)·한(韓)·위(魏)나라는 모두 희성(姬姓)이다'라고 했다." 두예(杜預)가 말하기를, 8국은 모두 진(晉)나라에 멸망당했다고 했다. 살펴보건대, 무왕이 상(商)을 이기고서 신농의 후손을 초(焦)에 봉했고 이후에는 희성을 봉했다.

10년에 장의(張儀)가 진(秦)의 재상이 되었다. 위나라가 상군(上郡)의 현 15개를 (진나라에) 바쳤다[1].

11년에 의거(義渠)를 현으로 삼았다[2]. 초(焦)와 곡옥(曲沃)을 위나라에 돌려주었다[歸(귀)][3]. 의거의 임금이 (진나라) 신하가 되었다. 소량(少梁)을 고쳐 하양(夏陽)이라고 이름을 바꾸었다.

12년에 처음으로 12월 납제(臘祭)를 거행했다[4].

13년 4월 무오일에 위나라 임금이 왕을 칭하자, 한(韓)나라도 왕을 칭했다[5]. 장의를 시켜 섬(陜)을 쳐서 빼앗고, 그곳 사람들을 위나라에 넘겨주었다.

1) 【정의(正義)】 지금의 부(鄜)·수(綏) 등의 주다. 위나라는 이전에 음진을 바쳤고,

이어 동(同)과 단(丹) 두 주를 바쳤으며 지금 상군을 바쳤는데, 모두 하서(河西) 빈락(濱洛)의 땅이다.

2) 【정의(正義)】「지리지(地理志)」에 이르기를, 북지군(北地郡) 의거도(義渠道)는 진(秦)나라의 현이라고 했다. 『괄지지(括地志)』에서 말했다. "영(寧)·원(原)·경(慶) 세 주와 진나라 북지군은 전국시대와 춘추시대 때 의거융국(義渠戎國) 땅이었다. 주나라의 선조인 공류(公劉)와 부줄(不窋)이 거기에 살았으니, 옛날의 서융(西戎)이다."

3) 【정의(正義)】『괄지지(括地志)』에서 말했다. "곡옥은 섬주 섬현(陝縣) 서남쪽으로 32리에 있는데, 곡옥수(曲沃水)로 인해 이름을 그렇게 지었다. 살펴보건대, 초와 곡옥 두 성은 서로 가깝고 본래는 위나라 땅이었는데, 일시적으로 진(秦)나라에 속했다가 이때 위나라에 반환되어 '돌려주었다'라고 한 것이다."

4) 【정의(正義)】 12월 납일이다. 진나라 혜문왕이 처음으로 중국을 본떠 그것을 시행했으니, 그래서 처음으로 납제를 거행했다고 한 것이다. 짐승을 바쳐 한 해의 끝에 선조들에게 제사를 지내는 것이기에 이날을 정한 것이다. 『풍속통(風俗通)』에서 말했다. "예전(禮傳)에 이르기를 '하나라에서는 가평(嘉平), 은나라에서는 청사(淸祀), 주나라에서는 사(蜡)라고 했는데, 한나라 때 고쳐서 납(臘)이라고 했다'라고 한다. 『예기(禮記)』(「교특생(郊特牲)」편)에 이르기를 '천자는 여덟 신에게 큰 제사를 지내니, 이기씨(伊耆氏)가 처음으로 사(蜡)제사를 지냈다'라고 했다. 사(蜡)란 '찾다', '구하다[索(색)]'라는 뜻이다. 한 해의 12월에 온갖 일을 다 모아서 제향을 올리는 것이다."

5) 【정의(正義)】 위나라 양왕(襄王)과 한나라 선혜왕(宣惠王)이다.

14년(기원전 324년)에 기년(紀年)을 고쳐 (혜문왕) 원년으로 삼았다.

2년에 장의가 제나라와 초나라의 대신과 설상(齧桑)에서 회맹했다.

3년에 한(韓)나라와 위나라 태자가 와서 조회했다. 장의가 위나라 재상이 되었다.

5년에 (혜문)왕이 북하(北河)까지 노닐었다[1].

7년에 악다(樂池)[2]가 진나라 재상이 되었다. 한·조·위·연·제나라가 흉노를 거느리고[帥=率] 공동으로 진(秦)나라를 공격했다. 진나라는 서장(庶長) 질(疾)을 보내 수어(修魚)에서 싸워서 그들의 장수 신차(申差)를 사로잡고[3] 조나라 공자 갈(渴)과 한나라 태자 환(奐)을 물리쳤으며 8만 2,000명의 목을 베었다.

8년에 장의가 다시 진나라 재상이 되었다.

9년 사마조(司馬錯)가 촉(蜀)을 쳐서 멸망시켰다[4]. 조나라의 중도(中都)와 서양(西陽)을 쳐서 차지했다[伐取][5].

1) 【집해(集解)】 서광(徐廣)이 말했다. "융의 땅이며 황하 물가에 있다." 살펴보건대, 왕이 북하를 돌아보고 영(靈)에 이르렀으니, 하주(夏州)의 황하이다.

2) 【정의(正義)】 樂의 발음은 악(岳)이다. 池는 (발음이 지가 아니라) 도(徒)와 하(何)의 반절음이다.

3) 【정의(正義)】 수어는 한나라의 읍이다. 「연표(年表)」에 이르기를, 진나라가 우리 수어에서 이기고 한나라 장수 신차를 잡았다고 했다.

4) 【색은(索隱)】 촉의 서남이(西南夷)에는 옛날부터 군장(君長-부족 국가의 우두머리)이 있었으니, 그래서 창의(昌意)는 촉산씨(蜀山氏)의 딸을 아내로 맞았다. 그 후에 두우(杜宇)가 스스로를 세워 왕이라고 하면서 칭호를 망제(望帝)라 했다. (양웅(揚雄)의) 『촉왕본기(蜀王本紀)』에서 말했다. "장의가 촉을 치니, 촉왕이 맞서 싸웠으나 이기지 못하고 의에 멸망당했다."

5) 【집해(集解)】 「지리지(地理志)」에 따르면 태원(太原)에 중도현이 있었다. 【정의(正義)】 『괄지지(括地志)』에서 말했다. "중도 고현(中都故縣)은 분주(汾州) 평요현(平遙縣) 서쪽으로 12리에 있는데, 곧 서도(西都)다. 서양은 곧 중양(中陽)인데, 분주 습성현(隰城縣) 동쪽으로 10리 떨어진 곳에 있다. 「지리지(地理志)」에 이르기를, 서도(西都)와 중양은 서하군(西河郡)에 속한다고 했다." 여기서 "조나라

의 중도(中都)와 서양(西陽)을 쳐서 차지했다"라고 한 것은 바로 그것을 가리킨다. 「조세가(趙世家)」에서 말했다. "진(秦)나라가 나아와 우리의 서도와 중양을 차지했다." 「연표(年表)」에서 말했다. "진나라 혜문왕 후원(後元) 9년에 조나라의 중도·서양·안읍(安邑)을 차지했다. 조나라 무령왕 10년에 진나라가 중도와 안양(安陽)을 차지했다." 본기와 세가와 연표가 그 현(縣)에 대해서는 이름이 제각각이지만 연도는 사실상 같고 정벌한 곳은 오직 한 곳뿐이니, 그것을 갖춰 기록한 것은 후학들에게 보여주기 위해 그렇게 한 것이다.

10년에 한나라 태자 창(蒼)이 인질로 왔다[來質]. 한나라 석장(石章)[1]을 쳐서 차지했다. 조나라 장수[將] 이(泥)[2]를 쳐서 꺾었다[伐敗]. 의거의 성 25개를 쳐서 차지했다.

11년에 저리질(樗里疾)이 위나라의 초(焦)를 공격해 항복시켰다. 안문(岸門)에서 한나라를 깨뜨리고 1만 명의 목을 베니, 그 장수 서수(犀首)가 달아났다. 공자 통(通)을 촉에 봉했다[3]. 연나라 임금이 그 신하 자지(子之)에게 자리를 넘겨주었다[讓=禪讓].

12년에 (진나라) 왕이 양(梁-위)나라 왕과 임진(臨晉)에서 회맹했다. 서장(庶長) 질(疾)이 조나라를 공격해 조나라 장수 장(莊)을 사로잡았다. 장의가 초나라 재상이 되었다.

13년에 서장 장(章)이 단수(丹水) 북쪽[丹陽]에서 초나라를 쳐서 그 장수 굴개(屈丐)를 사로잡고 8만 명의 목을 베었다. 또 초나라 한중(漢中)을 공격해 사방 600리 땅을 차지하고 한중군을 두었다. 초나라가 옹지(雍氏)를 에워싸자, 진나라는 서장 질을 보내어 한(韓)나라를 돕고 동쪽으로 제나라를 공격했으며, 도만(到滿)[4]에게는 위나라를 도와 연나라를 공격하게 했다.

14년에 초나라를 쳐서 소릉(召陵)을 차지했다. 단(丹)과 이(犁)가 (촉의) 신하가 되었고[5], 촉나라 상국 장(壯)[6]이 촉후(蜀侯)를 죽이고 와서 항복했다[來降].

❖

1) 【정의(正義)】 한나라의 땅 이름이다.

2) 【집해(集解)】 서광(徐廣)이 말했다. "판본에 따라 장(莊)으로 되어 있다." 【정의(正義)】 조나라 장수 이름이다.

3) 【집해(集解)】 서광(徐廣)이 말했다. "이해는 주나라 난왕(赧王) 원년이다." 【색은(索隱)】 『화양국지(華陽國志)』에서 말하기를 "난왕 원년에 진나라 혜왕(惠王)이 아들 통을 나라에 봉해 촉후(蜀侯)로 삼고 진장(陳莊)을 그의 재상으로 삼았다"라고 했으니, 서광이 말한 것도 『화양국지』를 근거로 삼은 것이었다.

4) 【정의(正義)】 만(滿)은 간혹 포(蒲)로 되어 있다. 진나라 장수의 성과 이름이다.

5) 【정의(正義)】 (단과 이는) 두 융(戎)의 칭호로, 촉에 신하로 복종했다는 것이다. 촉의 재상이 촉후를 죽였고, 아울러 단과 이 두 나라가 진나라에 항복했다는 말이다. 촉의 서남쪽은 요부관내(姚府管內)인데, 본래는 서남이(西南夷)였고 전국시대 때는 촉과 전국(滇國)이었으며 당나라 초에 이주(犁州)와 단주(丹州)를 두었다.

6) 【집해(集解)】 서광(徐廣)이 말했다. "판본에 따라 장(狀)으로 되어 있다."

혜왕이 졸(卒)하자 아들 무왕(武王)[1]이 세워졌다. 한·위·제·초·월(越)[2]나라가 모두 진나라에 빈객으로 복종했다[賓從].

1) 【색은(索隱)】 이름은 탕(蕩)이다.

2) 【집해(集解)】 서광(徐廣)이 말했다. "판본에 따라 조(趙)로 되어 있다."

무왕 원년에 위나라 혜왕(惠王)[1]과 임진(臨晉)에서 회맹했다. 촉나라 재상 진장(陳壯)을 죽였다. 장의와 위장(魏章)이 둘 다 (진나라를 떠나) 동쪽으로 나가서 위나라로 갔다. 의거(義渠)·단(丹)·이(犁)를 쳤다.

2년에 처음으로[初] 승상(丞相)[2]을 두었는데, 저리질(樗里疾)과 감무(甘茂)가 각각 좌우 승상이 되었다. 장의가 위(魏)나라에서 죽었다[死].

3년에 한나라 양왕(襄王)과 임진(臨晉) 밖에서[外][3] 회맹했다. 남공(南公) 게(揭)가 졸(卒)하자 저리질이 한나라 재상이 되었다. 무왕이 감무(甘茂)에게 일러 말했다.

"과인이 좁은 길로 다니는 수레[容車]를 타고 삼천(三川)을 지나서 주나라 도성 낙양[周室]을 슬쩍 구경이라도 할 수만[窺] 있다면 죽어도 여한이 없겠다[不恨]."

그해 가을에 감무와 서장(庶長) 봉(封)을 시켜 의양(宜陽)[4]을 쳤다.

1) 【집해(集解)】 서광(徐廣)이 말했다. "「표(表)」에는 애왕(哀王)이라고 되어 있다." 【정의(正義)】 살펴보건대, 위나라 혜왕이 졸한 지 이미 25년이 지났다.

2) 【집해(集解)】 응소(應劭)가 말했다. "승(丞)이란 '잇다[承]', 상(相)은 '돕다[助]'라는 뜻이다."

3) 【정의(正義)】 '밖에서'라고 한 것은 임진성 밖이라는 말이다. 외(外)자는 판본에 따라 수(水)로 되어 있다.

4) 【정의(正義)】 하남부(河南府) 복창현(福昌縣) 동쪽으로 14리에 있는 옛 한성(韓城)이 그곳이다. 이는 한나라의 큰 군으로, 그곳을 쳐서 차지하자 삼천의 일이 마침내 통할 수 있게 되었다.

4년에 의양을 뽑아버리고[拔] 6만 명의 목을 베었다. 황하를 건너 무수(武遂)[1]에 성을 쌓았다[城=築城]. 위나라 태자가 와서 조회했다. 무왕은 힘이 세고 힘겨루기를 좋아해 역사(力士)인 임비(任鄙), 오획(烏獲), 맹열(孟說)이 모두 높은 관직[大官]에 올랐다. 왕이 맹열과 함께 세 발 쇠솥인 정(鼎)을 들다가[擧][2] 정강이뼈가 부러졌으니[絶臏][3], 8월에 무왕이 죽자[死] 맹열을 멸족시켰다[族=夷=族滅].

무왕은 위나라 여자를 취해 왕후로 삼았지만, 아들이 없었기에 (무왕의) 이복동생[異母弟]을 세웠으니, 이 사람이 소양왕(昭襄王)[4]이다. 소양왕의

어머니는 초나라 사람으로 성은 미씨(羋氏)이며 칭호를 선태후(宣太后)라고 했다.

무왕이 죽었을 때 소양왕은 연나라에 인질로 있었는데, 연나라 사람이 호송하여 돌려보내줘 세워질 수 있었다[得立].

1) 【집해(集解)】 서광(徐廣)이 말했다. "한나라의 읍이다." 【정의(正義)】 살펴보건대, 이 읍은 본래 한나라에 속했는데 평양(平陽)과 가깝다. 「한세가(韓世家)」에 이르기를 "정자(貞子)는 평양에 살았고, 9세(世)를 거쳐 애후(哀侯)에 이르자 정(鄭)으로 옮겼다"라고 했다. 「초세가(楚世家)」에 이르기를 "그리고 한나라가 진(秦)나라에 항복해 섬긴 것은 선왕의 묘들이 평양에 있었기 때문이다"라고 했다. 진나라와 무수의 거리가 70리이므로 평양과 가깝다는 것을 알 수 있다.

2) '둘이 함께 정을 들다가'로 옮겨도 되고, '둘이서 정 들기 시합을 하다가'로 옮겨도 무방하다.

3) 【집해(集解)】 서광(徐廣)이 말했다. "판본에 따라 맥(脉)으로 되어 있다." 【정의(正義)】 절(絶)이란 '끊어지다[斷]'라는 뜻이다. 빈(臏)은 정강이뼈[脛骨]이다.

4) 【색은(索隱)】 이름은 칙(則)인데, 일명 직(稷)이라고도 한다.

소양왕 원년에 엄군 질(嚴君疾)이 재상이 되었다[1]. 감무가 진나라를 나가서 위나라로 갔다.

2년에 세성(彗星)[2]이 나타났다. 서장 장(壯)과 대신·제후·공자가 반역하자 모두 주살했으니, 함께 얽힌 혜문후(惠文后)도 모두 좋게 죽지[良死] 못했다[3]. 죽은 무왕(武王)의 왕후는 위나라로 돌아갔다.

3년에 소양왕이 관례를 올렸다. 소양왕은 초나라 왕과 황격(黃棘)[4]에서 회맹해 상용(上庸) 땅을 초나라에 주었다[5].

4년에 포판(蒲阪)을 차지했다[6]. 세성이 나타났다.

5년에 위나라 왕이 응정(應亭)[7]으로 와서 조회하니, 위나라에 다시 포판

을 주었다.

6년에 촉후 휘(煇)가 반란을 일으키자 사마조(司馬錯)가 촉을 평정했다[定=平][8]. 서장 환(奐)이 초나라를 쳐서 2만 명의 목을 베었다. 경양군(涇陽君)[9]이 제나라에 인질로 갔다. 해가 먹혀[日食=日蝕] 낮임에도 어두웠다.

1) 【정의(正義)】 대개 촉군 엄도현(嚴道縣)에 봉하고 그 참에 칭호를 엄군이라고 한 것이다. 질은 이름이다.

2) 【정의(正義)】 彗는 (발음이 혜가 아니라) 사(似)와 세(歲)의 반절음이고, 또는 선(先)과 도(到)의 반절음이다.

3) 【집해(集解)】 서광(徐廣)이 말했다. "부인을 초나라에서 맞이했다."

4) 【정의(正義)】 棘은 (발음이 극이 아니라) 기(紀)와 역(力)의 반절음이다. 대개 방(房)과 양(襄) 두 주에 있다.

5) 【집해(集解)】 「지리지(地理志)」에 따르면, 한중(漢中)에 상용현(上庸縣)이 있다고 했다. 【정의(正義)】 『괄지지(括地志)』에서 말했다. "상용은 지금의 방주(房州) 죽산현(竹山縣)과 금주(金州)가 그곳이다."

6) 【정의(正義)】 『괄지지(括地志)』에서 이렇게 말했다. "포판 고성(蒲坂故城)은 포주(蒲州) 하동현(河東縣) 남쪽으로 2리 떨어진 곳에 있으니, 요임금과 순임금이 도읍했던 바로 그곳이다."

7) 【집해(集解)】 서광(徐廣)이 말했다. "「위세가(魏世家)」에 이르기를, 임진에서 회맹했다고 했다."

8) 【색은(索隱)】 『화양국지(華陽國志)』에서 "진(秦)나라는 왕자 휘(煇)를 봉해 촉후로 삼았다. 촉후가 제사를 지내고 나서 제사 고기를 왕에게 선물했는데, 후모(後母-계모)가 그를 미워해서 (음식에) 독을 넣어 올리게 하자 왕이 크게 화가 나서 사마조를 시켜 휘에게 칼을 내렸다"라고 했는데, 이때의 휘와는 동일인이 아니다.

9) 【색은(索隱)】 이름은 불(市-혹은 시)이다.

7년에 신성(新城)을 뽑아버렸다[1]. 저리질이 졸했다.

8년에 장군 미융(芈戎)을 시켜 초나라를 공격해서 신시(新市)[2]를 차지했다. 제나라가 장자(章子)를, 위나라가 공손희(公孫喜)를, 한나라가 포연(暴鳶)[3]을 보내 함께 초나라 방성(方城)을 공격해서 당매(唐眛)를 죽였다. 조나라가 중산(中山)을 깨뜨리니, 그 임금은 달아났다가 끝내 제나라에서 죽었다[死]. 위나라 공자 경(勁), 한나라 공자 장(長)을 제후로 삼았다[4].

9년에 맹상군(孟嘗君) 설문(薛文-전문(田文))이 와서 진나라 승상이 되었다. 환(奐)이 초나라를 공격해 성 8개를 차지하고 그 장수 경쾌(景快)를 죽였다.

10년에 초나라 회왕(懷王)이 진나라에 와서 조회하자 진나라는 그를 억류했다[留之]. 설문이 금수(金受)로 인해[以=因] 면직되었다[免][5]. 누완(樓緩)이 승상이 되었다.

11년에 제·한·위·조·송·중산 다섯 나라[6]가 공동으로 진나라를 공격해 염지(鹽氏)[7]에까지 이르렀다가 돌아갔다. 진나라는 한나라와 위나라에 하북(河北-황하 북쪽)과 봉릉(封陵)의 땅을 주고 화친을 맺었다[8]. 세성(-혜성)이 나타났다. 초나라 회왕이 조나라로 달아났다가 조나라가 받아주지 않자, 진나라로 돌아왔는데, 곧 죽어서 (초나라로 시신을) 돌려보내 장례를 치르게 했다.

12년에 누완이 (승상에서) 면직되고 양후(穰侯)[9] 위염(魏冉)이 승상이 되었다. 초나라에 곡식 5만 석을 주었다.

1) 【정의(正義)】「초세가(楚世家)」에서 말했다. "진(秦)나라가 다시 초를 정벌해서 초나라 군대를 크게 깨뜨렸으니, 초나라 군사 2만 명을 죽이고 우리 초나라의 장군 경결(景缺)을 죽였다." 「연표(年表)」에서는 "진나라가 우리를 양성(襄城)에서 꺾고 경결(景缺)을 죽였다"라고 했다. 『괄지지(括地志)』에서 말했다. "허주(許州) 양성현(襄城縣)은 곧 옛날의 신성현(新城縣)이다." 세가와 연표를 살

펴보건대, 신(新)자는 잘못이고 양(襄)이라고 해야 한다.

2) 【집해(集解)】『진지기(晉地記)』에서 말했다. "강하(江夏)에 신시현(新市縣)이 있다."

3) 【색은(索隱)】 한나라 장수의 성과 이름이다.

4) 【색은(索隱)】 특별히 읍을 봉해주고 제후에 준하게 했으니, 이는 마치 상군(商君)이나 초나라 장안군(長安君)이 그러했던 것과 같다.

5) 【정의(正義)】 금수(金受)는 진나라 승상의 성과 이름이고, 면(免)이란 승상 직을 빼앗았다는 말이다.[금수(金受)를 사람 이름으로 볼 경우 그가 참소를 했다는 말이고, 그냥 보통명사로 본다면 금품을 받았다는 뜻이 된다.]

6) 【정의(正義)】 대개 중산은 이 당시에 조나라에 속해 있었으므로 그래서 다섯 나라라고 말한 것이다.

7) 【집해(集解)】 서광(徐廣)이 말했다. "염(鹽)은 판본에 따라 감(監)으로 되어 있다." 【정의(正義)】『괄지지(括地志)』에서 말했다. "염고성(鹽故城)은 일명 사염성(司鹽城)인데, 포주(蒲州) 안읍현(安邑縣)에 있다. 살펴보건대, 염지(鹽池)를 담당하는 관리였기에 그것을 갖고서 지(氏)라고 칭한 것이다.

8) 【정의(正義)】「연표(年表)」에서 말했다. "진나라는 위나라에 봉릉을, 한나라에 무수(武遂)를 주고 화친을 맺었다." 살펴보건대, 황하 주변의 섬(陜)·괵(虢)·곡옥(曲沃) 등의 땅이다. 봉릉은 옛날의 포판현(蒲坂縣) 서남쪽 하곡(河曲) 가운데 있다. 무수는 평양(平陽)과 가까운 땅이다.

9) 【정의(正義)】『괄지지(括地志)』에서 말했다. "양(穰-볏짚)은 등주(鄧州)가 다스리는 현(縣)으로, 곧 옛날의 양후국(穰侯國)이다."

13년에 상수(向壽-혹은 향수)가 한나라를 쳐서 무시(武始)[1]를 차지했다. 좌경(左更) 백기(白起)가 신성(新城)을 공격했다[2]. 오대부(五大夫) 예/례(禮)가 진나라를 나와 위나라로 도망쳤다. 임비(任鄙)가 한중 군수[수 守][3]가 되었다.

14년에 좌경 백기가 이궐(伊闕)[4]에서 한나라와 위나라를 공격해 24만 명

의 목을 베고 공손희(公孫喜)를 사로잡았으며 성 5개를 뽑아버렸다.

15년에 대량조(大良造) 백기가 위나라를 공격해 원(垣)[5]을 차지했다가 다시 돌려주었다. 초나라를 공격해 원(宛) 땅을 차지했다.

1) 【집해(集解)】「지리지(地理志)」에 이르기를, 위군(魏郡)에 무시현(武始縣)이 있다고 했다. 【정의(正義)】『괄지지(括地志)』에서 말했다. "무시 고성(武始故城)은 낙주(洛州) 무시현 서남쪽으로 10리에 있다."

2) 【정의(正義)】「백기전(白起傳)」에서 말했다. "백기가 좌서장이 되어 병사들을 이끌고 한나라의 신성을 쳤다." 『괄지지(括地志)』에서 말했다. "낙주(洛州) 이궐현(伊闕縣)은 본래 한(漢)나라 때의 신성현으로, 수나라 문제가 고쳐 이궐이라고 했는데 낙주 남쪽으로 70리에 있다."

3) 【집해(集解)】『한서(漢書)』「백관표(百官表)」에서 말했다. "군수(郡守)는 진(秦)나라 관직이다."

4) 【정의(正義)】『괄지지(括地志)』에서 말했다. "이궐은 낙주에서 남쪽으로 19리에 있다. 『수경주(水經注)』에서 말했다. '옛날에 대우(大禹)가 용문(龍門)을 터서 물을 통하게 했는데, 두 산이 서로 마주 대하며 바라보고 있는 모습이 마치 대궐과 같았고 이수(伊水)가 그 사이를 흘러갔기에 이름을 이궐(伊闕)이라고 했다.'" 살펴보건대, 지금의 낙남(洛南-낙수 남쪽)을 일러 용문이라고 한다.

5) 【정의(正義)】 앞서 진나라가 포판을 차지했다가 다시 포판을 위나라에 주니, 위나라는 그곳을 원(垣)이라고 이름 지었다. 지금 또 위나라 원을 차지했다가 다시 돌려주었는데, 훗날 진나라는 그곳을 포판(蒲坂)과 피지(皮氏)라고 이름 지었다.

16년에 좌경 사마조가 지(軹)와 등(鄧)을 차지했다[1]. 위염이 면직되었고, 공자 불(市)을 원(宛)에, 공자 회(悝)를 등(鄧)에[2], 위염을 도(陶)에 봉해 제후로 삼았다.

17년에 성양군(城陽君)[3]이 들어와 조회했고, 동주(東周)의 군주도 와서 조회했다. 진나라는 원(垣)을 (나눠) 포판과 피지로 삼았다[爲(위)][4]. (진나라) 왕이 의양(宜陽)에 갔다.

1) 【집해(集解)】「지리지(地理志)」에 이르기를, 하내(河內)에 지현(軹縣)이, 남양(南陽)에 등현(鄧縣)이 있다고 했다. 【정의(正義)】『괄지지(括地志)』에서 말했다. "옛날의 지성(軹城)이 회주(懷州) 제원현(濟源縣) 동남쪽으로 13리에 있고 옛날의 등성(鄧城)이 회주 하양현(河陽縣) 서쪽으로 31리에 있는데, 둘 다 6국시대(-전국시대) 때 위나라 읍이었다." 살펴보건대, 두 성이 서로 이어져 있으므로 급(及)이라고 한 것이다.

2) 【색은(索隱)】 회(悝-근심하다)의 칭호는 고릉군(高陵君)으로, 처음에는 팽(彭) 땅에 봉해졌고 소양왕(昭襄王)의 동생이다.

3) 【정의(正義)】『괄지지(括地志)』에서 말했다. "복주(濮州) 뇌택현(雷澤縣)은 본래 한(漢)나라 성양현(郕陽縣)인데, 옛날의 성백(郕伯) 희성(姬姓)의 나라다. 주나라 무왕이 동생 계재(季載)를 성(郕)에 봉해주었는데, 그 후에 성(城)의 남쪽[陽(양)=南(남)]으로 옮겼다."

4) 【색은(索隱)】 위(爲)는 마땅히 역(易-바꾸다)으로 되어야 하는데, 아마도 글자가 잘못 전해진 것 같다. 【정의(正義)】 포판은 지금의 하동현이고, 피지 고성(皮氏故城)은 강주(絳州) 용문현(龍門縣) 서쪽으로 1리 80보에 있다.

18년에 좌경 사마조가 원(垣)[1]과 하옹(河雍)을 공격해 다리를 끊고[決橋(결교)] 두 곳을 차지했다[2].

19년에 왕(王)이 서제(西帝), 제나라가 동제(東帝)라고 했다가 둘 다 다시 취소했다. 여례(呂禮)가 스스로 투항해 왔다. 제나라가 송나라를 깨뜨리자, 송왕(宋王)은 위나라로 도망쳤다가 온(溫)에서 죽었다. 임비(任鄙)가 졸했다.

20년에[3] (진나라) 왕이 한중으로 갔다가[之=幸] 다시 상군(上郡)과 북하(北河)로 갔다.

21년에[4] (좌경 사마)조가 위나라 하내(河內)를 공격했다. 위나라가 안읍(安邑)을 바치자, 진나라는 안읍 사람들을 내쫓고 진나라 사람들을 모아 하동(河東)으로 옮겨서 작위를 내려주었고[賜爵], 죄인들을 사면하여 그곳으로 이주시켰다. 경양군을 원(宛) 땅에 봉했다.

22년에 몽무(蒙武)가 제나라를 쳤다. 하동에 현을 9개 두었다. 초나라 왕과 원(宛)에서 회동했고, 조나라 왕과는 중양(中陽)[5]에서 회동했다.

23년에 위(尉-도위(都尉)) 사리(斯離)[6]가 삼진(三晉-한·조·위), 연나라와 함께 제나라를 쳐서 제수(濟水) 서쪽에서 깨뜨렸다. (진나라) 왕이 위나라 왕과는 의양(宜陽)에서, 한나라 왕과는 신성(新城)에서 회동했다.

24년에 (진나라 왕이) 언(鄢)[7]과 또 양(穰)에서 초나라 왕과 (거듭) 회동했다. 진나라가 위나라 안성(安城)[8]을 차지하고 대량(大梁)에 이르자 연나라와 조나라가 위나라를 구원하러 나섰고, 진나라 군대는 물러났다. 위염이 승상에서 면직되었다[免相].

1) 【정의(正義)】 대개 포판과 피지는 다시 위나라에 돌려주었고 위나라는 그것을 다시 원(垣)이라고 했는데, 지금 또다시 공격해 그것을 차지한 것이다.

2) 【집해(集解)】 서광(徐廣)이 말했다. "『급총기년(汲冢紀年)』에 이르기를, 위나라 애왕(哀王) 24년에 고쳐서 의양(宜陽)을 하옹(河雍)이라고 했고 향(向)을 고쳐서 고평(高平)이라 했다고 한다. 향은 지(軹)의 서쪽이다."

3) 【집해(集解)】 서광(徐廣)이 말했다. "진나라 땅에서는 아버지 말이 망아지[駒]를 낳는 일이 있었다."

4) 【집해(集解)】 서광(徐廣)이 말했다. "암말[牝馬]이 소를 낳았는데 (바로) 죽었다."

5) 【집해(集解)】 「지리지(地理志)」에 이르기를, 서하(西河)에 중양현(中陽縣)이 있다고 했다.

6) 【색은(索隱)】 위(尉)는 진(秦)나라의 관직이고, 사리는 그 성과 이름이다. 【정의(正義)】 위(尉)는 도위(都尉)이고, 사리는 이름이다.

7) 【정의(正義)】 『괄지지(括地志)』에서 말했다. "옛 언성(偃城)은 양주(襄州) 안양현(安養縣) 북쪽으로 3리에 있으며, 옛날 언자(郾子)의 나라다."

8) 【집해(集解)】 「지리지(地理志)」에 이르기를, 여남(汝南)에 안성현(安城縣)이 있다고 했다. 【정의(正義)】 『괄지지(括地志)』에서 말했다. "안성은 예주(豫州) 여양현(汝陽縣) 동남쪽으로 17리에 있다."

25년에 조나라 성 2개를 뽑아버렸다. (진나라 왕이) 한나라 왕과는 신성에서, 위나라 왕과는 신명읍(新明邑)에서 회동했다.

26년에 죄수들을 사면해 양(穰) 땅으로 옮겼다. 후(侯) 염(冉)이 다시 승상이 되었다[復相].

27년에 (좌경 사마)조가 초나라를 공격했다. 죄수들을 사면해 남양(南陽)으로 이주시켰다[1]. 백기가 조나라를 공격해 대(代)의 광랑성(光狼城)[2]을 차지했다. 또 사마조에게 농서(隴西)에서 출동해 촉을 거점으로 삼아서 초나라 검중(黔中)[3]을 공격하게 해서 뽑아버렸다[拔之].

28년에 대량조 백기가 초나라를 공격해 언(鄢)과 등(鄧)[4]을 차지했고, 죄인들을 사면해 (그곳으로) 이주시켰다.

29년에 대량조 백기가 초나라를 공격해 영(郢)[5]을 차지하고 남군(南郡)으로 삼으니 초나라 왕은 도망쳤다. 주나라 임금[君]이 (진나라에) 왔다. (진나라) 왕이 초나라 왕과 양릉(襄陵)[6]에서 회동했다. 백기를 무안군(武安君)[7]으로 삼았다.

1) 【정의(正義)】 남양과 위에서 말한 양(穰)은 모두 지금의 등주(鄧州)이다.

2) 【정의(正義)】 『괄지지(括地志)』에서 말했다. "광랑 고성(光狼故城)은 지금의 택주(澤州) 고평현(高平縣) 서쪽으로 20리에 있다."

3) 【정의(正義)】 지금의 검부(黔府)다.

4) 【정의(正義)】 언과 등 두 성은 모두 양주(襄州)에 있다.

5) 【정의(正義)】 『괄지지(括地志)』에서 말했다. "영성(郢城)은 형주(荊州) 강릉현(江陵縣) 동북쪽으로 6리에 있으며, 초나라 평왕이 도읍을 조성했던 곳이다."

6) 【집해(集解)】 「지리지(地理志)」에 이르기를, 하동(河東)에 양릉현(襄陵縣)이 있다고 했다. 【정의(正義)】 『괄지지(括地志)』에서 말했다. "양릉은 진주(晉州) 임분현(臨汾縣) 동남쪽으로 35리에 있다. 감인(闞駰)의 『십삼주지(十三州志)』에 이르기를, 양릉은 진(晉)나라 대부 주(犨-헐떡이는 소)의 읍이라고 했다."

7) 【정의(正義)】 능히 군사들을 어루만져 길러주었고[撫養(무양)] 싸우면 반드시 이겨서 백성을 편안히 모여 살 수 있게 해주었으니[安集(안집)], 그래서 칭호를 무안(武安)이라고 했다는 말이다. 옛 성은 낙주(洛州) 무안현(武安縣) 서남쪽으로 50리에 있다. 7국시대 때 조읍(趙邑)이었으니, 곧 조사(趙奢)가 연여(閼與-혹은 알여)를 구원해주었던 곳이다.

30년에 촉의 군수 약(若)이 초나라를 쳐서 무군(巫郡)[1]과 강남(江南)을 차지하고 검중군(黔中郡)으로 삼았다[2].

31년에 백기가 위나라를 쳐서 성을 2개 차지했다. 초나라 사람들이 우리[我(아)] 강남에서 (진나라에) 반란을 일으켰다[3].

32년에 승상 양후가 위나라를 공격해서 대량에까지 이르러 포연(暴鳶)을 깨뜨리고 4만 명의 목을 베니, 연(鳶)은 달아났고 위나라는 현 3개를 바쳐 강화를 청했다[請和(청화)].

1) 【정의(正義)】 『화양국지(華陽國志)』에 이르기를 장약(張若)이 촉의 군수가 되었다고 했다. 『괄지지(括地志)』에서 말했다. "무군(巫郡)은 기주(夔州) 동쪽으로 100리에 있다."

2) 【정의(正義)】 『괄지지(括地志)』에서 말했다. "검중 고성(黔中故城)은 진주(辰州)

완릉현(沅陵縣) 서쪽으로 20리에 있다. 강남으로, 지금의 검부(黔府) 또한 그 땅이다."

3) 【정의(正義)】 검중군이 반란을 일으켜 초나라로 돌아간 것이다.

33년에 객경(客卿) 호상(胡傷)이 위나라 권(卷)[1], 채양(蔡陽), 장사(長社)를 공격해 차지했고[2], 화양(華陽)에서 망묘(芒卯)를 쳐서 깨뜨리고[3] 15만 명의 목을 베었다. 위나라가 남양을 바치고서 강화했다[4].

34년에 진나라는 위나라와 한나라에 상용(上庸) 땅을 주어 하나의 군으로 만들고, 항복한 남양 백성을 그곳으로 이주시켰다.

35년에 한·위·초나라를 도와[佐(좌)=相(상)] 연나라를 쳤다. 처음으로 남양군(南陽郡)을 두었다[5].

36년에 객경(客卿) 조(竈)가 제나라를 공격해서 강(剛)과 수(壽)[6]를 차지해 양후(穰侯)에게 주었다.

38년에 중경(中更) 호양(胡陽)이 조나라의 연여(閼與-혹은 알여/알예)[7]를 공격했으나 차지하지 못했다.

1) 【집해(集解)】 「지리지(地理志)」에 이르기를 하남(河南)에 권현(卷縣)이 있다고 했다. 【정의(正義)】 『괄지지(括地志)』에서 말했다. "옛 권성(卷城)은 정주(鄭州) 원무현(原武縣) 서북쪽으로 7리에 있는데, 곧 형옹(衡雍)이다."

2) 【집해(集解)】 「지리지(地理志)」에 이르기를, 영천(潁川)에 장사현(長社縣)이 있다고 했다. 【정의(正義)】 『괄지지(括地志)』에서 말했다. "채양은 지금의 예주(豫州) 상채수(上蔡水)의 북쪽[陽(양)]이니, 옛 성은 예주에서 북쪽으로 70리에 있다. 장사 고성(長社故城)은 허주(許州) 장사현(長社縣) 서쪽으로 1리에 있다. 모두 위나라 읍이다."

3) 【집해(集解)】 사마표(司馬彪)가 말했다. "화양은 정(亭) 이름이며 밀현(密縣)에 있다." 【색은(索隱)】 망묘는 위나라 장수인데, 초주(譙周)는 맹묘(孟卯)라고 했다.

『괄지지(括地志)』에서 말했다. "옛 화성(華城)은 정주(鄭州) 관성현(管城縣) 남쪽으로 30리에 있다. 『국어(國語)』(「정어(鄭語)」)에 이르기를 사백(史伯)이 정나라 환공(桓公)에게 잘 대답 하자 괵(虢)과 회(鄶)가 환공의 읍 10개를 맡아주었다고 했는데, 화(華)가 그중 하나다. 화양이 곧 이 성이다." 살펴보건대, 이때 한나라와 조나라는 화양에서 병사들을 모아서 진나라를 공격했으니, 바로 이 일을 말한다.

4) 【집해(集解)】 서광(徐廣)이 말했다. "하내(河內) 수무(修武)는 옛날에 남양(南陽)이라고 했는데, 진시황이 이름을 고쳐 하내(河內)라고 하고 위(魏) 땅에 소속시켰다. 형주(荊州)의 남양군(南陽郡)은 본래 한(韓)나라 땅에 속한다." 【정의(正義)】 『괄지지(括地志)』에서 말했다. "회획가현(懷獲嘉縣)은 곧 옛날의 남양이다. 두예(杜預)가 말하기를, 진주(晉州) 산남(山南) 하북(河北)에 있어 그 때문에 남양(南陽)이라고 한다고 했다. 진나라가 망묘의 군대를 깨뜨리고 15만을 참수하니, 위나라가 남양을 바쳐[入(입)=納(납)] 강화했다."

5) 【정의(正義)】 지금의 등주(鄧州)다. 전에 이미 진(秦)나라에 속했는데, 진나라가 남양군을 두었으니, 한수(漢水)의 북쪽에 있었다. 『석명(釋名-이름 풀이)』에서 말했다. "중국(中國) 남쪽에 있는데, 양지(陽地)에 해당했으므로 그것으로 이름을 삼았다." 장형(張衡)이 「남도부(南都賦)」에서 노래했다. "배경(陪京)의 남쪽이요, 한(漢-한수)의 양(陽-북쪽)이로다."

6) 【정의(正義)】 『괄지지(括地志)』에서 말했다. "옛 강성(剛城)은 연주(兗州) 공구현(龔丘縣) 경계에 있다. 수(壽)는 운주(鄆州)의 한 현이다."

7) 【집해(集解)】 맹강(孟康)이 말했다. "발음은 언여(焉與)이며 읍 이름인데, 상당(上黨) 열현(涅縣) 서쪽에 있다." 【정의(正義)】 閼은 어(於)와 달(達)의 반절음이다. 與의 발음은 여/예(預)이다. 연여취성(閼與聚城)은 다른 이름이 오소성(烏蘇城)인데, 노주(潞州) 동제현(銅鞮縣) 서북쪽으로 20리에 있으며 조사(趙奢)가 진군(秦軍)을 깨뜨린 곳이다. 또 의주(儀州) 화순현(和順縣)은 곧 옛날의 연여성(閼與城)인데, 이 또한 조사가 진군을 깨뜨린 곳이라고 한다. 그런데 의주

(儀州)와 노주(潞州)는 서로 가깝지만, 두 장소를 자세히 알 수가 없다. 또 연여산(閼與山)은 명주(洺州) 무안현(武安縣) 서남쪽으로 50리에 있는데, 조사가 연여(閼與)에서 진군(秦軍)에 맞섰던 곳은 곧 산의 북쪽이다. 살펴보건대, 연여산(閼與山)은 무안 고성(武安故城)의 서남쪽에 있고 무안 고성과 가까우니 대개 의주(儀州)가 옛날에 봉해진 땅일 것이다.

40년에 도(悼)태자가 위나라에서 죽으니, 돌아와 지양(芷陽)[1]에 안장했다.

41년 여름에 위나라를 공격해 형구(邢丘)와 회(懷)를 차지했다[2].

42년에 안국군(安國君)이 태자가 되었다. 10월에 선(宣)태후[3]가 훙(薨)하여 지양 이산(酈山)[4]에 안장했다. 9월에 양후(-위염)가 나라를 나가 도(陶)로 (도망) 갔다.

43년에 무안군 백기가 한(韓)나라를 공격해 성 9개를 뽑아버리고 5만 명의 목을 베었다.

44년에 한나라 남군(南郡)을 공격해 차지했다.

1) 【집해(集解)】 서광(徐廣)이 말했다. "지금의 패릉(霸陵)이다." 【정의(正義)】 『괄지지(括地志)』에서 말했다. "지양은 옹주(雍州) 남전현(藍田縣) 서쪽으로 6리에 있다. 『삼진기(三秦記)』에 이르기를, 백록원(白鹿原) 동쪽에 패천(霸川)의 서쪽 언덕[西阪(서판)=西坂(서판)]이 있어 지양(芷陽)이라고 한다고 했다."

2) 【집해(集解)】 서광(徐廣)이 말했다. "형구는 평고(平皐)에 있다." 배인(裴駰)이 살펴보건대 『한시외전(韓詩外傳)』에 이르기를, 무왕(武王)이 주(紂)를 정벌하고 형구에 이르자 영(寧)에서 병사를 정돈하고 형구라는 이름을 고쳐서 회(懷)라고 부르고 영(寧)을 수무(修武)라고 불렀다고 했다. 【정의(正義)】 『괄지지(括地志)』에서 말했다. "평고 고성(平皐故城)은 본래 형구(邢丘)의 읍(邑)으로 한(漢)나라가 평고현(平皐縣)을 두었으니, 회주(懷州) 무덕현(武德縣) 동남쪽으

로 20리에 있다. 옛날의 회성(懷城)은 주(周)의 회읍(懷邑)이며 회주(懷州) 무척현(武陟縣) 서쪽으로 11리에 있다."

3) 【집해(集解)】 서광(徐廣)이 말했다. "미씨(芈氏)이다."

4) 【정의(正義)】 酈는 (발음이 역이 아니라) 역(力)과 지(知)의 반절음이며, 옹주(雍州) 신풍현(新豐縣) 남쪽으로 14리에 있다.

45년에 오대부(五大夫) 분(賁)[1]이 한나라를 공격해 성 10개를 차지했다. 섭양군(葉陽君)[2] 회(悝)가 도성을 떠나 봉국으로 가다가 미처 도착하지 못하고 죽었다.

47년에 진나라가 한나라 상당(上黨)을 공격하자 상당이 조나라에 투항했다. 진나라가 그 참에 조나라를 공격하자 조나라는 군대를 동원해 진나라를 쳤고, 서로 대치하다가[相距(상거)] 진나라가 무안군 백기를 보내 장평(長平)에서 조나라를 크게 깨뜨리고 40여만 명을 모두 죽였다.

48년 10월에 한나라가 원옹(垣雍)[3]을 바쳤다. 진나라는 군대를 나눠 삼군(三軍)으로 삼았다. 무안군이 돌아왔다. 왕흘(王齕)이 장수가 되어[將(장)] 조나라 무안(武安)과 피뢰(皮牢)를 쳐서 뽑아버렸다. 사마경(司馬梗)이 북쪽으로 가서 태원(太原)을 평정하고 한나라 상당을 모두 차지했다[有(유)]. 정월에 군대를 해산했다가 다시 상당을 방어했다. 그해 10월에 오대부 릉(陵)이 조나라 한단(邯鄲)을 공격했다.

49년 정월에 병졸들을 더 많이 징발해 릉을 도왔다. 릉이 싸움을 잘못해 면직시키고 왕흘로 장수를 교체했다. 그해 10월에 장군 장당(張唐)이 위나라를 공격할 때 채위(蔡尉)[4]가 진지를 빼앗기며[損(손)] 제대로 지키지 못했으니, 이 때문에[爲(위)] (장당은 그가) 돌아오자, 목을 베었다.

1) 【정의(正義)】 오대부는 관직이다. 아마도[疑(의)] 분(賁)은 이름일 것이다.

2) 【집해(集解)】 판본에 따라 화양(華陽)으로 되어 있기도 하다. 【정의(正義)】 葉은 (엽이

아니라) 서(書)와 섭(涉)의 반절음이다.

3) 【집해(集解)】 사마표(司馬彪)가 말했다. "하남(河南) 권현(卷縣)에 원옹성(垣雍城)이 있다."

4) 【정의(正義)】 채는 성이고 위는 이름이다.

50년 10월에 무안군 백기가 죄가 있어 사병[士伍]으로 강등시키고 음밀(陰密)로 유배 보냈다[遷][1]. 장당이 정(鄭)을 공격해 뽑아버렸다. 12월에 병사를 더 징발해 분성(汾城) 부근에 주둔시켰다[軍=陳][2]. 무안군 백기가 죄가 있어 죽였다. 흘(齕)이 한단을 공격했으나 뽑아버리지 못하자, 철수해 분성 부근에 주둔하고 있던 군대로 서둘러 돌아왔다. 두 달쯤 뒤에 진(晉-한·조·위)나라 군대를 공격해 6,000명의 목을 베었으니, 황하에 떠다니는 진(晉)나라와 초(楚)나라 군사의 시신이 2만에 이르렀다[3]. 분성을 공격하고 당(唐)으로부터 영신중(寧新中)[4]을 뽑아버렸으며, 영신중의 이름을 안양(安陽)[5]으로 고쳐 불렀다[6]. 처음으로 하교(河橋)를 설치했다[7].

1) 【집해(集解)】 여순(如淳)이 말했다. "일찍이 작위를 가졌다가 죄를 얻어 작위를 빼앗기게 되면 모두 사오(士伍)라고 칭했다." 【정의(正義)】 『괄지지(括地志)』에서 말했다. "음밀 고성(陰密故城)은 경주(涇州) 순고현(鶉觚縣) 서쪽에 있는데, 곧 옛날의 밀수국(密須國)이다."

2) 【정의(正義)】 『괄지지(括地志)』에서 말했다. "임분 고성(臨汾故城)은 강주(絳州) 정평현(正平縣) 동북쪽으로 25리에 있는데, 곧 옛날의 임분현성(臨汾縣城)이다." 살펴보건대 분성(汾城)이 곧 이 성(城)이다.

3) 【집해(集解)】 서광(徐廣)이 말했다. "초(楚)는 판본에 따라 주(走)로 되어 있기도 하다." 【정의(正義)】 살펴보건대, 이때는 초군(楚軍)이 없었으니, 주(走)자가 옳다.

4) 【집해(集解)】 서광(徐廣)이 말했다. "판본에 따라 (영(寧)은) 만(曼)으로 되어 있다. 이는 조나라 읍이다."

5) 【집해(集解)】 서광(徐廣)이 말했다. "위군(魏郡)에 안양현이 있다." 【정의(正義)】 지금의 상주(相州) 외성이 옛날의 안양성이다.

6) 【정의(正義)】 당(唐)은 지금의 진주(晉州) 평양(平陽)으로, 요(堯)임금이 도읍한 곳이다. 『괄지지(括地志)』에서 말했다. "영신중(寧新中)은 7국시대 위(魏)의 읍인데, 진나라 소양왕(昭襄王)이 위(魏)의 영신중(寧新中)을 뽑아버리고 안양성(安陽城)으로 이름을 고쳤으니 곧 지금의 상주(相州) 외성(外城)이다."[풀이를 보면 여기서의 당(唐)은 지명이지, 위에 나오는 장군 장당이 아니다. 국내 번역본들은 대부분 장당으로 보고 옮겼기에 이 점을 밝혀둔다.]

7) 【정의(正義)】 이 다리는 동주(同州) 임진현(臨晉縣) 동쪽에 있는데, 황하를 건너면 포주(蒲州)에 이르게 되니 지금의 포진교(蒲津橋)이다.

51년에 장군 규(摎)가 한나라를 공격해 양성(陽城)과 부서(負黍)[1]를 차지하고 4만 명의 목을 베었으며, 조나라를 공격해 현 20여 개를 차지하고 9만 명 군사를 목 베거나 포로로 잡았다[首虜(수로)]. 서주(西周)의 군(君)[2]이 진나라를 배신하고 제후들과 합종(合縱) 했으니, 천하의 정예병들을 이끌고 이궐을 나와서 진나라를 공격함으로써 양성과 통할 수 없게 했다. 이에 진나라가 장군 규를 시켜 서주를 공격하자, 서주의 군이 진나라로 달려와서 머리를 조아리며 죄를 인정하고[受罪(수죄)] 자신의 읍 36개와 인구 3만 명을 바쳤다. 진나라 왕은 바친 것들을 받아들이고 그 군을 주나라로 돌려보냈다.

52년에 주나라 백성이 동쪽으로 도망쳤고, 주나라의 보기(寶器)[器(기)]인 구정(九鼎)을 진나라로 들여왔다[3]. 주나라가 비로소[初(초)=始(시)] 망했다.

1) 【정의(正義)】 지금의 하남부(河南府) 현(縣)이다. 부서정(負黍亭)은 양성현(陽城縣) 서남쪽으로 35리에 있는데, 본래 주(周)나라의 읍이며 또한 이때는 한(韓)나라에 속했다.

2) 【정의(正義)】 무공(武公)이다.

3) 【정의(正義)】 기(器)란 보기(寶器)를 일컫는다. 우(禹)가 아홉 목(牧)의 공금(貢金-공물로 바친 쇠)으로 형산(荊山) 밑에서 솥을 주조했는데, 각각 구주(九州)의 사물을 본떴으므로 구정(九鼎)이라고 한 것이다. 은(殷)을 지나서 주나라 난왕(赧王) 19년에 이르러 진나라 소왕(昭王)이 구정(九鼎)을 차지했으나, 그 하나가 날아가서[飛(비)] 사수(泗水)에 빠지고 남은 여덟은 진(秦)으로 들어갔다.

53년에 천하가 와서 진나라에 항복했다[賓(빈)=賓服(빈복)]. 위나라가 가장 늦자 진나라는 규를 시켜 위나라를 쳐서 오성(吳城)[1]을 차지했다. 한왕(韓王)이 입조했고, 위나라도 진나라에 나라를 맡기고 영을 들었다[委國聽令(위국 청령)].

54년에 (진나라) 왕이 교외로 나가 옹(雍)에서 상제에게 제사를 올렸다.

56년 가을에 소양왕이 졸(卒)하자 아들 효문왕(孝文王)[2]이 세워졌다. (생모) 당팔자(唐八子)를 높여 당태후(唐太后)로 삼고[3] 선왕(先王-소양왕)과 합장했다[4]. 한나라 왕이 최질(衰絰-상복)을 입고 사당에 조문했으며, 제후들도 모두 장군이나 승상을 보내 조문하고 장례식에 참가했다.

1) 【집해(集解)】 서광(徐廣)이 말했다. "대양(大陽)에 있다." 【정의(正義)】 『괄지지(括地志)』에서 말했다. "우성 고성(虞城故城)은 섬주(陝州) 하북현(河北縣) 동북쪽 50리의 우산(虞山) 위에 있는데, 다른 이름은 오산(吳山)이다. 주나라 무왕(武王)이 주(周)나라 북쪽에 있는 옛날 하(夏) 터의 오성(吳城)에 동생 우중(虞仲)을 봉했으니, 바로 이 성(城)이다."

2) 【색은(索隱)】 이름은 주(柱)이고 53세에 세워졌으나, 세워진 지 1년 만에 졸해 수릉(壽陵)에 묻혔다. 아들은 장양왕(莊襄王)이다.

3) 【집해(集解)】 서광(徐廣)이 말했다. "팔자(八子)란 잉첩(妾媵)의 칭호이니, 성(姓)이 당(唐)이다." 【정의(正義)】 효문왕(孝文王)의 어머니다. (효문왕보다) 먼저 죽었으므로 이에 추존한 것이다. 진작(晉灼)이 말했다. "황후(皇后)를 제외하고, (궁녀의 지위는) 소의(昭儀) 이하부터 질(秩)이 100석(石)에 이르며 무릇 14개 등

급이다." 『한서(漢書)』 「외척전(外戚傳)」에 이르기를 "팔자(八子)는 1,000석으로, 이는 중경(中更)과 같다"라고 했다.

4) 【정의(正義)】 그 어머니 당태후(唐太后)와 (아버지) 소왕(昭王)을 합장했다는 말이다.

효문왕 원년에 죄인들을 사면하고 선왕 때의 공신들을 챙겼으며[修], 친척들을 포상하기를 두텁게 하고 (왕가의 동산인) 원유(苑囿)를 없앴다[弛=廢]. 효문왕이 상을 마치고[除喪] 10월 기해일에 자리에 나아갔으나, 3일 만인 신축일에 졸하고 아들 장양왕(莊襄王)[1]이 세워졌다.

1) 【색은(索隱)】 이름은 자초(子楚)이니, 32살에 세워져서 세워진 지 3년 만에 졸해 양릉(陽陵)에 묻혔다. 「기(紀)」에는 '4년'이라고 되어 있다.

장양왕 원년에 죄수들을 대대적으로 사면하고[大赦] 선왕 때의 공신들을 잘 챙겼으며[修], 다움을 베풀어 골육들을 두텁게 대우하고 백성에게 은혜를 베풀었다. 동주(東周)의 군(君)이 제후들과 함께 진나라를 도모하려 하자 진나라는 상국 여불위(呂不韋)를 보내 주벌하고[誅之] 그 땅을 모조리 편입해버린[入] 뒤, 주나라 제사를 끊지 않고[不絶] 양인(陽人)[1] 땅을 주나라 군(君)에게 주어 제사를 받들게 했다. 몽오(蒙驁)에게 한나라를 치게 하자 한나라가 성고(成皐)와 공(鞏)[2] 땅을 바쳤다. 진나라 경계가 대량(大梁)에까지 이르렀으니, 처음으로 삼천군(三川郡)을 두었다[3].

1) 【집해(集解)】 「지리지(地理志)」에 이르기를, 하남(河南) 양현(梁縣)에 양인취(陽人聚)가 있다고 했다.

2) 【정의(正義)】 『괄지지(括地志)』에서 이렇게 말했다. "낙수(洛州) 범수현(氾水縣)은 옛날의 괵국(虢國)이다. 또한 정(鄭)의 제읍(制邑)이고 또 다른 이름은 호뢰

(虎牢)인데, 한(漢)나라의 성고(成皐)다." 공(鞏)은 지금의 낙주(洛州) 공현(鞏縣)이다. 이때 진(秦)나라가 동주(東周)를 멸했는데, 한(韓)나라 역시 그 땅을 얻었으나 다시 진나라에 바쳤다.

3) 【집해(集解)】 위소(韋昭)가 말하기를 "하수(河水)·낙수(洛水)·이수(伊水)가 있으니, 그래서 삼천(三川)이라고 부른다"라고 했다. 배인(裴駰)이 살펴보건대, 「지리지(地理志)」에 이르기를 한나라 고조(高祖)가 하남군(河南郡)으로 이름을 고쳤다고 했다.

2년에 몽오를 시켜 조나라를 공격해서 태원(太原)을 평정했다.

3년에 몽오가 위나라 고도(高都)와 급(汲)[1]을 공격해 뽑아버렸고, 조나라의 유차(楡次)·신성(新城)·낭맹(狼孟)[2]을 공격해 37개 성을 차지했다[3].

4월에 해가 먹혔다.

4년에 왕흘이 상당을 공격했다[4]. 처음으로 태원군을 설치했다[5]. 위나라 장수 무기(無忌)가 5개국 군대를 이끌고 진나라를 치자[6] 진나라는 황하 밖으로[河外(하외)][7] 물러났다. 몽오가 패해 포위를 풀고 철수했다. 5월 병오일에 장양왕이 졸하자 아들 정(政)이 세워졌으니, 이 사람이 진시황제(秦始皇帝)이다.

1) 【집해(集解)】 서광(徐廣)이 말했다. "판본에 따라 파(波)로 되어 있기도 하다. 파현(波縣)도 하내(河內)에 있다." 【정의(正義)】 『괄지지(括地志)』에서 말했다. "고도고성(高都故城)은 지금의 택주(澤州)이다. 급 고성(汲故城)은 위주(衛州)가 다스리는 급현(汲縣) 서남쪽으로 25리에 있다. 맹강(孟康)이 말하기를, 한(漢)나라의 파현(波縣)은 지금의 치성(絺城)이라고 했다." (또) 『괄지지』에서 말했다. "옛날의 치성(絺城)은 회주(懷州) 하내현(河內縣) 서쪽으로 32리에 있다. 『좌전(左傳)』에서 일컫기를, 소분(蘇忿)이 12개 읍(邑)을 만들었는데 치(絺)가 그 중의 하나라고 했다."

2) 【정의(正義)】 『괄지지(括地志)』에서 말했다. "유차(楡次)는 병주(幷州)의 한 현(縣)

으로, 곧 옛날의 유차(楡次) 땅이다. 신성(新城)은 다른 이름이 소평성(小平城)이며 삭주(朔州) 선양현(善陽縣) 서남쪽으로 47리에 있다. 낭맹 고성(狼孟故城)은 병주(幷州) 양곡현(陽曲縣) 동북쪽으로 26리에 있다."

3) 【정의(正義)】 살펴보건대, 성(城) 37개를 차지했는데 병(幷)·대(代)·삭(朔) 세 주(州)의 땅이다.

4) 【정의(正義)】 상당이 다시 진나라에 반란을 하자 그래서 공격한 것이다.

5) 【정의(正義)】 상당(上黨) 북쪽은 모두 태원(太原)의 땅이니, 곧 위의 37개 성(城)이다.

6) 【정의(正義)】 신릉군(信陵君)이다. 연(燕)·조(趙)·한(韓)·초(楚)·위(魏)의 병사를 인솔해 진(秦)나라를 쳤다.

7) 【정의(正義)】 몽오(蒙驁)가 5국 병사들에게 패배하자 마침내 (포위를) 풀고 하외(河外)에 퇴각했다. 하외(河外)란 섬(陝)과 화(華) 두 주(州)다.

진왕 정은 세워진 지 26년 만에 비로소 천하를 집어삼켰다[幷=倂呑]. 36개 군(郡)을 두고 칭호를 시황제(始皇帝)라고 했다[1]. 시황제가 51살에 붕(崩)하자 아들 호해(胡亥)가 세워졌으니, 이 사람이 2세 황제(二世皇帝)다[2].

3년에 제후들이 아울러 일어나[並起] 진나라에 반기를 드니, 조고(趙高)가 2세를 죽이고 자영(子嬰)을 세웠다. 자영이 세워진 지 한 달여 만에 제후들은 그를 죽이고 드디어 진나라를 멸망시켰다. 그 이야기는 「시황 본기(始皇本紀)」 안에 있다.

1) 【색은(索隱)】 13세에 세워져서 세워진 지 37년에 붕(崩)하고 이산(酈山-혹은 역산)에 묻혔다.

2) 【색은(索隱)】 12세에 세워졌다. 기록에 이르기를 21세라고도 했다. 세워진 지 3년 만에 의춘(宜春)에 묻혔다. 진(秦)은 양공(襄公)부터 2세(二世)에 이르도록 모두 617년이다.

태사공(太史公)이 말한다.

"진나라 선조[先]는 영성(嬴姓)이다. 그 후손들이 나뉘어 봉해지니 그 봉국을 성(姓)으로 삼아서 서씨(徐氏), 담씨(郯氏), 거씨(莒氏), 종려씨(終黎氏)[1], 운엄씨(運奄氏), 도구씨(菟裘氏), 장량씨(將梁氏), 황씨(黃氏), 강씨(江氏), 수어씨(脩魚氏), 백명씨(白冥氏), 비렴씨(蜚廉氏), 진씨(秦氏)가 있게 되었다. 진나라는 그 조상 조보(造父)가 조성(趙城)에 봉해졌기 때문에 조씨(趙氏)가 되었다[2]."[3]

1) 【집해(集解)】 서광(徐廣)이 말했다. "『세본(世本)』에는 종리(鍾離-종려로도 읽음)로 되어 있다." 응소(應劭)가 말했다. "『씨성주(氏姓注)』에 이르기를 성(姓)이 종려(終黎)인 자가 있다고 했으니, 이것이다."

2) 따라서 진나라는 성은 영(嬴)이고 씨는 조(趙)다. 성은 족(族)의 명칭이고, 씨는 성에서 지명 등을 근거로 나눠진 것이다.

3) 【색은술찬(索隱述贊)】 백예는 순임금 보좌했고[栢翳佐舜]/(순은) 조유라는 깃발 장식 내려주셨네[阜斿爲旌]/비렴은 주왕을 섬겨[蜚廉事紂]/석관의 상서로움 얻었다네[石椁[석곽(石槨)과 같은 뜻이다.]斯營]/조보가 말을 잘 모니[造父善馭]/그를 조성에 봉해주었도다[封之趙城]/비자 말 잘 길러[非子息馬]/그 칭호 진영(秦嬴)이 되었다네[厥號秦嬴]/예와 악, 활쏘기와 말 쏘기[禮樂射御]/서쪽에서 큰 명성 드리웠구나[西垂有聲]/양공이 주나라 구원하니[襄公救周]/비로소 열국의 반열에 오르라 명받았도다[始命列國]/금으로 백제(白帝)에게 제사 올리니[金祠白帝]/용의 복록은 물의 다움이라네[龍祚水德]/상서로움이 응답하고 보배가 펼쳐지니[祥應陳寶]/요사스러움 사라지고 풍요로움 만끽하도다[妖除豐特]/백리혜 도움받아 패왕에 이르고[里奚致霸]/위앙은 엄격한 법치 맡았구나[衛鞅任刻]/그 후에 제후 나라들 집어삼켜[厥后吞并]/마침내 흉악함과 사특함 이뤘다네[卒成凶慝]!

KI신서 16194
이한우의 사기 1
본기(本紀) 권1-권5

1판 1쇄 인쇄 2026년 3월 13일
1판 1쇄 발행 2026년 4월 1일

지은이 사마천
옮긴이 이한우
펴낸이 김영곤
펴낸곳 ㈜북이십일 21세기북스

서가명강팀 팀장 양으녕 **책임편집** 서진교 **마케팅** 김주현
디자인 푸른나무디자인
마케팅영업부문 정지은
영업팀 김지윤 강경남 김도연
e-커머스팀 장철용 명인수 황성진
제작팀 이영민 권경민

출판등록 2000년 5월 6일 제406-2003-061호
주소 (10881) 경기도 파주시 회동길 201(문발동)
대표전화 031-955-2100 **팩스** 031-955-2151 **이메일** book21@book21.co.kr

ISBN 979-11-7357-894-6 (04910)
979-11-7357-893-9 (04910) (세트)

함께 읽으면 좋은 21세기북스의 책

이한우의 조선 재상 열전

조선 500년을 만든 경세가(經世家) 20인

나라를 움직인 건 왕이 아니라 재상이었다!
명재상에게서 배우는 정치의 본질

이한우의 조선 당쟁사

'주자학'이란 이름으로 자행된 야만과 퇴행의 역사

또 다른 나라를 꿈꾼 이들의 당파 싸움은 어떻게 조선을 삼켰나!
당쟁의 근본 원인과 본질을 정면에서 해부하다

이한우의 노자 강의

『도덕경』 5천 자에 담긴 무위자연의 제왕학

'하지 않음'으로 모든 것을 이끄는 '무위의 리더십'을 말하다!
제왕학 관점에서 새롭게 해석한, 노자의 『도덕경』

이한우의 인물지

유소 『인물지』 완역 해설

"이 책이 없었다면 조조의 탁월한 용병술은 없었다!"
『논어』와 『도덕경』의 핵심만 담은 인사(人事)의 정수

이한우의 설원 전 2권

유향 찬집 완역 해설 상·하

말의 정원에서 만난 논어의 본질
새로운 설원 읽기: 유향식 논어 풀이

함께 읽으면 좋은 21세기북스의 책